추천의 글

목회자들에게 성경해석법과 강해설교를 가르치고 나면 좋은 주석을 추천해달라는 부탁을 종종 받곤 한다. 그런 질문을 받으면 마음이 아팠다. 왜냐하면 우리말로 번역된 주석 가운데 선뜻 추천할 만한 것이 떠오르지 않았기 때문이다. 그런데 이번에 디모데를 통해 『존더반 신약주석』이 번역된다는 소식을 듣고 여간 기쁘지 않았다. 이 주석 시리즈야말로 목회자들을 위한 최고의 주석 중 하나가 될 것이기 때문이다.

그동안 여타의 주석들은 매우 학문적이거나 아니면 지나치게 적용에만 치우친 것으로 그 종류가 나뉘어 설교자들은 여러 권의 주석을 한꺼번에 참조해야 했다. 또한 그것을 다시 종합하는 쉽지 않은 과정을 거쳐야 했다. 시간에 쫓기는 목회자에게 이러한 작업은 결코 쉽지 않은 것이다.

『존더반 신약주석』은 성경 각각의 구절을 어느 학문적 주석 못지않게 깊고 정확하게 연구해놓았을 뿐만 아니라, 그 연구 결과를 바탕으로 신학적 진리를 알기 쉽게 추출해놓았다. 책에서는 '석의적 개요'라고 지칭했지만 실제로는 '강해적 개요'에 가깝게 본문의 의미를 잘 강해해놓아 설교자가 곧바로 그 개요를 자신의 설교에 사용할 수 있도록 배려하였다. 거기에 더하여 따로 부문을 할애해 적용까지 충실하게 다루어주었다.

설교자가 반드시 알아야 할 전후 문맥을 잘 연구해놓은 것과 본문의 흐름을 명확하게 알 수 있도록 도표로 본문을 배열해놓은 점 그리고 헬라어에 능숙하지 않아도 충분히 의미를 이해할 수 있도록 배려한 점이 돋보인다. 만일 어느 설교자가 현존하는 우리말 주석 가운데 오직 한 권만 구입해야 한다면 나는 이 주석 시리즈가 될 것이라 확신한다. 신약을 깊고 올바르게 설교하려는 모든 설교자에게 이 시리즈를 추천한다. 설교자라면 반드시 서재에 비치하고 두고두고 보아야 할 주석이다.

박정근 _ 부산 영안침례교회 담임목사

나는 사람들과 나의 서가를 공유하는 것을 마다하지 않는다. 어떤 책이든 좋으니 다 꺼내 읽으라고 초대한다. 그럼에도 주석서만큼은 입장을 허용하지 않는다. 그만큼 설교자에게 주석서는 중요하다. 그럼에도 주석서를 탐구하며 말씀을 바르게 전하기 위해 노력하는 것보다 더욱 중요하게 생각하는 것이 있는데, 그것은 바로 하나님의 마음을 앞서지 않도록 머리가 지식으로 가득 차기 전에 멈추는 것이다. 이번에 한국에 소개되는 『존더반 신약주석』은 이런 염려에서 놓여날 수 있도록 해주었던 매우 탁월한 책이다.

주석서들은 보통 단어 해석이 탁월하거나, 배경 설명을 중점으로 하거나, 다양한 해석에 초점이 맞춰져 있는 등 어느 한쪽에 강점이 있기 마련이다. 때문에 준비하는 입장에서는 한 본문을 놓고도 많은 주석서를 참고해야 한다. 하지만 이 책은 관찰, 해석, 적용 이 세 가지 중 어느 하나도 놓치지 않고 있으며, 특히 적용까지 균형을 잃지 않고 담아놓았다. 무엇보다 찾기 쉽고 깔끔한 편집으로 핵심이 무엇인지 한눈에 파악할 수 있도록 배려했다.

통찰력 있지만 단순한 심령에 주님의 마음이 더 잘 담길 수 있다고 생각하는 이들에게 꼭 필요한 단 한 권의 주석서가 무엇인지 묻는다면, 나는 이 책이라고 생각한다. 최소한, 준비의 시작은 이 책이라고 권하고 싶다.

서정인 _ 한국컴패션 대표

교육가로서, 특히 어린이 사역자로서, 또 말씀을 선포하는 설교자로서 주석을 선정하는 기준은 두 가지다. 이 주석은 본문이 의미하는 바를 충분하고 명확한 그림으로 설명해주는가? 이 주석은 그 진리가 오늘 내 문제에 의미하는 바를 볼 수 있도록 분명하게 비추어주는가?

『존더반 신약주석』은 내가 원하는 내 스타일의 주석이다. 보배를 발견한 나의 가슴이 뛴다. 이 주석이 보배인 이유는 다음과 같다.

첫째, 정확한 그림을 보게 해주기 때문이다. 그 본문이 기록된 역사적 배경, 그 본문이 위치한 맥락과 각 단어의 종속관계 등을 면밀하게 살피는 문법적 분석, 성경이 하나님의 말씀이라는 복음주의 신학의 렌즈를 통해 본문이 독자에게 의미하는 바가 무엇인지를 정확히 드러내준다.

둘째, 큰 그림을 보게 해주기 때문이다. 본문을 통해 성경 저자가 말하려는 중심 사상을 한두 문장으로 졸여줌으로써 이 본문을 통해 내가 들어야 할 성령의 음성을 정확하게 붙들 수 있도록 도와준다.

셋째, 시각적으로 보여주기 때문이다. 성경은 평평한 지면에 검은 잉크로 인쇄되었기 때문에 거기에 사용된 어구의 높낮이나 의미상의 크기가 잘 구분되어 보이지 않는다. 그러나 이 주석은 그것을 입체적으로 시각화해주고 있다. 각 본문의 '번역' 부분은 헬라어의 문법적 구조에 따라 각 단어나 구가 어떻게 연결되고 종속되는지를 보여주는 멋진 그림이다.

단어나 문장의 위치를 통해 그리고 주동사 문장을 굵은 폰트로 강조함으로써, 한눈에 보아도 저자가 말하려는 중심 의도가 강조되고 있다.

넷째, 어떻게 적용해야 할지를 보여주기 때문이다. 성경을 연구하는 이유는 지적 유희를 위해서가 아니다. 그것은 순종하기 위해서다. 바른 진리를 알아야 하는 이유는 바른 삶을 살기 위해서다. 이 주석은 양쪽 언덕을 확고하게 이어주는 다리처럼 우리가 발견한 진리가 어떻게 우리 삶과 연결되는지까지 친절하게 연결해주고 있다. 더욱이 설교 구성이 서툰 설교자나 교사가 자신의 회중이나 학생들의 필요에 맞게 약간 조정만 하면 한편의 설교안이나 교안이 될 개요까지 친절하게 제공해주고 있다.

『존더반 신약주석』을 통해 한국교회에 말씀의 능력으로 힘을 얻는 축복이 임하길 기대하며 기도한다.

양승헌 _ 세대로교회 담임목사, 파이디온 공동설립자 및 전(前) 대표,
한국해외선교회(GMF) 이사장

『존더반 신약주석』은 하나님이 본문에서 의도하신 뜻을 정확하게 찾아내 청중에게 전달하기 위해 본문을 진지하게 공부하는 이들에게 진정 복음과 같다. 이 시리즈는 주석이 갖추어야 할 모든 요소를 포함하고 있는 탁월한 석의적 주석이다. 철저한 단어 연구, 문법적 세부사항, 역사적, 문화적 배경, 전후 문맥, 본문 비평적 문제 등의 연구를 통해 본문의 의미를 정확하게 설명하고 있다. 뿐만 아니라 중요한 해석적 쟁점들을 최고의 복음주의 학자들과 최근의 학문적 연구들을 기초로 하여 균형을 추구하면서 본문이 의도하는 뜻을 찾기 위해 최대한의 노력을 기울인다.

주석의 구조 또한 명료하다. 각 장마다 저자가 사고하는 연결성을 강조하는 전후 문맥으로 시작하여 본문의 전체 흐름을 한눈에 볼 수 있는 도해 그리고 본문의 메인 아이디어(주요 개념), 본문의 사고의 흐름을 볼 수 있는 석의적 개요, 세부적인 본문 설명 그리고 적용에서의 신학으로 장을 마치는 자연스러운 구조로 지루하지 않게 본문의 내용을 따라가게 한다. 특히 각 장의 마지막 부분에서 다루는 '적용에서의 신학'은 현 시대를 살아가는 청중에게 본문의 핵심 메시지를 삶에 실제로 적용할 수 있게 다룸으로써 언제나 적용을 고민해야 하는 설교자들에게 큰 유익이 된다.

『존더반 신약주석』은 하나님의 말씀을 정확하고 올바르게 전하기를 소원하는 성경교사나 설교자가 절대로 놓쳐서는 안 될 귀중한 자산이 될 것이다. 정확하게 해석된 말씀으로 성도를 올바로 세울 때 한국교회가 건강하게 세워질 것을 믿음의 눈으로 바라보며, 모든 설교자에게 탁월한 길잡이가 될 『존더반 신약주석』을 강력하게 추천한다.

이재학 _ 디모데성경연구원 원장

존더반 신약주석

강해로 푸는 야고보서

존더반 ZONDERVAN 신약주석

강해로 푸는 야고보서

크레이그 L. 블롬버그 & 마리암 J. 카멜 지음

클린턴 E. 아놀드 책임편집 | 정옥배 옮김

ZONDERVAN
Exegetical Commentary on the New Testament JAMES

존더반 ZONDERVAN 신약주석
강해로 푸는 야고보서

1쇄 발행 2014년 12월 18일
2쇄 발행 2018년 12월 13일

지은이 크레이그 L. 블롬버그 & 마리암 J. 카멜
책임편집 클린턴 E. 아놀드
옮긴이 정옥배
펴낸곳 주) 도서출판 디모데 〈파이디온 선교회 출판 사역 기관〉

등록 2005년 6월 16일 제 319 – 2005 – 24호
주소 서울특별시 서초구 서초대로 141–25(방배동, 세일빌딩)
전화 마케팅실 070) 4018–4141
팩스 마케팅실 031) 902–7795
홈페이지 www.timothybook.com

값 25,000원
ISBN 978–89–388–1579–8 04230
ISBN 978–89–388–1578–1 (세트)

윌리엄 클라인(Willian Klein) 박사께
이 책을 바칩니다.

차례

시리즈 서론

복되게도 이 세대에는 탁월한 주석들이 많다. 어떤 주석들은 전문적인 것으로, 평론가들이 제기한 쟁점들을 잘 다룬다. 또 어떤 주석들은 단어 용례에 대한 광범위한 정보를 제공하고, 다양한 해석적 문제들에 대한 거의 모든 견해를 나열한다. 또 어떤 주석들은 문화적·역사적 배경 지식을 제공하는 데 초점을 맞춘다. 또한 적용을 위한 많은 통찰들을 끄집어내려는 주석들도 있다.

문제는 당신이 주석에서 무엇을 찾고 있는가 하는 것이다. 당신이 다음 중 어느 하나에라도 해당된다면 이 주석 시리즈는 당신을 위한 것이다.

- 헬라어를 배웠으며, 자신이 잘 훈련받은 학자라고 생각하지는 않지만 배운 것을 적용하도록 도와줄 주석을 원한다.
- 주석가가 각 본문의 주된 요점으로 제시하는 간결한 한두 문장짜리 진술이 도움이 된다고 생각한다.
- 교회 생활과 관련이 없는 것처럼 보이는 학문적 문제에 얽히지 않으면서 성경에 나오는 말씀을 해석하는 데 도움을 얻고 싶다.
- 각 본문에서 사고의 흐름에 대한 시각적 설명(도해적 표시)을 보고 싶다.
- 원문의 의미를 가능한 명확하게 설명하고 중요한 해석적 쟁점들을 잘 헤쳐나가도록 돕는 견실한 복음주의 학자들의 전문적인 인도를 원한다.
- 본문의 의미를 조명하는 데 도움이 될 만한 최고이자 최근의 학문적 연구 결과와 역사적 정보로부터 유익을 얻고 싶다.
- 각 본문으로부터 수집할 수 있는 핵심적인 신학적 통찰들 및 이러한 통찰들이 오늘날 그리스도인들에게 적절한 것인가에 대한 논의의 요약을 얻기 원한다.

위의 사항들은 이 신약 주석 시리즈의 특징 중 몇 가지만 꼽은 것이다. 이 시리즈에 대한 아이디어는 편집국에서 목사와 교사들이 헬라어 본문에 기초한 주석 시리즈에서 원하는 것이 무엇인지 조사한 후 오랜 시간에 걸쳐 다듬어진 것이다. 이 일에 참여한 사람으로는 필자, 조지 거스리(George H. Guthrie), 윌리엄 마운스(William D. Mounce), 토마스 슈라이너(Thomas R. Schreiner), 마크 스트라우스(Mark L. Strauss)와 존더반 전체 편집차장 벌린 버브루그(Verlyn Verbrugge)와 전(前) 존더반 원고 검토 편집차장 잭 쿠하섹(Jack Kuhatschek) 등이다. 우리는 또한 교회에 도움이 될 만한 주석 시리즈를 계획하는 과정에서 도움을 받기 위해 목회를 하고 있는 목사, 사역 지도자, 신학교 교수들로 구성된 자문 편집진을 모집했다. 존더반 원고 검토 편집차장 데이비드 프리스(David Frees)가 지금까지 그 과정을 이끌어왔다.

이제 각 성경 본문을 다루기 위한 일곱 가지 구성 요소가 포함된 설계도를 보자. 다음은 이 주요 요소들에 대한 간략한 안내다.

문학적 전후 문맥

이 부분에는 본문이 그 책의 광범위한 문학적 전후 문맥 안에서 어떤 역할을 하는지에 대한 간결한 논의가 나온다. 주석가는 그 책에서 앞에 나오는 자료 및 뒤에 나오는 자료와의 연결들을 강조하고, 이 본문의 핵심적 특징들을 관찰한다.

주요 개념

많은 독자들은 이것이 이 주석 시리즈의 대단히 유용한 특징임을 알게 될 것이다. 각 본문에 대해, 주석가는 본문의 큰 개념 혹은 중심 취지를 한두 문장으로 주의 깊게 기술한다.

번역과 도해식 레이아웃

이 시리즈의 또 다른 독특한 특징은 헬라어 본문에 대한 각 주석가의 번역을 도해로 제시한다는 것이다. 이 도해의 목적은 독자들이 본문 안에 나오는 사고의 흐름을 시각화해서 더 잘 이해하도록 돕는 것이다. 번역 자체는 이 주석의 '설명' 부분에서 각 주석가가 내린 해석적 결정들을 반영한다. 다음은 이 책의 구성 방식이다.

1. 구절을 나타내는 숫자 바로 옆에는 성경 본문의 각 절이나 문구의 기능을 나타내는 해석적 분류 표시가 나온다. 본문에서 그에 해당되는 부분은 분류 표시 바로 옆에 배치되었다. 쉽게 이해할 수 있도록 전문적인 특수 용어는 사용하지 않았다.

2. 일반적으로 모든 절(주어와 술어를 포함하는 단어들의 무리)을 별도의 행으로 잡으며, 그것이 어떻게 본문의 주요 주장을 뒷받침하는지 밝힌다(즉, 그것은 언제 행동이 일어났다고, 어떻게 그것이 일어났다고, 혹은 왜 그것이 일어났다고 말하고 있는가). 때로 더 긴 문구나 일련의 항목들은 별도의 행으로 놓기도 한다.
3. 종속(혹은 독립)절과 문구들은 들여 써서 그것이 수식하는 단어 바로 밑에 둔다. 이것은 독자들이 본문의 흐름에서 절과 구의 관계의 특질을 더 쉽게 볼 수 있도록 돕는다.
4. 모든 주요 절은 굵은 활자로 되어 있으며, 분명히 알아볼 수 있도록 왼쪽 끝으로 밀어놓았다.
5. 때로 종속되는 말들이 너무 오른쪽에 놓이게 될 때—바울의 길고 복잡한 이야기가 종종 그렇듯이!—이어지는 말들의 위치를 왼쪽으로 옮겨놓았다. 하지만 그렇게 했다는 것을 나타내기 위해 화살표를 사용한다.
6. 우리가 따른 전반적인 과정은 담화 분석 원리 및 이야기 비평(복음서와 사도행전에 대해서는) 원리에서 배운 것이다.

구조

번역 바로 다음에, 주석가는 본문에 나오는 사고의 흐름에 대해 말하고 어떻게 본문에서 각 절의 관계에 관한 해석적 결정들이 이루어졌는지 설명한다.

석의적 개요

상세한 석의적 개요에서는 본문의 전반적 구조가 묘사된다. 이것은 성경을 가르치거나 설교할 때, 본문에 나오는 사고의 흐름을 간결하게 설명할 수 있는 방식을 찾고 있는 사람들에게 특히 도움이 될 것이다.

본문 설명

이 책은 석의적 주석이므로, 본문의 의미를 해석하기 위해 헬라어를 사용한다. 당신의 헬라어가 다소 서툴다 해도(혹은 심지어 어느 정도 제한되어 있다 해도) 너무 염려하지 마라. 모든 헬라어 단어는 우리말 번역 다음에 괄호 안에 인용되어 있다. 우리는 이 주석이 비전문가들에게도 가능한 한 읽기 쉽고 유용한 것이 되도록 최선을 다했다.

이 주석에서 가장 도움을 받을 사람은 대학이나 신학교에서 2년 정도 헬라어 교육을 받은 사람일 것이다. 혹은 한두 학기 정도 중급 문법(Wallace, Porter, Brooks and Winberry, 혹은 Dana and Mantey 같은)을 공부한 것도 포함될 것이다. 저자들은 이 문법서들에 나오는 문법적 용어들을 사용한다. 하지만 본문의 문법에 관한 상세한 사항들은 본문 해석과 관련이 있을 때만 논한다.

본문의 이 부분을 강조하는 것은 의미를 전달하기 위해서다. 주석가들은 단어와 이미지, 문법적 세부사항, 특정한 개념과 관련된 구약적·유대적 배경, 역사적·문화적 전후 문맥, 중요한 본문 비평적 문제, 표면에 부상하는 다양한 해석적 문제들을 검토한다.

적용에서의 신학

이것 역시 석의 주석 시리즈만의 독특한 특징이다. 우리는 본문이 다양한 세부사항 속에서 무엇을 의미했는지 묘사하기 위해서뿐 아니라, 또한 그것이 신학적으로 기여하는 바를 성찰하기 위해서도 각 저자에게 이것이 중요하다고 생각했다. 이 부분에서는 본문의 신학적 메시지를 요약한다. 저자들은 본문의 신학을 그 책 안에서 그리고 더 광범위한 성경적–신학적 맥락에서 그것이 차지하는 위치에 비추어 논한다. 마지막으로, 각 주석가들은 본문의 메시지가 오늘날의 교회를 위해 무엇을 말하는지에 대해 몇 가지 제안을 한다. 이 시리즈 각 권 끝 부분에는 이 책에서 다룬 신학적 주제 전체에 대한 요약이 나온다.

우리는 이 시리즈가 독자 스스로 신약 본문을 이해하기 위해서뿐 아니라, 하나님의 진리에 굶주린 사람들에게 그 말씀을 가르치고 설교하는 일에도 도움이 되기를 진심으로 바라고 기도한다.

클린턴 아놀드(Clinton E. Arnold), 책임편집자

저자 서문

이 주석 시리즈 책임편집자인 클린턴 아놀드는 2002년 잠재적 독자들에게 그의 취지 설명서를 보내면서 자신이 절대 다른 주석 시리즈에 참여하지 않겠노라고 약속했었는데, 출판사가 이 시리즈에 대해 제안한 독특한 특징들 때문에 마음을 바꾸게 되었노라고 말했다. 나(크레이그)도 과거에 비슷한 선언을 했던 것을 기억하면서 빙그레 미소 짓지 않을 수 없었다. 신약에 대해서는 그리고 특히 미국 내에서는, 온갖 수준의 그리고 상상할 수 있는 모든 각도에서 쓴 주석들이 차고 넘쳐서, 그저 이미 출간된 모든 자료와 경쟁하기 위해 또 하나의 시리즈를 내려 애쓰는 것은 시간을 청지기적으로 잘 사용하는 것이 아닐 수도 있을 것이다.

그러고 나서 나는 그 취지 설명서를 거의 다 읽어보았다. 그것은 형식이 독특했을 뿐 아니라, 바쁜 설교자나 교사가 적절한 설교 준비나 교수 계획을 짜기 위한 '원스톱 쇼핑' 식 접근에 필요한 다양한 정보와 통찰들을 잘 포착해놓았다. 남은 건 강사가 메시지를 자신들의 특정한 청중에 맞게 손질하고, 추가하고 싶은 시청각 자료나 상호 활동을 준비하는 것뿐이다.

두 번째 생각이 거의 동시에 떠올랐다. 이 시리즈에 제시된 형식은 덴버 신학교(Denver Seminary) 신약학부가 거의 30년 동안 석의 과목을 듣는 학생들에게 헬라어 네 번째 학기(혹은 일 년이 사학기일 때는 그에 해당하는 학기) 시간에 주요 과제물을 작성할 때 사용하라고 했던 것과 놀랄 만큼 비슷했다. 나는 신학교에서 그 과목을 스무 번 가르쳤는데, 그 때마다 학생들은 야고보서 전체를 번역하고 석의했기 때문에, 나는 이 서신서를 성경 어느 책보다 더 집중적으로 연구해야 했다. 야고보서에 대해 글을 쓰는 것은 이 주석 시리즈에서 내가 채워 넣어야 하는 자연스러운 틈 같은 것이었다. 나는 클린턴에게 답장을 써서 내가 이 책을 맡을 수 있는지 물어보았고, 그는 동의했다. 내가 원고를 건네주기로 한 마감 기한(2007년 말)까지는 충분히 쓸 수 있을 만큼 넉넉한 시간이 남아있는 것으로 보였다. 그래서 나는 이 책을 맡기로 했다.

2003년 봄에 다음 학년 연구 조교를 선택할 때, 나와 함께 그 일을 해주었으면 좋겠다고 생각하고 있던 사람(마리암 카멜)이 야고보서의 몇 가지 측면에 대해 M.A. 논문을 쓰고 있다는 생각이 떠올랐다. 그녀는 또한 야고보서 석의 필수과목 중에서 내가 가르치는 강좌를 들었다. 나는 대학원생들이나 최근 자기 프로그램을 졸업한 사람들과 공동 저술을 했던 다른 학교 교수들을 알고 있었으며, 그들은 그런 공동 연구가 서로에게 유익을 줄 수 있다는 사실을 입증해주었다. 나는 한동안 그런 과정을 한번 시도해보고 싶었다. 그래서 이제 그럴 때가 된 것이 아닌가 하는 생각이 들었다.

나는 마리암에게 학위를 끝내면 2003–2004학년도 연구 조교를 맡아달라고 부탁했다. 2004년 초에 마리암이 덴버에서 적어도 일 년 더 머물기로 확정된 후, 나는 그녀가 매우 수준 높은 작업을 할 수 있다는 것을 본 터라, 2년 째에도 계속 연구 조교 일을 맡아 나와 함께 이 주석을 쓰는 일에 함께할 수 있는지 물어보았다. 그녀는 선뜻 그러겠노라고 했다. 존더반의 학문서 분야 책임자 스탠 건드리(Stan Gundry)도 이 계획에 흔쾌히 동의해주었다. 그래서 나는 계약서를 폐기했고 그는 작업과 인세를 우리 둘이 균등하게 나누는 두 개의 계약서를 다시 만들었다.

2005년 여름이 되자 마리암은 '본문 설명' 부분 전체의 초고를 완성했다. 그리고 나는 본문별로 연구 부분에 나오는 다른 모든 것에 대한 초고를 완성했다. 우리는 이미 더 작은 부분들을 완성할 때 이미 서로의 자료를 읽고 논평을 해주었었다. 하지만 이제 수정 보완을 할 필요가 있었다. 2005–2006학년도에 마리암은 세인트 앤드류스(St. Andrews)에서 야고보서의 또 다른 측면들에 대해 신약 박사학위 과정을 시작하면서 원고를 몇 번 교정했다. 나는 마감 기한이 더 급한 다른 프로젝트들이 있어 그 일에 연구와 저술을 위한 시간을 다 써야 했다. 그래서 2006–2007학년이 되어서야 원고 교정을 할 수 있었다. 다시 연구가 진전되면서, 우리는 서로의 자료를 읽고 교정하고, 문체를 일치시키려 애쓰고, 남아있는 몇 개 안 되는 석의적인 의견 차이에 대해 충분히 이야기를 나누어 해결했다. 서론은 완전히 공동 작업의 결과로 나오게 되었다.

그렇게 해서 2007년 후반기에는 원고를 마지막으로 읽고 최종 편집을 할 수 있었다. 이때쯤 되자 원고의 특정한 부분의 정확한 사상이나 어법이 누구의 것인지 구별하기가 어려울 지경이 되었다. 교육계에서 사용하는 유추를 빌어 말하자면, 이 책은 그저 단순히 두 사람이 번갈아가면서 가르치는 '공동 교수'(tandem–taught)라기보다는 둘이 한 팀을 이뤄 가르치는 '팀 교수'(team–taught)다.

영어에서 삼인칭 단수 총칭 대명사를 사용하는 것은 아직까지는 장점보다는 논란의 여지가 훨씬 많다. 사람들은 1970년 무렵 이전에 영어권에서 거의 보편적으로 그랬던 것처럼, 남성과 여성 둘 다에 대해 '그'(he)라는 대명사를 획일적으로 사용하는가? 일부 사람들은 그것을 알고 놀랐다고 계속 주장하지만, 21세기 미국인 중 많은 사람들은 그 말을 귀에 거슬리거나, 이상하거나, 성차별적이거나, 구식이라고 생각하며, 소수의 사람들은 정말로 그 말을 오해하는 것이 사실이다. 하지만 그 의미를 계속 설명하는 것은 지나치게 세세한 것에 얽매이는 것처럼 보인다. '그 혹은 그녀'(아니면 '그녀 혹은 그')라는 말은 이따금 사용하는 대용물로는 좋으나, 너무 자주 그 말을 사용하면 좀 성가시게 된다. '그'라는 말을 한 번 사용하고 '그녀'라는 말을 그다음에 사용하는 것은 병행 구조에서는 아주 좋지만 다른 곳에서는 별로 좋지 못하다. 그래서 우리는 아직 글에서는 일관되게 사용되지 않지만, 대화를 할 때는 보편적인 해결책이 된 말을 택했다. 즉, 선행사가 총칭 단수일 때 삼인칭 복수인 '그들'을 사용하는 것이다.

크레이그는 덴버 신학교 도서관 사서인 키스 웰스(Keith Wells)와 직원들이 계속 우리에게 필요한 자료들을 제공해준 것에 대해, 특히 2005년 여름에 옮겨간 새로운 캠퍼스에서 그렇게 해준 것에 대해 감사한다. 그곳은 대단히 쾌적한 환경이었으며, 매우 유용한 도움과 풍부한 자료들이 있었다. 또한 킴 백클런드[(Kim Backlund), 지금은 킴 클레어(Kim Claire)] 전 덴버 신학교 서점 관리자와 직원들에게도 마찬가지로 감사를 표하고 싶다. 그들 역시 그들 동료와 친구의 연구에 개인적 관심을 가지고 열심히 격려해주었다. 2005–2006년도 나의 연구 조교였던 마이크 헤멘웨이(Mike Hemenway)가 고대 유대교 및 그리스–로마 문헌에서 나온 많은 기초적 참고 자료들을 찾아준 것에 감사한다. 신학교 경영진과 이사들이 내게 귀한 교수직을 허락해준 것도 감사한다. 그 때문에 계속 이어지는 수많은 연구와 저술을 위한 기금을 조달하는 일이 매우 쉬워졌다. 마지막으로, 우리 학과 졸업생 조교 제니퍼 파우츠(Jennifer Foutz)는 약어 목록을 제공해주고, 원고를 전반적으로 다듬어주었으며, 정확성을 도모하기 위해 원고 처음부터 끝까지 나오는 인용문들을 점검해주었다. 깊은 감사를 표한다.

나(마리암)는 크레이그 교수님이 이 프로젝트에 참여하도록 초대해주시고 언제나 격려해주신 것에 대해 감사한다. 또한 리차드 보캄(Richard Bauckham) 교수님이 내가 학위논문을 쓰면서 더불어 다른 저술 프로젝트에 계속 참여하도록 지속적으로 후원해주신 것에 감사한다. 학문뿐 아니라 글쓰기와 교회 돌보는 일도 절대 중단하지 말라는 교수님의 격려는 그분의 이력이 그것을 모범적으로 보여줄 뿐 아니라 나 역시 바라는 것이기도 하다. 이렇게 '정신을 산만하게 하는 것들' 때문에 나의 논문이 이따금 늦어질 때조차 교수님은 은혜를 베풀어주셨다. 세인트 앤드류스 대학에서 내가 참여하는 기도 모임과 친구들에게 감사한다. 그들은 내가 학위 과정에 있는 중에도 현실에 입각할 수 있게 해주고 유머감각을 유지하도록 도와주었다. 그리고 덴버에 있는 '세상의 더러운 것을 위한 교회'(Scum of the Earth Church)에도 감사한다. 나는 거기에서 '지극히 작은 자'를 사랑하는 대가–그리고 기쁨–에 대해 직접 몸으로 배웠다. 그리고 언제나 나를 사랑하고 후원해주며, 더욱 중요하게는 정결하고 하나님이 받으실 만한 신앙의 모범을 가르쳐준 경건한 가족에게 감사한다(약 1:27).

우리 두 사람은 각각 이 책을 봉헌할 만한 한 명 혹은 여러 명의 사람들을 선정할 수 있었지만, 윌리엄 클라인(William W. Klein) 박사께 이 책을 합동 봉헌하기로 했다. 윌리엄은 크레이그가 1982년 팜비치 아틀랜틱 대학(Palm Beach Atlantic College, 오늘날과 같은 종합대학이 되기 전에)에서 처음으로 신약을 가르칠 수 있도록 추천해주신 분이다. 그리고 덴버 신학교의 교수업무 위원회(그것이 '업무'보다 '사업' 위원회가 되기 전에)에서 적극적인 역할을 해서, 크레이그가 1986년에 이 교수직에 지원하여 합격하게 해주었다. 윌리엄은 크레이그와 함께 일했던 22년 동안 더 이상 바랄 수 없을 만큼 협력적이고 마음이 맞는 동료이자 친구였다.

윌리엄은 또한 최근 몇 년 간 신약과 및 성경 연구 부문 학과장으로도 일했다. 그래서 마리암이 2004–2005년 덴버 신학교 헬라어 강사로 신학교에서 가르치는 일을 시작하게 해준 가장 직접적인 책임자였다. 그는 또한 마리암과 크레이그가 2006년 여름 동안 신약 개관 과정을 팀으로 가르쳐볼 것을 가장 먼저 제안해주었다. 그로 인해 마리암은 귀중한 소명의 경험을 가질 수 있었다. 우리 두 사람이 교수 사역을 시작하는 데 다른 어떤 사람보다도 윌리엄이 큰 역할을 했다는 것은 과장이 아니다. 우리는 깊은 감사의 마음으로 윌리엄에게 이 주석을 바친다. 그렇지만 모든 영광은 하나님의 것이다.

약어표

AB	Anchor Bible
ASV	American Standard Version
AThR	*Anglican Theological Review*
AUSS	Andrews University Seminary Studies
BDAG	Bauer, W., F. W. Danker, W. F. Arndt, and F. W. Gingrich. A *Greek-English Lexicon of the New Testament and Other Early Christian Literature,* 3rd ed. Chicago, 2000.
BDF	Blass, F., A. Debrunner, and R. W. Funk. *A Greek Grammar of the New Testament and Other Early Christian Literature.* Chicago, 1961.
BECNT	Baker Exegetical Commentary on the New Testament
Bib	*Biblica*
BSac	*Bibliotheca Sacra*
BT	*Bible Translator*
BTB	*Biblical Theology Bulletin*
BTS	Bible Speaks Today
Byz.	Byzantine
BZ	*Biblische Zeitschrift*
CBQ	*Catholic Biblical Quarterly*
CBR	*Currents in Biblical Research*
CCDA	Christian Community Development Association
CTR	*Criswell Theological Review*
CUP	Cambridge University Press
CurBS	*Currents in Research: Biblical Studies*
DRev	*Downside Review*
EDNT	*Exegetical Dictionary of the New Testament.* Edited by H. Balz, G.

	Schneider. English translation. 3 vols. Grand Rapids, 1990 – 1993.
ESV	English Standard Version
ETL	*Ephemerides theologicae lovanienses*
ETR	*Etudes théologiques et religieuses*
EvJ	*Evangelical Journal*
EvQ	*Evangelical Quarterly*
ExpTim	*Expository Times*
FoiVie	*Foi et vie*
GNB	Good News Bible
GTJ	*Grace Theological Journal*
HCSB	Holman Christian Standard Bible
HTR	*Harvard Theological Review*
ICC	International Critical Commentaries
Int	*Interpretation*
IRM	*International Review of Missions*
IVP	InterVarsity Press, Inter-Varsity Press (England)
JBL	*Journal of Biblical Literature*
JETS	*Journal of the Evangelical Theological Society*
JOTT	*Journal of Translation and Textlinguistics*
JPT	*Journal of Pentecostal Theology*
JSNT	*Journal for the Study of the New Testament*
JSNTSup	Journal for the Study of the New Testament Supplement series
JSOT	*Journal for the Study of the Old Testament*
JSOTSup	Journal for the Study of the Old Testament Supplement series
JTS	*Journal of Theological Studies*
KJV	King James Version
LS	*Louvain Studies*
LUP	Leuven University Press
NAB	New American Bible
NAC	New American Commentary
NASB	New American Standard Bible
NCBC	New Cambridge Bible Commentary
NEB	New English Bible
Neot	*Neotestamentica*

NET	New English Translation
NICNT	New International Commentary on the New Testament
NIDNTT	*New International Dictionary of New Testament Theology*. Edited by C. Brown. 4 vols. Grand Rapids, 1986.
NIGTC	New International Greek Testament Commentary
NIV	New International Version
NIVAC	NIV Application Commentary
NJB	New Jerusalem Bible
NLT	New Living Translation
NovT	*Novum Testamentum*
NRSV	New Revised Standard Version
NTLT	New Testament in the Language of Today
NTS	*New Testament Studies*
OED	*Oxford English Dictionary*
Presb	*Presbyterion*
PRSt	*Perspectives in Religious Studies*
RB	*Revue biblique*
REB	Revised English Bible
RevExp	*Review and Expositor*
RevistBib	*Revista bíblica*
RHPR	*Revue d'histoire et de philosophie religieuses*
RivBib	*Rivista biblica italiana*
RSR	*Recherches de science religieuse*
RSV	Revised Standard Version
RV	Revised Version
SAP	Sheffield Academic Press
SBFLA	Studii biblici Franciscani liber annuus
SBJT	*Southern Baptist Journal of Theology*
SBL	Society of Biblical Literature
SBLSP	*Society of Biblical Literature Seminar Papers*
SBT	Studia Biblica et Theologica
SCM	Student Christian Movement
SJT	*Scottish Journal of Theology*
SNTSU	*Studien zum Neuen Testament und seiner Umwelt*

SP	Sacra Pagina
ST	*Studia theologica*
TCNT	Twentieth Century New Testament
Them	*Themelios*
TJ	*Trinity Journal*
TNIV	Today's New International Version
TNTC	Tyndale New Testament Commentary
TRu	*Theologische Rundschau*
TTE	*The Theological Educator*
TynBul	*Tyndale Bulletin*
UBS	United Bible Societies' Greek New Testament
VE	*Vox evangelica*
WBC	Word Biblical Commentary
WJKP	Westminster John Knox Press
WTJ	*Westminster Theological Journal*
WW	*Word and World*
ZKT	*Zeitschrift für katholische Theologie*
ZNW	*Zeitschrift für die neutestamentliche Wissenschaft*

야고보서 서론

- 여러 가지 시련을 만날 때 그것을 기쁨으로 여기라.
- 행위 없는 믿음은 죽은 것이다.
- 너희는 선생이 많이 되지 말라. 너희가 더 엄격한 심판을 받을 것이기 때문이다.
- 간음한 여인들아, 세상과 벗된 것이 하나님과 원수 됨을 알지 못하느냐?
- 들으라 부한 자들아, 너희에게 임할 고생으로 말미암아 울고 통곡하라.
- 믿음의 기도는 병든 사람을 고칠 것이다.

이 모든 말 또는 이와 비슷하게 도전이 되는 말들이 야고보서라는 짧은 서신서에 나온다.[1] 많은 그리스도인들이 성경을 연구할 때 야고보서를 피하거나 적어도 대수롭지 않게 여기는 것도 놀라운 일이 아니다. 마르틴 루터는 그 서신서가 왜 정경에 속해있을까 의아하게 여겼다. 그는 그 서신서에 그리스도에 대한 언급이 너무 없다고 생각했기 때문이다.[2] 현대의 회의론자들은 야고보서가 믿음과 행위의 관계에 대한 바울의 가르침과 정면으로 충돌한다고 거듭 비난했다. 해방주의 신학자들은 북반구와 서방의 학자들이 그 서신서를 "가로막아",[3] 재물과 빈곤에 대한 그 서신서의 가르침이 갖는 완전한 의미를 회피한다고 주장했다. 번영 복음은 "믿음대로 되리라"는 그들의 가르침을 널리 선전하기 위해, '백지 수표' 약속처럼 보이는 것에 호소한다. 그리스도인들은 이 소위 일반 서신, 혹은 누군가 "신약 뒤쪽의 잊힌 책들"이라고 부른 것 중 첫 번째 서신을 어떻게 해야 하는가?

이 주석 시리즈의 전체 구성을 보면 그것이 분석하는 성경 책들에 대한 길고 자세한 서론

1. 각각 야고보서 1:2, 2:26, 3:1, 4:4, 5:1, 15을 보라.
2. *Luther's Works,* vol.35: *Word and Sacrament I*(Philadelphia: Fortress, 1960), 396. 그러나 루터는 결코 야고보서를 부인하지 않았으며 야고보서에 대해 글을 쓰면서 그가 우려하는 것들과 함께 긍정적인 많은 것들을 포함시켰다. Gerhard Maier, *Der Brief des Jakobus*(Wuppertal: Brockhaus, 2004), 26–28을 보라. 야고보서에 대한 종교개혁자들의 접근에 대해 더 일반적으로 다룬 글로 Timothy George, "'A Right Strawy Epistle': Reformation Perspectives on James," *RevExp* 83(1986): 369–82을 보라.
3. Elsa Tamez, *The Scandalous Message of James: Faith without Works Is Dead,* rev. ed.(New York: Crossroad, 2002), 1.

은 나오지 않는다. 그런 서론은 다른 주석들에서 쉽게 볼 수 있다.[4] 하지만 어떤 성경 강해든 그 책의 원래 배경이 된 상황에서 있었던 기본 쟁점들을 이해하지 않고 시작해서는 안 된다. 그것은 저자, 청중, 연대, 출처, 환경, 신학, 구조 등과 같은 것이다. 바울 서신들의 경우에는 이런 세부사항 중 많은 것들을 크게 힘들이지 않고도 판별할 수 있었다. 하지만 나머지 신약 서신들의 경우에는 그만큼 안다고 자신있게 단언할 만큼 충분한 자료가 없는 경우가 많다. 대부분의 경우, 외적·내적 증거는 그만큼의 정보를 보여주지 않는다. 야고보서의 경우, 배경에 대한 확실한 정보는 없지만 본문은 있을 때 가장 확실한 정보 중 하나는 서신서의 구성 요소다. 그렇기 때문에, 많은 성경 책들에 대한 주석들과는 달리, 먼저 야고보서의 구성에 대한 논의로 시작해보겠다.

개요

개별적 본문들

주석가들은 야고보서가 설교할 만한 길이의 본문 십여 개와 좀 더 짧은 몇 개의 서론적, 과도적, 결론적 부분으로 구성되어 있다는 데 상당한 의견의 일치에 도달했다.[5] 야고보서 1:1은 분명 그 서신서 시작부의 인사말이다. 1:2–11(혹은 12절)은 그 서신서의 토대가 되는 주제를 형성하면서, 계속 반복해서 나올 주제들을 소개한다. 그것은 시련에 대한 그리스도인들의 반응, 참된 지혜의 원천, 가난과 부에 대한 올바른 태도 등이다. 대부분의 학자들은 1:2–11이 이 세 개의 주제에 대한 세 개의 더 짧은 단락(2–4, 5–8, 9–11절)으로 세분된다고 인정한다. 어떤 사람들은 12절을 인용구를 마무리하는 것으로 보는 반면, 다른 사람들은 그다음 인용구에 대한 서론으로 본다. 1:12(혹은 13)–27을 어떻게 세분할지에 대해서는 일치된 의견이 더 적다. 하지만 많은 학자들은 18절에서 주요한 구분이 이루어진다는 사실을 받아들인다. 12–18절은 시련과 유혹의 문제를 다루고, 19–27절은 하나님의 말씀을 '들을' 뿐 아니라 '행할' 필요성을 강조한다는 것이다.

2장은 1–13절과 14–26절로 분명하게 세분된다(12–13절을 별도의 과도적 단락으로 보는 사람들도 있긴 하다). 2장 전반부는 부자를 위하느라 가난한 사람들을 차별하지 말라고 경고하는 반면, 후반부는 신자들이 긍휼의 행위를 보일 필요성을 이야기하고 나서, 참되고 구원하는 믿음에 대한 표시로서 일반적인 선행의 필요성에 대해 말한다.

3장을 어떻게 세분할 것인지에 대해서는 거의 완전히 의견이 일치된다. 1–12절은 혀가 선

4. 특히 Luke T. Johnson, *The Letter of James*(AB; New York: Doubleday, 1995) 3–164을 보라.

5. 접근법에 대한 상세한 개관에 대해서는 Mark E. Taylor, "Recent Scholarship on the Structure of James," *CBR* 3(2004): 86–115을 보라.

과 악 둘 다에 미치는 능력에 대해 열렬히 이야기하는 반면, 13–18절은 "위로부터 난 지혜"를 세상, 육체, 마귀에게서 나온 지혜와 대조시킨다.

4장도 마찬가지로 불균형하게 두 부분으로 나누어진다. 1–12절을 하나로 묶는 것은 야고보서의 청중들 사이에 있는 말싸움과 내분들에 대한 경고이고, 13–17절은 자신들이 계획을 세웠다는 것을 자랑하면서 하나님의 주권적 뜻에 겸손하게 의지하고 있다고 단언하지 않는 사람들을 책망한다. 모든 주석가가 4:1–12을 하나로 통합된 부분으로 보는 것은 아니다. 11–12절은 두 부분 사이에 있는 짧은 과도적 부분일 수도 있고, 아니면 13–17절의 서론일 수도 있다. 어떤 사람들은 4:1–3 혹은 4:1–10(혹은 12절)을 4:13–17보다 3:13–18과 더 밀접하게 연결시킨다. 하지만 야고보서의 기본 단위들은 여전히 매우 분명하다.

야고보서 5장은 이 서신서의 구조를 분석하는 사람들 사이에 가장 많은 질문이 제기되는 부분이다. 야고보가 그의 공동체의 상인들과 그의 독자들을 억압하는 부유한 지주들(아마 비그리스도인)을 차례로 논하는 것을 볼 때, 5:1–6은 4:13–17과 연결되면서 이 서신서 본문을 마무리하는가? 5:1–11은 문제(1–6절)와 해결책(7–11절)이라는 한 세트로 묶여 있는가? 12절은 따로 떨어진 하나의 지혜인가, 아니면 5:1–11을 마무리하거나 5:13–20을 시작하는가? 19–20절은 편지의 마무리 부분으로 이해할 수 있는가, 아니면 야고보는 그저 적절한 결말 없이 그의 서신서를 중단시키고 있는가? 이 모든 질문들에도 불구하고, 1–6, 7–11, 12, 13–18, 19–20절이 5장의 구성 요소를 형성한다는 것에는 거의 논란이 없다. 유일한 논쟁은 어떻게 그 부분들을 묶을 것인가 하는 것이다.

전반적 구조

야고보서의 구성 요소들에 관한 학자들 사이의 중대한 합의는 이내 전반적인 개요와 관련된 다양한 의견으로 넘어간다. 그럼에도 불구하고 크게 네 종류의 광범위한 접근법들을 분별할 수 있다.

첫째, 양식 비평의 전성기였던 20세기 중반에 마틴 디벨리우스(Martin Dibelius)가 주창한 것으로, 야고보서가 어떤 전체적인 개관을 염두에 두고 있지 않았으리라는 것이다. 복음서를 복음서 저자들이 구슬, 곧 느슨하게 연결된 별개의 발췌문들을 실에 꿴 것처럼 편찬했다고 보는 접근법처럼, 혹은 잠언 10–29장과 수많은 다른 성경 외의 유대 지혜 문학의 예처럼, 야고보는 아마 보다 직선적인 그리스–로마적 구조를 염두에 두지 않고, 작은 '주제별 소론들'을 그냥 한데 묶어놓았을 수도 있다. 서신서 전체에 '표어들'–사고의 흐름이 약간 분리되었지만 부분적으로 관련된 주제로 넘어가도록 하기 위해, 한 구절에서 나오고 그다음 구절에서 반복되는 핵심 단어 혹은 개념들–이 자주 나오는 것은 이런 접근을 지지하는 것으로 볼 수 있다. 예를 들어, 1:2은 시험 혹은 시련(πειρασμοί)이라는 주제를 소개하는데, 그것은 3절에서 반복된다(다른 단어인 δοκίμιον으로 나오긴 하지만). 3절은 인내(ὑπομονή)를 권하며, 4절에서는 그에 대해 더 다룬다. 4절은 부족함(λείπω에서 나온)이 없는 것에 대해 말하는 반면, 5절은 우리에게 지혜가 부족하면 무엇을 해야 하는지 말한다. 즉, 하나님께 구하라는(αἰτέω에서 나온) 것이다. 6절은 의심하지 말라고 주장함으로써 구하라는 말을 수식한다. 7-8절은 그 이유를 설명하며, 의심하는 자에 대한 부분적 동의어를 소개한다. 문자적으로는 "두 마음을 품은 자"(δίψυχος)라는 것이다. 이미 규정된 인용구들을 소개하거나 결론내리는 문장들을 제외하면, 상당수의 야고보서 구절들에는 비슷한 표어들이 포함된다.[6]

둘째, 야고보서가 광범위한 주제 혹은 논제를 다루려 했으리라는 것이다. 본문의 내부적 부분들을 연결시키는 표어들이 있다 해서, 절대 저자가 다른 전반적 개요를 염두에 두고 있을 수 없다는 말은 아니다. 야고보서에 대한 최근의 대다수 연구들은 이런 접근법을 택했다. 사이먼 키스트메이커(Simon Kistemaker)는 한 장당 한 가지의 핵심 주제가 있다고 본다. 각각 인내, 믿음, 자제, 복종, 인내 등이다.[7] 랄프 마틴(Ralph Martin)은 시작부의 인사말이 나온 후, 이 서신서를 "지속되는 시련"(1:12-19a), "말씀을 적용함"(1:19b-3:18), "신적 섭리에 대한 증언"(4:1-5:20)으로 나눈다.[8] 하지만 이 각각의 표제들은 너무나 광범위해서, 그것이 정말로 각 부분의 독특한 강조점을 포착하는 건지, 그리고 서신서의 다른 여러 부분도 동일한 표제에 똑같이 쉽게 포함될 수는 없는 건지 궁금하다.

루크 존슨(Luke Johnson)은 인사말 다음에 일곱 개의 주요 부분이 있다고 보고, 각 부분에 "권고의 전형"(1:2-27), "믿음의 행위"(2:1-26), "말의 능력과 위험"(3:1-12), "회심하라는 부름"(3:13-4:10), "교만의 예"(4:11-5:6), "시험의 때에 인내"(5:7-11), "믿음의 모임에서의 말"(5:12-20) 등으로 제목을 붙인다.[9] 이것은 키스트메이커와 마틴이 제시한 것보다는 좀 개선된 것이다. 하지만 이 일곱 가지 부분/주제들은 정말 전부 똑같이 중요한가? 존슨 자신이 1:2-27은 복잡하고 5:7-11은 단순하다는 것을 인정한다. 또한 열한 부분으로 된 것보다 많이 개선된 일곱 부분짜리 개요를 얻으려면 그저 이 주석 본론 부분에 나오는 설교할 수 있는 길이의 본문들을 열거하기만 하면 되는가?

세 번째 접근법은 복음 편집 비평의 최근 단계와 더 비슷하다. 야고보를 복음서 저자들과 마찬가지로 목적을 갖고 있는 신학자로 볼 수도 있다. 작은 단위들을 주의 깊게 엮어서 더 큰 생각의 조직을 만들고, 전반적인 구조를 활용해서 핵심 주제들의 우선순위를 매긴다는 것이다. 이 접근법의 가장 잘 알려진 예는 피터 데이비스(Peter Davids)에게서 볼 수 있다. 데이비스는 그 서신서에서 세 가지 핵심 주제를 밝혀낸다. 야고보는 1:2-11에서 각각을 간략하게 소개

6. Martin Dibelius, *James*, rev. Heinrich Greeven(Hermeneia; Philadelphia; Fortress, 1975 [Germ. orig. 1921])를 처음부터 끝까지 보라. 이 주석 책은 독일어로 5판까지 나왔으며, 1964년에 마지막 판이 출판되었다. 영어책은 이 5판을 번역한 것이다.

7. Simon J. Kistemaker, *Exposition of the Epistle of James and the Epistles of John*(Grand Rapids: Baker, 1986), 21-22.

8. Ralph P. Martin, *James*(WBC; Waco, TX: Word, 1988), xcviii-civ.

9. Johnson, *The Letter of James*, 11-16. 참고. Douglas J. Moo(The Letter of James [Pillar; Grand Rapids: Eerdmans, 2000], 43-46)도 비슷하게 1:1 이후에 일곱 개의 주요 부분을 찾아낸다. 다만 세분하는 방식이 약간 다를 뿐이다.

10. Peter H. Davids, *The Epistle of James*(NIGTC; Grand Rpaids; Eerdmans, 1982), 22-28. Davids는 처음에 특히 Fred O. Francis, "The Form and Function of the Opening and Closing Paragraphs of

한다. 시험(2–4절), 지혜(5–8절), 가난과 부(9–11절)다. 그다음 12–27절에서 약간의 상세한 설명과 함께 그것을 반복한다. 시험과 시련의 비교(12–18절), 특히 말의 분야에서의 지혜(19–21절), 사회경제적 불균형이 요구하는 관대함(22–27절, 26–27절은 또한 요약이자 전환의 역할을 한다) 등이다. 야고보서 2:1–5:6은 그다음에 이러한 각 주제들 묶음을 역순으로 더 해설한다(2:1–26; 3:1–4:12; 4:13–5:6). 데이비스는 5:7–20을 그 서신서의 '마무리 진술'로 보아, 12–20절이 더 공식적인 마무리로 나아가기 전에 7–11절이 세 개의 주요 주제를 요약한다고 생각한다.[10]

로버트 월(Robert Wall)도 마찬가지로 야고보서 1장이 믿음의 시험, 하나님의 지혜, 대역전 등의 주제들에 대한 "두 개의 서론적 진술"을 제시한다고 생각한다(1:2–4, 5–8, 9–11; 1:12–15, 16–18, 19–21). 하지만 그는 1:19이 서신서 본론에 대한 표제라고 생각한다. "듣기는 속히 하고 말하기는 더디 하며 성내기도 더디 하라"[11]는 세 가지 명령이 야고보서의 전반적 구조를 지시한다는 것이다. 듣기를 속히 하라는 주제는 1:22–2:26을 설명하고, 말하기를 더디 하라는 주제는 3:1–18을 하나로 통합해주며, 성내기를 더디 하라는 주제는 4:1–5:6을 결정짓는다. 그렇게 되면 이 서신서 결말부는 서신서의 시작부를 그대로 반영해서, 서론부에서처럼 3부로 된 두 부분이 나온다. 인내하라는 권고, 구약의 한 가지 예 그리고 지혜에 대한 확증이라는 주제가 두 번 반복되는 것이다(5:7–8, 9–11, 12; 5:13–16a, 16b–18, 19–20).[12]

최근 들어 상당수의 주석가들이 서론이 세 개의 핵심 주제가 나오는 두 부분으로 되어 있다는 데이비스와 월의 의견에 동의한다. 그들 중 대다수는 1장 전체가 서론이라고 생각한다. 많은 사람들은 각 부분을 데이비스와 월이 했던 것처럼 정확하게 기술할 수 있는지 의문을 표하긴 하지만, 상당수는 또한 서신서 본론에서 이 세 가지 주제를 상세히 설명한다는 데 동의했다. 의견이 일치되지 않는 점은 대부분 서신서 본론의 경계 및 5:7–20이 어떻게 더 상세하게 세분되어야 하는가에 관한 것이다.

마지막 학자 집단은 야고보서를 그리스–로마의 수사학적 구조에[13] 혹은 현대의 담화 분석에 맞춰보려 애쓴다. 이 중 가장 믿을 만한 것은 마크 테일러(Mark Taylor)와 조지 거스리(George Guthrie)가 몇 군데에서 개략적으로 말한 것이다.[14] 이 학자들은 1장을 이 책의 핵심 주제들에 대한 이중적 서론으로 본다는 점에서, 그리고 5:7–20을 삼부로 된 결론으로 본다는 점에서 데이비스와 상당히 비슷한 견해를 가지고 있다. 하지만 그들은 야고보서의 내부적 구조의 비밀을 열려면 2:12–13과 4:11–12의 인클루시오(문학적 구성법의 하나로 수미상관법 또는 수미쌍관법이라고 하며, 처음과 끝이 서로 관련이 있는 표현법으로 핵심 내용을 부각시킬 때 사용하는 기법이다–역

James and 1 John," *ZNW* 61 (1970): 110–26의 영향을 받았다.

11. 우리가 헬라어 성경에서 직접 번역하지 않은 성경 본문은 다른 표시가 없을 경우 TNIV 번역본에서 가져온 것이다.

12. Robert W. Wall, *Community of the Wise: The Letter of James*(Valley Forge, PA: Trinity Press International, 1997), 34–38.

13. 특히 Lauri Thuren, "Risky Rhetoric in James," *NovT* 37(1995): 262–84을 보라.

14. Mark E. Taylor, *A Text-Linguistic Investigation into the Discourse Structure of James*(London: T&T Clark, 2006); Mark E. Taylor and George H. Guthrie, "The Structure of James," *CBQ* 68(2006): 681–705; George H. Guthrie, "James," in *The Expositor's Bible Commentary*, ed. Tremper Longman III and David E. Garland, rev. ed.(Grand Rapids: Zondervan, 2006), 13:209.

주)를 인식해야 한다고 생각한다. 그것은 율법과 다가오는 심판에 비추어 적절히 말하고 행동하라는 기본적인 명령들을 반복한다. 이 인클루시오 때문에 테일러와 거스리는 2:1–11을 본문의 시작부로 그리고 4:13–5:6을 본문을 마무리하는 것으로 볼 수 있다. 그렇게 되면 이 서신서의 핵심은 2:14–4:10에서 나오는 것으로, 공동체 내에서의 옳고 그른 행동과 말에 대한 지속적 강조라고 볼 수 있다. 더불어, 서신서 본론 중의 본론이라 할 수 있는 것을 세분하는 교차대구법적(이 경우에는 A B C B' A') 구조 한가운데 있는 3:13–18에는 의로운 지혜와 세상적 지혜 사이의 뚜렷한 대조가 나온다.

몇 가지 접근법에 대한 이같이 간략한 개관만 보아도, 야고보서의 개요를 식별하는 것에 대해 절망하거나, 야고보서에는 개요란 없다고 확신하는 사람들 편이 되고 싶은 생각이 들 수도 있다. 그럼에도 불구하고, 상당수 학자들 간에 부분적으로 합의된 다양한 사항들을 보면, 여전히 우리가 진보를 이룰 수 있음을 확신하게 된다. 우리가 보기에 야고보서 2:12–13과 4:11–12은 상당히 이질적인 부분들로 이루어진 자료를 둘러싼 거대한 인클루시오를 형성한다기보다는, 작은 사고의 단위들에 대한 결론이라고 보는 것이 더 자연스럽다. 데이비스가 말하는, 1장에 두 번 나오며 그다음 2–5장에서 역순으로 나오는 세 가지 핵심 주제는 작은 인용구들을 연합시키는 주제들을 가장 적절하게 설명하는 듯하다. 그러나 우리는 몇몇 핵심 부분에서는 그가 구절을 구분해놓은 것들을 수정해놓았다. 이 중 가장 크게 수정한 것은 그의 개요 끝부분에 나온다. 우리가 뒤에서 주장하듯이, 5:19–20이 단독으로 서신서 마무리 부분을 형성한다면, 서신서 본론에서 시련과 시험이라는 주제에 대한 부분을 5:18까지 확장시킬 수 있게 된다. 결국 5:7–12은 주인의 억압으로 시련을 당하거나 시험을 당한 신자들이(1–6절) 어떻게 반응해야 하는지 분명하게 명령하는 반면, 13–18절은 똑같이 흔하면서도 그와 관련된 일세기의 시련인 육체의 고난과 질병을 소개한다.

먼저 우리가 여전히 본문에 야고보가 염두에 두고 있었던 것보다 더 많은 것을 부과하고 있을지도 모른다는 사실을 인정해야겠다. 우리는 몇 군데에서는 주요 주제들이 여전히 뒤얽혀 있다는 것을 기꺼이 인정한다. 그렇지만 이 개요의 역할이 서신서의 세 가지 지배적 주제를 밝히는 것뿐이라 해도, 개요를 만들 가치는 있는 듯하다. 구절 구분에 대한 논란들과는 상관없이, 우리가 개략적으로 살펴본 방식에 따라 적어도 몇 가지 형태의 역(逆) 대구법이 나온다면, 재물과 빈곤에 대한 올바른 접근이라는 중심 주제가 지배적인 관심사임을 알 수 있다. 이것만으로도 우리는 노력할 만한 가치가 있다. 상당히 최근까지 야고보서 연구에서 제대로 주목받지 못한 부분이 바로 이 주제이기 때문이다. 우리의 이론적 근거에 관한 더 상세한 사항들을 알려면, 독자는 이 주석에 나오는 각 본문의 문학적 전후 문맥 부분을 참고하면 된다. 한편, 여기에서는 우리가 만든 개요를 제시하고 다른 서론적 사항으로 넘어간다.

15. 야고보에 대한 해석과 관계는 없지만, 야고보서 배후에 있는 사람에 대한 확장된 논의에서 제기될 것으로 예상되는 문제는 예루살렘의 동굴에서 발견된 히브리 비문을 둘러싼 논란인데, 그 비문에는 "요셉의 아들, 예수의 형제 야고보"라고 새겨져 있다. 이 비문은

I. 인사말(1:1)

II. 세 가지 핵심 주제의 진술(1:2-11)

A. 그리스도인이 삶에서 겪는 시험(1:2-4)

B. 지혜 (1:5-8)

C. 부와 가난(1:9-11)

III. 세 가지 주제의 재진술(1:12-27)

A. 하나님과 관련된 시련/시험(1:12-18)

B. 말과 순종 분야에서의 지혜(1:19-26)

C. '갖지 못한 자들' 그리고 '가진 자들'의 책임: 서신서의 주제(1:27)

IV. 세 가지 주제의 확장(2:1-5:18)

A. 부와 가난(2:1-26)

1. 차별하는 것에 대한 정죄(2:1-13)

2. 행함이 없는 믿음의 문제(2:14-26)

B. 지혜와 말(3:1-4:12)

1. 혀의 권세(3:1-12)

2. 위로부터 난 지혜와 아래로부터 난 지혜(3:13-18)

3. 다툼과 비방에서 말의 오용(4:1-12)

C. 시련과 시험(4:13-5:18)

1. 하나님의 뜻과 상관없는 계획 수립(4:13-17)

2. 억압에 반응함(5:1-12)

3. 심각한 질병을 위해 기름을 바르는 기도(5:13-18)

V. 마무리(5:19-20)

환경

어떤 서신서의 세부사항에서 드러나는 특징은 종종 그 서신서의 구성에 대해 많은 것을 알려 준다. 전화 통화에서 한쪽 사람의 말만 들을 때처럼, 언제나 상대방(들)의 견해에 대해 잘못된 추측을 할 위험은 있다. 특히 지혜 문학 및 권고 문학에서, 우리는 모든 명령이나 잠언이 청중들을 괴롭히고 있는 심각한 문제를 반영한다고는 감히 추측하지 않는다. 하지만 쟁점들이 예상보다 많이 반복되고, 상황이 명확하게 묘사되고 다루어질 때, 우리는 보통 타당한 추론을 할 수 있다. 야고보서에 대한 부분별, 혹은 때로는 구절별 분석은 이 점에서 특히 생산적이다.

서신서의 첫 번째 구절은 저자의 이름이 야고보라고 언급한다.[15] 신약에는 이 이름을 가진 어느 정도 알려진 사람이 세 명 나온다. 둘은 사도로서, 요한의 형제이며 세배대의 아들인 야고보와, 더 작으며(혹은 어리며) 알패오의 아들인 야고보(이들이 같은 사람이라면)다. 세 번째 야고보는 예수님의 (이부) 형제다.[16] 그는 교회가 생겨난 초기에, 예루살렘 교회를 이끄는 장로가 되었다(행 12:17; 15:13; 21:18).[17] 초대 교회 전통은 대체로 이 마지막 야고보가 이 서신서의 저자라고 본다.[18] 그렇게 보는 것이 가장 앞뒤가 맞는다. 세베대의 아들 야고보는 이미 아그립바가 죽은 해인(Jos., *Ant.* 19.343–50; 참고. 행 12:20–23) 주후 44년에 헤롯 아그립바로 인해 순교했으며(행 12:2), 초대 교회에서 우리가 알고 있는 어떤 야고보도 보통 이런 편지를 쓰는 데 필요한 만큼의 명성을 갖고 있지 못했기 때문이다.

예루살렘의 장로 야고보에 대한 후대의 기독교적 전승은 보통 그를 경건함에서–특히 기도, 금식, 나실인의 순결함을 시행하는 것에서–뛰어난 "의로운 야고보"(James the Just)라고 부른다.[19] 2세기 유대 그리스도인인 에비온파 사람들은 그가 토라를 준수하는 기독교의 선례를 제공한다고 주장한다. 하지만 야고보서에 대한 영지주의와 주류 기독교의 견해는 둘 다 이러한 주장을 반박한다.[20] 이러한 후대의 모든 전승에서 사실과 허구를 분리하는 것은 거의 불가능하지만, 사도행전 15장에 나오는 예루살렘 공의회는 야고보가 율법에서 자유한 복음에 대해 바울이 이해한 바를 권위있게 변호하는 말로 결론을 맺는다. 비록 야고보는 이방인들에게 유대인들이 특히 불쾌하게 생각하는 것과 이교의 우상숭배와 밀접한 관련이 있는 특정한 관행들은 자발적으로 삼가주기를 요구하지만 말이다(28–29절; 참고. 또한 갈라디아서 2:1–10에 나오는 이전의 간부 회의).[21] 더 확실한 것은 야고보가 자기 형이 살아 있을 때 그 형의 신원에 대해 회의적 태도를 보였다는 것이다(막 3:21; 요 7:5). 야고보는 특별한 부활체가 나타난 것을 본 후에야 예수님을 믿게 되었을 것이다(고전 15:7). 물론 그는 보다 점진적으로 믿음에 이르게 되었을 수도 있다.[22]

야고보서 1:1은 이 서신서의 수신자를 "흩어져 있는 열두 지파"라고 추가로 밝힌다. 이 문구에 대한 가장 자연스러운 독법은 야고보가 이스라엘 밖에 있는 유대인 그리스도인들에게

2002년 세상에 알려졌다. 그 동굴에 실제로 이 야고보의 뼈가 들어 있다면, 그것은 신약사에서 가장 위대한 고고학적 발굴물이자 보강 증거 중 하나다. 그러나 이 비문 후반부의 진정성이 의심스럽기 때문에 우리는 신중을 기해야 한다. 자세한 설명으로 Hershel Shanks and Ben Witherington III(*The Brother of Jesus: The Dramatic Story and Meaning of the First Archaeological Link to Jesus and His Family*[San Francisco: HarperSanFrancisco, 2003], 3–87)를 보라. 이 두 저자는 발굴물이 참되다고 결론을 내린다. 이 결론에 반대한 가장 강력한 논증으로, Jodi Magness, "Ossuaries and the Burials of Jesus and James," *JBL* 124(2005): 121–54을 보라.

16. 예수님의 "형제와 자매들"의 신원에 대해서는 초대교회에서 발전된 여러 견해들이 있다(마가복음 6:3 병행구절을 보라): 그들이 실제로는 조카였다는 견해, 그들이 요셉의 전처가 낳은 아이들이었다는 견해, 또는 그들이 예수님이 탄생하신 후 요셉과 마리아가 낳은 아이들이었다는 견해 등이다. 마태복음 1:25의 문법과 결합해서 헬라어의 가장 자연스러운 의미는 이 중 마지막 견해를 지지한다. 특히 *John P. Meier, A Marginal Jew: Rethinking the Historical Jesus, vol.1: The Roots of the Problem and the Person*(New York: Doubleday, 1991), 318–32을 보라.

17. 이렇게 야고보가 중요한 지위에 오른 것에 대해서는 특히 Richard Bauckham, "James and the Jerusalem Church," in *The Book of Acts in Its Palestinian Setting,* ed. Richard Bauckham(Grand Rapids: Eerdmans, 1995), 415–80을 보라.

18. 특히 Eusebius, *H.E.* 2.23.25; 3.25.3를 보라. 또 Origen, Jerome, Augustine 그리고 카르타고 회의를 보라. 관련된 외적 증거를 가장 완전하게 편집해놓은 것으로 Joseph B. Mayor, *The Epistle of St. James,* 3rd ed.(London: Macmillan, 1913), lxvi–lxxxiv를 보라. 여기에는 교부 저자들이 쓴 수많은 직접 인용문과 암시들이 포함되어 있다.

19. 특히 Bruce Chilton and Craig A. Evans, eds., *James the Just and*

글을 쓰고 있다고 본다. 베드로전서 1:1이 비슷한 말을 주로 이방인 배경을 가진 교회들에 적용시키는 것은 사실이다. 하지만 우리는 그것을 단지 서신서 뒷부분에 나오는 언급들을 통해서 알게 될 뿐이다. 야고보서에는 그의 독자들 대부분 혹은 전부가 문자적인 인종적 유대인이라는 가정을 뒤집는 것은 아무것도 없다. 몇몇 학자들은 이스라엘 안의, 하지만 예루살렘 밖에 있는 사람들을 말한다고 주장했으며, 야고보의 청중들이 흩어져 있는 것은 스데반이 돌에 맞아 죽은 후에 신자들이 흩어진 것을 말한다고 생각했다(행 8:1, 4).[23] 하지만 이 서신서에는 이렇게 보다 구체적인 흩어짐을 가리키는 것은 아무것도 없다.

"디아스포라"(διασπορά)는 일반적으로 로마 전역에 흩어져 있는 유대인들, 앗수르, 바벨론, 바사, 헬라 제국 치하에 포로로 살던 조상들의 후예를 지칭하기 때문에, 여기에서도 그런 식으로 이해하는 것이 가장 좋다. 데일 앨리슨(Dale Allison)은 최근 17세기부터 19세기까지 자주 주장되던 견해, 곧 야고보가 그의 서신서에서 그리스도인 유대인과 비그리스도인 유대인 둘 다에게 글을 쓰고 있었다는 견해를 되살려냈다.[24] 그것은 우리가 심각하게 고려할 만한 견해다. 특히 그리스도에게 관심은 있지만 아직 헌신하지는 않은 사람들이 야고보의 '공동체'를 형성하는 집단의 한 부분이었다고 생각한다면 더욱 그렇다.

몇몇 현대 학자들, 특히 마나부 추지(Manabu Tsuji)는 야고보서를 목회적 회람 혹은 제국 전역에 있는 모든 유대인-그리스도인을 염두에 둔 "디아스포라에게 보내는 사도의 편지"로 이해해야 한다고 주장했다.[25] 하지만 우리가 가지고 있는 얼마 안 되는 증거는 어떤 일 세대 그리스도인 지도자가 그 당시 알려져 있던 세계 전체에 있는 모든 그리스도인에게-아무리 한 인종 혹은 종교적 배경을 가진 사람들에게라도-그러한 권위를 지니고 있다거나 그렇게 접근할 수 있었다는 암시와는 모순된다. 심지어 훨씬 더 큰 비그리스도인 유대인 공동체에도 그렇게 많은 영향력을 행사한 지도자들이 있지는 않았다(참고. 행 28:21).

사실 제안된 장르 자체가 다소 문제가 있다. 학자들은 종종 유사한 것으로 예레미야 29장,

Christian Origins(Leiden: Brill, 1999)를 보라.

20. 야고보에 대한 정경적 전통과 외경적 전통을 훌륭하게 개관한 글로, 특히 Shanks and Witherington, The Brother of Jesus, 89-223을 보라. 참고. Patrick J. Hartin, *James of Jerusalem: Heir to Jesus of Nazareth*(Collegeville: Liturgical, 2004). 방대하지만 매우 특이한 책으로 Robert Eisenman, *James the Brother of Jesus*(New York: Viking, 1996)가 있다. 야고보라는 사람에 대해 최근에 연구된 학문 결과를 충분히 조사한 글로, Matti Myllykoski, "James the Just in History and Tradition: Perspectives of Past and Present Scholarship," *CBR 5*(2006): 73-122; 7(2008): 11-98을 보라.

21. 특히 Ben Witherington III, *The Acts of the Apostles: A Socio-Rhetorical Commentary*(Grand Rapids: Eerdmans, 1998), 460-67을 보라.

22. John Painter, *Just James: The Brother of Jesus in History and Tradition* (Columbia: Univ. of South Carolina Press, rev. 2004) 11-41은 후자의 견해를 옹호한다.

23. 예를 들어, David P. Scaer, *James: The Apostle of Faith*(St. Louis: Concordia, 1993), 28-30.

24. Dale C. Allison, Jr., "The Fiction of James and Its *Sitz im Leben*," *RB* 108 (2001): 529-70.

25. Manabu Tsuji, *Glaube zwischen Vollkommenheit und Verweltlichung: Eine Untersuchung zur literarischen Gestalt und zur inhaltlichen Kohärenz des Jakobusbriefes*(Tübingen: Mohr, 1997), 5-50. 참고. *Richard Bauckham, James*(London: Routledge, 1999), 11-28; Donald J. Verseput, "Genre and Story: The Community Setting of the Epistle of James," CBQ 62(2000): 96-110; Karl-Wilhelm Niebuhr, "Der Jakobusbrief im Licht Fruhjudischer Diasporabriefe," NTS 44(1998): 420-43.

2Ma 1:1–9, 1:10–2:18, 예레미야의 서신, 2 Bar 78–86, *the Paraleipomena Jeremiou* 6:19–25, 7:24–34, Gamaliel I의 세 서신, 시므온 벤 가말리엘(Simeon ben Gamaliel)과 요하난 벤 자카이(Johanan ben Zakkai)의 두 서신, 아람어 파피루스 21과 30, 유대 광야에서 보낸 바 코크바(bar Kochba) 시대의 서신 등을 제시한다. 하지만 이것들은 더 큰 문서 혹은 서신서들 안에서 디아스포라의 한 작은 부분에게만 쓰인 '서신'들이다.[26] 실제로 야고보서의 수많은 특징들, 특히 5:7에 나오는 이른 비와 늦은 비에 대한 언급으로 보아 배경은 제국의 동쪽(헬라어를 사용하는) 절반에 국한되는데, 이는 지리적 특징들 때문이다. 유대 기독교는 보다 일반적인 유대교와 마찬가지로, 지중해 유역의 동쪽 끝에서 가장 강했으며, 많은 학자들은 수리아 내외 인근의 회중들이 이 서신서의 수신자일 가능성이 가장 많다고 생각했다. "야고보에게서 온 어떤 이들"이 수리아 안디옥에 와서(갈 2:12), 베드로가 이방인들과 식탁 교제를 나누다가 물러가게 하고, 그 결과 바울과 대결을 하게 한 것으로 보아 아마 그 공동체가 일반적으로 제시된 대상 청중일 것이다.[27]

야고보서 1:2–11은 여러 가지 시험이 있다고 분명히 말하며(2절), 9–11절은 분명 부자와 가난한 자들이 이 세상에서 그들이 처한 환경을 어떻게 보아야 하는지에 대한 일반적 적용일 것이다. 하지만 이 서신 끝부분에 가서, 야고보가 부와 가난의 문제로 자주 돌아간다는 사실은 사회경제적 불균형이 그의 회중들에게 여러 가지 문제를 일으키고 있었음을 시사한다.[28] 1:12–27 역시 초시간적이고 잠언적인 지혜를 많이 담고 있다. 하지만 26–27절에 나오는 예리한 요약 혹은 결론은 야고보의 교회에 너무나 많은 부적절한 형태의 말이 있었으며, 공동체 내의 가장 소외된 사람들을 돌볼 필요가 있다는 사실을 인식하지 못했을 수도 있음을 나타내는 듯하다.

2장은 이러한 의심들을 강화한다.[29] 2:1–4에 나오는 차별의 예는 하나의 가설이거나, 아니면 의도적으로 극단적인 것을 들었을 수도 있다. 많은 사람들은 2:14–17에 나오는 굶주리고 헐벗은 동료 신자들에게 말로만 잘되기를 빌어주면서 그들을 무시한다는 이야기가 일부러 극단화시킨 것이라고 생각한다. 그럼에도 불구하고, 일세기 지중해 세계의 인구통계학을 보면 인구의 10퍼센트까지는 너무나 가난한데다 병까지 들어서, 언제라도 그들의 생명이 실제로 위험에 빠질 수 있었음을 알 수 있다.[30] 야고보의 교회에서도 이러한 비율은 마찬가지였을 것이다. 그래서 '일용할 양식' 이상의 것을 정기적으로 취할 수 있는 사람들이 먹을 것이 충분치 않은 사람들에게 그 중 일부를 나눠줄 필요가 있었다.

---

26. 추가로 참고. Margaret M. Mitchell, "The Letter of James as a Document of Paulinism?" in *Reading James with New Eyes: Methodological Reassessments of the Letter of James,* ed. Robert L. Webb and John S. Kloppenborg(London: T&T Clark, 2007), 84–85, n.33.

27. Christoph Burchard, *Der Jakobusbrief*(Tübingen: Mohr, 2000), 6, 그리고 거기에서 인용된 문헌.

28. 특히 Pedrito U. Maynard-Reid, *Poverty and Wealth in James* (Maryknoll, NY: Orbis, 1987)를 보라.

29. 특히 David H. Edgar, *Has God Not Chosen the Poor? The Social Setting of the Epistle of James*(Sheffield: SAP, 2001)를 보라. 참고. Wesley H. Wachob, *The Voice of Jesus in the Social Rhetoric of James*(Cambridge: CUP, 2000).

그래서 2:14-26에서는 경제적 필요가 신학을 몰아간다. 믿음과 행함에 대한 야고보의 가르침(18-26절)-신약 해석의 역사에서 수많은 논쟁들을 야기시켰던-은 '서구'보다는 오늘날의 제삼세계 혹은 다수세계와 훨씬 더 비슷한 삶의 현실에서 나온 것이다(14-17절). 바울이 갈라디아와 다른 곳에 있는 유대주의자들을 논박할 필요를 느꼈을 때 그랬던 것처럼 반드시 어떤 신학적 논쟁이 그 가르침을 촉발한 것은 아니다. 이 문제에 대한 야고보와 바울 간의 관계에는 훨씬 더 많은 것이 깔려있는 것처럼 보인다. 하지만 여기에서 문제는 야고보가 자신이 택한 어휘와 어법을 가지고 글을 썼을 때, 어떤 가능성이 더 많은가 하는 것이다. 그가 (a) 바울의 견해와는 독립적으로, 그렇기 때문에 그 견해보다 먼저 썼을 것인가, 혹은 (b) 의도적으로 바울의 견해에 반응하면서 그리고 그 견해를 논박하면서 썼을 것인가, 혹은 (c) 바울의 견해에 대한 오해 혹은 왜곡을 의식적으로 바로잡으면서 썼을 것인가? 일단 야고보가 그의 핵심 용어들을 사용한 방식을 이해하면, (b)는 가능성이 없게 된다(뒤를 보라). (c)는 여전히 가능하다.[31] 하지만 야고보가 계속해서 바울을 반박하는 것으로 해석될 수도 있는 그런 언어를 과연 사용했을까. 그렇기 때문에 최근 들어 점점 더 많은 학자들이 그러는 것처럼, 우리는 (a)안을 택한다.[32]

갈라디아서가 주후 48년 혹은 49년에 이미 쓰였고, 초기 기독교 문헌에서 장로 야고보가 44년에 그와 동명이인이 죽을 때까지 두드러진 역할을 하는 것으로 언급되지 않는다면, 이 서신서가 쓰였을 가능성이 가장 큰 연대는 40년대 중후반이 아닐까 생각한다. 패트릭 하틴(Patrick Hartin)은 그렇게 이른 시기로 추정하는 것에 대해 여섯 가지 추가 이유를 제시한다. (1) 1:1에서 저자가 자신에 대해 묘사하면서 마치 예수님과 자신의 관계 혹은 어떤 지도자 직분을 전혀 언급하지 않아도 사람들이 쉽사리 그를 알 수 있는 것처럼 말하는 것 (2) 그가 이스라엘의 기업에 대해 친밀하게 알고 있는 것 (3) 그가 아직 글로 기록되기 전이었을 예수 전승을 막연하게 인용하는 것 (4) 그의 정신과 시각이 그리스도와 비슷한 것 (5) 이방인에 대한 언급이 전혀 없는 것 (6) 주후 70년에 일어났던 성전 파괴에 대한 언급이 전혀 없는 것[33] 등이다. 이런 식의 논법에 설득되지는 않았지만 여전히 야고보를 저자로 보는 사람들은, 그 서신의 연대가 적어도 62년 야고보의 순교보다는 앞서야 한다고 본다(Jos. *Ant*, 20.200을 보라).[34]

야고보서 3:1은 너무나 많은 사람들이 선생이 되기 원하는 것에 대해 경고한다. 그렇게 바라는 이유는 아마 선생에게 부여되는 지위 때문일 것이다. 이 말을 보면 야고보의 공동체 안에 있는 사람들 대부분은 아니더라도 많은 사람들이 가난했다는 인상을 더 강하게 갖게 된

30. 권위 있는 연구서는 Gerhard Lenski, *Power and Privilege: A Theory of Social Stratification*(New York: McGraw-Hill, 1966)이다. 284쪽, 그림 1에 나와 있는 유익한 도표를 보라.

31. 그것을 가장 강력하게 변호하는 최근의 글은 Mitchell, "The Letter of James as a Document of Paulinism?" 75-98에 나와 있다.

32. 예를 들어, Davids, *The Epistle of James,* 22; Douglas Moo, *The Letter of James*(Pillar; Grand Rapids: Eerdmans, 2000), 25-26; Guthrie, "James," EBC, 13:201-2.

33. Patrick J. Hartin, *James*(SP; Collegeville: Liturgical, 2003), 24.

34. James S, McLaren, "Ananus, James, and Earliest Christianity: Josephus' Account of the Death of James," *JTS* 52(2001): 1-25를 보라. 필명 이론에 대해서는 뒷부분을 보라. 물론 중간 대안은 야고보의 믿을 만한 전승이나 설교의 편찬자가 그것을 야고보가 죽은 후에 우리가 지금 갖고 있는 형태로 정리했다고 주장하는 것이다.

다. 랍비들이 반드시 다른 사람들보다 재정적으로 훨씬 더 잘살지는 않았다. 특히 작은 마을에서는 더 그랬다. 하지만 그들은 훨씬 더 큰 명예를 누렸다.

3:13–4:12에서 책망하는 분노, 이기심, 다툼은 이 그리스도인들이 자신들이 경험하고 있던 사회경제적 압박에 대해 공통으로 보이는 반응을 구체적으로 표현한 말일 것이다. '투사', '감정 전위' 같은 호칭들은 현대 심리학자들이 처음으로 만들어낸 말이겠지만, 진짜 대적에게 접근할 수 없을 때 내분을 겪는 현상은 그때나 지금이나 마찬가지다. 랄프 마틴(Ralph Martin)처럼 우리도 4:1에 나오는 "싸움과 다툼"이라는 말이나 4:2에 나오는 "살인"이라는 말을 문자적으로 받아들인다면, 여기에서 60년대의(혹은 야고보가 필명이라면, 더 후대의) 좀 더 조직화된 열심당의 기원을 발견할 수 있을 것이다.[35] 하지만 절대다수의 주석가들은 이 말을 비유적인 것으로 받아들여, 다툼을 주로 말로 하는 다툼이라는 의미로 보는 것은 옳은 듯하다. 그것에 대해서는 뒤에서 다루겠다.

4:13–17은 적어도 적은 무리의 여행하는 상인들이 있었음을 나타낸다. 십중팔구 이들은 야고보의 교회 안에 있는 소수의 잘사는 그리스도인일 것이다. 그들이 믿지 않는 외인들이라면 야고보가 그들에게 여호와의 뜻을 고려하지 않는다고 책망하지는 않을 것이다(4:15).

이에 반해, 5:1–6은 문자적 돈호법(연설 중에 그곳에 없는 사람 등을 부르는 것–역주)으로 받아들여, 야고보의 교회 교인들을 박해하고 그들의 삯을 주지 않는 로마인 혹은 유대인 부재 지주들에게 말하고 있다고 보는 것이 가장 좋다. 그 지주들은 그리스도인들이 아니고 소수의 대단히 부유한 외인들일 것이다. 그들은 그들의 농장에서 일하게 된 많은 신자들의 삶을 불행하게 만들고 있었다. 이 본문의 세부사항들(특히 4절에 나오는)을 보면 이 억압받는 그리스도인들은 매일 하루가 끝날 때 품삯을 받아야만 그날 저녁이나 그 다음 날 가족이 먹을 음식을 살 수 있는 일용 노동자다. 오늘날 북미에서 이들과 가장 유사한 사람들은 '이주 노동자'일 것이다. 6절에서 언급된 살인은 아마 실제 살인을 말할 것이다. '일꾼'들에게 생활할 수 있는 품삯을 지불하지 않으므로 혹은 품삯을 제때 지급하지 않으므로, 어떤 사람들은 아마 굶어 죽었을 것이다. 보다 흔한 경우로, 어떤 사람들은 그들이 절대 갚을 수 없는 돈을 빌리지 않을 수 없게 되었을 것이다. 그렇게 되면 그들은 채무자의 감옥에 갇히며, 그들의 육체적 필요를 돌보아줄 사람이 아무도 없어, 결국에는 거기서 죽을 것이다.

대부분의 서구 사람들은 산업시대 이전의 인구 중 상당한 비율이 자주 병들고 제대로 건

---

35. Martin, *James,* lxii–lxxii.

36. Peter G. Bolt, "Life, Death, and the Afterlife in the Greco–Roman World," in *Life in the Face of Death: The Resurrection Message of the New Testament,* ed. Richard N. Longenecker(Grand Rapids: Eerdmans, 1998), 51–79을 보라.

37. 특히 Luke L. Cheung, *The Genre, Composition and Hermeneutics of James*(Carlisle: Paternoster, 2003), 15–52을 보라. 참고. Leo G. Perdue, "Paraenesis and the Epistle of James," *ZNW* 72(1981): 241–56.

38. Hubert Frankemölle("Das semantische Netz des Jakobusbriefes: Zur Einheit eines umstritten Briefes," *BZ* 34[1990]: 161–97, 그리고 분책 끝에 나오는 접어넣은 페이지의 도표)는 야고보서에 나오는 신·구약 중간기 유대 지혜 문서, 특히 Wisdom of Jesus ben Sira(ch)의 특징을 지닌 상당수의 어휘를 상세하게 나타낸다. 참고. Ernst Baasland, "Der Jakobusbrief als neutestamentliche Weisheitsschrift," *ST* 36(1982): 119–39.

39. Todd C. Penner, "The Epistle of James in Current Research," *CurBS*

강 관리를 받지 못했다는 사실을 잘 알지 못한다.[36] 야고보서 5:13–18이 꼭 야고보의 공동체에서 당시의 기준에 비추어 유난히 질병이 많았다고 시사하는 것은 아니다. 하지만 그 기준들에 비추어 보아도 이 구절들은 적절하다. 야고보가 그의 서신서 도처에서 수많은 윤리적 분야에 대해 다루어야 했던 것에 비추어볼 때, 5:19–20은 가설 훨씬 이상의 것이다. 많은 사람들은 회복되고 그들의 잘못된 길에서 돌아설 필요가 있었을 것이다.

야고보서를 지배하는 수많은 명령어로 보아, 그 책은 권고라는 광범위한 문학적·수사학적 장르로 볼 수 있다.[37] 그 서신서는 지혜 문학의 배경을 갖고 있지만,[38] 분명한 예언적 함축 역시 지니고 있다.[39] 형식 면에서 그것은 부분적으로는 서신(편지), 부분적으로는 설교 그리고 주로 권고적 강화(광범위한 논증에 의해 전개되는 권고)와 유사하다.[40] 이 강화 중 많은 것은 변증법적이다. 야고보가 선한 행동과 악한 행동을 자주 대조시키기 때문이다. 그는 종종 긍정적으로 또한 부정적으로 전개될 수 있는 예들(배, 옷, 불, 물, 열매, 농업 등)을 사용하여 그렇게 한다.[41]

야고보가 저자라는 것과 야고보서가 그의 생전에 쓰였다는 주장에 대한 몇 가지 반대

우리가 지금까지 추론한 모든 것은 야고보서가 익명으로 쓰인 것이 아니라고 추정했다. 하지만 '야고보'가 이 서신의 실제 저자가 아니라면 어떻게 되는 것인가? 고대의 한 가지 문학적 방편인 익명 사용의 합법성에 관해서는 여전히 활발한 논쟁이 이루어지고 있다. 기독교 이전 유대교의 상당수가 그 기법을 속일 의도로 쓴 위서가 아니라고 인정했다는 것은 의심의 여지가 없는 듯하다.[42] 하지만 우리가 가지고 있는 기독교적 증거에 따르면, 2세기 중반부터는 그런 기법을 도덕적으로 받아들일 수 없는 것으로 한결같이 거부한다.[43] 기독교가 유대교에서 유래된 것에 비추어볼 때, 어떤 유대인 그리스도인들은 이 기법에 대한 그들의 생각을 바꾸는데 어느 정도 시간이 걸렸음이 분명하다. 이것은 신약 문서 일부 혹은 전부가 생겨나기 전인가, 후인가? 연대를 정하기에는 이 질문에 대답하기 위해 참고할 만한 자료가 너무나 부족하다.

일부 사람들이 이 서신서의 저자가 야고보라는 것을 부인하는 네 가지 중요한 이유는 아래와 같다.

7(1999): 275–80에서 조망한 다양한 관점들을 보라.

40. Hartin, *James*, 10–16; Johnson, *The Letter of James*, 16–24.

41. Kenneth D. Tollefson, "The Epistle of James as Dialectical Discourse," *BTB* 27(1997): 62–69.

42. 특히 David G. Meade, *Pseudonymity and Canon: An Investigation into the Relationship of Authorship and Authority in Jewish and Earliest Christian Tradition*(Grand Rapids: Eerdmans, 1986)을 보라. 하지만 Karen H. Jobes(BECNT; *1 Peter* [Grand Rapids: Baker, 2005], 15–17)는 저자로 추정되는 사람이 몇 세기 전에 죽었을 때는 그 관례가 받아들여진 것 같지만, 그 저자가 비교적 최근에 죽었다면 적법하게 여겨지지 않았다고 언급한다.

43. 특히 Terry L. Wilder, *Pseudonymity, the New Testament, and Deception: An Inquiry into Intention and Reception*(Lanham, MD: Univ. Press of America, 2004)을 보라.

1. 그 서신서의 문체가 유대인 목수가 숙달했으리라 생각되는 것보다 더 우아한 헬라어이며 더 복잡한 헬레니즘 개념들을 드러낸다.
2. 서신서의 내용이 독특하게 기독교적이지가 않다. 예수님에 대한 언급은 1:1과 2:1에만 나오는 반면, 어디에서도 성령에 대한 명백한 언급은 없다["성령/영혼"(πνεῦμα)은 4:5에서만 나온다]. 이 두 구절을 빼면 비그리스도인 유대인이 전체 문서를 썼다고 볼 수도 있다.
3. 이 서신서는 충분히 독특하게 유대 기독교이지가 않다. 2세기 에비온파, 즉 모세율법을 주도면밀하게 지키고 예수의 신성에 의문을 제기하는 초기 유대 그리스도인 당파 사람들의 독특한 신학을 나타내는 것이 거의 없다.
4. 기독교 역사의 처음 3세기 동안 야고보서를 비교적 늦게 신약 정경에 받아들인 것은 초기에는 저자에 대한 이 서신서의 주장들이 진짜인지 의심했다는 것을 시사한다.

이 네 가지 사항은 각각 상당히 쉽게 반박할 수 있다. 수세기 동안 이스라엘에서, 특히 갈릴리에서 헬레니즘이 미친 영향 때문에, 어떤 유대인이 헬라어 언어와 문화를 얼마나 많이 배울 수 있었는지 혹은 배울 수 없었는지에 대해 단정적으로 말하기는 어렵다. 나사렛은 갈릴리에서 두 번째로 큰 도시이며 이전의 주도였던 세포리로부터 8킬로미터 채 안 되게 떨어져 있었다. 20년대에 건축붐이 일었기 때문에, 세포리에서 야고보와 예수님은 쉽게 여러 해 동안 목수 일을 많이 할 수 있었을 것이다. 거기에서 그들은 또한 많은 헬라어와 헬라 문화를 습득할 수 있었을 것이다.[44] 마틴과 데이비스는 또한 야고보가 유대적인 원어를 배경으로 한 보다 매끄러운 헬라어를 사용했다는 표시를 몇 가지 보여준다.[45] 그런 저술 단계들을 결정하는 판단 기준은 너무 주관적이라 그런 이론들이 '가능'하다는 판결 외의 다른 평가를 내리기에는 무리가 있지만 말이다.

예수님의 이름은 단 두 번 나오지만, 야고보는 예수님의 가르침, 특히 마태복음과 누가복음 그리고 종종 산상수훈/평야 수훈에 나오는 가르침을 암시한다.[46] 가장 분명한 것은 야고보서 5:12에 나온다("무엇보다도 맹세하지 말지니 하늘로나 땅으로나 아무 다른 것으로도 맹세하지 말고 오직 너희가 그렇다고 생각하는 것은 그렇다 하고 아니라고 생각하는 것은 아니라 하여", 참고. 마 5:34–

44. 참고. Richard A. Batey, *Jesus and the Forgotten City: New Light on Sepphoris and the Urban World of Jesus*(Grand Rapids: Baker, 1991).

45. Martin(*James*, lxxii–lxxvii), "야고보는 단 하나의 서신을 썼으며 몇몇 사람들은 그것이 다른 사람에 의해 그의 이름으로 출판되었다고 주장한다"는 Jerome의 언급(DE *Vir. Illust.* 2)을 인용한다; Davids, The Epistle of James, 12–13, 21–22. 또한 Pierre-Antoine Bernheim, *James, Brother of Jesus*(London: SCM, 1997), 227, 244를 참고하라.

46. 특히 Patrick J. Hartin, *James and the Q Sayings of Jesus*(JSNTSup; Scheffield: SAP, 1991)를 보라. John S. Kloppenborg("The Emulation of the Jesus Tradition in the Letter of James," in *Reading James with New Eyes*, ed. R. L. Webb and J. S. Kloppenborg[London: T&T Clark, 2007], 121–50)는 야고보가 Q 자료에 의존하고, 다른 사람의 가르침을 자기 것으로 만드는 고대 전통—특히 지혜 전통에서—에 맞추어 의도적으로 그의 자료의 어구를 바꾼 것을 알아낸다. 다른 사람들은 Q 자료가 만들어지기도 전부터 야고보가 구전으로 내려오는 예수님의 말씀을 순수하게 활용한 것으로 본다. 가장 완전한 분석은 Dean B. Deppe(*The Sayings of Jesus in the Epistle of James*[Chelsea, MI: Bookcrafters, 1989])에 나오는데, 그는 Q 가설

37). 하지만 데이비스는 그런 암시라고 볼 수 있는 또 다른 서른다섯 가지를 열거한 유용한 표를 제공한다.[47] 신학적으로 중대한 수많은 개념적 유사들도 추가로 나타난다.[48] 이 서신서는 이처럼 예수 전통을 많이 참고하며 그렇기 때문에 완전히 기독교적이다.

하지만 야고보서에 나오는 많은 명령과 비슷한 것이 비기독교적 유대교에도 있다는 사실 자체는 야고보서가 충분히 유대-기독교적이지 않다는 반대를 약화시킨다. 그것은 독특하게 에비온파적이지는 않다. 하지만 이 경우 그 말은 야고보서가 정통이라는 것을 의미할 뿐이다![49] 후대의 교회 전통들은 아마 야고보가 다른 믿음의 분파들과 경쟁 상대인 토라를 준수하는 기독교를 장려했다고 과장해서 말했을 것이다. 그리고 야고보서를 바울 서신들보다 더 천천히 정경으로 받아들인 것은 아마 저자가 누구인가에 대한 의심과 관련된 것이기보다는, 그 두 저자의 신학 관계, 특히 믿음과 행함에 관한 관계와 더 관련되어 있었을 것이다.[50]

데이비드 니엔휘스(David Nienhuis)의 최근 논문은 창의적이고 새로운 주장을 펼쳐서, 그 서신서가 익명으로 쓰였다고 주장할 뿐 아니라 또한 2세기 중반에 쓰였다고 주장한다. 니엔휘스는 클레멘트 1서(1 Clement)와 헤르마스의 목자(Shepherd of Hermas)에서 보통 야고보서를 암시한다고 주장하는 부분을 너무 모호하다고 무시해버리고, 통상 추정되는 글의 순서-야고보서와 다른 초기 기독교 문헌 간의 유사점을 설명해주는-를 거꾸로 뒤집어, 가톨릭 서신 모음을 완성하기 위해 등장한 한 가톨릭 저자가 야고보서를 썼다고 믿는다. 그러고 나서 그 모음을 바울의 일방적일 가능성이 있는 신학과 균형을 이루기 위해 바울 서신 모음과 나란히 두었다. 니헨하우스(Nienhaus)는 2세기의 글들이 예수님의 동생 야고보에 대해, 그가 썼을 수도 있는 모든 서신서와 관련하여 침묵을 지키는 것을 중요하게 생각한다. 니헨하우스는 또한 이 서신서의 신학이 야고보에 대한 일관된 묘사-모세 율법뿐 아니라 의식들도 따랐다는-와 얼마나 다른지 주목한다. 교회 지도자가 쓴 진정한 1세기의 서신이었다면 그런 흔적이 남아있으리라는 것이다.[51]

하지만 분명 이 서신서가 야고보에 대한 그런 후대의 묘사와 더 가까운 때 쓰인 위서라면, 그 서신서의 신학을 야고보에 대한 전승들과 더욱더 조화되게 만들어야 했을 것이다. 그 정경 서신은 사도행전 15장에 나오는 야고보에 대한 묘사와 아무런 모순 없이 잘 맞는다. 야고보의 서신이 있었다면 성인전 작가들이 그것을 언급했으리라는 견해에 관해 말하자면, 사도

에 의존하지 않는다.

47. Davids, *The Epistle of James,* 47–48.

48. 특히 Virgil V. Porter, Jr., "The Sermon on the Mount in the Book of James," *BSac* 162(2005): 344–60, 470–82을 보라.

49. 참고. Richard Bauckham, "James and Jesus," in *The Brother of Jesus: James the Just and His Mission,* ed. Bruce Chilton and Jacob Neusner(Louisville: WJKP, 2001), 135: "우리는 에비온파로 알려진 후기 유대 기독교 분파의 남을 의식하는 저기독론이, 때때로 주장되어온 것처럼, 야고보 및 초기 예루살렘 교회 내에 있는 그의 집단으로 거슬러 올라가지 않는다고 이제 상당히 확신 있게 주장할 수 있다."

50. Ferdinand Hahn and Peter Müller, "Der Jakobusbrief," *TRu* 63(1998): 70–73.

51. David R. Nienhuis, *Not by Paul Alone: The Formation of the Catholic Epistle Collection and the Christian Canon*(Waco, TX: Baylor Univ. Press, 2007).

들과 그들의 조력자들이 후에 여행하고 가르친 것에 대한 초대 교회 전승들은 그들의 글에 대해서는 거의 언급하지 않는다. 심지어 그런 글들이 존재한다는 것을 우리가 명확히 알고 있는 경우에도 그렇다. 그런 전승들은 분명 그런 정보를 포함시킬 만한 곳이 아니었다. 그보다, 정경적 글에 대한 언급은 분명 신약 형성에 대해 보다 일반적으로 다루는 문서에 나온다.[52]

결론과 의의

그렇기 때문에, 이 짧은 서신은 아마 최초의 기록된 신약 문서이자 우리가 아는 최초의 기독교적 글이 될 것이다. 주 예수님의 (이부) 형제이며, 1세대 기독교(혹은 적어도 주후 44–62까지) 동안 예루살렘의 주요 장로였던 야고보는, 주로 유대 그리스도인 회중들 집단에게 글을 쓰고 있다. 아마 십중팔구는 40년 대 중반에서 후반에, 그리고 아마 수리아 안이나 부근 어느 곳에서 썼을 것이다. 야고보가 이때 어디에 살았었는지 알 수 있는 표시는 아무것도 없다. 하지만 예루살렘에 살았었다는 것이 가장 정확한 추측일 것이다. 야고보의 서신은 이처럼 대단히 이른 시기의 유대 기독교에 대한 독특한 정경적 증거로서, 그리고 단독적인 직접적 증거로서, 사도행전 초반부 장들과 연결되어 있다. 간단히 말해, 이러한 것들이 우리의 뿌리다!

우리는 본문 주석을 한 이후 야고보의 신학에 대한 요약을 할 것이다. 지금은 행동하는 믿음, 특히 사회적 행동을 취하는 믿음이 이 저자에게 여전히 중심이라는 사실을 말하는 것으로 충분하다. 구약 선지자들처럼 그리고 예수님의 경우처럼,[53] 야고보는 정통 믿음(orthodoxy)과 정통 행동(orthopraxy) 간에는 어떤 긴장 관계도 없다고(그리고 서로 밀접하게 결합되어 있다고) 본다. 올바른 믿음이 있으면 올바른 행동이 있다. 예수님과의 인격적 관계 및 사회 정의의 추구는, 교회사에서 종종 그렇게 보이는 것처럼, 기독교에 대한 상충된 이해를 만들어내지 않는다. 둘 다 복음에 절대적으로 필수불가결하다.[54]

---

52. 특히 F. F. Bruce, *The Canon of Scripture*(Downers Grove, IL: IVP, 1988)를 보라.

53. Craig L. Blomberg, "'Your Faith Has Made You Whole': The Evangelical Liberation Theology of Jesus," in *Jesus of Nazareth: Lord and Christ,* ed. Joel B. Green and Max Turner(Grand Rapids: Eerdmans, 1994), 75–93을 더 보라.

54. 참고. Pablo A Deiros, *Santiago y Judas*(Miami: Editorial Caribe, 1992), 35–41.

참고문헌

Adamson, James B. *James: The Man and His Message.* Grand Rapids: Eerdmans, 1989.

———. *The Epistle of James.* NICNT. Grand Rapids: Eerdmans, 1976.

Andria, Solomon. "James." Pages 1509 – 16 in *Africa Bible Commentary,* ed. Tokunboh Adeyemo. Nairobi: Word Alive; Grand Rapids: Zondervan, 2006.

Baker, William R. "James." Pages 9 – 112 in *James-Jude: Unlocking the Scriptures for You,* ed. William R. Baker and Paul Carrier. Cincinnati: Standard, 1990.

———. *Personal Speech-Ethics in the Epistle of James.* Tübingen: Mohr, 1995.

Baker, William R., and Thomas D. Ellsworth. *Preaching James.* St. Louis: Chalice, 2004.

Barton, Bruce B., David R. Veerman, and Neil Wilson. *James.* Wheaton: Tyndale, 1992.

Bauckham, Richard. *James.* London: Routledge, 1999.

Bernheim, Pierre-Antoine. *James, Brother of Jesus.* London: SCM, 1997.

Blomberg, Craig L. *The Historical Reliability of the Gospels.* Rev. ed. Downers Grove, IL: IVP, 2007.

———. *Interpreting the Parables.* Downers Grove, IL: IVP, 1990.

———. *Jesus and the Gospels: An Introduction and Survey.* Nashville: Broadman & Holman, 1997.

———. *Matthew.* New American Commentary. Nashville: Broadman, 1992.

———. *From Pentecost to Patmos: An Introduction to Acts through Revelation.* Nashville: Broadman & Holman, 2006.

———. *Preaching the Parables: From Responsible Interpretation to Powerful Proclamation.* Grand Rapids: Baker, 2004.

Bray, Gerald, ed. *Ancient Christian Commentary on Scripture.* Vol. 11. *James, 1 – 2 Peter, 1 – 3 John, Jude.* Downers Grove, IL: IVP, 2000.

Brosend II, William F. *James and Jude.* NCBC Cambridge: CUP, 2004.

Burdick, Donald W. "James." Pages 159 – 205 in *The Expositor's Bible Commentary.* Vol. 12, ed. Frank E. Gaebelein. Grand Rapids: Zondervan, 1981.

Byrskog, Samuel. *Jesus the Only Teacher: Didactic Authority and Transmission in Ancient Israel, Ancient Judaism and the Matthean Community.* Stockholm: Almqvist and Wiksell, 1994.

Campbell, R. Alastair. *The Elders: Seniority within Earliest Christianity.* Edinburgh: T&T Clark, 1994.

Chester, Andrew, and Ralph P. Martin, eds. *The Theology of the Letters of James, Peter, and Jude.* Cambridge: CUP, 1994.

Cheung, Luke L. *The Genre, Composition and Hermeneutics of James.* Carlisle: Paternoster, 2003.

Chilton, Bruce D., and Craig A. Evans, eds. *James the Just and Christian Origins.* Leiden: Brill, 1999.

———, eds. *The Missions of James, Peter and Paul: Tensions in Early Christianity.* Boston: Brill, 2005.

Church, Christopher. "James." Pages 323 – 422 in *Hebrews-James,* ed. Edgar V. McKnight and Christopher Church. Macon, GA: Smyth & Helwys, 2004.

Davids, Peter H. *The Epistle of James.* NIGTC. Grand Rapids: Eerdmans, 1982.

Deiros, Pablo A. *Santiago y Judas.* Miami: Editorial Caribe, 1992.

Deppe, Dean B. *The Sayings of Jesus in the Epistle of James.* Chelsea, MI: Bookcrafters, 1989.

Dibelius, Martin. *James.* Rev. ed. Heinrich Greeven. Hermeneia. Philadelphia: Fortress, 1975 (Germ. orig. 1921).

Doriani, Daniel M. *James.* Reformed Expository Commentary. Phillipsburg, NJ: Presbyterian & Reformed, 2007.

Edgar, David H. *Has God Not Chosen the Poor? The Social Setting of the Epistle of James.* JSNTSup; Sheffield: SAP, 2001.

Eisenman, Robert. *James the Brother of Jesus.* New York: Viking, 1996.

Evans, Mary J. "James." Pages 776 – 79 in *The IVP Women's Bible Commentary,* ed. Catherine C. Kroeger and Mary J. Evans. Downers Grove, IL: IVP, 2000.

———. "The Law in James." *Vox Evangelica* 13 (1983): 29 – 40.

Felder, Cain H. "James." Pages 1786 – 1801 in *The International Bible Commentary,* ed. William R. Farmer. Collegeville: Liturgical, 1998.

France, R. T., David Wenham, and Craig Blomberg, eds. *Gospel Perspectives,* 6 vols. Eugene, OR: Wipf & Stock, repr. 2003 – 4.

Gench, Frances T. *Hebrews and James.* Westminster Bible Companion. Louisville: WJKP, 1996.

Guthrie, George H. "*James.*" Pages 197 – 273 in *The Expositor's Bible Commentary, Revised Edition,* ed. Tremper Longman III and David E. Garland, vol. 13. Grand Rapids: Zondervan, 2006.

Hartin, Patrick J. *James.* SP. Collegeville: Liturgical, 2003.

———. *James of Jerusalem: Heir to Jesus of Nazareth.* SP; Collegeville: Liturgical, 2004.

———. *James and the Q Sayings of Jesus.* JSNTSup; Sheffield: JSOT, 1991.

———. *A Spirituality of Perfection: Faith in Action in the Letter of James.* Collegeville: Liturgical, 1999.

Hemer, Colin J. *The Book of Acts in the Setting of Hellenistic History,* ed. Conrad Gempf. Tübingen: Mohr, 1989.

Hiebert, D. Edmond. *The Epistle of James: Tests of a Living Faith.* Chicago: Moody, 1979.

Hodges, Zane C. *The Epistle of James: Proven Character through Testing.* Irving, TX: Grace Evangelical Society, 1994.

Hoppe, Rudolf. *Der theologische Hintergrund des Jakobusbriefes.* Wurzburg: Echter, 1977.

Hort, F. J. A. *The Epistle of St. James.* London: Macmillan, 1909.

Hubbard, David A. *The Book of James: Wisdom that Works.* Waco, TX: Word, 1980.

Hughes, R. Kent. *James: Faith That Works.* Wheaton: Crossway, 1991.

Huther, Johann E. *Critical and Exegetical Handbook to the General Epistles of James, Peter, John, and Jude.* New York: Funk & Wagnalls, 1887.

Isaacs, Marie E. *Reading Hebrews and James.* Macon, GA: Smyth & Helwys, 2002.

Jackson-McCabe, Matt A. *Logos and Law in the Letter of James.* Leiden: Brill, 1999.

Johnson, Luke T. *The Letter of James.* AB. New York: Doubleday, 1995.

———. *Brother of Jesus, Friend of God: Studies in the Letter of James.* Grand Rapids: Eerdmans, 2004.

Kaiser, Sigurd. *Krankenheilung: Untersuchungen zu Form,*

Sprache, traditionsgeschichtlichem Hintergrund und Aussage zu Jak 5,13 – 18. Neukirchen-Vluyn: Neukirchener, 2006.

Kamell, Mariam J. "The Concept of 'Faith' in Hebrews and James." In *The Epistle to the Hebrews and Christian Theology,* ed. Richard Bauckham, Daniel Driver, Trevor Hart, and Nathan MacDonald. London: T&T Clark, forthcoming.

———. "James 2:12 – 13." St. Andrews, unpublished paper, 2007.

———. "Wisdom in James: An Examination and Comparison of the Roles of Wisdom and the Holy Spirit." M.A. Thesis: Denver Seminary, 2003.

———. "Word/Law in James and the Promised New Covenant." Washington, DC: Unpublished SBL Conference Paper, 2006.

Keenan, John P. *The Wisdom of James. Mahwah,* NJ: Paulist, 2005.

Keener, Craig S. *The IVP Bible Background Commentary: New Testament.* Downers Grove, IL: IVP, 1993.

Kistemaker, Simon J. *Exposition of the Epistle of James and the Epistles of John.* Grand Rapids: Baker, 1986.

Klein, Martin. *Ein volkommenes Werk: Vollkommenheit, Gesetz und Gericht als theologische Themen des Jakobusbriefes.* Stuttgart: Kohlhammer, 1995.

Klein, William W. *The New Chosen People: A Corporate View of Election.* Grand Rapids: Zondervan, 1990.

Kugelman, Richard. *James and Jude.* New Testament Message. Wilmington: Glazier, 1980.

Kühl, Ernst. *Die Stellung des Jakobusbriefes zum alttestamentlichen Gesetz und zur paulinischen Rechtfertigungslehre.* Königsberg, Prussia: Koch, 1905.

Lea, Thomas D. *Hebrews and James.* Holman New Testament Commentary. Nashville: Broadman & Holman, 1999.

Levine, Amy-Jill, ed. *A Feminist Companion to the Catholic Epistles and Hebrews.* Cleveland: Pilgrim, 2004.

Lockett, Darian R. *Purity and Worldview in the Epistle of James.* London: T&T Clark, 2008.

Louw, J. P., and Eugene A. Nida. *Greek-English Lexicon of the New Testament: Based on Semantic Domains. 2* vols. New York: United Bible Societies, 1998.

Ludwig, Martina. *Wort als Gesetz.* Frankfurt am Main: Peter Lang, 1994.

MacArthur, John F., Jr. *The Gospel according to Jesus.* Rev. ed. Grand Rapids: Zondervan, 1994.

———. *The Gospel according to the Apostles.* Nashville: Word, 2000.

Maier, Gerhard. *Der Brief des Jakobus.* Wuppertal: Brockhaus, 2004.

Martin, Ralph P. *James.* WBC. Waco, TX: Word, 1988.

Martin, Raymond A. "James." Pages 7 – 51 in *James, I-II Peter, Jude,* ed. Raymond A. Martin and John H. Elliott. Augsburg Commentary on the New Testament. Minneapolis: Augsburg, 1982.

Maynard-Reid, Pedrito U. *Poverty and Wealth in James.* Maryknoll, NY: Orbis, 1987.

Mayor, Joseph B. *The Epistle of St. James.* 3rd ed. London: Macmillan, 1913.

McDonnell, Rea. *The Catholic Epistles and Hebrews.* Wilmington: Glazier, 1986.

Metzger, Bruce M. *A Textual Commentary on the Greek New Testament.* 2nd ed. New York: United Bible Societies, 1994.

Millet, Robert L. *Grace Works.* Salt Lake City: Deseret, 2003.

Moo, Douglas J. *The Letter of James.* Pillar New Testament Commentary. Grand Rapids: Eerdmans, 2000.

———. *The Letter of James: An Introduction and Commentary.* TNTC. Grand Rapids: Eerdmans, 1985.

Moore, Scott R. "Affinities of the Epistle of James with Synagogue Homily and Midrash." M.A. Thesis: Denver Seminary, 2007.

Motyer, Alec. *The Message of James: The Tests of Faith.*

Bible Speaks Today. Leicester: IVP, 1985.

Mounce, William D., ed. *Mounce's Complete Expository Dictionary of Old and New Testament Words.* Grand Rapids: Zondervan, 2006.

Nienhuis, David R. *Not by Paul Alone: The Formation of the Catholic Epistle Collection and the Christian Canon.* Waco, TX: Baylor University Press, 2007.

Nystrom, David. *James.* NIVAC. Grand Rapids: Zondervan, 1997.

Ortlund, Raymond., Jr. *God's Unfaithful Wife: A Biblical Theology of Spiritual Adultery.* Downers Grove, IL: IVP, 2003 (= *Whoredom: God's Unfaithful Wife in Biblical Theology.* Leicester: IVP; Grand Rapids: Eerdmans, 1996).

Painter, John. *Just James: The Brother of Jesus in History and Tradition.* Rev. ed. Columbia: University of South Carolina Press, 2004.

Penner, Todd C. *The Epistle of James and Eschatology: Re-reading an Ancient Christian Letter.* JSNTSup. Sheffield: SAP, 1996.

Perkins, Pheme. *First and Second Peter, James, and Jude.* Louisville: John Knox, 1995.

Popkes, Wiard. *Der Brief des Jakobus.* Leipzig: Evangelische Verlagsanstalt, 2001.

———. "New Testament Principles of Wholeness." *Evangelical Quarterly* 64 (1992): 319 – 32.

Porter, Stanley E. *Verbal Aspect in the Greek of the New Testament, with Reference to Tense and Mood.* New York: Peter Lang, 1989.

Richardson, Kurt A. *James.* New American Commentary. Nashville: Broadman & Holman, 1997.

Robertson, A. T. *Grammar of the Greek New Testament.* Nashville: Broadman, 1934.

———. *Word Pictures in the New Testament.* Vol. 6. Nashville: Broadman, 1933.

Rodin, R. Scott. *Stewards in the Kingdom: A Theology of Life in All Its Fulness.* Downers Grove, IL: IVP, 2000.

Rogers, Cleon L. Jr., and Cleon L. Rogers III. *The New Linguistic and Exegetical Key to the Greek New Testament.* Grand Rapids: Zondervan, 1998.

Ropes, James H. *A Critical and Exegetical Commentary on the Epistle of St. James.* International Critical Commentary. Edinburgh: T&T Clark, 1916.

Ruckstuhl, Eugen. *Jakobusbrief, 1 – 3 Johannesbrief.* Rev. ed. Wurzburg: Echter, 1988.

Scaer, David P. *James: The Apostle of Faith.* St. Louis: Concordia, 1993.

Scherer, Nic. "The Unity of God and the Duplicity of Humanity in the Letters of James." M.A. Thesis: Denver Seminary, 2007.

Schlosser, J., ed. *The Catholic Epistles and the Tradition.* Leuven: Leuven University Press and Peeters, 2004.

Schneider, John R. *The Good of Affluence: Seeking God in a Culture of Wealth.* Grand Rapids: Eerdmans, 2002.

Shanks, Hershel, and Ben Witherington III. *The Brother of Jesus: The Dramatic Story and Meaning of the First Archaeological Link to Jesus and His Family.* San Francisco: HarperSanFrancisco, 2003.

Sider, Ronald J. *Just Generosity: A New Vision for Overcoming Poverty in America.* Grand Rapids: Baker, 1999.

———. *Rich Christians in an Age of Hunger.* 4th ed. Dallas: Word, 1997.

Sine, Tom. *Mustard Seed versus McWorld: Reinventing Life and Faith for the Future.* Grand Rapids: Baker, 1999.

Sleeper, C. Freeman. *James.* Abingdon New Testament Commentary. Nashville: Abingdon, 1998.

Songer, Harold S. "James." Pages 100 – 140 in *The Broadman Bible Commentary.* Vol. 12, ed. Clifton J. Allen. Nashville: Broadman, 1972.

Stassen, Glen H. *Just Peacemaking: Ten Practices for Abolishing War.* Cleveland: Pilgrim, 1998.

———. *Just Peacemaking: Transforming Initiatives for Justice and Peace.* Louisville: WJKP, 1992.

Stulac, George M. *James*. IVP New Testament Commentary. Downers Grove, IL: IVP, 1993.

———. "Who Are 'The Rich' in James?" *Presbyterion* 16 (1990): 89 – 102.

Tamez, Elsa. *The Scandalous Message of James: Faith Without Works Is Dead*. Rev. ed. New York: Crossroad, 2002.

Taylor, Mark E. *A Text-Linguistic Investigation into the Discourse Structure of James*. London: T&T Clark, 2006.

Taylor, Mark H. "The Voice of the Prophets in the Letter of James." M.A. thesis. Denver Seminary, 2008.

Thomas, John Christopher. *The Devil, Disease and Deliverance: Origins of Illness in New Testament Thought*. JSNTSup. Sheffield: SAP, 1998.

Tidball, Derek. *Wisdom from Heaven: The Message of the Letter of James for Today*. Fearn, Scotland: Christian Focus, 2003.

Townsend, Michael J. *The Epistle of James*. London: Epworth, 1994.

Tsuji, Manabu. *Glaube zwischen Vollkommenheit und Verweltlichung: Eine Untersuchung zur literarischen Gestalt und zur inhaltlichen* Kohärenz des Jakobusbriefes. Tübingen: Mohr, 1997.

Wachob, Wesley H. *The Voice of Jesus in the Social Rhetoric of James*. Cambridge: CUP, 2000.

Wall, Robert W. *Community of the Wise: The Letter of James*. New Testament in Context. Valley Forge, PA: Trinity Press International, 1997.

Wallace, Daniel B. *Greek Grammar beyond the Basics*. Grand Rapids: Zondervan, 1996.

Webb, Robert L, and John S. Kloppenberg, eds. *Reading James with New Eyes: Methodological Reassessments of the Letter of James*. London: T&T Clark, 2007.

Weiss, D. Bernhard. *Das Neue Testament Handausgabe*. Vol. 3. Rev. ed. Leipzig: J. C. Hinrichs, 1902.

Willmer, Wesley K., and Martyn Smith. *God and Your Stuff: The Vital Link between Possessions and Your Soul*. Colorado Springs, CO: Nav-Press, 2002.

Witherington, Ben III. *Jesus the Sage: The Pilgrimage of Wisdom*. Minneapolis: Fortress, 1994.

———. *Letters and Homilies for Jewish Christians*. Downers Grove, IL: IVP, 2007.

Zodhiates, Spiros. *The Epistle of James and the Life of Faith*. Vol. 2. Grand Rapids: Eerdmans, 1959.

야고보서 1:1–11

CHAPTER 1

문학적 전후 문맥

야고보서의 첫 구절은 발신자, 수신자, 인사말 등 일세기 그리스-로마 서신에 나올 만한 모든 요소들을 포함한다. 하지만 나머지 부분은 관습적인 서신 형식과 그 정도로 유사하지는 않다. 야고보는 감사의 말도, 표준적인 서신 본문(정보와 권고 순으로 구성된)도, 식별 가능한 편지 마무리도 쓰지 않는다. 대신 야고보는 그의 서신의 세 가지 핵심 주제를 곧바로 말하기 시작한다. 첫째, 그는 1:2–11에서 그 주제들을 간략하게 소개하고, 그다음 1:12–27에서 약간 변형하여 그것을 반복한다. 권고는 그가 쓰는 모든 내용에 스며들어있지만, 서신의 본론부는 2:1에서 시작하는 것으로 볼 수 있다. 야고보서 1:2–4은 '시련' 혹은 '시험'(πειρασμοί)이라는 주제를 소개하며, 5–8절은 '지혜'(σοφία)의 필요성을 강조하는 반면, 9–11절은 부와 가난의 문제로 되돌아온다.

야고보서 1:12–18은 '시련 혹은 시험'을 약간 확대하여 다루면서 두 번째 주기를 시작한다. 하지만 야고보는 첫 번째 주기에서는 이 시험들이 인격을 형성하는 경험으로서 긍정적인 잠재력을 가지고 있다는 사실에 초점을 맞춘 반면, 여기에서는 그것을 주로 죄에 대한 유혹으로 취급한다. 야고보서 1:19–26은 지혜보다는 말에 더 초점을 맞춘다. 하지만 3:1–4:12에서 그 두 개념은 서로 얽혀있다. 야고보는 분명 그 두 개념이 밀접하게 연관되어 있는 것으로 본다. 야고보서 1:19–26은 또한 하나님의 말씀에 순종할 필요성을 강조한다. 마지막으로 1:27은 부와 가난이라는 주제에 걸맞게, 소유를 빼앗긴 자들의 본보기인 고아와 과부를 강조하는 반면, 동시에 서신서의 주제 진술을 형성해서 개인적 경건과 사회적 행동이 밀접하게 연결되도록 한다.

야고보서 1:12은 1:2–11과 1:13–18 사이의 이음매를 형성한다. 여기에서 '시련'(πειρασμός)은 2–4절에서와 마찬가지로 여전히 긍정적인 것–통과해야 할 시험–이다. 하지만 개념적으로, 이 본문은 13–18절을 소개한다. 그 구절들은 시험[같은 어원을 가진 동사 '시험하다' 혹은 '유혹하다'(πειράζω)라는 형태를 사용해서]에 대한 적절한 기독교적 대답을 소개하는 반면, 5–11절은 기껏해야 간접적으로 시련 혹은 시험들을 다룬다. 그럼에도 불구하고 2–11절에서 볼 수 있는 세 가지 분리된 주제들에도 불구하고, 하나의 맥락이 세 부분을 관통하는 듯하다. 지혜를 위해 기도할(5–8절) 가장 직접적인 필요는 2–4절에 나오는 시련들 때문이다. 이 시련들은 대체로 가난한 유대–그리스도인 농부들의 지주인 부유한 비그리스도인들로 인한 경제적 착취를 포함하는 듯하며, 9–11절에 나오는 부자와 가난한 자에 대한 야고보의 언급으로 자연스럽게 이어진다.[1]

➦ **I. 인사말(1:1)**

II. 세 가지 핵심 주제의 진술(1:2-11)

A. 그리스도인이 삶에서 겪는 시험(1:2-4)

B. 지혜(1:5-8)

C. 부와 가난(1:9-11)

III. 세 가지 주제의 재진술(1:12-27)

A. 하나님과 관련된 시련/시험(1:12-18)

B. 말과 순종 분야에서의 지혜(1:19-26)

C. '갖지 못한 자들' 그리고 '가진 자들'의 책임: 서신서의 주제(1:27)

주요 개념

시련에 대한 그리스도인의 반응은 그 시련들이 성숙을 촉진할 수 있음을 기뻐하는 것이어야 한다. 그것은 하나님께 지혜를 구할 때 그리고 그 시험들을 종종 부자와 가난한 자들의 역할을 역전시키는 평준화의 경험으로 볼 때 가능한 것이다.

번역

야고보서 1:1-11

1a	발신자	하나님과 주 예수 그리스도의 종 야고보는
b	수신자	흩어져 있는 열두 지파에게

1. 참고. Exod. Rab 31:3에 나오는 비슷한 주제와 언어의 배열: "시험을 견딜 수 있는 사람은 복이 있다. 하나님이 시험하실 수 없는 사람은 아무도 없기 때문이다. 그분은 부자의 손이 가난한 사람들을 향해 열리는지 보시려고 부자를 시험하신다. 그리고 가난한 자가 불평하지 않으면서 응징을 받아들이는지 보시기 위해 가난한 사람을 시험하신다."

c	인사말	문안하노라
2a	권고	내 형제들아…**온전히 기쁘게 여기라**
b	때	여러 가지 시험을 당하거든
3	기초(2a의)	이는 너희 믿음의 시련이 인내를 만들어 내는 줄 너희가 앎이라
4a	권고	**인내를 온전히 이루라**
b	목적	이는 너희로 온전하고 구비하여
c	병렬	조금도 부족함이 없게 하려 함이라
5a	조건	너희 중에 누구든지 지혜가 부족하거든
b	권고	**하나님께 구하라**
c	묘사	모든 사람에게 후히 주시고
d	대안	꾸짖지 아니하시는
e	결과(5b의)	그리하면 **주시리라**
6a	확장(5b의)	**오직 믿음으로 구하고**
b	재진술	조금도 의심하지 말라
c	예시(8ab의)	의심하는 자는 마치…바다 물결 같으니
d	묘사	바람에 밀려
e	확장	요동하는
7	기초(6ab의)	이런 사람은 무엇이든지 주께 얻기를 생각하지 말라
8a	확장(6ab의)	[그는] 두 마음을 품어
b	병렬	모든 일에 정함이 없는 자로다
9	권고	**낮은 형제는 자기의 높음을 자랑하고**
10a	대조	**부한 자는 자기의 낮아짐을 자랑할지니**
b	예시(11c의)	이는 그가 풀의 꽃과 같이 지나감이라
11a	확장	해가 돋고 뜨거운 바람이 불어
b	연속	풀을 말리면
		꽃이 떨어져
		그 모양의 아름다움이 없어지나니
c	기초(10a의)	**부한 자도** 그 행하는 일에 이와 같이 **쇠잔하리라**

구조

1절은 표준적인 서신서 서론이다. 그다음에 추가의 서론적 형식 없이, 야고보서의 세 가지 핵심 주제가 차례로 나온다. 2–4절에 나오는 시험은 지혜를 구할 필요가 있게 하고(5–8절), 경제적 착취를 포함할 수 있기는 하지만(9–11절), 이 본문의 세 가지 소부분은 어느 정도 따로따로 다룰 수 있다. 각 소부분에는 두 개의 주요 명령이 포함된다.

시험을 다루는 방식은 첫째로는 신자들이 그것을 기뻐할 기회로 여겨야 한다는 것이다(2a절).[2] 두 개의 종속부사절이 이 명령의 때와 기초를 규정한다. 그는 단순히 몇몇 상황들에서만이 아니라 시험이 어떤 사람을 괴롭힐 '때마다'(whenever: 우리말 성경에는 '당하거든'–역주) 기뻐해야 한다. 그런 환경들은 인격을 함양시켜줄 수 있기 때문이다. 이 경우 가장 두드러진 것은 인내를 촉진시켜준다는 것이다(3a절). 두 번째 명령어는 구체적인 윤리적 관찰에서 나온다. 신자들은 인내가 그들을 하나님이 원하시는 모습으로 빚어가도록 허용해야 한다는 것이다(4a절). 이 명령의 목적은 긍정적으로 진술되고, 그다음에 부정적으로 재진술된다. 그리스도인들은 성장하면서, 점점 더 성숙함으로 혹은 온전함으로, 즉 더 이상 영적으로 부족하지 않은 상태로 자라간다(4bc절).

지혜에 대한 부분에 나오는 첫 번째 명령은 신자들에게 하나님께 그것을 구하라고 명한다(5b절). 이 명령법에는 구한다는 조건 및 구하는 대상인 하나님의 본성에 대한 묘사가 수반된다. 하나님은 적절하게 구하는 사람에게 요구되는 지혜를 주실 것을 약속하신다. 구하는 것의 조건은 필요가 있다면(5a절) 구하라는 것이다. 그 말은 하나님은 우리에게 주기를 간절히 바라시며 간구하는 사람을 "비판하지"(HCSB) 않는 분으로 묘사한다(5cd절). 지혜를 구한 결과는 그 지혜를 받는다는 것이다(5e절).

두 번째 명령은 첫 번째 명령을 반복하지만 또한 상세히 설명한다. 구할 때는 믿음으로, 혹은 부정적 표현을 사용하면, 의심하지 말고(6ab절) 구해야 한다는 것이다. 세 개의 병행절이 명시적으로나 암시적으로나 "왜냐하면"(γάρ, 6절의 "의심하는 자는" 앞에, 7절의 "이런 사람은" 앞에, 8절의 "두 마음을 품어" 앞에 나오는 이 말이 우리말 성경에는 번역되어 있지 않다–역주)이라는 말과 함께 시작된다. 이 중 두 번째는 믿음으로, 의심하지 말고 구하라는 정교한 명령의 실제 기초를 제공한다. 그렇지 않으면, 하나님은 구하는 자에게 아무것도 주지 않으시리라는 것이다(7절). 세 번째는 이 이론적 근거를 확장시킨다. 그런 간구자들은 하나님이 모든 지혜의 원천이시라는 것을 분명하게 믿지 않는다. 그래서 그들은 하나님과 다른 어떤 '신' 혹은 '신들'(8ab절, 참고. 4:4)에 대한 이중적 충성 사이에서 동요한다.[3] 첫 번째 절은 이론적 근거의 예를 하나 제공한다. 그렇게 동요하는 것은 바람이 부는 바다에서 물결이 치는 것과 비슷하다는 것이다(6c절). 그 예는 실제로는 이론적 근거와 그것의 확장보다 앞에 나온다. 아마 야고보가 그 설명을 제시할 때 듣는 사람들이 그것을 더 잘 이해하고 받아들이도록 돕기 위함일 것이다.

세 번째 부분은 처음부터 두 개의 명령을 짝지어 놓는다. 물질적으로 가난한 신자들은 하나님이 그리스도인들에게 약속하시는 모든 특권과 함께 그들의 높은 영적 지위를 기뻐하라는

2. NLT는 역동적 등가 번역으로 이것을 보다 명백하게 표현한다. "괴로운 일이 너에게 닥칠 때마다, 그것이 기쁨을 위한 *기회*가 되게 하라…너의 인내는 성장을 위한 기회가 된다"(강조체 저자).

3. 8절 첫 부분에 "왜냐하면"(γάρ)을 두지 않고, 그 문장이 강조를 위해 접속사를 생략한 채 7절과 나란히 놓이도록 함으로써, 의심하는 사람에 대한 묘사를 확장할 수도 있다. 상당히 덜 그럴듯한 것은 HCSB의 "우유부단한 사람은 불안정하다…"라는 번역으로, 그것은 8절을 개념상 그 앞에 나오는 것과 거의 연결시키지 못한다.

명령을 받는다(9절). 이와 뚜렷하게 대조되는 것으로, 부자 신자들은 모든 좋은 것은 전적으로 하나님께로부터 오는 것을 인정하면서 그들의 낮아진 영적 지위를 기뻐하라는 명령을 받는다(10a절). 다시 한 번, 하나의 예가 예시되고 있는 원리보다 앞에 나온다. 심지어 부자들의 삶도 대단히 허약하고 덧없다. 마치 단명한 들의 꽃과 같다(10b절). 이런 비교는 이 꽃들이 얼마나 속히 시드는지 보여주는 일련의 묘사들로 확장된다(11ab절). 야고보는 예시의 요점으로 결론을 내린다. 부자도 마찬가지로 모두 너무 빨리, 심지어 예기치 않게 죽는다는 것이다(11c절). 이처럼 인생 경험에서 나온 이런 부인할 수 없는 관찰은 야고보가 부자들에게 하는 암시된 권고, 즉 그들의 소유를 의지하지 말라는 권고의 기초를 형성한다. 그것은 하나님 앞에서 자신을 낮추라는 야고보의 명백한 경고의 '뒷면'이다(10a절).

석의적 개요

➡ **I. 인사말(1:1)**

II. 세 가지 핵심 주제의 진술(1:2-11)

A. 그리스도인들은 시련이 성숙을 촉진할 수 있음을 기뻐함으로 그 시련들에 반응해야 한다(2-4절).

1. 그들은 그것을 철저한 기쁨의 근거로 여겨야 한다(2-3절).
2. 그들은 인내가 그들을 성숙으로 이끌도록 허용해야 한다(4절).

B. 그리스도인들은 하나님께 지혜를 구함으로 시련에 반응해야 한다(5-8절).

1. 그들은 구해야 한다. 때로는 끈질기게. 그러면 받을 것이다(5a-d절).
2. 확실한 결과는 하나님이 지혜를 주시리라는 것이다(5e절).
3. 기도의 방식은 하나님이 주실 수 있다는 사실을 의심하지 않는 믿음으로 구하는 것이어야 한다(6-8절).
   a. 왜냐하면 의심하는 자는 요동하는 파도처럼 불안정하기 때문이다(6절).
   b. 왜냐하면 의심하는 자는 주께 아무것도 받지 못할 것이기 때문이다(7절).
   c. 왜냐하면 의심하는 자는 두 가지 충성 사이에서 나뉘어 있기 때문이다(8절).

C. 그리스도인들은 종종 부자와 가난한 자들의 역할을 역전시키는 평균케 하는 경험으로 여기며 시련에 반응해야 한다(9-11절).

1. 가난한 그리스도인들은 그들의 높아진 지위를 자랑해야 한다(9절).
2. 부자 그리스도인들은 그들의 낮은 지위를 자랑해야 한다(10-11절).

본문 설명

약 1:1 하나님과 주 예수 그리스도의 종 야고보는 흩어져 있는 열두 지파에게 문안하노라(Ἰάκωβος θεοῦ καὶ κυρίου Ἰησοῦ Χριστοῦ δοῦλος ταῖς δώδεκα φυλαῖς τα?? ἐν τῇ διασπορᾷ χαίρειν). 야고보의 헬라어 이름은 영어의 제이콥(Jacob)으로 쉽게 표현될 수 있다. 하지만 라틴어에서는 Jacomus라는 번역이 Jacobus와 함께 발전되어왔으며, 그래서 많은 현대 유럽어에는 이제 같은 어원에서 나온 두 개의 남성 이름이 존재하게 되었다.[4] "종"(slave)이라는 말이 "하인"(servant)이라는 말보다 여기에 나온 헬라어 단어(δοῦλος)의 의미를 더 잘 보존하고 있다. 실제 종들이 자신들의 인간 주인에게 무조건적인 충성을 맹세해야 하는 것과 마찬가지로, 그리스도인들은 그들의 절대적인 신적 주인인 예수님께 헌신해야 했다.[5]

"종"이라는 말에는 관사가 없기 때문에, "하나님"과 "주"라는 말에도 관사가 없다. 그것은 그랜빌 샤프(Granville Sharp)의 법칙, 곧 하나의 등위 접속사로 연결되어 있고 하나의 관사의 지배를 받는 두 개의 단수 인칭 비고유명사는 하나의 실재를 나타낸다는 법칙이 해당되지 않는다는 의미다. 하지만 관사를 제외하고는 필요한 요소가 모두 존재한다. 그래서 이것은 초기에 예수를 하나님과 동일화하는 것이 될 수도 있다.[6] 그분은 적어도, 주님이시며 메시아(주와 그리스도)이시다. "주 예수 그리스도"라는 말은 신약에서 다양한 호칭 혹은 명칭들의 여러 결합 중 가장 완전한 것이다.[7]

주석가들은 야고보가 자신을 사도라고도(참고. 갈 1:19) 혹은 예수님의 형제라고도 언급하지 않는 것에 종종 놀란다. 그리고 어떤 사람들은 그런 언급이 빠진 것이 곧 그 서신서가 익명으로 쓰였다는 사실을 지지하는 것이라고 주장했다. 하지만 야고보는 예수님과 자신이 가족 관계라 해서 그에게 더 권위가 주어지지 않는다는 것을 암시하고 있으며, 한편 야고보서 수신자들은 이미 그가 예루살렘의 지도적 위치에 있는 장로라는 사실을 알고 있었을 것이다. 대신 야고보는 자신이 그의 독자들과 마찬가지로 그리스도 안에서 똑같이 하나님의 종이라는 사실을 강조하고 싶어한다.[8] 위서를 쓴 사람들이 그렇게 별로 권위를 주장하지 않는 서술자를 사용했을 것 같지는 않다.[9]

서론에서(28–30쪽) 논했듯이, "흩어져 있는 열두 지파"는 아마 수리아에 있는 지중해 유역의 동쪽 끝, 이스라엘 밖의 어느 곳에 있는 유대인-그리스도인 회중 모임을 말할 가능성이 가장 크다. "문안하노라"(χαίρειν)는 말은 영어의 '안녕'(hello)이라는 말에 해당되며, 당시의 편지 서론에서 가장 흔한 형태의 인사였던 것으로 보인다.[10]

---

4. *OED,* 5:549.

5. 특히 Murray J. Harris, *Slave of Christ: A New Testament Metaphor for Total Devotion to Christ*(Leicester: Apollos, 1999)를 보라.

6. 참고. Alec Motyer, *The Message of James: The Tests of Faith*(BTS; Leicester: IVP, 1985), 27.

7. 추가로 Craig L. Blomberg, "Messiah in the New Testament," in *Israel's Messiah in the Bible and the Dead Sea Scrolls,* ed. Richard S. Hess and M. Daniel Carroll R. (Grand Rapids: Baker, 2003), 111–41을 보라.

8. "그래서 그 호칭은 하나님의 주권 아래 있는 지도력에 대한 통합된 시각 안에서, 겸손함이 지닌 부드러움과 권위가 지닌 힘을 결합시킨다"(Guthrie, "James," 210).

9. Hartin(*James,* 51)은 저자는 자신의 신원을 더 밝히지 않음으로써, 자기 독자들에게 자신이 당시 가장 잘 알려진 야고보라는 이름의 초기 기독교 지도자라고 당연히 추정하게 만든다고 덧붙인다.

10. Burchard, *Der Jakobusbrief,* 50. 예를 들어, John McRay, *Paul: His Life and Teaching*(Grand Rapids: Baker, 2003), 265–68을 보라.

11. 심지어 Vern S. Poythress and Wayne A. Grudem도 *The Gender-Neutral Bible Controversy: Muting the Masculinity of God's Words*(Nashville: Broadman & Holman, 2000), 263–68에서 인정한 점. 그들은 여러 다른 경우에는 남녀 포괄 용어를 사용해 성경을 번역하는 것을 혹독하게 비판한다.

12. Johnson(*The Letter of James,* 176)은 이 행을 "그것을 전적으로 기쁨으로 여기라"라고 번역한다.

13. Patrick J. Hartin("The Call to be Perfect through Suffering [James 1,

약 1:2 내 형제들아 너희가 여러 가지 시험을 당하거든 온 전히 기쁘게 여기라(Πᾶσαν χαρὰν ἡγήσασθε, ἀδελφοί μου, ὅταν πειρασμοῖς περιπέσητε ποικίλοις). 야고보는 이 구절에서 시험 한가운데서의 기쁨이라는 주제를 소개하면서, 시험에 대한 예비적 논의를 시작한다. 그는 "형제들"(brothers and sisters, ἀδελφοί), 즉 동료 그리스도인들에게 편지를 쓴다. 이 단어가 같은 종교를 믿는 사람들을 언급할 때는, 전후 문맥에서 그렇지 않다는 것을 분명히 보여주는 경우를 제외하고는, 남성과 여성을 다 포함한다는 사실을 강조하는 것이 중요하다. 현대에는 '형제들'이라는 말이 더 이상 자동적으로 남성과 여성을 둘 다 함축하지 않기 때문에, 원래의 의미에 충실하려면 양성을 포함한 언어로 번역을 해야 한다.[11]

이 구절은 "온전히 기쁘게 여기라"(consider it all joy)는 말로 시작한다. 그것은 대단히 잘못 해석되는 명령어다. 첫째, "온전히"(all, πᾶσαν)에 해당되는 말은 이 맥락에서 '모든 것'을 의미하지 않으며, 여기에서 형용사적으로 사용되어, '순전한' 혹은 '전적인'이라는 의미다. 다시 말해, 그것은 직접 목적어의 일부가 아니라("모든 것을 여기라"), 어떤 유형의 기쁨을 가져야 하는지 보여주는 것이다.[12] "기쁨"(χαράν)이라는 말은 또한 어떤 감정보다는 존재 상태를 말한다.[13] 기쁨은 행복과는 매우 다르다. 그래서 이 구절은 그리스도인은 언제나 미소를 지어야 한다는 생각을 지지하지 않는다! 기쁨은 모든 상황에서 변치 않는 만족, 혹은 "하나님께 대한 깊고, 꾸준하며, 혼합되지 않은 감사의 신뢰라는, 자연발생적인 것이 아닌 반응"[14]이라고 정의할 수 있을 것이다. 여기에서 야고보가 연결어 혹은 표어를 사용한 첫 번째 예가 나온다(23쪽을 기억하라). 이 경우에는 1절에 나오는 "문안하노라"(χαίρειν)와 연결된 것이다. 이 기법은 논지를 진전시키면서 사고와 개념 유형들을 결합시키는 데 도움을 준다.[15] 이 시작 부분 명령어의 세 번째 핵심 부분은 "여기라"(ἡγήσασθε)는 말이다. 이것은 감정보다는 사고를 나타내는 동사다. 야고보는 자신의 환경에 대해 어떻게 느껴야 하는지를 명령하고 있는 것이 아니라 어떻게 생각해야 하는지를 명령하고 있다.[16] 그래서 우리는 어떤 어려운 상황에서든 "온전히 기쁘게" "여겨야" 혹은 "간주해야" 한다.[17]

우리는 시험을 "당하거든"(περιπίπτω[18]에서 나온) "그때마다"(ὅταν, 이 말은 우리말 성경에는 번역되어 있지 않다–역주) 이런 변치 않는 태도를 가져야 한다(참고. NET). 야고보가 그의 독자들에게 역경을 찾아다니라고 지시하고 있는 것은 아니다. 하지만 이것은 외적인 시험이 올 때 야고보가 그들에게서 보기 원하는 태도다. "시험"(πειρασμοῖς)에 해당하는 단어의 어근은 광범위한 의미를 지니고 있으며, "외적 시련 혹은 '시험' 과정 혹은… 죄에 대한 내적 유혹"[19]을 나타낸다. 여기에서는 분명 여전히 전자를 염두에 둔다. 야고보는 기독교가 사람들

2–4]: The Concept of Perfection in the Epistle of James and in the Sermon on the Mount," *Bib* 77 [1996]: 477)은 야고보서에서 "기쁨은 믿음이 시험을 받는 상황에서 적절한 반응으로 나온다"는 것에 주목한다.

14. Derek Tidball, *Wisdom from Heaven: The Message of the Letter of James for Today*(Fearn, Scotland: Christian Focus, 2003), 22.

15. William F. Brosend II(*James and Jude*[NCBC; Cambridge: CUP, 2004], 34)는 이 기술을 *gradatio*라고 부른다. 그는 그것을 "말 그대로 독자를 한 가로대에서 다음 가로대로 이끄는 사닥다리"로 묘사한다. 야고보는 또한 이 절에서 두운법을 두드러지게 사용해서, "시험"(πειρασμοῖς), "당하다"(περιπέσητε), "여러 가지"(ποικίλοις)를 연결시킨다.

16. D. Edmond Hiebert(*The Epistle of James: Tests of a Living Faith* [Chicago: Moody Press, 1979], 71)는 이것을 고정된 확신이라고 부른다. 이 명령의 부정과거 시제 때문이다. 다른 여러 문맥에서는 이것이 부정 과거를 '오용하는' 것일지 모르지만, 여기에서는 그것이 잘 맞는 듯하다.

17. William R. Baker("James," in William R. Baker and Paul Carrier, *James-Jude*[Cincinnati: Standard, 1990], 18)는 "문제들을 기쁨으로 보아야 하는 것은 우리가 실제로 그런 문제들을 즐거워하기 때문이 아니라, 그것이 우리를 향해 하나님이 목적하신 일부이기 때문"이라고 말한다.

18. BDAG(804)는 여기에서처럼 이 동사가 종종 여격 직접 목적어를 취한다고 언급한다.

19. Moo, *The Letter of James,* 53. 우리는 1:13–14에서 후자의 의미에 대해 살펴볼 것이다.

을 어떤 역경으로부터 보호해주지는 않는다고 강조한다. 그리스도인들은 시험을 당할 것이다.[20] 하지만 이때 핵심은 각 사람이 어떻게 반응할 것인가 하는 것이다. 마지막으로, 야고보는 그 시험을 "여러 가지"(ποικίλοις)라고 말함으로 그가 단순히 어떤 특정한 종류의 시험이 아니라 많은 시험에 대한 교훈을 제공한다는 것을 보여준다.

약 1:3 …이는 너희 믿음의 시련이 인내를 만들어 내는 줄 너희가 앎이라(γινώσκοντες ὅτι τὸ δοκίμιον ὑμῶν τῆς πίστεως κατεργάζεται ὑπομονήν). 이 구절은 이전 구절에 언급된 명령의 배후에 있는 이론적 근거를 소개한다. 왜 우리가 그것을 온전히 기쁘게 여겨야 하는가 하는 것이다. 야고보는 먼저 원인을 나타내는 분사인 "앎이라"(γινώσκοντες)는 말로 시작한다. 그는 그의 청중이 어떻게 기뻐할 수 있는지 설명한다. "너희가 앎이라." 그들이 알아야 하는 내용은 그들이 당한 시험의 목적이다. 하나님은 우리를 시험하시기 위해, 혹은 더 나은 표현으로는 우리를 '입증하시기' 위해 시험을 허용하신다.[21] '시련'(δοκίμιον)이라는 명사[22]는 앞에 나온 것(그것이 πειρασμοῖς였을 때)과는 다른 어근을 가지고 있다. 여기에서 함축하는 것은 승인, 어떤 것의 가치를 인정하는 것으로 이어지는 시험(testing)이다(참고. ASV).

이 인정은 야고보서의 핵심 가치인 "인내"(ὑπομονήν)를 낳는다.[23] RSV는 이 인내를 '확고부동함'(steadfastness)이라고 부름으로, 그것의 적극적 성질을 포착한다. 이것은 수동적인 미덕이 아니라 어떤 상황에서든 진리에 확고부동하게 붙어있는 것이기 때문이다. 타메즈(Tamez)는 그것을 "군사적 인내"[24]라고 표현하면서, 야고보가 짓밟히는 수동성보다 교전 중의 기다림을 주장한다고 시사한다[참고. NEB, '불굴의 정신'(fortitude)]. 이런 개념은 인내가 다른 사람이 우리를 좌지우지하도록 허용하는 것이라고 생각하는 우리 문화에서는 낯선 개념이다. 간단히 말해, "인내는 믿음을 쭉 늘여놓은 것이다".[25]

약 1:4 인내를 온전히 이루라 이는 너희로 온전하고 구비하여 조금도 부족함이 없게 하려 함이라(ἡ δὲ ὑπομονὴ ἔργον τέλειον ἐχέτω, ἵνα ἦτε τέλειοι καὶ ὁλόκληροι ἐν μηδενὶ λειπόμενοι). 야고보는 여기에서 '인내'(ὑπομονή)라는 개념을 확장시키면서, 계속해서 표어를 사용해 어떤 개념을 진전시킨다. 그는 우리가 이런 끈기를 통해 하나님이 의도하시는 모든 것을 이루게 해야 한다고 주장한다. 현재 명령법 "…하게 하라"(ἐχέτω)는 말은 "진행 중인 행동이 계속될 것"[26]을 명한다. 야고보는 이 일을 "온전히"(τέλειον)이라고 묘사한다.[27] 이 표현은 온전함뿐 아니라 성숙함을 나타낼 수 있다. 구약에서 그 말에 해당하는 히브리어 *tāmîm*이 종종 그렇게 사용되는 것과 마찬가지다. 여기에서는 두 의미를 모두 염두에 둔 듯하다. 우리는 이생에서 평생 성숙에 이르기를 열망할 수 있다. 하지만 궁극적으로 종말에 가서야 온전함에 이를

20. David E. Garland, "Severe Trials, Good Gifts, and Pure Religion," *RevExp* 83(1986): 384.

21. Philip Yancey(*Where Is God When It Hurts?*[Grand Rapids: Zondervan, 1977], 15)는 헬무트 틸리케(Helmut Thielicke)가 미국 기독교의 가장 큰 결점이 무엇이냐는 질문에 대해 우리는 "부적합한 고난관"을 갖고 있다고 대답했던 사건을 언급한다.

22. Marie E. Isaacs("Suffering in the Lives of Christians: James 1:2–19a," *RevExp* 97[2000]: 185)는 *τὸ δοκίμιον*은 "시험을 견디고 진정한 것으로 입증된 것"이라고 설명한다. 본문에서 이 말을 이렇게 변형시킨 것은 "진정함"(*δόκιμον*)이라고 해석하는 소수 의견보다 더 선호할 만한 것이다. 추가 설명으로 Johnson(*The Letter of James*, 177)을 보라.

23. Eugene H. Peterson은 그가 쓴 책에 붙인 *A Long Obedience in the Same Direction*, rev.ed. (Downers Grove, IL: IVP, 2000)이라는 제목으로 이 점을 잘 나타낸다. 이 제목은 Friedrich Nietzsche에게서 빌려온 것이다.

24. Tamez, *The Scandalous Message of James*, 14.

25. Bruce B. Barton, David R. Veerman, and Neil Wilson, *James* (Wheaton: Tyndale, 1992), 7.

26. Cleon L. Rogers Jr. and Cleon L. Rogers III, *The New Linguistic and Exegetical Key to the Greek New Testament*(Grand Rapids: Zondervan, 1998), 552.

것이다. 우리 신자들은 온전함을 위해 끊임없이 애써야 한다. 우리가 부활하여 영화되기까지는 절대 그 온전함에 이르지 못할 것임을 알면서도 그렇게 해야 하는 것이다.[28]

야고보는 이어서 인내의 목적을 상술한다. 참을성을 갖는 것 자체가 궁극적 목표는 아니다. 야고보는 더 큰 어떤 것을 염두에 두고 있다. 야고보는 그것을 "구비하여"(ὁλόκληρος)라는 말로 한정하면서, 성숙 혹은 완전함이라는 개념을 반복한다. 이 단어는 그리스도인이 어떤 존재가 되어야 하는지를 요약한다. 그것은 "과정을 통해 어떤 것이 점차 더 증가하는 것"을 나타내는 말로, "완전함은 그저 성품의 성숙함이 아니라, 의로운 성품의 '요소들'이 점점 더해지면서 완성 단계에 이르는 것"이다.[29] "온전하고 구비하여"라는 말로도 충분하지 않을까봐, 야고보는 또 그에 대응되는, "조금도 부족함이 없게 하려 함이라"(ἐν μηδενὶ λειπόμενοι)는 부정적 묘사를 덧붙인다. 이 술어분사는 시험을 성공적으로 통과한 성숙한 그리스도인의 특성을 묘사한다. 존슨은 야고보가 중복해서 말하는 것처럼 보이는 것은 "권고에 도덕적 효력을 제공한다"고 덧붙인다. "도덕적 혹은 영적 실상에서 '부족함'은 '미흡함'을 의미하기 때문"[30]이라는 것이다.

약 1:5 너희 중에 누구든지 지혜가 부족하거든 모든 사람에게 후히 주시고 꾸짖지 아니하시는 하나님께 구하라 그리하면 주시리라(Εἰ δέ τις ὑμῶν λείπεται σοφίας, αἰτείτω παρὰ τοῦ διδόντος θεοῦ πᾶσιν ἁπλῶς καὶ μὴ ὀνειδίζοντος καὶ δοθήσεται αὐτῷ). 야고보는 그다음에 영적 성숙함과 온전함을 위한 중대한 속성을 논한다. 이 구절은 1급 조건적 진술(first class conditional statement: if 뒤에 직설법 동사가 나오는 것으로, 조건절이 확실한 사실을 나타낸다. 이에 반해 3급 조건절은 if 다음에 가정법 동사가 나와 조건절이 불확실한 사실, 혹은 미래의 사실을 나타낸다-역주)로 시작한다. 그것은 사람들에게 지혜가 부족할 것이라고 상정한다. 5-8절은 "부족하다"(λείπω에서 나온)라는 연결어에 의해 2-4절과 결부되어 있다. 그러나 여기에서는 그리스도인들이 성숙함으로 나아갈 때 부족해서는 안 되는 핵심 속성들을 강조함으로써 초점이 약간 바뀐다. 하지만 지혜가 종종 시험의 때에 견딜 수 있게 해주고 우리를 온전함으로 인도하는 바로 그것이라고 이해할 때, 앞부분과의 개념적 연결이 나타난다.

"지혜"는 야고보서 전체에서 계속 중요하게 나오는 것으로, "올바른 행동을 위해 필요한 마음과 정신의 재능"[31]을 말한다. 성경 전반에서, 지혜는 단순한 지식 혹은 지성과 동일한 것이 아니라, 거기에 자신이 믿는 것을 삶으로 살아내는 실제적 요소가 추가된다. 그리고 야고보는 그 전통에 충실하다.[32] 학자들은 야고보서에서 지혜와 성령의 관계에 대해 토론한다. 성령은 4:5에만 나오는 반면(거기에 나오는 것이 맞다면), "위로부터 난 지혜"(3:17-18)는 바울이 말하는 성령의 열매와 밀접하게 닮아있기 때문이다(갈 5:22-23).[33] 지혜와 성령의 역할

27. Johnson(*The Letter of James*, 178)은 "'온전한' 것은" 반드시 사람을 말하는 것이 아니라 "인내의 행위 혹은 결과"라고 말한다.
28. 참고. 특히 Martin, *James*, 17.
29. Davids, *The Epistle of James*, 70. George M. Stulac(*James*[Downers Grove, IL: IVP, 1993], 38)은 이 구절의 중요성을 "인내는 그 자체가 목적이 아니라 예수 그리스도의 종으로서 성숙함에 이르는 생활방식임이 입증된다"는 것을 보여주는 것이라고 말한다.
30. Johnson, *The Letter of James*, 179.
31. F. J. A. Hort, Raymond B. Brown, "The Message of the Book of James for Today," *RevExp* 66(1969): 418에서 인용.
32. 이 의미는 철저히 유대적이며, 그것이 오로지 여호와로부터만 온다고 하는 일관된 전승이 있다. 참고. 잠언 2:6; 8:22-31; 9:10; 집회서 1:1; 24:23; 39:5-6; 51:17; 지혜서 8:21; 9:6. Martin(James, 17)은 지혜는 그것이 도덕적 함축과 경험적 함축 둘 다를 가지고 있다는 점에서 지성과는 다르다. 잠언 1:7은 "여호와를 경외하는 것과 그 율법의 도 안에서 행하기로 결심하는 것이" 지혜의 원천이며 정의라는 것을 암시한다.
33. 이 문제에 대해서는 특히 J. Andrew Kirk, "The Meaning of Wisdom in James: Examination of a Hypothesis," *NTS* 16(1969): 24-38을 보라.

은 상당히 중복되는 것처럼 보이지만(뒤의 190-191쪽을 보라), 이 구절은 그 둘이 전적으로 동일한 것이 될 수 없음을 나타낸다. 신자들에게 성령이 부족하지는 않을 것이기 때문이다.[34]

야고보는 그다음 지혜가 부족한 사람들에게 하나님께 "구하라"(αἰτείτω)고 말한다. 이것은 "인간의 노력으로 메꿀 수 없는 부족함이다. 그것은 하나님의 선물이며 그렇기 때문에 그분께 구해야 하는 것이다".[35] 우리는 완전함을 위해 아무리 애쓴다 해도, 하나님의 관대함이 없이는 지혜가 부족한 것을 메꿀 수 없다. "구하라"는 권고는 삼인칭 명령어로, 강제적 명령의 취지를 여전히 지니고 있다.[36] "구하라"는 말의 현재 시제는 이룰 수 있는 지속적 행동-반복된 혹은 계속적인 기도-을 시사하며, "주시리라"(δοθήσεται)는 말과 결합해서, 이미 헬라어로 되어 있는 마태복음 7:7 배후의 예수 전통을 야고보가 알고 있음을 반영하는 듯하다.[37] 우리는 "주시는 하나님"(διδόντος θεοῦ)께 구해야 한다. 여기에서 현재 분사는 '주시는 것'이 하나님의 계속적인 특성임을 나타낸다는 사실을 시사한다.[38] 아마 더 놀라운 것은 하나님이 "모든 사람에게"(πᾶσιν) 주신다는 약속이다. 그것은 우리가 받을 자격이 있든 없든 주시는 분이신 하나님의 본성을 보여준다.

야고보는 하나님의 주심을 "단독으로"((singly)라는 의미일 수도 있고 "후히"라는 의미일 수도 있는 용어(ἁπλῶς)로 더 묘사한다. 무(Moo)는 그 말이 마음의 한결같음(singleness) 혹은 '진실함'을 나타낸다고 생각한다. 그것은 "그리스도인의 성품은 하나님 성품의 반영이며 그 부산물이라고 묘사하는 야고보의 경향에 비추어볼 때 이해할 만한 언어적 조처"다. 그는 야고보가 우리에게 주시는 하나님의 관대함을 보여주려 하는 것이 아니라, "우리가 하나님을 기쁘시게 하기 위해 필요한 선물들을 주시는 하나님의 한결같고, 나눠지지 않은 의도"[39]를 보여주려 하고 있다고 주장한다. 하지만 존슨은 "'주는 것'이라는 동사와 관련해서 볼 때, 그 부사는 아마 그런 맥락에서는 *haplotēs*에 비추어 '관대함/너그러움'을 의미하는 것으로 보아야 할 것"[40]이라고 생각한다. 데이비스는 "한결같은 마음"이라는 또 다른 선택권을 취한다. 즉, 이 단어(ἁπλῶς)와 "꾸짖지 아니하시는"(not mocking, μὴ ὀνειδίζοντος)이라는 말이 결합되면, "심중유보(진술, 서약에서 중대한 사항을 감추는 것-역주) 없이"라는 의미를 지니게 되며, 하나님을 "진지하게 주저 없이 주시는"[41] 분으로 본다는 것이다. 이 마지막 해석은 그 단어가 "단 하나의, 진지한, 단도직입적인"(ἁπλοῦς)이라는 말에서 유래되었다는 것에 비추어볼 때뿐 아니라, 전후 문맥에 비추어 보아도 설득력이 있는 것처럼 보인다. 어쨌든, ἁπλῶς는 그다음 구절에 나오는 두 마음을 품는 것과 분명하게 대조를 이룬다. 그런 사람의 "통합성의 결여는…그의 요청을 훼손시킬 것이다".[42]

흥미롭게도, 야고보는 우리가 지혜를 구할 때 하나님이 우리를 조롱하거나 꾸짖지 않으신다고(μὴ

---

34. 특히 Mariam J. Kamell, "Wisdom in James: An Examination and Comparison of the Roles of Wisdom and the Holy Spirit"(M.A. thesis, Denver Seminary, 2003)을 보라.

35. Sophie Laws, *The Epistle of James*(London: Black, 1980), 54.

36. 우리는 종종 이것을 "그가 [뭔가를 하게] 하라"(*let* him/ her [do something])로 번역하겠지만, 이 번역은 우리가 단지 허가를 받는 것을 시사할 수 있다. 그 명령에 '해야 한다'(should) 혹은 '하는 것이 마땅하다'(ought)라는 의미가 여전히 첨부되어 있다는 사실을 기억하는 것이 중요하다.

37. Bauckham(*James,* 85-86)은 5-6절을 마태복음 7:11/ 누가복음 11:13의 확장으로 본다. 그것은 "예수의 제자인 현자 야고보가 지혜를 창의적으로 재표현한" 중요한 부분이다.

38. James H. Ropes(*A Critical and Exegetical Commentary on the Epistle of St. James*[ICC; Edinburgh: T&T Clark, 1916], 139)는 하나님의 이 속성을 믿는 것이 기도의 동기가 된다고 지적한다.

39. Moo, *The Letter of James,* 59. 참고. Martin, *James,* 18.

40. Johnson, *The Letter of James,* 179. 참고. Laws, *The Epistle of James,* 55.

41. Davids, *The Epistle of James,* 72-73. 참고. Wall, *Community of the Wise,* 52; Maier, *Der Brief des Jakobus,* 62.

42. Brosend, *James and Jude,* 36.

43. 이것은 하나님을 주어로 상정하고 있는 신적 수동태의 예다.

ὀνειδίζοντος) 약속한다. 그래서 하나님께 나아갈 때는 부끄러워할 필요가 없다. 하나님은 우리의 우둔함을 하찮게 보지 않으실 것이다. 대신 야고보는 구하는 자에게 "[그것을] 주시리라"[(it) will be given, δοθήσεται]고 주장한다.[43] 이 약속은 무엇을 주실 것인가 하는 질문에는 답하지 않는다. 하나님은 우리가 구하면 우리 삶이 어떻게 펼쳐질지 그 윤곽을 알게 해주신다고 약속하시는가, 아니면 우리가 내릴 만한 모든 결정에 대해 완전히 명확하게 알려주신다고 약속하시는가? 그렇지 않다. 하나님은 지혜, 즉 하나님이 우리를 어떻게 살게 하실지 분별하는 능력을 약속하신다. 이것은 우리가 구하는 것이 모두 주어지리라는 무제한적인 진술이 아니라, 주저 없이 주시는 분인 하나님께 구할 때 시험을 견디기 위해 필요한 실제적 지식과 이해를 얻게 되리라는 말이다. 이 구절 앞부분에 "너희"(복수, ὑμῶν)라는 말이 나오기 때문에, 문장 끝에 나오는 "그에게 혹은 그녀에게"(αὐτῷ)라는 번역을 대응되는 이인칭 복수로 번역하는 것이, 그 대명사의 성 포괄성(gender-inclusiveness)을 보존하면서, 더 나은 문장이 될 수 있다(참고. TNIV).

약 1:6 오직 믿음으로 구하고 조금도 의심하지 말라 의심하는 자는 마치 바람에 밀려 요동하는 바다 물결 같으니(αἰτείτω δὲ ἐν πίστει μηδὲν διακρινόμενος· ὁ γὰρ διακρινόμενος ἔοικεν κλύδωνι θαλάσσης ἀνεμιζομένῳ καὶ ῥιπιζομένῳ). 야고보는 이제 주님으로부터 받기 위해 요구되는 조건을 제시한다. 그것은 믿음이다. 그는 다시 한 번 연결어로 시작한다. 그것은 여기에서는 "구하라"(αἰτείτω)는 것이다. 그것은 보다 간접적인 삼인칭 형태를 반복한다. 그는 어떻게 구하고 어떻게 구하지 말아야 하는지에 관해 그의 명령을 제한한다. 그렇기 때문에 로스(Laws)는 야고보서가 응답 없는 기도라는 개념으로 돌아가고 있다고 시사한다.[44]

야고보는 우리가 구해야 하는 방식을 "믿음으로 구하고 조금도 의심하지 말라"(ἐν πίστει μηδὲν διακρινόμενος)는 말로 묘사한다. 여기에서 "믿음"은 최초의 믿음을 말하는 것이 아니라, 하나님의 정체성과 본성에 대한 계속적인 확신을 말한다.[45] 우리는 또한 의심하지 말라는 명령을 받는다(참고. 막 11:23 병행구절). 그것은 교회 역사에서 종종 잘못 해석되어온 또 다른 명령이다. 야고보는 신자에게 그들의 믿음이 효과 없고 헛된 것으로 입증되지 않도록, 절대 하나님이 그들에게 무엇을 주실지 묻지 말라고 요구하는 것이 아니다. 그보다 전후 문맥에 비추어볼 때, 야고보는 아낌없이 주는 분이신 하나님의 성품을 의심하지 말라고 주장한다.[46] 하나님의 성품을 의심하는 것은 또한 삶에서 하나님을 신뢰하고 싶어하지 않는다는 것, 혹은 하나님이 자신이 주장하시는 그런 분임을 믿지 않는다는 것을 암시할 수 있다.[47]

이런 의심에 대해 야고보는 격렬히 반대한다. 그는 하나님의 성품에 의문을 품는 사람들을 "바람에 밀려

44. Laws, *The Epistle of James,* 56.

45. Ropes(*A Critical and Exegetical Commentary on the Epistle of St. James,* 140)는 믿음이 삶의 모든 영역에서 "근본적인 종교적 태도"를 형성한다고 말한다. 구하는 것을 받으리라는 단순한 신뢰보다 훨씬 이상의 것이라는 말이다. 한편, 의심하는 사람은 "그 충성이 흔들리는 사람, 사색적 · 지적 질문들 때문에 괴로워하지 않는 사람, 야고보의 시야에 포함되지 않는 사람"이다.

46. Kistemaker(*James and the Epistles of John,* 40)는 사도행전 2:12을 의심 혹은 당황함이 죄 된 것이 아닌 더 큰 믿음으로 이어지는 한 예로 제시한다. 참고. 또한 마가복음 9:24에 나오는 믿음을 구하는 아버지의 부르짖음. Baker("James," 20)는 "근본적 문제는 간구자가 기도할 때 얼마만큼 확신을 갖고 있는가 하는 것이 아니다. 그보다 문제는 그가 일반적으로 하나님의 성품에 대한 확신이 없다는 것이다." 그래서 "믿음대로 될지어다"라는 말은 이단의 반대다.

47. 아브라함은 믿음의 첫째 가는 성경적 예가 된다(특히 롬 4:20; 히 11:8-10을 보라). 그리고 그는 분명 때때로 하나님의 약속들을 의심했다. 그럼에도 오랜 시간에 걸쳐 그는 하나님에 대한 의심보다는 그분에 대한 신뢰를 훨씬 더 많이 보여주었다. 하나님이 그를 따르는 자들에게서 찾고 계시는 것이 바로 이렇게 평생에 걸쳐 나타나는 전반적인 진실한 믿음이다.

요동하는 바다 물결"(κλύδωνι θαλάσσης ἀνεμιζομένῳ καὶ ῥιπιζομένῳ)로 묘사한다. 이런 이미지는 고전 문학의 저자들이 폭풍우가 칠 때뿐 아니라 통상적인 바다의 불안정을 말하기 위해 사용한 것으로,[48] 일관성이나 어떤 유형 없이 파도가 위아래로 끊임없이 움직이는 것을 묘사한다. 무는 상세히 설명한다. "여기에 나오는 묘사는 파도가 높이 솟아오르다가 바닷가에서 부서지는 것에 대한 묘사가 아니라, 바다가 부풀어오르는 것에 대한 묘사로, 순간순간 한 번도 같은 결과 모양을 지니지 않고, 언제나 바람의 방향과 강도에 따라 다양하게 변화하는 모습이다".[49] 이것은 그리스도를 신뢰하고 그분께 충성하며 끝까지 나아가려 하지 않고, 믿음과 회의주의 사이를 왔다 갔다 하며 의심하는 사람을 완벽하게 묘사해준다.

약 1:7 이런 사람은 무엇이든지 주께 얻기를 생각하지 말라(μὴ γὰρ οἰέσθω ὁ ἄνθρωπος ἐκεῖνος ὅτι λήμψεταί τι παρὰ τοῦ κυρίου). 야고보는 그다음에 의심하는 것의 결과를 말한다. "이런"(that, ἐκεῖνος)이라는 지시대명사는 야고보가 누구에 대해 논하고 있는지 아주 명료하게 밝힌다. 바로 6절에 나오는 의심하는 사람이다. 그 대명사는 또한 경멸의 의미를 함축한다. 여기에 나오는 "사람"(man 혹은 person, ὁ ἄνθρωπος)은 남성과 여성을 다 포함한다. 의심하는 것은 남자들만 하는 일이 아니기 때문이다! 야고보는 이런 부류의 사람들은 하나님으로부터 무엇이든지(οἰέσθω…ὅτι λήμψεταί τι) 기대하지 말라고 단언한다. 로프스(Ropes)는 "생각하다"(οἰέσθω)가 잘못된 판단이라는 개념을 전달하는 부정적 의미를 지니고 있다고 본다.[50] 마틴(Martin)도 그런 개념을 확장해서, 그 단어가 "도덕적 선택들과 관련해서 결단성이 없는 것이 특징인 사람들을 말하는"[51] 것이라 확신한다. 그래서 브로센드(Brosend)가 설명하듯이, 이 표현은 "우유부단함 혹은 급속하게 바뀌는 견해들이라는 상황과 확실히 유사하다."[52] 그것은 하나님의 일관된 목적과는 조화를 이루지 못하는 태도다.

약 1:8 두 마음을 품어 모든 일에 정함이 없는 자로다(ἀνὴρ δίψυχος, κατάστατος ἐν πάσαις ταῖς ὁδοῖς αὐτοῦ). 여기에서 야고보는 의심하는 자에 대한 논의의 결론을 내린다. 여기에서 야고보는 처음으로 통상 '사람'(man 혹은 person, ἄνθρωπος)이라는 보다 포괄적인 용례와 반대로 '남자'(ἀνήρ)라는 보다 구체적인 의미를 지니는 용어를 사용한다. 하지만 여기에서 ἀνήρ는 분명 5-7절에서 논한 것과 똑같은 사람을 다시 말한다(의심하는 사람). 무와 카슨은 야고보가 개인 특유의 언어(그가 특정한 단어와 문법 형태를 독특하게 사용하는 것)로 인해 '남자'(ἀνήρ)와 '사람'(ἄνθρωπος)을 완전한 동의어로 바꿔버린 것이 아닌가 하고 생각하는데[53]('인간'과 '사람'과 유사하다), 그것은 이 서신서를 계속 살펴보면서 시험해볼 만한 가설이다.

야고보는 또한 "두 마음을 품은"(δίψυχος)이라는 말을 최초로 사용한 사람, 아마 그 용어를 만들어낸 사람이라는 점에서 이례적이다. 그 말은 성경 다른 곳에서는

48. Ropes, *A Critical and Exegetical Commentary on the Epistle of St. James*, 142.
49. Moo, *The Letter of James*, 61.
50. Ropes, *A Critical and Exegetical Commentary on the Epistle of St. James*, 142. BDAG(701, 굵은 활자는 빼놓음)는 그 단어(οἴομαι)를 "어떤 것을 사실이라고 간주하지만, 시험적인 것이라는 요소가 있다고 보는 것, 생각하다, 가정하다, 기대하다"라고 규정한다. 그래서 애매한 요소들이 그 단어의 의미 중 일부인 듯하다.
51. Martin, *James*, 20.
52. Brosend, *James and Jude*, 37.
53. Moo, *The Letter of James*, 62; D. A. Carson, *The Inclusive Language Debate: A Plea for Realism*(Grand Rapids: Baker, 1998), 162. 흥미롭게도, Poythress와 Grudem(*The Gender-Neutral Bible Controversy*)은 이 절에 대한 논의를 포함시키지 않는다.
54. Stanley E. Porter("Is *dipsuchos*[James 1,8; 4, 8] a 'Christian' Word?" Bib 71 [1990]: 469-98)는 "두 마음을 품은"(δίψυχος) 것은 "기독교적인" 단어라고 결론을 내린다. 그것은 적어도 2세기 내내 그 말이 기독교 문헌에서만 나온다는 의미에서 그렇다는 것이다. 그는 또

4:8에서 단 한 번 더 나오는데, 거기에서 그 말은 "죄인들"과 대응되는 말로 나오면서, 부정적인 도덕적 흔적을 지니게 된다.[54] 그래서 그것은 "어떤 것의 진실성에 대해 불확실한 것, 의심하는 것, 주저하는 것, 문자적으로 두 마음을 가진 것"[55]을 의미하는 말로, 로프스가 그들의 "영혼이 믿음과 세상 사이에서 나뉘어"[56]졌다고 묘사하는 사람을 말한다. 이것은 마태복음 6:24(병행구절, 눅 16:13)에 나오는 아무도 두 주인을 섬길 수 없다는 말을 반영한다. 이 주제는 야고보가 4:8에서 "두 마음을 품은"이라는 말을 두 번째로 사용하기 직전에 다시 나온다. 거기에 보면 야고보는 4:4에서 예수님이 말씀하신 이 주제를 조금 바꿔서 말하며, 그래서 예수님의 가르침과 연관되어 있다는 것을 훨씬 더 분명하게 입증한다. 이렇게 마음이 나뉘면 그 사람은 하나님 나라에 쓸모없는 존재가 되고 만다. 이 진술은 나뉘지 않은 마음으로 하나님을 사랑하는 구약 신학에 배경을 두고 있다(참고. 신 6:5; 18:13). 여기에서 그것은 "하나님을 경외하는 일에 온전히 헌신하지 않은"[57] 위선적이고 신실하지 않은 사람과 대조된다.

야고보는 이렇게 두 마음을 가진 사람을 "정함이 없는"(unstable, ἀκατάστατος) 자라고 부른다. 어떤 사람들은 그 말이 반역이라는 함축을 지니고 있다고 주장하지만, 그보다는 불안정함과 더 관련이 있을 것이다. 두 마음을 품은 사람은 "불안정하고, 침착하지 못하고, 흔들리는"[58] 사람들이다. 그런 사람들은 고의로 반역을 하지는 않을지 모르지만, 종종 그 무엇에든 별로 헌신하고 싶어 하지 않고, 그래서 신뢰하지 못할 사람임이 입증된다. 우리는 그런 사람들에게 의지할 수 없다.

마지막 문구인 "모든 일에"(ἐν πάσαις ταῖς ὁδοῖς αὐτοῦ)라는 말은 그들이 일평생 내내 한결같이 일관성이 없다는 것을 보여준다.[59] 이 구절은 누가 의심하는 자이며 두 마음을 가진다는 것이 무엇인지에 대한 원래의 질문을 더 설명해준다. 이들은 세상을 내려놓고 그리스도를 따르는 일을 내키지 않아 하고, 죄와 순종 사이에서 괴로워하며, 훈련을 위해 세상의 쾌락을 포기하지 않으려 한다. 이런 묘사는 이따금, 어쩌면 심지어 정기적으로 교회에 출석하지만, 하나님이 매일의 삶과 목표에 개입하시는 것은 거부하는 명목상 그리스도인의 시대에 친숙한 것이다.

약 1:9 낮은 형제는 자기의 높음을 자랑하고(καυχάσθω δὲ ὁ ἀδελφὸς ὁ ταπεινὸς ἐν τῷ ὕψει αὐτοῦ). 9–11절은 부와 가난이라는 주제를 소개하며 부자와 가난한 자 사이에 역할의 역전이 놀랍게 일어나는 것을 전개한다.[60] 야고보는 먼저 "자랑하라"(καυχάσθω)는 현재 시제 명령형으로 시작한다. 그 말은 통상 부적절한 자만에 대한 표현 혹은 우쭐한 의에 대한 의식을 말하는 부정적 개념이다. 이 구절과 4:16만 빼면 신약에서 이 말이 나오는 경우는 모두 바울의 글에서이며, 그 중 많은 것이 부정적이다. 하지만 그 동사는 또한 "구약에서 나온 것으로, 하나님을 기뻐하거나 자랑한다는 긍정적 의미"[61]를 지닐 수 있다. 야고보가 구약적 사고에 의존하고 있는 것

한 이것을 그리스도인 저자가 그의 문화에 반응하고 있을 뿐 아니라 창의적으로 그의 글을 쓰고 있는 경우라고 주장한다. Laws(*The Epistle of James*, 58)는 "이중성이라는 개념은 구약에서 발견되는 죄의 본질"이라고 지적한다(예를 들어, 시 12:2; 대상 12:33; 집회서 1:28).

55. BDAG, 253(굵은 활자는 생략). 그것은 5절에서 보인 하나님의 순전하고 온전한 마음을 지닌 본성과 반대된다.

56. Ropes, *A Critical and Exegetical Commentary on the Epistle of St. James*, 143. 참고. Wallace I. Wolverton, "The Double-Minded Man in the Light of Essene Psychology," *AThR* 38(1956): 166–75.

57. Davids, *The Epistle of James*, 74.

58. BDAG, 35.

59. 참고. Laws, *The Epistle of James*, 61.

60. Martin(*James*, 24)은 앞에 나온 부분과 개념적으로 연결되어 있다는 것을 지적한다. 부자들은 종종 시험으로 이끌지만, 빈곤은 대개 시련을 낳는다.

61. Davids, *The Epistle of James*, 76. 시편 32:11과 149:5 인용함. H. H. Drake Williams("Of Rags and Riches: The Benefits of Hearing

에 비추어볼 때, 그가 이런 의미로 그 말을 사용하는 것은 놀라운 일이 아니다.

하지만 야고보는 누구에게 자랑하라고 말하는가? 그것은 "가난한 신자"(ὁ ἀδελφὸς ὁ ταπεινός), 혹은 "굴욕적 환경에 있는 신자"(우리말 성경에는 '낮은 형제'–역주)에게 하는 말이다.[62] '가난한'(ταπεινός)이라는 말은 '겸손한' 혹은 '낮은'이라는 뉘앙스를 지닌 히브리어 *'ānāw*를 배경으로 하고 있다.[63] 칠십인역은 이 단어를 "세상의 기준에서 하찮은 사람, 심지어 세상에서 억압을 받는 사람을 묘사하기 위해"[64] 사용한다. 마틴은 야고보가 가난한 사람들에 대해 사용하는 여러 가지 용어들을 설명하면서, '가난한'(ταπεινός)은 보통 야고보서 독자들의 사회적 지위를, 그리고 '가난한'(πτωχός)은 그들의 경제적 상태를 암시한다는 것과, 전자는 그리스도를 따르기로 종교적 선택을 했기 때문에 가난하게 된 사람들을 말한다는 것을 보여준다.[65] 그러므로 이 단락에서 논하는 사람들은 문자적으로 가난한 사람들이다. 하지만 그들은 2:2, 5–6, 15–16에서 묘사된 완전히 빈곤한 사람들은 아니며, 야고보는 또한 그들의 겸손한 영적 상태를 강조하기 위해 이 용어를 사용한다.

야고보는 이 단락에서 물질적 부자와 가난한 자들을 문자적인 반대 집단으로 대비시킨다. 하지만 잠재적으로 그들의 영적 상태 역시 암시한다. 이 가난한 사람들은 분명 그리스도인들이다. 야고보는 이를 "형제"(ἀδελφός)라고 부른다. 그 단어는 성경에서 동료 신자들에게 주로 사용된다. 이런 구분은 야고보의 자랑하라는 명령이 모든 가난한 사람에게 적용되는 것은 아님을 분명하게 밝히는 데 중요한 도움이 된다. 그보다 그는 수신 공동체 내의 믿는 가난한 사람들에게 말한다.

야고보는 그의 청중들에게 그들의 "높음" 혹은 "높아진 지위"(ὕψει)를 자랑하라고 권면한다. 이렇게 높아진 지위는 그들의 가난 때문에 현재 영적으로 모종의 진보가 이루어졌음을 나타내는가(또한 2:5에 대한 설명을 보라)? 재물이 부족한 것이 본질적으로 사람의 영성을 개선시킨다면, 어떤 성경 본문도 절대 가난한 사람을 도우라고 명령하지 않았을 것이다! 훨씬 더 가능성 있는 것은 야고보가 내세에 우리에게 약속된 높아짐을 말한다고 보는 견해다. 미래의 운명에 초점을 맞추면 현재에 대한 관점 역시 재구성될 수 있다. 우리의 사회경제적 지위를 넘어서, 하나님의 눈으로 세상을 보기 시작하기 때문이다.[66]

약 1:10 부한 자는 자기의 낮아짐을 자랑할지니 이는 그가 풀의 꽃과 같이 지나감이라(ὁ δὲ πλούσιος ἐν τῇ ταπεινώσει αὐτοῦ, ὅτι ὡς ἄνθος χόρτου παρελεύσεται). 이 구절은 반대 범주인 "부한 자"(ὁ πλούσιος)에게 시선을 돌린다. 이 사람들은 문자적으로 부유한 사람들로 보아야 한다. 야고보는 그들을 '형제'(ἀδελφοί)라고 부르지 않는다. 그것은 그들이 그리스도인인가 아닌가 하는 문제를 제기한다. 이 논쟁은 9–11절 모두와 관련되어 있으므로, 11절에 대한 논의가 끝난 후 여담으로 그 문제를 다루겠다. 이 부한 자들은 그들의 "낮아짐"(ταπεινώσει)을 자랑

Jeremiah 9:23–24 within James 1:9–11," *TynBul* 53 [2002]: 273)는 예레미야 9:23–24을 이 본문에 나오는 부자를 신자로 이해하는 데 필수적인 배경으로 본다.

62. Maynard–Reid(*Poverty and Wealth in James,* 38)는 "가난한 사람의 상황 문제는 야고보서에서 중요한 안건이다." 왜냐하면 "그것은 그 문서에서 매우 일찍부터 나오기 때문이다." 이 서신서가 40년대 후반에 쓰였다면, 여기에서 암시하는 가난은 사도행전 11:27–30에 묘사된 최근의 기근으로 인한 것이었을 것이다. 그 기근 때에 그리스도인들은 많은 대중에게 배척을 당해 특별히 심하게 고난을 받았을 것이다.

63. Edgar(*Has God Not Chosen the Poor?* 147–48)는 "그 말은 굴욕적이거나 비굴한 처지에 있는 비천하고 낮은 지위를 의미한다." 그것은 종종 가난함을 암시할 것이다. 하지만 그 두 가지가 반드시 같은 것은 아니다. 그는 "그 용어를 '하나님께 대한 추종'을 나타내는 것으로 보아야 하는지 '사회 내에서의 굴종'을 의미하는 것으로 보아야 하는지는 분명하지 않다. 하지만 그 두 뉘앙스가 상호 배타적인 것은 아니다." Craig L. Blomberg(*Neither Poverty nor Riches: A Biblical Theology of Possessions*[Leicester: IVP, 1999], 149)는 이 맥락에서, 이 단어는 물질적으로 부유한 것과 대조되어 "재정적으로 곤궁한 것과 사실상 동의어가 된다"고 말한다.

하라는[67] 명령을 받는다. 낮아짐이라는 명사는 9절에 나오는 실명사인 ταπεινός에서 유래된 것으로, 단어 연결의 또 다른 예다. 육체적 곤궁을 자랑하는 것은 의미가 없을 것이다. 때문에 야고보는 아마도 어떤 영적인 낮아짐을 말할 것이다.

야고보는 또한 그 부한 자들에게 그들도 다른 모든 사람들과 마찬가지로 죽을 것이며, 그래서 그들의 모든 물질적 소유를 잃게 될 것임을 상기시키고 있다(참고. 눅 12:16–21). 어떤 의미에서 야고보의 말은 "장난감을 가장 많이 소유했을지라도 죽은 사람은 죽은 것이다"[68]는 현대의 표어와 맥을 같이한다. 야고보가 비그리스도인들을 언급하고 있다면, 그의 선언에는 빈정댐이 묻어난다. 그는 부자에게 마지막 심판 때 그들을 파멸시킬 것을 자랑하라고 하기 때문이다. 미래에 누릴 영적 영광을 기뻐할 수 있는 가난한 자들과는 대조적으로, 이 부자들에게는 굴욕만이 있을 것이다. 하지만 그가 그리스도인들을 염두에 두고 있다면, 그들의 낮아짐은 '재물'보다는 그리스도께 의지하고 있음을 인정하기 때문이다.

이런 낮아짐의 예를 들기 위해, 야고보는 식물계로 눈을 돌린다. "그가 풀의 꽃과 같이 지나감이라"(ὡς ἄνθος χόρτου παρελεύσεται). "풀의 꽃"(ἄνθος χόρτου)에 해당하는 한 가지 번역은 '야생화'이다. 그것은 하루 이틀만 지나면 마르고 죽어 그 아름다움은 추억 속에만 남는다. 시들어가는 꽃이라는 비유적 표현은 인간의 연약함과 하나님의 불멸성을 대조시키기 위해 구약에 자주 나온다(예를 들어, 욥 14:2; 시 103:15; 사 40:6–7). 최소한 야고보는 부자의 재물과 지위가 놀랄 만큼 덧없다는 것을 강조하고 있다.[69]

약 1:11 해가 돋고 뜨거운 바람이 불어 풀을 말리면 꽃이 떨어져 그 모양의 아름다움이 없어지나니 부한 자도 그 행하는 일에 이와 같이 쇠잔하리라(ἀνέτειλεν γὰρ ὁ ἥλιος σὺν τῷ καύσωνι καὶ ἐξήρανεν τὸν χόρτον καὶ τὸ ἄνθος αὐτοῦ ἐξέπεσεν καὶ ἡ εὐπρέπεια τοῦ προσώπου αὐτοῦ ἀπώλετο· οὕτως καὶ ὁ πλούσιος ἐν ταῖς πορείαις αὐτοῦ μαρανθήσεται). 이 구절은 일련의 예시들을 제공함으로써 야고보가 제시하는 종말론적 대격변의 결론을 내린다.

야고보는 네 개의 금언적 부정 과거를 사용하는데, 그것은 과거의 사건들보다는 초시간적인 진리들을 묘사한다. 첫째, 그는 "뜨거운 열" 혹은 "바람"(τῷ καύσωνι)과 함께 해가 뜨는 것을 묘사한다. 그것은 숨 막힐 듯한 열기를 말할 수도 있고, 사막을 휩쓰는 타는 듯한 열풍을 말할 수도 있다. 둘 중 어느 것이라도 곧 갈증을 일으킬 수 있다. 하지만 여기에서는 건조하게 하는 바람을 더 염두에 두고 있는 듯하다(참고. NASB–"타는 듯한 바람과 함께"). 낮의 열기는 해가 돋을 때가 아니라 이른 오후에 절정에 이르기 때문이다.[70] 게다가 그 용어는 해나 바람 어느 하나만을 언급하는 것일 필요는 없다. 그 둘이 결합되면 식물 중 가장 강한 것 외에는 모두 철저히 파괴될 것이다. 마틴은 이 예에서 두 가지 요소를 강조한다. "바람의 완전하고 신속한 파괴성"과 "그것이 불어오는 것의 불가피성"이다.[71]

---

64. Moo, *The Letter of James*, 64.

65. Martin, *James*, 23.

66. 참고. Douglas J. Moo, *The Letter of James: An Introduction and Commentary*(TNTC; Grand Rapids: Eerdmans, 1985), 67. "높아짐에는 신자가 그리스도에 의해 시작된 영광스러운 영원한 나라에 참여할 소망뿐 아니라 그의 높아진 영적 지위를 현재 누리는 것도 포함된다."

67. 이 문장에는 동사가 없기 때문에 그 동사는 앞 구절에서 가져온 것이다.

68. 이것은 "장난감을 가장 많이 소유하고 죽는 사람이 승자다!"(the person who dies with the most toys *wins*: 인생이란 죽을 때까지 가능한 많은 것을 긁어모으는 것이다–역주)라는 주장에 대한 반응이다.

69. Moo(*The Letter of James*, 67)는 신약에서 "지나감이라"는 이 동사는 절대 종말론적 심판을 가리키는 데 사용되지 않으며 그래서 분명 현재의 덧없음을 말한다고 주장한다.

70. Hiebert도 그의 주석 *The Epistle of James*, 95쪽에서 그렇게 말한다.

71. Martin, *James*, 27.

그다음 야고보는 식물의 생명이 완전히 끝나는 방식 세 가지를 지적한다. "풀을 말리면 꽃이 떨어져 [문자적으로] 그 얼굴의 아름다움(the beauty of its face)이 없어지나니." '얼굴'(προσώπου)은 '모양'에 해당하는 셈어식 말이다. 여기에서는 속성적 소유격[소유격으로 된 명사가 형용사 역할을 하는 한정적 소유격(예: body of sin=sinful body)과는 반대로, 앞에 나오는 명사가 형용사적으로 사용되는 소유격(예: newness of life=new life)으로, 역순 소유격(reverse genitive)이라고 부르기도 한다-역주]이 나와 있는 듯하다. 그래서 "아름다운 모양"(beautiful appearance)[72]이라는 말이 나오는 것이다. 꽃의 아름다움과 영광의 최종 운명은 극한의 자연력으로 인해 파괴되고 자연의 주기에 의해 낮아진, 철저한 파멸이다. 똑같은 방식으로, 부자는 심지어 그들이 매일 추구하는 일을 한창 하는 중에 쇠잔할 것이다. 꽃들과 마찬가지로, 그들의 멸망은 불가피하고 철저하다. 어떤 사람들은 "행하는 일"(ἡ πορεία)이란 보다 구체적으로는 사업 활동을 말하며, 야고보는 부자들이 더 많은 돈을 벌려고 애쓰다가 죽을 것이라고 주장하고 있다고 말한다.[73] 하지만 이 단어의 어근은 그저 '오는 것' 혹은 '가는 것'이다. 아마 야고보는 부자들이 그저 여기저기 '다니는' 동안, 그 순간 그들이 종사하고 있던 구체적 활동과 상관없이 죽을 것임을 암시할 가능성이 더 많다.[74]

심층 연구

1:10-11에 나오는 부한 자는 그리스도인들인가?

야고보는 9절에 나오는 가난한 자들을 '형제' 혹은 동료 '신자'라고 분명하게 칭한다. 하지만 10-11절에 나오는 '부자'의 경우는 어떤가? 야고보의 공동체 안에 적어도 일부가 여기 묘사된 부자라는 견해를 지지해주는 것은 그 단락 두 부분이 전반적으로 유사하다는 것과, 특히 "자랑할지니"(καυχάσθω)라는 말이 9절에서 10절까지 넘어가야 한다는 사실이다. 그렇다면 "형제"(ἀδελφός)라는 말을 집어넣어도 자연스러울 것이다. 이것이 교회사 대부분을 지배해온 견해다.[75] 야고보서 4:13-17은 그 공동체 안에 여기저기 다니면서 돈을 더 많이 벌려는 마음을 자랑할 수 있는 적어도 어느 정도 부유한 사람들이 있다는 것을 나타낸다(그들이 가진 그리스도인으로서의 정체성에 대해서는 뒤의 221-222쪽을 보라). 이 견해에 의하면, 부자가 자랑해야 하는 낮아짐은 종말론적 심판이 아니라 신자로서 그들이 현재 처한 영적 상태다. 우리는 재산이 아니라 오직 그리스도만을 자랑해야 한다.[76]

72. Daniel B. Wallace, *Greek Grammar Beyond the Basics*(Grand Rapids: Zondervan, 1996), 89의 "한정적 소유격"(attributive genitive)과 "속성적 소유격"(attributed genitive)의 차이에 관한 부분.

73. 예를 들어, Maynard-Reid, *Poverty and Wealth in James,* 47.

74. Davids(*The Epistle of James,* 78)는 "인생의 길"에 대한 이 흔한 셈어식 말투에 대해 주의를 환기시키면서, "그것을 4:13 이하에 나오는 순회 상인들을 말하는 것이라고 보는 것은 지나친 확대 해석일 것이다"라고 결론을 내린다.

75. Ropes, *A Critical and Exegetical Commentary on the Epistle of St. James,* 145.

76. 예를 들어 James B. Adamson, *The Epistle of James*(NICNT; Grand Rapids: Eerdmans, 1976), 61-62를 보라.

77. 예를 들어, Ropes, *A Critical and Exegetical Commentary on the Epistle of James,* 146을 보라.

78. William("Of Rags and Riches," 281)은 예레미야 9:23-24이 통상 유대 본문들에서 "하나님의 백성이 지혜, 힘, 부에 대한 그들의 이해를 재평가하도록" 하는 데 사용된다는 것을 보여준다. "심판이 장차 그들 자신의 지혜, 힘, 부를 의지하는 사람들에게 임할 것이다"

이 해석에 따르면, 야고보는 부자에게나 가난한 자들에게나 물질적 기준보다는 영적 기준으로 자신들을 평가할 것을 명하고 있다. 야고보가 부자 비그리스도인들에게 그들이 영원히 천벌을 받는 것을 자랑하라고 명하려면 신랄한 역설이나 풍자를 사용해야 하는데, 나머지 전후 문맥을 보면 그런 견해와는 맞지 않는다.[77] 11절 끝에 나오는 '쇠잔하다'라는 개념은 여전히 자신의 부에 의지해서 정체성을 찾는 모든 사람들 – 그리스도인이든 아니든 – 에 대한 일반적인 결론이 될 수 있다.[78] 사람들의 영적인 상태와는 상관없이, 그들의 경제적 상태는 여전히 덧없는 것이다. 현실적으로 말해서, "야고보는 그저 부자의 정죄뿐 아니라 그의 죽음도 생각하고 있을 것이다".[79] 이 본문에는 그것이 영원한 심판을 언급한다고 강요할 만한 것은 아무것도 없다.[80]

하지만 다른 사람들은 10절이 덜 문자적이며, "형제"(ἀδελφός)라는 말은 "가난한"(ταπεινός)이라는 말에만 붙어있고, "자랑하다"(καυχάσθω)라는 말은 실제로 신랄한 풍자라고 주장한다. 부자는 이미 한물갔으며 심판이 오고 있다.[81] 메이나드 레이드(Maynard–Reid)는 가난을 영적으로 해석하여 일부 부자들을 신자로 간주하려는 해석들은 오로지 "현대의 공동체 내에 있는 부유한 그리스도인들을 달래기" 위해 만들어진 것이라며, 부자도 그리스도인이 될 수 있는가 하는 문제는 다소 무관하다고 주장한다. 그보다 그는 야고보가 "부자의 낮은 상태를 강조하기"[82] 위해 경제적으로 부유한 사람들에 관해 풍자적으로 비튼다고 본다. 마틴은 1:10의 모호함에 비추어볼 때, 야고보서에서 비그리스도인 부자에 대해 대단히 명백하게 말하는 한 예(2:7)는 여기 나오는 사람이 비그리스도인이라는 주장에 유리하게 작용한다고 주장한다.[83] 그다음에 야고보는 여기에서 논쟁적 함축을 지닌 "부한"(πλούσιος)이라는 말을 사용하며, 그들이 전혀 그리스도인이 아니라고 암시하면서 그들에게 미래의 소망이 없다는 것을 보여준다.[84] 타메즈(Tamez)는 부자들이 "그들이 추구하는 것에서, 즉 그들의 사업 거래에서 완전히 실패할 것이며, 그 사업 거래가 바로 그들이 멸망하는 원인이다. 보통 그런 거래들은 불의 및 이익을 구하려는 욕구에 뿌리를 두고 있기 때문이다"[85]라고 주장한다.

이처럼 양쪽 입장을 각각 뒷받침해주는 훌륭한 논증들이 있다. 모든 것을 감안할 때, 우리는 윌리엄 베이커(William Baker)의 말에 동의한다. 그는 "논리적으로 보자면, 어떤 사람에게 자신의 영원한 정죄에 해당되는 것을 자랑하라는 역설적 제안은 진지하게 받아들이기에는 너무나 뒤틀린 것이다"[86]라고 주장한다. 드레이크 윌리엄스(Drake Williams)는 예레미야 9:23–24이라는 배경은 이러한 자랑을 역설이

라는 것이다. 이 본문이 배경으로서 야고보서 1:10의 전통적 견해를 지지해준다.

79. Moo, *The Letter of James,* 68.

80. 야고보의 산상수훈에 대한 지식은 풀의 꽃과 같이 시든다는 그의 예가 마태복음 6:28–30에 나오는 백합화처럼 신자들의 일시적인 옷을 암시한다는 사실을 시사한다.

81. 예를 들어, Davids, *The Epistle of James,* 77; George M. Stulac, "Who Are 'The Rich' in James" Presb 16 [1990]; 98–99; 그리고 가장 상세한 것으로 René Krüger, "El vuelco irritante y definitivo: Santiago 1:9–11 y el anuncio de la inversión total de la situación," *Cuadernos de Teología* 23 (2004): 특히 55–59을 보라.

82. Maynard–Reid, *Poverty and Wealth in James,* 44.

83. Martin, *James,* 26. 기본적으로 그는 야고보가 이 사람을 신자로 밝히기 원했다면, 분명히 그렇게 했을 것이라고 주장한다. 2:7에서 그 반대의 경우를 보여주는 것과 마찬가지다.

84. Davids, *The Epistle of James,* 77.

85. Tamez, *The Scandalous Message of James,* 34.

86. Baker, "James," 22.

라는 견지에서 이해하기보다는, "하나님의 백성에게 부가 별 의미 없고 하나님의 계획 안에 있는 것이 큰 의미를 지니게 될 미래를 내다보라고" 권고하는, "신자들의 영웅적인 자랑"으로 이해하도록 도와준다고 덧붙인다.[87] 야고보서 5:1-6은 비그리스도인 부자들을 신랄하게 비난한다. 하지만 그 말의 의미는 말 그대로다("너희에게 임할 고생으로 말미암아 울고 통곡하라"). 이 서신서 어디에서도 야고보가 명령의 실제 의미 그리고 그 문자적 의미와 정반대되는 역설을 사용하는 경우는 없다. 이런 관찰과 일반적으로 초대 교회 내에 적어도 어느 정도는 다양한 사회경제적 지위의 사람들이 있었다는 인식을 합쳐보면, 그 부자들이 그리스도인이라고 해석하는 것이 더 나은 듯하다.[88]

적용에서의 신학

서론(1:1)

야고보가 사용한 "하나님의 종"이라는 호칭은 이사야서(특히 사 52:13-53:12)에 나오는 고난받는 "여호와의 종"을 생각나게 한다. 예수님의 형제이자 예루살렘 교회의 주요 장로인 야고보가 자신의 직분과 친족 관계를 이용하기를 거부했다면, 다른 시대와 장소에 사는 그리스도인 지도자들은 자신을 얼마나 더 종에 불과한 존재로 보고 그렇게 행동해야 할 것인가. 고린도전서 4장은 이 주제에 대한 후대의 주요한 통찰을 보다 상세히 제시한다.

시험의 긍정적 잠재력(1:2-4)

야고보서에 나오는 세 개의 핵심 주제 중 첫 번째는 힘든 시기도 긍정적으로 볼 수 있다는 사실을 보여준다. 12절은 이런 확신을 지지해준다. 야고보서 4:13-5:18은 시험이라는 주제를 재물을 숭배하라는 유혹(4:13-17), 경제적 착취를 경험하는 것(5:1-12), 심한 질병을 겪는 것(5:13-18) 등의 맥락에서 자세히 설명한다. 야고보는 세 가지 주제를 모두 여기 서신 시작부에서 간략히 소개함으로, 암암리에 시험에 대한 가르침을 청중의 사회적 상황에 적용시킨다. 그들 중 다수가 부당한 차별 및 박탈로 괴롭힘을 받고 있지만, 그럼에도 불구하고 그들은 자신들이 처한 상황을 인격 형성의 기회로 삼을 수 있다.

---

87. Williams, "Of Rags and Riches," 282.

88. 참고. 또한 Blomberg, *Neither Poverty nor Riches,* 149-50.

89. 다른 신구약 중간기 본문에 대해서는 Rudolf Hoppe, *Der theologische Hintergrund des Jakobusbriefes*(Wurzburg: Echter, 1977), 19을 보라.

90. 마태복음 5장에서 팔복 및 그와 정반대되는 것들이 산상수훈에서 명하는 완전함 혹은 성숙함을 설명하는 데 도움이 되는 것과 마찬가지로, 야고보서 3:17-18은 여기에서 똑같은 용어(*teleios*)로 야고보가 염두에 두고 있는 것을 열거한다. Hartin, *James,* 75-80에 나오는 여담을 보라.

유대 그리스도인들은 자연히 이스라엘 사람들이 출애굽 이후 약속의 땅으로 들어가기 전 40년 간 광야에서 반역하여 방황했던 사건들을 상기할 것이다. 그들은 자기 조상들의 실패를 그대로 따라하는 대신, 고문을 받으면서도 엄청난 믿음과 기쁨을 유지했던 마카베 시대의 순교자들을 따라 배워야 한다(참고. 마카베 2서 7).[89] 예수님은 팔복 설교에서 그분으로 말미암아 박해를 받는 사람들을 복되다고 선언하셨으며(마 5:11–12; 눅 6:23) 그를 따르는 자들에게 성숙하게(혹은 온전하게, 마 5:48) 되라고 명하셨다. 야고보서 1:4에서 그런 것과 마찬가지다.[90] 로마서 5:2–5 및 베드로전서 1:6–7(참고 4:13)도 마찬가지로 여러 시험과 고난을 기뻐할 필요에 대해 말한다. 그러한 것들이 진정한 믿음을 낳을 수 있기 때문이다. 이 본문들이 문자적으로 유사한 것으로 보아, 야고보, 바울, 베드로가 모두 그들의 명령에서 공통적인 초대 기독교 전통을 참고했을 수 있다.[91] 만일 그렇다면, 야고보서의 가르침은 그리스도인의 삶에 훨씬 더 기본이 되는 것임을 알 수 있다.

하지만 어떻게 신자들은 힘든 때(2절), 특히 그들이 심한 고난을 당하고 있을 때 기뻐할 수 있는가? 솔직히 말해서, 우리는 이 본문이 차라리 성경에 없었으면 좋겠다고 생각할 것이다! 하지만 그것은 또한 참으로 성숙한 그리스도인의 삶을 위한 가장 심오하고 중대한 본문 중 하나가 될 수 있다.[92] 우선 야고보는 우리에게 인위적으로 '행복한 얼굴'–수많은 사람들이 교회나 다른 그리스도인의 집단에서 요구된다고 생각하는 듯한–을 하라고 명하는 것이 아니다. 자신의 참된 감정을 부인하는 것은 아무 소용도 없다. 하지만 우리는 낙담하기보다 유쾌하기로 결의할 수는 없지만, 어떻게 생각할지 선택할 수는 있다. 그래서 2–3절에 여기라는 동사와 안다는 동사가 나오는 것이다.[93] 야고보가 염두에 두고 있는 기쁨은 "하나의 감정이 아니라, 종말론적 표어…시험에 대한 신학적 인식으로, 새 날을 약속하시는 하나님에 의해 시험이 완전히 끝난다고 여기는 것"[94]이다.

또한 이 구절들이 우리에게 일어나는 모든 것이 어떻게든 선한 것이며 그렇기 때문에 기뻐할 이유가 된다고 가르친다는 것이 아니라[KJV가 로마서 8:28을 잘못 번역한 것처럼–"하나님을 사랑하는 사람들에게는 모든 것이 합해서 선이 된다"(all things work together for good to them that love God)], 심지어 악한 사건들을 통해서도 하나님이 역사하시도록 한다면 하나님은 선이 생겨나게 하실 수 있다고 가르친다고[참고. 로마서 8:28의 NIV/TNIV–"하나님은 모든 것에서 그분을 사랑하는 사람들의 선이 되도록 역사하신다"(in all things God works for the good of those who love him)] 주장한다는 점을 강조해야 한다.[95] 설령 우리가 이생에서 그 목적들을 이해하지 못한다고 해도, 내세에서는 이해할 것이다. 그 내세의 영광과 무한함은 "잠시 받는 환난의 경

91. Davids, The Epistle of James, 65–66에 나오는 표들 및 논의를 보라.

92. 참고. 4절에 대한 NLT의 번역: "너희의 인내가 충만히 개발될 때 너희는 성품이 강해지고 무슨 일에든 준비가 될 것이다."

93. 이 올바른 적용 방식과 잘못된 적용 방식에 대해서는, 특히 R. Kent Hughes, *James: Faith That Works*(Wheaton, IL: Crossway, 1991), 18–19을 보라.

94. Wall, *Community of the Wise,* 48. 참고. Kurt A. Richardson, *James*(NAC; Nashville: Broadman & Holman, 1997), 58.

95. 참고. 추가로 Carroll D. Osburn, "The Interpretation of Romans 8:28," *WTJ* 44(1982): 99–109.

한 것"(고후 4:17)보다 훨씬 클 것이다.

2–4절은 '지나치게 적용'될 수도 있고 '너무 덜 적용될' 수도 있다. 한편으로 여기에는 어떤 자동적 약속도 나오지 않는다. 마치 시험이 이생에서 복이나 성숙을 보장하는 것처럼 약속하지는 않는다는 것이다. 심지어 신자들조차 어려운 환경들에 처하면 분개, 무관심, 혹은 불순종을 통해 그들의 주님으로부터 떠날 수 있다.[96] 그래서 야고보는 그들에게 "인내를 온전히 이루라"(4절)고 명령한다. 때로 하나님은 그분의 백성들이 위험스러울 만큼 멸망 직전까지 가까이 가도록 허용하시는 듯하다. 하지만 하나님은 절대 그들을 한계선 너머까지 밀어붙이지는 않으신다(참고. 고후 4:8–12). 실로, 하나님이 그들을 보존하실 것을 믿고 의지할 때 그들은 자라고, 성숙하며, 더 강하고, 더 온전해져서 시련을 빠져나온다. 이 세상 사람들은 그런 성품적 특성을 필사적으로 구하지만 그런 것을 얻기 위해 필요한 고난은 받으려 하지 않는다.[97]

신약 전체의 가르침에 비추어볼 때, 이런 '온전함'의 특징은 자기중심성과 분열이 없는 것, 성령의 열매가 있는 것, 다른 사람들을 가르치는 능력, 하나님의 뜻과 길에 대한 보다 깊은 통찰, 보다 신뢰할 만한 것–간단히 말해 예수 그리스도를 닮는 것에서 자라가는 것–이다.[98] 하나님 나라의 '최전방'에 있는 사람들은 종종 원수의 공격을 받는 것이 사실이지만, 시련이 왔다고 해서 반드시 그 사람이 하나님의 뜻을 주의 깊게 순종하고 있음을 보여주지는 않는다. 우리는 우리의 죄나 분별없음 때문에 혹은 그저 이 타락한 악한 시대 때문에 힘든 시기를 겪을 수도 있다. 게다가 성경은 절대 하나님의 백성들에게 고난이나 핍박을 구하라고 명하지 않는다. 우리가 오래오래 산다면, 굳이 구하지 않아도 수많은 고난이나 핍박이 우리에게 닥칠 것이다![99]

다른 한편, 우리는 감히 이 부분을 야고보의 청중들이 경험하고 있던 경제적 착취라는 시험에만 적용시켜서는 안 된다. "여러 가지" 혹은 "여러 종류"(2절)라는 형용사를 사용한 것이 이 점을 강조한다. 예를 들어 하나님은 절대 사람들이 아프거나 가난하기를 원치 않으신다고 생각하며, 그래서 신자들은 건강과 재물을 구하면 '믿음대로 되리라'고 생각하는 사람들을 향하여, 2절은 야고보서에서 이런 이론을 단칼에 쳐내는 서너 개의 본문 중 첫 번째 것이다(4:13–17과 5:13–16의 설명을 더 보라). 바울은 하나님의 능력은 인간이 약해진 데서 온전하여지며, 하나님의 은혜는 우리가 족히 견딜 수 있도록 해준다고 분명하게 가르친다(고후 12:9). 신자들이 대체로 어려움을 자초한 경우에도, 하나님의 주권은 좌절되지 않으며 그분은 여전히 그 상황에서 무언가 선을 가져오기 위해 일하신다. 창세기 50:20은 이 귀중한 신학적 진리에 대한 전형적인 예를 보여준다. 요셉의 형들은 악을 위해 요셉을 학대하려 했음에도, "하나님

96. 참고. Tidball, *Wisdom from Heaven,* 21–22에서 열거한 "어리석은 반응들."

97. 참고. 특히 Bauckham, *James,* 183.

98. Wiard Popkes, "New Testament Principles of Wholeness," *EvQ* 64(1992): 319–32, 특히 328–31.

99. 참고. Frances T. Gench, *Hebrews and James*(Westminster Bible Companion: Louisville: WJKP, 1996), 91: "그런 경험들은 추구하지 않아야 한다. 또 그것들은 기독교 신앙에 이질적인 것으로 피하지도 말아야 한다."

100. 이 이율배반에 대해 상세하게 신학적으로 성찰한 것으로, 특히 D.

은 그것을 선으로 바꾸셨다!"[100]

지혜를 위해 신실하게 기도함(5-8절)

야고보서의 두 번째 핵심 주제는 참된 지혜, 특히 말이라는 영역에서의 지혜의 성질을 탐구한다. 야고보서 1:19-26은 말에 대한 초점을 소개할 것이며, 반면 3:1-4:12은 그 두 가지를 결합해서 상세하게 풀어놓을 것이다. 여기에서 야고보의 요점은 우리에게 지혜가 부족할 때마다 하나님께 구해야 하며, 하나님은(그리고 인간들이 숭배하기로 선택하는 모든 실체들 중 오직 하나님만이) 열렬히 그 지혜를 공급해주고 싶어 하신다는 확신과 신뢰를 갖고 구해야 한다는 것이다. 야고보서의 원수신자들에게 지혜가 가장 절박하게 필요한 부분 중에는 방금 소개한 그들의 시험 중 가장 어려운 것, 특히 지주들의 부당한 대우에 대한 반응도 있을 것이다(5:1-6). 그들은 그리스도인들이었으므로, 우리는 하나님이 "모든" 사람에게 그분의 지혜를 주신다고 할 때, 그 말이 신자들에게 국한되는 것으로 이해해야 한다. 적어도 이 맥락에서는 그렇다.[101]

지혜는 보다 일반적으로 말해서, 신자들이 시험당하는 기간 동안 견딜 수 있게 해주는 하나님의 탁월한 은사를 구체화한다.[102] 성경에서 지혜는 하나님께 대한 충성 및 도덕적인 삶과 분리될 수 없다. "여호와를 경외하는 것이 지혜의 근본이요." 이 주장은 잠언 9:10에서 가장 잘 알려져 있으나, 시편 111:10과 잠언 1:7에도 다시 나온다. 잠언 8-9장에서 지혜는 마을 사람들에게 와서 그녀에게 배우고 그녀의 악한 대적인 미련한 자(Dame Folly)를 피하라고 명하는 여자로 의인화되어 있다. 그 미련한 자는 심지어 음녀라고 말할 수도 있다. 이같이 지혜를 의인화하는 것은 신구약 중간 시대에 강화되었다. 히브리어 성경에서 욥, 전도서, 아가, 특히 잠언으로 대표되던 지혜 문학이 후에 집회서(Sirach)와 솔로몬의 지혜(Wisdom of Solomon, 특히 집회서 24장과 지혜서 7장을 보라) 같은 영향력 있는 묵시서들과 함께 급격히 확산된 것과 마찬가지다. 마태복음과 요한복음 둘 다 많은 경우에 예수님을 지혜로 묘사하는 듯하다(특히 마태복음 11-12장과 요한복음 1장에 나오는 로고스 기독론을 보라).[103]

정경에서 야고보서 1:5-8과 가장 명백하게 유사한 것은 마태복음 7:7과 누가복음 11:9에 나오는데, 거기에서 예수님은 제자들에게 구하고 받으라고 권유하신다. 하지만 여기에는 누가복음 11:34에 대한 반영(참고. 6:22)도 있을 것이다. 누가는 야고보서 1:5에 나오는 '좋은'(우리말 성경에는 "후히"-역주), '관대한' 혹은 '한마음의'라는 의미의 형용사(ἁπλοῦς)를 사용하기 때문이다. 그것은 야고보서 1:5에 나오는 '주저 없이'(우리말 성경에는 "꾸짖지 아니하시는"-역주)라는 형

A. Carson, *Divine Sovereignty and Human Responsibility: Biblical Perspectives in Tension*(Atlanta: John Knox, 1981)을 보라.

101. C. Freeman Sleeper, *James*(Abingdon New Testament Commentary; Nashville: Abingdon, 1998), 51.

102. Patrick J. Hartin, *A Spirituality of Perfection: Faith in Action in the Letter of James*(Collegeville: Liturgical, 1999), 66.

103. 성경 역사 전체에 걸쳐 이 주제를 상세하게 다룬 글로, Ben Witherington III, *Jesus the Sage: The Pilgrimage of Wisdom*(Minneapolis: Fortress, 1994)을 보라.

용사(ἁπλῶς)와 같은 어원에서 나온 것이다. 하나님의 단순함 혹은 한 마음은 야고보서의 세 가지 핵심 주제를 한데 엮어주는 실과도 같다. 그래서 신자들은 전심으로 그들에게 헌신하시는 하나님께 확고부동한 충성을 바쳐야 한다.[104] 이 충성의 반대는 이중성으로, 믿음으로 구할 때 이런 이중성은 존재할 수가 없다(참고. 막 11:23-24; 마 21:21).[105]

야고보가 "지혜"(5절)라는 말을 사용한 것은 지혜라는 개념에 대한 고대나 현대의 수많은 세상적 정의들과는 모순된다. 단순한 지능지수, 지식의 축적, 비판적 통찰, 실제적인 전문지식, 혹은 인생 경험이 아니라, 성경적 관점에서 지혜는 이제 예수 그리스도 안에서 자신을 계시하신 하나님을 따르는 것으로 시작되며, 경건한 삶으로 이어진다. 이렇게 하는 사람은 참으로 지혜롭다. 공통으로 주장되는 지혜의 속성 중 어떤 것이 있건 없건 상관없다. 역으로, 가장 똑똑하고, 가장 숙련되고, 비판적으로 예리한 사람이라도 예수님의 주권을 거부하는 사람은 완전한 의미에서 지혜롭다고 말할 수 없다.

세상적 지혜와 경건한 지혜 사이의 이러한 대조는 6-8절의 적용으로 이어진다. 야고보는 하나님이 어떻게 우리 기도에 응답하고자 하시는지 안다고, 그래서 하나님이 우리에게 주고자 하신다고 우리가 이미 선포한 바로 그것을 구할 수 있다고 주장하고 있는 것이 아니다. 그런 경우라면 애초에 지혜를 구할 필요가 없을 것이다. 게다가 미래 전체를 보는 '믿음'이라면 이미 믿음이 아니라고 여기는 것이다. 히브리서 11:1에 나온 것처럼, "믿음은 바라는 것들의 실상이요 보이지 않는 것들의 증거니." 우리는 귀신들린 자기 아들을 고쳐달라고 예수님께 간구했던 사람처럼 거듭 부르짖는다. "내가 믿나이다 나의 믿음 없는 것을 도와 주소서"(막 9:24)! 그리고 5-6절에 나오는 명령어가 현재 시제로 되어 있다는 것은 우리가 충분하다고 믿을 만한 그럴듯하고 덧없는 기도를 드리기보다는, 일정 기간 동안 끈질기게 간구해야 할 수도 있음을 시사한다.

그러므로 야고보는 당혹스러운 상황에서 하나님의 뜻을 아는 체하기보다는, 누가 우리의 요청에 응답하시리라고 믿는지 확실히 하라고 가르친다(참고. 6절의 NLT: "정말로 그분이 응답해 주시리라고 확실히 기대하라"). 우리는 두 주인 사이에서 흔들리고 있을 수 없다. 여기에서 그것은 하나님을 신뢰하고 그리고 "우리의 문제를 해결하기" 위해 우리가 가진 재물에 의지하지 않는 것을 의미한다(참고. 마 6:24; 눅 16:13).[106] 대부분의 사람들은 다른 온갖 방법을 다 동원한 후에야 하나님께 의지한다. 여기에 묘사된 요동함은 '두 가지 길' 문학이라는 고대 유대 장르

104. 참고. Laws, *The Epistle of James,* 29-32. 이와 밀접하게 관련된 것은 통합시키는 주제로서 '완전함'에 대한 Hartin의 강조다(*A Spirituality of Perfection,* 특히 1-15). 일관되게 한결같은 마음을 갖고 있으면 야고보가 말하는 완전함에 이르게 되기 때문이다.

105. 사람들이 주께로부터 받지 못하게 막는 것은 정직하게 던지는 질문이 아니라, 이와 같은 의심이다. David Nystrom, *James*(NIVAC; Grand Raopids: Zondervan, 1997), 62을 보라.

106. 참고. Moo, *The Letter of James: An Introduction and Commentary,* 64. Stulac(*James,* 43)은 "그렇게 되면 의심은 자기를 의지하는 것과 하나님을 의지하는 것 사이에서 왔다 갔다 하는 것"이라고 생각한다. 역설적이게도, 자신들의 "믿음대로 되리라"고 확신하는 사람들은 실제로는 하나님보다 자신에게 의지하는 것이다. 그런 사람들은 기도를 인간이 하나님을 조종해서 특정한 결과를 보장할 수 있다고 생각하는 하나의 공식으로 전락시켰기 때문이다.

(그것은 신약의 경우 마태복음 7:13-27에서 잘 제시되어 있다) 및 거기에 나오는 각 사람이 상충되는 좋은 충동과 나쁜 충동을 가지고 있다는 교리를 상기시킨다.[107] 물론, 하나님은 은혜로우셔서 우리가 하나님께 구하지 않거나, 끈질기게 구하지 못하거나, 아니면 잘못된 동기로 구할 때조차 우리에게 많은 좋은 것들을 주신다. 그렇지 않다면 세상은 대단히 황폐할 것이다. 하지만 우리가 더 시간을 들여 기도하지 않기 때문에 놓치는 다른 좋은 것들이 많이 있다(4:2-3에 대한 해설을 더 보라).

대역전(9-11절)

야고보서의 이 세 번째 주제는 1:27에서 반복될 것이며, 2:1-26에서 상세히 다뤄질 것이다. 여기에서 야고보는 단지 종종 '대역전'이라고 일컬어지는 것을 소개만 하려는 것이다. 하나님이 세상을 심판하실 때 불의한 부자와 경건한 가난한 자의 위치가 바뀐다는 주제는 성경적으로 오랜 역사를 가지고 있다. 하지만 야고보가 여기에서 말하는 가난한 자와 부자가 모두 그리스도인들을 의미한다는 우리의 견해가 옳다면, 이것은 그 유형을 정확하게 복제한 것이 아니다. 그럼에도, 가난하고 낮아진 신자가 높임을 받는 것에 대한 배경으로는 출애굽, 가나안 사람들의 패배, 가난한 사람들 가운데 있는 경건한 자들에게도 보상을 약속하는 시편과 잠언들, 포로로 잡혀간 이스라엘 사람들의 운명이 문자적으로건 비유적으로건 회복될 날에 대한 선지자적 소망 등을 생각하게 된다.[108]

동정녀 마리아는 비천한 자들이 높임을 받는 것과 "권세 있는 자를 그 위에서 내리치"(눅 1:52)는 것에 대해 예언했다. 예수님의 가르침에서, 마태복음과 누가복음에 나오는 첫 번째 복(마 5:3; 눅 6:20)에 대한 말을 합하면 복 있는 "가난한 자"들이란 경제적으로 하찮은 존재가 된 사람들과 하나님을 그들의 유일한 소망으로 의지하는 사람들 둘 다를 가리킨다.[109] 예수님의 비유들 가운데, 어리석은 부자(눅 12:13-21) 그리고 부자와 나사로(눅 16:19-31)는 자기가 하나님의 언약 공동체의 일원이라고 생각했는데 알고 보니 하나님 대신 부를 숭배하는 것이 얼마나 위험한지 예시하는 두드러진 예다. 후자의 본문은 또한 이 세상에서 하나님의 백성 중 비참한 가난에 처한 사람에 대한 영적, 종말론적 보상도 약속한다.[110]

10b-11a절에 나오는 예는 유대인들과 유대인 그리스도인들 사이에 속담처럼 오랫동안 전

107. Oscar J. F. Seitz, "Antecedent and Signification of the Term Δίψυχος," *JBL* 66(1947): 211-19. 참고. 같은 저자, "Afterthoughts on the Term 'Dipsychos,'" *NTS* 4(1957-58): 327-34.

108. 가장 적절한 본문들을 상세하게 다룬 글로, Blomberg, *Neither Poverty nor Riches*, 33-85를 보라. 특히, 출애굽기 11:2-3, 12:25-26, 여호수아 8:30-35, 시편 49:10-20, 73:1-28, 잠언 1:4, 28, 이사야 54-55; 60-66을 보라.

109. 예를 들어, Craig L. Blomberg, *Matthew*(NAC: Nashville: Broadman, 1992), 98-99을 보라.

110. 예를 들어, Craig L. Blomberg, *Interpreting the Parables*(Downers Grove, IL: IVP, 1990), 203-8, 266-68; 같은 저자, Preaching the Parables: *From Responsible Interpretation to Powerful Proclamation*(Grand Rapids: Baker, 2004), 45-55을 보라.

해 내려왔다. 야고보는 선지서를 직접 인용하지는 않는다 해도, 분명 이사야 40:6–8의 몇 부분을 암시하고 있다. 그 선지자는 "모든 육체는 풀이요 그의 모든 아름다움은 들의 꽃과 같으니 풀은 마르고 꽃이 시듦은 여호와의 기운이 그 위에 붊이라 이 백성은 실로 풀이로다 풀은 마르고 꽃은 시드나 우리 하나님의 말씀은 영원히 서리라"고 외치라는 명령을 받는다. 베드로전서 1:24–25은 이 말을 인용하면서, 다시 한 번 야고보나 베드로가 그들의 서신을 쓰기 전에, 그 말이 기본적이고 토대가 되는 기독교적 가르침에 통합되었을 것임을 시사한다.[111]

첫눈에 보기에는 9절이 수동적인 태도를 권하는 것처럼 보일 수도 있다. 마치 하나님이 언젠가는 모든 잘못을 바로잡으실 것이기 때문에 우리는 그동안 그저 물질적 궁핍을 포함해서 모든 불의를 참아야만 한다고 가르치는 것 같다. 하지만 본문은 절대 그렇게 말하지 않는다. 그리고 5:7–11은 다소 다른 접근을 제시할 것이다(뒤의 247–248쪽을 보라).[112] 그렇지만 우리가 최선의 노력을 함에도 불구하고, 많은 잘못들은 이생에서 바로잡히지 않는다. 그래서 1:2–4에서 보았듯이(앞의 50쪽), 괴롭힘을 당하는 신자는 고난에 대해 종말론적 관점을 가져야 한다.

심지어 이생에서도, 그리스도인들은 종종 그들의 비천한[113] 육체적 혹은 사회적 환경들에 굴하지 않도록 도와줄 수 있는 엄청난 영적 특권에 접할 수 있다. 가난한 제3세계 신자들의 믿음, 기쁨, 이타심 등은 그곳을 방문하는 제1세계 그리스도인들을 통상 부끄럽게 한다. 부자 신자들 – 전 세계적 기준으로 보면 이 책을 접할 수 있는 거의 모든 사람을 포함하는 – 은 그들의 재산을 자랑하지 않도록 주의해야 한다. 얼마나 많은 사람들이 이 세상을 너무나 사랑하는 나머지, 오늘 밤 맞게 될 죽음 앞에서 이 땅의 많은 쾌락들을 누릴 기회를 놓치는 것 때문에 깊은 슬픔을 느낄 것인가?[114] 야고보는 부자이면서 그리스도인이 될 수 없다고 가르치는 것이 아니다. 소유에 대한 우리의 태도가 매우 중요하다는 것을 시사한다. 이생이 너무나 덧없다는 것과 그것이 갑자기 끝날 수도 있다는 사실을 인식하지 않는다면,[115] 그리고 매 순간을 시간을 구속하는 긴급한 심정으로(엡 5:16) 살지 않는다면, 우리는 암암리에 세상을 섬기는 위험을 감수하는 것이다.

111. 참고. Scaer, *James*, 50–51.

112. 특히 Christopher Church, "James," in Edgar V. McKnight and Christopher Church, *Hebrew-James*(Macon, GA: Smyth & Helwys, 2004), 337–42을 보라.

113. TNIV와 NASB이 각각 "비천함"을 10절에서 부자와 관련하여 사용하는 것은 올바른 것이다. 9절도 마찬가지로 강력하게 번역한다.

114. "현대의 물질주의와 소비주의는 종종 조용히 혹은 냉소적으로 영성을 조롱한다. 충족되지 않는 물질에 대한 자기만족은 하나님에 대한 의심을 발전시킬 뿐이다. 많은 서구 사회에서 종교는 '큰 사업'이 되었다. 이것은 그리스도인들이 몇 가지 면에서 불운한 다른 사람들의 필요를 통해 자신의 관심사를 규정하는 영성을 깨달을 수 있는 기회를 막아버린다"(Cain H. Felder, "James," in *The International Bible Commentary*, ed. William R. Farmer[Collegeville: Liturgical, 1998], 1789).

115. 참고. 11b절에 대한 다음의 번역: "부한 사람들은 그들이 이룬 모든 것과 함께 쇠잔하리라"(NLT); "분주한 삶 한가운데서, 그들은 시들어버릴 것이다"(NRSV).

야고보서 1:12–18

CHAPTER 2

문학적 전후 문맥

야고보서 1:2–11은 그 서신서의 세 가지 핵심 주제를 소개했다. 12–27절은 그 세 가지 주제로 다시 돌아가지만 각각을 확대해서 다루기 시작한다. 첫째, 야고보는 시험 가운데 참고 견딘다는 주제를 더 탐구한다(12–18절). 12절에서 통과해야 할 시련(test)으로서 시험(trials)의 긍정적인 역할을 검토한 후에(2–4절을 상기해보라), 13–18절에서는 신자들이 시험(trial)이 시험(temptation)으로 바뀌도록 허용할 때 그것이 지닐 수 있는 부정적인 가능성으로 주의를 돌린다. 19–26절에서는 지혜라는 주제로 되돌아오는데(5–8절을 상기해보라), 이제는 특히 말의 영역에서 그리고 하나님의 말씀에 대한 순종이라는 면에서 지혜를 살펴본다. 보다 광범위하게 말하면, 참된 지혜는 선행을 하는 것으로 이어진다. 그저 듣기만 하는 것이 아니라 행하는 것이다. 27절은 마지막으로, 소외된 사람들이라는 주제로 돌아온다. 9–11절에서 소개한 부와 가난이라는 개념과 연결시키면서, 이 서신서의 주제를 소개하는 것이다. 물론 2–11절에서 그랬던 것처럼, 12–27절 전체를 함께 하나의 단위로 볼 수도 있을 것이다. 하지만 그 본문은 특별히 길고, 또 19–27절은 긴밀하게 연결된 구조로 되어 있기 때문에(뒤의 87–89쪽을 보라), 12–18절을 따로 떼어서 보는 것이 자연스러울 것이다.

12절은 9–11절과 느슨하게 연결되어 있다. 부자와 가난한 자 사이의 간격을 심화시킨 경제적 시험에 비추어볼 때 그런 것이다.[1] 18절도 마찬가지로 신자들을 중생시키는 것에서 "진리의 말씀"의 역할을 언급함으로써, 19–27절에 나오는 말씀을 듣는 것과 행하는 것이라는 주제를 미묘하게 준비한다.[2] 17절에 나오는 온전한 선물은 25절에 나오는 자유롭게 하는 온전한 율법

1. 일부 학자들은 좀 더 단단히 연관되어 있다고 인식한다. 예를 들어, Martin Klein(*Ein volkommenes Werk: Vollkommenheit, Gesetz und Gericht als theologische Themen des Jakobusbriefes*[Stuttgart: Kohlhammer, 1995], 43)은 2절과 12절이 인클루시오를 형성하는 것으로 보면서, 1–12절 전체를 시험의 긍정적인 가능성을 다루는 것으로 보고, 그다음 13–15절이 시험의 부정적인 가능성을 다루는 것으로 본다. 참고. *Johnson, The Letter of James*, 184–91.

2. Aída B. Spencer("The Function of the Miserific and Beatific in the Letter of James," *EvJ* 7 [1989]: 13)는 17–18절이 전체 서신서의 축도로, 진정한 믿음은 행동으로 드러나는 겸손한 믿음을 필요로 한다는 주제를 중심으로 하고 있다고 생각한다.

의 기초를 이룬다. 18절에서 강조된 중생이 21절의 "심어진 말씀"과 대응되는 것과 마찬가지다. 19절은 심지어 16절에 나온 것과 똑같은 호격("내 사랑하는 형제들아")으로 시작된다. 몇몇 학자들은 19a절을 16–18절의 결론으로, 이 짧은 단락을 둘러싸고 있는 인클루시오를 형성하는 것으로 보아야 한다고 생각한다.[3] 하지만 그것은 새로운 단락(19–21절)의 서론으로 보는 것이 흐름상 더 자연스러우며, 따라서 현재 본문과 다음 본문 사이의 최종적 연결을 형성해서, 다시 한 번 야고보가 청중들에게 그의 교훈에 주의를 기울이라고 명하는 것일 가능성이 더 많다.

II. 세 가지 핵심 주제의 진술(1:2-11)
- A. 그리스도인이 삶에서 겪는 시험(1:2-4)
- B. 지혜(1:5-8)
- C. 부와 가난(1:9-11)

➡ **III. 세 가지 진술의 재진술(1:12-27)**
- **A. 하나님과 관련된 시련/시험(1:12-18)**
  - **1. 시험에서 하나님의 선하심(1:12)**
  - **2. 하나님이 시험에 관여하지 않으심(1:13-15)**
  - **3. 하나님이 모든 선한 것을 만드심(1:16-18)**
- B. 말과 순종 분야에서의 지혜(1:19-26)
- C. '갖지 못한 자들' 그리고 '가진 자들'의 책임: 서신서의 주제(1:27)

주요 개념

그리스도인들은 시험이나 시련에 대해 하나님을 비난하는 반응이 아니라 하나님이 모든 선한 것의 원천이심을 인정하는 반응을 보여야 한다. 그리스도인들은 적절한 인내를 가지고 외부의 시험에 반응할 때 복을 받을 것이다. 그런 시험이 죄에 대한 유혹으로 바뀌도록 허용할 때 책임은 오로지 그들의 몫이 될 것이다.

3. 예를 들어, Martin, *James*, 31; 참고. NLT.

번역

야고보서 1:12-18

12a	주장	**복이 있나니**
b	신원 확인	시험을 참는 자는
c	(12d의) 시간	시련을 견디어 낸 자가
d	기초	생명의 면류관을 얻을 것이기 때문이라
e	묘사	하나님께서…약속하신
		자기를 사랑하는 자들에게
13a	(13b의) 시간	시험을 받을 때에
b	권고	**내가 하나님께 시험을 받는다 하지 말지니**
c	기초	하나님은 악에게 시험을 받지도 아니하시고
d	일반적/구체적	친히 아무도 시험하지 아니하시느니라
14a	대조	오직 **각 사람이 시험을 받는 것은** 자기 욕심에
b	방식	끌려
c	동시 발생	[그것에] 미혹됨이니
15a	순서	**욕심이** 잉태한즉 죄를 **낳고**
b	진전	**죄가** 장성한즉 사망을 **낳느니라**
16	경고	내 사랑하는 형제들아 **속지 말라**
17a	주장	**온갖 좋은 은사와 온전한 선물이…내려오나니**
b	장소	위로부터
c	재진술	빛들의 아버지께로부터
d	묘사	그는 변함도 없으시고
e	재진술	회전하는 그림자도 없으시니라
18a	(18b)의 기초	그가…자기의 뜻을 따라
b	주장	**우리를 낳으셨느니라**
c	수단	진리의 말씀으로
d	목적	우리로 한 첫 열매가 되게 하시려고

구조

2–11절이 그랬던 것처럼, 이 본문은 세 개의 분리된 부분으로 나누어진다. 하지만 여기에서 각 부분은 좀 더 밀접하게 결합되어 있긴 하다. 12절은 지복의 형태를 띤다. 하나님이 적절한

인내를 가지고 시험에 반응한다고 보시는 모든 사람에게 복이 있다고 선언하는 것이다. 이 복의 기초는 하나님이 모든 신자에게 주신 영생의 약속이다. 여기에서 신자는 끊임없이 하나님을 사랑하는 자들이라고 규정된다. 물론 이 복을 받는 때는 시험 이후, 많은 경우 상당한 시간적 간격이 흐른 후다.

13–15절은 통과해야 할 시련(tests)으로서의 시험(trials)에서, 죄를 짓게 만드는 시험(temptations)이 될 수 있는 시험(trials)으로 넘어간다. 이 짧은 단락은 두 가지 근본적이고, 대조적인 주장을 한다. 하나님은 아무도 시험하지 않으신다. 오히려, 죄에게 굴복하는 것은 전적으로 그것을 선택하는 인간의 책임이다. 이 두 가지는 하나님이 사람으로 죄를 짓게 하신다고 비난하지 말라는 권고 형태로 표현되어 있으며(13절), 그다음 각 사람은 자신의 내적 욕심에 끌려 미혹된다는 주장이 나온다(14–15절). 13b절의 권고는 종속절 세 개의 수식을 받는다. 명령의 때(시험을 받을 때에, 13a절),[4] 이론적 근거(하나님은 악에게 시험을 받지도 아니하시고, 13c절), 이론적 근거의 재진술로 또한 그것을 상술하는 것(친히 아무도 시험하지 아니하시느니라, 13d절) 등이다. 사람들은 악을 행하고 싶어 하는 자신의 내적 욕구에 굴복한다(14절). 야고보는 그 욕구들이 사람을 이끌고 미혹한다고 생생하게 묘사한다. 동시적 행동이긴 하지만, 전자의 동사는 후자보다 더 강하게 외적으로 끌어당기는 것을 시사한다. 시험(temptation)은 은밀하게 우리에게 다가올 수 있다. 그것은 또한 공공연하게 우리를 공격할 수도 있다. 15절은 두 개의 유사한 독립절로 이루어져 있지만, 그 절들은 14절의 생각을 더 촉진하면서, 시험을 저지하지 않고 놔두었을 때 오는 궁극적 결과를 함께 묘사한다. 욕심이 죄를 '낳고' 죄가 사망을 낳으면서 일련의 행동들이 드러난다.[5]

마지막 부분은 속지 말라는 경고로 시작한다. 그것은 야고보가 이제부터 말하려는 내용에 면밀한 주의를 기울이라는 강력한 명령 역할을 한다(16절). 그것은 별도의 문장이지만, 17–18절에 아무런 내용도 추가하지 않는다. 단지 다음에 나오는 것을 주의깊게 들으라는 명령일 뿐이다. 17절은 하나님이 공급하지 않으시는 것(시험, 13–15절)에서 하나님이 공급하시는 것(온갖 좋은 은사와 온전한 선물)으로 넘어간다. 좋은 것들은 위로부터, 즉 하나님으로부터 온다. 하나님은 천체의 창조주이시며 그러므로 전체 우주의 창조주이시다(17ab절).[6] 야고보는 두 개의 유사한 표현을 사용해서 이 하나님을 변치 않는 분이라고 더 묘사한다.[7] 하나님은 변하실

4. 이것은 시험 전이나 후에 우리가 하나님을 비난할 수 있다는 의미는 아니다! 하지만 궁극적으로 우리가 겪는 문제들의 원인에 대한 책임이 우리에게 있다고 간주하는 사람을 비난하고 싶은 유혹이 가장 많이 드는 때는 보통 그 시험과 싸우고 있는 동안이다. 참고. HCSB: "시험(trial)을 겪고 있는 사람은 누구도 '내가 하나님께 시험을 받고 있다(tempted)'고 말하지 말아야 한다." 이 번역 역시 많은 번역들보다 '시험'(trial)에서 '시험'(temptation)으로 바뀌는 것을 더 잘 강조한다.

5. Milton은 *Paradise Lost*(Book II)에서 이 구절들을 묘사한다: 죄는 사탄이 반역을 계획할 때 그의 머리에서 튀어나온다. 그다음에 사망은 사탄이 죄와 밀접한 관계를 맺은 결과다. 이 묘사와 *Measure for Measure* 도처에 나오는 야고보서 2:13에 대한 셰익스피어의 묘사는 영어 문학에서 야고보서에 대한 두 가지 가장 의미심장한 전용일 것이다.

6. 참고. NLT: "위에 계신 하나님, 하늘의 모든 빛을 창조하신 분으로부터."

7. 참고. NET: "변동도 혹은 아주 약간의 변화의 기미도 없는."

8. Matt A. Jackson-McCabe("A Letter to the Twelve Tribes in the

수 없기 때문에, 우리는 하나님이 언제나 온갖 좋은 것들을 그리고 오로지 좋은 것들만을 공급하시리라 믿을 수 있다.

18절은 하나님이 주시는 좋은 선물의 탁월한 예를 지적하면서 이 부분과 전체 본문을 마무리한다. 그것은 바로 신자들의 중생이다(18b절). 이 행동의 기초는 하나님 자신의 주권적인 뜻이다(18a절). 하나님은 "진리의 말씀", 즉 복음으로 중생을 제공하신다(18c절), 그리고 이 중생의 핵심 목적은 하나님이 앞으로 우주 전체를 재창조하실 것을 미리 맛보게 해주시는 것이다(18d절).

석의적 개요

➡ **III. 세 가지 주제의 재진술(1:12-17)**

A. 하나님과 관련된 시련/시험(1:12-18)

1. 그리스도인들은 시험에서 하나님의 선하심을 인식할 수 있다. 시험을 통과한 후에는 그들이 복받을 것을 알기 때문이다(12절).
2. 그리스도인들은 시험에 대해 하나님을 비난해서는 안 된다. 문제는 하나님이 아니라 그들 자신이기 때문이다(13-15절).
   a. 하나님이 문제가 아니다. 그분은 악을 행하도록 시험받으실 수도 없고, 또한 다른 사람들이 악을 행하도록 시험하실 수도 없기 때문이다(13절).
   b. 사람이 문제다. 그들은 자신들의 악한 소욕으로 인해 시험에 굴복하기 때문이다. 그 소욕을 그냥 두면 그것은 사람들을 사망으로 이끈다(14-15절).
3. 그리스도인들은 하나님을 모든 좋은 것의 원천으로 인정해야 한다(16-18절).
   a. 그리스도인들은 이런 일에 속지 않도록 주의해야 한다(16절).
   b. 온갖 좋은 선물은 하나님으로부터 온다. 그것은 창조 이래 계속 입증되어온 것이다(17절).
   c. 하나님이 주시는 좋은 선물의 가장 좋은 예는 그분이 그리스도인들을 중생시키시는 것이다(18절).

본문 설명

약 1:12 시험을 참는 자는 복이 있나니 이는 시련을 견디어 낸 자가 주께서 자기를 사랑하는 자들에게 약속하신 생명의 면류관을 얻을 것이기 때문이라(Μακάριος ἀνὴρὂς ὑπομένει πειρασμόν, ὅτι δόκιμος γενόμενος λήμψεται τὸν στέφανον τῆς ζωῆς ὃν ἐπηγγείλατο τοῖς ἀγαπῶσιν αὐτόν). 이 본문은 '순종의 보상'이라고 할 수 있을 만한 복과 함께 시작된다. 우리는 마태복음 5:3–12에 나오는 예수님의 가르침을 통해 팔복에 대해 잘 안다. 하지만 그 형태는 구약에서 그리고 가장 두드러지게는 시편, 잠언 그리고 신구약 중간 시기의 책인 집회서에서 자주 나온다.[8] 메이나드 레이드는 여기에서 염두에 두고 있는 사람은 9절에 나오는 가난한 신자와 같은 사람이라고 주장한다.[9] 하지만 12절은 단지 가난한 사람뿐 아니라 시험을 참은 모든 사람에게 주어지는 보다 일반적인 복인 듯하다. 다시 한 번 야고보가 여기에서 사용한 "자"(person)에 해당하는 말(ἀνήρ)은 단순히 남자들만을 말하는 것이 아니라 남녀를 다 포함하는 것임을 주목해야 한다.[10] 복 있다고 혹은 "행복하다"고 선언된 사람은 "시험을 참는"(ὑπομένει πειρασμόν) 자다. 여기에서 야고보는 "시험"(πειρασμός)이라는 말과 "참다"(ὑπομένω/ὑπομονή)라는 말 둘 다에 의해 이 부분을 앞의 2–4절과 연결시킨다. 그래서 "시험"(trial, πειρασμός)은 이 구절에서 계속해서 "시련"(tests)을 말하게 된다.[11]

참는 것은 사람이 "시련을 견디어낸" 혹은 "인정된"(having been approved, δόκιμος γενόμενος) 것을 보여줄 것이다.[12] 1:3에서와 마찬가지로, 인정에 해당하는 단어(δόκιμος)는 실제로 시험을 견뎌냄으로써 받는 인정을 말한다. 그런 사람들은 "생명의 면류관"(τὸν στέφανον τῆς ζωῆς)을 받을 것이다. 이것은 왕관이 아니라 올림픽을 포함한 운동 경기에서 승리한 사람에게 주어지는 월계관이다. 소유격은 실제 관을 묘사하는 것이기보다는 ("살아있는 면류관"),[13] 동격으로("곧 생명인 면류관")[14] 보는 것이 가장 좋다. 그리스도인들이 받으려 애써야 하는 상은 영원한 생명이기 때문이다(참고. 계 2:10).

야고보는 그다음에 이 면류관이 더 나아가 하나님이 "자기를 사랑하는 자들"(τοῖς ἀγαπῶσιν αὐτόν)에게 약속하신 것이라고 묘사한다. 그래서 우리는 하나님이 그분을 따르는 자들에게 주신 확고한 약속을 본다. 그들은 헛되고 맹목적인 소망을 가지고 헛된 것을 잡으려 애쓰는 것이 아니라, 대신 하나님을 염두에 두고 영원한 생명이라는 목표를 갖고 견딘다는 것이다. "사랑하는 자들"(ἀγαπῶσιν)이라는 실질 분사(substantive participle)는 모든 참된 신자들과 동의어로, 하나님이 이 생명의 면류관을 더 열심히 노력한 사람 혹은 나머지 사람들보다 더 성공한 일부 소수 엘리트에게 약속한 것이 아님을 보여준다.[15] 하지만 이것은 또한 심각한 문제를 제기한다. 하나님에 대한 사랑이 그들의 삶에 충만하게 스며들어있지 않은 사람들이 별 생각 없이 자신들을 그리스도인이라고 간주할 수 있는가 하는 문제다. 하나님을 사랑하는 것이 신자의 삶 전반을 아우르는 특징이 되어야 한다.[16] 그렇게 되면 결과적으로 하나님의 전적으로 신뢰할 만한 성품으로 인하여 그분은 자신이 "약속하신"(ἐπηγγείλατο)

Diaspora: Wisdom and 'Apocalyptic' Eschatology in the Letter of James," *SBLSP* 35 [1996]: 504–17)는 야고보서에서 복에 대한 부분은 묵시 문학과 지혜 문학이 겹쳐지는 한 부분을 나타낸다는 것을 보여준다.

9. Maynard-Reid, *Poverty and Wealth in James*, 39.

10. Poythress and Grudem(*The Gender-Neutral Bible Controversy*, 329)은 이 구절이 남자들과 여자들 모두에게 적용되는 복을 예시하는 한 특정한 남자를 상상하고 있다고 주장한다. 하지만 야고보가 7–8절에서 ἄνθρωπος("사람")와 ἀνήρ("…자")를 서로 교환할 수 있게 사용한 후에, 이럴 가능성은 적어졌다. 앞의 54쪽을 보라. 참고. 또한 Sleeper(*James*, 60)와 Maier(*Der Brief des Jakobus*, 70–71). 그들은 많은 후대의 사본들이 바로 이 점을 명확하게 하기 위해 ἀνήρ를 ἄνθρωπος로 바꾼다는 것에 주목한다.

11. Martin(*James*, 33)은 이 과도적 구절에서 πειρασμός라는 단어가 '시련'(trials)과 '시험'(temptation)의 뜻을 모두 가지고 있을 수 있다는 것을 지적한다. 그것은 Johnson(*The Letter of James*, 192)이 지지하는 접근법이다. 하지만 앞의 문맥에는 이런 가설을 긍정적으로 지지해줄 만한 단서가 없다. 때문에 번역에서 '시험하다'(tempt)라는 형태를 사용하기 전에, 13절의 부정적 문맥까지 기다리는 것이 더 낫다.

12. 부정 과거인 "된"(having been, γενόμενος)은 "되게 된"(having become)이라고 번역할 수도 있다. 특히 "시련을 받은"(δόκιμος)을 "인정된"이라고 번역한다면 더 그렇다. 그 분사는 원인적("그가…했기 때문에")이기보다 그저 시간적인("그가…된 후에") 것일 가능성이 더 많다. 옆에 있는 ὅτι-절이 공식적인 원인을 제공하기 때문이다.

13. 마찬가지로, Davids, *The Epistle of James*, 80. Laws(*The Epistle of James*, 68), Martin(*James*, 33)은 그 구문을 각각 설명적 보족의 소유격(epexegetic genitive) 혹은 내용의 소유격이라는 사실상 동의어인 범주로 본다.

14. 예를 들면 Hiebert, *The Epistle of James*, 99 등이 지지한다.

15. Laws(*The Epistle of James*, 67)는 출애굽기 20:6, 신명기 5:10, 로마서 8:28이 모두 "사랑하는"이라는 말이 신실한 자들에 대한 일관된

것을 반드시 신실하게 이루어주실 것이다.[17]

약 1:13 사람이 시험을 받을 때에 내가 하나님께 시험을 받는다 하지 말지니 하나님은 악에게 시험을 받지도 아니하시고 친히 아무도 시험하지 아니하시느니라(μηδεὶς πειραζόμενος λεγέτω ὅτι Ἀπὸ θεοῦ πειράζομαι· ὁ γὰρ θεὸς ἀπείραστός ἐστιν κακῶν, πειράζει δὲ αὐτὸς οὐδένα). 이 구절은 시험(trials)에서 시험(temptations)으로 주제가 전환되는 것을 소개한다. 야고보는 "사람이 시험을 받을 때에"(while being tempted, μηδεὶς πειραζόμενος)라고 시작한다. 그 동사는 분명 "시험"(trial, πειρασμός)과 같은 어원에서 나온 것으로, "부적절한 행동"[18]을 하도록 유혹하는 것을 말한다. 무는 시험(trials)이 시험(temptations)으로 바뀌는 것은 우리가 그것을 대하는 자세 때문이라고 설명한다. 그리고 하나님을 비난할 때 우리는 시험을 통과하지 못한다.[19] 조지 스툴락(George Stulac)은 어떻게 2-4절이 13-15절과 마찬가지로 똑같은 환경에 대해 두 개의 비슷한 선택권을 제시하는지 보여줌으로써 이런 개념을 주장한다. 첫 번째 경우 우리는 시험(trials)을 시련(testing)이라는 견지에서 이해하는데, 그것은 우리를 인내와 성숙으로 이끈다.[20] 두 번째 경우에서, 우리는 똑같은 시험(trials)을 시험(temptation)으로 경험하는데, 그것은 우리를 죄와 사망으로 이끈다. 야고보는 여기에서 두 번째 선택에 대해 경고한다.[21] 우리는 하나님께 영광을 돌리도록 시험을 견디는 법을 배워야 한다.

13절은 기독교적 신정설(theodicy: 악의 존재를 신의 섭리라고 하는 주장-역주)을 함축하고 있다. 어느 누구도 "내가 하나님께 시험을 받는다"(ἀπὸ θεοῦ πειράζομαι)고 말하지 말아야 한다. 종종 우리는 시험(trials)이나 시험(temptation)을 만날 때, 즉각 비난할 대상을 찾는다. 아마도 야고보의 회중 가운데 그들이 받는 시험에 대해, 그들 자신의 실패에 대해 구실을 만들어 하나님을 비난하는 사람들이 있을 것이다. 하지만 이런 전법은 하나님의 모습을 왜곡한다. 하나님을 그의 백성을 시험하고 넘어지도록 그들의 길에 의도적으로 장애물을 놓는 분으로 묘사하는 것이다. 대신 야고보는 하나님을 자기 백성이 넘어지기를 바라지 않는 분, 그들에게 시험을 견딜 힘을 주시는 분으로 묘사한다. 하나님은 "악에게 시험을 받지도 아니하시"(ἀπείραστος κακῶν)기 때문이라고 야고보는 강조한다.

이 문구에 나오는 지시어의 소유격에 대해서는 주로 세 가지 해석이 있다. 첫째, "악에게"(κακῶν)는 주격 소

표현이라고 말한다. 우리는 또한 이 면류관이 특정한 해방 신학자들이 주장하는 것처럼 모든 가난한 자들에게, 신앙에 대한 그들의 헌신과 상관없이 약속되지는 않는다는 사실을 인식해야 한다.

16. 분사의 현재 시제는 진행되는 행동을 나타낸다. 그래서 야고보는 순간적인 혹은 피상적인 신앙의 고백이 아니라, 장기적인 삶의 길을 생각하고 있다.
17. 여기에는 이 서신서에서 UBS가 적어둘 만하다고 생각하는 두 번째 본문상의 변형이 나온다. A 등급을 받은 그 독법을 지지하는 본문상의 증거는 매우 많다. 하지만 비잔틴 전통은 "주"(the Lord)라는 말을 추가한다. 그 때문에 이 말이 KJV에 나오는 것이다. 그 말을 빼놓은 것을 본문이 강력하게 지지해주는 것에 비추어, 그리고 두 이문들("하나님" 혹은 "주"라는 말이 나와 있는)은 누가 이 면류관을 약속했는지 명확하게 밝히기 위해 서기관들이 자연스럽게 추가한 것임에 비추어볼 때, UBS가 가장 짧은 독법을 선호한 것은 옳은 듯하다. Davids(*The Epistle of James,* 80)는 "그 절의 주어를 감추는 것은 하나님의 이름을 부르기를 꺼려 하는 전형적인 유대인들의 방식"이라고 덧붙인다. (UBS는 United Bible Society에서 발행한 헬라어 신약 성경을 말한다.-역주)
18. BDAG, 793.
19. Moo, *The Letter of James: An Introduction and Commentary,* 71.
20. Pheme Perkins(*First and Second Peter, James, and Jude*[Interpretation; Louisville: John Knox, 1995], 101)는 "야고보가 시험이 가지고 있다고 보는 가치, 즉 구원받은 사람들에게 시험을 견딜 수 있는 믿음을 가져다준다는 것은 신자들이 겪는 시험들에 대해 하나님께 책임이 있는 것이 아닌가 하는 의심을 불러일으킬 수 있다"는 것을 인정한다.
21. Stulac, *James,* 54. 그는 또한(56쪽) "야고보는 사람이 어떤 식으로든 하나님을 기쁘시게 하지 못하도록 그를 시험(tempt)하는 것은 하나님이 바라시는 바가 아니며 그런 시험에는 저항해야 한다는 주님의 가르침을 기억할 것이다(마 6:13; 26:41)"라고 말한다.

유격으로, 하나님이 "악에 의해(by) 시험을 받으실 수 없다"[22]는 의미가 된다. 둘째, 그것은 목적 소유격으로, "하나님이 악을 행하도록(do) 시험을 받으실 수 없다"는 의미가 된다. 이 두 번째 접근법의 당연한 결과는 하나님은 우리를 시험하심으로 악을 행하실 수 없다는 것이다.[23] 세 번째 선택권은 "하나님은 악한 사람에 의해 시험을 받으셔서는(ought) 안 된다"[24]는 번역을 시사한다. 이들 중 두 번째가 가장 의미가 잘 통한다. 전후 문맥으로 보아 야고보는 악이 일어나는 것에 대해 왜 하나님을 비난해서는 안 되는지 논하고 있기 때문이다.

그다음 진술인 "친히 아무도 시험하지 아니하시느니라"(πειράζει δὲ αὐτὸς οὐδένα)에서, "시험하다"(πειράζει)라는 말은 격언적 현재를 나타낸다. 야고보는 하나님이 절대 어느 때든 자기 백성을 시험하지 않으신다고 주장하고 있는 것이다. 야고보는 하나님이 절대 시험이 우리 삶에 들어오도록 허용하지 않으신다고 주장하는 것이 아니며, 하나님이 자기 백성을 시험하지(test) 않으신다고 암시하는 것도 아니다. 야고보는 "하나님이 실제로 사람들이 시험을 받게 하신다는 사실을 부인하지 않는다. 하지만 그는 하나님이 악한 의도를 가지고, 그들을 죄로 인도하려고 사람들을 시험하신다는 주장은 부인한다".[25] "친히"(αὐτός)라는 말은 우리를 시험하는 자와 더 강력한 대조를 이루며, 또한 하나님이 그분의 백성이 악하게 행동하도록 꾀지 않으신다는 원리를 강조한다. 우리 하나님은 시험의 때에 의지할 수 있는 분이다. 그분은 그런 시험을 유발하시지 않기 때문이라고 야고보는 장담한다. 이 원리는 고린도전서 10:13과 조화를 이룬다. 거기에서 바울은 하나님이 우리가 죄에 함몰될 것 같은 압력을 받을 때 그것을 견딜 수 있도록 나아갈 길을 제공하신다고 약속한다.

약 1:14 오직 각 사람이 시험을 받는 것은 자기 욕심에 끌려 미혹됨이니(ἕκαστος δὲ πειράζεται ὑπὸ τῆς ἰδίας ἐπιθυμίας ἐξελκόμενος καὶ δελεαζόμενος). 야고보는 하나님이 우리의 시험을 유발하지 않으신다고 단언하고 나서, 참된 시험의 원천으로 눈을 돌린다. 시험은 우리 안에서 온다는 것이다. 그는 "각 사람"(ἕκαστος)이라고 말하는데, 그것은 우리 모두는 누구나 할 것 없이 내부로부터 시험을 경험한다는 의미다. 각 사람이 "시험을 받는 것은 자기 욕심에"(πειράζεται ὑπὸ τῆς ἰδίας ἐπιθυμίας) 의한 것이다. 욕심이라는 단어는 흔히 육욕으로 번역되긴 하지만, 욕심이 반드시 육욕과 동일한 것이라고 생각할 필요는 없다.[26] 그보다 그것은 여기에서 부적절한 대상, 즉 우리가 하나님을 추구하는 것을 방해하는 모든 것에 대한 강력한 갈망을 말한다.[27]

이것은 목회 사역에서 대단히 중요하다. 어떤 사람이 강렬한 시험이라고 생각하는 것을 다른 사람은 심지어 아주 약한 유혹으로도 경험하지 않을 수 있으며, 그

---

22. 이 견해를 처음으로 지지한 사람은 F. J. A. Hort(*The Epistle of St. James*[London: Macmillan, 1909], 23)로, 그는 하나님이 악을 전혀 경험하지 못하셨거나 악과 전혀 접촉하시지 않는다고 단언함으로 이 표현을 설명했다.

23. 예를 들어, Martin, *James,* 35; Moo, *The Letter of James,* 73; Laws, *The Epistle of James,* 71. 이것은 전통적인 해석이다.

24. 특히 Davids, *The Epistle of James,* 82–83을 보라. 참고. 같은 저자, "The Meaning of ἀπείραστος in James i, 13," NTS 24(1978): 386–92. Davids는 신명기 6:16에서 이것을 지지해주는 증거를 발견한다. 거기에 보면 백성들이 불평함으로써 하나님을 시험했다. 하지만 "해서는 안 된다"(ought not)는 ἀπείραστος이 의미하는 것인 "할 수 없다"(cannot)와 같지 않다. 그리고 하나님을 비난하는 것(야고보의 주제)은 그분을 시험하는 것(구약에서 이스라엘 사람들이 했던 것처럼)과 같지 않다.

25. Hiebert, *The Epistle of James,* 103.

26. Martin(*James,* 35)은 "야고보는 이제 13절에 나오는 πειρασμοί와 κακά의 진짜 기원을 밝힌다"고 믿는다. Johnson(*The Letter of James,* 193)은 ἐπιθυμία 자체는 중립적이지만, 그것은 통상 고전의 용례에서나 성경의 용례에서나 부도덕한 욕망이라는 부정적 함축을 지닌다고 밝힌다.

27. Moo(*The Letter of James,* 74)는 그것을 "하나님이 금하신 것에 대한 인간의 모든 갈망"이라고 묘사하며, 베드로전서 2:11과 요한일서 2:17에서 그 말을 유사하게 사용한 것을 강조한다.

28. 사탄, 죄, 죽음 사이의 이 관계에 대한 문학적 묘사로는 다시 한

반대일 수도 있다. 시험은 개인별 맞춤형으로 되어 있으며, 그래서 우리 신자들은 우리가 무의미한 것이라고 생각하는 어떤 문제를 가지고 씨름하는 사람을 무시해서는 안 된다. 대신 각자가 특별히 자신에게 맞춰진 전투가 있음을 깨달아야 한다. 그리고 시험의 때에 견고히 서도록 서로에게 은혜와 권고의 말을 해줄 필요가 있다. 역으로, 시험이 우리에게 아무리 '사소한' 것처럼 보일지라도, 우리는 시험을 피해야 한다. 야고보는 이런 내적 열망들은 우리를 주님으로부터 떠나게 하기 위해 부지런히 일한다고 말한다.

우리는 설령 적극적으로 시험을 자초하지 않더라도, 그 시험에 "끌려 미혹"(ἐξελκόμενος καὶ δελεαζόμενος)된다. 이것들은 시험의 방식을 묘사하는 양식 분사(modal participles)일 가능성이 많다. 그것들은 또한 고대 사회에서 잘 알려진 비유들을 반영한다. 첫째는 고기잡이에서 나온 것이며, 둘째는 사냥의 경험에서 나온 것이다. 야고보는 우리가 품고 있으면서 그것이 자라도록 허용하는, 우리를 잡아끌고 미혹시키는 욕구들과 생각들을 정직하게 바라보지 않을 수 없게 한다. 많은 죄된 행동들은 우연한 생각들로 시작된다. 하지만 그런 생각들을 곱씹을 때 작은 시험들이 큰 범죄로 바뀔 수 있다.

약 1:15 욕심이 잉태한즉 죄를 낳고 죄가 장성한즉 사망을 낳느니라(εἶτα ἡ ἐπιθυμία συλλαβοῦσα τίκτει ἁμαρτίαν, ἡ δὲ ἁμαρτία ἀποτελεσθεῖσα ἀποκύει θάνατον). 야고보는 이제 죄의 생활 주기를 묘사한다.[28] "그렇다면"(then: 우리말 성경에는 번역되어 있지 않음–역주, εἶτα)은 신약에서 비교적 드물게 나오는 단어로, 일관되게 순서를 나타내며, 우리 안에 있는 시험이 우리를 끌고 가기 시작할 때 그 다음 단계에 대해 무엇을 배우게 되는지 보여준다. 그 욕심은 우리의 내적 갈망이 이끄는 유혹을 받아 우리를 죄된 행동으로 끌고 간다. 한편, 죄는 멋대로 놔두면, (영적) 사망을 낳는다.[29] 죄의 삯에 대한 바울의 전통적 진술을 생각하게 한다(롬 6:23).[30] 하지만 여기에서 야고보는 보다 생생한 비유를 사용해, 그렇게 낳는 과정이 일단 시작되면 중단하기가 어렵다는 것을 보여준다. 그래서 "*epithymia*의 성적 함축은…이 구절에 나오는 생생한 성에 대한 비유적 표현에 의해 살아난다".[31] 우리는 여기에서 마음속으로 삼대를 그려볼 수 있다. 욕심은 '부모'이고, 죄는 '자녀'이며, 사망은 '손자'다.

오래전에 베데(Bede) 부주교는 "시험에는 세 단계가 있다. 첫 번째는 제안, 두 번째는 실험, 세 번째는 동의다"라고 말했다. 동의의 단계에 이르자, 우리는 죄에 휩쓸렸고, 의의 길에서 기꺼이 떠났으며, 하나님과 분리되어 마땅하게 되었다.[32] 성장과 번식의 비유는 야고보가 그저 우리를 공격하는 중요한 위기나 노골적인 시험들만 생각하고 있는 것이 아니라, 우리가 평생에 걸쳐 날마다 내리는 수많은 작은 결정들, 곧 궁극적으로 되어

번 John Milton의 *Paradise Lost*(Book 2, 11, 629–1055)를 보라. Moo(*The Letter of James,* 75)는 "야고보는 욕심이 영적인 삶에 가져올 수 있는 대황폐를 묘사하기 위해 비유들을 바꾼다"고 설명한다. 우리를 미혹시키려 유혹하는 요부라는 '욕심'의 이미지는 잠언 5–9장에 기초하고 있다.

29. 삶의 주기에서 나온 비유적 표현을 채택하지 않는다면, 15b절 시작 부분은 "죄가 자기 길을 갔을 때"라고 번역하여, 죄의 최종 결과를 강조할 수 있다. Perkins(*First and Second Peter, James,* and Jude, 101)는 "죄에 집착하는 사람은 생명의 면류관과 정반대 되는 것을 받는다. 죽음의 경험이다"라고 말한다. Stulac(*James,* 56–57)은 "여기에서 그리스도인들이 그들의 구원을 잃어버릴 수 있다는 교리적 진술을 끌어낸다면, 우리는 야고보가 의도하지 않은 식으로 그 구절을 적용하는 셈이 될 것이다. 야고보의 관심사는 그런 교리적 요점이 아니라, 진정한 믿음의 삶이다"라고 경고한다.

30. Johnson(*The Letter of James,* 194)은 요한복음 8:21, 로마서 5:12, 21, 고린도전서 15:56에서 "죄와 사망 사이의 관계"와 유사한 또 다른 것들을 지적한다.

31. 같은 책, 194. Walter T. Wilson("Sin as Sex and Sex with Sin: The Anthropology of James 1:12–15," *HTR* 95 [2002]: 147–68)은 이 구절들을 이들 그리스도인들이 살고 있던 더 큰 사회적 실상 안에서 해석한다. "내적 욕구의 시험에 대한 자아의 용감한 저항은 자신의 사회–경제적 취약성과 관련된 외적 시험에 대한 공동체의 저항과 상관관계가 있다"(168)는 것이다.

32. Gerald Bray, ed., *Ancient Christian Commentary on Scripture,* vol.11:

갈 우리의 모습으로 형성하는 결정들 역시 생각하고 있다는 것을 상기시켜준다.[33] 서신서 전체를 통해 더 분명해지겠지만, 야고보는 삶 전체를 되돌아보면서 살펴보고 나서야 어떤 사람이 '구원받았다'고 판단한다.

약 1:16 내 사랑하는 형제들아 속지 말라(Μὴ πλανᾶσθε, ἀδελφοί μου ἀγαπητοί). 여기에서 마지막 경고로 앞부분과 잘 어울릴 만한 또 하나의 이음매 구절을 보게 된다[34]. 하지만 대부분의 주석가들은 그것을 17–18절에 대한 서론으로 본다. 16–18절은 그래서 하나님으로부터 오는 것과 오지 않는 것이 무엇인지에 대한 더 상세한 논의로 보는 것이 가장 좋다. 하나님이 시험을 보내지 않으신다면, 그분이 자신의 백성에게 주시는 것은 무엇인가 하는 질문이 자연스럽게 제기된다.[35] 야고보는 "속지 말라"(μὴπλανᾶσθε)는 경고로 시작한다. 마틴은 이것을 "경계하라는…마지막 명령"[36]이라고 칭한다. μή와 함께 나오는 현재 명령법은 속는 것을 '멈추라'는 의미일 것이다. 전후 문맥상 반드시 그렇게 해석해야 하는 것은 아니지만, '속다'라는 단어는 헤매는 것('행성'이 '헤매는' 별처럼 보였기 때문에 그렇게 이름 붙여진 것과 마찬가지다), 길을 잃는 것, 잘못되는 것 등의 의미를 시사한다.

야고보는 누가 그 속이는 일을 하고 있는지 명시하지는 않는다. 하지만 제2성전 유대교에서 속임수의 대행자는 종종 타락한 천사들 같은 영 혹은 권세들이었다. 그래서 우리는 πλανᾶσθε를 수동태로 이해하여 그 경고를 "속임을 당하지 말라"고 번역할 수 있을 것이다. 하지만 야고보는 그것을 중간태로 사용하여, "너 자신이 속임당하는 것을 허용하지 말라"는 의미로, 혹은 심지어 "너 자신을 속이지 말라"는 의미로 사용하고 있을 가능성이 더 많은 듯하다. 그 말이 사람들이 그들 자신의 악한 소욕들에 이끌려 시험을 받는다는 확신 바로 뒤에 나오기 때문이다. 이 경고는 "만물보다 거짓된…것은 마음이라"는 예레미야 17:9을 반영한다.[37] 우리는 계속해서 진리를 지키고 보존하지 않으면 우리 자신까지도 속이는 경향이 있다. 이 구절에서 또한 야고보는 처음으로 그의 청중을 "사랑하는"(ἀγαπητοί)이라고 부른다. 이 말은 그가 가한 일격을 부드럽게 만드는 데 도움이 되는 애정 어린 용어다. 야고보는 그가 형제로서 호소한다는 점을 강조하기 위해 이 서신서에서 그 말을 세 번 사용한다(참고. 또한 1:19와 2:5).

약 1:17 온갖 좋은 은사와 온전한 선물이 다 위로부터 빛들의 아버지께로부터 내려오나니 그는 변함도 없으시고 회전하는 그림자도 없으시니라(πᾶσα δόσις ἀγαθὴ καὶ πᾶν δώρημα τέλειον ἄνωθέν ἐστιν, καταβαῖνον ἀπὸ τοῦ πατρὸς τῶν φώτων, παρ' ᾧ οὐκ ἔνι παραλλαγὴ ἢ τροπῆς ἀποσκίασμα). 여기에는 우리가 무엇에 대해 속지 말아야 하는지가 드러난다. 야고보는 먼저 같은 의미의 문구를 중복해서

James, 1-2 Peter, 1-3 John, Jude(Downers Grove, IL: IVP, 2000), 12.

33. 참고. Patrice Rolin, "Les épreuves de la foi—Jacques 1,1–19a, analyse et interprétation," *FoiVie* 102.4(2003): 59.

34. 그래서, 예를 들어, Martin, James, 37; Hiebert, *The Epistle of James, 109*.

35. Davids, *The Epistle of James,* 85. Moo(*The Letter of James,* 77)는 이 본문이 우리를 "하나님의 일편단심 및 진실하심, 특히 그분이 주시는 것에서 그런 마음이라는 주제로 돌아가게" 하며, 또한 그분의 선물을 우리에게 다가오는 시험들과 대조시킨다고 덧붙인다.

36. Martin, *James,* 37.

37. Nystrom(*James,* 83)은 야고보가 "우리가 스스로를 속일 수 있는, 그리고 그저 우리가 믿고 싶기 때문에 압도적인 증거에 거슬러서라도 특정한 것들을 믿을 수 있는 엄청난 능력을 지니고 있음을 안다"고 말한다.

38. Ropes(*A Critical and Exegetical Commentary on the Epistle of St. James,* 158)는 이것이 "주는 행위일 수도 있고 아니면 주어진 어떤 것일 수도" 있으나 "δώρημα와 대응된 것으로 보아 후자의 의미일 가능성이 더 많다"고 설명한다.

39. Perkins(*First and Second Peter, James,* and Jude, 102)는 Wis 7:11–12에 의지해서, "하늘에서 주어진 온전한 선물의 첫 번째 대상은 분명 지혜다"라고 주장한다.

40. Martin(*James,* 38)은 공통점을 항목별로 나눈다. "ἄνωθεν, 하향 이동을 나타내는 동사들, 그리고…주는 자의 성품과 선물이 제시되는 방식" 등이다.

말한다. “온갖 좋은 주는 것과 모든 온전한 선물”(πᾶσα δόσις ἀγαθὴ καὶ πᾶν δώρημα τέλειον)이라는 것이다. 첫 번째 문구는 ‘주는 것’이라는 동사적 의미를 강조하는 것일 수 있다. 하지만 그 두 용어가 동의어일 가능성이 더 많다.[38] 대부분의 주석가들은 이 문구를 “온갖 좋고 온전한 선물”이라고 번역하는 것이 가장 좋다는 데 동의한다. 이 구절은 1:4(“온전함”에 대한) 그리고 1:5(“주시는” 하나님에 대한)과 말로 연결된다. 그래서 야고보는 여기에서 하나님의 탁월한 선물로 여전히 지혜를 염두에 두고 있을 수도 있다.[39] 말과 개념이 3:17–18(“위로부터 난 지혜”에 대한)과 연결된 것이 이런 주장을 더 입증해준다.[40] 가장 중요한 선물은 성령님일 것이다. 특히 야고보가 누가복음 11:13에 나오는 예수님의 약속을 생각하고 있다면 더욱 그렇다.[41]

야고보는 한 걸음 더 나아가 이 각각의 선물들이 “위로부터”(ἄνωθέν ἐστιν καταβαῖνον), 즉 하나님께로부터 온다고 단언한다. “내려오나니”(*coming down*, καταβαῖνον)라는 분사의 현재 시제는 계속되는 혹은 반복된 행동을 시사하며, 하나님이 어떻게 일관되게 그분의 선물들을 우리에게 아낌없이 주시는지 나타낸다. 그 분사를 분류할 때, 우리는 수반되는 환경을 나타내는 부사적 용법{“온갖…은사는 위로부터 난 것이며 (또한) 내려오는”[every…gift is from above, (and) *coming down*…]}, 한정 형용사적 용법[“위로부터 내려오는 온갖…은사는”(every…gift which comes down from above is…)], 혹은 ἐστιν과 함께 우회적 구문[periphrastic construction, “온갖 은사가 위로부터 내려오고 있다(every gift is coming down from above)”] 등이라고 제안할 수 있을 것이다. “되다”(to be)라는 말 바로 다음에 분사가 나오는 단어 순서는, 우리가 제시한 번역을 따르는 우회적 구문(형용사적 분사의 서술적 용법)을 지지하는 경향이 있는 듯하다.[42]

“빛들의”(φώτων)라는 소유격은 목적어로, 하나님이 창조주이심을 보여준다. “빛들의 아버지”라는 말은 전후 문맥을 보면 하나님의 활동을 말한다. 하나님이 자기 백성에게 좋은 선물을 소나기처럼 내려주신다는 것이다. 그래서 “아버지”는 이 문맥에서 동사적 명사로, 우리가 둘 중 하나의 소유격만 선택하도록 제한하고 있을 것이다. 그것은 주격(빛에 의해 생겨난 아버지) 혹은 목적격(빛을 낳은 아버지이신 분)이다. 여기에서는 후자만 말이 된다. 하나님은 하늘의 빛–해, 달, 별–을 창조하신 분이다.[43]

그 구절은 이어서 “좋은 은사를 보내시는 것은 하나님의 변치 않는 본성에 속한 것이다”[44]라고 단언한다. 야고보는 “그는 변함도 없으시고 회전하는 그림자도 없으시니라”(παρ’ ᾧ οὐκ ἔνι παραλλαγὴ ἢ τροπῆς ἀποσκίασμα)는 수식어를 사용한다. 하나님의 성품에 변화가 전혀 없다는 것을 강조하기 위해서다.[45] “회전하는 그림자”(shadow of turning, τροπῆς ἀποσκίασμα)라는 표현은 서

41. 참고. 추가로 Kamell, “Wisdom in James,” 139.

42. 또 Johnson, *The Letter of James*, 195; Davids, *The Epistle of James*, 87; Hiebert, *The Epistle of James*, 112을 보라.

43. Donald J. Verseput(“James 1:17 and the Jewish Morning Prayer,” *NovT* 39 [1997]: 177–91) (190–191)는 하루가 시작할 때 드려지던 유대 기도문들, “매일 아침 새롭게 증거되는” 하나님의 신실하심을 감사하는 기도문에서 이 구절의 배경을 발견하며, 그것이 그의 독자들을 “하나님의 보존하시는 자비를 함께 증언하도록” 끌어들이는 역할을 한다는 것을 보여준다. Christian–Bernard Amphoux(“A propos de Jacques 1,17,” *RHPR* 50 [1970]: 127–36)은 다수의 사람들과 의견을 달리 하여, “빛들의 아버지”를 ‘인간의 창조자’라는 의미로 받아들인다. 그것은 이란어에서 빌어온 그 용어의 헬레니즘적 의미를 따른 것이다. 하지만 완벽하게 일반적이고 자연스러운 유대적 의미를 입수할 수 있는데 왜 그렇게 먼 곳에서 의미를 찾으려 드는가?

44. *Ropes, A Critical and Exegetical Commentary on the Epistle of St. James*, 161. 야고보는 처음부터 그의 청중들이 자기 백성에게 관대하신 하나님의 성품을 의심하지 말 것을 단단히 다짐하고 싶어한다(참고. 5절).

45. 여기에 UBS가 다루는 이 장의 세 번째 이문이 나온다. 거기에서는 발탁된 독법에 신뢰도 {B}만 부여한다. 선택된 독법은 많은 본문상 증거를 갖고 있다. 거기에는 바로잡은 $\aleph^2$, A, C 그리고 모든 Byz.이 포함된다. “변함 혹은 회전하는 그림자의”(παραλλαγὴ ἢ τροπῆς ἀποσκιάσματος)라는 독법에는 원래 가장 오래되고 비교적 완전한 두 신약 사본인 ℵ와 B가 들어 있다. 하지만 문법적으로는 이

술적 소유격["회전하는 그림자"(turning shadow)]을 사용한다. 그 두 단어는 아마 한때는 전문적인 과학적 표현이었을 것이다. 하지만 코이네 헬라어에서 그런 의미는 사라져버렸다.[46] 그럼에도 불구하고, 이 단어들은 "종종 고대 사회에서 천문학적 현상을 말하며," 야고보는 이 표현을 여기에서 비슷한 지시 대상에 대해 사용한 것이 거의 분명하다.[47]

두 가지 주요 해석이 있다. 첫째, "하나님은 별의 권세를 무력하게 하고, 사람에게 시험에 직면할 때 자신의 운명을 결정할 자유를 주신다"[48]고 주장할 수 있다. 하나님이 절대 변하지 않는다는 사실에 비추어볼 때, 우리는 운명적으로 별들의 변화에 매여있지는 않다. 우리가 선호하는, 보다 안전하고 덜 거창한 해석은 이 구절을 "별들에 대한 하나님의 주권"을 선포하는 것으로 본다. 게다가 "그것들은 언제나 움직이고 있지만, 하나님은 절대 그분 자신이나…자기 백성을 다루시는 것에서나 변하지 않으신다".[49]

약 1:18 그가 그 피조물 중에 우리로 한 첫 열매가 되게 하시려고 자기의 뜻을 따라 진리의 말씀으로 우리를 낳으셨느니라(βουληθεὶς ἀπεκύησεν ἡμᾶς λόγῳ ἀληθείας εἰς τὸ εἶναι ἡμᾶς ἀπαρχήν τινα τῶν αὐτοῦ κτισμάτων). 야고보는 하나님이 우리에게 주시는 좋은 선물의 탁월한 예를 제시하면서 이 부분을 마무리한다. 이 구절은 강조를 위해 생략으로 시작한다.[50] "되게 하시려고"(βουληθείς)라는 분사는 아마 원인을 나타낼 것이다. 그 단어 자체는 "어떻게 하나님이 우주와 인류의 창조에서 외적 강제 없이 자유롭게 행동하셨는지를 강조한다".[51] 주동사인 "낳으셨느니라"(ἀπεκύησεν)는 죄가 사망을 낳는다는 15절에서 사용된 것과 같은 동사다. 거기에서처럼 비유적으로 사용되지 않을 때에는 그 말의 주어는 여자가 되어야 한다.[52] 하지만 여기에서 주어는 하나님이시다. 하나님은 방금 17절에서 "빛들의 아버지"로 묘사되신 분이다! 하나님은 이미 우주를 낳으셨기(혹은 창조하셨기) 때문에, 이제 그분의 영원한 가족에 구원받은 인간들을 추가하신다.[53]

이렇게 낳는 것은 "진리의 말씀으로"(λόγῳ ἀληθείας) 이루어진다. "말씀으로"(λόγῳ)라는 것은 도구적인 수단의 여격으로, 하나님이 우리를 구속받은 자들의 무리로 데려오시는 방법을 보여준다. "진리의"(ἀληθείας)라는 소유격은 서술적인 것으로, 우리가 거듭난 수단인 "말씀"을 "참된" 것으로 묘사한다. 이 진리의 말씀은 필시 복음 메시지–그리스도의 성육신, 죽음, 부활–및 그 의미와 동등할 것이다.

이 메시지를 통해 우리는 "한 첫 열매"(ἀπαρχήν τινα)가 된다.[54] 첫 열매가 나무에 열렸다는 것은 앞으로 더

런 독법은 말이 안 된다. Bruce M. Metzger(*A Textual Commentary on the Greek New Testament*[New York: UBS, 1994], 608)는 "아니면" (ἤ) (or: '변함' 다음에 나오는 이 말이 우리말 성경에는 나와 있지 않다–역주)을 관계 대명사 "그것" (ἥ)으로(즉 "회전하는 그림자로 된 것인 변함") 이해할 때만 뜻이 통할 것이라고 말한다. 그것은 여전히 "지나치게 과장된" 독법일 것이다. "변함 혹은 회전하는 그림자"(παραλλαγὴ ἢ τροπὴ ἀποσκιάσματος)라는 독법은 주격과 소유격을 바꾸어놓은 것으로, 그것을 지지해주는 것은 12세기의 아주 미미한 증거만 있으며, 그것을 주창하는 사람들이 많지는 않다. "변함의 혹은 회전하는 그림자의"(παραλλαγῆς ἢ τροπῆς ἀποσκιάσματος)라는 독법을 유일하게 지지하는 증거는 매우 초기의 파피루스 𝔓[23]이다. 그것은 아마 이문융합에 의해, 세 개의 명사를 모두 소유격으로 바꾸는데, Johnson(*The Letter of James,* 196)은 그것을 "사실상 번역할 수 없는" 것이라고 부른다. UBS에서 나온 두 선택권은 강조를 위해("…심지어 어떤 그림자의 낌새가 있을 근거도 없는") 혹은 덜 잘 이해할 수 있게 하기 위해("변함 혹은 떨어지는 그림자") 단어를 더하거나 다른 것으로 대체한다. 하지만 이것 역시 입증 가능한 증거가 아니며 너무 뒤늦은 증거다.

46. Davids(*The Epistle of James,* 87)는 야고보가 정확하게 어떤 천체 현상을 염두에 두고 있는지 밝히려다가는 혼란만 가중된다고 말한다.

47. Moo, *The Letter of James,* 78.

48. Martin, *James,* 39.

49. 같은 책. "야고보는 하나님의 선하심 그리고 그분이 신뢰할 만한 분임을 의심한 사람들 혹은 시험의 때에 소망을 포기한 사람들과 대면해서 하나님의 성품을 옹호하기 위해 신정설을 제시하고 있다"고 말한다. Garland("Severe Trials, Good Gifts, and Pure Religion,"

많은 열매가 맺히리라는 약속인 것과 마찬가지로, 그리스도인 첫 세대는 장차 훨씬 더 많은 구속받은 백성이 중생할 것 혹은 새로운 피조물이 되리라는 기대를 갖게 한다. "'첫 열매'는 하나님의 통치 안에서 종말론적 공동체가 지닌 우선적 지위를 어느 정도 나타낼 것이다…그것은 독자들이 사회의 가장 미천한 사람들에 속해있다면 수사학적으로 상당히 중요하다".[55] "한"(a sort of, τινα)이라는 말은 야고보의 언어가 비유적 특성을 가지고 있음을 분명하게 보여준다. 우리는 그저 첫 열매와 같다. 바울이 그리스도를 미래의 모든 부활한 존재들의 첫 열매라고 부르는 것과 마찬가지다(고전 15:20). 부분 소유격인 "그 피조물 중에"(κτισμάτων)라는 말은 신자들이 하나님이 우주 전체를 궁극적으로 재창조하시기에 앞서, 자신이 지으신 모든 것에서 거둬들이고 있는 첫 번째 수확임을 확증한다. 하나님의 선물은 이처럼 궁극적으로는 영생으로 이어진다. 그것은 15절에 나오는 시험과 죄의 결과들과는 정반대다.

적용에서의 신학

시험에서 하나님의 선하심(1:12)

신자들은 이생에서 역경으로부터 어떤 좋은 것도 보지 못하더라도, 그들이 받는 고난에 대해 엄청난 영원한 보상이 있으리라고 기대할 수 있다. 2–4절이 종말을 명확하게 말하지 않는다면, 12절은 말한다. 2–4절에서 보았듯이, 야고보의 공동체가 직면하고 있는 가장 절박한 시험은 4:13–5:18에 명료하게 설명되어 있다(앞의 50–51쪽을 보라). 야고보의 수신자인 가난하고 착취당한 그리스도인들 중 일부는 이 세상의 타락한 제도 안에서 결코 정의를 발견하지 못할 것이다. 하지만 그들은 영원하시고, 사랑이 많으시며, 전적으로 의로우신 우주의 하나님이 앞으로 오는 세대에서는 상황을 완전히 시정해주시리라 의지할 수 있다(참고. 4:12). 그러나 먼저 그들은 힘겨운 시간을 보내고 있는 현재에서 하나님을 계속 신뢰함으로 적절한 반응을 보여

392)는 "하나님의 선하심은…보름달 혹은 일출처럼 주기적인 것이 아니다. 그것은 서쪽으로 지지 않는다"라고 덧붙인다.

50. Hiebert, *The Epistle of James,* 110. 그것은 또한 17–18절을 단단히 한데 묶어줄 것이다. 그러면서 야고보가 두 번째 구절에서 주어(하나님)를 반복하지 않는 것을 정당화시켜준다(Burchard, Der Jakobusbrief, 77).

51. Martin, *James,* 39.

52. 이 두 용례가 이 동사가 신약에서 사용된 유일한 것이다. 번역자들은 그것을 여기에서 그 말의 가장 일반적이고 생물학적인 의미로 번역하는 것을 피해왔다. 하나님이 어머니 같은 속성을 취하신 것으로 해석하지 않도록 하기 위해서다. 하지만 민수기 11:12, 신명기 32:18, 이사야 42:14을 보라. 추가로 J. David Miller, "Can the 'Father of Lights' Give Birth?" *Priscilla Papers* 19(2005): 5–7을 보라.

53. 이런 탄생은 전체 우주가 새롭게 될 것을 내다보면서, 창조될 때의 모든 인간을 말할 수도 있다. (예를 들어, L. E. Elliott–Binns, "James i.18: Creation or Redemption?" NTS 3 [1956]: 148–61은 그렇게 본다.) 아니면 그저 구속받을 때의 그리스도인을 말할 수도 있다(대부분의 저자들은 그렇게 본다). 이 중 후자의 견해가 더 낫다. 그 비유적 표현은 구속을 시사하지만, 모든 인간이 구속받지는 않았기 때문이다.

54. 야고보는 이 종말론적 표현을 다른 신약 저자들과 똑같은 식으로 사용하고 있는 듯하다(참고. 롬 16:5; 고전 16:15; 골 1:10; 엡 2:15; 살후 2:13; 벧전 1:23; 계 14:4). Martin(*James,* 40–41)은 어떻게 "첫 열매" 비유가 15절에 나오는 삶의 주기 비유와 잘 어울리는지 지적한다.

55. Wall, *Community of the Wise,* 68.

야 한다. 2–4절을 어떻게 적용해야 할지 알려주었던 성경 본문들과 주제들은 12절의 중요한 배경 또한 제공한다(앞의 29–30, 43–44쪽을 보라).

"복이 있나니"(blessed)라는 말은 때로는 "행복한"(happy)이라고 번역된다. 보다 현대적인 영어를 사용하기 위해서다(예를 들어, GNB). 하지만 이것은 어떤 감정을 표현하는 말이 되기가 쉽다(1:2에 대한 해설을 상기해보라). 우리가 시험에 직면할 때 감정적 행복을 떠올리기는 불가능하다! 그보다 여기에서 그 말은 "운이 좋은"이라는 의미다. 그것은 앞으로 받게 될 영생이라는 상 때문이다.[56] 하지만 우리는 하나님이 주시는 모든 시험을 통과하고 "인정되거나"(NASB) "진정한"(NET) 것이 보일 때까지, 오랜 기간 동안 참아야 할 것이다. 동시에 하나님은 내주하시는 성령님을 통해서, 언제나 그분의 능력이 우리를 도울 수 있게 하신다. 그래서 우리가 적절히 반응할 때, 그 시험은 여전히 하나님의 은혜다. 그렇게 반응하지 않을 때, 우리는 다른 대안이 없다고 정당하게 항변할 수가 없다(참고. 고전 10:13).[57]

하지만 우리가 받을 상을 생각한다면 인내는 시험에 대한 단 하나의 적절한 반응이다. "생명의 면류관"은 이 서신서에서 발견되는 다섯 개의 "면류관" 비유 중 하나로, 그 비유들은 모두 하나님, 그리스도 그리고 모든 구속받은 자들이 함께 있는, 끝없는 완전한 낙원을 말한다. 다른 네 개는 썩지 않는 면류관(고전 9:25), 기쁨의 면류관(살전 2:19), 의의 면류관(딤후 4:8), 영광의 면류관(벧전 5:4)에 대해 말한다. 각 경우마다 전후 문맥은 이것이 영생 자체 외의 어떤 상도 아니며, 내세의 완전함에 대한 생생한 비유임을 분명히 보여준다.[58] 실제로 이 보상 교리는 일부 집단에서는 인기가 있기는 하지만, 성경 자체보다는 연옥이라는 로마 가톨릭의 개념으로부터 나왔다고 볼 수 있다.[59] 모든 그리스도인은 심판날 그리스도 앞에서 다양한 칭찬 및 책망을 듣는 다소 독특한 경험을 할 수도 있다. 하지만 그 후에는 우리가 고대하는 완전한 온전함과 행복을 갖는다. 당연히 단계적 변화는 없다.[60]

하나님이 시험에 관여하지 않으심(1:13-15)

신자들의 반응은 고난이 궁극적으로 통과할 시련(test)이 될지, 죄를 짓게 하는 시험(temptation)이 될지를 결정할 것이다. 그래서 우리는 시험을 겪을 때, 감히 하나님을 비난하려 해서는 안 되며, 단지 우리 자신을 비난해야 한다. 흥미로운 것은 사탄이나 그의 앞잡이들에 대한 언급

56. 아니면 David A. Hubbard(*The Book of James: Wisdom that Works* [Waco, TX: Word, 1980], 29)처럼, 우리는 "참된 행복"을 하나님께 존중을 받는 것으로 재규정한다. 그 존중은 "시험을 견딘 자들에게 오는" 것이다.

57. 참고. Tidball, *Wisdom from Heaven*, 27.

58. 참고. 위경(T. *Levi* 8:2, 9)에서도 "의의 면류관"과 "영광의 면류관"이라는 말을 사용하는 것.

59. Emma Disley, "Degrees of Glory: Protestant Doctrine and the Concept of Rewards Hereafter," *JTS* 42 (1991): 77–105.

60. 흥미롭게도, Martin Luther는 하늘에서 상이 영원히 다른 단계로 주어진다는 개념을 오직 은혜로만 구원받는 것에 대한 신약의 강조와 반대되는 것으로 격렬히 반대한다. 추가로 Craig L. Blomberg, "Degrees of Reward in the Kingdom of Heaven?" *JETS* 35 (1992): 159–72을 보라.

이 여기에 전혀 없다는 것이다. 야고보는 시험에서 마귀의 역할을 잘 알며(3:15에 나오는 "마귀의 지혜"를 주목하라), 후에 그리스도인들에게 마귀를 대적하라고 명할 것이다(4:7). 하지만 여기에서 야고보가 강조하는 것은 사람들이 스스로 책임을 지는 것이다.

구약에서 하나님은 때로 신약에서보다 악에 더 직접 관여하시는 듯이 보인다[하나님이 사울에게 악령을 보내시는(삼상 16:14, 23) 혹은 다윗을 격동시키사 인구조사를 하게 하심으로 그가 하나님께 반역하도록 하시는 것(삼하 24:1) 등의 대표적인 예를 보라]. 하지만 심지어 구약에서도, 여러 저자들은 하나님의 허용적 뜻 안에서 사탄이 하는 중개자적 역할을 더 직접적인 악의 동인으로 이해했다(참고. 특히 대상 21:1과 욥 1-2장).[61] 물론 이 설명은 사탄이 전능함, 편재, 전지함 등과 같은 하나님의 비공유적(incommunicable) 속성을 갖지 못한 피조물이며, 그가 하나님의 허용하시는 주권적 뜻 없이는 아무것도 하지 못한다고 이해할 때에만 효력이 있다.[62] 그는 힘(Force)의 밝은 면과 어두운 면에 대한 '스타워즈 신학'에서 그런 것처럼, 하나님과 대등하지만 적수인 존재는 아니다. 그 모델에서는 어느 쪽이 궁극적으로 이길지 아무도 모른다. 반면 그리스도인들은 예수님이 이미 사탄의 멸망을 인치셨다는 것을 확신해도 된다. 실제로 집회서 15:11-20에 보면, 이미 주전 2세기에 야고보서 1:13과 표현과 개념이 놀랄 만큼 유사한 자료가 담겨 있다.

신약에서 예수님은 제자들에게 "시험에 들게 하지 마옵소서"(마 6:13; 눅 11:4)라고 기도하라고 가르치신다. "우리가 시험에 굴복하도록 허용하지 마옵소서"라는 의미에서 말씀하신 것이다(참고. "다만 악에서 구하시옵소서"라는 유사한 요청).[63] 하지만 하나님은 신자들을 마귀가 혹은 그들 자신의 소욕이 그들을 시험할 장소로 이끄실 수도 있다. 성령님이 그리스도를 사탄이 그를 시험할 광야로 이끄셨던 것과 마찬가지다(마 4:1-11; 눅 4:1-13). 시험에 관한 이 기사들은 야고보서 1:13과 모순되는 것으로 보아서는 안 된다. 이 문제에 있어서나, 또한 예수님이 온전히 하나님이시고 하나님이 잘못을 행하도록 시험을 받지 않으신다면 어떻게 예수님이 시험을 받으실 수 있는가 하는 문제에 있어서나 마찬가지다. 교회 역사 내내 표준적이고 정통적인 대답은 시험을 받은 것은 분명 예수님의 신성이 아니라 그분의 인성이었다고 지적하는 것이었다.

물론 이 모든 것은 야고보서 1:13-15의 범위를 넘어선다. 하지만 사람들이 이 구절들을 연구할 때 종종 제기하는 질문들은 바로 이러한 것들이다. 이 작은 단락의 보다 직접적 적용은 14-15절에서 그리스도인들이 시험에 굴복하는 것에서 자신들의 역할을 인정한다는 야고보

---

61. 이와 같은 설명이 아브라함에게 그의 아들 이삭을 제물로 바치라고 명하신 하나님의 시험(유혹?)을 설명해줄 수도 있을 것이다(창 22:1). *Jubilees* 17:15-18은 되풀이되는 유대 전승, 곧 아브라함을 시험/유혹하도록 하나님께 도전했고, 더 직접적으로 책임이 있는 존재는 Prince Mastema(마귀의 또 다른 이름)였다는 전승을 반영한다. Peter H. Davids, "The Pseudepigrapha in the Catholic Epistles," *in The Pseudepigrapha and Early Biblical Interpretation,* ed. James H. Charlesworth and Craig A. Evans(Sheffield: SAP, 1993), 229-30을 보라.

62. 참고. Richardson, *James,* 80, n.68.

63. Hughes, *James,* 46.

의 강조다. 일반적으로 사람들은 "마귀가 나를 그렇게 하도록 만들었다"고 핑계를 대지만, 그것은 심각한 결함이 있는 신학이다. 사탄은 절대 어떤 사람이 어떤 일을 하도록 만들 수 있는 능력이 없다.[64] 복음서와 사도행전을 볼 때, 심하게 귀신들린 경우에는 마귀의 권세가 어떤 사람을 좌지우지할 수 있는 것처럼 보인다. 하지만 이러한 통제는 말이 변한다든가, 초인적 힘을 발휘한다든가, 그리스도의 이름만 들어도 격하게 반응한다든가, 사회와 격리된다든가 하는 부자연스러운 행동으로 이어진다. 성경 어디에도 정욕, 탐욕, 도둑질, 미움 등과 같은 '통상적인' 죄에 대해 마귀가 책임이 있다고 보지 않는다.[65] 이런 죄들에 대해 개인의 책임을 거부한다든지, 그런 것들 때문에 귀신을 물리치려 하는 것은 마귀의 세계에 성경에서 부여하는 것보다 더 많은 권세를 부여하는 것이며, 죄를 짓기로 할 때 시험의 유혹에 동의하기로 자기 마음대로 선택했다는 사실을 인정하지 않는 것이다(14절).

고대 랍비들은 통상 그런 행동을 모든 인간 안에 있으면서 '좋은 충동'(*yēṣer hā-rā*)과 싸우는 '악한 충동'(*yēṣer hā-ṭôv*) 탓으로 돌린다.[66] 회개와 변화된 행동은 죄에 대한 적절한 그리스도인의 반응인데, 하나님을 비난하거나, 귀신을 쫓으려 하거나, 혹은(특히 지금처럼 치료 요법에 매달리는 사회에서는) 자신의 성장 배경이나 친구 또는 정부 등을 비난하는 것은 부적절한 반응이다.[67] 그리고 위험부담은 엄청나다. 저지하지 않고 놔두면, 사람은 죄에 깊이 빠져 결국은 영적 죽음에 이르게 된다(15절; 2:14–16에 대한 해설을 더 보라).[68]

좋은 선물만 주시는 것에 대한 하나님의 역할(1:16-18)

하나님이 악한 것을 생산하시는 데 직접적 책임이 없다면, 그분이 직접 창조하시거나 주실 책임이 있는 것은 오직 선한 것일 수밖에 없다는 논리적 결론이 나온다. 이 개념을 뒷받침하는 가장 근본적인 성경적 배경은 창세기 1–3장이다. 하나님은 창조의 여섯 날 동안 만드신 모든 것을 보시고 "좋다"고 하셨다(1:4, 10, 12 등). 그것의 타락은 인간이 죄를 지은 결과로, 후에 가서야 왔다(3장). 하지만 하나님의 계획은 틀어지지 않을 것이다. 인간 역사는 새 하늘과 새 땅

---

64. "현대의 수많은 기독교 설교와 대화에서 '마귀' 혹은 '사탄'을 소개했을 만한 곳에서, 야고보는 이 대적을 언급하지 않는다"(Motyer, *The Message of James*, 54).

65. 참고. Tidball, *Wisdom from Heaven*, 30.

66. 참고. 추가로 Joel Marcus, "The Evil Inclination in the Epistle of James," *CBQ* 44 (1982): 606–21.

67. "사람들이 살찌는 음식을 판다고 식당을 고소하고, 점수를 짜게 줬다고 선생을 고소하면서, 자신들이 감자튀김이 아닌 샐러드를 선택하지 않은 것이나 시험을 위해 공부하지 않은 것에 대해서는 구구한 변명을 하는 이 시대에, 우리가 좋아하지 않는 모든 환경에 대해 결국에는 하나님을 비난하는 일을 피할 수 있을까? 그리고 그렇게 비난한다면, 어떻게 우리는 참된 악을 이해하고 진짜 시험을 다루기 위한 인내를 개발할 수 있을까?"(Brosend, *James and Jude*, 47).

68. 이 경고는 "영원한 안전" 혹은 "성도의 견인"에 대한 칼뱅주의자–알미니안주의자 간의 논쟁을 종결시키지 못한다. 칼뱅주의자들은 그저 그렇게 오랫동안 죄 된 행동을 하면서 거기에서 절대 돌아서지 않는 것은 구원받았다는 고백의 진정성이 잘못된 것임을 입증한다고 주장한다. 한편, 알미니안주의자들은 배교를 저질렀고 구원을 빼앗긴 참된 그리스도인이 있다고 더 쉽게 말한다.

69. 조만간 대부분의 그리스도인들은 다음과 같이 말할 수 있다. "나는 최근에 타락한 세상으로 인해 머리를 한 대 얻어맞은 느낌이다…지난 몇 주 동안 나는 갖가지 형태의 질병이 많은 사람들의 삶을 틀어지게 만드는 것을 지켜보았으며, 나 자신도 너무나 피곤해

의 재창조로 끝날 것이다(계 21–22장).

물론 하나님으로부터 오는 것처럼 보이는 이생의 많은 사건들이 바람직하지 않은 것처럼 보이기도 한다. 그런 때에 그리스도인들은 17–18절의 두 가지 주요 원리를 기억해야 한다. 첫째, 하나님은 천체 혹은 땅의 그림자가 변하는 것처럼 변하지 않으신다(참고. 특히 말 3:6–7). 그렇기 때문에, 하늘과 땅을 만드신 분이 자기 자녀들에게 좋은 것만을 계속 공급하실 것이라고 신뢰할 수 있다(참고. 특히 마 7:11). 둘째, 하나님의 놀라운 공급을 보여주는 탁월한 예는 우리의 중생이다(첫 열매는 이미 이스라엘에게 적용되었으므로, 출애굽기 23:19을 보라). 그것은 야고보가 이미 강조했듯이, 우리가 경험한 전혀 온전해 보이지 않는 모든 경험을 보상하고도 남는다(참고. 특히 롬 8:18; 고후 4:17).[69]

물론 우리는 이미 이 본문에서 배운 것을 잊어버리지 말아야 한다. 우리는 타락한 세상에 살고 있기 때문에, 우리에게 일어나는 많은 일은 하나님의 직접적인 선물이 아니라 우리 자신의 죄, 다른 누군가의 범죄(때로는 타락까지 거슬러 올라가는), 혹은 마귀가 반역한 결과다. 하지만 특정한 환경들이 실제로 하나님으로부터 직접 온다면, 언젠가 우리는 그것들이 실은 우리의 유익을 위한 것이었음을 알게 될 것이다. 문제는, 주어진 상황에서 고난이 하나님으로부터 직접 오는지 아닌지 판단하기가 불가능할 때가 있다는 것이다. 그럼에도 우리의 반응은 어쨌든 간에 변하지 않아야 한다. 그래서 우리에게는 그 문제에 대한 답이 없어도 된다. 우리는 절대 죄를 지어서는 안 되고, 언제나 하나님을 의지하고 그분께 돌이켜야 하며, 하나님의 계시된 말씀에 맞게, 그분을 기쁘시게 하도록 반응해야 한다. 그리고 하나님은 여전히 주권적이시기 때문에, 모든 환경은 적어도 간접적으로는 하나님에게서 온 것이라고 말할 수 있다. 우리의 구원 자체가 그분의 주권적인 뜻이다(18절).[70] 그래서 우리는 그보다 사소한 다른 모든 문제들도 분명 맡길 수 있다.[71] 하나님은 한마음으로 오직 좋은 선물만을 주시기 때문에, 우리도 한마음으로 하나님과 그분의 뜻을 따를 수 있다.[72]

서 하늘나라에 대한 열망이 더욱 강렬해졌다…나는 그 안에 모든 아름다운 것이 있고 모든 즐거운 경험이 있는 이 세상이 타락한 곳이며 나의 최종적 고향이 아니라는 영원한 깨달음을 내 안에서 발견한다…나는 우리의 정당함을 입증해주시고 우리를 위로해주실 하나님이 계시다는 것, 그리고 이 세상은 원래 의도대로 되어 있지 않다는 것을 아는 데서 오는 평안 없이, 어떻게 나의 삶과 주위 사람들의 삶에서 일어난 사건들을 이해할 수 있을지 상상할 수 없다. (Mariam K. Kamell, "Scum of the Earth Church Newsletter"[April 2005], 1).

70. 단독으로 나오는 원인 분사, "그가 뜻하고 계셨기 때문에"(because he was willing)–문자적으로는 "[그것을] 뜻하셨기"[having willed (it)](βουληθείς)–는 다양한 번역들을 통해 의미를 분명하게 밝힐 수 있다: "그의 뜻을 발휘하여"(NASB), "그의 주권적 계획에 의해"(NET), "그 자신의 선택에 의해"(HCSB), 혹은 "그 자신의 목적을 성취하여"(NRSV) 등이다.

71. 참고. Rea McDonnell, *The Catholic Epistles and Hebrews* (Wilmington: Glazier, 1986), 43.

72. 참고. Timothy B. Cargal, *Restoring the Diaspora: Discursive Structure and Purpose in the Epistle of James*(Atlanta: Scholars, 1993), 77–78.

CHAPTER 3

야고보서 1:19–27

문학적 전후 문맥

야고보서의 시작 부분에서는 야고보가 가장 중요하게 여기는 세 가지 주제를 소개한다(1:2–11). 1장 나머지 부분에서는 이 주제들을 다시 살펴보면서, 각 주제에 독특하지만 서로 관련된 강조점을 추가한다. 앞에서 우리는 시험(trials)이라는 주제가 시험(temptation)에 대한 논의를 추가함으로 확장되는 것을 보았다(12–18절). 여기에서는 지혜라는 주제가 특히 말의 윤리라는 영역에 적용되면서, 독자들에게 지혜가 순종을 수반한다는 사실을 상기시킨다(19–26절). 5–8절에서와 마찬가지로, 야고보는 다시 한 번 "같으니"(ἔοικεν, 6, 23절)라는 희귀한 동사를 이용해서 직유법을 구사한다. 그것은 지혜의 유대를 강조한다. 마지막으로, 부자와 가난한 자들 간의 계층 구분으로 인해 유발된 문제들을 개선하는 문제는 '참된 경건'과 '가진 자들'이 '갖지 못한 자들'에 대해 갖는 책임이라는 맥락에서 다룬다(27절). 이 구절은 또한 전체 서신서의 주제를 형성한다.

'지혜'에 해당하는 실제 단어(σοφία)는 19–26절에는 나오지 않는다. 그래서 우리는 이 구절들이 지혜가 처음으로 나오는 부분인 1:5–8과 관련되지 않았다고 주장할 수도 있을 것이다. 어떤 사람들은 야고보서 본론이 여기에서 시작된다고 보며, 완전히 새로운 주제, 이를테면 '말씀을 듣는 것과 행하는 것'(앞의 24쪽을 상기해보라) 같은 주제가 소개된다고 본다. 이에 대한 하나의 반론은 복음에 순종하는 것이 지혜로운 삶에서 중심 역할을 한다는 것이다. 그것은 "여호와를 경외하는 것"(잠언 1:7을 상기해보라)의 기독교 판이다. 우리는 특히 그리스도의 말씀을 듣고 또 행하는 것에 대해 말하는 예수님의 산상수훈 끝부분을 생각해볼 수 있다(마 7:24–27 병행구절들).

보다 중대한 논증은 3:1–4:12에 나오는 말과 지혜 사이의 연결을 주목한다. 3:1–12은 분명 좋게든 나쁘게든 혀가 가진 능력을 강조한다. 3:13–18은 아래로부터 난 "지혜"와 위로부터 난 지혜를 대조시킨다. 그리고 4:1–12은 다시 말의 윤리 문제로 되돌아와 공동체 내에서 말로 싸움을 하는 것에 대해 책망하고(1–10절), 신자들에게 서로 비방하지 말라고 명한다(11–12절). "재갈"의 비유가 몸 전체를 제어할 수 있는 도구인(3:2) 혀에 적용되면서(1:26), 특정한 말이 반복되어 나온다. 마지막으로, 3:13은 위로부터 오는 지혜를, 각각 1:21과 1:25에 나오는 동일한 단어와 문구를 사용하여, "온유함" 가운데 행하는 선"행"(good 'works')이라고 요약한다.

동시에 1:19-27은 그것을 바로 앞뒤의 전후 문맥과 결합시킨다. "내 사랑하는 형제들아"(19절)라는 말은 1:16에 나오는 말을 그대로 반복한다.[1] "심어진 말씀"(21절)이라는 말은 18절에서 "진리의 말씀"이 그랬던 것처럼 새 언약의 메시지를 말한다. 야고보는 25절에서 기독교적 행위를 하는 사람에게 복이 있다고 선언한다(팔복 형태로). 시험을 견디는 자에게 그렇게 했던 것과 마찬가지다(12절). 사실상 19-27절 전부는 13-18절에서 그런 것과 마찬가지로, 어떻게 시험(trials)을 시험(temptation)으로 바꾸는 일을 피할지 설명하는 것으로 볼 수 있다.[2] 앞을 미리 내다본다면, 가난한 자를 향한 부자의 올바른 행동(1:27)은 분명 2:26에서 이 주제를 상세히 설명할 것을 예상할 수 있다.

II. 세 가지 핵심 주제의 진술(1:2-11)
A. 그리스도인이 삶에서 겪는 시험(1:2-4)
B. 지혜(1:5-8)
C. 부와 가난(1:9-11)
III. 세 가지 주제의 재진술(1:12-27)
A. 하나님과 관련된 시련/시험(1:12-18)
➡ **B. 말과 순종 분야에서의 지혜(1:19-26)**
1. 세 가지 명령(1:19)
2. 성내기를 더디 함(1:20-21)
3. 듣기를 속히 함(1:22-25)
4. 말하기를 더디 함(1:26)
C. '갖지 못한 자들' 그리고 '가진 자들'의 책임: 서신서의 주제(1:27)
IV. 세 가지 주제의 확장(2:1-5:18)
A. 부와 가난(2:1-26)
1. 차별하는 것에 대한 정죄(2:1-13)
2. 행함이 없는 믿음의 문제(2:14-26)

1. 다시 한 번 일부 사람들은 이렇게 부르는 것(19a절)을 앞 단락의 결론으로 볼 것이다(예를 들어, Johnson, *The Letter of James*, 199). 하지만 그런 호소들은 새로운 단락들을 소개하는 역할을 하는 경우가 훨씬 일반적이다.
2. Tsuji, *Glaube zwischen Vollkommenheit und Verweltlichung*, 67-72.

주요 개념

그리스도인들은 하나님의 말씀에 대한 반응으로 순종하며 듣고, 주의깊게 말하며, 겸손한 태도를 가져야 한다. 아니면 19절의 말로 하면 그들은 듣기는 속히 하고 말하기는 더디 하며 성내기도 더디 해야 한다. 순종과 겸손한 행동을 삶으로 적용하는 중요한 한 가지 예는 개인의 정결을 유지하면서도 갖지 못한 자들을 돌보는 것이다.

번역

야고보서 1:19-27

19a	간절한 부탁	내 사랑하는 형제들아 [이것을] **너희가 알지니**
19b	권고	**사람마다 듣기는 속히 하고**
	연속	**말하기는 더디 하며**
		성내기도 더디 하라
20	주장	**사람이 성내는 것이 하나님의 의를 이루지 못함이라**
21a	때	모든 더러운 것과…내버리고
21b	재진술	넘치는 악을
21c	방식	온유함으로
21d	권고	그러므로…**심어진 말씀을…받으라**
21e	묘사	너희 영혼을 능히 구원할 바
22a	권고	**너희는 말씀을 행하는 자가 되고**
22b	대조	**듣기만 하여**
22c	묘사	자신을 속이는 자가 되지 말라
23a	(23c의) 조건	누구든지 말씀을 듣고
23b	대조	행하지 아니하면
23c	추론	**그는…사람과 같아서**
23d	묘사	**자기의 생긴 얼굴을 보는 사람과**
23e	장소	**거울로**
24	설명	**제 자신을 보고**
	연속	**가서**
		그 모습이 어떠한 것을 곧 잊어버리거니와

25a	대조	자유롭게 하는 온전한 율법을 들여다보고
25b	확장	[그 안에] 있는 자는 듣고 잊어버리는 자가 아니요 실천하는 자니
25c	(25a와 b의) 결론	**이 사람은 그 행하는 일에 복을 받으리라**
26a	조건	누구든지 스스로 경건하다 생각하며
26b	동시 발생	자기 혀를 재갈 물리지 아니하고
26c	대조	자기 마음을 속이면
26d	추론	**이 사람의 경건은 헛것이라**
27a	주장	**하나님 아버지 앞에서 정결하고 더러움이 없는 경건은**
27b	동격	곧 고아와 과부를 그 환난중에 돌보고 또
27c	동시 발생	자기를 지켜 세속에 물들지 아니하는 그것이니라

구조

1:19–27의 내적 구조는 지금까지 살펴본 모든 본문 중 가장 모호하다. 이 본문을 19–21절, 22–25절, 26–27절이라는 세 개의 작은 부분으로 나눌 수 있다는 것에는 어느 정도 합의가 이루어져 있다. 하지만 이 작은 부분들은 서로 그리고 전체 부분에 어떻게 관련되어 있는가? 윌리엄 베이커(William Baker)가 그럴듯한 제안을 했는데, 그는 19절이 듣기는 속히 하고, 말하기는 더디 하며, 성내기도 더디 하라는 세 개의 명령으로 이 부분의 주제 진술을 소개하는 것으로 본다. 22–25절은 하나님의 말씀을 참으로 들으면 순종하게 된다는 것을 강조하면서, 듣기는 속히 하라는 개념을 발전시킨다.[3] 그러면 26절은 말하기는 더디 하라는 주제를 다룬다.[4]

어떤 면에서 보면, 27절은 19–26절과 분리되어 있는 것처럼 보인다. 그것은 9–11절에 소개된 야고보의 세 번째 핵심 주제인 부와 가난의 문제로 돌아가기 때문이다. 거기에 나오는 두 가지 강조(뒤를 보라)는 그것만으로도 쉽게 한 편의 설교나 강의가 될 만하다.[5] 하지만 헬레니즘 도덕학자들은 다른 곳에서 말의 간결함을 종교적 혹은 철학적 성숙함과 연결시켰다. 그래서 26–27절이 한 쌍을 이루는 것을 거슬리게 생각할 필요는 없다.[6] 다른 면에서 보면, 27절은

---

3. 참고. 22a절에 대한 REB. "너희는 반드시 메시지에 의거해서 행동하라."

4. Baker, "James," 29–43. 참고. William R. Baker and Thomas D. Ellsworth, *Preaching James*(St. Louis: Chalice, 2004), 32; Hartin, *James*, 105–10.

5. Mariam Kamell, "The Emergent Need for James," 복음주의 신학회 대회에서 발표한 미출판 논문(Washington, DC, November 2006)을 보라.

6. Luke T. Johnson, "Taciturnity and True Religion: James 1:26–27," in *Greek, Romans, and Christians*, ed. David L. Balch, Everett Ferguson, and Wayne A. Meeks(Minneapolis: Fortress, 1990), 329–39.

아마 19–27절 전체에 대한 야고보의 결론 역할을 할 것이다.[7] 19절에 나오는 세 가지 명령은 그리스도인의 순종에 대한 놀랄 만큼 큰 부분을 압축해서 설명한다. 하지만 27절은 신자들을 향하신 하나님의 뜻이라는 '꾸러미' 전체를 요약한다.[8] 이 구절은 그래서 야고보의 세 가지 핵심 주제를 이중으로 다루는 야고보서의 두 부분짜리 서론(2–11, 12–27절)에 대한 적절한 결론이다.[9] 또한 그것을 서론과 본론 사이에 낀 서신서의 주제 진술로 간주할 수 있을 것이다. 그런 주제 진술들은 종종 그처럼 서론과 본론 사이의 위치에 나온다(참고. 예를 들어 롬 1:16–17; 살후 2:2; 골 1:15–20; 딤후 2:2).[10]

19–27절의 네 부분을 더 세분화할 수도 있을 것이다. 19b절의 3부로 된 주제 앞에는 야고보가 이제 강조하려는 것에 대해 "알지니"(19a)라는 간청이 먼저 나온다. 그것은 형식 면에서는 16절의 경고와 닮았지만, "속지" 말라는 불길한 서곡은 없다. 그것은 권고(즉, 명령)처럼 보인다. 하지만 서신서의 중요한 윤리적 명령을 실제로 풀어놓는 권고들처럼 명료하거나, 내용에 관한 것은 아니다. 20–21절은 주장(20절: 인간의 성내는 것이 하나님의 의를 이루지 못한다)과 권고(21절: 심어진 말씀을 받으라)의 뼈대에 살을 붙인다. 후자는 시간에 대한 언급(도덕적 더러움을 버린 후에), 그 더러움의 본질에 대한 재진술(넘치는 악), 받아들이는 방식(온유함으로), 말씀에 대한 묘사(영혼을 능히 구원할 바)에 의해 수식된다.

22–25절도 마찬가지로 전체 부분을 지배하는 주제 문장으로 시작한다(22절). 이번에는 권고와 대조(말씀을 행하는 자가 되고 듣기만 하는 자가 되지 말라)로 구성되어 있다. 야고보는 한 걸음 더 나아가, 듣는 자들을 자신을 속이는 자들이라고 묘사한다. 23–24절은 조건과 추론 형태로 하나의 예를 사용한다(누구든지 듣고 행하지 않는 사람은 거울을 들여다보지만 거울을 통해 무슨 문제를 보았든 신경 쓰지 않는 사람들과 같다). 25절은 그다음에 비유적 차원으로부터 영적 진리에 대한 예시로 넘어간다. 하지만 대조에 의해 그렇게 한다(자유롭게 하는 온전한 율법을 들여다보는 사람은 거울을 들여다보는 사람이 아니라 실천하는 자다).[11] 야고보는 이 진리를 확대한다(우리는 또한 그 안에 있어야 한다). 다시 한 번 하지 말아야 하는 것(잊어버리거니와)과 대조를 이루며, 그다음에는 들여다보는 것과 그 안에 있는 것의 결과를 말한다(순종의 행위 자체에서 오는 복).[12]

26절은 주요 주장(경건한 것처럼 보이기만 하는 사람은 헛된 믿음을 드러내는 것이다)과 이런 결론으로 이끄는 동시적이고 대조적인 행동들(혀를 재갈 물리지 않고 자기 마음을 속이는 것)로 세분된

7. Brosend(*James and Jude,* 48)는 하나로 통합시켜주는 주제를 "행동은 말보다 더 크게 말한다"는 것이라고 본다.

8. 그것은 또한 19–26절에서 금지된 것들과 면밀한 대조를 이룬다(Hubbard, *The Book of James,* 40).

9. 세 부분 사이의 관계에 대한 보충 설명으로는 C. John Collins, "Coherence in James 1:19–27," *JOTT* 10(1998): 80–87을 생각해볼 수 있을 것이다. Collins는 신약 다른 곳에서 "말씀을 받는다"는 말은 통상 하나님 말씀의 공적 사역에 대한 적절한 반응을 말한다고 진술한다. 그래서 21절은 교회 설교나 가르침을 묘사함으로 이 주제에 대해 준비시켜준다. 19절의 삼중적 설명은 그렇게 되면 그 가르침에 의해 죄가 지적되어도 성내지 말고(20절), 대신 겸손한 순종으로 반응하며(22–25절), 교회 밖에서 우리가 하는 행동이 교회 안에서 보이는 반응과 걸맞는 것이어야 함을 기억하라는(26–27절) 경고를 반영한다.

10. Craig L. Blomberg, *From Pentecost to Patmos: An Introduction to Acts through Revelation*(Nashville: Broadman & Holman, 2006), 235–38,

다.[13] 마지막으로, 27절은 대조되는 형태의 경건에 대한 두 부분으로 된 묘사(정결하고 더러움이 없는)와 그 경건의 이중적 내용(사회적 활동과 개인적 경건)으로 세분된다.[14] 이미 말했듯이, 27절은 보는 사람의 관점에 따라 주변 구절들과 다소 분리되어 있거나, 아니면 그 구절들과 보다 단단히 결합되어 있다.

석의적 개요

➡ **III. 세 가지 주제의 재진술**(1:12-27)

B. 말과 순종 분야에서의 지혜(1:19-26)

1. 주제 진술: 듣기는 속히 하고, 말하기는 더디 하며, 성내기도 더디 하라(19절).
2. 그리스도인들은 하나님의 말씀에 성내는 것보다 온유함으로 반응해야 한다(20-21절).
    a. 그리스도인들은 쉽게 성을 내면 안 된다. 성을 내는 것은 보통 그들이 하나님의 기준에 따라 살지 못하게 하기 때문이다(20절).
    b. 그리스도인들은 하나님의 말씀이 과거 그들의 삶에서 어떻게 역사했는지 인정하면서 온유함으로 그 말씀에 반응해야 한다(21절).
3. 그리스도인들은 하나님의 말씀을 듣기만 하는 것이 아니라 또한 그것에 순종함으로 그 말씀에 반응해야 한다(22-25절).
    a. 주제 문장: 그저 말씀을 듣기만 하지 말고 행하라(22절).
    b. 듣기만 하고 순종하지 않는 사람은 거울로 주의 깊게 자신을 살핀 다음에도 몸을 단장하지 않는 사람처럼 우스꽝스럽다(23-24절).
    c. 하나님의 말씀을 주의 깊게 연구하고 그에 순종하는 사람들은 참으로 복되다(25절).
4. 그리스도인들은 하나님의 말씀에 성급한 말보다 주의 깊은 말로 반응해야 한다(26절).

C. 이 서신서의 주제로서 '갖지 못한 자들' 그리고 '가진 자들'의 책임(27절)

1. 사회적 활동은 이 세상에서 가장 무력한 사람들을 돕는 것으로 요약된다(27a절).
2. 개인적 도덕은 이 세상의 죄에서 구별되는 것으로 요약된다(27b절).

288–91, 376–78에 나오는 개요들과 그 설명들을 더 보라.

11. 야고보서에서 자주 나오며, 지혜 문학에서 더 일반적으로 발견되는 유형으로 서로 반대되는 미덕들과 악들을 대조시킨다. 추가로 Luís Alonso Schökel, "Culto y justicia en Sant 1,26–27," *Bib* 56 (1975): 537–44을 보라.

12. 하지만 이번에는 무엇을 하지 말아야 하는가 하는 것이 두 번째로 언급되는 것이 아니라 첫 번째로 언급된다. Gilberto Marconi, "Una nota sullo specchio di Gc 1,23," *Bib* 70(1989): 399을 보라.

13. 또는 26절의 ἀλλά를 반의적인 것이 아니라 강조적인 것으로, 혀를 재갈 먹이지 않은 것의 결과를 강조하는 것으로 볼 수도 있다. 참고. NET:"그래서 그의 마음을 속인다."

14. NLT는 그것을 잘 표현한다. "하나님 우리 아버지가 보시기에 순결하고 지속적인 경건은 우리가 고아와 과부를 그들이 어려움 속에 있을 때 돌보아주고, 세상이 우리를 타락시키는 것을 거부해야 함을 의미한다."

본문 설명

약 1:19 내 사랑하는 형제들아 너희가 알지니 사람마다 듣기는 속히 하고 말하기는 더디 하며 성내기도 더디 하라("Ιστε, ἀδελφοί μου ἀγαπητοί· ἔστω δὲ πᾶς ἄνθρωπος ταχὺς εἰς τὸ κοῦσαι, βραδὺς εἰς τὸ λαλῆσαι, βραδὺς εἰς ὀργήν). 야고보는 하나의 속담으로 이 다음 부분을 시작하며, 그 다음 구절들에서 그것을 설명한다. 그는 "알지니"[15] (ἴστε)[16]라는 명령으로 시작하며, 다시 한 번 그의 청중들을 "사랑하는 형제들"이라고 부른다. 그것은 무뚝뚝하게 들릴 수 있는 명령을 부드럽게 하고, 가족 간의 관심과 권위를 나타내는 말이다. 두 번째 명령인 "하라"(let…be, ἔστω)는 말은 그들의 성품, 즉 그들이 개인적으로나 교회로서나 어떤 존재가 되어야 하는가에 초점을 맞춘다.

그 잠언은 사람들에게 "듣기는 속히 하고"(ταχὺς εἰς τὸ ἀκοῦσαι)라고 말하면서 시작된다. 전치사구[문자적으로는 '듣기 위해'(for to hear)]는 관용구적으로 관계의 여격("듣기에 관해서는 속히 하라")과 사실상 같은 역할을 한다. 그것은 "서두르라 그리고 들으라"고 명령한다. 서두름 혹은 신속함에 해당하는 단어(ταχύς)는 재빠른 추구라는 개념을 암시한다.

하지만 이와 대조하여, 야고보는 "말하기는 더디 하며"(βραδὺς εἰς τὸ λαλῆσαι)[17]라는 말을 덧붙인다. 여기에서 "더디"(βραδύς)라는 말은 주저 혹은 지체라는 의미를 나타낸다. 대부분의 사람들은 마치 그 잠언이 거꾸로 된 것처럼 행동한다. 즉, 말하기는 속히 하고 듣기는 더디 하라는 것이다! 그리스도인으로서 신뢰할 만한 관계를 맺으려면 다른 사람들의 관점에 조심스럽게 주의를 기울여야 한다. 하지만 "말하기는 더디 하라"는 말은 '절대 말하지 말라'는 의미가 아니다. 우리는 여러 맥락에서 진리를 선포해야 하기 때문이다.

야고보가 전하는 잠언의 마지막 부분은 한 가지 마지막 도전을 준다. "성내기도 더디 하라"(βραδὺς εἰς ὀργήν)는 것이다.[18] 여기에서 성을 낸다는 것은 일반적으로 좌절로 인해 감정이 폭발되는 것이기보다는, 깊이 자리잡은 분노 혹은 격노를 말한다. 신자들은 분노를 마음에 품은 채 분노가 자리를 잡고 우리를 주관하지 못하도록 주의해야 한다. 우리가 "더디 해야" 하는 마지막 두 가지는 분명 야고보의 공동체에 있던 세 가지 문제 중 더 큰 것을 반영한다(3:1–4:12). 하지만 세 가지는 모두 서로 연결되어 있다. 분노로 인해 급하게 말할 때마다, 말하는 것과 진노는 서로 연결되어 있으며, 종종 이 두 문제는 모두 제대로 듣지 않기 때문이다.[19]

15. 이 형태는 또한 직설법이 될 수도 있다. 하지만 새로운 부분을 명령법으로 시작하는 야고보의 유형–특히 호격 다음에 그것이 올 때–에 비추어볼 때, 그것을 명령법으로 보는 것이 가장 좋다.

16. 이 본문으로 결정한 것은 UBS에서 {B} 등급만 받았다. 대단히 다양한 선택권들 때문이다. 이런 이문들은 대체로 야고보가 18절에서 갑자기 바뀌는 것과 모종의 변화를 만들어내려는 서기관들의 바람으로 인한 것이다. 수많은 독본들은 두 개의 주요 선택권으로 묶을 수 있다. 그 중 하나는 "내가 알다"(οἶδα)에서 나온 명령어 "알라"(ἴστω)인 반면, 다른 하나는 "그러므로"(ὥστε)를 채택한다. 전자는 수정된 ℵ [원본에는 다른 독법인 "그가 알게 하라"(ἴστω)만 나온다], B와 C와 함께 훨씬 더 잘 입증된 독법이다. *Byz* 전통은 다른 후대의 본문들과 마찬가지로, 과도적인 "그러므로"(ὥστε)가 있는 독법을 선택한다. 그것은 거친 본문을 매끄럽게 하기 위해 애쓰는 것으로 이해할 수 있다. 그 모든 것에서 전자는 더 어려운 독법일 뿐 아니라 더 잘 입증된 것이다. Davids(*The Epistle of James*, 91)는 16–18절과 19–21절 사이의 유사성을 지적한다. 둘 다 명령법과 호격으로 시작되며, 둘 다 "말씀"(λόγος)에 대한 언급으로 끝난다.

17. Sleeper(*James*, 61)는 마태복음 5:21–22에 나오는 예수님의 가르침과의 유사점에 주목하면서 "말의 절제를 잃는 것이 가장 심한 벌을 받을 만한 것이다"라는 말을 덧붙였다.

18. Marie E. Isaacs(*Reading Hebrews and James*[Macon, GA: Smyth & Helwys, 2002], 192)는 "하지만 초기 기독교 전통에서 분노는 위험한 것일 뿐 아니라(*1 Clem.* 39.7; Did. 3.2), 또한 기독교적 생활방식에 유해한 것으로 인식되었다(롬 12:17–21; 엡 4:31–32; 1 Clem. 13)"고 말한다.

19. 이 잠언은 "말과 분노에 대해 널리 보급되어 있는 유대 지혜의 가르침"(Moo, *The Letter of James*, 82)에 분명하게 의지한다. 참고. 잠 10:19; 11:12–13; 13:3; 15:1; 17:27–28; 29:20; 전 7:9; 집회

약 1:20 사람이 성내는 것이 하나님의 의를 이루지 못함이라 (ὀργὴ γὰρ ἀνδρὸς δικαιοσύνην θεοῦ οὐκ ἐργάζεται). 야고보는 이어서 왜 우리가 화내는 것을 그토록 경계해야 하는지 설명한다.[20] 이것이 바울의 글이 아니라는 사실을 기억하는 것이 중요하다. 그래서 야고보가 "하나님의 의"(δικαιοσύνην θεοῦ)라고 말할 때, 그는 아마도 바울 특유의 주격 소유격('하나님에 의해 생겨난 의.' 참고. 롬 1:17; 3:5, 21, 22, 25, 26; 10:3; 고후 5:21; 빌 3:9)과는 상당히 다른 어떤 것을 의미할 것이다. 여기에서 "하나님의"(θεοῦ)라는 소유격은 목적격인 듯하다. 야고보는 인간의 분노가 하나님께 드려질 수 있는, 혹은 하나님을 향한 의, 우리가 이 땅에서 삶으로 살도록 부름받은 의, 하나님이 그 분을 따르는 자들에게 요구하시는 의를 만들어낼 수 없다고 주장하고 있기 때문이다.[21]

이 짧은 구절에서 사용된 동사는 "이루다" 혹은 '생산하다'(ἐργάζεται)로, 우리 삶에서 적절한 의로 이끌어야 하는 활동을 생생하게 묘사한다. 이 서신서가 야고보의 생애 중 늦은 시기에 쓰였다는 주장을 받아들인다면, 그는 열심당 운동에 반대해서 이 구절을 썼을 것이다. 이런 상황에서 하나님의 의는, 이제는 주격 소유격을 사용하는 것으로 이해될 수 있는데, 하나님의 구원의 활동과 통치를 말할 것이다. 그것은 폭력이나 분노로 시작될 수는 없다. 이것은 폭력을 통해 "지상에 하나님의 나라를 이룩하려 애쓴 사람들에 대한 야고보의 반응"[22]이 될 것이다. 소유격을 어떻게 해석하든, 무는 야고보가 의로운 분노를 포함한 모든 종류의 분노를 금하는 것은 아니라고 주의를 준다. 지혜의 말은 "일반적이고 '격언적'인 주장을 하기 위해, 명백히 절대적인 주장을 이용하는 것으로 악명 높았기"[23] 때문이다. 하지만 존슨은 "인간의 분노는 하나님이 피조물들에게 바라시는 올바른 관계를 이룩하기 위한 정당한 도구는 아니다"라고 덧붙인다. 그것은 3:18에서 "의"(δικαιοσύνη)라는 말을 사용한 것과 조화를 이루는 결론이다.[24]

약 1:21 그러므로 모든 더러운 것과 넘치는 악을 내버리고 너희 영혼을 능히 구원할 바 마음에 심어진 말씀을 온유함으로 받으라(διὸ ἀποθέμενοι πᾶσαν ῥυπαρίαν καὶ περισσείαν κακίας ἐν πραΰτητι δέξασθε τὸν ἔμφυτον λόγον τὸν δυνάμενον σῶσαι τὰς ψυχὰς ὑμῶν). 분노는 하나님께 대한 올바른 반응이 아니므로, 야고보는 적절한 반응으로 이 주제에 대한 그의 생각의 결론을 내린다. 이 구절은 "그러므로"(διό)라는 접속사로 시작한다. 이 결론을 분노에 대한 앞의 구절과 연결시키기 위해서다. 부정 과거시제 분사인 "내버리고"(ἀποθέμενοι)는 야고보의 청중들이 이전의 생활방식을 한쪽으로 치워놓았을 것이라는 혹은 치워놓아야 한다는 것을 시사한다.[25] 베드로의

서 1:22; 5:11–13. Stulac(*James*, 66)은 "듣는 것은 우리가 성이 났을 때 가장 어렵다"고 지적한다. 한편 William R. Baker(*Personal Speech-Ethics in the Epistle of James*[Tübingen: Mohr, 1995], 87)는 이 잠언의 다양한 적용들을 끌어낸다. "대중적인, 영적인, 교회적인" 것이다. 모든 것은 야고보서 어디엔가 나오며 그래서 그의 공동체 안에서 특별히 적용되어야 한다.

20. 우리는 다시 한 번 19절에 나오는 "사람"(man 혹은 person, ἄνθρωπος)이 여기에 나오는 "남자" 혹은 "사람"(male 혹은 human, ἀνήρ)보다 앞서 나온다는 사실을 강조해야 한다. 그것은 후자의 총칭적인 혹은 총괄적인 성질을 보여준다(참고. Maier, Der Brief des Jakobus, 90–91). 결국 남자(man)의 성내는 것은 하나님의 의를 이루지 못하는 반면 여자(woman)의 성내는 것은 그 의를 이룰 수 있다고 주장하는 것은 어리석은 일이다! Brosend(James and Jude, 49)는 "남자들이 테스토스테론(남성 호르몬의 일종—역주) 수치 때문에 더 성을 잘 내는 경향이 있음을 보여주는 연구는 이 서신서가 쓰인 지 약 1,900년 후에 나온 것이다"라고 말한다.

21. Wall(*Community of the Wise*, 71)은 이렇게 설명한다. "그 문구는 야고보서에서 시련에 대한 지혜로운 반응의 중요성을 한정하는 데 사용되므로, 나는 [객관적] 용례는 일차적으로 여기가 아닌가 생각한다. 지혜로운 행동이 하나님의 백성임을 표시해준다는 것이다."

22. Martin, *James*, 48.

23. Moo, *The Letter of James*, 84.

24. Johnson, *The Letter of James*, 200. Davids(*The Epistle of James*, 93)는 "인간이 분노를 폭발할 때 그것은 하나님의 기준을 반영하는 의를 이루지 못한다"고 단언하면서 그것을 확장한다.

25. 명령법에서 주동사를 수식하는 모든 시간 분사들은 그것들 자체가 어떤 파생적인 명령법적 의미를 지닌다. 하지만 이 분사를 명령법 그 자체로 분류하는 것은 엄밀히 말해서 부정확하다. 그것은 문

글과 바울의 글에서 이 동사는 종종 회심 혹은 세례라는 개념을 의미한다. 그리스도인이 되기 이전에 입었던 '옷'을 '벗어버린다'는 것이다. 야고보는 아마 여기에서 그런 개념에 의지하고 있을 것이다(참고. 특히 엡 4:22–24; 골 3:8; 벧전 2:1). 그는 그들이 "모든 더러운 것과 넘치는 악"(πᾶσαν ῥυπαρίαν καὶ περισσείαν κακίας)을 벗어버렸기를 원한다.

첫 번째 명사인 "더러운 것"(ῥυπαρία)은 신약에서 단 한 번 나오는 말이며, 얼룩지고 흙이 묻은 더러운 옷처럼 외적 더러움을 말한다. 하지만 그것은 또한 도덕적 더러움, 우리 영혼에 묻은 영적인 얼룩이라는 보다 깊은 의미도 있다.[26] "넘치는"(περισσεία)이라는 말은 우리 자신을 덮고 있는 이런 더러움의 과잉 상태를 명확히 나타낸다.[27] 한편, "악"(κακίας)은 부분 소유격으로 성품의 악 혹은 영혼의 나쁜 태도에서 나오는 죄를 의미한다.[28] 우리는 하루 종일 밖에서 일하거나 놀다 온 후에 더러운 옷을 벗어버리듯이, 우리 성품 안에 있는 이 도덕적 실패들과 악의 흔적들을 즉시 제거해야 할 필요가 있다.[29]

그다음에 구두법과 관련하여 중요한 이문이 나온다. "온유함으로"(in humility, ἐν πραΰτητι)라는 말은 앞의 절과 연결해서 볼 수도 있고 그다음 절과 연결해서 볼 수도 있다. 의미는 "내버리라…온유함으로"가 될 수도 있고 "온유함으로 받으라…"가 될 수도 있다. 어떻게 보든 그 전치사 구는 방식을 나타내는 도구적 여격을 사용하여, 여기에서는 사람이 어떻게 행동해야 하는지를 묘사한다. 야고보가 우리가 죄성을 제거하면서, 그리고 하나님으로부터 우리의 새로운 자아를 받으면서 취해야 하는 태도를 말하기 위해 의도적으로 이 문구를 연결 부위에 두고 있다고 주장할 수도 있을 것이다.[30] 하지만 굳이 선택을 하자면, 그것을 두 번째 절과 연결시키는 것이 더 설득력이 있는 듯하다. 이 변화된 본성을 받는 것은 온유한 태도를 보이지 않는다면 불가능하며, 수식을 받는 동사는 문장에서 훨씬 더 가까이에 위치해 있다.[31]

"온유함"(humility, πραΰτης)은 야고보서의 또 하나의 핵심 표현이다. 그 말은 사람들에게 아무리 당해도 가만히 있으라고, 무슨 일을 만나든지 무기력하게 순종하라고 명령하는 말이 아니다. 그보다 야고보는 어떠한 악의, 분노, 억눌린 좌절, 심지어 교만한 독단성도 전혀 없이, 참을성 있게 삼가는 태도를 요구한다. 그리스–로마 사회에서, 겸손(humility)은 일반적으로 미덕으로 여겨지지 않았다. 당시에 많은 사람들은 그것을 공공연한 약점으로 보았다.[32] 하지만 유대교와 기독교에서 하

장 뒷부분에서 여전히 주동사에 종속되어 있기 때문이다. 그것은 참으로 명령법적인 분사들처럼 완전히 독립적인 사고를 가지고 있지는 못하다. Wallace, *Greek Grammar Beyond the Basics*, 650–52을 보라.

26. Moo, *The Letter of James*, 86. "NIV의 '도덕'은 그렇기 때문에 기본적으로 '더러움'을 의미하는 단어의 윤리적 뉘앙스를 포착하려는 시도이다."

27. Johnson(*The Letter of James*, 201)은 이 권고가 모든 형태의 악에 적용되며, περισσεία가 "'악'이라는 추상적 의미가 아니라, 도덕적으로 나쁜 행동"을 말한다는 것 이상의 "더 미묘한 의미를 알아내려 애쓸 필요는 없다"고 주장한다.

28. Davids(*The Epistle of James*, 94)는 베드로전서 2:1과의 유사성에 비추어, κακία를 보다 일반적인 의미의 '불의' 혹은 '악덕'보다는, '악의'로 해석한다. 다시 말해, 사람들의 증오에 더 초점을 맞춘다.

29. Perkins(*First and Second Peter, James, and Jude*, 104)는 심어진 말씀이 "구원을 가져오는, 하늘에서 내려오는 또 하나의 하나님의 선물"이긴 하지만, "함정이 있다. 영혼이 준비되어야만 한다…그 비유적 표현은 악을 깨끗이 씻고 치워서 *emphytos logos*('심어진 말씀')가 열매를 맺을 수 있도록 하는 것을 시사한다"고 말한다.

30. Baker("James," 35)는 "겸손한 태도는…우리가 하나님을 우리 삶의 주님으로 삼을 때 의무적인 것일 뿐만이 아니다. 그것은 우리 집에서 악을 깨끗하게 하는 예비 단계에서도 요구된다. 그것이 바로 회개다"라고 설명한다. 그래서 겸손은 심어진 말씀을 받는 것에서만큼이나 더러운 곳을 제거하는 것에서도 매우 중요하다.

31. 참고. Donald J. Verseput, "Plutarch of Chaeronea and the Epistle of James on Communal Behaviour," *NTS* 47 (2001): 513.

32. 하지만 아리스토텔레스는 Nichomachean Ethics 1125b와 Rhetoric 1380a에서 그것을 분노(ὀργή)와 정반대되는 말로 사용한다 (Johnson, The Letter of James, 201).

33. 참고. Matt Jackson–McCabe(*Logos and Law in the Letter of James: The Law of Nature, the Law of Moses, and the Law of Freedom*[Leiden: Brill, 2001], 27, 196). 그는 이것을 스토아 철학에 대한 언급으로

나님 앞에서의 겸손은 필수다. 그리스도가 죽기까지 아버지의 뜻에 겸손하게 복종하신 예에서 보여주신 것과 같다.

그렇다면 이런 겸손의 상태에서 우리는 "심어진 말씀"(τὸν ἔμφυτον λόγον)을 받아야 한다. 이것은 그저 구원과 조화를 이루어 후에 추가된 말처럼 들릴지 모르지만, 이 표현은 실제로는 더 복잡하다. 헬라 사상에서 '심어진'(ἔμφυτος)이라는 말은 어떤 사람이 가진 본성의 일부로서 '선천적인', 타고난 어떤 것을 의미했다.[33] 하지만 이 말씀이 참으로 우리가 타고난 것이라면, 우리는 이미 그것을 가지고 있으며 받을 필요가 없다.[34] 아마 그것이 함축하는 것은 그 '말씀'은 인류가 타고난 것이지만, 그리스도인들은 하나님이 그것을 우리 안에서 활성화시키시도록 해야 한다는 의미일 것이다.[35] 훨씬 더 나은 해결책은 '심어진'이라는 말을 하나님에 의해 신자들 안에 심어져, "신자들 안에 거하는" 복음의 말씀을 나타낸다고 보는 것이다.[36] 존슨은 "심어진 말씀"을 하나님이 그들을 태어나게 하신 "진리의 말씀"이라고 해석하는 것에 찬성한다. 그래서 그리스도인들에게 "그 말씀은 이제 이미 *emphytos*('심어진') 것이다."[37] 이 견해는 "말씀"을 현재 그리스도인들에게 내재하는 것으로, 하지만 그들이 중생할 때 심어지기 전에는 내재하지 않았던 것으로 이해한다. 여기에서 "말씀"(λόγος)은 아마 18절에 나온 것과 같은 것을 의미할 것이다. 곧 구원의 메시지라는 것이다. 이 말씀을 "받는" 것은 그렇다면 그것을 마음에 새겨서 14–15절에 나오는 악한 소욕들을 대신하도록 하는 것이다. 예레미야의 새 언약에서 약속되었듯이, 그것은 충분히 내면화되고 우리의 마음에 쓰였다(렘 31:33).[38]

야고보는 그 "말씀"을 "너희 영혼을 능히 구원할 바"(δυνάμενον σῶσαι τὰς ψυχὰς ὑμῶν)라는 말로 한정한다. 여기에 동사 형태가 확실히 규정되지 않은 부정과거인 "내버리고"(ἀποθέμενοι) 및 "받으라"(δέξασθε)는 말과, 현재 분사인 "능히…할 바"(δυνάμενον)라는 말이 지닌 지속적 측면 사이의 흥미로운 대조가 나온다. 우리는 단지 옛 것을 벗고 새 것을 받는다. 하지만 심어진 말씀은 계속적으로 구원할 수 있다. 부정과거 부정사인 "구원하다"(σῶσαι)는 전반적인 것 혹은 사실 확인적인 것으로, 구원의 전 과정이 처음부터 끝까지 구분되지 않는 전체라고 본다. 그러므로 복음의 "말씀"은 우리가 그리스도와 처음 관계를 맺었을 때부터 종말에 구원이 완성될 때까지 충분히 우리를 유지하고 성숙시킬 수 있다.[39] 마지막으로, "영혼"(ψυχή)은 이 맥락에서 단지 육체와 분리된 '혼'을 말하기보다는 존재 전체 혹은 '생명'을 말한다.

보았다. 거기에서는 이성(*the logos spermatikos*)이 창조 때에 심어져, 각 사람이 타고난 것으로 본다(또한 Laws, *James*, 83–84을 보라). 신약 이전 유대 문학에서 이 용어가 유일하게 나온 경우는 Wis 12:10으로, 거기에서 그 말은 분명 '타고난' 혹은 '천부적인' 것을 의미하며, 가나안 사람들의 악함을 말한다. 이에 기초해서, 다른 사람들(예를 들어, Hort, *Epistle of St James*, 37)은 야고보가 "타고난" 말씀을 언급하고 있는 것으로 본다. 그 말씀은 "언제나 거기서 울려퍼지며…내부에서 들리는 말씀의 음성은 원래부터 있었던 것으로 창조 때로 거슬러 올라간다." 타락 이후에 들어왔으며 "내어버려야" 하는 것인 죄("도덕적 더러움")와는 대조된다.

34. Collins("Coherence," 80–88)는 이 "받는다"는 표현을 1:19–27을 이해하는 단서로 본다. 그는 야고보가 교회 내에서 이루어지는 "공식적인 말씀 사역에 대한 긍정적 반응"을 촉진시키기 원한다고 주장하며(81–82), "19–27절은 야고보가 그의 청중들에게 그들의 지도자/교사가 예배 중에 말할 때 그의 말에 귀를 기울이기 원하는 방식, 영혼의 틀에 대한 것"(84)이라고 결론을 내린다.

35. Laws(*The Epistle of James*, 83)는 "복음의 말씀을 받아들이라는 명령은 사람이 그가 마땅히 되어야 하는 것, 그가 원래 창조된 모습대로 되라는 명령"이며, 그래서 "이 사람에게 '자연스러운' 것인 이 말씀을 받으라는 명령은 그렇게 되면 무의미한 것이 아닐 것"이라는 뉘앙스를 제시한다.

36. Moo, *The Letter of James*, 87.

37. Johnson, *The Letter of James*, 202. Wall(*Community of the Wise*, 73)은 "지혜의 '말씀'은 교사의 교훈에 의해 '심어진다'"고 주장한다. 야고보가 후에 보여준 "공동체 교사에 대한 관심(3:1–18)"에 비추어볼 때 그렇다는 것이다.

38. Cargal, *Restoring the Diaspora*, 89; Eugen Ruckstuhl, *Jakobusbrief, 1-3 Johannesbrief*(Wurzburg: Echter, rev. 1988), 14.

39. Stulac, *James*, 72.

데이비스는 "복음은, 그에 순종하면, 그 사람의 *자아*를 구원할 수 있다"[40]고 말한다.

약 1:22 너희는 말씀을 행하는 자가 되고 듣기만 하여 자신을 속이는 자가 되지 말라(Γίνεσθε δὲ ποιηταὶ λόγου καὶ μὴ μόνον ἀκροαταὶ παραλογιζόμενοι ἑαυτούς). 야고보는 그의 두 번째 명령을 소개하면서, 이번에는 "듣기는 속히 하라"는 것이 무엇을 의미하는지 설명한다. 이 구절은 γίνεσθε("이다, 되다")라는 명령어로 시작한다. 다시 한 번 성품에 대한 명령이 나온다. 현재 시제는 반복적인 의미로 이해해야 할 것이다. 야고보는 반복을 통해 습관이 되는 행동을 하도록 격려하고 싶어하기 때문이다.[41] 그다음 문구인 "듣기만 하는 자가 아니라 말씀을 행하는 자"(ποιηταὶ λόγου καὶ μὴ μόνον ἀκροαταί)라는 말은 유대인의 삶에 중요한 두 가지 요소를 대조시킨다.[42] 성경이 읽히는 것을 듣는 것은 종교 의식의 필수 요소였다. 하지만 야고보는 여기에서 당연한 것으로 여겨지지만 언제나 실현되지는 않는 한 가지 측면을 명령한다. 바로 들은 말씀을 행동으로 옮기는 것이다. 그는 그의 청중들에게 자신들이 들은 말씀을 삶으로 행하는 자들이 되라고 요구한다. 구원의 메시지를 듣기만 하는 것이 아니라, 실제로 그들의 믿음을 실천하는 사람이 되라는 것이다.

첫눈에 보기에 19절은 22–25절과 모순되는 듯하다. 전자에서 야고보는 말하는 것 및 화내는 것과 대조되는 듣기를 권한다. 하지만 여기에서는 그저 주의 깊게 듣기만 하는 것을 비판하면서 그것을 올바른 행동으로 연결시킬 것을 요구한다.[43] 하지만 물론 이것은 19절에 이미 암시되어 있다. 거기에서 야고보는 행동 없는 듣기를 권하고 있는 것이 아니라 듣기 없는 행동을 정죄하고 있다.

"말씀을 행하는 자들"(ποιηταὶ λόγου)은 목적 소유격을 사용하여, 우리가 순종해야 하는 하나님의 명령을 나타낸다. 산상수훈을 야고보의 교훈이 근거하는 핵심 배경으로 보면, 마태복음 7:24–27과의 유사성을 또다시 쉽게 연상할 수 있다. 특히 두 건축자의 비유에 나오는 예수님의 말씀이다. "그러므로 누구든지 나의 이 말을 듣고 행하는 자는 그 집을 반석 위에 지은 지혜로운 사람 같으리니"와 이에 대비되는 말인 "나의 이 말을 듣고 행하지 아니하는 자는 그 집을 모래 위에 지은 어리석은 사람 같으리니"다(24, 26절, 참고. 또한 눅 11:28). 야고보는 사람들에게 말씀이 그들의 삶에 영향을 끼치지 않으면서도 그 말씀을 들을 능력이 있다는 것을 인식한다. 동시에 야고보는 그들에게 예수님의 가르침, 특히 위대한 산상설교에서 나타난 윤리적 핵심을 삶으로 실천하라고 도전한다.

수반되는 분사인 "속이는"(παραλογιζόμενοι)은 한정적 분사, 곧 듣는 사람들을 "스스로를 속이는 사람"으로 묘사하는 것일 수도 있고, 연속적 분사, 곧 오직 듣기만 하는 것의 결과는 그들이 "그럼으로써 스스로를 속이는"(참

40. Davids, *The Epistle of James*, 95(강조체 저자).
41. Wall(*Community of the Wise*, 79)은 이 부분을 "참된 종교는 의식이 아니라 결과다. 그래서 하나님의 뜻에 순종하는 것은 하나님께 대한 헌신의 척도다"라는 말로 시작한다.
42. Martin(*James*, 49)은 "ποιεῖν(행하는)을…를 윤리적 의미로 사용하는 것은 전형적으로 셈어적이다"라고 설명한다.
43. 같은 책, 47. Martin은 "하나님의 뜻을 '듣고 행하는 것'은 신자들이 자신들의 욕구와 계획을 너무 빨리 따르지 말아야 한다는 당연한 교훈과 함께, 지혜 문학에 흔하게 나오는 주제다. 잠언 10:9, 13:3, 15:1, 29:20, 전도서 7:9, 9:18, 집회서 4:29, 5:11, 6:33, 21:15을 보라.
44. Moo, *The Letter of James*, 90. Baker("James," 36)는 그런 속임이 사람의 구원과 관련되어 있다는 데 동의한다. "그것은 21절 마지막 부분에서 언급된 것이다. 그는 제대로 몰라서 그러는 것이지만, 자기가 구원받았다고 생각한다."
45. 야고보는 강조를 위해 이 구절 시작부에서 같은 말을 반복한다.
46. 이번에는 "사람"(ἀνήρ)이 총칭적인 "누구든지"(τις)와 대응을 이룬다. 물론 고대 지중해 사회에서도 오늘날과 마찬가지로 남자나 여자 할 것 없이 거울을 사용했다. Maier(*Der Brief des Jakobus*, 96)는 다시 한 번 이것이 남성과 여성을 포괄하는 번역이라고 올바르게 주장한다.
47. 참고. BDAG, 522에 주어진 의미론적 범위(굵은 활자는 생략): "알

고. NIV. "그래서 속는") 것이라고 말하는 것일 수도 있다. 어느 것이든, 종교적 자기 기만은 사람들이 "실제로는 그렇지 않은데 자신들이 하나님과 올바른 관계에 있다"[44] 고 잘못 생각하는 것에서 생겨난다. 그런 가짜 종교는 그 사람의 영원한 운명에 파괴적인 결과를 초래한다.

약 1:23 누구든지 말씀을 듣고 행하지 아니하면 그는 거울로 자기의 생긴 얼굴을 보는 사람과 같아서(ὅτι εἴ τις ἀκροατὴς λόγου ἐστὶν καὶ οὐ ποιητής, οὗτος ἔοικεν ἀνδρὶ κατανοοῦντι τὸ πρόσωπον τῆς γενέσεως αὐτοῦ ἐν ἐσόπτρῳ). 이 구절은 그저 듣기만 하는 사람의 문제를 상세히 설명하기 시작한다. 야고보는 논증을 위해 주장이 참된 것으로 추정하는 일급 조건절로 시작한다. 이 경우 야고보의 청중 가운데 일부는 행하는 자가 아니고 오직 듣기만 하는 자일 것이다. 하지만 '…하면'(if)이라는 번역이 조건부라는 측면을 제거해버리는 '…하므로'(since)보다는 더 나은 번역이다. 야고보는 "듣는 자"[45]에 대한 논의를 더 소개하면서, 그런 사람들이[46] "자기의 생긴 얼굴을 보는" 사람과 "같아서"(앞의 6절에 대한 설명을 보라)라고 단언한다. 거기에서 "생긴"(nature)이라는 말은 "기원"(즉, 혈통)이나 "존재"를 의미한다(κατανοοῦντι τὸ πρόσωπον τῆς γενέσεως αὐτοῦ). "보다"(consider, κατανοέω)라는 어원은 그저 무심결에 보는 것이 아니라 집중해서 혹은 깊이 생각하면서 주의를 기울이는 것을 의미한다.[47] 한편 "생긴 얼굴"(face of genesis, πρόσωπον τῆς γενέσεως)이라는 기묘한 표현은 단지 "자연스러운 얼굴"을 의미하는 셈이다.[48] 이것은 그들이 어릴 때부터 얼굴이 비치는 곳이라면 어디서든 보았을 얼굴이다.

그 예시는 그 사람이 "거울로"(ἐν ἐσόπτρῳ) 자기 얼굴을 자세히 연구한다고 말한다.[49] 거울은 일반적으로 화장을 위한 도구로 사용되었다. 그리고 그 자체로서 "모든 교사들이 예를 들어 설명하기에 유용한 품목이었다."[50] 고대 사회에서 사용된 거울은 오늘날의 투명한 거울과는 매우 달랐다. 그 당시 거울은 윤을 낸 청동이나 구리로 된 것으로, 희미하고 왜곡된 영상을 보여주었다. 때문에 어떤 사람은 자신에 대해 좋은 인상을 가질 수 있지만, 그런 거울을 한번 쓱 보는 것만으로 많은 것을 알 수는 없다. 그래서 사람들은 거울에 보이는 것을 주의 깊게 "보아야"(consider) 한다. 마틴은 "거울에서 본 것은 보통 그것을 바로잡는 행동으로 이어져야 한다"[51]고 덧붙여 말한다. 예를 들어, 더러운 얼굴을 보았다면 씻어야 한다. 하지만 여기에 나오는 이 사람은 거울에서 본 결함을 제대로 처리하지 않는다.

약 1:24 제 자신을 보고 가서 그 모습이 어떠했는지를 곧 잊어버리거니와(κατενόησεν γὰρ ἑαυτὸν καὶ ἀπελήλυθεν καὶ εὐθέως ἐπελάθετο ὁποῖος ἦν). 야고보는 듣는 사람이 "제 자신을 보고"(κατενόησεν), "가서"(ἀπελήλυθεν), "잊어버린다"(ἐπελάθετο)라고 말한다. 이 문장에 나오는 이 세 가

아채다, 관찰하다", "숙고하는 *태도로 바라보다, 고찰하다, 심사숙고하다.*" "주의 깊게 생각하다, *마음속에 그리다, …에 대해 생각하다.*"

48. Laws(*The Epistle of James*, 86)는 "자기의 생긴 얼굴"을 토라와의 대조를 시사하는 것으로 본다. 토라는 사람의 형상을 그들이 스스로 발견할 수 있는 것보다 더 상세하게 제시하는 것으로 여겨졌다.

49. Nicholas Denyer("Mirrors in James 1:22–25 and Plato, *Alcibiades* 132C–133C," *TynBul* 50[1999]: 237–40)는 야고보서의 이 부분에 나오는 논증에서 플라톤적 용어들을 감지하면서, 소크라테스와 엘키비아데스의 대화가 야고보서에 나오는 이 유추의 배경이라고 본다. 그는 여기에서 대조하고 있는 것은 그저 외적인 "모습"만을 보는 사람들과, 하나님을 포함한 영적인 것을 바라보고 그래서 "자신을 아는" 것 사이의 차이라고 주장한다. 본문을 이렇게 이원적으로 읽는 것은 쉽게 찬성할 수 있는 것도 아니고 필요한 것도 아니다.

50. Davids, *The Epistle of James*, 98. Moo(*The Letter of James*, 92)는 "거울의 통상적 사용을 자연스럽게 확장한 것에서, 거울을 들여다보는 것에 대한 단연 가장 흔한 비유적 적용은 도덕적 성찰 과정이었다"고 지적한다. Sleeper(*James*, 64)는 지혜 문학에서, "통상, 여기에서 그런 것처럼, [거울은] 모종의 도덕적 실패를 암시한다"고 덧붙인다.

51. Martin, *James*, 50.

지(부정과거, 완료, 부정과거) 동사는 금언으로 이해하는 것이 가장 좋다. 때문에 여기에서 현재 시제로 번역되어 있는 것이다(11절에 나오는 네 개의 금언적 부정과거를 생각해보라). 야고보는 그런 사람들은 떠나기 전에 거울에 비친 자신들의 형상에 면밀히 주의를 기울이고, 그것을 주의 깊게 살펴본다는 것을 반복해서 말한다. 그렇기 때문에 어떤 사람들은 야고보가 이 사람들이 자신들의 얼굴을 면밀히 살펴본 것은 좋았지만, 그 후 아무 조치도 취하지 않고 떠난다는 사실을 강조한다고 본다. 두 번째 동사는 완료 시제로 되어 있으며 그래서 가장 명료하다. 그래서 야고보는 떠난 것을 강조하는 것일 수도 있다. 문제를 더 복잡하게 하는 것은 그들이 "곧"(εὐθέως) 잊어버린다는 것이다. "요점은 그 인상이 순간적일 뿐이라는 것이다."[52]

하지만 이 시점에서 어쩌면 이 예화를 의도적으로 사용한 우스꽝스러운 유추라고 이해하는 것이 더 낫지 않을까 하는 생각이 들기 시작한다. 누구든 제정신이라면 자기 모습을 그렇게 면밀히 살펴본 후 발견된 흠을 무시하고 자신이 본 것을 즉시 잊어버리지는 않을 것이기 때문이다. 마찬가지로, 야고보는 사람들이 자기가 들은 것을 순식간에 잊어버리는 것이 얼마나 우스꽝스러운 일인지 강조하려 한다. 베이커는 "거울에서 자신의 얼굴을 열심히 살펴보지만, 몇 초도 지나지 않아 줄지어 세워놓은 피의자들 속에서 자신을 골라내지 못하는"[53] 사람의 불합리함을 강조한다. 하나님의 말씀을 그런 오만한 방식으로 취급하는 것 역시 똑같이 부조리한 일이다.

약 1:25 자유롭게 하는 온전한 율법을 들여다보고 있는 자는 듣고 잊어버리는 자가 아니요 실천하는 자니 이 사람은 그 행하는 일에 복을 받으리라(ὁ δὲ παρακύψας εἰς νόμον τέλειον τὸν τῆς ἐλευθερίας καὶ παραμείνας, οὐκ ἀκροατὴς ἐπιλησμονῆς γενόμενος ἀλλὰ ποιητὴς ἔργου, οὗτος μακάριος ἐν τῇ ποιήσει αὐτοῦ ἔσται). 이 구절은 "행하는 자"의 예로 다시 돌아온다. 이제 그는 "자유롭게 하는 온전한 율법을 들여다보고"(παρακύψας εἰς νόμον τέλειον τὸν τῆς ἐλευθερίας) 그다음에 순종하는 사람으로 묘사된다. 부정과거분사 "들여다보고"(παρακύψας)는 아마 또 다른 금언적 용법을 나타낼 것이다[그래서 우리는 현재 시제인 '보다'(looks)라고 번역하는 것이다]. 물론 그것이 정말로 시제를 나타내는 것으로 과거를 언급하는 형태일 수도 있다["들여다보았다"(having looked), "본 후에"(after looking)]. 어떤 경우든 보는 것과 (그다음 절에 나오는) 계속 그렇게 하고 있는 것 사이의 순서는 분명하다. "듣는 자"와 마찬가지로, 행하는 자 역시 주의 깊게 본다. παρακύπτω라는 동사는 "허리를 굽히고 면밀히 들여다보다"라는 의미를 지니고 있다. 아이가 벌레를 살펴보려 할 때, 벌레에 더 가까이 가려고 몸을 숙이는 것

52. Davids, *The Epistle of James,* 98.

53. Baker, "*James,*" 37.

54. 마치 그 말이 더 자세하고 면밀히 검사하는 것인양, "보다"에 해당하는 변화되는 동사들에 너무 많은 의미를 부여하는 것은 유추의 이런저런 측면을 곡해시킨다. 참고. Moo, *The Letter of James,* 93.

55. 여기에서 τέλειον은 "성숙한"이 아니라 "온전한"이라고 이해하는 것이 가장 좋다. 야고보는 우리의 구원을 위한 구원의 완전함과 그 모든 측면에서 율법의 흠 없음을 둘 다 말하고 있기 때문이다.

56. Wall(*Community of the Wise,* 83–98)은 야고보서와 성경에 나오는 이 "자유롭게 하는 온전한 율법"에 관한 광범위한 추가 설명을 보다 일반적으로 제공하면서, "온전함"은 "이 맥락에서 독자들에게 율법이 시험을 당하고 있는 사람들을 위한 하나님의 온전한 선물(참고. 1:17)이라는 것을 상기시켜준다"(81)고 지적한다.

57. Mariam J. Kamell, "Word/Law in James and the Promised New Covenant," 미출판 SBL 대회 발표 논문(Washington, DC, 2006). 참고. Cargal, *Restoring the Diaspora,* 104.

58. Phillip Sigal, "The Halakah of James," in *Intergerini Parietis Septum(Eph. 2:14),* ed. Dikran Y. Hadidian(Pittsburgh: Pickwick, 1981), 337–48.

59. Benedict T. Viviano("La loi parfaite de liberté: Jacques 1,25 et la loi," in *The Catholic Epistles and the Tradition,* ed. J. Schlosser [Leuven: LUP and Peeters, 2004], 213–24)가 놓친 핵심 사항. 그는 십계명에 나온 예들을 포함하여 이 본문에 나온 νομός의 다섯 가지 용례에 기초해서 "자유롭게 하는 율법"이 순전하고 단순한 토라라고 주장

과 비슷한 모습이다.[54] 하지만 거울을 자세히 응시하는 사람과는 달리, 이 사람은 자신이 본 것에 의거해서 행동한다.

"온전한 율법"(νόμον τέλειον)[55]이라는 말은 서너 가지를 가리킬 수 있다.[56] 야고보는 토라를 논하고 있을 수도 있고, 토라 더하기 그리스도, 기본적인 복음 메시지, 혹은 이 세 가지의 어떤 결합이라도 논하고 있을 수 있다. 하지만 그는 또 다른 수식 어구를 추가한다. 그것은 그 율법이 어떤 것인지 밝혀내는 데 도움을 주는 "자유의"(τῆς ἐλευθερίας)라는 서술적 소유격으로, 그 말은 이 율법이 사람에게 올가미를 놓거나, 속박하거나, 짓누르지 않으며, 그 율법의 특징이 자유라는 것을 보여준다. 우리는 이것이 아마 복음 메시지를 말할 것이라고 주장한다. 특히 복음 메시지가 새 언약 혹은 새로워진 언약에 대한 구약의 예언을 성취하는 역할을 한다는 점에서 그렇다(특히 예레미야 31:31-34을 보라).[57] 이 구절에 주어진 모든 단서로 보아, 그것은 모세 율법만 염두에 두는 듯하지는 않으며, 그것과 대조되거나 혹은 적어도 그것에 추가하는 뭔가를 염두에 두고 있을 것이다. 토라를 순전하고 정직한 것으로 묘사하는 유대 문헌에서도 비슷한 수식어들이 나오는 것은 사실이다(특히 Aboth 6:2; b. B. Metz. 85b).[58] 하지만 야고보서 2:12이 다시 자유의 법을 언급할 때, 그것은 구약 율법과 분명하게 대조를 이룬다(2:11).[59] 심지어 여기에서도, 25절은 22-25절의 결론을 맺는 긍정적 본보기 역할을 한다. 21b절이 20-21절에 대해 그렇게 했던 것과 마찬가지다. 그래서 자유의 율법은 심어진 말씀과 대응을 이루는 것이 분명한 듯하다.[60] 추가로, "말씀"에서 "율법"으로 넘어가는 것은 분명히 한 부분인 이 작은 발췌문 안에서 이루어진다. 그래서 더욱 강력한 대응이 된다.

동시에, 야고보의 마음속에 히브리어 성경이 크게 자리잡고 있지 않았다면 그는 "율법"이라는 용어를 계속 사용하지 않을 것이다. 그래서 데이비스는 자유의 율법을 "예수님이 설명하고 변경한 구약 윤리"[61]라고 규정한다. 무도 그의 말에 동의하면서, "'온전한'이라는 말을 덧붙인 것은 율법이 종말론적으로 '완전하게 된' 형태임을 함축하는 반면, '자유롭게 하는'이라는 수식어는 마음에 쓰인 율법의 새 언약을 말"하며, "처음으로 그 율법을 순종할 수 있게 해주는 성령의 역사가 수반된다"고 설명한다.[62] 이 서신서가 이른 시기에 쓰인 것일수록, 그리고 야고보의 공동체가 더 유대적일수록, 히브리어 성경이 "자유롭게 하는 온전한 율법"의 빼놓을 수 없는 부분을 형성할 가능성이 더 많다. 물론 그 성경은 메시아의 강림과 그분의 계시에 비추어 해석되어야 하지만 말이다.[63]

이 율법을 들여다보는 사람들은 또한 거기 머물러 "있는"(remains, παραμείνας)다. 이 분사의 부정과거 시제를 설명하기 위해 그 앞 절에서 나온 것과 동일한 두 가

한다.

60. Hiebert, *The Epistle of James*, 136. Martin(*James*, 51)은 "이 문맥에서 '율법'은 야고보에게는 행동의 규범이며, 그는 순종하는 사람들(ποιητὴς ἔργου: 실천하는 자)과 신실한 사람들(ποιητὴς λόγου: 말씀을 행하는 자)이 같은 것이라고 쓸 수 있다. 그래서 νόμος(율법)와 λόγος(말씀)는 같은 용어인 듯하다"라고 덧붙인다.

61. Davids, *The Epistle of James*, 100. Isaacs(*Hebrews and James*, 193-94)는 이것을 야고보와 바울을 확실히 분리시켜야 할 필요가 있는 몇 번의 경우 중 하나라고 지적한다. 야고보서에는 "그리스도인들이 모세의 토라에 나오는 명령들로부터 자유"하다고 주장할 필요를 시사하는 것은 아무것도 없으며, 그보다는 "예수 안에서 분명히 표현된 하나님의 율법/말씀을 그저 소극적으로 받기만 하는 것이 아니라 그에 의거해서 적극적으로 행동해야 한다"는 관심이 있기 때문이다. Stulac(*James*, 80)은 마태복음 5:17에 나오는 율법을 성취한다는 예수님의 주장 및 요한복음 8:36에 나오는 자유를 준다는 주장을 우리에게 상기시킨다.

62. Moo, *The Letter of James*, 94. 참고. Guthrie, "James," 227.

63. Corrado Marucci("Das Gesetz der Freiheit im Jakobusbrief," *ZKT* 117 [1995]: 321-28)는 제2성전, 초기 랍비들의 유대 문헌에 나오는 부분적으로 유사한 개념들 그리고 표현들 전체를 논한다. 하지만 그는 또한 이 율법의 독특하게 기독교적인 성질에 대한 일관된 교부들의 증거에도 주목한다(328-30). 야고보 역시 Marucci가 이런 대비들에서 주장하듯 인간의 자유 의지에 대해 강조하려 했는지 아닌지는 덜 분명하다.

지 선택권이 이어진다. 그것이 금언적이든가, 아니면 순전히 시제를 나타내는 것이든가 둘 중 하나라는 것이다. 그 강조점은 그 동사의 시제보다는 그 동사 자체의 의미에서 나온 것이긴 하지만, 거기서 강조하는 바는 계속하는 것 혹은 견디는 것이다. 이렇게 머물러 있다는 특징 때문에, 이 율법을 그처럼 면밀하게 들여다보는 사람은 "듣고 잊어버리는 자"(a hearer of forgetfulness, ἀκροατὴς ἐπιλησμονῆς)—서술적 소유격인 "잘 잊어버리는 듣는 자"(a forgetful hearer)를 의미하는—가 아니라, "실천하는 자"(ποιητὴς ἔργου)—목적 소유격을 이용해서—라고 할 수 있다. 앞으로 나올 것을 미리 가리키는 것으로, 집단적 단수인 "실천"(work)이라는 말은 2:14-16이 믿음에서 반드시 있어야 한다고 말하는 "행함"을 내다본다.

그런 행동을 보이는 사람들은 "그 행하는 일에 복을 받을"(μακάριος ἐν τῇ ποιήσει αὐτοῦ) 것이다. 여기에서 그 축복은 선행의 본래적 가치를 확인해준다. 행하는 것 자체 "에" 혹은 "에 의해" 보상이 오기 때문이다(각 영역의 장소적 여격 혹은 수단의 도구적 여격). 이것은 종말론적인 복이 아니라, 신자들이 옳다고 믿는 것을 행하는 바로 그 과정에서 얻게 되는 개인적 충족에 대한 약속이다.[64]

약 1:26 누구든지 스스로 경건하다 생각하며 자기 혀를 재갈 물리지 아니하고 자기 마음을 속이면 이 사람의 경건은 헛것이라(Εἴ τις δοκεῖ θρησκὸς εἶναι μὴ χαλιναγωγῶν γλῶσσαν αὐτοῦ ἀλλὰ ἀπατῶν καρδίαν αὐτοῦ, τούτου μάταιος ἡ θρησκεία). 26절은 19절에 나온 나머지 명령을 해설한다. "말하기는 더디" 해야 한다는 것이다. 야고보는 "누구든지 스스로 경건하다 생각하며"(εἴ τις δοκεῖ θρησκὸς εἶναι)라는 조건적 진술로 시작한다. 다시 한 번 논증을 위해 일급 조건절이 맞다고 추정한다. 아마 야고보의 회중들 중 일부는 실제로 스스로 경건하다 생각했을 것이다. "생각하다"(seem, (δοκέω)라는 동사는 의견에 근거한 것으로 반드시 사실에 근거하지는 않은 어떤 주관적인 것을 암시한다. 야고보는 이 사람의 "경건"이 내적 실상에 기초하기보다는 외적 모양에 기초하고 있는 것으로 묘사한다. "경건한"(religious, θρησκός)이라는 말이나 같은 어원에서 나온 말들의 의미는 그 말에 해당하는 영어처럼 광범위하지는 않으며, 하나님 혹은 신들에 대한 헌신에 초점을 맞춘다. 특히 "그것이 제의적 의식들" 혹은 "예배"[65]에서 표현되기 때문이다. 우리 문화에서 어떤 사람을 "경건하다"(religious)라고 부르는 것은 그 사람의 신앙이 피상적이고 속이는 것임을 암시할 수도 있는 반면, θρησκός라는 말이 헬라어에서 단독으로 사용될 때는 그런 함축들을 가지고 있지 않았다. 하지만, "생각하다"(seem, δοκεῖ)라는 말과 결합될 때, 야고보가 여기에서 묘사하고자 하는 것은 바로 피상성이다.[66]

야고보는 한 걸음 더 나아가 스스로 경건하다 생각하는 이 사람을 "자기 혀를 재갈 물리지 아니하"는(μὴ χαλιναγωγῶν γλῶσσαν αὐτοῦ) 사람이라고 묘사한다. 보통 말에게 사용하는 재갈이라는 이미지는 3:2에서 다시 나

64. Stulac(*James*, 80)은 구약에서 "하나님의 율법에 순종하는 것에 내재되어 있는 복"에 대해 강조한다는 점을 지적한다.

65. BDAG, 459(굵은 글씨체 생략). J. P. Louw and E. A. Nida(*Greek-English Lexicon of the New Testament: Based on Semantic Domains*[New York: United Bible Societies, 1998], 532)는 다음과 같은 정의를 제시한다. "종교적 믿음의 적절한 표현에 대한 헌신과 관련된 것." 그리고 많은 언어들에서 번역자들은 "하나님이 원하실 만한 삶을 사는 것" 혹은 "하나님을 믿는 사람이 마땅히 살아야 하는 것처럼 사는 것" 혹은 "언제나 하나님이 요구하시는 것을 하는 것" 등과 같은 문구를 사용해야 한다고 말한다.

66. Davids(*The Epistle of James*, 101)는 "야고보가 염두에 두고 있는 구체적 관행이 무엇인지는 분명하지 않다." 그것은 금식일 수도 있고 기도, 혹은 공동체의 예배일 수도 있다. 하지만 그는 "그 사람은 종교적 활동을 외적으로 실천하며 그래서 자신을 경건하다고 여긴다"는 데 동의한다.

67. 그 분사는 양보의 의미로 이해하는 것이 자연스럽다. "비록…이지만", 혹은 "그들의 혀를 재갈 먹이지 않음에도 불구하고"라는 것이다. 전후 문맥을 보면 그것을 시간적인 것("재갈 먹이지 않는 동안…") 이상의 의미로 만드는 것은 없지만, "재갈 물리는 것"(χαλιναγωγῶν)과 "속이는 것"(ἀπατῶν)의 현재 시제는 이러한 것들이 이따금씩 일어나는 잘못이 아니라 일관되고 계속적인 것임을 시사한다.

오는데, 거기에서도 역시 혀와 관련해서 나온다. 동사로 쓰이는, "재갈 물리다"(χαλιναγωγέω)라는 말은 보통 짐승을 지휘하기 위해 그 짐승의 입에 작은 조각을 넣는다는 능동적 의미를 지닌다.[67] 그래서 야고보는 혀의 특징을 언급하면서 혀는 먼저 그것을 억제하고 통제하지 않으면 사람을 망칠 수 있는 하나의 독립적 존재라고 말한다.[68] "고대 사회는 지혜로운 사람은 또한 입이 무거웠다는 데 동의했다. 침묵은 일반적으로 말보다 더 나으며, 언제나 더 안전했다"(참고. 특히 잠 10:19 혹은 29:20).[69]

나쁜 말은 성난 말 혹은 다른 사람의 성품을 비방하는 것으로 표현될 수 있다. 유감스럽게도 그것은 모든 시대 교회의 삶에 널리 퍼져 있다. 예를 들어, 뒷공론은 비방당하는 사람들만 괴롭히는 것이 아니다. 그것은 뒷공론하는 사람의 영적 건강도 위협한다. 야고보는 그런 사람들이 "자기 마음을 속인다"(ἀπατῶν καρδίαν αὐτοῦ)라고 보충해서 말한다. 이 원리는 마가복음 7:20–23이나 마태복음 12:32–37에 나오는 예수님의 가르침, 즉 사람들의 마음 상태는 그들의 입에서 나오는 것으로 드러난다는 가르침과 공통점이 있다.[70] 그래서 뒷공론을 하는 사람들은 나쁜 버릇에 빠져 들어가고 있을 뿐 아니라, 그들의 내적 자아를 드러내고 있다(22절에 나오는 듣는 자들에 대한 야고보의 가르침과 유사하다). 야고보는 그런 사람들의 경건한 예배가 "헛것"(μάταιος)이라고 단언한다. 이 단어는 "아무 쓸모없는 것과 관련된" 다양한 의미를 지니고 있다. "게으른, 공허한, 열매 없는, 쓸모없는, 무력한, 진리가 부족한"[71] 등이다. 야고보는 그들의 경건이 너무나 헛되어서, 차라리 존재하지 않거나 생명이 없는 편이 낫다고 주장한다.

약 1:27 하나님 아버지 앞에서 정결하고 더러움이 없는 경건은 곧 고아와 과부를 그 환난중에 돌보고 또 자기를 지켜 세속에 물들지 아니하는 그것이니라(θρησκεία καθαρὰ καὶ ἀμίαντος παρὰ τῷ θεῷ καὶ πατρὶ αὕτη ἐστίν, ἐπισκέπτεσθαι ὀρφανοὺς καὶ χήρας ἐν τῇ θλίψει αὐτῶν, ἄσπιλον ἑαυτὸν τηρεῖν ἀπὸ τοῦ κόσμου). 이 쓸모없는 경건과는 대조적으로, 야고보는 "하나님 아버지 앞에서 정결하고 더러움이 없는"(καθαρὰ καὶ ἀμίαντος παρὰ τῷ θεῷ καὶ πατρί) 경건에 대해 묘사한다. 그는 예배 의식에서 나온 말이지만 여기에서는 도덕적 정결함에 적용되는 어휘를 사용한다. 우리는 시편 24:4에 나오는 하나님을 기쁘시게 하는 사람들은 손이 깨끗하고 마음이 청결한 사람들이라는 시편기자의 선언을 상기한다. 거기에서도 의식적 비유와 도덕적 비유가 중복된다. 야고보는 우리의 예배를 지켜보시고 판단하시는 분은 하나님이라고 말하며, 더 나아가 그 하나님을 우리의 (사랑의) 아버지라고 묘사한다.[72] 그것은 마태복음 6:9에 나오는 예수님의 기도를 반영한 것이다. 야고보는 "그것이니라"(αὕτη ἐστίν)라는 말을 사실상의 콜론으로 사용해서, 사회 정의와 개인적 경건이 조화를 이루는 종교에 대한 묘사를 시작한다.[73]

---

68. "혀"(γλῶσσα)는 부분으로 전체를 나타내는 제유법일 것이다. 혀는 보다 일반적으로 "말"을 생산하는 생리 현상의 한 핵심 부분을 나타낸다.

69. Johnson, "Taciturnity and True Religion," 329. Johnson은 이어서 왜 어떻게 말이 진정한 종교와 연결되어야 하는지 물으며, 지혜 문학뿐 아니라 헬라 문화에서 말을 통제하는 것이 인격의 표시로 여겨졌다는 것을 보여준다. 참고. *Abot. Rab. Nath.* 22 끝부분에 나오는 똑같은 개념들. "평생 나는 현자들 사이에서 자랐으며, 어떤 사람에게든 침묵 이상 좋은 것이 없음을 발견했다. 지혜로운 자에게 침묵이 그렇게 좋은 것이라면, 어리석은 자에게는 얼마나 더 좋은 것이겠는가! 지혜는 우리를 말로 인도하지 않으며, 또한 말이 지혜로 인도하는 것도 아니다. 오직 행동만이 인도한다. 말이 많은 사람은 죄를 초래한다. 말이 많으면 허물을 면하기 어렵다고 나오기 때문이다(잠 10:19). 그리고 미련한 자라도 침묵하면 지혜로운 자로 여겨진다고 나온다(잠 17:28)." 많은 랍비 전통들이 침묵을 찬양한다.

70. Baker("James," 39)는 "혀는 참된 영성을 측정하는 믿을 만한 기준이라는…야고보의 주장은 정확하다"고 단언한다. 그는 "야고보의 요점은…우리가 참된 경건을 평가하는 데 도움이 되는 것이기보다는 종교적 헌신자들, 주로 우리 자신을 검토하는 데 도움이 되려는 것"(40)이라고 덧붙인다.

71. BDAG, 621.

72. 이 두 가지 호칭은 동격일 것이다. 후자가 전자를 더 설명해주는

정결한 경건의 첫 번째 조건은 "고아와 과부를 그 환난 중에 돌보"는(ἐπισκέπτεσθαι ὀρφανοὺς καὶ χήρας ἐν τῇ θλίψει αὐτῶν) 것이다. 여기에 "[온전한] 율법을 행하는 자가 하는 것"[74]의 전형적인 예가 나온다. 이 동사는 종종 병든 사람이나 감옥에 갇힌 사람을 방문하는 것과 함께 나온다. 그래서 "환난"(θλίψις)이라는 말이 의미하는 것을 확증한다. 즉, 그리스도를 따르는 자들은 사회의 가장 무력한 자들을 돌보아야 한다는 것이다.

"돌보다"(visit)(ἐπισκέπτεσθαι)라는 말은 이 사람들을 보러 가는 것뿐 아니라 그들을 돌보는 것도 암시한다.[75] 고아와 과부는 각각 아버지와 남편이 없는 사람들로, 가부장적 사회 내에서 궁핍하고 소외된 자들을 대표하는 두 가지 예다. 구약은 하나님이 이 집단에 관심을 두신다는 사실을 일관되게 말한다. 그것은 특히 신명기 10:18, 24:19, 시편 146:9, 예레미야 7:6, 스가랴 7:10에서 볼 수 있다. 하나님은 종종 남편이 없는 사람들과 아버지가 없는 사람들을 얼마나 잘 돌보았는가에 근거해서 그의 백성들을 판단하겠다고 약속하신다.[76] 한편 "환난"(θλίψις)이라는 말은 이 사람들이 환난이나 고통 가운데 있음을 암시한다. 어쩌면 사회로부터 어떻게든 그 사회의 틀에 맞춰보라는 압력을 받고 있을 수도 있다.[77] 사회의 무력한 자들-우리를 불편하게 만드는 사람들을 포함해서-에 대해 관심을 갖는 것은 우리의 경건이 정결하다는 사실을 보여준다. 야고보는 본질적으로 "너희는 사람들의 필요를 채우는 것이 주변적인 것도, 선택적인 것도 아닌, 너희 믿음의 중심적이고 의무적인 것임을 실제로 깨달았느냐?"[78]라고 묻는다.

역으로, 야고보는 참된 경건을 위해서는 사회 정의가 필요하지만 그것으로 충분하지는 않다는 것을 분명하게 밝힌다. 두 번째 중대한 조건은 "자기를 지켜 세속에 물들지 아니하는"(ἄσπιλον ἑαυτὸν τηρεῖν πὸ τοῦ κόσμου) 것이다.[79] 첫 번째 형용사는 여기에서 "물들지 않은 성품, 정결하고, 흠이 없는 성품"[80]을 말한다. 그것은 의식에서 사용되는 용어가 도덕적 묘사를 위해 사용된 또 하나의 예다. "세속"(world, κοσμός)이라는 말은 야고보서의 다른 세 곳에서 나오는데(2:5; 3:6; 4:4), 세 경우 모두 신자들이 어떻게든 하나님을 공경하는 삶을 살아나가야 하는 타락한 세상 체계를 말한다. 여기에 "세상에 있으나 세상에 속하지 않은" 것의 완벽한 예가 나온다. 우리는 궁핍한 사람들에게 소금과 빛의 역할을 해야 하지만, 그런 일을 행하는 중에 부패를 저지하고 어둠에 빛을 비치는 능력을 잃어버려서는 안 된다.[81]

우리는 개인적 경건을 추구하다가 사회 정의를 잃어버리거나, 물질적으로 궁핍한 사람들을 도우려다가 도덕적 정결을 희생하지 않도록, 그 두 과업의 균형을 이루어야 한다. 야고보는 그 둘은 동반자 관계라고 주장한다. 둘 중 어떤 것도 다른 것을 대신할 수 없다. 그리고 죄로부터 구별되는 것에는 개인적 죄뿐 아니라 사회

것이다(즉, 또한 우리의 아버지이기도 하신 하나님). 17-18절을 생각해보라. 그랜빌 샤프(Granville Sharp)의 법칙은 또한 하나님과 아버지가 직함을 나타내는, 인칭, 단수 명사로, καί에 의해 결합되어 있고, 하나의 관사의 지배를 받는다는, 그래서 같은 사람을 지시한다는 점에서도 역시 적용된다.

73. Moo(*The Letter of James,* 95)는 야고보가 어떻게 이 장 내내 "하나님의 말씀에 적절하게 반응하라는 그의 명령에서" 일관되게 점점 더 "실제적이고 구체적으로" 되어가는지 보여준다. 하지만 그는 이어서 "야고보가 여기에서 하나님에 대한 모든 참된 예배를 요약하려 한다고 생각한다면, 우리는 이 구절들을 대단히 오해하는 셈이 될 것"이라고 경고한다. 그럼에도, 야고보는 그의 독자들에게 이런 요소들 없는 믿음은 아무것도 아니라고 경고한다(96).

74. Garland, "Severe Trials, Good Gifts, and Pure Religion," 388.

75. Burchard, *Der Jakobusbrief,* 94.

76. Laws(*The Epistle of James,* 89)는 "하나님은 고아와 과부들에게 특별히 관심이 있는 분으로 알려져 있으므로, 그분을 예배하는 것은 자연히 비슷한 관심사로 표현되어야 한다"고 덧붙인다. 특히 마태복음 25:31-46을 보라.

77. Martin(*James,* 53)은 "θλίψις라는 용어에서 말하는 '환난'이 말세 때 선행되는 종말론적 화를 예상하는 것이 아닌가"라고 생각한다.

78. Motyer, *The Message of James,* 16.

79. David J. Roberts("The Definition of 'Pure Religion' in James 1:27," *ExpTim* 83 [1972]: 215-16)는 $\mathfrak{P}^{74}$("궁핍한 자들을 세상으로부터 그들이 당하는 환난에서 보호한다")에서만 지지를 받는 독법을 찬성

적·구조적 죄를 거부하는 것도 포함된다.[82] 그 구절 전반부와 후반부는 이처럼 야고보가 서신서 본론에서 보다 상세히 해설할 세 가지 주된 요점을 적절히 요약한 것이다. 재물의 올바른 사용, 하나님이 명령하시는 말과 관련된 윤리의 이행, 시련과 시험에 대한 경건한 반응은 모두 개인적 차원과 사회적 요소를 포함한다.

적용에서의 신학

세 가지 명령(1:19)

이 발췌문의 핵심을 구성하는 세 가지 명령은 신약에서만 나오는 것이 아니다. 그 명령들은 성경 및 성경 외의 유대 가르침, 특히 지혜 문학에 깊이 새겨져 있는 것으로, 이웃을 사랑하는 삶에 기본이 된다(참고. 2:8). 야고보의 명령 중 두 가지와 특히 유사한 것은 집회서 5:11에 나오며–"듣기는 빨리 하지만 대답은 신중하게 하라"–한편 잠언 16:32과 전도서 7:9은 둘 다 신자들에게 노하기를 더디 하라고 명한다. 하나님은 훨씬 후에 생겨날 성경 신학의 표제가 될 만한 본문인 출애굽기 34:6–7에서 모세에게 주신 자기 계시를 통해[83] 그분이 어떻게 "노하기를 더디 하고 인자와 진실이 많은 하나님이라 인자를 천대까지 베풀며 악과 과실과 죄를 용서하리라 그러나 벌을 면제하지는 아니하"시는 분이신지를 이미 강조하셨다. 예수님의 가르침에서, 특히 마태복음 5:21–26과 비교해보라. 그것은 일종의 정신적 살인인 미움을 다룬다. 그 세 가지 명령이 더해지면 바울이 말하는 성령의 열매의 절정인 "절제"(갈 5:23)의 중심 부분을 형성한다.

야고보의 공동체에게 이 명령들은 너무 많은 사람들이 선생이 되고 싶어하는 문제(3:1–12) 그리고 부적절한 야망과 정욕 때문에 서로 너무 많이 다투고 절반의 진실만을 말하는 문제(4:1–12)의 교정책으로, 앞으로 주의 깊게 말하는 것에 대한 더 명백한 가르침이 나올 것을 준비시켜준다.[84] 모든 시대의 그리스도인들에게 그것은 "그리스도를 고백하는 것을 주저한다거

한다. 그는 자신을 세상으로부터 지킨다는 개념은 사회 정의를 위해 애쓰는 것을 격려하는 야고보의 가르침에 맞지 않는다고 느끼기 때문이다. Bruce C. Johanson("The Definition of 'Pure Religion' in James 1[27] Reconsidered," *ExpTim* 84 [1973]: 118–19)은 Roberts의 전제에 이의를 제기하면서, 야고보는 "세상"(κόσμος)이라는 말을 단지 외부적인 외적 사회 참여뿐 아니라 도덕적 오염을 뜻하는 말로도 사용한다는 것을 보여준다. Roberts가 빠트리고 보지 못한 것으로 인해 "The Epistle of James: Down-to-Earth *and* Otherworldly?" *DRev* 122(2004): 61–63에서 Paul Trudinger가 최근에 그의 입장을 부활시킨 것 역시 마찬가지로 지지를 받지 못한다.

80. BDAG, 144.

81. Martin(*James*, 53)은 "세상의 영향으로부터(ἀπό) 자신을 지키는 것은 금욕주의와 은둔자의 관행을 명하는 윤리적 명령처럼 보일지도 모른다. 하지만 야고보가 중요하게 강조하는 것은 타락의 영향이 감지되는 사회 안에서의 삶이다. 참고. Sleeper, *James*, 67.

82. René Krüger, "Una definición muy peculiar de religión según Santiago 1:27," *Cuadernos de teologia* 22(2003): 79–91.

83. W. Ward Wilson and Craig L. Blomberg, "The Image of God in Humanity: A Biblical–Psychological Perspective," *Them* 18.3(1993): 8–15을 보라.

84. 아니면 "그들은 복수의 마음을 쌓음으로써 그들을 억압하는 사람들에게 복수하려 하고 있었다"(Hubbard, *The Book of James*, 36).

나 선교 사역에 태만한 것을 의미하는 것이 아니라, 하나님의 이름으로 말하기 전에 주의 깊게 하나님의 말씀을 듣는 인내 그리고 하나님의 엄위하심과 신비하심에 대한 느낌 및 그분의 말씀에 마땅히 표해야 할 공경에 대해 깊이 인식할 것을 의미한다. 그 말씀은 독단과 위선의 말을 없애고 사람들이 신학적 활동과 증거를 할 때 겸손하게 만들어준다."[85]

성내기를 더디 하라(1:20-21)

화를 절제하는 것은 많은 그리스도인들에게 쉽지 않은 과업이다. 화는 화를 일으키는 원인을 처리하는 건설적인 방식으로 해결해야 한다. 19절은 실제로 사람들이 성내기를 더디 하기 위한 한 가지 중대한 방법을 제시한다. 먼저 듣기는 속히 하고 말하기는 더디 하라는 것이다. 다시 말해, 먼저 자신을 화나게 하고 있는 사람의 관점에서 상황을 이해하고 그에 대한 이해에 기초해서 말하라는 것이다.[86] 동시에, "성내기를 더디 하는" 것은 그저 자신의 분노를 억누르거나 꾹꾹 참는 것이 아니다. 구약 선지자들은 통상 자기 시대 사람들의 죄를 가혹하고 심지어 신랄한 말로 비난했다(예를 들어, 사 44:6–20; 렘 7:1–8:3; 암 4장과 6장). 그리스도는 예배 장소를 더럽히는 것에 대한 의로운 분노로 돈 바꾸는 자들을 성전에서 내어 쫓으셨다(막 11:15–19 병행구절들). 예수님이나 바울이나 율법을 유지하려는 열심 때문에 다른 사람들에게 사랑과 정의를 보여주지 못한 보수적인 종교적 내부자들의 위선에 대해 호통을 치셨다(특히 마 23장; 갈 1:6–9; 빌 3:2–6).[87] 실로 죄에 대해 장차 임할 심판에 관해 성경에 기록된 모든 화는 어느 정도 분노를 반영한다. 핵심적 차이는 각 경우 불의에 대해 퍼부어지는 것은 단순한 인간의 분노가 아니라 완벽하게 거룩한 하나님의 진노라는 것이다(20절). 그럼에도 신자들은 이 분노를 어느 정도 적절히 반영할 수 있다. 특히 다른 사람들이 학대받는 것에 대해 항변할 때 더 그렇다.[88]

하지만 우리는 바라는 것을 얻기 위해 경건한 말로 포장한 자기중심적 시도를 정당화하려고 의로운 분노라는 개념에 잘못 호소하는 경우가 너무 많다.[89] 이런 경향을 최소화하려면 우리가 이미 그리스도의 사랑으로 변화되었다는 사실을 상기할 필요가 있다. 그러려면 우리 안에 내주하사 복음의 진리를 통해 역사하시는 성령님으로 인해 획득한 영적 자원을 반복해서 살펴보아야 한다(참고. 21절). 우리는 여기에서 옛 성품을 벗어버리고 새로운 성품을 입는 것(참고. 특히 골 3:8–10, 거기에서는 말의 죄를 강조한다), 혹은 악독, 기만, 비방 등을 우리가 구원에서

85. C. E. B. Cranfield, "The Message of James," *SJT* 18(1965): 186.

86. 이런 형태의 감정이입은 용서와 관련해서도 중대하다는 사실이 입증된다. 그 주제에 대한 문헌들이 통상 강조하는 바와 같다. Craig L. Blomberg, "On Building and Breaking Barriers: Forgiveness, Salvation and Christian Counseling with Special Reference to Matthew 18:15–35," *Journal of Psychology and Christianity* 25(2006): 137–54을 보라.

87. 참고. 추가로 Craig L. Blomberg, "The New Testament Definition of Heresy(or When Do Jesus and the Apostles Really Get Mad?)," *JETS* 45(2002): 59–72.

88. 언제 의로운 분노가 정당화되는가에 대한 Nystrom, *James*(104–8)에 나오는 탁월한 글을 보라.

89. Oecumenius는 이미 6세기 때 이에 대한 정확한 균형을 포착했다. "우리는 화가 났을 때 그것이 통제할 수 없는 격분으로 발전되지

자라도록 돕는 "순전하고 신령한 젖"과 바꾸는 것(벧전 2:1–2)을 경고하는 사도의 가르침들을 상기하게 된다.

"심어진 말씀"인 복음에 대해서는 율법, 혹은 하나님의 백성 안에 심어진 믿음 혹은 진리에 대한 광범위한 고대 유대의 언급들을 참고할 수 있다.[90] 이 말씀을 온유함으로 받는 것은 자기 비하가 아니라, 우리 안에서 선을 위해 역사하는 능력이 우리 자신이 아닌 그리스도의 영으로부터 온다는 것을 인정하는 것이다.[91] 그럼에도 우리의 목표는 화평하게 하는 자가 되는 것이다(3:18). 그래서 우리는 개인의 불만이나 복수를 미덕으로 바꾸어서도, 우리의 문제로 하나님이 진노를 행하시게 해서도 안 된다.

듣기는 속히 하라(1:22-25)

19절에서 말하는 바, 듣기를 속히 하는 것은 좋은 것이다. 이제 야고보는 하나님의 말씀을 듣는 것에는 반드시 적용이 따라야 한다는 사실을 분명히 밝힌다. 그렇기 때문에 이 작은 단락은 말씀을 듣는 것과 행하는 것을 잘 듣는 것의 가장 기본적인 기독교적 부산물로 제시한다. 복음을 통해 배운 것이 순종으로 이어지지 않는 것은 자신을 속이는 것이다(22절). 야고보가 이 편지를 쓸 당시 대부분의 사람들은 다른 사람이 큰 소리로 읽는 성경을 듣기만 했을 것이다. 그들은 스스로 읽을 수 있는 성경책을 갖지 못했을 것이다. 그래서 야고보의 표현은 자연스러운 것이다.

토라에 대한 순종은, 심지어 그것을 하나님의 구속하시는 은혜에 대한 올바른 반응으로 이해할 때라도, 여전히 수많은 별개의 계명들을 수행해야 한다는 것이 중심이었다(전형적인 것으로 시편 119편을 보라). 하지만 야고보에게는 "자유롭게 하는 온전한 율법"이 그리스도인의 지침이다(25절). 즉, 토라 자체가 아니라 그리스도 안에서 성취되고, 복음의 틀을 통해 해석된 구약, 간단히 말해 새 언약을 말한다.[92] 이 '율법'은 인간을 토라의 요구에 따라 살 수 없는 무력함에서 자유롭게 하며, 그리스도가 오신 후에는, 그리스도가 단번에 이루신 제사를 의지하는 것만 빼고, 죄 사함을 구하려는 모든 시도로부터 자유롭게 한다. 이 후자의 두 개념은 바울과 히브리서에서 중심이 되는 것으로(특히 갈 3–4장; 롬 6–8장; 히 7–10장을 보라), 야고보서에 명백하게 제시되어 있지는 않지만, 여기에 나오는 서신서의 표현과 완벽하게 들어맞는다. 이 본문

않도록 주의해야 한다. 이럴 때는 느린 사람이 빛을 발한다. 다른 상황들에서 느린 것은 잘못일 것이다. 하지만 분노에 대해서는 느린 것이 올바른 정책이다. 우리가 시간을 내어 그 분노의 이유들을 살펴보려 할 때쯤이면 그것은 이미 해소되었을 것이기 때문이다 (Bray, *James, 1-2 Peter, 1-3 John, Jude,* 17).

90. F. Manns, "Une tradition liturgique juive sous–jacente à Jacques 1,21b," *RSR* 62(1988): 85–89.

91. Mary J. Evans, "James," in *The IVP Women's Bible Commentary,* ed. Catherine C. Kroeger and Mary J. Evans(Downers Grove, IL: IVP, 2000), 776. Evans는 역사적으로 여성들은 이런 잘못된 적용을 하기가 특별히 쉬웠다고 믿는다.

92. Kamell, "Word/Law in James and the Promised New Covenant," 참고. Bauckham, *James,* 146–47; Baker and Ellsworth, *Preaching James,* 36.

은 율법 준수라는 문제에 관해 야고보와 다른 신약 저자들을 이간시키기는커녕,[93] 야고보가 그 주제에 대해 사도들이 제기하는 추가적 증거와 조화를 이룬다는 사실을 보여준다.

이 책을 읽는 사람들이야말로 자신들이 복음에 순종하고 있다고 스스로 속기가 가장 쉬운 사람일 것이다. 그것은 그들이 이 책과 같은 상세한 참고문헌을 연구하고 있다는 바로 그 이유 때문이다! 이렇게 깊이 성경을 분석하는 것으로 보아, 그들은 아마 학자, 목사, 교사, 혹은 진지하고 헌신된 평신도일 것이다.[94] 하지만 그런 자원을 접할 수 있고 그런 것에 흥미가 있는 수많은 그리스도인들은 종종 스스로를 속여서, 새로운 통찰, 그들이 영향력을 미치는 영역에서 하나님의 말씀을 선포하는 것, 혹은 성경을 연구하는 과정에서 하나님 및 다른 사람들과 교통하면서 받는 좋은 느낌 등이 성경의 명령에 실제로 순종하는 것을 대신할 수 있다고 생각한다.[95] 이에 반해, 하나님의 말씀에 대한 헌신으로 하나님의 뜻에 더 순종하는 사람들은 자신들의 믿음의 실상을 보여줄 뿐 아니라, 행동을 통해 하나님께 영광을 돌리는 바로 그 과정에서 복을 발견한다. 야고보서에 나오는 첫 번째 복은 내세에 "생명의 면류관"을 주겠다는 약속인데, 여기에서 그 복은 하나님이 요구하시는 바를 행할 때 명백하게 주어진다. 프레드릭 뷰크너(Frederick Buechner)는 그것을 매우 잘 표현한다. 소명은 하나님이 "너의 깊은 기쁨과 세상의 깊은 갈망이 만나는 곳"[96]에 있으라고 부르시는 장소라는 것이다.

말하기는 더디 하라(1:26)

말할 때 주의하는 것은 들을 때 공감하는 것과 부합하며, 또한 성내기를 더디 하도록 도와줄 것이다. 여기에 특히 그리스도인 지도자들이 마음에 새겨야 하는 주의 사항이 있다. 그들이 하는 사역의 매우 많은 부분이 말하는 것을 포함하므로, 말을 적게 하라는 명령은 비현실적일 것이다. 하지만 그들은 말하기 전에 언제나 먼저 생각하고, 다른 사람들의 관점에서 들으며, 자신의 화를 통제하기 위해 애쓸 수 있다. "막대기와 돌은 내 뼈를 부러뜨릴 수 있어도 말

93. 예를 들어, Martina Ludwig(*Wort als Gesetz* [Frankfurt am Main: Peter Lang, 1994])처럼. 그는 야고보가 율법 준수에 대해 당시의 비기독교적 유대교와 거의 다를 바 없는 긍정적인 견해를 찬성했다고 본다. 참고. Hartin, *A Spirituality of Perfection,* 78–82.

94. "현대에 야고보서를 읽는 사람들은 거기에서 해방 신학의 통찰, 특히 성경에서 부와 가난을 다루는 것에 적용된 해석을 무시할 수가 없다. 때문에 그저 '이 본문이 말하고 있는 것은 나/우리에 대한 것인가?'라는 것뿐 아니라, 또한 '내가/우리가 이 본문을 읽는 것은 누구의 이익을 위한 것인가?'라고 자문하는 것이 중요하다. 우리 중 사회에서 아주 작은 풍요라도 누리는 사람들은 우리의 재물이 세계의 가장 가난한 사람들의 기준에 비하면 얼마나 많은 것인지, 혹은 우리가 그 재물을 얻는 데 기여한 세계 경제 제도가 얼마나 엄청나게 불공정한 것인지 절대 잊어서는 안 된다. 특히 우리 중 그런 맥락에서 이와 같은 책을 쓰는 사람들–또한 어느 정도는 그런 책들을 읽는 사람들–을 특별히 유혹하는 것이 있다. 그것은 그저 수사학적인 방식으로만 해방 신학과–심지어 가난한 사람들과–동조하려는 유혹이다. 마치 그저 신학적 중심으로 가난한 사람들에 대해 말하는 것(참고. 예를 들어, Araya 1987:20)이나 역사의 이면으로부터 신학에 대해 말하는 것(참고. 예를 들어, Gutierrez 1983:169)만으로도 그들의 관점을 채택할 수 있는 양 생각하는 것이다. 야고보서 해석 어느 곳도 이보다 더 쉽게 자기 자신을 비추는 것은 없다. 행함이 없이 말하거나 듣는 것에 대한 야고보의 맹비난에 우리 자신이 저촉된다는 것이다(2:15–16; 1:22–25). 이 때문에 야고보는 "선생된 우리가 더 큰 심판을 받을 줄 알고"(3:1)라고 경고한다. 그럼에도 불구하고, 야고보서의 본문에 진지하게 몰두해야만 일어날 수 있는 태도의 변혁이 없이는 실천은 있을 수 없

은 절대 나를 해치지 못할 거야"라는 조롱은 뻔뻔한 거짓말이다. 상처가 되는 말은 강펀치를 먹일 수 있다![97]

이 구절에 나오는 강펀치에는 '경건'에 대해 야고보가 주장하는 바가 포함된다. 일관되게[98] 말을 적절히 제한하지 못하는 경건은 쓸모없거나 무익하다는 것이다. 거의 모든 그리스도인들은 다른 사람들을 뒷공론하거나 비방하는 문제로 씨름한다. 정확한 정보 없이 혹은 어떤 건설적인 목적 없이 말이다(심지어 기도 요청이라는 가면을 쓰고 있을 때에도!). 사람들 등 뒤에서 그들에 대해 말하는 것이다. 그리고 문법 파괴적인 문자 전송, 통제가 안 되는 이메일, 지나친 핸드폰 사용, 끝없는 개인 웹사이트, 블로그, 페이스북 등에 올려놓은 대부분 쓸데없는 게시물 등이 넘쳐나는 이 시대에는, 헛된 소리들을 만들어내거나 주워들으면서 엄청난 시간을 소비하기가 쉽다![99] 토비 지글러(Toby Ziglar)가 잘 요약하듯이, 이 시대는 "말이 참된 경건을 방해하는 때"[100]다.

이 서신서의 주제인 '갖지 못한 자들' 그리고 '가진 자들'의 책임(1:27)

야고보는 이 첫째 장을 요약하면서, 참된 믿음의 외적 표현에 대한 놀라운 두 부분짜리 정의를 제시한다. 의식상의 정결과 혜택받지 못한 자들을 돌보라는 명령은 히브리어 성경에 깊이 스며들어 있다(특히 레위기와 아모스서를 각각 보라, 참고. 앞의 99–101쪽). 하지만 이스라엘에서나 교회에서나 사회적 활동과 개인적 거룩함 둘 중 하나가 다른 하나를 누르고 승리한 것처럼 보였던 운동이나 기간은 실제 역사적으로 존재해왔다. 개인적으로나 교회적으로나 믿음의 삶이 참된 성과를 이루려면 분명 그 둘 다 필요하다. 선을 행하는 것은, 심지어 예수님의 이름으로 행하는 것이라 해도, 다른 사람들이 그 선을 행하는 사람들에게서 아무런 내적 변혁도 보지 못한다면 사람들을 그리스도께로 이끌지 못할 것이다.[101] 역으로, 가장 경건하고 도덕적인 신자라도 세상의 궁핍한 사람들을 돕지 않는다면, 아무리 다른 사람들에게 예수님의 사랑을 확

다"(Bauckham, *James,* 185).

95. 참고. Charles R. Swindoll, *Improving Your Serve*(Waco, TX: Word, 1983), 170–71.

96. Frederick Buechner, *Wishful Thinking : A Theological ABC*(New York: Harper & Row, 1973), 95.

97. 적용과 개선책을 잘 모아놓은 것으로는 William R. Baker, *Sticks and Stones: The Discipleship of Our Speech*(Downers Grove, IL: IVP, 1996)를 보라.

98. "재갈 먹이다"라는 분사의 현재 시제가 가질 수 있을 만한 의미. 우리는 모두 때때로 이 분야에서 실패하기 때문이다.

99. "한 유명한 금언은 '말을 해서 모든 의심을 해소해주는 것보다 침묵을 지키면서 어리석은 자로 여겨지는 것이 더 낫다'고 말한다. 지혜 전통, 성경, 랍비들 그리고 사막의 교모(amma)들과 교부(abba)들은 [사막 교부(Desert Father 또는 abba)란 3세기경에 시작된 주로 이집트의 스케티스 사막에서 생활한 은수자들, 금욕주의자들, 수사들, 수녀들(사막 교모:amma)이다–역주] 모두 이에 동의한다. 하지만 오늘날 많은 사람들은 모든 사람의 모든 생각이 말로 표현할 만한 혹은 적어도 인터넷상에서 세상에 '블로그로 기록할 만한' 것이라고 확신한다"(Brosend, *James and Jude,* 98).

100. *RevExp* 100 (2003): 269–77에 나오는 그의 글을 보라.

101. 참고. Solomon Andria, "James," in *Africa Bible Commentary,* ed. Tokunboh Adeyemo(Nairobi: Word Alive; Grand Rapids: Zondervan, 2006), 1511: "순수한 종교는 단지 비정보조직, 사회 사업을 하는 NGO가 아니다. 신자들이 행하는 일은 그들의 믿음의 산물이며 종교의 특징은 그 구성원의 거룩한 삶이다."

신시키려 해도 그들은 귀 기울이지 않을 것이다.[102] 물론, "참된 경건은 야고보가 언급한 것보다 더 많은 특징들을 가지고 있다. 여기에서 강조하는 것은 하나님이 우리의 예배를 받으시려면, 사랑의 섬김과 거룩한 삶이 수반되어야 한다는 것이다."[103] 정통적 교리도 정통적 실천도 어느 하나를 다른 하나보다 경시할 수 없을 것이다.[104]

102. 참고. 추가로 Tidball, *Wisdom form Heaven,* 90–94.

103. Thomas D. Lea, *Hebrews and James*(Nashville: Broadman & Holman, 1999), 267.

104. 참고. 특히 Deiros, *Santiago y Judas,* 103, 111–16.

CHAPTER 4

야고보서 2:1–13

문학적 전후 문맥

야고보는 1:2–11에서 그의 세 가지 핵심 주제를 소개하고, 1:12–27에서 그 미묘한 차이를 말한 후에, 이제 그것들을 역순으로 훨씬 더 자세히 해설하려 한다. 따라서 2장은 야고보의 세 번째 주제에 대해 상세하게 설명한다. 바로 부와 가난이라는 주제다. 이 장은 1–13절과 14–26절로 분명하게 나누어진다. 첫 번째 부분은 차별하여 대하지 말라는 주제에 의해, 두 번째 부분은 참된 믿음은 선행으로 나타난다는 원리에 의해 하나로 통합되어 있다. 하지만 이 각 요점의 주된 예에는 부자와 가난한 자들 사이의 대조가 포함된다. 2–4절에서는 가난한 자보다 부자를 선호해서 차별하여 대하는 것을 정죄한다. 14–17절에서는 가난한 자들이 극심한 빈곤 가운데 있을 때 현상만 유지하며 가만히 있는 것은 구원하는 믿음이 없는 것임을 입증한다고 주장한다. 게다가 부자와 궁핍한 자 사이의 대조는 5–7절에서 부유한 비그리스도인이 가난한 신자들을 착취하는 장면에서 다시 나타나는 반면, 23–25절에 나오는 구원하는 믿음의 두 가지 예는 부자나 가난한 사람이나 구원받을 수 있다는 사실을 보여준다.

그렇기 때문에 우리는 2장 전반부와 후반부 중 하나 혹은 둘 다가, 부자–가난한 자 사이의 대조를 소개하는 1장의 두 본문(1:9–11과 1:27)과 주제상 몇 가지 연관을 더 지니고 있으리라 예상하는데, 그런 예상은 빗나가지 않는다. 2:1–13과 관련하여 자비는 문자적으로 심판을 이기고 "자랑하느니라"(κατακαυχᾶται, 13절). 1:9에서 가난한 신자들이 그들의 높은 위치(그들이 심판을 면하게 해주는, 죄사함을 받은 지위)를 자랑해야 하는 것과 마찬가지다. 가난한 사람이 수치를 당하는 2:1–4의 예와는 반대로, 야고보는 이미 가난하고 소외된 사람들에게 특별한 관심을 보여야 한다는 사실을 분명히 했다(1:27).

하지만 이 부분은 야고보서의 다른 부분들과 중요한 몇 가지 용어상의 연관을 지니고 있기도 하다. 2:4에 나오는 διεκρίθητε는 "차별하다"라고 번역되어야 하지만, 같은 어원을 가진 동사가 이미 1:6에서 (διακρινόμενος) "의심하다"라는 개념으로 나왔다. 두 용례의 배후에 있는 공통적 개념은 구분한다는 것이다.[1] 후자의 경우 사람들은 가장 좋은 것이 무엇인지 분별하려 하면서, 두 가지 선택권 사이에서 흔들리기 때문에 의심한다. 또 전자의 경우에는 서로 다른 두 상황에 어떻게 반응할지에 대해 전적으로 잘못된 선택을 하기 때문에 차별한다. 야고보서 2:5은 1:12에 나왔던 "자기를 사랑하는 자들에게 약속하신"이라는 표현을 글자 하나 안 틀리고 반복한다. 그러면서 이 맥락에서 야고보가 하나님이 약속하셨다고 선포하는 두 가지인 "나라"와 "영생"을 서로 바꿔 쓸 수 있다는 것을 보여준다. 그것은 야고보서 2:6–7은 억압적 상황을 예상하는데, 5:1–6에서는 그 억압을 더욱 심하게 비난할 것이다. 2:8에 나오는 "최고의 법"과 2:12의 "자유의 율법"은 1:25에 나왔던 "자유롭게 하는 율법"을 상기시킨다. 2:8에 나오는 칭찬의 말인 "잘하는 것이거니와"라는 말은 2:18에서 풍자의 의미로 똑같이 다시 나온다(마귀들이 하나님을 믿는 것은 잘하는 것이지만 그것이 그들을 구원해주지는 않는다!). 그렇기 때문에 2:8에 비슷한 풍자가 약간 나온 것이 아닌가 생각된다. 마치 야고보가 어느 누구도 이웃 사랑의 율법을 적절히 순종할 수 없다고 암시하고 있는 것과도 같다.[2]

- III. 세 가지 주제의 재진술(1:12-27)
  - A. 하나님과 관련된 시련/시험(1:12-18)
  - B. 말과 순종 분야에서의 지혜(1:19-26)
  - C. '갖지 못한 자들' 그리고 '가진 자들'의 책임: 서신서의 주제(1:27)
- IV. 세 가지 주제의 확장(2:1-5:18)
  - A. 부와 가난(2:1-26)
    - ➦ **1. 차별하는 것에 대한 정죄(2:1-13)**
      - **a. 믿음과 차별은 양립할 수 없다(2:1)**
      - **b. 그리스도인의 모임 중에 있는 부자와 가난한 자(2:2-4)**
      - **c. 차별을 거부하는 이유들(2:5-11)**
      - **d. 자유의 법을 따라 사는 것(2:12-13)**
    - 2. 행함이 없는 믿음의 문제(2:14-16)

---

1. BDAG, 231.

2. 참고. 마가복음 12:28–34에서 가장 큰 계명이 무엇이냐고 예수님께 물어본 서기관의 이야기. 그 서기관이 이웃을 사랑하라는 바로 이 명령에서 절정에 이르는 예수님의 대답을 반복해서 말하고 찬양하고 난 후에, 예수님은 "네가 하나님의 나라에서 멀지 않도다"라고 선언하신다. 하지만 예수님은 그 서기관이 그 나라에 도달했다고 선언하지는 않으신다.

주요 개념

그리스도인들은 어떤 사람을 지지하기 때문에 혹은 반대하기 때문에 차별하지 말아야 한다. 그런 행동은 하나님이 가난한 자들을 선택하신 것, 부자의 행동, 사랑의 율법과 상반되기 때문이다. 대신 그들은 모든 사람에게 하나님의 공평하심을 보여주고 신자들에게 그분의 은혜를 보여주면서, 심판날을 예상하며 살아야 한다.

번역

야고보서 2:1-13

1	권고	내 형제들아 **영광의 주 곧 우리 주 예수 그리스도에 대한 믿음을**
		너희가 가졌으니…말라
	방식	**차별하여 대하지**
2a	(4의) 예	만일 너희 회당에…사람이 들어오고
	묘사	금 가락지를 끼고 아름다운 옷을 입은
b	대조	사람이 들어올 때에
	묘사	남루한 옷을 입은 가난한 사람이
3a	확장	너희가 아름다운 옷을 입은 자를 눈여겨 보고 말하되
b	내용	여기 좋은 자리에 앉으소서 하고
c	대조	또 가난한 자에게 말하되 너는 거기 서 있든지 내 발등상 아래에 앉으라 하면
4a	수사학적 질문	**너희끼리 서로 차별하며**
b	재진술	**악한 생각으로 판단하는 자가 되는 것이 아니냐**
5a	외침	내 사랑하는 형제들아 **들을지어다**
b	수사학적 질문	**하나님이…가난한 자를 택하사…부요하게…하지 아니하셨느냐**
c	참조	믿음에
		세상에서
d	재진술	나라를 상속으로 받게
e	동일화	자기를 사랑하는 자들에게 약속하신
6a	대조	**너희는 도리어 가난한 자를 업신여겼도다**
b	수사학적 질문	**부자는 너희를 억압하며**
c	일반적/구체적	**법정으로 끌고 가지 아니하느냐**

7a	확장	**그들은…그 아름다운 이름을 비방하지 아니하느냐**
b	동일화	너희에게 대하여 일컫는 바
8a	(8c의) 조건	너희가 만일…최고의 법을 지키면
b	방식	성경에 기록된 대로 "네 이웃 사랑하기를 네 몸과 같이 하라"(레 19:18) 하신
c	결과	**잘하는 것이거니와**
9a	대조	만일 너희가 사람을 차별하여 대하면
b	결과	**죄를 짓는 것이니**
c	귀결	율법이 너희를 범법자로 정죄하리라
10a	기초	**누구든지 온 율법을 지키다가**
b	대조	**그 하나를 범하면 모두 범한 자가 되리니**
11a	일반적/구체적	**간음하지 말라 하신 이가 또한 살인하지 말라 하셨은즉**(출 20:14, 13)
b	(10의) 예	네가 비록 간음하지 아니하여도 살인하면
		율법을 범한 자가 되느니라
12a	추론	**너희는…말도 하고**
b	유사	**행하기도 하라**
c	방식	심판 받을 자처럼
d	수단	자유의 율법대로
13a	설명	**긍휼을 행하지 아니하는 자에게는 긍휼 없는 심판이 있으리라**
b	대조	[하지만] **긍휼은 심판을 이기고 자랑하느니라**

구조

1절은 이 부분에 대한 주제를 명령 형태로 소개한다. 사람을 차별하여 대하지 말라는 것이다. 2–4절은 이어서 하나의 예를 든다. 극단적인 이야기지만, 아마 야고보의 교회에서 실제로 일어났던 일과 비슷할 것이다. 2–3절에 나오는 거대한 복합 조건절은 부자 방문자에게는 차별하여 좋은 자리를 주고 가난한 방문자에게는 수치스러운 편견을 보이는 것으로, 4절에 나오는 수사학적 질문 형태의 귀결에 대한 준비를 시켜준다. 그 질문은 "그렇다. 우리가 차별했다"라는 긍정적 대답을 요구하는 것이다. 1절과 4절은 그들이 실제로 보여주었던 차별과 비판을 하지 말라는 명령으로 이 단락의 앞뒤를 묶어주는 인클루시오 역할을 한다.[3]

5–11절은 그의 청중들에게 귀를 기울이라고 외치고 난 후(5a절), 야고보의 결론에 대한 세 가지 이유를 제시한다. 다시 한 번 야고보는 수사학적 질문들을 사용한다. 그 질문들을 진술 형태로 다시 만들면, 다음과 같이 단언하는 문장으로 정리된다. (1) 부자가 아니라 가난한 자들이 신자가 되는 경우가 더 많다(5b절), (2) 부자들은 현재 야고보의 교회를 핍박하고 있는 바로 그 계층이다(6b–7절), (3) 그들이 그처럼 엄청난 차별을 한다면 이웃을 사랑한다는 그들의 주장은 공허하다(8–9절).[4] 첫 번째 이유 다음에는 곧바로 그리스도인들인 이 가난한 자들을 수치스럽게 하고 있다는 대조되는 관찰이 나온다(6a절). 10절은 율법 하나를 범하는 것은 전체를 범하는 것이라고 주장함으로, 세 번째 진술에 나오는 비난의 기초를 자세히 설명한다. 그러고 나서 11절은 십계명에서 나온 두 개의 기본적 계명으로 이 원리를 설명한다. 우리는 그 범주들이 상호 배타적이라고 시사하지 않고도, 데이비스처럼 처음 두 주장을 '이성적인' 것이고 세 번째 주장은 '성경적인' 것이라고 이름 붙일 수 있을 것이다.[5]

마지막 두 구절은 야고보의 독자들이 내려야 하는 결론을 요약한다. 그들은 모세 율법 중 하나라도 어기면 그 율법으로부터 호의적인 판결을 바랄 수 없다. 그들은 그보다 복음이라는 '자유의 율법'에서 하나님의 긍휼에 의지해야만 한다. 여기에 나온 사고의 순서는 나머지 부분에 나오는 것보다 이해하기가 더 어렵다. 13a절은 12절을 설명하는 것보다 10–11절을 더 잘 설명하는 듯 보이기 때문이며, 또한 13절의 전반부와 후반부는 접속사가 생략된 가운데(접속사가 나올 만한 곳에 어떤 연결접속사도 없는 것) 나란히 놓여 있기 때문이다. 하지만 13a절은 또한 전체 본문을 요약하는 역할도 한다. 그 단락 앞부분을 다시 언급하는 이유가 이것으로 설명된다.[6]

석의적 개요

IV. 세 가지 주제의 확장(2:1-5:18)

A. 부와 가난(2:1-26)

➦ **1. 차별하는 것에 대한 정죄**(2:1-13)

a. 경고와 중심 주제: 그리스도인들은 다른 사람들을 차별하면 안 된다(1절).

---

3. Gilberto Marconi, "La Struttura di Giacomo 2," *Bib* 68(1987): 251.

4. 많은 주석가들은 1–7절과 8–13절 사이를 크게 구분한다. 앞부분 다음에는 부자에 대한 언급이 더 이상 나오지 않으며, 율법이라는 주제는 뒷부분에만 나오기 때문이다. 하지만 이것은 본문의 형식상 특징을 간과하며, 세 가지 예시 시리즈를 불필요하게 나눠놓는다. Duane F. Watson, "James 2 in Light of Greco-Roman Schemes of Argumentation," *NTS* 39(1993): 94–121을 더 보라.

5. Davids, *The Epistle of James*, 111.

6. 참고. 또한 Stulac, *James*, 105; Church, "James," 359. 2:1–13은 *proem midrash*라고 알려진 랍비적 형태에 따라 구성되어 있다. 거기에서는 성경의 처음 본문이 소개되고 간략하게 해설된다(이 경우 차별하는 것에 대한 레위기 19:15). 그것은 두 번째 관련된 본문을 더 상세히 설명하도록 하는 계기가 된다(여기에서는 이웃 사랑에 대한 레 19:18). 각 경우, 여기에서처럼 예시, 유추, 이야기들이 자주 나온다. 마지막으로, '설교'는 처음의 본문 혹은 주제로 돌아가고, 그것은 우리 본문의 결말을 설명해줄 것이다. Scott R. Moore, "Affinities

b. 문제의 예시: 그리스도인들은 부자를 선호하여 가난한 자들을 차별하면 안 된다(2-4절).

c. 경고의 이론적 근거: 차별은 적어도 세 가지 이유에서 잘못된 것이다(5-11절).

i. 그것은 하나님이 가난한 자들을 선택하신 사실과 일관되지 않다(5-6a절).

ii. 그것은 부자의 행동과 일관되지 않다(6b-7절).

iii. 그것은 사랑의 율법과 일관되지 않다(8-11절).

d. 결론(경고를 권고의 말로 긍정적으로 재진술함): 그리스도인들은 하나님의 다가올 심판에 걸맞게 행동해야 한다(12-13절).

i. 하나님이 그분의 뜻을 행하는 자들을 앞으로 해방시켜주실 것을 기억하라(12절).

ii. 하나님이 법을 어기는 자들을 앞으로 정죄하실 것을 기억하라(13a절).

iii. 하나님의 자비(해방)가 신자들에 대한 하나님의 심판(정죄)을 이긴다는 사실을 기억하라(13b절).

본문 설명

약 2:1 **내 형제들아 영광의 주 곧 우리 주 예수 그리스도에 대한 믿음을 너희가 가졌으니 사람을 차별하여 대하지 말라**(Ἀδελφοί μου, μὴ ἐν προσωπολημψίαις ἔχετε τὴν πίστιν τοῦ κυρίου ἡμῶν Ἰησοῦ Χριστοῦ τῆς δόξης). 야고보는 믿음을 차별과 결합시키는 것을 반대하는 말로 부와 가난이라는 주제를 해설하기 시작한다. 이 구절은 다른 사람들에게 "편견을 보이지"(NET) 말라고 명령함으로 그 뒤에 나오는 사례의 기초를 이룬다. 현재 명령형 "가지다"(hold, ἔχετε)와 함께 나오는 "말라"(μή)는 말은 차별적 행동이 이미 일어나고 있었음을 암시하고 있다. 이것은 그것을 "가지는 일을 중단하라!"고 번역할 수 있다는 의미다. 하지만 그것이 보편적인 문제임에 비추어볼 때, 여기에서는 일반적인 금지일 가능성이 더 많다.[7]

"차별"(προσωποληψία)은 편애를 나타내는 서술적인 말이다. 그것은 문자적으로는 어떤 사람을 그들의 얼굴에 따라 영접한다는 의미다. 그것은 필시 셈어식 표현일 것이며[8] 외모에 기초해서 판단한다는 것이 무엇인지 묘사한다. "참된 믿음은 세상의 사회적 구별을 받아들일 여지가 없다".[9] "믿음"(τὴν πίστιν)이라는 말은 "영광의 주 곧 우리 주 예수 그리스도에 대한"(τοῦ κυρίου ἡμῶν Ἰησοῦ Χριστοῦ τῆς δόξης)이라는 말로 한정된다. 첫 번째 소유격인 "주에 대한"(of the Lord, τοῦ κυρίου)은 필시 목적격일 것이다. 이것은 야고보가 일반적으로 주님을 믿는(in) 믿음을 가지고 있는 사람들을 말할 때 사용하는 표

---

of the Epistle of James with Synagogue Homily and Midrash"(Denver Seminary: M.A. Thesis, 2007)를 보라.

7. 참고. Johnson, *The Letter of James,* 220.

8. 히브리어 용어 *nāśā*ʾ, *pānîm*과의 대비는 구약에서 긍정적 의미(삼상 25:35; 말 1:8)와 부정적 의미(레 19:15; 시 82:2) 둘 다로 나온다. 후자는 특히 사법적 맥락에서 나온다(Davids, *The Epistle of James,* 105를 보라). 또한 하나님이 이런 식의 판단을 거부하시는 것에 대해서는 사무엘상 16:6-13을 보라. Johnson(*The Letter of James,* 221)은 "전치사구는 수반되는 환경의 여격을 또렷하게 해주며" 또한 복수는 "그저 일반적인 태도가 아니라 구체적이고 반복된 행동들을 시사한다"고 덧붙인다(참고. NRSV: "너희의 차별하는 행동").

9. Davids, *The Epistel of James,* 105.

10. Kistemaker, *James and the Epistles of John,* 75.

11. 예를 들어, Hartin, *James,* 117과는 반대로.

12. John B. Polhill, "Prejudice, Partiality, and Faith: James 2," *RevExp* 83(1986): 396. Laws(*The Epistle of James,* 95-97)는 어떻게 "장차 하나님 임재를 누리는 것에 대한 종말론적 소망이 영광의 재림에 대한 소망으로 표현될 수 있는지" 보여주는 구약의 증거들을 검토

현이다.[10] 전반적으로 야고보서에서는 하나님 혹은 그리스도의 신실하심(주격 소유격이 나타내는 것)은 당연하게 여겨지지만, 사람들의 반응은 의심스럽다.[11]

이것이 이 서신서 전체에서 예수 그리스도에 대한 두 번째이자 마지막 언급이라는 것을 주목하면 흥미롭다. 그로 인해, 이 두 번의 언급(1:1; 2:1)이 만일 그것이 없었다면 전적으로 유대적이었을 서신을 '기독교적인' 것으로 만들기 위해 후에 추가된 것은 아닌지 추측하게 되었다. 하지만 앞에서 살펴보았듯이, 야고보는 예수님의 가르침에 정통했다. 실로 전체 서신서는 그 가르침들에 대단히 의지하고 있다. 그러므로 그런 이론은 설득력이 없다(34–35쪽을 보라).

마지막 소유격인 "영광의"(of glory, τῆς δόξης)는 두 가지로 해석할 수 있다. 첫 번째이자 단연 가장 일반적인 해석은 그것을 서술적 혹은 한정적 소유격으로, 즉 "우리의 영광스러운 주 예수 그리스도"로 보는 것이다(참고. 약 1:25; 고전 2:8). 두 번째이자 대단히 기독론적인 문맥에서 적절한 것은 그것을 동격으로 보아, 그리스도를 하나님의 쉐키나(*shekinah*) 영광, "국지적으로 나타난 여호와의 임재"[12]와 같다고 보는 것이다. 이런 해석이 받아들여진다면, 야고보서는 교회 발달 단계 아주 초기의 숭고한 기독론을 보여준다.[13]

무는 "구약에서나 신약에서나 '영광'이라는 단어는 절대로 그것 혼자 하나님 혹은 그리스도에 대한 호칭으로 사용되지 않는다"[14]고 주장하면서 이 두 번째 해석에 반대한다. 하지만 로버트 슬로안(Robert Sloan)이 말하듯이, 그 용어는 "유대 역사와 신학에서 여호와를 나타내는 완곡어법으로 오랫동안 사용된 정황이 있다." 성막(출 40:34)과 성전(왕상 8:11) 그리고 에스겔이 하늘의 보좌를 본 환상(겔 1:28)에 비추어볼 때 그렇다는 것이다. 그 말은 신약 전체에서 하나님 및 그리스도와 관련해서 그 임재를 언급하는 말로 널리 사용되었으며,[15] 이 맥락에서 그 말은 '혼자' 나오지 않고, 세 개의 관련된 호칭들과 함께 나온다. 게다가, 단순 서술 소유격은 수식어 역할을 하는 명사를 수식을 받는 단어에서 멀리 떨어진 곳에 두는 경우가 거의 없다. 독특한 구문은 분명 '영광'의 역할을 어떤 식으로든 강조한다. 베이커(Baker)는 이렇게 말한다.

> 그리스도를 하나님의 현현으로 그렇게 능란하게 언급하는 것이 여기에 나오는 차별하지 말라는 것에 대한 강조와 더 조화를 이루는 듯하다. 이런 해석을 강화시켜주는 것은 5:7–9에서 주님과 심판자로 다시 오시는 그리스도에 대한 언급이다. 그렇다면 '영광'이라는 말은 심판자이신 하나님의 임재를 의미하는 것으로 인식하는 것이 가장 좋다.[16]

약 2:2 만일 너희 회당에 금 가락지를 끼고 아름다운 옷을 입은 사람이 들어오고 또 남루한 옷을 입은 가난한 사람이 들어올 때에(ἐὰν γὰρ εἰσέλθῃ εἰς συναγωγὴν ὑμῶν ἀνὴρ χρυσοδακτύλιος ἐν ἐσθῆτι λαμπρᾷ, εἰσέλθῃ δὲ καὶ πτωχὸς ἐν ῥυπαρᾷ ἐσθῆτι). 이 구절은 3급 조건절로 시작한다. 그

한다. 마찬가지로 신약에서도 "예수는 종종 영광과 연관되거나 아니면 영광이라는 견지에서 묘사된다"(96). 그녀는 이 본문을 여호와의 위격이라는 완전한 개념으로 해석하는 것을 반대한다. 그보다 그녀는 독립된 명사인 "영광"을 여호와와 동격으로 나오는 것으로 본다.

13. Jack Freeborn("Lord of Glory: A Study of James 2 and 1 Corinthians 2," *ExpTim* 111 [2000]: 185–89)은 또 다른 독법을 제시한다. 거기에서 그는 "야고보서 2:1에서 주 예수 그리스도께 돌리고 있는 영광이 가난한 지혜로운 사람에 대한 공경의 마음을 포함할 수 있는지"(186) 묻는다. 야고보는 그렇게 되면 '영광'이라는 말을 지혜롭지만 가난한 선생을 '공경하는 것'이라는 의미로 사용하고 있을 것이다. 예수님이 그 첫째 예다. 하지만 야고보의 독자들이 바울에 대해 정통하지 않았다면, 이런 연결은 희박해 보인다.

14. Moo, *The Letter of James*, 101. 하지만 요한복음 14:17에는 "진리의 영"과 대응하는 듯 보인다. 그것은 "진리이신 성령"이라는 의미다.

15. Robert B. Sloan, "The Christology of James," *CTR* 1(1986): 20–21을 보라.

16. Baker and Ellsworth, *Preaching James*, 48. 동격 소유격을 지지하는

것은 "만일"(ἐάν)이라는 말로 시작되는 것으로, 야고보의 요점을 예시하는 가설적 상황을 제시한다. 그런 상황이 실제로 일어났는지에 관해 의심을 품는 사람들이 있긴 하지만, 그 행동들은 너무나 사실적이어서, 야고보의 교회에서 일어났던 사건들과 유사할 가능성이 매우 높다.[17] '회당'(assembly 혹은 synagogue, συναγωγή)이라는 용어는 논쟁을 일으킨다. 논의의 초점은 이 용어가 교회의 배경을 말하는 것인가 법정의 배경을 말하는 것인가(점점 더 널리 지지되고 있는 견해) 하는 것이다. 그 논쟁은 1–4절 처음부터 끝까지 나오는 자료를 근거로 하고 있으므로, 잠시 한 쪽으로 치워놓겠다(하지만 뒤의 117–118쪽을 보라). 하지만 συναγωγή라는 단어를 사용한 것은 적어도 이 서신서가 초기 유대적 배경을 가지고 있음을 보여준다.

야고보가 소개하는 두 인물 중 처음 사람은 "금 가락지를 끼고 아름다운 옷을 입은" 사람이다. 야고보는 '부유한'(πλούσιος)이라는 용어를 사용하지 않고서도 이 사람의 부유함을 생생하게 묘사한다. "금 가락지를 끼고"((χρυσοδακτύλιος)라는 말은 단 한 번 나오는데, 어떤 사람들은 야고보가 그 말을 만들어냈다고 주장한다.[18] 그것은 어떤 사람이 문자적으로 '금 손가락'을 가지고 있다는 흥미진진한 묘사다. 금가락지를 가진 사람은 지위와 부를 모두 자랑하고 있을 것이다. 그래서 야고보는 높은 지위와 돈을 둘 다 가지고 있는 사람을 제시한다.[19] 그 묘사의 두 번째 부분인 "아름다운 옷을 입은"(ἐν ἐσθῆτι λαμπρᾷ)이라는 묘사는 반짝반짝 빛나는 호사스러운 옷을 나타낸다. 이 사람은 대다수가 가난한 사람인 회중들 앞에서 부를 자랑하면서, 사람들의 이목을 끌지 않을 수 없는 방식으로 모임에 들어온다.[20] 주석가들은 이 부자가 그리스도인인지 아닌지에 대해 논쟁을 한다. 하지만 그 문제는 이것이 교회인지 사법적 모임인지 하는 문제와 연결되어 있으므로, 지금은 이 문제를 다루는 것을 좀 미뤄둘 것이다.

그다음에 야고보는 "남루한 옷을 입은 가난한 사람"(πτωχὸς ἐν ῥυπαρᾷ ἐσθῆτι)을 소개한다.[21] 가난한(πτωχός)에 해당되는 말은 가장 심한 형태의 빈곤에 해당하는 말로, '곤궁한', 사실상 어떤 자원도 없는 사람을 의미한다. 이 사람의 옷은 "남루한"(filthy, ῥυπαρᾷ)이라고 묘사되어 있는데, 그것은 야고보가 1:21에서 도덕적인 더러움에 대해 사용한 것과 같은 어원에서 나온 말이다. 하지만 여기에서는 문자적인 더러움에 대해 사용된다. 이 사람은 아마 옷이 한 벌밖에 없을 것이다. 그리고 그 옷은 구역질 날 정도로 더럽다.

약 2:3 너희가 아름다운 옷을 입은 자를 눈여겨 보고 말하되 여기 좋은 자리에 앉으소서 하고 또 가난한 자에게 말하되 너는 거기 서 있든지 내 발등상 아래에 앉으라 하면
(ἐπιβλέψητε δὲ ἐπὶ τὸν φοροῦντα τὴν ἐσθῆτα τὴν λαμπρὰν καὶ εἴπητε, Σὺ κάθου ὧδε καλῶς, καὶ τῷ πτωχῷ

증거를 더 보려면, William R. Baker, "The Christology in the Epistle of James," *EvQ* 74(2002): 55; John Reumann, "The Christology of James," in *"Who Do You Say That I Am?" Essays on Christology*, ed. Mark A. Powell and David R. Bauer(Louisville: WJKP, 1999), 132; Maier, *Der Brief des Jakobus*, 105–6을 보라.

17. Martin(*James*, 60)은 "2–3절을 낯익은 장면을 묘사하고 있는 것으로 이해하는 것이…더 낫다. 그것은 그다음에 나오는 문장(특히 4, 6, 7절)을 볼 때 직설법을 사용하는 것에서 암시되어 있다"고 덧붙인다. 마찬가지로, Wall, *Community of the Wise*, 103.

18. 예를 들어, Hartin, *James*, 117.

19. 일세기 중반에, 로마의 철학자 세네카는 부유한 로마 남자들의 패션을 조롱했다. "우리는 조금이라도 남은 도의가 있다면 억압해버린다. 우리 남자들의 몸의 매끄러움과 광택은 여자의 우아함을 능가했다. 우리 남자들은 창녀의 화장품을 탈취했다. 그건 품위 있는 여자들이라면 사용하지 않을 만한 것이다. 섬세하고 부드러운 걸음으로 우리는 발걸음을 높이 걷는다. 우리는 걷지 않고 뽐내며 활보한다. 우리는 손가락을 반지로 장식한다. 손가락 마디마다 보석이 달려 있다"(*Natural Questions* 7.31.2).

20. 이것은 특정한 개인들을 포함하는 예이기 때문에, 야고보는 어떤 남자를 염두에 두고 있었을 것이다. 하지만 부유한 여자들은 아마 번쩍거리는 보석과 함께 여봐란 듯이 옷을 입고 치장했을 가능성이 훨씬 더 많았을 것이다(참고. 베드로전서 3:3에 나오는 베드로의 경고).

21. Wachob(*The Voice of Jesus in the Social Rhetoric of James*, 75)은 그

εἴπητε, Σὺ στῆθι ἐκεῖ ἢ κάθου ὑπὸ τὸ ὑποπόδιόν μου). 야고보는 사례를 계속 이어가면서, 그의 회중들을 고발한다. 너희는 부자를 "눈여겨 보"(ἐπιβλέψητε)았다는 것이다. 이것은 외모만 보고 판단을 내린다는 개념을 계속 이어가는 것으로, 야고보가 1절에서 금했던 바로 그것이다.[22] 이러한 차별은 그들이 부유한 사람에게 특혜적인 대우를 하는 것으로 표현된다.

야고보는 계속해서 "여기 좋은 자리에 앉으소서 하고"[(if) you say: you sit here well, εἴπητε, Σὺ κάθου ὧδε καλῶς]라고 말한다. 문제가 말하는 것으로부터 시작되는 것이 흥미롭다. 1:19로 다시 돌아가 보면, 야고보는 청중에게 "말하기는 더디 하라"고 했었다. 한편 여기에서는 성급한 판단이 죄된 말로 이끄는 것을 볼 수 있다. "당신은"(σύ, 이 말은 우리말 성경에는 번역되어 있지 않다–역주)이라는 말은 강조체로 되어 있다. 그것은 말하는 사람이 이 부자에게 감동을 주고 그를 지목하려 하는 것을 보여준다. "여기"(ὧδε)라는 말은 말하는 사람 가까이에 있으며 방 앞쪽에 위치한 특권적인 장소를 시사한다. 모든 사람이 그 명예로운 방문자를 볼 수 있는 위치다. "좋은 자리에"(well, καλῶς)라는 말은 어색한 말로, 어떤 사람들은 그것을 '부디'(please)라고 번역하지만[23] 대부분의 사람들은 '잘'(well)이라고 번역하며, 아마 그 공경받는 사람이 의자(흔히 사용하는 벤치보다는)로 안내받는 것을 시사할 것이다.

하지만 안내인은 가난한 사람에게는 "거기 서 있든지 내 발등상 아래에 앉으라"[24]고 명한다. 그런 대접은 아첨하는 말과는 거리가 멀며, 외적 판단에 근거한 말이라는 형태로 다시 죄가 나타난다. "야고보서 2장에서 저자의 강조점은…그의 독자들이 가난한 사람들에 비해 부자들에게 우월성을 부여했다는 사실에 있다."[25] 가난한 사람은 방 구석에 서 있거나 발등상 아래 혹은 옆에 앉거나 해야 했다. 아마 부정과거인 '서다'(στῆθι)에서 현재인 '앉다'(κάθου)로 시제가 바뀌는 것을 지나치게 중요하게 생각해서는 안 될 것이다. 야고보가 하나의 위치는 '일회성', 다른 한 위치는 '지속적인' 것이라는 의미로 사용한 것이 아니라, 단지 두 개의 장소를 대조시키기 때문이다.[26] 말하는 사람의 발등상 바로 옆 자리에 앉으라는 것은 종속을 상징하며, 말하는 사람이 그 가난한 사람보다 우세하다는 것을 암시한다. 시편 110:1에서 하나님이 메시아의 원수들을 정복하신 후에 그의 발판 아래 두신다고 하는 것과 마찬가지다.

약 2:4 너희끼리 서로 차별하며 악한 생각으로 판단하는 자가 되는 것이 아니냐(οὐ διεκρίθητε ἐν ἑαυτοῖς καὶ ἐγένεσθε κριταὶ διαλογισμῶν πονηρῶν;). 야고보는 마침내 이 길고 복잡한 조건적 문장의 가장 중요한 절을 형성하는 질문을 던진다. "아니냐"(οὐ)라는 말은 그 질문이 긍정적인 대답을 요구한다는 것을 암시한다. "그렇다. 너희는 차

두 개인 사이에는 유사성이 있지만–"둘 다 재판관의 손에서 정의를 기대하는 소송 당사자이며, 그들의 사건을 재판하는 사람들과 마찬가지로, 그들은 선택된 공동체의 일원이다–강조되는 것은 그들의 유사성보다는 그들의 차이점이다"라고 논평한다.

22. Johnson(*The Letter of James,* 222)은 "문자적으로는[ἐπιβλέψητε] 그저 '지켜보다'(look upon)라는 의미이지만, 그것은 칠십인역에서는 '호의적으로 지켜보다'라는 의미로 사용된다. 여기에서는 전적으로 외모에 근거한 호의다"라고 설명한다. 참고. NASB: "특별한 주의를 기울이다." BDAG(368)는 그 말의 정의에 이 용례를 포함시킨다. "특별한 주의를 기울이다. 아첨하는 함축을 가지고"(강조체는 생략).

23. 예를 들어, Ropes, *A Critical and Exegetical Commentary on the Epistle of St. James,* 190(참고. NAB).

24. 이 구절은 2장에 대해 UBS가 공급하는 첫 번째 이문(異文)을 담고 있다. 그리고 그것은 {B} 등급을 받았다. 이문들의 독법을 지지하는 몇 가지 좋은 본문상의 증거가 있긴 하지만[B 등은 단어의 순서를 바꾸는 반면, $\mathfrak{P}^{74vid}$, ℵ, C^2, *Byz* 등은 여기에서 "앉으소서"(κάθου) 다음에 "여기"(ὧδε)라는 말을 추가한다], 두 이문은 명령들을 더 유사하게 만든다. 그래서 UBS가 택한 독법은 더 어렵고 더 짧은 독법이며, 그래서 외적 증거에 대해서는 압도적 '승자'가 없음에도 불구하고, 이것이 좀 더 낫다.

25. Maynard–Reid, *Poverty and Wealth in James,* 60.

26. 부자와 가난한 자 둘 다에게 현재 시제를 사용해서 "앉으라"(κάθου)고 하므로, 야고보가 여기에서 부자에게만 독특하게 지속

별을 했다." 1:6에서 이 동사(διακρίνω)는 '의심한다'는 의미로 사용되지만 이 맥락에는 맞지 않는다. 그보다 여기에서 야고보는 '차별하다' 혹은 '구분을 하다'라는 보다 적극적인 의미를 사용하는 듯하다.[27] "*Diakrinō*의 수동형은 내적 분리로 보아야 한다…그들은 한 번에 두 가지 척도를 따라 살려 하고 있으며, '의식의 분열'이 일어나고 있다."[28] "너희끼리"(ἐν ἑαυτοῖς)라는 말은 아마도 모임에 온 두 방문자가 서로 다르게 대우를 받았다는 사실을 말할 것이다.[29]

야고보는 그러고 나서 그들이 "악한 생각으로 판단하는 자가 되는" 것에 대해 두 번째로 비난한다. 이 절은 후에 4:12에서 "입법자와 재판관은 오직 한 분이시니"라는 주장이 나올 것을 예상한다. 외적 특징에 근거해서 사람들의 가치를 분별하려 할 때, 우리는 재판관이신 하나님의 역할을 빼앗으려 할 뿐 아니라, 그 과정에서 비참하게 실패한다. "생각"(διαλογισμῶν)이라는 용어는 내적 의도나 외적 대화 둘 중 하나를 의미할 수 있다. 이 맥락에서 그 말은 둘 다를 의미할 수 있다. 어떤 사람들은 부자와 가난한 사람을 구분하는 말을 입 밖으로 내어 표현하는 반면, 다른 사람들은 마음속으로 동의하기 때문이다. 어떻든 간에 사람들은 그들의 추론 과정이 다른 사람들을 지지하거나 반대하여 차별하게 될 때 정죄를 받는다.

"악한"(πονηρῶν)이라는 형용사는 야고보가 이러한 사고와 행동을 악한 것으로 여긴다는 사실을 보여준다. 회중은 하나님을 예배하던 것에서 돌이켜 악한 생각으로 판단하는 자들(소유격을 서술적으로 여기면)이 되었다.[30] "차별의 문제는 그리스도인들에게 끊임없이 나타난다. 유익을 얻기 위해 우리가 섬기는 사람들에게 호의를 보이는 것은 인간의 본성적인 경향이기 때문이다."[31]

약 2:5 내 사랑하는 형제들아 들을지어다 하나님이 세상에서 가난한 자를 택하사 믿음에 부요하게 하시고 또 자기를 사랑하는 자들에게 약속하신 나라를 상속으로 받게 하지 아니하셨느냐(Ἀκούσατε, ἀδελφοί μου ἀγαπητοί· οὐχ ὁ θεὸς ἐξελέξατο τοὺς πτωχοὺς τῷ κόσμῳ πλουσίους ἐν πίστει καὶ κληρονόμους τῆς βασιλείας ἧς ἐπηγγείλατο τοῖς ἀγαπῶσιν αὐτόν;). 야고보는 자신의 명령을 뒷받침하기 위해, 하나님이 가난한 자들을 택하신 사실에 호소한다. 그는 먼저 부정과거 명령형으로 시작한다. 그 말은 우리 식으로 하면 '잘 들어'라는 뜻이다(ἀκούσατε)! 야고보는 영적 형제자매들을 부르는 말과 함께, 자신이 강조하는 바를 소개하고 있다. 부자를 선호해서 차별하지 말아야 하는 첫 번째 주요 이유는 "이성적 논증"[32]이라고 부를 수 있다. 야고보는 여기에서 "그리스도인들이 다른 사람들을 판단해야" 하는 "영적으로 유리한 위치"에 있음을 제시한다.[33]

그러고 나서 야고보는 하나님이 "세상에서 가난한 자를 택하사 믿음에 부요하게 하시"지 않았느냐고 묻는다.

적으로 주의를 기울이는 것을 언급하는 것은 아니다. 사실상 '앉다'(κάθημαι)라는 말은 신약에서 명령법 형태로는 현재 시재로만 나온다. 그래서 이것은 그냥 표준적인 용례일 것이다.

27. Moo(*The Letter of James*, 104)는 "구분을 하다"라는 견해를 찬성한다. 차별을 1:5-7에 처음 나온 "하나님을 향한 동요하는, 나누어진 태도에 대한 또 하나의 표현"으로 보는 것이다. 참고. Martin의 "나뉘어지다"(James, 63).

28. Johnson, *The Letter of James*, 223.

29. Davids(*The Epistel of James*, 110)를 보라. 그는 이 용어가 두 방문객 모두가 그리스도인임을 시사한다고 말한다.

30. 참고. 예를 들어 Ropes, *A Critical and Exegetical Commentary on the Epistle of St. James*, 193.

31. Polhill, "Prejudice, Partiality, and Faith," 398. 야곱 시대에 "로마법은 부자에게 명백하게 호의적이었다. 경제적인 사리사욕에서 행동한다고 생각되었던 낮은 계층의 사람들은 높은 계층의 사람들을 고소할 수 없었으며, 법은 높은 계층 출신의 범죄자들보다, 낮은 계층 출신의 유죄 판결을 받은 사람들에게 더 가혹한 벌을 규정했다"(Craig S. Keener, The *IVP Bible Background Commentary: New Testament*[Downers Grove, IL: IVP, 1993], 694를 보라).

32. Davids, *The Epistle of James*, 111.

33. Moo, *The Letter of James*, 106. Edgar(Has God Not Chosen the Poor? 168)는 2:2-4에 대해 이렇게 지적한다. 이 예의 결과는

심층 연구

이것은 예배인가, 기독교 법정인가?

어떤 사람들은 야고보서 2:2–4의 예가 법정이라는 배경에서 일어난 일이라고 주장했다.[34] 그들은 그 근거로, 1절["차별"(προσωπολημψία)]과 4절["너희끼리 차별하며"(διεκρίθητε) "판단하는"(κριταί)]에 나오는 법적 용어를 가리킨다. 2절은 신약 전체에서 그리스도인의 모임에 대해 "모임"(συναγωγή)이라는 말을 사용한 유일한 용례를 제시한다(다른 경우에는 그것이 순전히 유대적인 "회당"을 의미한다). 사람들은 야고보가 예배 의식을 묘사하고자 했다면, 5:14과 같이 "교회"(ἐκκλησία)라는 말을 사용했을 것이라고 주장한다. 그는 아마 레위기 19:15을 염두에 두고 있을 것이다. "너희는 재판할 때에 불의를 행하지 말며 가난한 자의 편을 들지 말며 세력 있는 자라고 두둔하지 말고 공의로 사람을 재판할지며." 이 또한 이것이 법정의 배경에서 일어난 일임을 지지해준다.[35] 후에 법정에서 부자를 편애하는 것을 정죄하는 랍비 본문들은 놀랄 만큼 유사하다(*Deut. Rab. 5.6; b. Sheb. 30b?31a*). 마지막으로, 6절은 가난한 그리스도인들을 법정으로 끌고 가는 부유한 사람들과 비교한다. 바울이 고린도 신자들에게 유대인들의 관행을 모방해서 그리스도인들 사이의 소송을 '내부적으로' 처리하라고 촉구하는 것에 비추어볼 때(고전 6:1–6), 야고보서 2:1–4은 법정의 맥락에서 이루어진 것처럼 보인다.[36]

이 일이 법정이라는 배경에서 일어났다고 본다면, 그 부자는 아마 그리스도인일 것이다. 일부 사람들은 부유한 방문객이 비그리스도인 지주로서 자신의 궁핍한 소작인을 고소했고, 그래서 그의 소작인들의 모임에 왔다고 본다. 메이나드 레이드(Maynard–Reid)에 따르면, 야고보서에서 "부자들은 구원과 믿음의 영역 바깥에 있으며" 그렇기 때문에 이 부유한 사람은 필연적으로 비그리스도인이다.[37] 하지만 마틴(Martin)은 "이교도들을 어떻게 다루는가 하는 것이 분열의 원인은 절대 아닐 것이다"[38]라고 반박한다. 그리고 힘 있는 비그리스도인 지주가 가난한 그리스도인들이 사회를 보는 모임에 굳이 참석할 것 같지는 않다. 모든 내부적 분쟁에는 다른 신자들이 포함되는 것이 훨씬 더 자연스러울 것이다. 야고보가 이 사람을 '부자'(πλούσιος)라고 부르지 않으려 한다는 사실은 흥미롭다. 그래서 만일 야고보가 '부자'(πλούσιος)와 '가난한 자'(πτωχός) 사이에 뚜렷한 구원의 선을 긋는다면, 여기에서는 그 선을 넘지 않았다.[39]

하지만 많은 사람들은 이것이 부자와 가난한 자들이 함께 참여하는 교회 예배라고 주장한다. 그렇

2:4–7에 나와 있다. 거기에서 πτωχοί, 곧 하나님께 의지하며 하나님의 존중히 여기심을 받는 사람들과, πλουσιοί, 곧 하나님께 반대하는 사람들의 진짜 위치가 분명하게 드러난다.

34. Roy B. Ward("Partiality in the Assembly: James 2:2–4," *HTR* 62 [1969]: 87–97)는 일 세기 이상 이 해석을 주장한 최초의 사람 중 하나였으며, 보다 최근의 연구에서 약간 많은 사람들이 그의 의견을 따랐다. 하지만 Dale C. Allison Jr.("Exegetical Amnesia in James," *ETL* 76[2000]: 162–65)는 이것이 1600년대에서 1800년대 사이의 개신교 문학에서 흔히 발견되는 접근법이지만 알 수 없는 이유로 잊혔다고 주장한다.

35. Johnson(*The Letter of James,* 221)은 '차별'(προσωπολημψία)의 사용과 관련해 이런 입장을 주장한다: "레위기 19:15에 나오는 용례는 그 말의 원래 맥락이 공동체에서 소송 사건들을 재판하는 것이었음을 분명히 보여준다. 부당한 판결은 사건의 공과가 아니라 외모에 근거해 이루어졌다." 집회서 7:6–7은 재판에서 차별하는 것을 엄격히 정죄한다.

36. Laws, *The Epistle of James,* 101–2. '생각'(διαλογισμῶν)에 대한 앞부분을 기억해보라.

37. Maynard–Reid, *Poverty and Wealth in James,* 63.

38. Martin, *James,* 61.

39. Ward, "Partiality," 96.

게 주장하는 편은 '모임'/'회당'(συναγωγή)이라는 말을 종교적 모임과 교훈의 장소로 이해하는 보다 자연스러운 해석을 취한다. 이 서신서가 아마도 이른 연대에 쓰였으리라는 것과 그것이 셈어적 뿌리를 갖고 있는 것에 비추어볼 때, 야고보가 그런 모임에 대해 유대적 용어를 사용하는 것은 합리적이다. 하지만 "이 사람들이 예배에 참여하고 있는 그리스도인들이라면, 그들에게 어디로 가라고 말할 필요가 있을까?"[40] 이러한 반론에 대해서는, 이 부자와 가난한 사람이 그리스도인이 아니고 관심있는 방문자들이라고 볼 때 가장 잘 반박할 수 있다. 이것이 예배라는 배경에서 일어난 일이라고 본다면, 이 부자가 신자인가 아닌가 하는 문제는 더 어렵다. 앞에서 보았듯이, 어떤 사람들은 야고보가 여기를 포함해, 일관되게 부자들을 구원받는 사람들에서 배제한다고 주장한다. 어쩌면 이 부자는 그리스-로마 사회의 후견인과 가신 구조 안에 있는 사람으로, 더 많은 명예와 더 많은 가신들을 얻기 위해 모임에 왔을 것이다. 어쩌면 그는 그의 가신들 혹은 소작인들이 어떤 일에 관여하고 있는지 조사하러 왔을 것이다. 어쩌면 그는 진정한 구도자였을 것이다. 어쨌든, 그는 모인 사람들로부터 넘치는 공경을 받는다. 하지만 부자가 그리스도인이 될 수 있는 가능성이 있다고 본다면, 여기에는 이 사람이 불신자여야 한다고 시사하는 것은 아무것도 없다. 이 사람은 그저 그리스도인 방문자일 것이다.[41]

여러 가지 선택권들의 결합 중, 가장 설득력이 있는 것은 이것이 가난한 그리스도인과 부자 그리스도인이 사건의 주인공인 사법적 모임이라는 것인 듯하다.[42] 유대적 대비들, 법적 용어, 레위기 19:15의 배경 등이 가장 결정적인 증거다. 이 특정한 회중 모임에 익숙하지 않을 수도 있는 한 부유한 신자가 기독교 법정의 판결에 기꺼이 따르려 한다. 후에 바울이 고린도전서 6장에서 요구하는 것처럼 야고보가 암시하는 것은, 부자가 이 법정에 기꺼이 따르려 한다면, 회중 가운데 가난한 사람들이 단지 그들의 계층 때문에 부자들을 공경하는 것은 얼마나 더 금해야 하는 일인가 하는 것이다!

부정과거 동사는 금언적인 혹은 초시간적인 의미를 지닌다["하나님은 (끊임없이) 가난한 자를 택하지 아니하시느냐?"].[43] 다시 한 번 "아니하셨느냐"(οὐχ)라는 말은 긍정적 대답을 기대하는 질문이다. 그것은 야고보가 그다음 몇 구절에서 일관되게 사용하는 수사학적 장치다. 바울은 '택하신'(ἐξελέξατο)이라는 개념을 핵심적인 신학적

40. Davids, *The Epistle of James,* 109.

41. 예배의 맥락으로 보는 입장에 대한 최근의 강경한 변호로는, Brosend, *James and Jude,* 61-64을 보라.

42. 또 Guthrie, "James," 230; Hartin, *James,* 117-18; John P. Keenan, *The Wisdom of James*(New York and Mahwah, NJ: Paulist, 2005), 67-68을 보라.

43. Stanley E. Porter, *Verbal Aspect in the Greek of the New Testament, with Reference to Tense and Mood*(New York: Peter Lang, 1989), 237.

44. Wiard Popkes, *Der Brief des Jakobus*(Leipzig: Evangelische Verlagsanstalt, 2001), 166.

45. Martin(*James,* 65)은 야고보가 "πτωχός에 정관사를 사용한다"고 주장한다. "이것은 그가 하나님이 모든 가난한 사람을 그들이 가난하기 때문에 택하셨다는 말이 아니라, 단지 하나님이 가난한 사람들을 택하셨다는 말임을" 시사하기 위해서다. 아마 이것은 어떤 범주 내의 모든 요소 하나하나를 다 말하기보다 일반적으로 어떤 범주를 말하기 위해 관사를 포괄적으로 사용한 경우일 것이다.

46. Rodney Stark(*The Rise of Christianity*[San Francisco: HarperSanFrancisco, 1997], 29-47)는 일세기 기독교가 보통 주장하듯이 한결같이 가난한 것은 절대 아니라고 주장한다. 이에 대한 주장으로 그는 기독교의 초기 단계에서 극소수의 부유한 그리스도인들이 담당했던 중요한 역할을 강조한 지난 반세기 간의 성경 학자들을 참고문으로 인용한다. 하지만 이 자료들은 초기 예수 사회를 다양

용어, 곧 '예정하신'이라는 말과 거의 같은 의미로 사용하는 반면(참고. 롬 8:29), 야고보의 메시지는 그 나름대로 읽는 것이 중요하다. 여기에서 '선택'은 구원적 의미를 어느 정도 지니고 있을 수도 있지만, 야고보가 보기에 그리스도인들은 또한 여기 이 땅에서 하나님의 백성이라는 새로운 공동체로서 선택받았다. 바울의 글에서 유사한 것을 찾고자 한다면, 고린도인들이 "부르심을 받았을" 때 그들 대다수가 처해 있던 사회경제적 지위에 대해 말하는 고린도전서 1:26-29이 훨씬 더 가까울 것이다.[44]

하나님이 선택하신 대상은 "세상이 보기에(우리말 성경은 '세상에서'-역주) 가난한"(τοὺς πτωχοὺς τῷ κόσμῳ) 자들이다. 2절에서와 마찬가지로, 야고보는 물질적 자원이 없는 궁핍한 자들을 가리킨다.[45] 교회는 전반적으로 가난한 사람들로 구성되어 있었다. 몇 가지 예외들을 제외하고는, 그것이 당시 제국 전역의 실상이었다.[46] 이렇게 "가난한 자들"을 택하신 것은 하나님이 가난한 자들을 돌보신다고 단언하는 구약 본문들과, "그 결과 '가난한'이라는 말이 경건한 사람들을 가리킨다는 사실"에 기초하고 있다. "구약에서뿐 아니라 또한 신구약 중간기 및 랍비 문헌에서도"[47] 그렇다는 것이다. 그래서 여기에서 염두에 두고 있는 가난한 자들은 그들의 유일한 소망이신 하나님께 의지한다.[48] 그들은 물질적으로 가난하지만 종교적으로 무관심한 사람들도, 물질적으로 부요하지만 경건한 그리스도인들도 아니다. "하나님은 가난한 자들의 편이시다. 그들이 가난하기 때문이 아니라 그들이 그분께 반응하며 하나님 나라에 더 가까이 가 있기 때문이다."[49]

하지만 여격인 τῷ κόσμῳ는 더 논쟁의 여지가 많다. 세 가지 주요 선택권이 있다. 장소를 나타내는 위치적 여격("세상에서"), 관련 혹은 참조의 여격("세상적 재물에 관해서는"), 혹은 윤리적 여격("세상이 보기에")이다.[50] 이 세 가지 중 마지막 것이 가장 적절해 보인다. 그것은 가난한 자들이 외모 때문에 판단을 받는 본문 직후에 온다. 메이나드 레이드와 타메즈는 첫 번째 견해를 강력히 주장한다. 이들이 문자적인 가난한 사람들일 뿐이라는 것이다.[51] 이 견해에서 한 가지 문제는 하나님이 모든 가난한 사람들을 그저 그들의 사회경제적 지위에만 기초해서 선택하신다고 추정할 수 있다는 것이다. 이 논리에 의하면 우리는 절대 누구라도 가난에서 벗어나도록 도와서는 안 된다. 그들이 구원을 잃지 않도록 하기 위해서다! 가난이 본질적으로 구원을 주는 것이라면, 성경은 절대 우리에게 가난을 경감시키도록 도와주라고 명하지 않았을 것이다. 그것은 두 번째 견해에 대해서도 의문을 갖게 한다.[52]

이삭스(Isaacs)는 세 번째 해석을 찬성하면서, 야고보가 "모인 사람들의 경제적 빈곤 때문이 아니라 세상에서 그들이 존중받지 못한다는 것이 결과적으로 그들이 종교적 믿음을 갖게 된 원인이었다는 점에 주의를 기울

한 사회적 · 경제적 운동으로 바꾸어놓으려는 그의 노력을 뒷받침해주지 못한다.

47. Davids, *The Epistle of James,* 111. Moo(The Letter of James, 108)는 상세히 설명하기를, 신약에 따르면 하나님은 "특히 세상이 버린 사람들과 그들 자신의 부적절함을 가장 예민하게 아는 사람들에게 그분의 은혜를 부어주시기를 기뻐하신다. 야고보는 교회에게 가난한 사람들과 무력한 사람들에게 특별한 관심을 기울임으로 이와 동일한 윤리를 구현하라고 명한다"고 말한다.

48. 즉, "재정적으로 안정되지 않은 사람들, 그들의 미래를 하나님께 의지하는 사람들"(Wall, *Community of the Wise,* 115).

49. Andria, "James," 1512.

50. 처음 두 범주는 모든 중급 헬라어 문법에서 흔하게 나온다. 세 번째는 몇몇 오래된 고급 문법에서 나오는 것으로, 셈 어투라고 규정되지만, 종종 정의되지 않은 채 나온다. G. B. Winer(*A Treatise on the Grammar of New Testament Greek Regarded as the Basis of New Testament Exegesis*[Edinburgh: T&T Clark, 1870], 265)는 그것을 의견 혹은 판단의 여격이라고 유용하게 부르며, 고전 헬라어에도 이와 유사한 것이 있다고 말한다.

51. Maynard-Reid, *Poverty and Wealth in James,* 62-63; Tamez, *The Scandalous Message of James,* 25.

52. 참고. Cranfield, "The Message of James," 191; Bauckham, *James,* 194.

이려"[53] 하고 있다고 주장한다. 보캄(Bauckham)은 그 용어를 "세상이 부라고 여기는 물질적 재물에 관해서는 가난한"[54]이라고 풀어씀으로서 두 번째와 세 번째 견해를 결합시키려는 듯 보인다. '가난한 자'라는 말이 변함없이 물질적 함축을 지니고 있는 것과 고대 지중해 사회에서 명예와 수치의 문화가 널리 퍼져 있었던 것에 비추어볼 때 이런 해석이 가장 좋은 듯하다.

야고보는 계속해서, 가난한 사람들은 "믿음에 부요하게"(πλουσίους ἐν πίστει) 하기 위해 택함을 받았다고 말한다. 여기에서 '부요하게'라는 개념이 물질적 재물을 의미하는 것일 수는 없으며, 분명 과잉 혹은 남아도는 것을 의미한다. 이런 과다함은 "믿음의 영역"[55]에서 일어난다. 그것은 야고보서에서 신앙뿐 아니라 하나님과의 관계를 삶으로 표현하는 실제적 능력을 의미한다. 마틴은 그들이 "하나님 나라에서 자리가 있다"는 의미에서 "부요하다"고 말한다.[56] 가난한 자들은 또한 "자기를 사랑하는 자들에게 약속하신 나라를 상속으로 받게" 하기 위해 선택되었다. "상속"(κληρονόμους)이라는 말은 야고보서에서 여기에서만 나온다. "상속이라는 말은 성경적 전통에 그 뿌리가 있다." 그것은 하나님이 아브라함에게 땅을 주신 것에서 처음 시작된 전통이다.[57] 로스(Laws)는 그 약속들이 가난한 사람들에게 현재와 미래의 특성을 지니고 있음을 지적한다. 현재에서는 믿음의 부요함이고 미래에서는 나라의 상속이라는 것이다.[58] 야고보가 그리스도의 가르침에 의지하는 것에 비추어볼 때, 그는 분명 하늘나라에 대한 예수님의 논의에 영향을 받았으리라고 보는 것이 논리적일 것이다. 그 하나님 나라는 (그리스도를 통해) 우리가 사는 세상에 들어왔으며, 또한 종말론적이고 영원한 채로 남아 있다. 여기에서는 미래의 측면을 염두에 두는 듯하다.

"약속하신"(ἐπηγγείλατο)이라는 동사는 그것의 간접목적절과 함께 1:12 끝부분을 글자 한 자 안 틀리고 반복한다. 이 목적절은 이 "가난한 자"들의 신원을 이해하는 데 매우 중요하다. 그들은 또한 "자기를 사랑하는"(ἀγαπῶσιν αὐτόν) 사람들이다. 현재 분사는 그 행동의 계속적인 특성을 시사한다. 즉, 하나님에 대한 사랑이 그들의 삶의 특징이라는 것이다. 이것은 야고보가 모든 가난한 사람을 믿음에 부요한 자로 보는지 아닌지에 대한 답을 해준다. 나라를 상속으로 받는 사람들은 하나님을 사랑하기로 하는 가난한 사람들이다.[59] 그럼에도 불구하고, 가난한 자들이 종종 부자보다 더 하나님을 의지하는 경향이 있는 것은 사실이다. "영적으로 길게 보면, 빈곤은 그것이 현재 초래할 수 있는 불행에도 불구하고 명확한 이점이다."[60] 그래서 야고보는 부자를 공경하고 가난한 자들을 모욕하는 그리스-로마 사회와 문화의 표준적인 가치 체계를 뒤집는다.

이 구절은 성경이 신적 주권과 인간적 책임을 나란히 놓는 것에 대한 예를 잘 보여준다. "자기를 사랑하는 자들"(τοῖς ἀγαπῶσιν αὐτόν)이라는 마지막의 세 단어가 없으면, 하나님이 가난한 자들을 택하신 것이 일방적으로, 인간이 관여하지 않은 채 일어났다고 생각할 수도 있을 것이다. 하나님의 선택(ἐξελέξατο)이라는 동사가 없

53. Isaacs, *Hebrew and James*, 198. 참고. Ruckstuhl, *Jakobusbrief, 1-3 Johannesbrief*, 16.
54. Bauckham, *James*, 87.
55. Ropes, *A Critical and Exegetical Commentary on the Epistle of St. James*, 194.
56. Martin, *James*, 65.
57. Johnson, *The Letter of James*, 225.
58. Laws, *The Epistle of James*, 103. 이것은 마태복음 5:3 또는 누가복음 6:20에 나오는 예수님의 가르침을 반영하는 듯하다.
59. Davids(*The Epistel of James*, 112)는 이 구절의 모든 요소를 잘 요약한다: "세상은 오직 그들의 가난만을 본다. 하나님은 그분이 그들을 종말에 높이신 것 때문에 그들이 높아진 위치를 보신다. 그들은 하나님을 사랑하고 그래서 그분의 약속을 받은 사람들이기 때문이다…그렇게 되면 '가난한 사람들'이라는 말은…종교적 특성을 지니게 된다. 그것은 실제로 참된 신자들을 나타내는 이름이기 때문이다(마태복음 5:3에 나오는 마태판 팔복은 부분적으로 정확한 해석이다). 하지만 그것은 물질적 가난의 특성을 잊어버리지 않는다. 차별을 받는 사람들은 물질적으로 가난한 사람들이기 때문이다."
60. Baker, "James," 50.
61. 참고. 추가로 William W. Klein, *The New Chosen People: A*

으면, 구원을 하나님에 대한 사람의 사랑이라는 공로에 의한 것이라고 생각할 수도 있을 것이다. 둘을 합하면, 하나님이 개인을 부르신 것과 개인의 믿음이 둘 다 반드시 있어야 한다는 것이 분명해진다.[61]

약 2:6 너희는 도리어 가난한 자를 업신여겼도다 부자는 너희를 억압하며 법정으로 끌고 가지 아니하느냐 (ὑμεῖς δὲ ἠτιμάσατε τὸν πτωχόν. οὐχ οἱ πλούσιοι καταδυναστεύουσιν ὑμῶν καὶ αὐτοὶ ἕλκουσιν ὑμᾶς εἰς κριτήρια;). 이 구절은 "너희는"(ὑμεῖς)이라는 강조 대명사로 시작한다. 그래서 야고보는 대부분 가난한 사람들인 회중의 차별적 행동을 가난한 자들을 복 주시기 위해 택하신 하나님의 행동과 대조시킨다. 야고보는 "너희는 가난한 자를 업신여겼도다"라고 말한다. 이것은 명예와 수치를 중시하는 문화에서 강한 비난이었다. 우리는 그것을 "굴욕을 주다"[참고. 굿스피드(Goodspeed)의 신약번역서]라고 바꾸어 말할 수 있다. "가난한 자"(τὸν πτωχόν)라는 말은 2-4절의 예에서 보듯 어떤 구체적인 사람을 말할 수도 있고, 그 관사가 가난한 사람들 전반을 의미하는 포괄적인 것일 수도 있다. 6a절이 2-4절에서 묘사된 실제 상황을 반영한다면, 이 회중은 그들의 모임에 온 가난한 사람을 "업신여겼다"(ἠτιμάσατε, 아마 이것이 단순 부정과거 동사를 더 잘 설명하는 말일 것이다). 하지만 야고보가 이전에 과장된 가설적 상황을 묘사했다 해도, 그는 이제 그의 말을 듣는 사람들이 전반적으로 부자들에게 비위를 맞추려고 가난한 사람들을 실제로 업신여겼다고 단언한다. 하나님은 이 가난한 사람들을 선택하셨다. 하지만 교회는 같은 반응을 보이지 않는 부자들에게 경의를 표한다.[62] 아프리카 격언에 의하면, "여윈 암소는 친구들도 그를 핥지 않는다!"[63]

야고보는 다시 한 번 긍정적 대답을 기대하는 질문인 "아니하느냐"(οὐχ)라는 말로,[64] 계속해서 묻는다. "부자는 너희를 억압하…지(καταδυναστεύουσιν)[65] 아니하느냐?" 분명히 이들은 그리스도인 부자들이 아니다. 야고보는 비그리스도인 부자 계층을 말하고 있으며 그래서 πλούσιος라는 용어를 사용한다(앞의 117쪽을 생각해 보라). "억압하다"라는 동사의 현재 시제는 계속적인 행동을 나타낼 수도 있을 것이다. 하지만 최소한 그것은 현재의 행동을 암시한다(즉, "부자들은 억압하고 있지 아니하느냐?"). 이 회중은 그들이 여전히 경의를 표하는 집단인 부자들에게 핍박을 당하고 있는 반면, 부자들은 가난한 자들이나 그리스도인들이나 할 것 없이 핍박하고 있을지도 모른다. 하지만 가난한 자들이 그리스도인이라는 이유로 더 학대를 받을 수도 있었기 때문에 그들은 더욱 심한 경제적 착취를 경험한다.

야고보는 이어서 당시 일어나고 있던 적어도 한 가지 유형의 억압을 강조한다. "그들은 너희를 법정으로 끌고 간다"는 것이다. "그들"(αὐτοί, 이 말은 우리말 성경에는 번역되어 있지 않다-역주)이라는 말은 강조를 위해 나온다. 회중들이 기쁘게 하려 하는 부자들은 그들을 핍박하는 사람들이다. "끌고 가다"(ἕλκουσιν)라는 동사는 "육체적인 것이건 법적인 것이건 폭력을 의미한다."[66] 야고보는

Corporate View of Election(Grand Rapids: Zondervan, 1990), 226-28. 참고. Maier, *Der Brief des Jakobus,* 110. "ἐξελέξατο와 함께 하나님의 긍휼이라는 값없이 주어지는 선물이 시야에 들어온다. 하지만 선택받은 백성은 마찬가지로 '그를 사랑하는 자들'이며 그렇기 때문에 하나님의 긍휼을 받아들이고 그분을 위해 살 사람들이다"(번역 필자).

62. Polhill, "Prejudice, Partiality, and Faith," 397.

63. Andria, "James," 1512.

64. 이것은 이 장에서 야고보가 사용하는 의도적인 수사학의 한 측면으로, 대답을 원해서가 아니라 요점을 강조하기 위해 질문을 던지는 것이다. 이 장에 나오는 다른 요소로는 여러 가지 예를 사용하는 것과, 청중을 설득하여 그들의 행동 유형을 단념하도록 만드는 것 등이다. Watson, "James 2 in Light of Greco-Roman Schemes of Argumentation"을 보라.

65. 신약에서 이 동사가 유일하게 사용된 다른 곳은 사도행전 10:38에서 마귀의 권세 아래 있는 사람들을 가리킬 때다. Maynard-Reid(*Poverty and Wealth in James,* 63)는 "그 용어는 대단히 강한 것이며, 착취와 지배를 강조하는 폭력적이고 물리적인 함축을 지니고 있다"라고 덧붙인다.

66. Johnson, *The Letter of James,* 226.

왜 부자들이 가난한 자들을 기소하는지 설명하지 않는다. 하지만 한 가지 공통된 동기는 재산 분쟁에서 더 많은 땅을 얻기 위함이었다. 또 다른 가능성은 부자들이 가난한 자들이 진 빚을 수금하려 하고 있었다는 것이다. 그 결과 가난한 사람들은 돈을 갚지 못하면 채권자의 감옥에 던져질 수도 있었을 것이다(참고. 마 18:23-35).[67] 야고보는 이런 식으로 가난한 사람들을 대우하는 사람들에게 아부하는 것이 얼마나 우스꽝스러운 일인지 지적한다. 하지만 그는 부자의 그 부함에 대해서는 정죄하지 않는다. 그의 독설은 그들의 행동을 정죄한다.

약 2:7 그들은 너희에게 대하여 일컫는 바 그 아름다운 이름을 비방하지 아니하느냐(οὐκ αὐτοὶ βλασφημοῦσιν τὸ καλὸν ὄνομα τὸ ἐπικληθὲν ἐφ' ὑμᾶς;). 야고보는 부자에 관해 한 가지 수사학적 질문을 더 소개한다. 그는 다시 그들의 행동을 강조하기 위해 "그들은"(αὐτοί)이라는 말을 포함시킨다. 그는 그들의 행동을 묘사하기 위해 "비방하다"(blaspheme, βλασφημοῦσιν)라는 강한 말을 사용한다.[68] "신약에서 βλασφημία라는 어근에서 나온 단어들은 모두 하나님의 권능과 엄위하심을 범한다는 기본적 개념을 가지고 있다."[69] 교회는 이 부자들과 같은 편이 됨으로써 비방하는 자들과 손을 잡는다! "아름다운 이름"(τὸ καλὸν ὄνομα)은 분명 예수님을 가리킬 것이다('주' 혹은 '그리스도'라는 말의 유무와 상관없이).[70]

여러 주석가들은 여기에서 세례에 대한 암시가 나오는 것이 아닌가 하고 생각해왔다. 그리스도의 이름을 부르든가 아니면 신자들에게 요청하는 상황이라는 것이다.[71] 하지만 야고보가 그처럼 구체적인 어떤 배경을 암시하고 있다고 확신하기는 어렵다.[72] 안디옥에 있는 사람들이 "도"를 따르는 사람들을 그리스도인이라고 부르기 시작했던 사도행전 11:26의 사건들이 얼마나 일찍 일어났는가에 따라, 그리고 그 이름이 얼마나 빨리 그리고 널리 유행했는가에 따라 다르지만, 야고보는 또한 여기에서 '그리스도인'이라는 용어를 언급하고 있을 수도 있다. "너희에게 대하여 일컫는 바"[문자적으로는 '너희에게 대하여 불리는 (이름)']라는 어색한 문구는 이것을 지지하는 데 도움이 될 수 있다. 신자들은 그들이 스스로를 그리스도인이라고 부르기 전에 먼저 그 이름으로 불렸다. 그리고 야고보는 처음에는 그들을 모욕하는 말이었던 것이 실제로는 거룩한 호칭이라고 주장한다. 요약하면, "야고보가 차별, 특히 부자를 우대하여 차별하지 않는 첫 번째 이유는 부자들은 끊임없이 하나님과 그분의 백성에게 반대했으며, 자신들이 그리스도와 그분의 교회를 반대한다는 것을 보여주었기 때문이다."[73]

약 2:8 너희가 만일 성경에 기록된 대로 네 이웃 사랑하기를 네 몸과 같이 하라 하신 최고의 법을 지키면 잘하는 것이거니와(εἰ μέντοι νόμον τελεῖτε βασιλικὸν κατὰ τὴν γραφήν, Ἀγαπήσεις τὸν πλησίον σου ὡς σεαυτόν, καλῶς ποιεῖτε). 야고보는 이제 '합리적' 논증(들)에서 성경적 증거로 넘

67. 당시의 사회경제적 가설과 행동들을 잘 다룬 것으로는 Brosend, *James and Jude,* 62-66을 보라. 참고. Dibelius, *James,* 139; Laws, *The Epistle of James,* 105. 이에 대한 전형적인 성경적 예는 열왕기상 21장에서 아합에게 나봇의 포도원을 갖게 해주려고 공모하는 이세벨이다.

68. "이름을 비방한다"라는 것이 그리스도인들을 핍박하는 것 자체를 암시하지는 않는다. 그보다 '이름'을 조롱하는 것은 어떤 사람의 성품의 신뢰성을 침해하기 위해 개인의 믿음들을 조롱하며 언급하는 것에 불과할 수도 있다(Perkins, *First and Second Peter, James, and Jude,* 110).

69. Nancy J. Vyhmeister, "The Rich Man in James 2: Does Ancient Patronage Illuminate the Text?" AUSS 33(1995): 281-82. Martin(*James,* 66)은 이 용어가 사람과 관련하여 사용되었을 때는 신성모독이 아니라 그저 비방을 의미한다고 주장한다. 하지만 이 용례는 주의 이름을 향한 것이다. 그러므로 '비방'은 너무 가벼운 번역인 듯하다. "여기에서 염두에 두고 있는 것은 신자들에게 가해지는 말로 하는 욕설인 듯하다. 그것은 그들의 종교와 그들이 따른다고 주장하는 주님을 헐뜯는다(Guthrie, "James," 235).

어간다. 아마 이 부분은 부자에게 경의를 표하는 것이 그들에게 사랑을 보여주는 것이라는 잠재적 반대에 대한 반응일 것이다.[74] 야고보는 먼저 논증을 위해 조건절이 진실임을 가정하는 1급 조건절로 시작한다. 그는 이처럼 최고의 법을 성취한 결과를 살펴본다. Μέντοι는 긍정적인 것으로 ("정말로") 혹은 반의적인 것으로 ("하지만") 받아들일 수 있다. 여기에서는 후자가 더 맞는다. 이 문장이 비방하는 사람들에 대한 앞 문장과 대조를 이루기 때문이다. "지키다"(τελέω)라는 말은 야고보가 앞에서 이 어근을 사용하는 방식대로 여기에서도 그저 요구사항을 완성하는 것뿐 아니라 성숙함 혹은 심지어 완전함을 이루는 것을 말한다. 그래서 그 뉘앙스는 이 율법을 최소한도의 의미에서 순종한다는 것이기보다는 그것을 충분히 심지어 완전하게 따른다는 것이다. 우리는 야고보가 바울이 하는 식대로 대조를 주장하고 있지 않은가 생각할 수도 있을 것이다-물론 어느 누구도 실제로 이렇게 잘 순종하지는 않는다-하지만 우리는 아직 이런 접근법을 미리 가정하지는 않는다.

이 구절에 대한 대부분의 논의는 "최고의 법"(νόμον βασιλικόν)에 대한 이해를 중심으로 하고 있다.[75] 이것은 (1) 토라 전체인가 (2) 그리스도가 성취하고 확장하신 토라인가 (3) 그리스도가 주신 새로운 법인가 (4) 여기에서 최고의 법으로서 혹은 모든 하나님의 백성을 향한 하나님 뜻의 요약으로서 강조된 특정한 사랑 계명인가? 기독교 역사 초기의 유대인 저자에게는 (1)안이 어울리지만, "법"을 "최고의"라는 말로 한정한 것으로 보아 이것이 그저 토라 자체일 것 같지는 않다.[76] "최고의"(βασιλικόν)라는 말은 "나라"(βασιλεία)라는 말과 같은 어근에서 나온 것이다. 이것은 나라의 법, 예수님이 가르치신 하나님 나라가 중심 역할을 해야 하는 법이다.[77]

그럼에도 불구하고, "그리스도의 법"이라는 바울의 개념(고전 9:21; 갈 6:2)을 거기에 집어넣지 않으면, 초기 유대-그리스도인 저자가 토라를 완전히 무시할 것 같지는 않다. 그래서 (3)안도 똑같이 가능성이 없는 듯하다. (4)안은 첫눈에 보기에는 매력적이다. 인용된 계명이 토라, 특히 레위기 19:18에서 나오기 때문이다. 그것은 예수님, 바울, 랍비들이 모두 많은 대인관계에 관한 율법을 요약하는 것이라고 단언한 구절이다.[78] 예수님은 실제로 그것이 전체 토라를 요약한 것의 후반부라고 단언하셨다. 전반부는 전심으로 여호와를 사랑하라는 것이다(마 22:34-40; 막 12:28-34을 보라, 참고. 눅 10:25-37). 여기에서 야고보가 후반부만을 사용하고 있다고 볼 수 있다. 왜냐하면 그의 논의가 우리와 다른 사람들 간의 관계에 초점을 맞추고 있기 때문이다. 그럼에도 불구하고, βασιλικόν를 '최고의' 혹은 '가장 높은'이라고 이해했어야 했는가 하는 의문이 든다. 그 말의 유일한 표준적 용례는 '왕적인'(royal) 혹은 '왕다운'(kingly)이었기 때문이다.[79]

이렇게 보면 (2)안이 가장 가능성이 있다. 최고의 법(royal law)은 "성경에 기록된 대로"(κατὰ τὴν γραφήν)이기 때문이다. 거의 언제나, 신약 저자들은 구약에서 나온 본문들을 소개하기 위해 이 표현을 사용한다. 하지

70. Johnson(*The Letter of James,* 226)은 2:1에서 영광의 주 예수 그리스도라고 이름 전체를 언급하는 것이 가장 논리적인 선례가 된다고 제의한다.

71. 이것은 "소유 혹은 관계, 특히 하나님과의 관계"(Davids, *The Epistel of James,* 113)를 나타내는 칠십인역 성경의 개념이다.

72. 이 문구와 또한 야고보가 말한 사도행전 15:17의 가운데 줄 사이의 유사성을 살펴보면 흥미롭다.

73. Baker, "James," 51.

74. Richard Kugelman, *James and Jude*(Wilmington: Glazier, 1980), 26.

75. "최고의"(βασιλικόν)라는 용어는 강조를 위해 절 끝 부분으로 이동했다. 특히 Hiebert, *The Epistle of James,* 163을 보라.

76. 하지만 Pierre Keith("La citation de Lv 19, 18b en Jc 2,13," in *The Catholic Epistles and the Tradition,* ed. Schlosser, 227)를 보라. 그는 그 대조가 전체 율법과 사랑 명령 사이의 대조라고 본다.

77. 특히 Motyer, *The Message of James,* 97을 보라

78. 특히 Laws, The Epistle of *James,* 108을 보라.

79. Louw and Nida, *Greek-English Lexicon,* 481.

만 그 문구는 '최고의 법' 자체가 히브리 성경 전체를 그리고 오직 그것만을 말한다면 표현이 중복된다. 그렇기 때문에 데이비스는 "그 말을 예수님의 가르침에서 해석되고 교회에 전해 내려온 율법 전체, 즉 하나님 나라의 주권적 통치(참고. 마 5장)를 나타낸다고 보는 것이 가장 자연스럽지" 않느냐고 묻는다.[80] (2)안은 그래서 다른 안들을 제거하고 보니 가장 적합해진 것이 아니며, 또한 야고보가 살던 유대적 환경과 그가 그리스도의 가르침에 의지하는 것을 결합해볼 때 가장 잘 들어맞기 때문에도 가장 적합한 것이다. 그렇기 때문에 이 최고의 법은 예레미야 31:31-34에 나오는 (다시) 새로운(새롭게 된) 언약을 달리 언급하는 말인 1:25의 "자유롭게 하는 온전한 율법"이라는 말과도 조화를 이룬다. "성경에 기록된 대로"라는 말은 그렇다면 야고보의 말을 듣는 사람들이 이 최고의 법의 어떤 부분을 여기에 적용해야 하는지 묘사한다.[81] 그들은 자기 이웃을 그들 자신처럼 사랑해야 한다.[82] 그 이웃에는 어떤 물질적인 보답도 할 수 없는 가장 가난한 사람들이 포함된다.

이웃(πλησίον)은 그래서 예수님이 가르치신 것처럼(눅 10:25-37) 관계적으로, 재정적으로, 혹은 종교적으로 우리와 가까운 사람들뿐 아니라 모든 사람, 심지어 원수들까지 포괄한다. 야고보가 "네 몸"(yourself, σεαυτόν)이라는 말을 사용한 것은 다른 사람들을 사랑하기 전에 의도적으로 '자기애'를 요구하는 현대 심리학(그런 학문이 만들어지기도 전에!)을 조장하는 것이 아니다. 그보다 성경 전체에서 나오는 사랑 명령은 병리학을 고려한 것이기보다는, 사람들이 자아에 대해 건강하고 균형잡힌 견해를 가지고 있다고 추정한다.[83] 그렇지 않으면, 우리는 자신을 사랑하는 일에 너무나 몰두하게 되고 그러면서 언제나 부적절한 느낌이 들어 절대 다른 사람을 사랑하는 일로 넘어가지 못하게 될 수 있다.

마지막으로, 야고보는 네가 이 법을 지키면 "잘하는 것"이라고 결론을 내린다. 이것은 흥미롭게도 사도적 판결(Apostolic Decree, 행 15:29)을 알리는 야고보의 편지 절정부와 비슷하다. 그것은 우리가 가지고 있는-심지어 전해 들어서-야고보의 유일한 다른 글이다. 헬라어 단어는 다르지만(εὖ πράξετε),[84] 의미와 구조는 같다. 야고보에게 있어 믿음은 그것이 삶에서 어떻게 나타나는지로 드러난다.

약 2:9 만일 너희가 사람을 차별하여 대하면 죄를 짓는 것이니 율법이 너희를 범법자로 정죄하리라(εἰ δὲ προσωπολημπτεῖτε, ἁμαρτίαν ἐργάζεσθε ἐλεγχόμενοι ὑπὸ τοῦ νόμου ὡς παραβάται). 야고보는 이제 차별하는 것과 모든 이웃을 사랑하는 것을 대조하려 한다. 차별은 죄이며 율법을 어기는 것이다. 여기에서 "차별하여 대하다"(προσωπολημπτεῖτε)에 해당하는 단어는 2:1에 나오는 명사와 같은 어근에서 나온 것으로, 역시 사람을 전인적으로 보는 대신 오직 외모로만 본다는 함축을 지닌다. 레위기 19:15은 부자에 대해서건 가난한 자에 대해서건 그런 차별을 하는 것을 명확히 금한다. "죄"(ἁμαρτίαν)라는 단어는 원래 '표적을 맞히는 데 실패하다'(궁사의 화살이 과녁을 맞추지 못하는 것처럼)라는 의미였다. 하지만 여기에서 그 실패는 도덕적인 것이다. "짓다"(ἐργάζεσθε)라

80. Davids, *The Epistle of James,* 114. 참고. Maurice Hogan, "The Law in the Epistle of James," *SNTSU* 22(1997): 88.

81. 참고. NAB: "하지만 너희가 하나님의 율법을 성취한다면 올바르게 행동하고 있는 것이다. 성경에는 '네 자신처럼 네 이웃을 사랑할지니라'고 되어 있다."

82. 미래 시제 "너희는 사랑할지니라"(ἀγαπήσεις)는 이미 LXX역에 나오는 것으로, 명령법이고 일반적인 셈어적 구문을 나타낸다.

83. Motyer(*The Message of James,* 97)는 성경이 어떻게 우리가 우리 자신을 사랑한다고 상상하는지 말한다. "절대(그렇게 바라야 한다!) 감정적 전율 없이, 좀처럼 만족하지 못하면서, 대체로 상당히 대대적인 불만을 가지고, 종종 완전히 싫어하면서 사랑한다. 하지만 언제나 관심과 보살핌과 주의를 기울이면서 사랑한다."

84. 결국, 사도행전은 야고보가 원래 맥락에서 십중팔구 아람어로 말했을 만한 것을 누가가 번역한 것이다.

85. 참고. Johnson, *The Letter of James,* 231.

86. Moo, *The Letter of James,* 113.

는 의미는 어떤 것을 선택해서 적극적이고 의지적으로 열심히 성취하는 것(outworking)을 말한다.

차별하여 대하는 사람은 "율법이 범법자로 정죄"하는 사람이다. 현재 수동 분사인 "정죄받는"(ἐλεγχόμενοι)이라는 말은 하나님의 반응이라는 진행적 의미를 전달한다. 죄인들은 하나님의 율법을 범함으로 하늘의 멍에를 자발적으로 제거했다. 그 분사는 수반되는 환경의 분사로 분류하는 것이 가장 좋다. "정죄받는 것"을 "죄를 범하는 것"과 개념상 동격으로 보는 것이다(문법적으로는 종속되어 있지만).[85] "범법자"(παραβάται)라는 단어는 의식적으로 법을 범하는 사람, 자신이 있는 곳, 자신이 하고 있는 일에 대해 변명의 여지가 없는 사람을 말한다.[86] 그렇기 때문에 이 분사구는 듣는 사람들이 차별은 고의적인 죄라는 것을 깨닫지 않을 수 없게 한다. "율법"(τοῦ νόμου)이라는 아무 제한 없는 언급은 단지 히브리어 성경만 포함하는 것은 아닐까 하는 생각이 든다. 10–11절은 토라를 언급하는 것으로 해석하는 것이 가장 자연스럽겠지만, 12절에 나오는 "자유의 율법"은 더 광범위한 율법에 대한 논의로 다시 돌아가기 때문이다.[87] 어쨌든, 우리는 사람들을 차별하여 대함으로써 이웃을 우리 자신과 똑같이 대하는 데 실패하며, 그래서 하나님의 율법을 지키는 데 실패한다.

약 2:10 누구든지 온 율법을 지키다가 그 하나를 범하면 모두 범한 자가 되나니(ὅστις γὰρ ὅλον τὸν νόμον τηρήσῃ πταίσῃ δὲ ἐν ἑνί, γέγονεν πάντων ἔνοχος). 야고보는 율법이 하나로 다 이어진 것임을 강조하면서 율법에 대한 논의를 계속한다. 10–11절에 나오는 이 율법의 부정적 기능–12–13절에 나오는 자유라는 긍정적 기능과는 대조되는–때문에, 여기에서는 그저 토라만 염두에 두고 있는 것처럼 보일 것이다. 11절에서 인용된 구체적인 율법들은 분명 구약 율법의 핵심인 십계명에서 나온다. 이 가상의 인물은 어쩌면 율법 전부를 "지킬"(τηρήσῃ) 수도 있을 것이다. 그래서 그들은 히브리 성경에서 자세히 설명한 규정들이 그들의 삶을 지배하게 하려는 것이다.

하지만 그들은 "그 하나를 범하"(πταίσῃ ἐν ἑνί)게 될 수 있다. 범하는 것(stumbling)이 율법을 어기는 것을 의미한다면.[88] 온 율법을 지키는 것을 [율법] 하나를 지키는 것과 나란히 놓음으로써, 우리는 토라에 대한 순종이 이 사람의 삶의 지침이라는 것을 볼 수 있다.[89] 그렇게 율법의 인도를 받을 때 율법을 범하면, 그들은 "모두 범한 자가 되나니"(has become answerable for the whole, γέγονεν πάντων ἔνοχος)라고 야고보는 말한다. 로스는 "범한 자"(ἔνοχος)라는 말의 일차적인 법적 의미를 알려준다. 그 말은 여기에서처럼 소유격과 함께 쓰일 때 "세 가지 의미를 지닐 수 있다. 벌을 받을 책임이 있다, 죄를 범했다, 아니면 그 범죄의 대상이 되는 사람이나 물건에 관해 책임이 있다 등이다." 그녀는 세 번째 안을 지지한다.[90] 사람들은 율법에 맞추어 자신들의 삶을 꾸려나가려 할 때, 자신들이 율법 전부를 지켜야 한다는 사실을 깨닫게 된다.[91] 이 주장은 마태복음 5:17–20에 나오는 율법에 대한 예수님의 논의 및 갈라디아서 5:1–15에 나오는 바울의 논의와 비슷하다.

---

87. 참고. Martin, *James*, 67.

88. 통상 우리는 가정법과 함께 "누구든지"(ὅστις)보다는 "언제든지"(ὅταν)가 나오리라고 예상한다. 야고보는 그래서 자신이 이 시나리오를 있을 법하지 않은 것으로 보는 것이 아니라, "정말로 가능성이 있는 것으로" 본다는 사실을 보여준다(Hiebert, *The Epistle of James*, 166).

89. Davids(*The Epistel of James*, 116)는 "그것이 유대적 형태를 지니고 있긴 해도, 그 진술 자체는 자명하다. 벌은 달라질지 모르지만, 법전의 어느 특정한 부분을 어겼든지 간에 그 사람은 범죄자로 여겨진다"고 말한다. 참고. 예를 들어 Philo, *Allegorical Interpretation*, 3.241; 4 Macc. 5:20.

90. Laws, *The Epistle of James*, 112.

91. Marjorie O. Boyle("The Stoic Paradox of James 2.10," NTS 31 [1985]: 611–17)는 우리가 이 진술을 스토아의 역설, 곧 "모든 미덕과 악덕은 평등하다는 것과, 한 가지 미덕을 가진 사람은 모든 것을 가진 반면, 한 가지가 없는 사람은 아무것도 없는 것이라는 자명한 결

약 2:11 간음하지 말라 하신 이가 또한 살인하지 말라 하셨은즉 네가 비록 간음하지 아니하여도 살인하면 율법을 범한 자가 되느니라(ὁ γὰρ εἰπών, Μὴ μοιχεύσῃς, εἶπεν καί, Μὴ φονεύσῃς· εἰ δὲ οὐ μοιχεύεις φονεύεις δέ, γέγονας παραβάτης νόμου). 야고보는 예를 하나 들어서 10절의 원리를 설명한다. "…하신 이가"(ὁ εἰπών)라는 실질 분사는 하나님, 곧 모세에게 율법을 주시고 구약을 영감시키신 분을 나타낸다.[92] 존슨과 무는 둘 다 말씀하신 분에 대한 이러한 강조가 매우 중대한 것임을 지적한다. "개별적 계명들은 한 율법을 주신 분의 뜻을 반영하기 때문에, 나눌 수 없는 한 전체의 중요한 부분이므로"[93] 그렇다는 것이다.

하지만 왜 이 두 가지 예를 드는가? 그 한 대답으로 야고보서 4:2–4에서 이런 개념들이 다시 나오는 것을 내다본다. 사람들은 시기심에서 "살인"하며 그들과 하나님과의 관계에서 "간음"하기 때문이다. 또 한 가지 견해는 마태복음 5:21–30에 나오는 산상수훈을 살펴보는 것이다. 거기에서 이 두 가지는 예수님이 선택하사 상세히 설명하시는 십계명 중 두 개의 율법이다. 데이비스는 살인이 "종종 가난한 사람들에 대한 차별 및 이웃을 사랑하지 못하는 것과 연관된다"[94]고 말한다. 그것은 야고보서의 문맥에 잘 맞을 것이다. 어쨌든 10–11절에서 야고보의 요점은 가난한 사람들을 소홀히 하는 것이 하나님의 중심적 뜻을 범하는 것임을 보여주는 것이다. 그럼에도 불구하고, 어떤 죄도 다른 죄보다 더 나쁘지 않다는 주장은 본문에서 합법적으로 추론할 수 있는 범위를 벗어난다. 모든 죄는 우리를 하나님으로부터 분리시킬 것이다. 하지만 우리는 누군가 핵을 폭발시켜 대학살을 하는 것보다는 '악의 없는 거짓말'을 훨씬 더 선호할 것이다![95]

약 2:12 너희는 자유의 율법대로 심판 받을 자처럼 말도 하고 행하기도 하라(οὕτως λαλεῖτε καὶ οὕτως ποιεῖτε ὡς διὰ νόμου ἐλευθερίας μέλλοντες κρίνεσθαι). 여기에는 이 본문이 두 가지 율법에 대해 논의하고 있다는 것을 보여주는, 8–13절에서 가장 분명한 두 가지 증거가 나온다.[96] 야고보는 1:25에서 처음 소개된 "자유의 율법"으로 다시 돌아간다. 그것은 오직 정죄하는 데 기여할 뿐인 10–11절의 율법과 긍정적인 대조를 이룬다. 그래서 이 본문은 갑자기 현저히 바울적으로 들린다. 어떤 사람이 토라를 따라 살려 하면, 그는 실패할 수밖에 없다. 그는 결코 율법 전부를 다 지킬 수가 없기 때문이다. 그보다 우리는 그리스도가 토라를 성취하고 보충하여 만드시는 새 율법 혹은 언약을 따라, 그리고 그것이 가져다주는 자유를 따라 살아야 한다.[97] 하지만 이것이 죄를 짓게 해주는 허가증이라고 생각하지 않도록, 무는 "하나님이 은혜롭게 우리를 받아주셨다 해서 그분께 순종해야 하는 우리의 의무가 사라지는 것은 아니다. 그것은 우리를 새로운 국면으로 진입시킨다. 하나님의 뜻은 이제 자유의 법으로, 우리가 기쁨으로 "이행해야 하는 의

과"(611)에 비추어 이 진술을 다시 이해해야 한다고 주장한다. 그러나 이 구절에 대해 어거스틴과 에라스무스는 지지하지만, 20세기에는 대체로 무시되는 해석이다. 그녀는 "이 구절이 유대적 표현을 끌어냈다 해서, 스토아 역설에 대한 그 표현이 무효가 되지는 않는다"(616)고 주장한다. 디아스포라 유대–그리스도인들이 여러 종교적 맥락에서 그것과 유사한 것을 인식했을 가능성은 분명히 있다. 하지만 이것이 그들이 주로 상상하던 것일 듯하지는 않다.

92. Davids(*The Epistel of James,* 117)는 "εἰπών...εἶπεν καί의 사용은 유대 문체에서 하나님의 이름을 피하기 위한 완곡어법으로, 동사의 선택은 말로 발음된 하나님의 개인적 명령인 율법을 가리킨다"는 점을 지적한다. 그는 "야고보가 선택하는 예들은 그가 의식상의 명령이나 사소한 세부사항들에 대해서는 전혀 관심이 없다는 것을 보여준다"고 덧붙인다.

93. Moo, *The Letter of James,* 113; 또한 Johnson, *The Letter of James,* 232을 보라.

94. Davids, *The Epistle of James,* 117. 그는 핵심 본문 목록을 추가한다. 렘 7:6; 22:3; 집회서 34:26; Test. Gad 4:6–7; 요일 3:15; 암 8:4.

95. 참고. 마태복음 23:23 병행구절에 나오는 "율법의 더 중한 바"에 관한 예수님의 구분. Barton Veerman, and Wilson(*James,* 53)은 그것을 잘 표현한다. "여기에서 야고보의 요점은 차별을 하는 것이 살인처럼 '나쁘다는' 것이 아니라, 어떤 사람이 어떤 계명을 어기든 간에 그 사람은 하나님께 대해 죄를 지었다는 것이다. 그 사람은 하나님

무"이기 때문이다. 우리는 죄사함을 받았으면서 또한 성령의 권능을 받았기 때문이다.[98] "자유의"(ἐλευθερίας)라는 소유격은 '자유케 하는' 율법을 의미하는 서술어다.

그다음에 야고보는 올바른 삶의 두 핵심 부분을 다루기 위해 두 개의 명령어를 사용한다. 우리가 어떻게 말하고 어떻게 행동할까 하는 것이다. "처음으로 야고보는 종말론적 심판에 대해 경고하며 율법의 요구를 따르는 것이 그 심판의 판단 기준이 될 것임을 시사한다."[99] 그러면서 2:14–16에 나오는 가르침을 예상한다. 이 심판이 일어"날"(about to, μέλλοντες) 것이라는 말은 이 미래의 사건이 일어날 정확한 시간보다는 그 사건의 확실함을 나타낸다. 한편, 상보적(complementary) 부정사인 "심판받다"(κρίνεσθαι)라는 말은 차별(διακρίνω에서 나온) 혹은 부정확한 판단 형태들이 나왔던 2:1 및 4절과 연결된다. 그리스도인들도 심판을 받는다. 하지만 우리가 받는 심판은 그리스도 앞에서 이루어질 것이다. 그리스도는 이미 그분의 은혜와 자비를 통해 우리에게 자유를 주셨다. 이로 인해 우리 또한 다른 사람들을 억압하기보다 자유케 해야 한다(다시 한 번 마태복음 18:23–35을 상기하라).[100]

약 2:13 긍휼을 행하지 아니하는 자에게는 긍휼 없는 심판이 있으리라 긍휼은 심판을 이기고 자랑하느니라(ἡ γὰρ κρίσις ἀνέλεος τῷ μὴ ποιήσαντι ἔλεος· κατακαυχᾶται ἔλεος κρίσεως). 마지막으로, 야고보는 불신자들이 당하는 심판의 본질을 신자의 경험과 대조한다. 여기에서 핵심 동사인 ποιέω['행하다'(showing)의 기저를 이루는]가 다시 나온다. 그것은 긍휼을 행하는 것의 활동적인, '행하는' 측면을 나타낸다. "긍휼을 행하지 않는 사람은 어떤 피조물이나 다른 사람도 돌보지 않을 것이다…특히 가난한 사람들을 돕지 않을 것이다."[101] 마틴은 "이 구절의 엄중함"을 축소시키는 것에 대해 경고한다. "살아 있고 일관된 믿음을 보여주지 않는 사람들은 마지막에 가혹한 심판의 위험에 처한다. 그들은 윤리적 문제들이 전혀 중요하지 않은 것처럼 살았기 때문이다."[102]

간략한 전체 진술과 더불어 그다음 절을 소개하는 접속사가 생략된 것은 "긍휼은 심판을 이기고 자랑하느니라"(κατακαυχᾶται ἔλεος κρίσεως)는 야고보의 마지막 주장을 한층 더 강조한다. 관련된 동사인 καυχάομαι는 자랑하는 것에 대해 바울이 흔히 쓰는 용어다. 하지만 여기에서 사용된 복합적 형태(κατακαυχάομαι)는 여기에서와 로마서 11:18에서 단 두 번 사용된다. 이 동사는 승리, 정복, 어떤 것을 자랑할 수 있다는 느낌을 나타낸다. 그것은 교만을 의미할 수도 있지만, 그런 바울적 의미는 이 본문에서는 전달되지 않는다.[103]

야고보의 주장은 문맥에서 벗어나서 보면 보편주의적인 것처럼 들릴 수도 있다. 마치 언젠가는 모든 사람이 구원받으리라는 말처럼 들린다는 것이다. 하지만 여기에서 그는 어떻게 그리스도인들에게 긍휼이 심판을 이기고 승리하는지 논하고 있다. 어떤 긍휼도 행하지

의 뜻을 어겼다. 우리는 우리가 행하는 나머지 선을 내세워 차별하는 죄를 변명할 수는 없다. 죄는 그냥 하나님께 대한 것이다. 그것은 고백하고 사함을 받아야 한다."

96. 참고. Perkins, *First and Second Peter, James, and Jude,* 107.

97. Adamson(*The Epistle of James,* 118–19)은 이 견해를 가장 강력하게 지지하는 사람 중 하나이다.

98. Moo, *The Letter of James,* 117.

99. 같은 책, 116.

100. Stulac, *James,* 104.

101. Davids, *The Epistle of James,* 119. 그는 "그 연관은 가난한 사람들(하나님이 존중하시는)에게 굴욕을 주는 것과 사랑의 율법을 위반하는 것(그로 인해 율법을 어기는 것)에서 그들이 자비를 보이는데 실패하고 있음이 분명하다. 그로 인해 그들은 최후의 심판에서 어떤 긍휼도 기대하지 못할 것이다"라고 덧붙인다.

102. Martin, *James,* 72. 하지만 그는 13b절을 13a절의 위협과 대조되는 소망으로 보며, 마태복음 5:7의 약속을 반영하는 것으로 본다.

103. William Dyrness("Mercy Triumphs over Justice: James 2:13 and the Theology of Faith and Works," *Them* 6 no. 3 [1981]: 13)는 "긍휼은 그저 그 자체가 옳다는 것을 입증할 뿐만 아니라 그것은 승리할 수가 있다"고 말한다. 그는 "야고보서에 나오는 서로 연관되어 있는 두 개의 주요 신학적 흐름"과 결부시킨다. 그 흐름이란 "그리스도인들은 가난한 사람들에 대한 하나님의 긍휼의 명령을 반영

않는 사람은 하나님의 긍휼을 내면화하고 받아들였을 리가 없다. "일단 믿음이 하나님이 행하시는 구원, 곧 신적 긍휼이 신적 정의를 이기고 승리했다는 것을 이해하면, 믿음은 분명 다른 사람들을 향한 긍휼의 자세를 포함한다."[104] 하나님의 심판은 냉혹하다. "하지만 긍휼한 행동의 증거가 있을 때, 하나님의 긍휼의 속성은 하나님의 정의가 지시하는 것을 이기고 승리한다. 그리고 국면은 사람에게 유리한 쪽으로 전환된다."[105] 참된 신자들(다른 사람들에게 긍휼을 행하는 사람들)은 그리스도 안에 있는 하나님의 긍휼이 그들이 받았을 정죄를 무효로 만들어버리는 것을 발견할 것이다. 이 구절에서 염두에 두고 있는 긍휼은 인간적인 것과 신적인 것 둘 다이다.[106] 하지만 불신자들(긍휼을 전혀 보이지 않는 자들)은 그들이 당연히 받아야 하는 정죄만 기대할 수 있다. 14-17절은 정확하게 그런 긍휼 없음의 명백한 예를 제시한다.

적용에서의 신학

차별에 대한 경고(2:1-4)

이 단락 배후에 있는 핵심적인 성경적 선례는 레위기 19:15에 나오는 부자 편도 가난한 자 편도 들지 말라는 명령이다. 이 원리는 욥기 34:19에 나오는 엘리후의 말과 사도행전 10:34에서 베드로가 고넬료와 나눈 대화에서 분명하게 반복된다. 재판에서 차별을 하는 것은 신명기 1:17과 요한복음 7:24에서 명백히 금지된다. 물론 부의 위험에 대한 경고 및 가난한 자에 대한 관심이라는 더 큰 주제는 성경의 거의 모든 부분에 퍼져 있다.[107] 우리는 특히 누가복음 14:7-24과 18:1-14의 비유들에서 묘사된 역전되는 상황들을 생각할 수 있다. 그리고 그리스도의 영광(약 2:1)은 속성상으로나 호칭상으로나, 여호와 자신이 다른 사람에게 주지 않으시는(사 42:8) 그분의 핵심적 특징을 반영한다. 우리는 여기에서 그리스도의 신성에 대한 적어도 미묘한 언급이 있는 것은 아닌가 의심하지 않을 수 없다. 하지만 그것은 실제로는 공공연하게 언급되어 있을 수도 있다(앞의 112-113쪽을 보라). TCNT는 1절을 풀어 번역하면서, 이 단락의 윤리적 기독론적 주제 둘 다를 포착한다. "너희는 정말 우리의 영광을 받으신 주님인 예수 그리스도를 믿는 믿음을 지위를 숭배하는 것과 결합시키려 하고 있느냐?"[108]

차별을 반대하는 이 명령들의 적용을 어디에서 시작하거나 중단해야 하는지 좀처럼 알기 어렵다. 서구 문화가 겉보기에는 과거의 극단적인 인종 차별 및 성차별을 제어하는 데 어

하며, 그들의 삶에서 그분의 지혜를 실현해야 한다"(15)는 것이다. 같은 어휘를 바울이 다르게 사용하는 것과 관련해 Dyrness는 "야고보는 유대교를 예수님의 가르침에 비추어 해석한다. 바울은 유대교를 배경으로 해서 기독교 진리를 전개한다"(16)고 설명한다.

104. Richardson, *James,* 126.

105. Laws, *The Epistle of James,* 117.

106. Mariam Kamell, "James 2:12-13"(미출판 논문, St. Andrews, 2007), 20-22. 참고. 특히 Hort, *The Epistle of St. James,* 57.

107. Craig L. Blomberg, *Neither Poverty nor Riches* 전체를 보라.

108. Michael J. Townsend(*The Epistle of James*[London: Epworth, 1994], 34)는 기독론적인 사고에서 윤리적 주제로 진전하는 것을 보여준다. 그것은 그리스도인의 과업 중 일부는 "그리스도의 통치가 그

느 정도 진보한 것처럼 보이는 바로 그 순간에도, 태어나지 않은 아이와 노인들에 대한 학대는 전염병처럼 급속도로 퍼져나간다. 많은 보수적 그리스도인들은 게이와 레즈비언들에게 그리스도의 사랑을 보여주려는 균형 잡히고 긍정적인 행동도 없이, 온전히 성경적이지도 않으면서 그저 재판에 관한 법률을 만들며, 그들에게 평등한 권리를 주는 것에 대해 반대투표를 한다. 가난한 자들은 심지어 미국에서도 별로 중요한 문제로 여겨지지 않는 듯하다. 허리케인 카트리나의 여파로 걸프만에 갇힌 수많은 사람들이 방치된 것은 그 사실을 입증한다. 영화 〈호텔 르완다〉(*Hotel Rwanda*)는 해외에 파병된 백인 군인 지도자가 원주민인 흑인 호텔 주인에게 왜 미국인들과 유럽인들이 포위된 르완다인들을 버리고 떠나는지 설명할 때, 소위 '어둠의 대륙'에서 계속되는 기근이나 내전에 사로잡혀 있는 수많은 사람들이 느끼는 감정을 이렇게 표현한다. "당신들은 검둥이보다 더 형편없어. 당신들은 바로 아프리카인이야!"

한편, 미국인들은 자신들이 현실적으로 도저히 갚을 수 없을 기록적인 금액의 돈을 계속 빌려서 쓰고 있으며, 그들이 실제로는 그렇게 원하지도 필요하지도 않은 것을 '원하고' 그다음에 '필요로 한다'고 생각하게 만드는 매일 쏟아지는 광고의 홍수에 굴복한다. 그리스도인들이 미용 제품, 옷, 자동차, 여흥, 스포츠와 오락, 기계 장비, 교회 설비 등에 들이는 지출은 타락한 세상 제도가 그만큼 교회로 들어왔다는 것뿐 아니라, 이 세상이 때로는 교회 자신의 신이라는 것을 시사한다.[109] 적어도 야고보의 교회에서는, 궁핍한 사람들이 실제로 교회로 들어오기는 했을 것이다. 하지만 대개의 중산층이나 상류층 교회에서는 그런 궁핍한 사람들이 절대 감히 들어오지 않을 것이다![110]

이론적 근거: 경험과 성경(2:5-11)

하나님이 가난한 자들을 택하신 것(5절)은 고린도에 지혜롭거나, 영향력 있거나, 좋은 가문 출신의 사람이 얼마나 없는지에 대해 바울이 말한 것과 매우 비슷하다(고전 1:26-28). 물론, "많지 아니하며"라는 말은 몇 명은 이 범주에 속한다는 것을 암시한다. 이것은 바울도 야고보도 사회경제적 계층을 구원의 기준으로 보지 않음을 상기시킨다. 그렇다면 우리는 해방신학과 마더 테레사로 인해 유명해진 "하나님이 가난한 자들을 우선적으로 선택하신다"라는 말을 어떻게 보아야 하는가? 우리는 차별 철폐를 위한 조처들, 일부 사람들이 '역차별'이라고 부르는 완곡어법에 어떻게 반응해야 하는가? 하나님은 모든 사람을 평등하게 사랑하신다. 하지만 바

들 안에 구현되는 사람처럼 사는 것, 그래서 인류의 궁극적 소망을 가리키는 것이다. 그 때문에 야고보는 숭고한 기독론적 진술로부터 대단히 실제적인 요구로 넘어갈 수 있다"라는 것이다.

109. 신랄한 몇 가지 예로는 Nystrom, *James*, 128, 134-35을 보라.

110. 참고. Richardson, *James*, 112-13. Bauckham(*James*, 190)은 심원하게 선포한다. "부자가 가난한 사람을 무시하는 성향은 윤리적인 것일 뿐 아니라 또한 종교적인 것이다. 가난한 자의 곤경에 대면하게 되면 부자는 삶의 현실에 직면하여 그들의 편안한 고치에 틀어박히는 것에 방해를 받는다." 또한 "풍요함에 대한 환상들은 사실상 현대 서구 사회의 종교다. 그것으로 인한 영적 불안감은 궁핍한 자들에게 깊고 실제적인 주의를 기울이지 않고는 치유될 수 없다."

로 그 이유 때문에 하나님은 모든 사람이 피조 세계 안에 있는 그분의 좋은 선물을 최소한 조금이라도 평등하게 접할 수 있기를 원하신다(참고. 고후 8:13-15; 딤전 6:17-19). 자동차의 타이어 한 개가 공기압이 낮으면, 우리는 그것이 나머지 타이어만큼 부풀어 오를 때까지 그 타이어에 특별히 주의를 기울인다. 장기적이고 조직적인 차별을 시정하기 위해서는 반대 방향으로 일시적인 불균형이 일어나야 할 수도 있다. 하지만 그런 '치우침'도 마찬가지로 너무 오래 간다면, 하나의 편견을 다른 편견으로 대체하게 될 뿐이다.[111]

가난한 자에 대한 부자의 착취는 성경에서 되풀이되는 주제 중 하나다. 잠언 17:5은 가난한 자를 조롱하는 사람들은 "그를 지으신 주를 멸시하는" 것을 나타내고, 다른 사람들의 재앙을 기뻐하는 자들은 "형벌을 면하지 못할 자니라"고 상기시켜준다. 아모스 선지자는 그런 사람들에게 성경의 어떤 저자 못지않은 가혹한 독설을 퍼붓는다. 아모스 6:1-6은 이스라엘의 멸망과 포로생활을 슬퍼하지 않고 온갖 사치를 누리는 유다의 부유한 자들을 호되게 꾸짖는다. 아모스 8:4-6은 가난한 자들을 끊임없이 속이는 한편, 자신들의 상업 활동을 재개할 수 있도록 안식일이 끝나기를 그 무엇보다 열렬히 원하는 사람들을 호되게 꾸짖는다.

오늘날, 많은 그리스도인들은 휴일이나 안식일에도 할 수 있는 한 많은 돈을 벌려고 애쓰며, 외국인 노동자들에 대한 회사의 부당한 대우, 거짓 광고, 혹은 정확하지 않은 재정 발표 등에 대해 감히 자기 고용주들에게 도전하지 않는다. 그 대신 야고보가 책망하는 사람들처럼 우리는 부자들에게 빌붙는다. 특히 그들이 우리의 기독교 단체에 헌금을 할 때 더 그렇다. 그리고 그 물건이 우리에게 아무 도움이 되지 않을 때에도 그들의 물건을 구매하여 부정하게 그들의 호주머니를 채워준다. 켄트 휴즈(Kent Hughes)는 단도직입적으로 말한다. "물질주의는 인간의 영혼을 왜곡시킨다…우리를 착취하는 일에 자신들의 삶을 소비하는 이기적인 유명인사들에게 우리가 바치는 지나친 찬사를 어떻게 설명할 것인가? 물질주의에 집중하는 것은 영적 혼란을 촉진할 수밖에 없다는 것이 그 대답이다."[112] 그리고 세간의 이목을 끌며 그 유명세를 과시하는 몇몇 대중적 슈퍼스타들은 공공연히 기독교적인 모든 것을 조롱한다(참고. 약 2:6-7). 많은 미국의 그리스도인들에게는 미국과 미국의 사업체들이 국내외의 가난한 사람들에 대한 고의적·비고의적 착취에 연루되었음을 인정하기는 더욱 어렵다.[113] 분명 그 문제는 복잡하다. 하지만 책임을 거부하거나 현실을 외면하는 것은 불의를 영속시키기만 할 뿐이다.[114]

---

111. 참고. Tidball, *Wisdom from Heaven,* 65-67; Deiros, *Santiago y Judas,* 129-39에 나오는 이 주제에 대한 대단히 균형잡힌 소견들.

112. Hughes, *James,* 94. 참고. Brian S. Rosner, *Greed as Idolatry: The Origin and Meaning of a Pauline Metaphor*(Grand Rapids: Eerdmans, 2007).

113. Ronald J. Sider, Rich *Christians in an Age of Hunger,* 4th ed. (Dallas: Word, 1997). John R. Schneider, *The Good of Affluence: Seeking God in a Culture of Wealth*(Grand Rapids: Eerdmans, 2002)는 바로 이 분야에서 Sider에 대한 그의 비판 중 많은 것에서 과녁을 벗어나 있다.

114. 어떻게 개인들과 교회들이 문제의 일부가 되기보다는 문제 해결의 일부가 될 수 있는지에 대한 많은 실제적 아이디어들에 대해서는, Tom Sine, *Mustard Seed versus McWorld: Reinventing Life and Faith for the Future*(Grand Rapids: Baker, 1999)를 보라. 더 많은 제도적인 문제를 잘 다룬 것은 Ronald J. Sider, Just Generosity: *A New Vision for Overcoming Poverty in America*(Grand Rapids: Baker,

해결책은 이웃과 자신에 대한 참 사랑이다(8-11절). 우리는 이웃들에게나 우리에게나 진정으로 가장 좋은 것이 무엇인지 그 사랑 때문에 인식할 수 있다. 8절에 나오는 "최고의" 혹은 "나라의" 법은 복음서에서 나오는 것처럼, 하나님의 왕적 통치가 현재와 미래에 권능으로 임하는 것에 대한 예수님의 가르침이라는 풍성한 배경에 의지하고 있다.[115] 분명 그것은 다른 사람을 사랑하라는 명령이 중심이라는 성경의 반복된 주장을 계속 이어간다. 특히, 하나님을 포함해서 우리가 가장 사랑하기 어려운 존재들을 사랑하라는 것이다(참고. 레 19:18; 마 19:19; 22:39; 막 12:31; 눅 10:27; 요 15:12; 롬 13:9; 갈 5:14; 요일 3:11).[116] 야고보는 우리가 율법과 사랑을 갈라놓을 수 없다는 것을 상기시킨다. 상대주의적인 '상황 윤리'와는 달리, 사랑은 옳고 그른 것에 대한 특정한 절대적 기준들을 포함한다. 수많은 비성경적인 절대 불변의 기준들을 늘려가는 사람들의 융통성 없는 율법주의와는 달리, 율법은 참으로 사랑에서 나온 것임을 반영하기 위해 정기적으로 상황에 맞게 조정된다.[117]

정의와 긍휼의 율법(2:12-13)

야고보는 여기에서 긍휼히 여기는 사람이 복이 있다는 예수님의 말씀(마 5:7)을 염두에 두고 있을 수도 있다. 하지만 이 두 구절에 나오는 대조와 가장 유사한 성경 본문은 용서하지 않는 종의 비유(마 18:32-35)와 주기도문(마 6:12, 14-15)이다. 우리가 다른 사람들에게 긍휼을 베풀지 않는다면, 하나님의 자비를 진정으로 받은 적이 없다는 것을 드러내는 것이다(참고. 또한 집회서 27:30-28:7). 하나님께 죄를 사해달라고 기도할 때, 우리도 우리에게 죄를 지은 사람들을 용서하고 있다고 선언하는 것이다.[118] 잠언 21:13은 가난한 자들의 부르짖음에 그들의 귀를 닫은 사람들은 하나님도 그들의 부르짖음을 무시하실 것이라고 보다 구체적으로 주장한다.

최근 국내외의 많은 정치적·종교적 수사학은 정의가 시행된 이후에야 극악한 개인적·제도적 범죄에 대한 용서 혹은 소외된 사람들 간의 화해가 이루어진다고 주장해왔다. 하지만 우리가 사는 타락한 세상에서 그런 일은 거의 일어나지 않을 것이다. 그래서 일의 순서가 바뀌어야 한다. 미로슬라브 볼프(Miroslav Volf)가 강력하게 보여주었듯이, 용서와 화해는 보다 정당한 제도로 이끌 수 있다. 특히 죄를 범한 자들이 그 죄를 온전히 인정하고, 공개적으로 진리

1999)이다.

115. George R. Beasley-Murray, *Jesus and the Kingdom of God*(Grand Rapids: Eerdmans, 1986); Bruce D. Chilton, *Pure Kingdom: Jesus' Vision of God*(Grand Rapids: Eerdmans, 1996)을 보라.

116. Scot McKnight(The Jesus Creed: Loving God, Loving Others [Brewster, MA: Paraclete, 2004])은 성경적 학문과 영적 형성을 독특하고 의미심장하게 융합시킨 것에서, 어떻게 그 이중의 사랑 계명이 그리스도의 삶의 모든 주요 주제와 국면에 스며들어 있는지, 그래서 그를 따르는 제자들에게도 동일한 삶의 특징이 되어야 하는지 보여준다. 야고보의 사랑 윤리에서 평등함과 그리고 보편성을 놀랍게 결합시킨 것에 대해서는 Gerd Theissen "Amour du prochain et égalité-Jc 2/1-13: un moment fort de l'éthique chretienne primitive," ETR 76(2001): 325-46을 보라.

117. 참고. Tidball, *Wisdom form Heaven*, 118.

118. Arland J. Hultgren, "Forgive Us, As We Forgive(Matthew 6:12)," *WW* 16(1996): 284-90.

를 말할 때 그렇게 되는 것이다.[119] 남아프리카로부터 시작해서, 전쟁에 짓밟힌 지역들에서 진실과 화해 위원회가 거둔 놀라운 성공, 특히 기독교 신앙이 수반될 때의 성공은 심판날 이전에도 어느 정도 긍휼이 정의를 이기고 승리할 수 있음을 입증한다.[120] 빅토르 위고의 고전 소설인 『레미제라블』(*Les Miserables*)은 이 진리에 대한 강력한 표현이다. 우리가 들은 가장 효과적인 설교 중 하나는 이 이야기를 극적으로 재구성한 것에 불과했다. 이 구절들은 그런 메시지를 위한 탁월한 받침대 역할을 한다.

119. Miroslav Volf, "The Social Meaning of Reconciliation," *Int* 54(2000): 159–72.

120. Desmond M. Tutu, ***No*** *Future without Forgiveness*(New York: Doubleday, 1999). 공적 윤리 영역에서의 다른 적용들에 대해서는 Church, "James," 368–69을 보라.

야고보서 2:14-26

CHAPTER 5

문학적 전후 문맥

야고보서 2장 후반부는 계속해서 부와 가난이라는 주제를 다룬다. 사람들은 그 점을 종종 놓치는데, 그것은 20-26절과 오직 믿음으로 의롭게 된다는 바울의 원리가 모순처럼 보이는 것에 과도한 주의를 기울이기 때문이다. 하지만 행함이 없는 믿음은 죽은 것이라는 야고보의 주장은 1-13절의 주제에서 나온 당연한 결과로, 그것은 소위 그리스도인이라는 일부 사람들이 충격적이게도 그들 중 가장 궁핍한 사람들에게 약간의 도움조차 제공하기를 거부하는 것에서 강하게 예시된다(14-17절).

야고보가 말하는 행함이 믿음을 완성한다는 혹은 그 믿음의 정당함을 입증한다는 원리를 보여주는 두 본보기-아브라함과 라합-는 서너 가지 면에서 서로 대조를 이루면서 강력한 상극법(merismus)을 이룬다. 그것은 "가장 극단적인 부분들을 평등하게 하며 그럼으로써 그 사이에 있는 다른 모든 부분들도 평등하게 하는"[1] 비유적 표현이다. 랄프 마틴(Ralph Martin)은 1-13절과 14-26절 사이에 있는 수많은 축어적 연관을 지적한다. "내 형제들"과 "믿음"(1, 14절), 제대로 옷을 입지 못한 가난한 사람(2, 15절), "믿음"이 "사랑" 혹은 "행함"에서 나타난다는 것(5절 그리고 14-26절에서 열 번), "잘하는도다"(8, 19절) 그리고 하나님의 백성이 "일컫는" 바 이름(7, 23절) 등이다.[2] 12-13절을 그다음에 나오는 내용과 곧바로 연결시키는 것은 긍휼을 보여주는 행동이라는 주제다. 그것은 14-17절에는 없는 행동이지만, 라합과 아브라함은 여러 경우에 그런 행동을 보였다.[3]

2:14-26과 3:1-12 사이에는 비슷한 연관들이 나와 있지 않다. 거기에서 야고보가 지혜와 말이라는 그의 두 번째 핵심 주제로 넘어가기 때문이다. 하지만 서신서 다른 곳에서는 2:14-26과 공명되는 것들을 찾을 수 있다. 특히 부자와 가난한 자라는 주제가 두드러지게 나타나

1. Wall, *Community of the Wise*, 143-44.
2. Martin, *James*, 78-79.
3. Roy B. Ward, "The Works of Abraham: James 2:14-26," *HTR* 61(1968): 283-90.
4. Hartin, *James*, 160.

는 곳에서 그렇다. 행함이 없는 믿음은 1:26–27에 나오는 헛된 경건과 같은 것이다. 한편으로, 신자라고 주장하지만 행함이 없는 사람은 구원받을 수 없다. 부유한 억압자들이 영원히 심판을 받게 될 것과 마찬가지다(5:3–4). 다른 한편으로 선행을 통해 참된 믿음을 보이는 사람들은 적어도 이 세상에서 그들의 환경이 얼마나 굴욕적이었든 간에(1:9) 내세에서는 높임을 받을 것이다. 아브라함이 하나님의 벗이라고 부름을 받았다는 것(2:23)은 4:4에 나오는 하나님과 벗하는 것 및 세상과 벗하는 것 사이의 근본적 대조를 미리 예측하게 한다.[4]

IV. 세 가지 주제의 확장(2:1-5:18)
- A. 부와 가난(2:1-26)
  - 1. 차별하는 것에 대한 정죄(2:1-13)
  - ➦ **2. 행함이 없는 믿음의 문제(2:14-26)**
    - **a. 당시의 예(2:14-17)**
    - **b. 반대에 대한 논박(2:18-19)**
    - **c. 두 가지 성경적 예(2:20-26)**
- B. 지혜와 말(3:1-4:12)
  - 1. 혀의 권세(3:1-12)

주요 개념

신자라고 주장하지만 극도로 궁핍한 그리스도인들에게 자신들이 도울 위치에 있음에도 약간의 도움조차 제공하지 않는 사람들은 그들의 주장이 공허하다는 사실을 보여주는 것이다. 참으로 구원하는 믿음은 당연히 선행을 낳을 것이다. 아브라함과 라합 같은 다양한 예들이 이 사실을 입증한다.

번역

야고보서 2:14-26

14a	수사학적 질문	**내 형제들아**…무슨 유익이 있으리요
b	조건	만일 사람이 믿음이 있노라 하고
c	대조	행함이 없으면

d	재진술	**그 믿음이 능히 자기를 구원하겠느냐**
15	(16c의) 예	만일 형제나 자매가 헐벗고 일용할 양식이 없는데
16a	확장	너희 중에 누구든지 그에게 이르되 평안히 가라, 덥게 하라, 배부르게 하라 하며
b	대조	그 몸에 쓸 것을 주지 아니하면
c	(14a)와 유사	**무슨 유익이 있으리요**
17a	결론	이와 같이…**믿음은 그 자체가 죽은 것이라**
b	조건	행함이 없는
18a	문제	**어떤 사람은 말하기를 너는 믿음이 있고 나는 행함이 있으니**
b	결의	**행함이 없는 네 믿음을 내게 보이라**
c	대조	나는…**내 믿음을 네게 보이리라**
d	수단	행함으로
19a	수사학적 질문	**네가 하나님은 한 분이신 줄을 믿느냐**
b	감탄사	**잘하는도다**
	확장	**귀신들도 믿고 떠느니라**
20	수사학적 질문	**아아 허탄한 사람아 행함이 없는 믿음이 헛것인 줄을 알고자 하느냐**
21a	본보기	**우리 조상 아브라함이…행함으로 의롭다 하심을 받은 것이 아니냐**
b	수단	그 아들 이삭을…바칠 때에
c	장소	제단에
22a	추론	**네가 보거니와 믿음이 그의 행함과 함께 일하고**
b	귀결	**행함으로 믿음이 온전하게 되었느니라**
23a	추론	**이에 성경에 이른 바…말씀이 이루어졌고**
b	동시 발생	"아브라함이 하나님을 믿으니 이것을 의로 여기셨다"(창 15:6)
c	확장	그는 하나님의 벗이라 칭함을 받았나니
24	결론	**이로 보건대 사람이 행함으로 의롭다 하심을 받고 믿음으로만은 아니니라**
25a	(21c)와 유사	또 이와 같이 **기생 라합이…행함으로 의롭다 하심을 받은 것이 아니냐**
b	수단	사자들을 접대하여
c	연속	다른 길로 나가게 할 때에
26a	(26b)의 예시	영혼 없는 몸이 죽은 것 같이
b	결론	**행함이 없는 믿음은 죽은 것이니라**

구조

2:14-17의 구조는 2:1-4의 구조와 놀랄 만큼 유사하다. 처음에 논제(14절)가 나온 다음 복합적인 조건적 문장 형태의 예시(15-16절)가 나오며, 그다음에 다른 식으로 표현한 논제가 다시 나온다(17절). 하나의 명령 다음에 하나의 긴 수사학적 질문이 나오는 대신(1, 2-4절), 야고보는 14-16절에서 "무슨 유익이 있으리요"라는 질문으로 시작하고 끝나는 ABB'A' 교차대구법을 만들어낸다. 중간에 예시의 전반부와 후반부가 나오고, 그다음 17절에 나오는 직설법 진술로 공식 결론을 맺는다.[5]

18절은 누군가가 야고보의 논리에 대해 제기할 수 있을 만한 잠재적 반대를 제시한다. 이 본문의 나머지 전체는 야고보의 다각적인 대답으로 이해할 수 있다(18b-26절). 첫 번째 부분은 또 하나의 수사학적 질문을 던지는데, 그것은 유대 그리스도인 청중들이 계속해서 유일신론을 믿는다고 추정한다(19a절). 하지만 비꼬는 듯한 느낌을 풍기는 감탄사 다음에 암시적인 긍정적 대답이 나온다. 심지어 귀신들도 주권적이신 한 분 하나님이 계시는 것을 안다는 것이다. 그러나 그렇다고 해서 그들이 신자가 되는 것은 아니다(19b절)!

두 번째 부분은 전통적인 통렬한 비난 형태로, 가상의 반대자에게 직접 말하기 위해 호격이 있는 수사학적 질문을 사용한다(20절).[6] 야고보가 든 결정적인 예는 아브라함이다. 아브라함이 자기 아들 이삭을 기꺼이 제물로 바친 것은 그의 칭의를 보여주는 전형이다(21절). 22절은 적절한 결론을 내린다. 믿음과 행함이 그의 안에서 함께 일하여 전체 구원 과정을 완성한다는 것이다. 더 입증하기 위해, 야고보는 후에 아브라함을 하나님의 벗이라고 칭하는 성경의 표현을 든다(23절). 다시 한 번, 굽힐 수 없는 결론이 나온다. 믿음 자체로는 부적절하다는 것이다(24절).

세 번째 부분은 라합이라는 대단히 유사한 예로 넘어간다. 21절과 25절 사이의 구문론적 유사점들을 주목하라. 야고보는 몸과 영혼의 관계에 대한 유추를 통해 그의 주요 개념을 마지막으로 한 번 더 반복한다. 행함이 없는 믿음은 죽었다는 것이다(26절).[7]

석의적 개요

Ⅳ. 세 가지 주제의 확장(2:1-5:18)

A. 부와 가난(2:1-26)

1. 차별하는 것에 대한 정죄(2:1-13)

---

5. Marconi, "La struttura di Giacomo 2," 254.

6. Church, "James," 361.

7. 그리스-로마 형태에 따른 수사학적 개요에 대해서는 J. D. N. van der Westhuizen, "Stylistic Techniques and Their Functions in James 2:14-26," *Neot* 25(1991): 95을 보라.

2. 행함이 없는 "믿음"을 드러냄(2:14-26)

a. 행함이 없는 믿음에 대한 예시: 그리스도인이라고 주장하면서 가난으로 고통당하는 동료 신자들을 도와주지 않는 사람들은 사실상 구원받지 못한 것이다(14-17절).

i. 수사학적 질문으로 논제를 진술함: 행함이 없는 믿음이 구원할 수 있는가(14절)?

ii. 예시: 야고보는 궁핍한 상황에 처한 동료 신자들을 돕지 않는 그리스도인들의 예를 살펴본다(15-16절).

iii. 논제가 하나의 선언으로 재진술됨: 행함이 없는 믿음은 구원할 수 없다(17절).

b. 반대에 대한 고찰: 반대 주장들에도 불구하고, 믿음과 행함은 분리될 수 없다(18-26절).

i. 반대 제기: 어떤 사람들은 믿음과 행함을 분리할 수 있다고 단언할 것이다(18a절).

ii. 반대 논박: 믿음과 행함은 분리할 수 없다(18b-26절).

(a) 논박 요약: 행함이 없으면 살아있는 믿음이 있음을 보여줄 수가 없다(18b절).

(b) 논박에 대한 부정적인 예시: 마귀들은 행함이 없는 믿음을 가지고 있으나 구원받지 못한다(19절).

(c) 논박에 대한 긍정적인 예시: 아브라함과 라합은 행함으로 그들의 믿음을 보여주었다(20-25절).

(d) 처음의 논제를 재진술함: 행함이 없는 믿음은 죽은 것이니라(26절).[8]

본문 해설

약 2:14 내 형제들아 만일 사람이 믿음이 있노라 하고 행함이 없으면 무슨 유익이 있으리요 그 믿음이 능히 자기를 구원하겠느냐(Τί τὸ ὄφελος, ἀδελφοί μου, ἐὰν πίστιν λέγῃ τις ἔχειν ἔργα δὲ μὴ ἔχῃ; μὴ δύναται ἡ πίστις σῶσαι αὐτόν;). 행함이 없는 믿음이 헛되다는 것은 이 부분의 주요 개념이며 되풀이되고 있는 주장이다. 야고보가 처음에 묻는 질문은 "무슨 소용이 있는가?"라는 의미다. 이것은 당시 작가들이 저자가 동의하지 않는 논증을 제시하면서 수사학적 대화를 시작하는 일반적인 방식이었다.[9] 서론에서는 먼저 질문을 던지고, 야고보가 그 질문의 구체적 쟁점들을 제시한다. 그가 던진 질문의 주제는 행함이 없는 믿음이 어떤 유익이 있는가이다.[10] "만일"(ἐάν)이라는 말로 시작되는 3급 조건절은 다시 한 번 약간의 의심을 암시한다. 야고보는 그의 논증을 위해 가설적 반대를 제시하고 있을 수도 있다. 하지만 그의 회중 가운데 어떤 사람들이 바로 이 질문을 하고 있을 수도

8. 이 본문의 구조, 특히 거기 나오는 많은 대구법들에 비추어 분석한 상세한 구조 분석에 대해서는 Gary M. Burge, "'And Threw Them Thus on Paper': Recovering the Poetic Form of James 2:14-26," *SBT* 7(1977): 31-45을 보라.

9. Davids(*The Epistel of James*, 120)는 이 표현이 언제나 부정적 대답을 예상한다고 말한다.

10. 여기에서 많은 사람들이 바울의 말과 상충된다고 보는 야고보의 대담한 진술이 시작된다. Sharyn Dowd("Faith That Works: James 2:14-26," *RevExp* 97 [2000]: 195-205)는 적어도 복음주의 학계 내에서는 "바울과 야고보가 함께 앉아 그들의 용어를 명료하게 정리하다면, 그들은 자신들의 의견이 실질적으로 일치하지 않는 것은 아무것도 없음을 발견할 것"(196)이라고 확신한다며, 이어서 바울이 어떻게 참된 믿음은 사랑으로 표현된다는 개념을 지지하는지 보여준다(고전 13:3; 엡 2:8; 갈 2:15; 5:6). 14-26절에 대한 우리의 해설 전체를 더 보라.

있다. 그렇지 않다면 왜 14-26절은 생명이 없는 정통교리가 생존 가능하다는 것을 그처럼 격렬히 반박하겠는가? πίστις라는 말은 강조를 위해 앞으로 옮겨져 있다. 그것은 "믿음"(πίστις)이 이 본문에서 탐구하는 핵심 개념임을 보여준다.[11] 지금까지 우리는 1:3, 6과 2:1, 5에서 그것을 보았다. 각 경우마다 그것은 그리스도를 전폭적으로 신뢰하는 것을 의미한다. 하지만 분명 어떤 사람은 믿음을 갖고 있지 않은데도 믿음이 있노라고 '주장'할 수 있다. "행함"(ἔργον)은 인내의 최종 결과이며(1:4) 율법에 대한 올바른 반응(1:25)이고, 여기에서 그 말에 대응되는 복수명사는 이 유형에 매우 잘 들어맞는다. 보다 구체적으로 말해서, 2:15-16이 보여주듯이, 야고보는 은혜 혹은 긍휼의 행동, 이를테면 가난한 자들을 돌보고 차별하여 대하지 않는 것 등의 행동을 언급하기 위해 그 용어를 사용한다. 2:1-13에서처럼, 14-26절 역시 "우리 주 예수 그리스도의 믿음을 가지는" 적절한 방법을 상세히 설명한다. 아마도 "행함"(works, ἔργα)이라는 말은 이 문맥에서 "행동"(action)으로 번역하는 것이 더 나을 것이다. "율법주의적 종교, 즉 '율법의 행위'에 (반대하는) 바울의 가르침과 혼동되는 것을 피하기" 위해서다.[12]

야고보는 수사학적 대화를 계속 이어가면서, 그런 "믿음"이 구원을 준다고 입증할 수 있는지 묻는다. 그 물음은 번역되지 않은 μή라는 말로 시작되는데, 그다음에는 부정적인 대답을 예상하는 질문이 나온다. 아마 가장 명확한 번역은 "그런 믿음은 그들을 구원할 수 없지 않은가?"일 것이다. 여기에서 "믿음"에 붙은 관사(ἡ πίστις)는 개설적인 것으로, 야고보가 앞 절에 나오는 믿음을 구체적으로 언급하고 있다는 것을 보여준다. 그것은 행함으로 이어지지 않는 '믿음'이다. '구원하다'(σῶσαι)라는 동사는 야고보서에서 그리스도에 대한 최초의 믿음으로 시작해 하늘에서 영화되는 것에서 절정에 이르는 전체 과정을 말한다.[13] "야고보가 논증하는 취지는 어떤 사람이 15-16a절에 언급된 유형의 믿음을 보이는 것은 실제로 아무 유익(즉, 구원을 가져오는 효과)이 없다는 것이다."[14]

약 2:15 만일 형제나 자매가 헐벗고 일용할 양식이 없는데 (ἐὰν ἀδελφὸς ἢ ἀδελφὴ γυμνοὶ ὑπάρχωσιν καὶ λειπόμενοι τῆς ἐφημέρου τροφῆς). 15-16절은 야고보의 요점을 보여주는 신랄한 예를 제공하며, 또한 가난한 자들에 대한 그의 사회적 관심을 예시해준다. 흥미롭게도, 야고보는 그가 일반적으로 사용하는 남녀를 다 포괄하는 용어인 '형제'라는 말을 사용하지 않고, 의도적으로 "형제"(ἀδελφός)와 "자매"(ἀδελφή)라는 말을 둘 다 포함시킨다.[15] 아마 그는 "자매"라는 말을 강조했을 것이다. 그가

11. Robert H. Stein("'Saved by Faith [Alone]' in Paul Versus 'Not Saved by Faith Alone' in James," SBJT 4 [2000]: 4-19)은 야고보가 πίστις를 열여섯 번 사용하는데, 그 중 열한 번이 오로지 이 본문에서 나온다는 것을 지적하며, 이 '대화'에서 어떻게 야고보의 대적들은 야고보의 이해와는 매우 다르게 믿음을 이해하는지, 그래서 대담자의 믿음과 야고보 자신의 믿음을 반드시 구별해야 한다는 것을 보여준다.

12. Martin, *James*, 81. 참고. NJB: "단 하나의 선도 결코 행한 적이 없는 누군가가 믿음이 있다고 주장할 때…그것이 어떻게 도움이 되는가?"

13. 1:21에 나오는 명확하게 종말론적인 용법에 비추어, 여기에서 "구원하다"라는 말 역시 그저 이 세상적 구조가 아니라 영생을 말하는 것으로 이해해야 한다(참고. Moo, *The Letter of James*, 124).

14. Martin, *James*, 80. Donald J. Verseput("Reworking the Puzzle of Faith and Deeds in James 2:14-26," NTS 43 [1997]: 115)은 "야고보는 2:14-26에서 '믿음'의 중요성을 격하시키려 하는 것이 아니다. 반대로, 믿음은 공동체를 구별해주는 주요 특징으로 그 역할을 그대로 지니고 있다. 하지만 옛 선지자들이 순종 없는 제사가 아무 효력이 없다고 말했던 것처럼, 행함이 없는 믿음은 죽은 것이다"라고 덧붙인다.

15. 양성을 포함하는 번역은 일반적으로 선호되지만, 야고보가 여기에서 구분하여 사용하고 있음을 놓치기 쉽다. 영어 번역은 있는 그대로 '형제'(brothers, ἀδελφός)라고 읽기 때문이다. 그럼에도 불구하고, 양성을 다 포함하지 않는 번역들조차, 복수 동사를 "이다"(are)라고, 16a절의 복수 대명사를 "그들"(αὐτοῖς)이라고 보통 번역한다. 정확한 영어는 "만일 형제나 자매가(if a brother or sister is)…너희가 그(혹은 그녀)에게 이르되…"라고 해야 하지만 말이다. 이따금 헬라어 관행에 의지하는 영감된 저자(Ropes, *A Critical and Exegetical*

살던 사회에서 여자들은 종종 더 지독하게 궁핍했고 더 쉽게 간과되었기 때문이다. 특히 아버지나 남편의 공급과 보호가 없었다면 더욱 그랬다. 야고보는 또한 어느 누구도 이 본보기가 남녀를 온전히 다 포함하는 것이 아니라고 잘못 생각하지 않기를 원할 것이다.[16]

"헐벗다"(γυμνός)라는 용어는 종종 옷을 아무것도 입지 않았음을 의미한다. 하지만 그것은 제대로 옷을 입지 못한 사람, 속옷만 입었거나 날씨가 나쁘면 아무 소용이 없는 다 떨어진 옷 한 벌만 걸친 사람을 말할 수도 있다.[17] "없는"(lacking, λειπόμενοι)이라는 현재 분사는 이 신자가 이 점에서 시종일관 고통을 받는다는 표시다. "일용할 양식"(τῆς ἐφημέρου τροφῆς)이라는 표현에서, 우리는 "오늘 우리에게 일용할 양식을 주시옵고"(마 6:11)라는 주기도문의 흔적을 보게 된다.[18] 하나님은 이 간구를 통상 그분의 백성들이 궁핍한 사람들과 나누는 것을 통해 성취하신다. 그래서 이 예는 더욱 충격적일 정도로 수치스러운 일이다.[19]

약 2:16 너희 중에 누구든지 그에게 이르되 평안히 가라, 덥게 하라, 배부르게 하라 하며 그 몸에 쓸 것을 주지 아니하면 무슨 유익이 있으리요(εἴπῃ δέ τις αὐτοῖς ἐξ ὑμῶν, Ὑπάγετε ἐν εἰρήνῃ, θερμαίνεσθε καὶ χορτάζεσθε, μὴ δῶτε δὲ αὐτοῖς τὰ ἐπιτήδεια τοῦ σώματος, τί τὸ ὄφελος;). 야고보는 이제 궁핍한 동료 그리스도인들에 대한 예를 마무리한다. 수사학적으로, 야고보는 14절에 나온 원래의 질문으로 돌아온다. 그것은 누군가의 필요에 대한 이런 부적절한 반응이 행함이 없는 믿음을 드러내는 하나의 예시임을 보여준다. "믿음" 부분에는 이 구절의 주인공이 "너희 중에 누구든지"(τις …ἐξ ὑμῶν), 곧 그 서신서의 수신자인 회중의 일원이라는 사실이 통합되어 있다. 야고보는 이 사람이 15절에 나오는 빈곤한 사람에게 토닥거리며 대답해주는 모습을 묘사한다. 그가 처한 지독한 궁핍함을 인식하고 말로 인정해주지만, 그 상황을 경감시키는 데 도움이 되는 일은 아무것도 하지 않는 것이다.

"평안히 가라"(ὑπάγετε ἐν εἰρήνῃ)는 표현은 일반적으로 '안녕'(문자적으로는 '잘 가')이라는 말이며, 대화가 끝났음을 묘사한다(참고. NAB: '잘 가게. 행운을 비네'). 실제로, 궁핍한 형제나 자매를 마주한 그 신자는 그 가난한 사람에게 복을 빌어준다. 그들은 "덥게 하라, 배부르게 하라"(θερμαίνεσθε καὶ χορτάζεσθε)고 말함으로, 자신들이 그들의 필요를 알고 있음을 분명하게 보여준다. 하지만 그들의 말과 행동 없음은 극단적 대조를 이룬다. 이 두 동사는 중간태("너 자신을 덥게 하고 너 자신을 배부르게 하라") 혹은 수동태("덥게 되고 배부르게 되라")다. 중간태라면, 가난한 사람에 대한 더 지나친 모욕이 될 뿐이다.[20] 수동태라면, 자신이 도움을 줄 수 있는 위치에 있으면

Commentary on the Epistle of St. James, 206을 보라)가 단수 선행사를 가진 복수 동사 혹은 대명사를 사용할 수 있다면, 부지불식간에 똑같이 그렇게 하는 양성을 포함하는 번역들을 비난하는 것은 하나님이 성경을 영감하시면서 너그럽게 보아 넘겨준 관행을 비난하는 것이다. 추가로 Craig L. Blomberg, "*Today's New International Version:* The Untold Story of a Good Translation," BT 56 (2005): 206을 보라.

16. 여기에는 양성을 다 포함하는 τις와 디모데전서 5:8에 나오는 자기 가족 내의 나이 든 친족을 돌볼 책임과의 흥미로운 대비가 나온다. 둘 다 신자의 공동체라는 맥락 안에 있다.

17. Ropes, *A Critical and Exegetical Commentary on the Epistle of St. James,* 106. 종종 '소유하다'라는 의미일 수도 있는 단어인 '되다'(ὑπάρχω)의 용례는 여기에서 언급된 가난이 영구적인 것, 혹은 적어도 이 사람들에게 지속적인 상태였음을 보여준다(Martin, *James,* 84).

18. 실제로, Klaus Haacker("Justification, salut et foi: Etude sur les rapports entre Paul, Jacques et Pierre," *ETR* 73 [1998]: 177-88)는 이 부분 전체에 걸쳐 야고보서와 공관복음과의 연속성을 강조하면서, 바울 혹은 바울주의와 의식적으로 상호 작용했을 가능성을 훨씬 더 낮춘다.

19. Hartin, *James,* 158을 보라. Edgar(*Has God Not Chosen the Poor?* 169-70)는 그렇지만, 이 그리스도인들이 열둘 혹은 칠십/칠십이 명의 순회 사역을 모방하고 있었다면(참고. 눅 9:1-6 병행구절들; 10:1-20), 그들은 그들에게 음식과 옷을 제공할 사람을 아무도 발견하지 못했을 것이라고 말한다.

20. Hiebert, *The Epistle of James,* 180. Martin(James, 85)은 중간태 해석을 지지하지만, "중간태든 수동태든 일부 신앙을 고백하는 신자들이 다른 교인들의 필요를 채우지 못하고 있다는 사실을 가리킨다"

서 어떻게 그 가난한 사람이 도움을 받으리라고 생각하는 것인가? 로스는 "소망을 표현하기 위해 이렇게 수동태를 사용한 것은 공손한 완곡법으로 이해해야 한다. 그 소망은 그저 어떻게든 이러한 부족한 것들이 공급되었으면 한다는 것이 아니라, 하나님이 그것들을 채우시리라는 것이다."[21] 존슨은 이렇게 대답한다. "비난의 대상은 진술의 형태가 아니라, 그것이 아무 행동도 하지 않는 것을 종교적으로 덮어 감추는 역할을 한다는 것이다."[22] 그리고 야고보를 화나게 하는 것은 바로 이것이다. 더 부유한 신자들이 말로는 온갖 좋은 것을 해주면서도 다른 사람들의 육체적 필요를 돌보지 않는다는 것이다.

"쓸 것"(needs)에 해당하는 중성 복수(τὰ ἐπιτήδεια)는 '필수품', 곧 사람이 생존하기 위해 필요한 것들을 말한다. 그러한 것들은 "그 몸에"(τοῦ σώματος)라는 말로 더 한정된다. 그 소유격은 세 가지로 이해할 수 있다. 그것은 부분사로, 이 사람이 심지어 몸에 필수적으로 필요한 것에 대해서조차 도움을 제공하지 않았음을 나타낼 수 있다. 그것은 목적격으로, 이를테면 영혼을 위해서보다는 육체를 위해 필요한 것들을 언급하는 것일 수 있다. 가장 가능성이 있는 것으로는 단순 서술적 소유격인데, 그것은 우리에게 있는 어떤 '몸의' 필요든 말하는 것일 수 있다.

야고보는 "무슨 유익이 있으리요"(τί τὸ ὄφελος;)라는 인클루시오로 마무리한다. 그것은 14절에 나오는 그의 원래 질문에 대해 그의 예시로 대답했음을 보여준다. 다른 사람을 돕기를 거절하는 사람은 구원받을 수가 없다(14절). 복을 빌어주는 것 자체가 궁핍한 사람에게 아무 도움도 주지 못하는 것과 마찬가지다(16절).[23] "그 예는 무신경한 것이었으며", 그것이 보여준 둔감함으로 인해 "구약 선지자들과 후기 유대교에서 구제 율법의 적용에 익숙해 있던 사람들은 물론이고", "많은 이교도들에게 충격을 주었을 것이다."[24] 행함이 없는 말이 가난한 사람들에게 아무 유익도 되지 못하는 것과 마찬가지로, 행함이 없는 믿음은 '신자'에게 아무 유익도 되지 못한다.

약 2:17 이와 같이 행함이 없는 믿음은 그 자체가 죽은 것이라(οὕτως καὶ ἡ πίστις, ἐὰν μὴ ἔχῃ ἔργα, νεκρά ἐστιν καθ' ἑαυτήν). 이 구절은 14-16절을 요약한다.[25] 그 두 절은 14절에 나오는 말을 반복하면서 16절 끝에서 시작된 인클루시오를 길게 늘인다. 우리는 마침내 야고보가 말하는 '믿음'과 '행위'가 의미하는 것이 무엇인지 정의를 내릴 수 있다. 야고보는 '믿음'이 행함을 포함한다고 추정한다. 이 믿음은 성화 가운데 살아가는, 생명을 구원하는 믿음이다.[26] 그래서 그는 이 전체 본문에서 내내 그렇게 하듯이, 진정한 믿음이 아닌 것에 대해 말하려 할 때 행함이 없는 것이라는 단서를 달아야 한다.

여기에 나오는 "행함"은 바울이 말하는 할례와 같은 '율법의 행위'가 아니라 궁핍한 사람을 돌보는 것, 차별하여 대하지 않는 것, 겸손한 것, 말하기를 더디 하는

는 것을 강조한다.

21. Laws, *The Epistle of James*, 121. 그녀는 이것이 "아마 믿음이 있다고 하는 남자[원문 그대로]에게 적절한 반응으로 보였을 만한 모습에 대한 풍자였을 것이다. 예비 지급인(case of need)과 맞닥뜨렸을 때, 그는 그것을 하나님께 기도로 맡긴다. 하나님은 벗은 자를 입히시고 주린 자를 먹이시는 분이다…그리고 확신에 찬 표현과 함께 그의 동료 신자를 보내버린다. 야고보에게는 그런 반응이 전적으로 부적절한 것이었다"고 덧붙인다.

22. Johnson, *The Letter of James*, 239. Wallace(*Greek Grammar Beyond the Basics*, 437)는 "행위를 억누르는 것 자체가 기소장 역할을 한다"고 믿는다.

23. Moo, *The Letter of James: An Introduction and Commentary*, 103.

24. Davids, *The Epistle of James*, 122.

25. "그 자체가"(καθ' ἑαυτήν)라는 말은 강조를 위해 제일 뒤에 온다. 하지만 그것은 앞에 나오는 '믿음'(즉, 어떤 행동도 없는 믿음)을 말한다.

26. Motyer(*The Message of James*, 109)는 "우리는…'믿음과 행위'가 아니라, '행위를 낳는 믿음'이라고 말해야 한다"고 해설한다.

27. Martin, *James*, 81.

28. Moo, *The Letter of James: An Introduction and Commentary*, 100-101.

29. Davids, *The Epistle of James*, 119.

것 등과 같은 사랑의 행함을 말한다. 본질적으로, 행함은 믿음으로 말미암은 변화된 삶의 총합이다. "바울이 '회심 이전의 행위'는 필요하지 않다고 말하는"[27] 반면, 야고보는 회심 이후의 행함이 절대적으로 필요하다고 강조한다.[28] 야고보는 변화된 삶이 없는 '믿음'은 죽었고, 생명이 없으며, 쓸모가 없다고 말한다. 그런 믿음은 사람을 구원하기 위해 역사하지 못한다. 그 자체에 생명이 없기 때문에 구원을 할 수가 없다. 데이비스가 요약하듯이, "순전히 교리적이고 경건한 행동(즉, 자선)을 낳지 않는 '믿음'은 죽은 가짜, 구원에는 전혀 쓸모없는 것"[29]이다.

약 2:18 어떤 사람은 말하기를 너는 믿음이 있고 나는 행함이 있으니 행함이 없는 네 믿음을 내게 보이라 나는 행함으로 내 믿음을 네게 보이리라 하리라(Ἀλλ᾽ ἐρεῖ τις, Σὺ πίστιν ἔχεις, κἀγὼ ἔργα ἔχω. δεῖξόν μοι τὴν πίστιν σου χωρὶς τῶν ἔργων, κἀγώ σοι δείξω ἐκ τῶν ἔργων μου τὴν πίστιν). 행함이 있는 믿음과 없는 믿음에 관한 토론이 다시 한 대담자의 진행으로 계속된다. 야고보는 17절에 나오는 행함이 없는 믿음은 그 자체가 죽은 것이라는 진술에 반대하는 누군가를 소개하는 듯하다. 왜냐하면 18절이 "그러나(우리말 성경에는 이 말이 번역되어 있지 않다–역주) 어떤 사람은 말하기를"(ἀλλ᾽ ἐρεῖ τις)이라는 말로 시작하기 때문이다.[30] 하지만 18절 나머지 부분 때문에 누가 말하고 있으며 얼마나 길게 말하고 있는가에 대해 상당한 혼란이 야기된다.[31]

이 구절 전체를 읽으면, 이 화자가 "너"(야고보의 교회들)는 믿음이 있고 "나"(야고보)는 행함이 있다는 데 동의하면서, 야고보의 논증을 지지하는 듯 보인다. 이 화자의 말은 그 구절 중간에서 끝날 수도 있고, 아니면 18절 끝부분 혹은 심지어 19절 끝부분까지 계속될 수도 있다. 그래서 본문의 논증은 행함이 없이 믿음이 있노라고 주장하는 14a절의 반대자로부터 시작하고, 야고보는 그다음 14b–17절에서 예를 들어 설명하는 말과 요약하는 말로 대답하며, 그러고 나서는 또 다른 음성이 18–19절에서 14a절에 나온 원래의 화자에게 대답한다. 이 대화자, 야고보 편인 이 사람은 원래의 반대자에게 어떤 실체적인 증거도 없는 그들의 믿음을 입증해보라고 도전한다. 그러면서 참되고 구원받는 믿음의 실상을 보여주기 위해 행함의 필요성을 주장한다.[32]

하지만 통렬한 비난에서는 가상의 적이 자신의 논지를 진전시키는 경우는 흔하지만, 가상의 지지자가 나오는 경우는 흔하지 않았다.[33] 게다가, 이 독법은 "그러나 어떤 사람은 말하기를"(ἀλλ᾽ ἐρεῖ τις)이라는 서론에 대한 통상적 해석 방식이 아니다.[34] 거기에서 τις는 앞의 14절에서 행함이 없이 믿음이 있노라고 주장하는 사람을 말하는 듯하다. 특히 18절은 바로 전 단락의 결론부인 17절에 나오는 이 사람에 대한 야고보의 반응을 반대하는 것으로 보는 것이 자연스럽기 때문이다. 다시 말해 18절에 나오는 "어떤 사람"(τις)은 야고보의 동일한 혹은

30. 가설적 진술에서 미래 직설법은 가정법의 효과를 낸다. 그런 통렬한 비난 형태에서 가설적 반대들이 자주 나오기 때문에 그 대담자를 특정한 사람이나 운동으로 보기는 어렵다. "야고보는 τις를 바울과 쉽게 동일화시키는 그의 독자/청중들의 능력에 의지하고 있다"(Vasiliki Limberis, "The Provenance of the Caliphate Church: James 2:17–26 and Galatians 3 Reconsidered," *in Early Christian Interpretation of the Scriptures of Israel: Investigations and Proposals*, ed. Craig A. Evans and James A. Sanders [Sheffield: SAP, 1997], 414)는 주장은 분명 잘못이다!

31. Dibelius(*James*, 154)는 이 부분을 "일반적으로 신약에서 가장 어려운 본문 중 하나"라고 하는데 이는 일리가 있다!

32. 참고. Joseph B. Mayor, *The Epistle of St. James*, 2nd ed.(London: Macmillan, 1897), 99–100; Spiros Zodhiates, *The Epistle of James and the Life of Faith*, vol.2 (Grand Rapids: Eerdmans, 1959), 22; Adamson, *The Epistle of James*, 124–25. Martin (*James*, 87)은 이 견해를 지지해주는 증거를 약간 발견한다. 하지만 결국에는 그것을 거부하는데, "갑작스러운 '동맹'의 등장–그의 예고되지 않은 등장은 부탁받지 않은 것이었기에–이" 그 입장에 대해 "반대 발언을 하기 때문이다."

33. Moo, *The Letter of James*, 127.

34. 이 첫 번째 해석이 타당하려면 ἀλλά가 반드시 "실로"(indeed)라고 번역되어야 한다. 그것은 신약의 접속사 용법에서 입증된다(예를

또 다른 가상의 적을 반영하는 듯하다.[35]

맥나이트(McKnight)는 "2:18a의 τις은 한 대화자를 소개하며 그렇기 때문에 대적의 입장을 진술한다"고 해설한다. 그 대적은 "믿음과 행함 사이에 필연적 연관은 없다고 주장"하면서 그 둘을 기독교의 별도의 두 부분으로 보는 사람이다.[36] 그는 계속해서 이 사람의 선언을 "한 사람은 믿음이 있고 한 사람은 행함이 있다"는 의미로 해석할 것을 제안한다. "그것이 구원에 이르는 두 가지 가능한 방법이라는 의미에서가 아니라(로페스), 믿음에 부속된 서로 연관되지 않은 항목들이라는 의미에서"[37] 그렇다는 것이다. 대부분의 최근 학자들은 이러한 입장에 합의된 지지를 보낸다. 하지만 그것은 문법적으로 자연스럽게 들어맞지 않도록 대명사들을 평가절하한다. 대명사들은 이미 동사들 안에서 추정되기 때문에 그 대명사들이 여기에 나온 것은 강조를 위한 것임이 분명하다. 그것을 그렇게 무시하는 것은 "너"(σύ)와 "나"(ἐγώ) 사이의 의미심장한 구분을 무시하는 것이다.[38] 이런 견해를 지지하는 데이비스가 인정하듯이, "만일 이것['너'와 '나'라는 말이 그저 '누군가'와 '다른 누군가'를 의미한다는 것]이 야고보의 말이 의미하는 바라면, 그는 그것을 대단히 어색하게 표현한 것이다."[39]

세 번째 접근은 인용문을 18절의 처음 세 단어에 국한시켜, 하나의 질문으로 표현한다. "너는 정말로 믿음이 있느냐"(σὺ πίστιν ἔχεις)라는 것이다. 그렇게 되면 예상할 수 있듯이, '너'와 '나'라는 대명사는 둘 다 야고보를 말하는 것이 된다. 질문자는 야고보에게 "너는 [심지어] 믿음이 있느냐[네가 행함을 그렇게 강조하니 말이다]"라고 말한다. 그러면 야고보는 자신을 억누르면서 '그렇다'고 대답할 것이다. 그리고 그는 계속해서 명백하게 말한다. "그리고(이 말은 우리말 성경에는 번역되어 있지 않다–역주) 나는 행함이 있으니 네 믿음을 내게 보이라…."[40] 하지만 이 견해는 특이한 시점에서 화자를 바꾼다. "나는"이라는 말은 질문이 아닌 절에 뒤이어 나오는 감정을 억누른 대답이라기보다, 반대자가 하는 말의 후반부라고 보는 것이 훨씬 더 자연스럽다.

네 번째 안은 거의 지지를 받지 못하는 것으로, 18–19절 전체가 야고보가 대답을 시작하는 20절에 대한 반론이라고 보는 것이다. 하지만 18–19절이 자연스럽게 20–26절과 대조를 이루지는 않는다. 그 결과, 이 견해를 주창하는 사람들은 반대의 요점이 믿음과는 완전히 동떨어진 채 선행만 하는 것이 가능하다는 것이라고 추정해야 한다.[41] 이 견해에 의하면 18a절은 의미가 통하지만 18b절은 의미가 통하지 않는다. 거기에서는 그 두 가지가 여전히 그 반대자의 마음속에서 결합되어 있기 때문이다. 그리고 그 견해는 그 반대자가 야고보가 행함 없는 믿음을 지지한다고 전제할 것인데, 그것은 18–19절의 더 광범위한 맥락에서 보여지는 야고보의 견해와는 정반대다.

들어, 요 16:2; 고전 3:2; 고후 7:11; 11:1; 빌 1:18). 하지만 대개 절 사이의 대조가 거의 의미가 없는 문맥이다.

35. Verseput("Reworking the Puzzle of Faith and Deeds in James 2:14–26," 107)은 "어떤 사람은 말하기를"(ἀλλ᾽ ἐρεῖ τις)이라는 말은 동맹을 소개하는 데 사용할 수도 있지만 "14–17절에 나오는 저자의 논제를 드러내는 통렬한 진술에 따르면 이렇게 읽는 것이 자연스럽지는 않을 것"이라고 주장한다.

36. Scot McKnight, "James 2:18a: The Unidentifiable Interlocutor," *WTJ* 52(1990): 360, 362.

37. McKnight, "James 2:18a," 363. Baker("James," 60)는 그 논지를 잘 진술한다. "그 가설적 반대자는 '믿음'와 '행함'을 둘 다 기독교 신앙의 만족스러운 표현이라고 보며, 누가 무엇을 할당받았는지는 그에게 문제조차 되지 않는다." 그것은 영적 은사에 대한 바울의 이해와 아마 비슷할 것이다. Ropes(*A Critical and Exegetical Commentary on the Epistle of St. James,* 209, 211)는 세속 헬라어에서 이같은 인칭 대명사 혹은 그에 상당하는 이런 용법과 비슷한 몇 가지를 지적한다. 하지만 BDF §281은 그 구문이 비교적 드물다고 말한다. Hiebert(*The Epistle of James,* 184)는 "너"와 "나"의 용법은 헬라어 저자가 통상 '어떤 사람'과 '다른 어떤 사람'이라는 개념을 표현할 만한 방식과는 가장 거리가 멀다고 생각한다.

38. McKnight("James 2:18a," 364)는 그가 제안한 독법에서 대명사들을 해석하는 것이 어렵다는 점을 인정한다. Moo(*The Letter of James,* 129) 역시 문제를 인정하긴 하지만, 그는 "이 견해가 학자들 사이에 다수 의견이 되어가고 있다"고 올바르게 파악한다.

39. Davids, *The Epistle of James,* 123. Martin(*James,* 87)은 이런 문장 유형의 전형적인 구문은 ἄλλος…ἄλλος('또 다른…또 다른')일 것이라

가장 좋은 안은 일찍이 고려된 적이 거의 없는 것으로, 아마 "너는 믿음이 있고 나는 행함이 있으니"라는 전체 절이 야고보가 대적이 진술한 바를 자신 편에서 고쳐 말한 것이라는 견해다. 이 견해에서 "너"(σύ)는 반대자/화자를, "나"((ἐγώ)는 야고보 자신을 말할 수 있을 것이다. 그래서 18a절 전체를 상대방의 말로 보지만, 그 대명사들은 그저 '어떤 사람' 혹은 '다른 사람'을 언급하는 것으로 보는 것이 아니라, 문자적으로 받아들이는 것이다.[42] 이런 해석의 경우 "어떤 사람"(τις)은 14절과 18절에서 일치된다. 마찬가지로, 이 접근은 그 반대자가 행함을 진정한 기독교를 보여주는 별도의, 하지만 똑같이 타당한 두 가지 방법으로 본다는 개념을 받아들이는 한편, 현재 합의된 견해보다는 문법에 더 충실하다. 마틴은 이 관점을 분명하게 제시한다. 하지만 그러고 나서는 18b-19절이 계속 이어지는 반대자의 불평이라고 추측하는데 그것은 설득력이 떨어진다. 그러려면 18a절과 18b절의 대명사의 의미를 거꾸로 뒤집어야 하는데, 그렇게 되면 완전히 뒤얽힌 가설이 생겨난다.[43]

그럼에도 마틴의 원래 직관은 건전했다. 그 대담자가 자신의 반론을 '합의된' 견해가 상정되는 곳인 18a절에서 끝냈다면, 18b절에서는 야고보의 대답이 시작된다. "행함이 없는 네 믿음을 내게 보이라 나는 행함으로 내 믿음을 네게 보이리라"는 것이다. 18a절의 '너'와 '나'를 부정대명사로 보는 것에서 그랬던 것과 마찬가지로, 이 관점에서 야고보는 상대방에게 그의 믿음을 보이라고 도전하며, 그것은 19절에 나오는 그의 시험으로 이어진다. 차이는 18a절은 이제 간접적 담화로 이해된다는 것이다. '너'를 직접적인 상대방으로 여기는 견해보다 훨씬 더 나은 것은 야고보의 회중을 대표하는 사람으로 보는 견해다. 그래서 야고보는 "어떤 사람은 […라고 (that)] 말하기를 너[야고보의 청중 가운데 어떤 사람]는 믿음이 있고 나[야고보]는 행함이 있으니"[44]라고 상정한다. 이 견해의 주된 약점은 간접적 담화에는 통상 이 번역에서 괄호 안에 들어가는 '…라고'(that, ὅτι)라는 말이 포함되었다는 것이다. 하지만 코이네 헬라어에서는 직접적 담화와 간접적 담화 사이의 전형적인 경계가 종종 흐려졌으며, 저자들은 갑자기 어떤 문맥상의 표시도 없이 이것에서 저것으로 바꿀 수 있었다.[45] 또한 이 견해에 대해, 우리는 '너'에 대해 이인칭 복수 형태를 예상했을지 모르지만, 16절에는 이미 "너희(복수) 중에 누구든지(someone)…"(τις . . . ἐξ ὑμῶν)라는 말이 언급되었으며, 반면 14절도 마찬가지로 행함이 없는 믿음을 가진 '사람'(τις)을 소개했다고, 그래서 그렇게 특정한 예를 드는 것이 그리 놀라운 일은 아니라고 반대할 수도 있다.[46]

약 2:19 네가 하나님은 한 분이신 줄을 믿느냐 잘하는도다 귀신들도 믿고 떠느니라(σὺ πιστεύεις ὅτι εἷς ἐστιν ὁ θεός, καλῶς ποιεῖς· καὶ τὰ δαιμόνια πιστεύουσιν καὶ

고 말한다.

40. Edgar, *Has God Not Chosen the Poor?* 170-71; Cargal, Restoring the Diaspora, 125-26. 상세한 변론으로는 Heinz Neitzel, "Eine alte *crux interpretum* im Jakobusbrief 2,18," *ZNW* 73(1982): 286-93을 보라.

41. Christian E. Donker, "Der Verfasser des Jak und sein Gegner: Zum Problem des Einwändes im Jak 2, 18-19," ZNW 72(1981): 227-40. 참고. Ricardo Pietrantonio, "¿Está la justicia enraizada en el NT?" *RivBib* 48(1986): 114-18; Timo Laato, "Justification according to James: A Comparison with Paul," *TJ* 18 (1997): 81.

42. Martin, *James,* 87.

43. 앞의 책, 88-89.

44. 특히 Johann E. Huther, *Critical and Exegetical Handbook to the General Epistles of James, Peter, John, and Jude*(New York: Funk & Wagnalls, 1887), 91-92를 보라. 참고. 또한 D. Bernhard Weiss, *Das Neue Testament Handausgabe,* vol. 3(Leipzig: J. C. Hinrichs, rev. 1902), 275; Ernst Kühl, *Die Stellung des Jakobusbriefes zum alttestamentlichen Gesetz und zur paulinischen Rechtfertigungslehre*(Königsberg, Prussia: Koch, 1905), 29-31; Verseput "Reworking the Puzzle of Faith and Deeds in *James* 2:14-26," 108, n.22.

45. BDF §470; 참고. 요한복음 20:18을 보라. 이것은 Dibelius의 반대(*James,* 157)를 다룬다. 반대의 내용은 "직접적인 말과 간접적인 말을 이렇게 색다르게 섞어놓은 것은 너무 희한하다"는 것이다.

46. 단수 형태에 대한 비슷한 설명이 다른 해결책들과 함께 사용되었다. 특히 Burchard, *Der Jakobusbrief,* 118-21을 보라.

φρίσσουσιν).[47] 야고보는 이제 18a절에 나오는 대담자에 대해 본격적인 반박을 가한다. 마치 그의 상대방이 구약의 쉐마, "이스라엘아 들으라 우리 하나님 여호와는 오직 유일한 여호와이시니"(신 6:4)[48]에서 나오는 교리를 대담하게 선언하면서, 하나님 중심적인 신학적 진리를 단언함으로 자기 변호의 목소리를 높인 것처럼 말하는 것이다. 야고보는 이 사람이 쉐마에 호소한 것을 기계적으로 암기된 신학적 진리를 제시하는, 생명 없는 정통 교리를 반영하는 것으로 보았을 것이다. 아니면 그 사람은 유대교와 기독교 둘 다의 중심이 되는 교리를 진지하게 강조하고 있었을 수도 있다.

하지만 야고보는 정확한 교리 자체로는 충분하지 않다고 주장한다. 그는 신랄한 풍자로 반대자의 신학을 찬양한다. "잘하는도다"(καλῶς ποιεῖς). 2:8에서 이 표현을 사용했을 때와는 달리–거기에서는 그 말이 정말로 긍정적인 혹은 최악의 경우에는 온건한 역설이었을 것이다–여기에서 그는 그들의 믿음이 공허한 것임을 가차 없이 조롱한다.[49] "그런 믿음은 필요하다. 하지만 구원을 위해 충분하지는 않다."[50]

정확한 교리로는 충분하지 않다는 것을 보여주기 위해, 야고보는 마귀의 '믿음'에 호소한다. 사탄과 그의 모든 악한 무리는 일신론적이다. 심지어 그들도 오직 한 분 하나님만이 계시며 그분에 대한 충성은 온전해야 한다는 것을 안다. 마귀들은 그들의 믿음에 대해 뭔가를 행한다. 그것은 바로 그들이 우주의 한 분 참되신 하나님을 대면할 때 격렬히 떠는 것이다. '떨다'(φρίσσουσιν)라는 단어는 그저 몸서리를 치는 것 이상을 의미한다. 그것은 극도의 공포로 인한 억누를 수 없는, 통제할 수 없는, 격렬한 떨림을 말한다.[51] 야고보는 마귀들은 처음에 나왔던 도전자의 신학과 하나하나 대비시킬 수 있으며, 그들은 이 교리들의 진리에 압도되지만, 여전히 정죄를 받는다고 주장한다.[52] 그래서 우리는 '행함 없는' 교리를 가질 수 없다. 그렇게 되면 구원이라는 면에서 볼 때 마귀들과 똑같은 위치에 있게 되기 때문이다! 하지만 그 비교를 너무 밀어붙여서 그 반대자가 실제로 마귀화되었다고 말해서는 안 된다. 그보다, 야고보는 마귀들이 한 분 하나님의 존재를 너무나 확신하는 나머지 두려워 떨지만, 그럼에도 그조차도 그들이 구원에 이르게 하지는 못한다는(그들의 지식이 그들의 행동을 변화시키지 않기 때문에?) 주장을 펼치기 위해 극단적인 예를 사용한다.

약 2:20 아아 허탄한 사람아 행함이 없는 믿음이 헛것인 줄을 알고자 하느냐(θέλεις δὲ γνῶναι, ὦ ἄνθρωπε κενέ, ὅτι ἡ πίστις χωρὶς τῶν ἔργων ἀργή ἐστιν;). 이 시점에서 야고

47. 여기에는 서너 개의 서로 다른 이문들이 나온다. 여기 선택된 독법은 UBS에서 {B} 등급을 받았다. 어떤 이문들도 신학적 주장의 의미를 극적으로 바꾸어놓지는 않는다. 두 개의 독법은 문체상의 문제들을 타개한다. 하지만 둘 다 여전히 의미하는 바는 "하나님은 한 분이시라"(εἷς ὁ θεός ἐστιν and ὁ θεὸς εἷς ἐστιν)일 것이다. 두 개의 다른 이문들은 실제로 걸린 문제는 오로지 유일신론의 문제라고 생각하면서, "하나님은 한 분이시라"(하나님의 단일성의 교리)를 단언하는 개념적 문제를 해결한다. 이 해결책은 이처럼 관사가 없는 것을 통해, "한 분 하나님이 계신다"(εἷς ἐστιν θεός and ἐστιν θεός)라고 단언한다. 그것은 후대의 서기관들의 이해할 만한 추론이다. 이 두 독법 중 두 번째 것은 또한 "하나님이 존재하신다"라는 의미일 수 있다. 그것은 전후 문맥에 비추어 전적으로 부적절한 생각이다. 하지만 이것은 또한 가장 덜 입증된 독법이기도 하다.

48. 유대인들과 그리스도인들 모두에게 해당되는 이 중대한 믿음은 이 두 집단의 사람들 및 당시 거의 모든 그리스–로마 사람들 사이를 구분한다. 참고. Antonía Tripolitis, *Religion of the Hellenistic-Roman Age*(Grand Rapids: Eerdmans, 2002)의 유용한 개관.

49. Moo(*The Letter of James*, 130)는 야고보가 실제로 이 사람을 그들의 올바른 신학에 대해 칭찬하고 있으며, 반면 동시에 그것의 부적절함을 지적하고 있다고 주장한다. 하지만 Stulac(*James*, 114)은 그것을 "황폐화시키는 역설"이라고 칭한다.

50. Davids, *The Epistle of James*, 125.

51. Moo(*The Letter of James*, 131)는 이 동사가 "하나님 혹은 초자연적 존재와 접촉함으로 유발된 두려움의 반응을 말한다. 그것은 특히 파피루스에서 마술사가 그의 말을 듣는 사람들에게 일으키고자 하는 효과를 묘사할 때 나온다"는 것을 지적한다. 그것은 신약에서 단 한 번 나오는 말이다. Dibelius(*James* 159–60)는 그 동사의 취지를 보여주기 위해 성경 외의 본문들에서 좋은 견본들을 제공한다. 마가복음 1:23–28, 5:1–20 및 비슷한 본문들에 나오는 마귀에 대한 반응을 생각해보라.

보는 자신의 요점을 입증하기 위해 구약의 예를 끼워 넣으면서, 새로운 단계의 논증을 시작할 준비를 갖춘다.[53] 야고보는 그 예들을 소개하기 위해, 상대방에게 정말로 이 주제에 대한 진리를 "알고자 하느냐"(willing to recognize: NASB)라고 묻는다. 그러고 나서 "허탄한"(κενός) 혹은 공허한이라는 호칭으로 그 대담자를 모욕한다. 그 말은 '부족한 이해'와 '도덕적 오류' 둘 다를 의미할 수 있다. 이 서신서가 지혜 문학의 배경을 갖고 있는 것에 비추어볼 때, 도덕적 의미가 지배적인 듯하다. 어떤 반대자든 죄인 혹은 하나님께 대한 반역자라는 히브리적 의미에서 '어리석은 자'다.[54] 일반적으로 신약 저자들도 어리석음을 이런 식으로 다루는데 거기에는 "지적 실패가 도덕적 기초 혹은 그와 밀접한 관계를 지니고 있다는 함축"[55]을 포함한다.

마지막으로, 야고보는 같은 어근에서 나온 부정적 형용사인 "헛것"(workless, ἀργή)이라는 말을 사용해서, "행함"(work, ἔργον)이라는 단어의 동음이의어를 집어넣는다.[56] 그 용어는 또한 '게으른' 혹은 '쓸모없는'이라는 의미가 될 수도 있다. 행함(work)이 없는 믿음은 역사하지(work) 않는다! 다시 말해 그것은 구원하는 데 전혀 효과가 없다.[57] 그 말장난은 우리말에서는 쉽게 표현되지 않는다. 하지만 그것은 가능하면 어떻게든 유지해야 한다. 베이커는 그 말장난에 포함되어 있는 경고를 강조한다. 야고보는 "우리가 구원받지 않았는데", 우리의 믿음이 우리를 구원하는 데 있어 헛것(work-less)인데, "구원받았다고 잘못 생각하는 오류에서 벗어나게 하려고 애쓰고" 있다.[58]

약 2:21 우리 조상 아브라함이 그 아들 이삭을 제단에 바칠 때에 행함으로 의롭다 하심을 받은 것이 아니냐(Ἀβραὰμ ὁ πατὴρ ἡμῶν οὐκ ἐξ ἔργων ἐδικαιώθη ἀνενέγκας Ἰσαὰκ τὸν υἱὸν αὐτοῦ ἐπὶ τὸ θυσιαστήριον;). 여기에서 야고보는 가설적 예(15–17절)에서 역사적 예(21–25절)로 넘어가면서, 그의 증거를 시작한다. 그가 제시하는 첫 번째 예는 아브라함을 포함한다. 부정어인 οὐκ는 야고보가 이 질문에 대해 '그렇다'라는 대답을 기대하고 있음을 암시한다. 야고보에 따르면, 아브라함을 하나님 보시기에 의롭게 만든 것은 자기 아들을 기꺼이 제물로 바치려는 그의 행동이었다(창 22:1–18). 이것은 로마서 4:2–4과 갈라디아서 3:6 같은 본문들과 모순되는 것처럼 보인다. 하지만 바울은 아브라함을 최초의 칭의를 제공하는 믿음의 예로 사용한 것이고, 야고보는 최종적이고 종말론적인 칭의를 위한 예로 사용한 것이다. 그래서 야고보는 아브라함이 기꺼이 자신의 믿음에 따라 행동했기 때문

52. 여리고 사람들의 운명은 여기에서 매혹적인 대비를 이룬다. "라합을 그녀가 살던 성읍 사람들과 구별해준 것은 여호와를 위해 행동한 [라합의] 믿음이었다. 여호수아 2:9–11에서 라합은 모든 사람이 이스라엘의 하나님이 행하신 일을 듣고 그들이 망하게 되었다는 것을 알았기 때문에 그들에게 임한 두려움을 묘사한다. 야고보서 2:19에 나오는 귀신들과 비슷한 방식으로, 그들은 여호와를 알고 두려워했으나, 그들의 지식은 그들을 구원하지 못했다"(Mariam J. Kamell, "The Concept of 'Faith' in Hebrews and James," in *The Epistle to the Hebrews and Christian Theology,* ed. Richard Bauckham et al. (London: T&T Clark, 2009).

53. Davids(*The Epistle of James,* 126)는 이 구절을 18–19절에서 펼친 이성적 논증을 마무리하는 것으로 본다. 반면 21–26절은 성경적 논증을 제공한다.

54. Martin, *James,* 90. 공식적으로, 야고보는 마태복음 5:22b에 나오는 누군가를 미련한 자 혹은 머리가 빈 자라고 부르는 것을 반대하시는 예수님의 가르침과 충돌하는 듯하다. 하지만 거기에서 예수님은 "정당한 이유 없이"(참고. 22a절의 이문)라는 의미를 암시하셨을 것이다.

55. Moo, *The Letter of James,* 132.

56. 여기에서 "행함 없는"(ἀργή)이라는 말이 이문에 나오는 "죽은"(νεκρά)이라는 말보다 더 나은 듯하다. 후자는 2:17과 조화를 이루는 것을 나타내며, 전자는 야고보가 좋아하는 일종의 말장난이기 때문이다(1:2–8에만 나오는 모든 표어를 생각해보라).

57. 예수님은 마태복음 20:3, 6에서 포도원의 게으른 품꾼을 언급하면서 이 용어를 사용하신다.

58. Baker, "James," 62–63. 참고. Richardson, *James,* 136–37: "바울에게 목표는 칭의였다. 야고보에게 목표는 유용함이었다. [로마서의] 맥락에서 믿음은 심판에서 그 자신의 행위를 자랑하도록 허용되어서는 안 된다…야고보서의 맥락에서 믿음은 자급자족을 자랑하도록 허용되어서는 안 된다(참고. 2:7; 3:14)."

에 그의 믿음을 입증할 수 있었으며 그래서 결국 구원에 이르게 되었음을 보여준다.[59]

야고보서 2:21, 24, 25절은 야고보서에서 '의롭게 하다'(δικαιόω)라는 동사 형태를 포함하고 있는 단 세 구절이다. 각 경우마다 그 용어는 "의롭다는 것을 보이다"[60]라는 의미다. 그래서 아브라함과 라합(뒤의 149–150쪽을 보라)은 그들의 이전의 영적 상태가 어떠했는지를 보여주면서(참고. 창 22:12, "내가 이제야 아노라"는 말과 함께), 그들의 행동에 의해 의롭다는 것이 입증된 역사상의 인물이다. "바칠 때에"(having offered up, ἀνενέγκας)라는 부사적 분사는 원인적인 것이어서("그가 바쳤기 때문에"), 그 제사가 아브라함이 의롭게 여겨질 만한 이유가 될 수도 있을 것이다. 아니면 도구적인 것으로("바침으로써"), 그 제사가 아브라함이 의롭게 여겨진 수단임을 밝힐 수도 있다. "행함으로"(ἐξ ἔργων)라는 전치사적 문구는 그 자체가 도구적인 것으로, 그 분사 또한 도구적인 것으로 만들 수 있다. 아브라함이 의롭게 된 행위의 내용을 구체적으로 밝히는 것이다. 하지만 사실상 야고보는 의도적으로 그 분사를 한정하지 않았을 것이다. 원인적 해석과 도구적 해석 둘 다에 대한 선택권을 열어놓기 위해서다.[61]

약 2:22 네가 보거니와 믿음이 그의 행함과 함께 일하고 행함으로 믿음이 온전하게 되었느니라(βλέπεις ὅτι ἡ πίστις συνήργει τοῖς ἔργοις αὐτοῦ καὶ ἐκ τῶν ἔργων ἡ πίστις ἐτελειώθη). 이 구절은 독자가 야고보의 예에서 무엇을 취해야 하는지 제시하면서, 야고보의 예를 설명해준다. "함께 일하고"(συνήργει)라는 말은 "함께 일하다, 거들다, 돕다"라는 의미를 가진 어근에서 나온 것이다.[62] 여기에 나온 미완료 형태는 '함께 일하는 것'의 계속적인 성질을 강조한다(참고. HCSB: "믿음은 그의 행함과 함께 활동하고 있었다"). 이 시제를 선택한 것은 믿음이 반드시 일상생활에서 효력을 발휘해야 한다는 야고보의 논증을 강화시켜준다. 분명 그것은 바울이 성화라고 부를 만한 것, 곧 평생에 걸쳐 하나님께 대한 순종이 자라는 것을 보여주는 한 예다.[63]

여기에서 다른 핵심 동사는 "온전하게 되었느니라"(ἐτελειώθη)는 부정과거 수동태로, 1:4에서 처음으로 소개된 완성과 성취의 τελέω 어휘를 상기시킨다. 아브라함이 기꺼이 자기 아들을 제물로 바친 것은 그의 믿음이 진짜라는 것을 보여주었을 뿐 아니라, 또한 그 순종을 통해 그의 믿음이 실제로 '자랐다.' 아브라함의 믿음은 그가 그 믿음에 의거해 행동하기까지는 성숙해지지 않았다. 그 과정에서 아브라함은 하나님의 성품에 대해 더 배웠는데, 그것이 그의 믿음을 더욱 북돋아 주었다.[64] 하나님이 신뢰할 만한 분이라는 그의 확신은

59. 참고. R. E. Glaze Jr. ("The Relationship of Faith to Works in James 1:22–25 and 2:14–26," *TTE* 34 [1986]: 41): "야고보는 하나님이 아브라함을 그의 믿음 때문에 의롭다고 선언하신 지 오랜 후에 아브라함의 이 행동을 다루었다. 그렇기 때문에 그는 아브라함이 행함을 통해 하나님과의 올바른 관계를 얻었다는 것이 아니라 그가 기꺼이 순종함으로써 믿음에 대한 그의 주장을 입증했다는 것을 보여주었다."

60. Martin(*James,* 91–92)은 "21–24절에서 아브라함의 행함은…하나님이 아브라함을 '의롭다'고 선언하신 증거가 된다. 그것은 또한 δικαιοῦν 배후에 주로 논증적 의미가 놓여 있다는 것을 나타낸다." "이런 해석 방식은 '칭의'에 대한 유대적 이해에 근거한다. 의는 심판을 면하게 될 사람들에게 기대되는 언약에 대한 충실함 혹은 순종으로 여겨진다."

61. 바울은 이삭을 결박하는 것(*Aqedah*라고 알려진)에 대해 언급하지 않으며, Martin(*James,* 92)은 "야고보에게는 그의 논쟁적 관심사가 바울의 것이 아닌 순종의 행함으로 이끈 아브라함의 믿음이었다"고 말한다.

62. BDAG, 969.

63. Johnson(*The Letter of James,* 243)은 무엇보다도 "두 절 모두의 주어는 믿음이다. 믿음은 행동을 가능하게 하고(함께 일하고), 행동은 믿음이 성숙하게 표현되도록 한다."

64. Davids(*The Epistle of James,* 128)는 아브라함의 믿음이 여기에서 "온전하게" 되었다고 덧붙인다. "의심할 바 없는 의미는 '성숙함에 이르다'라는 것이며 그래서 행함이 없는 믿음의 끝나지 않는 상태를 나타낸다"고 덧붙인다. Johnson(*The Letter of James,* 243)은 야고보가 "창세기 15:6에서 아브라함의 의를 선언하는 *graphē*가 아브라함이 그의 아들 이삭을 드림으로 수행된 행동에 의해 성취되었다"는 것을 발견한다고 설명한다.

"그것이 의도한 목적을 이루었다."[65]

약 2:23 이에 성경에 이른 바 아브라함이 하나님을 믿으니 이것을 의로 여기셨다는 말씀이 이루어졌고 그는 하나님의 벗이라 칭함을 받았나니(καὶ ἐπληρώθη ἡ γραφὴ ἡ λέγουσα, Ἐπίστευσεν δὲ Ἀβραὰμ τῷ θεῷ, καὶ ἐλογίσθη αὐτῷ εἰς δικαιοσύνην καὶ φίλος θεοῦ ἐκλήθη). 야고보는 창세기 15:6과 다른 성경 본문에 의거해서 아브라함에 대한 예를 요약한다. "이루어졌고"(ἐπληρώθη)라는 동사는 신약에서 성경의 성취를 나타내는 표준적 동사다. 이전에 예언된 사건들이 일어날 때와, 여기에서처럼 후에 일어난 일이 전에 일어난 일들을 더 구체화하거나 '성취'하는 때 둘 다를 말한다.[66]

야고보가 참고하는 성경이 눈에 띄는 이유는 바울도 로마서 4:3, 9, 22과 갈라디아서 3:6에서 행위 없는 믿음을 찬성하기 위해 똑같은 본문을 사용하기 때문이다.[67] 하지만 바울은 율법과 구별된 믿음을 장려하고 있는 반면, 야고보는 아브라함이 기꺼이 이삭을 제물로 바친 것은 그가 정말로 하나님을 그리고 그에게 자손을 주신다는 약속을 믿었음을 보여준다고 주장한다. 이 적극적인 믿음이 "그에게 여겨졌다" 혹은 "그에게 간주되었다." "의로"(εἰς δικαιοσύνην)라는 말은 칠십인역 특유의 표현이다. 아브라함에게 여겨진 것을 묘사하기 위해 대격 목적어와 함께 '에게'(for, 참고. 히브리어의 *l*–접두사)라는 전치사를 사용하는 것이다. "의"라는 단어를 선택한 것은 바울적 언어를 상기시킨다. 거기에서 그 말은 통상 그리스도를 믿는 믿음으로 말미암아 하나님 앞에서 의로운 지위를 전가받는 것을 말했다. 하지만 야고보의 판단은 의를 *hesed* 혹은 "언약 신실함"[68]과 같은 말로 사용하는 구약 용법에 더 가깝다. 마카베 1서 2:52도 마찬가지로 창세기 15:6의 언어로 그리고 수사학적 질문 형태로 창세기 22장을 암시한다. "아브라함은 시험을 받았을 때 신실하다는 것이 드러났고(ἐν πειρασμῷ εὑρέθη πιστός) 그것이 그에게 의로 여겨진 것이 아니냐?"[69]

아브라함은 믿음의 행동 때문에 또한 "하나님의 벗(φίλος θεοῦ)"이라고 불리는 독특한 영예를 얻었다. 그런 개념은 분명 역대하 20:7과 이사야 41:8에 나오지만, 이 구절의 이 부분은 구약에서 직접 인용한 것은 아니다. 그 부분은 또한 창세기 18:17–18에 기초하고 있었을 것이다. 하나님은 그분이 바야흐로 하실 일(아브라함의 후손을 축복하시지만, 소돔과 고모라를 심판하시는)을 아브라함에게 숨기실 수 없기 때문에, 하나님은 아브라함을 마치 친한 친구처럼 대하고 계셨다.[70] 여기에서도 우리는 하나님이 아브라함의 행동하는 믿음으로 인해 그를 법적으로 의롭다 하실 뿐 아니라, 또한 그를 인격적 존재로 대하고 계시는 것을 본다. 하나님에 대한 아브라함

65. Scaer, *James,* 92.

66. 참고. Edgar, *Has Not God Chosen the Poor?* 174. Davids(*The Epistle of James,* 129)는 이 동사가 두 번째 구약 본문을 논의에 추가하는 미드라시 방법으로 작용한다고 본다. 그래서 창세기 22:1–12에 대해 논의 중이지만, "야고보의 주장과 같은 것"을 말하기 위해 창세기 15:6이 추가된다. Irving Jacobs("The Midrashic Background for James II.21–3," NTS 22 [1976]: 461)는 야고보가 초기 시대 널리 유포되어 있던 복합적인 개념들을 반영한다고 주장한다. 그것은 아브라함의 믿음–순종, 신의 뜻에 대한 총체적 복종이 특징인, 하나님에 대한 아브라함의 사랑과 관련되어 있다. Jacobs는 특히 Philo, *De Abr.* 32, 170과 b. Sot.31a를 강조한다.

67. John G. Lodge("James and Paul at Cross–Purposes? James 2,22" *Bib* 62 [1981]: 195–213)는 교차대구법을 정교하게 층층이 쌓아놓는 것에서 야고보와 바울 사이에 일어난 충돌에 대한 대답을 본다. 믿음의 행함에 대한 2:22은 절정에 이르는 중심부를 형성한다. Lodge는 "하나님의 벗인 아브라함의 믿음이 이런 행함들을 따라 역사하였으며, 그로 인하여 온전하게 되었다는 말은 그의 믿음이 '사랑을 통해 역사'했다는 말 이상도 이하도 아니다(갈 5:6; 고전 13:4–7)"(213).

68. 참고. Ben Witherington III, *Letters and Homilies for Jewish Christians*(Downers Grove, IL: IVP, 2007), 477.

69. 참고. *Jub* 19:9: "이것은 아브라함이 받은 열 번째 시험이었다. 그리고 그는 영의 지배를 받아 신실한 것으로 드러났다."

70. 참고. Hiebert, *The Epistle of James,* 196. 참고. 또 Lea(*Hebrews and James,* 288–89). 그는 성경이 하나님이 어떻게 이 과정에서 주도권을 쥐셨는지 강조한다는 것에 주목한다. 이와는 반대로, 유대 전승은 아브라함의 칭찬할 만한 손대접을 강조했다. Andrew E. Arterbury, "Abraham's Hospitality among Jewish and Early Christian

의 믿음은 그 관계를 구축하는 데 도움이 되었으며, 하나님은 아브라함을 자신의 벗이라 부르심으로 그에 보답하신다.[71]

약 2:24 이로 보건대 사람이 행함으로 의롭다 하심을 받고 믿음으로만은 아니니라(ὁρᾶτε ὅτι ἐξ ἔργων δικαιοῦται ἄνθρωπος καὶ οὐκ ἐκ πίστεως μόνον). 야고보는 14-26절에 나온 그의 주된 요점으로 네 번째로 다시 돌아간다(14, 17, 20절을 생각해보라). 이 문장에서 그는 그의 청중들이 아브라함의 예에서 확실하게 적절한 결론에 이르렀기를 원한다. "이로 보건대"(you see, ὁρᾶτε)라는 복수는 야고보가 그저 상상 속의 논쟁자가 아니라 다시 그의 회중 안에 있는 모든 사람에게 말하고 있다는 것을 보여준다. 야고보는 그의 논지를 강조하면서, "행함으로"(ἐξ ἔργων)라는 말을 강조를 위해 문장 앞으로 끌고 나온다. 야고보는 의롭다 하심을 보여주기 위해 다시 그 동사를 사용한다. 그래서 그의 진술은 "사람은 행함으로 의롭다 하심을 받은 것이 보여진다"는 의미를 지닌다. 사람들이 다른 사람들에게나 하나님에게나 그들의 신앙 고백이 진짜임을 입증하는 것은 그들의 행동이다.

이것이 신약에서 "믿음으로만"(ἐκ πίστεως μόνον)이라는 단어가 중간에 뭔가가 끼지 않고 나오는 유일한 경우라는 사실을 주목하면 흥미롭다. 그 표현은 종교개혁의 슬로건인 *sola fide*, '오직 믿음으로'를 헬라어로 가장 잘 번역한 것이다. 하지만 이것은 야고보가 찬성하고 있는 바와 정반대된다![72] 어거스틴은 아마 믿음과 행함이라는 문제에서 바울과 야고보 사이의 이러한 긴장을 가장 잘 해결할 것이다. "바울은 사람이 율법의 행함이 없이 믿음으로 말미암아 의롭다 함을 받는다고 말했다. 하지만 야고보가 말하는 그 행함이 없다는 의미는 아니다."[73]

이 구절은 로마서 3:28과 뚜렷한 대조를 이룬다. 심지어 바울의 헬라어에는 "오직"이라는 말이 명백하게 나오지 않아도 그렇다. 하지만 다시 한 번 이 두 문맥에서 야고보와 바울이 사용한 '믿음', '행함', '의롭다 함을 받다' 등의 단어의 용법 차이를 기억하는 것이 필수적이다(앞의 140-141, 145쪽). 그래서 해결할 수 없는 모순은 없다. 요아킴 예레미아스(Joachim Jeremias)가 그것을 요약한 유명한 말처럼, 바울은 기독교적 믿음(예수님을 신뢰하는 것)과 유대적 행함(자신을 의롭다 하도록 율법을 순종하는 것)을 말하고 있는 반면, 야고보는 유대적 믿음(순전한 단일신론)과 기독교적 행함(구원에서 나오는 선행)을 말한다.[74] 아니면 프랜시스 겐치(Frances Gench)가 잘 표현하듯이, "바울은 산과학, 곧 어떻게 새 생명이 시작되는지를 다루고 있다. 하지만 야고보는 소아과와 노인의학, 곧 어떻게 그리스도인의 삶이 자라고 성숙하고 나이 들어가는지를 다루고 있다."[75] 야고보가 사람에게 성숙 혹은 "온전함"(τελειόω라는 동사를 사용해서)을 가져오는 칭의의 최종 결과로 묘사하는 것을, 바울은 빌립보서 1:6에서 "너희 안에서 착한 일을 시작하신 이가 그리스

Writers," *PRSt* 30(2003): 359-76을 보라.

71. 이것은 야고보서 4:4 및 하나님의 원수인 사람과 뚜렷한 대조를 이룬다. *Apoc. Abr.* 9:6-7에서, 하나님은 족장에게 선언하신다. "내가 너희에게 잘 보관하던 것들을 알릴 것이며, 너희는 지금까지 보지 못했던 위대한 일들을 볼 것이다. 너희는 나를 찾기를 바랐고, 나는 너희를 내 사랑하는 자들이라고 불렀기 때문이다"라고 선언하신다. 반면 *T. Abraham* 15:14-15에서는 천사장이 하나님께 아브라함에 대해 선언한다. "처음부터 그는 당신의 벗이었으며 그는 당신을 기쁘시게 하는 것은 무엇이든 다 했나이다. 그리고 이 땅에는 그와 같은 사람은 없습니다. 심지어 놀랄 만한 사람 욥도 그렇지 못했습니다." 참고. 또 *Apoc. Zeph.* 9:4-5.

72. 종교개혁의 표어는 부분적으로는 루터가 성경을 독일어로 번역한 것에서 나온다. 그것은 로마서 3:28에서 해석적 설명으로 "오직"(*allein*)이라는 말을 덧붙였다. Martin(*James,* 96)은 야고보가 μόνον을 사용한 것을 바울의 믿음관을 지지하는 것으로 본다. 바울도 야고보도 아무것도 행하지 않은 믿음을 지지하지는 않을 것이기 때문이다. Johnson(*The Letter of James,* 244)은 1:22에서 μόνον의 유사한 용례를 제시한다. 거기에서 대조되는 것은 "듣기만 하는 것" 대 "말씀을 행하는 것"이다.

73. Bray, *James, 1-2 Peter, 1-3 John, Jude,* 31. 아니면 Calvin의 말처럼 "구원은 오직 믿음으로만 이루어진다." 하지만 "오직 그것 하나만은 아닌 믿음에 의해" 이루어진다(Hughes, *James,* 122, 123). 상당히

도 예수의 날까지 이루실[관련된 동사 ἐπιτελέω에서 나온]"[76] 것에 대한 그의 확신을 표현할 때 인정한다.

로널드 펑(Ronald Fung)은 "믿음에 의한 법정적 의롭다 함"과 "행위에 의한 증거 제시적 의롭다 함"을 구분한다.[77] 첫 번째 것은 어떤 사람이 자신의 삶을 맡기는 순간 하나님이 하시는 법적 선포다. 두 번째 것은 변화된 삶으로 그런 헌신이 진정한 것이었음을 보여주는 것이다. 아니면 벤 위더링턴(Ben Witherington)의 말을 빌면, 야고보서 2:24은

> 바울은 절대 하지 않았을 진술이다. 하지만 야고보서 2:24에 나오는 의로움에 대한 인정을 어떤 사람의 행동과 평생 동안 한 일에 대한 하나님의 최종적 판결로 받아들인다면-그렇게 받아들여야 한다-바울도 동의했으리라고 말할 수 있다. 심지어 바울조차 신자들이 그 동안 행한 일에 좌우되는 최종적 칭의/정당화에 대해 말한다(갈 5:5-6). 여기에서는 이 최종적인 정당화 혹은 무죄선고를 염두에 두고 있다. 바울은 새로운 탄생과 영적 순례여정의 마지막 날 사이에 뭔가 선행을 하지 않고는 그 마지막 날에 의롭게 될 수 없다는 데 동의할 것이다.[78]

야고보는 십중팔구 바울보다 더 이른 시기에 이 글을 쓰고 있었을 것이며, 그래서 의도적으로 같은 어휘를 대조되는 의미로 사용하지는 않았으리라는 사실을 기억하는 것이 중요하다. 야고보가 바울이 후에 어떻게 표현할지 알았더라면, 그는 여기에서 말을 바꿨을 것이다.[79] 한편 야고보의 요점은 "유일신론적 믿음을 공개적으로 고백하고 그것이 이웃에 대한 긍휼을 보여주는 공개적 사역에서 구체화되는 사람들의 헌신을 하나님이 인정하시리라는 것"[80]이다.

약 2:25 또 이와 같이 기생 라합이 사자들을 접대하여 다른 길로 나가게 할 때에 행함으로 의롭다 하심을 받은 것이 아니냐(ὁμοίως δὲ καὶ Ῥαὰβ ἡ πόρνη οὐκ ἐξ ἔργων ἐδικαιώθη, ὑποδεξαμένη τοὺς ἀγγέλους καὶ ἑτέρᾳ ὁδῷ ἐκβαλοῦσα;). 이스라엘의 위대한 족장의 예를 들어도 청중들이 충분히 설득되지 못할 경우에 대비해서, 야고보는 두 번째 예를 제시한다. 이번에는 여호수아 2장에서 나온 것이다. "이와 같이"(ὁμοίως)라는 말을 보아서는 유사한 예가 나올 것으로 기대하게 되지만, 라합은 거의 모든 점에서 아브라함과 다르다. 아브라함이 부유하고 도덕적인 남자이며, 유대 민족의 아버지이고 사회의 주요 인물이었던 반면, 라합은 가난하고 명백히 부도덕하며, 여자이고 가나안 민족에게서 버림받았으며, 그녀가 속한 사회에서 중요하지 않은 인물이었다.[81] 야고보는 "기생"(ἡ πόρνη)이라는 말을 덧붙여서 전형적인 죄인인 그녀의 지위를 강조한다.

앞에서 말했듯이(145쪽), 아브라함과 라합은 이처럼 상극법을 형성한다. 그래서 그 사이에 있는 모든 사람

전통적인 로마 가톨릭의 관점에서 쓴, 이 관점에 본질적으로 동의하지만 한편 루터가 바울의 본문에 '오직'이라는 말을 집어넣음으로써 야기된 문제들을 인식하는 매혹적이고 상세한 연구로는 Rolf Walker, "Allein aus Werken: Zur Auslegung von Jakobus 2, 14-26," *ZKT* 61(1964): 155-92을 보라.

74. Joachim Jeremias, "Paul and James," *ExpTim* 66(1955): 568-71. 참고. Christine Renouard, "La maturite de la foi selon Jc 2,14-26," *FoiVie* 102.4 (2003): 61-71; Robert V. Rakestraw, "James 2:14-26: Does James Contradict the Pauline Soteriology?" *CTR* 1(1986): 31-50.

75. Gench, *Hebrews and James,* 106.

76. Romano Penna, "La giustificazione in Paolo e in Giacomo," *RivBib* 30(1982): 362.

77. Ronald Y. K. Fung, "'Justification' in the Epistle of James," in *Right with God: Justification in the Bible and the World,* ed. D. A. Carson(Grand Rapids: Baker, 1992), 162.

78. Witherington, *Letters and Homilies for Jewish Christians,* 478.

79. 이 결론을 내리는 선택권들을 철저히 연구 분석한 것으로는 D. Ryan Jenkins, "Faith and Works in Paul and James," BSac 159(2002): 62-78을 보라.

80. Wall, *Community of the Wise,* 152.

81. 참고. Motyer, *The Message of James,* 115.

은 믿음의 진정성을 입증하기 위해 변화된 삶을 보여야 할 필요가 있는 존재에 포함된다.[82] 아브라함의 경우와 마찬가지로, 야고보는 라합 역시 "행함으로 의롭다 하심을 받은"(ἐξ ἔργων ἐδικαιώθη) 것을 강조한다.[83] 이 구약 인물들은 둘 다 그들의 행동 때문에 믿음의 본보기가 되었다. "접대하여"(ὑποδεξαμένη)[84]라는 말은 21절에 나오는 "바칠 때에"(ἀνενέγκας)와 유사하다. 다시 한 번 원인적이거나 도구적일 가능성이 있다. 그것은 "행함으로"(ἐξ ἔργων)라는 말을 더 확장하기 때문에, 도구적인 것으로 보는 것이 가장 좋을 듯하다. 하지만 그 분사는 두 개념을 모두 시사한다.

라합의 예는 더 논란의 여지가 많은 것으로 다음과 같은 질문들을 제기한다. 즉, 이스라엘 정탐꾼들은[85] 기생의 집에서 무엇을 하고 있었는가, 그리고 그녀가 정탐꾼들을 찾으러 온 수비대에게 거짓말을 한 것이 도덕적으로 함축하는 것은 무엇인가 하는 것 등이다. 전자에 대해서는 하나님이 정탐꾼들을 그들의 대의에 공감해줄 수 있는 한 사람의 집으로 인도하시는 예로 보는 것이 가장 좋다. 리처드 헤스(Richard Hess)는 "이 집은 매매춘을 하는 곳이라기보다는 여행자들이 이용할 수 있는 여인숙, 호스텔 혹은 중간역이었을 가능성이 더 많다"[86]고 말한다.

후자의 질문에 관해서는, 라합의 예는 윤리에 대한 단계적 접근을 지지할 것이다. 때로는 보다 근본이 되는 도덕적 원리를 지키기 위해 부차적인 원리에 불순종해야 한다 해도, 그 근본 원리를 반드시 지켜야 한다는 것이다. 이 경우, 하나님의 대의를 수호하는 것이 이미 운이 다한 체제에 신실하게 반응하는 것보다 더 높은 부르심이었다. 여하튼, 하나님은 정탐꾼을 받아주고 보내는 행동을 통해 그녀가 의로워졌다고 보셨다. 그녀는 이스라엘의 하나님을 믿음으로써 그렇게 행동할 수 있었다.[87] 라합은 성경 내내, 또한 유대 및 기독교 전통에서 믿음의 모범으로 갈채를 받으며[88] 심지어 미심쩍은 배경을 가지고 있음에도 불구하고, 예수의 혈통까지 나온다(마 1:5). 하나님이 자기 민족에 대한 그녀의 반역을 받으셨다면, 그것은 우리가 정죄할 일이 아니다.

약 2:26 영혼 없는 몸이 죽은 것 같이 행함이 없는 믿음은 죽은 것이니라(ὥσπερ γὰρ τὸ σῶμα χωρὶς πνεύματος νεκρόν ἐστιν, οὕτως καὶ ἡ πίστις χωρὶς ἔργων νεκρά ἐστιν)[89]. 결론을 내리기 위해, 야고보는 한 가지 마지막 유추를 소개한다. 그것은 몸과 영혼의 유추로, 사람의 유형적인 차원과 무형적인 차원을 비교하는 것이다. 비물질적인 생명력이 물질적 육체에 생명을 불어넣지 않으면, 그 사람은 시체에 불과하다. 마찬가지로, 야고보는 믿음은 그것을 생명으로 채워줄 행함이 없으면 죽은 것이라고 말한다.

---

82. Martin(*James,* 97)은 두 가지 유사한 것을 추가한다. 둘 다 그들의 손대접으로 유명했고 유대교로 개종한 사람들이었다.

83. "하지만 라합의 행동은 그녀를 '위로는 하늘에서도 아래로는 땅에서도 하나님'이신 하나님을 참으로 믿고 아는 것으로 구별해준다. 그녀는 믿음 때문에 행동할 수 있었고, 그녀의 행동으로 그녀 자신과 온 가족이 구원받게 되었으며, 그녀의 믿음이 역사했기 때문에 그녀는 하나님 앞에서 의롭다고 간주되었다(Kamell, "The Concept of 'Faith' in Hebrews and James," 2009). 라합의 이야기에서, 그녀의 신실한 행동의 결과로 영적 구원(하나님의 백성으로 여겨지는 것)뿐 아니라 문자적, 육체적 구원 또한 이루어졌다.

84. Wall(*Community of the Wise,* 153)은 이 동사의 역할이 아브라함과 라합을 둘 다 "선지자적 본보기"로 규정하는 것으로 본다. 위험에 처한 이웃을 접대한 그들의 행동—"알지 못하는 채 천사들을 대접함"—은 신적 축복이라는 결과를 낳는다. 상세한 것은 Robert W. Wall, "The Intertextuality of Scripture: The Example of Rahab(James 2:25)," in *The Bible at Qumran: Text, Shape, and Interpretation,* ed. Peter W. Flint with Tae Hun Kim(Grand Rapids: Eerdmans, 2001), 217-36을 보라. Ward("The Works of Abraham," 283-90)는 두 구절 모두에 나오는 "행함"(works)이라는 복수에서 이것을 지지해주는 증거를 더 발견한다. 그래서 야고보는 이삭을 바치는 단 하나의 행동 이상의 것을 분명 염두에 두고 있었으리라는 것이다. 하지만 그 복수는 단순히 일반화하고 있는 것일 수도 있다.

85. 여기에서 사본상의 이문들은 이스라엘 사람들을 "사자들"이라고 부르는 이상한 표현을 다룬다. UBS 위원회의 선택은 {A} 신뢰도를 부여한 것으로, 가장 짧고 가장 어려운 독법이다. "이스라엘의 사자들"(ἀγγέλους τοῦ Ἰσραήλ)이라는 말은 그 정탐꾼들의 신원을 분명하게 밝힌다. '정탐꾼'(κατασκόπους)이라는 독법은 그들이 실제로는 전혀 사자들이 아니었다는 문제를 다룬다. 마지막으로, 가장

2:14에서 처음 제기된 질문에 대한 최종 대답이 여기에 있다. "그 믿음이 능히 자기를 구원하겠느냐?"라는 질문이다. 그 대답은 2:14–26의 모든 논증과 예들을 통해 절대 '아니'라는 것이 밝혀졌다. 행함, 곧 하나님을 영화롭게 하고 세상을 향한 그분의 마음을 찾는 변화된 생활방식에서 자신을 드러내지 않는 믿음은 죽은 것, 생명이 없는 것, 헛된 것, 쓸모없는 것이다. 사실상 그것은 전혀 믿음이 아니다. 그것은 믿음의 껍데기 혹은 시체일 뿐이다. 데이비스가 단언하듯이, "죽은 정통은 구원하는 능력이 전혀 없으며, 심지어 그 사람이 살아있는 믿음, 자선을 행함으로써 생기를 지니게 된 믿음에 이르지 못하도록 방해할 수도 있다."[90]

적용에서의 신학

당시의 예(2:14-17)

참되고 구원하는 믿음의 필연적 결과인 행함은 처음부터 끝까지 성경적 증거의 특징이다. 율법은 결코 구원의 수단으로 주어진 것이 아니라, 하나님이 이스라엘 사람들을 애굽으로부터 구원하신 이후 하나님의 언약 백성으로서 그들의 삶을 살도록 하시려고 주신 규정이다. 일부 유대인들은 이것을 선행이 악행보다 더 큰지 아닌지에 따라 심판을 받는 공로 신학으로 왜곡시켜버렸지만, 많은 다른 사람들은 율법에 대한 이런 언약적 이해를 그대로 간직하고 있었다.[91] 갈라디아서 5:6도 마찬가지로 "사랑으로써 역사하는 믿음"에 대한 바울의 이해를 집약적으로 보여준다. 빌립보서 2:12–13과 에베소서 2:8–10이 구원 역사에서 하나님의 은혜로운 주도권과 신자의 반응으로 행하는 선행에 대한 주장을 펼치는 전형적인 본문들 간에 균형을 잡아주는 것과 마찬가지다.

겐치(Gench)는 야고보의 질문이 "행함이 없는 믿음이 무슨 소용인가?"라는 뜻이 아니라 "네가 믿음이 있다고 말하고 행함이 없으면 무슨 소용인가?"[92]라는 뜻이라고 하면서, 예리한 통

긴 독법인 '사자들, 정탐꾼들' (ἀγγέλους τοὺς κατασκόπους)은 조화를 이루는 이문으로, 앞의 두 가지 안 중 어느 하나도 배제시키지 않으려는 서기관이 만들어낸 것이었을 가능성이 많다.

86. Richard S. Hess, *Joshua*(Leicester: IVP, 1996), 83. 물론 라합이 그 집의 한쪽에서 물건을 팔고 있었을 가능성도 배제하지 않는다.

87. 참고. Martin, *James,* 28. Glaze("Relationship," 41)는 "그녀의 행함이 믿음을 대신하지는 않았다. 하지만 그 행함은 하나님을 믿는다는 그녀의 주장이 타당함을 입증해주거나 정당화해주었다"고 덧붙인다.

88. Johnson, *The Letter of James,* 245. 아주 자세한 내용을 알려면, A.T. Hanson, "Rahab the Harlot in Early Christian Tradition," JSNT 1(1978): 53–60을 보라. 랍비 문학에 가장 많은 수의 참조문이 나오는데, 거기에서 라합은 "방탕한 사람, 개종자, 여호수아의 아내이며 선지자들의 조상, 그녀 자신이 여선지자"(58)로 나온다.

89. Davids(*The Epistle of James,* 133)는 "것 같이"(οὕτως)라는 말이 2:17과 인클루시오를 이룬다고 말한다. 그것은 "2:14–17의 주요 논증을 지지하기 위해 [야고보의] 미드라시적 석의를 깔끔하게 한데 결합시켜놓는다." 반면 Johnson(*The Letter of James,* 245)은 그 인클루시오에 "죽은"(νεκρόν)이라는 말을 추가한다.

90. Davids, *The Epistle of James,* 134.

91. 기독교가 생겨나기 전과 생겨나는 동안 유대교의 기독론에 대해, 이런 다양성을 보여주면서 가장 상세하고 가장 미묘한 차이를 다룬 개관은 D. A. Carson, Peter T. O'Brien, and Mark A. Seifrid, eds., *Justification and Variegated Nomism, vol.1: The Complexities of Second Temple Judaism*(Grand Rapids: Baker, 2001)이다.

92. Gench, *Hebrews and James,* 106.

찰을 보여준다. 이 본문에서 어느 것도 야고보가 두 종류의 믿음–하나는 성숙한 것이고 하나는 명목상의 것인–을 믿는다고 시사하지 않는다. 사람들은 구원하는 믿음을 갖고 있거나 그런 믿음을 갖고 있지 않거나 둘 중 하나다. 이 본문이 '죽은 정통'에 예리하게 적용되긴 하지만, 야고보서의 원래 상황에서 어느 것도 이것이 그의 회중이 처한 문제의 핵심임을 보여주는 것은 없다. 유대적 배경을 가진 신자들로 구성된 전체 교회들은 특정한 종류의 행함들, 특히 할례, 음식 법, 안식일 준수, 정해진 기도문 등의 "민족적 의로움의 상징들"에 지나치게 사로잡혀 있었을 가능성이 더 많을 것이다.[93] 하지만 야고보는 참으로 영적 변화의 과정에 있는 사람들이 불가피하게 보여주는 긍휼의 행동들이 그들에게는 결여되어 있지 않은지 우려하고 있을 것이다.[94]

15–16절은 긍휼의 행동에 대한 시험 사례를 제시한다. 야고보는 이렇게 절망적으로 궁핍한 동료 그리스도인들과 마주한 신자들은 덜 궁핍하며 그래서 적어도 약간의 도움이라도 제공할 위치에 있다고 추정한다. 그는 가난한 사람들을 도울 수 있는 가장 효과적인 방법들에 대한 논문을 제공하지 않는다. 그리스도인들은 아마 언제나 그 문제를 가지고 토론할 것이다. 하지만 참된 신자라면 모종의 행동을 취할 것이다.[95] 최소한 그들은 자기 재산에 대한 지속적인 개인적·공동적 청지기직의 일부로서, 가난한 자들에게 관대하게, 심지어 희생적으로 주는 것을 계발해야 한다.[96] 하지만 조직적 불의에 비추어 볼 때, 우리는 아마 더 많은 것을 해야 할 것이다. 알렉 모티어(Alec Motyer)가 주장하듯이,

> 우리는 인간적 필요에 대한 이전의 주장들에 직면해서 경제적·군사적으로 과감하게 행동하도록 정부를 가차 없이 밀어붙여야 한다. 그리고 세계 정부에 영향을 끼칠 수 있는 교회 지도자들을 밀어붙여야 한다. 산처럼 쌓인 고기, 산처럼 쌓인 버터, 산처럼 쌓인 분유 등은 세상에 그런 것들을 통해 채울 수 있는 굶주린 입이 있다면 하나님과 사람에 대한 범죄다. 하나님이 생명을 주신 사람들이 음식이나 의료적 처치가 없어서 죽는 상황에서 세상의 재물을 대량 파괴 무기('재래식' 무기건 핵무기건 간에)를 위해 먼저 사용하는 것은 살아계신 하나님에 대한 신성모독이다. 자발적인 구제 기관들을 통해 수백만 달러가 전달된다 해도, 정부가 할 수 있는 것에 비하면 아무것도 아니다.[97]

93. James D. G. Dunn이 보급시킨 용어를 사용하였다. 하지만 이같은 사로잡힘의 정도는 과장될 수 있다. Friedrich Avemarie, "Die Werke des Gesetzes im Spiegel des Jakobusbriefes," *ZKT* 98(2001): 282–309는 그 점을 강조했다.

94. 참고. Laws, *The Epistle of James,* 121.

95. Keenan, *The Wisdom of James,* 83. 이것은 "이따금 두드러지게 나타나지만 계층 가림막이 단단히 쳐져있는 바람에 사람들의 눈에 띄지 않는 사회경제적 격차를 무시하는 기술을 애써 배운 사람들"과 대조를 이룬다. "가난한 사람들, 집 없는 사람들, 전과자, 혹은 거리의 걸인들은 주일에 교회 나가는 것으로 끝인 마음 편한 그리스도인들이 궁핍한 '이웃'을 보지 못한 채 서둘러 지나갈 때, 그들로부터 그저 형식적인 '인사'만 받을 뿐이다. 오늘날 선한 사마리아인이 되려다가 죽임을 당할 수 있는 것은 사실이지만, 그렇다고 그것이 기독교의 긍휼을 베풀어야 할 모든 기회를 무시해도 되는 근거는 되지 못한다"(Felder, "James," 1795).

96. Richardson, *James,* 131.

97. Motyer, *The Message of James,* 110–11.

98. Keenan, *The Wisdom of James,* 82.

16절은 야고보의 예를 훨씬 더 놀라운 것으로 만든다. "평안히 가라"는 말이 기도와 축도의 형태를 띠기 때문이다. 이 '그리스도인'들은 실제로 하나님이 그 백성의 필요를 채우시도록 기도하고 있으면서, 그들이 공급자이신 하나님을 올바로 신뢰하고 있다는 것을 드러내기 때문이다. 하지만 그들은 자신들이 그 과정에 참여하는 것이야말로 하나님이 그들의 필요를 채우기 원하시는 방식임을 인정하려 들지 않는다.[98]

17절은 어떤 행함도 없이 믿음을 고백하는 것은 그것을 입에 발린 말로 들리게 한다고 주장하면서 그 단락을 마무리한다. '오직 은혜'를 주장하는 일부 그리스도인들은 이 가르침을 이해하기가 너무나 어려워서, 그 본문이 하늘에서 아무런 상도 받지 못할지는 모르지만 그럼에도 거기 들어가기는 한다는—마치 불을 지나 들어가는 것 같기는 하지만(참고. 고전 3:15)—의미로 둘러대어 해석해버렸다. 제인 하지스(Zane Hodges)는 죽은 믿음을 "불임의, 효력 없는, 혹은 비생산적인" 것으로 규정한다. 하지만 이것이 "무익한 신자의 고백의 진실성"에 어떤 의문도 던지지 않는다는 것을 강조한다. 후에 하지스는 "그리스도인이 더 이상 그의 믿음에 따라 행동하지 않을 때마다 그 믿음은 위축되며 교리를 신봉하는 시체에 불과하게 되어버린다"[99]고 덧붙인다. 하지만 영감된 본문에는 '불과한' 것이란 없다! 야고보의 말은 훨씬 더 강력하다. 이 사람들은 이미 현재에 생명이 없다. 구속으로 이끄는 마음의 변화가 없다면, 그들은 현 상태로는 영원한 생명을 가지고 있다고 볼 수가 거의 없다.[100]

하지만 야고보의 말은 적절하게 제한된 해방 신학 및 주권 구원(lordship salvation: 구원받기 위해 그리스도를 믿는 것과 그분을 삶의 주인으로 모시는 것이 함께 있어야 함을 강조—역주)을 적절하게 지지해주기는 한다. 야고보는 대의를 추구하면서 반드시 폭력이나 마르크스주의를 정당화하지는 않지만, 분명 개인적으로나 제도적으로나, 최근의 기독교의 여러 갈래가 시도했던 것보다는 가난한 자들을 위해 훨씬 더 많은 일을 하려는 해방신학자들과 공통적인 관심사를 가지고 있을 것이다.[101] 그래서 또한 야고보는 그리스도가 한 신자에게 평생 동안 요구하실 모든 것을 안다고 주장하지는 않지만, 예수님을 자신의 생명과 재산의 궁극적 주인으로 인정하고 그분께 충성을 바치는 것 없이는 구원이라는 값없이 주어지는 선물을 받아들였다는 주장이 별 쓸모가 없다고 확신에 차 주장할 것이다.[102] 이 세상에서 선을 행할 필요성을 인정하는 다른 종교 신봉자들의 멸시를 초래하고, 그럼으로써 그런 사람이 진정한 기독교를 분별하고 받

99. Zane C. Hodges, *The Epistle of James: Proven Character through Testing*(Irving, TX: Grace Evangelical Society, 1994), 63, 72. 신학적 전제들은 여기에서 성경의 실제 가르침을 위험하게 선취해버렸다. 이 점에서 Hodges를 믿는 사람들은 그들이(혹은 다른 사람들이) 실제로는 구원받지 못했는데 구원받았다고 쉽게 스스로를 속이게 될 수 있다.

100. 특히 Gale Z. Heide, "The Soteriology of James 2:14," GTJ 12 (1992): 69-97을 보라. Heide는 여기에서 Hodges가 이전에 제시한 논제에 상세히 반응한다. 그것에 대해 Hodges가 후에 언급한 글에서는 아무 반응도 나오지 않는다.

101. Tamez, *The Scandalous Message of James;* Maynard-Reid, *Poverty and Wealth in James* 전체를 보라.

102. John F. MacArthur Jr., *The Gospel according to Jesus*(Grand Rapids: Zondervan, rev. 1994); 같은 저자, *The Gospel according to the Apostles*(Nashville: Word, 2000) 전체를 보라. Keener(*The IVP Bible Background Commentary,* 696)는 야고보의 접근법을 "믿음이 평생의 헌신 혹은 목적을 포함하지 않는 영단번[단번(1회)으로 완전하고 영원한 효력을 갖는다는 뜻—역주]의 기도이며 순식간에 잊힌

아들이기가 더 어렵게 만드는 사람들이 바로 이런 주장을 하는 사람들이다![103]

반대에 대한 논박(2:18-19)

18–19절은 야고보의 교회들을 괴롭히는 영적 불안감에 대한 몇 가지 추가적 암시들을 보여준다. 18절에 나오는 믿음과 행함 사이의 관계(다양한 해석 중 어느 것에 대해서든)는 "아무도 긍휼 없이 행동해서는 안 된다. 하지만 우리 중 일부는 실제로 긍휼로 말미암은 행동을 한다. 그리고 다른 사람들은 그들을 격려한다"[104]고 믿고 있었을 일부 사람들의 태도를 반박한다. 이것이 후에 기독교계를 밀고 들어온 성직자–평신도 사이의 구분의 실마리다. 그로 인해 많은 교인들은 자기 지도자들이 궁핍한 자들에게 적극적으로 사역하는 한 그들은 그렇게 사역할 책임을 면제받는다고 생각하게 되었다.

신실한 유대인들이 매일 암송하는 신명기 6:4의 '신경'이 호소하는 바는 앞에서 제안한 것들을 지지해준다. 생명 없이 정통교리를 믿는 죄를 지은 유대인들은 거의 없지만, 생명 없는 의식에 굴복하는 것은 적어도 예레미야 7장만큼 오래된 것이다. 예레미야 선지자는 그로 인해 백성들이 올바른 예배가 긍휼의 행동을 대체한다고 생각하는 것을 호되게 꾸짖은 것으로 유명한 '성전 설교'를 하게 되었다.[105] 게다가 야고보가 예수님의 말씀에 의존하는 것에 비추어 볼 때, 그가 하나님은 제사보다 인애(mercy)를 바라신다는 선지자 호세아의 경고를 예수님이 반복해서 사용하신 것(호 6:6; 참고. 마 9:13; 12:7)을 염두에 두고 있는 것은 아닌가 하는 생각이 든다. 물론 이 원리는 상당히 더 이전까지 거슬러 올라간다(특히 사무엘상 15:22을 보라). 요즘, 얼마나 많은 소위 그리스도인들이 현대의 '예배 전쟁'에 마음을 빼앗기고 있는가? 그 뿌리는 결국 다양한 사람들에게 가장 잘 전도하고 사역하기 위해 다양한 형태들이 필요하다는 것을 인정하기보다는 내가 선호하는 음악이나 예배 의식 형태를 원하는 마음이다.

19절에서 마귀의 유일신론에 호소하는 것은 대단히 흥미롭다. 물론 야고보의 요점은 단지 마귀들이 단 한 분의 하나님이 존재하시는 것과 그분의 임재 앞에서 그들이 뒤로 물러나게 될 만큼 매우 능력이 많으시다는 것을 매우 잘 알지만, 그렇다고 해서 그 때문에 그들이 구원받지는 못한다는 것이다. 하지만 야고보는 죽은 정통은 구원하지 못한다는 자신의 주장을 입증할 수 있었을 것이다. "떠느니라"라는 말을 덧붙이지 않아도, 구원받지 못한 마귀들이 그것을 보여주기 때문이다. 아마 그는 참된 종교를 대신하는, 감정에 흐르는 것을 경고하고자 할 것이다. 얼마나 많은 현대 기독교가 진정한 종교를 신실한 삶이라는 실제 열매에 의해서가 아

다 해도 유효한 것이라는 흔한 현대의 개념"과 대조시킨다.

103. 여러 가능한 예들 중 단 한 가지만 들면, Richard R. Hopkins, *Biblical Mormonism: Responding to Evangelical Criticism of LDS Theology*(Bountiful, UT: Horizon, 1994), 130–36에 반영된 일반적인 현대판 성도의 태도를 참고하라.

104. Richardson, *James*, 133. 참고. Mark Proctor("Faith, Works, and the Christian Religion in James 2:14–26," EvQ 69 [1997]: 307–31). 그는 그 반대자는 어떤 회중이건 그들 중 일부 사람들이 긍휼의 행동을 보이는 것이 적절하다고 믿는 반면, 야고보는 모든 구성원 한 명 한 명의 책임이라고 주장한다고 생각한다.

니라(참고. 특히 마 7:21-23) 그것이 불러일으키는 감정적 경험에 기초해서 판단하는가?[106] 이 본문은 또한 우리 문화 특유의 종교적 게으름에 대해 말한다.

> 오늘날 우리의 교회들에는 야고보서에 나오는 가상의 도전자에게 동의하는 사람들이 많다. '믿음'이 다른 사람들과의 관계 또는 그들에 대한 요구를 포함하지 않을 뿐 아니라, 그런 요구를 한다고 조금이라도 시사하면 반발이 날아온다. 교회나 회당 활동에 실제로 참여하는 사람들보다 두 배나 되는 미국인이 자신들은 교회나 성당의 일원이라고 명백히 주장한다. 부유한 교외의 교회들과 도시 빈민가 회중들이 연합해서 뭔가를 하려 하면 종종 큰 저항을 겪는다.[107]

그런 '명목주의'가 가까운 친구들과 가족을 괴롭힐 때, 우리는 그들이 그럼에도 불구하고 하나님과 올바른 관계를 맺고 있다고 필사적으로 믿고 싶다(그리고 다행히도, 유일한 심판자이신 하나님은 틀림없이 아신다). 하지만 그들이 실제로 참된 그리스도인이 아니라면, 그들에게 참된 믿음을 분명하게 시사할 만큼 참여하라고 도전하지 않을 때, 그것은 위험스럽게 안이한 타개책을 취하는 것이다.

두 가지 성경적 예(2:20-26)

야고보는 그의 말을 듣는 사람들이 아직 설득되지 않았을 수도 있음을 인식한다. 그래서 히브리 성경에 나오는 두 개의 탁월한 모델을 사용한다. 그것은 그의 주된 요점을 세 번 재단언하는 사이에 끼어있다. 20절은 그가 반복하는 이유 중 하나를 강조한다. 사람들은 종종 확신하는 것을 꺼린다는 것이다. 아브라함이 기꺼이 자기의 외아들을 제물로 바치는 예는(21-23절)—하나님은 그의 후손들을 통해 수많은 자손이 약속의 땅을 차지할 것이라 약속하셨고, 그들을 통해 세상은 복을 받을 것이다—역사상 가장 위대한 사람들의 상상력을 혹사시켜왔다. 유명한 덴마크 철학자 쇠렌 키르케고르(Søren Kierkegaard)가 믿음을 불합리한 것이라고, 즉 논리적 설명을 허용하지 않는다고 생각하게 만든 것이 바로 이 사건이었다.[108] 물론 하나님은 아브라함을 그 끔찍한 행동에서 구원하셨으며, 히브리서 11:17-19은 아브라함이 하나님이 필요하면 이삭을 죽이신 후에 다시 생명으로 일으키실 수 있다고 믿었다고 주장한다. 하지만 키르케고르까지 거슬러 올라가든 아니든, "야고보가 아브라함이 했다고 말하는 행동은…율법(토

105. 참고. Hubbard, *The Book of James*, 64; Scaer, *James*, 89-90.
106. 야고보는 아마 "행동으로 참여하지 않는 믿음은 지성적이라기보다는 쓸모없는 것이라고 희화화할 것이다. 그것이 어떤 감정적 내용을 가지든 간에"(Keenan, *The Wisdom of James*, 86). 아니면 William Barclay(*The Letters of James and Peter*[Philadelphia: Westminster, rev. 1976], 76)가 말하듯이, "어떤 멋진 감정을 행동으로 옮기려는 시도를 하지 않고 그 감정을 반복해서 경험하는 것보다 더 위험한 것은 없다."
107. Perkins, *First and Second Peter, James, and Jude*, 113.
108. 특히 Bauckham, *James*, 159-74에 나오는 논의를 보라.

라)을 지키는 것도, 심지어 '긍휼의 행함'도 아니고, 믿음으로 말미암은 철저한 순종이다." 그래서 "야고보서가 그리스도인의 삶에 가장 크게 기여한 것은 칭의 교리에 대한 것이 아니라, 참된 믿음은 철저한 순종이라는 사실을 깨닫도록 도와준 것이다"[109]라는 것이 분명하다.

라합의 예(25절)는 아브라함의 예와 거의 정반대되는 것으로, 가장 미천하고 잃어버려진 사람들이라도 역시 선행에 의해 자신의 믿음을 보여야 한다는 사실을 상기시켜준다. 부자들만 희생적으로 드려야 하는 것이 아니다. 과부의 동전 이야기가 상기시켜주는 바와 같다(막 12:41–44). 이것은 많은 해방신학자들이 인정하지 않는 또 하나의 중요한 단서다. 하지만 선행을 보일 기회가 전혀 없어 보이는 사람들은 어떻게 되는 것인가? 이를테면 임종 자리에서 회심한 사람들과 같은 경우다. 확실히 알기는 어렵지만, 그들의 신앙 고백으로 다른 사람들이 그들의 말을 (혹은 그 말에 대해) 듣게 되리라고 상상할 수 있다. 예수님과 함께 십자가에 달린 행악자의 전형적인 예에서 보는 것과 같다(눅 23:40–42). 그래서 그들은 적어도 하나의, 대단히 중대한 선행(지혜 문학은 통상 회개를 그런 것으로 본다. 예를 들어, 잠 28:13; 집회서 17:23–24, 29; 18:21; 21:6; 44:16; 지혜서 12:10 등을 보라)을 보여준 것이다. 다른 어떤 변화된 태도가 일어났든 상관없고, 그들이 다른 어떤 사람에게 그것을 표현할 기회를 가지든 아니든 상관없다.

26절은 야고보의 주 요점을 한 번 더 반복함으로 야고보서의 이 부분을 마무리한다. 믿음과 행함은 사람의 몸과 영혼처럼 서로 관련되어 있어야 한다. 믿음–행함 방정식의 어느 한쪽을 버리기는 대단히 쉽다. "한쪽에는 하나님 앞에서 자신들의 위치에 대해 확신하면서도 그들의 믿음이 그들의 어떤 행동에든 영향을 끼친다는 증거를 전혀 보여주지 않는 사람들이 있다." "다른 한쪽에는 삶이 미친 듯한 행동의 소용돌이로 가득 차 있어, 그들이 문자 그대로 그들의 믿음에 대해 생각하거나 말할 시간이 없는 사람들이 있다."[110] 구원하는 믿음은 당연히 성령님이 그 사람의 삶에 들어가 그들을 그리스도와 닮은 모습으로 만들어가시는 것이다. 이런 변화는 양으로 잴 수 없다. 아마 세세한 점에서는 사람마다 다 다를 것이다. 그리고 통상 가다 말다, 앞으로 갔다 뒤로 갔다 하는 많은 단계가 포함된다. 하지만 시간이 지나면서, 그것은 변화된 삶을 낳는다. 그리고 영향을 받는 핵심 영역 중 하나는 가난한 사람들에 대한 관심과 그들을 도우려는 행동이다.

---

109. Townsend, *The Epistle of James,* 52, 53.

110. Barton, Veerman and Wilson, *James,* 60, 61.

6 CHAPTER

야고보서 3:1–12

문학적 전후 문맥

야고보서 2장 끝에서 큰 구분이 이루어진다. 사도는 부와 가난이라는 주제에서 지혜와 순종, 특히 말의 영역에서의 지혜와 순종이라는 주제로 넘어간다. 이 부분은 3:1–4:12에 걸쳐 나온다. 그 결과 3:2–3에 나오는 몸에 대한 언급들이 2:26을 상기시키기는 하지만, 3:1–12과 바로 앞의 본문인 2:14–26 사이에는 직접적인 연결이 그리 많지 않다.

하지만 야고보서 3:1–12은 이 서신서 앞부분의 수많은 본문들을 상기시킨다. 선생이 많이 되지 말아야 한다는 것(1절)은 1:19의 말하기를 더디 하라는 것과 개념적으로 유사하다.[1] 선생들이 직면해야 하는 심판(3:1)은 2:13a에 나오는 긍휼을 행하지 않는 사람에게 임하는 긍휼 없는 심판에 대한, 하지만 또한 신자들을 위한 자유케 하는 심판에 대한 야고보의 논의를 생각나게 한다(2:12, 13b). 3:2의 "온전함"이라는 말은 그 말의 의미에 대한 동일한 몇 가지 논쟁과 함께, 1:4에 나오는 그 말을 반영한다. 3:2에서 혀를 제어하는 것은 3:3에 나오는 말의 입에 물리는 "재갈"에 해당하는 단어와 같은 어근을 사용하며, 1:26에서 "재갈"이라고 번역된 것과 같은 동사다. 거기에서도 혀가 그 동사의 목적어였다. 광풍이 부는 동안에도 잘 통제되는 배의 유추(3:4)는 1:8에 나오는 "두 마음을 품은 사람"과 대조된다. 그는 그저 바람에 날려 요동하는 사람이었다. 3:8에 나오는 "길들일 사람이 없는" 악은 1:8에서 "정함이 없는"이라는 의미로 나왔던 것과 같은 용어다. 마지막으로, 일구이언을 하는 신자들이 그들의 대적들에게 내리기를 비는 저주는(3:9–10) 2:7에서 그리스도인들을 억압하는 자들의 신성모독처럼 절박하게 들린다.[2]

3:1–12과 3:13–18은 훨씬 더 긴밀하게 연결되어 있다. 1:5–8 및 19–26절과 마찬가지로, 지혜에 대한 하나의 본문이 말에 대한 하나의 본문과 짝을 이루고 있는데, 이번에는 역순으로

1. Tsuji, *Glaube zwischen Volkommenheit und Verweltlichung,* 80.
2. 야고보서에서 앞에 나오는 본문들과 부분적으로 중복된 목록에 대해서는 Church, "James," 371을 보라.

되어 있다(그것은 확장된 교차법에 적절하다). 혀를 적절히 제어하는 것(3:1–12)은 선행과 온유한 지혜를 보여주는 핵심이다(13절). 혀를 파괴적으로 사용하는 것과 공통점을 지닌 "쓴 물"(11절)은 독자들에게 '아래로부터 나온 지혜', 곧 종종 자랑, 거짓말, 말로 하는 분쟁 등 악한 말을 포함하는 거짓 지혜의 특징인 쓴 맛에 대해 마음의 준비를 하게 해준다(14–15절). 앞에서 말한 '정함이 없는' 혹은 '통제되지 않은'(혹은 심지어 반역적인)에 해당하는 어근이 16절에서 다시 나온다. 마지막으로, 17–18절의 선한 열매는 11–12a절에 나오는 무화과나무, 감람나무, 포도나무의 농업적 비유들을 상기시킨다.

혀에 대한 야고보의 가르침은 이 서신서 후반, 특히 4:1–12에 나오는, 더욱 광범위한 주제로 지혜와 말에 대한 가르침이 있을 것을 예상하게 한다. 혀를 잘못 사용하면, 말로 하는 다툼 및 4:11–12에서 금지하는 비방으로 이어진다. 그것은 특히 4:1–6에서 비난하는 것이다. 우리는 하나님의 심판에 직면해야 하므로(3:1) 다른 사람들을 비방하여 말함으로써, 그래서 하나님의 율법을 거부함으로써 암암리에 하나님과 자신의 역할을 뒤바꾸지 말아야 한다(4:11–12). 마지막으로, 야고보서의 마지막 주요 부분과 연결된 몇 가지 사항이 있다. 3:5의 자랑하는 것은 4:16에서 다시 나온다. 첫 번째 비유는 5:3에서 다시 나타난다. 3:1에서 경고한 신자들에 대한 심판은 5:9에서 불쑥 나타나며, 악한 말의 마지막 예는 5:12에 나온다.

IV. 세 가지 주제의 확장(2:1-5:18)

B. 지혜와 말(3:1-4:12)

➦ **1. 혀의 권세(3:1-12)**

a. 대단히 많은 선생들의 문제(3:1-2a)

b. 말의 긍정적 잠재력(3:2b-5a)

c. 말의 부정적 잠재력(3:5b-8)

d. 일관되지 못할 가능성(3:9-12)

2. 위로부터 난 지혜와 아래로부터 난 지혜(3:13-18)

3. 다툼과 비방에서 말의 오용(4:1-12)

주요 개념

신자들은 그들의 말을 제어해야 한다. 혀는 그 크기에 비해 삶에 좋은 영향과 나쁜 영향을 엄청나게 크게 끼치기 때문이다. 이것은 선생에게 특히 그렇지만, 모든 사람에게 적용된다. 일구이언을 하는 인간의 경향은 피조계에서 독특한 것이다.

번역

야고보서 3:1-12

1a	경고	내 형제들아 **너희는…선생이 많이 되지 말라**
b	기초	선생된 우리가 더 큰 심판을 받을 줄 알고
2a	설명	**우리가 다 실수가 많으니**
b	(2c의) 조건	만일 말에 실수가 없는 자라면
c	주장	**곧 온전한 사람이라**
d	동격	능히 온 몸도 굴레 씌우리라
3a	(3c의) 조건	우리가 말들의 입에 재갈 물리는 것은
b	목적	우리에게 순종하게 하려고
c	(2b–d의) 예시	**그 온 몸을 제어하는 것이라**
4a	유사	**또 배를 보라…운행하나니**
b	양보	그렇게 크고
c	확장	광풍에 밀려가는 것들을
d	수단	지극히 작은 키로써
e	장소	사공의 뜻대로
5a	비교	이와 같이 **혀도 작은 지체로되**
b	대조	**큰 것을 자랑하도다**
c	예시	**보라 얼마나 작은 불[불꽃]이 얼마나 많은 나무[숲]를 태우는가**
6a	비교	**혀는 곧 불이요**
b	일반적인/특별한	**불의의 세계라 혀는** 우리 지체 중에서
c	묘사	온 몸을 더럽히고
d	확장	삶의 수레바퀴를 불사르나니
e	원천	그 사르는 것이 지옥 불에서 나느니라
7a	(10b의) 기초	**여러 종류의 짐승과 새와 벌레와 바다의 생물은 다…길들일 수 있고**
b	확장	**길들여 왔거니와**
c	(a와 b의) 행위자	사람이
8a	대조	**혀는 능히 길들일 사람이 없나니**
b	재진술	**쉬지 아니하는 악이요**
c	내용	죽이는 독이 가득한 것이라

9a	(8b의) 기초	**이것으로 우리가 주 아버지를 찬송하고**
b	대조	**또 이것으로 하나님의 형상대로 지음을 받은 사람을 저주하나니**
10a	(9의) 회상	**한 입에서 찬송과 저주가 나오는도다**
10b	외침	**내 형제들아 이것이 마땅하지 아니하니라**
11	수사학적 질문	**샘이 한 구멍으로 어찌 단 물과 쓴 물을 내겠느냐**
12a	대안들	내 형제들아 **어찌 무화과나무가 감람 열매를, 포도나무가 무화과를 맺겠느냐**
12b	유사	**이와 같이 짠 물이 단 물을 내지 못하느니라**

구조

야고보서의 이 부분에 대해서는 이 서신서에서 이와 비슷한 크기의 어떤 부분보다 구조에 대해 여러 가지 제안들이 제시되었다.[3] 첫 번째 논쟁은 전체 본문이 선생에 대한 것인가 아닌가를 포함한다. 분명 이 열두 구절에 나오는 모든 것은 선생들에게 직접 적용될 수 있다. 하지만 1절 이후로, 야고보는 한 번도 다시는 선생들을 명백하게 언급하지 않는다. 2a절에 나오는 "우리가 다"라는 말은 이미 일반화를 시작한다. 그리고 2b절에 나오는 "…자라면"(anyone)이라는 말은 야고보가 이제 모든 사람을 생각하고 있음을 시사할 수도 있다. 하지만 2절 첫머리에 나오는 '왜냐하면'(for, 우리말 성경에는 없음–역주)이라는 말은 그것을 1절과 긴밀하게 연결한다. 반면에 2b절은 완전히 독립적인 생각을 시작한다. 그래서 너무 많은 선생들에 대한 명백한 경고는 1–2a절을 포함하는 것으로 보아야 한다.[4]

말의 문제는 모든 형태의 의사소통을 나타내는 제유(일부로서 전체, 혹은 전체로서 일부를 나타내는 표현법–역주)인 혀와 함께, 이제 나머지 본문을 결합시켜준다. 3–4절은 분명 대단히 작은 물체가 큰 영역에 대해 갖는 힘에 대한 몇 가지 예를 제공한다. 그것은 혀가 온 몸을 제어하는 것과 비슷하다(2b절). 하지만 이 부분은 어디까지 계속되는가? 8절 이후에는 혀에 대한 언급이 더 이상 나오지 않는다. 그리고 야고보는 여전히 말에 대해 이야기하고 있지만, 중심이 되는 것은 전반적인 말의 권세보다는 인간이 일구이언을 할 수 있는 존재라는 점이다. 그래서 9–12절은 분명 다른 소부분으로 여겨져야 한다.

하지만 5절 중간에는 눈에 잘 띄지 않는 또 다른 전환이 있다. 2b절은 혀의 긍정적인 잠재

3. Duane F. Watson, "The Rhetoric of James 3:1–12 and a Classical Pattern of Argumentation," *NovT* 35(1993): 48–64.

4. Wall(*Community of the Wise*, 162)은 그 구절 전체가 선생들에게만 해당하는 것으로 보는 자들을 대표한다. 하지만 Moo(*The Letter of James*, 148)는 다른 의견을 제시한다. "야고보가 그의 가르침을 그리스도인 지도자들에게 적용하는 데 분명한 관심을 갖고 있긴 하지만(또 13절을 참고하라), 우리는 그가 이것을 그 단락 내내 그렇게 직접적으로 그 지도자들에게 썼다고 생각하지는 않는다. 결국 1절은 그리스도인 지도자들을 대상으로 한 말이 아니라 선생이 되기를 원하는 어떤 그리스도인을 대상으로 한 말이다. 4:1과 4:11에 나오는

력을 소개한다. 완전한 말은 한 사람을 완전히 통제할 수 있으리라는 것이다. 말의 재갈 및 배의 키라는 유추(3-4절)는 최소한 중립적이다. 하지만 이 맥락에서는 또한 긍정적인 것일 가능성이 더 많다. 혀는 큰 선을 행할 수 있다![5] 5a절에 나오는 혀에 대한 자랑은 혀의 부정적 용도로 넘어가기 시작하지만, 어떤 자랑은 적절한 것이다(2:13을 상기해보라).[6]

하지만 5b-8절부터, 그 비유적 표현은 가차없이 부정적인 것으로 바뀐다. 여기에서는 파괴적인 말이 지닌 끔찍한 잠재력이 음울하게 상세히 표면화된다. 혀는 불(5b절), 불의의 세계(6a절), 망치고 태우는 것(6b절), 지옥불로 불사르는 것(6c절)이다. 그것은 동물 세계와 비교 대조되는데, 동물들은 길들일 수 있으나 혀는 그렇게 할 수 없으며, 그래서 언제나 잠재적으로 죽일 수 있는 권세를 가지고 있다(7-8절). 우리의 번역에서는 네 개의 주요 부분을 제시했으며, 그래서 석의적 개요는 1-2a, 2b-5a, 5b-8, 9-12절로 나누는 것이 가장 좋다.

석의적 개요

Ⅳ. 세 가지 주제의 확장(2:1-5:18)

B. 지혜와 말(3:1-4:12)

➡ **1. 혀의 권세(3:1-12)**

a. 신자들은 너무 서둘러 선생이 되려고 열망해서는 안 된다(1-2a절).

i. 이는 선생들(그들의 혀에 크게 의지하는 사람들)이 죄를 지을 때는 더 엄격하게 심판을 받기 때문이다(그들의 영향력이 보다 널리 퍼져있기 때문에, 1절).

ii. 선생들은 다른 사람들과 마찬가지로 자주 죄를 지을 수 있다(2a절).

b. 혀는 그 크기에 비해 선을 위해 강력한 영향력을 지닌다(2b-5a절).

i. 옳은 말은 그리스도인의 성숙함을 드러내는 탁월한 표시다(2b절).

ii. 혀와 개인의 관계는 재갈과 말의 관계와 같다(3절).

iii. 혀와 개인의 관계는 키와 배의 관계와 같다(4절).

iv. 각각의 경우, 작은 물체가 큰 것을 통제하며, 큰일을 이룬다(5a절).

c. 혀는 그 크기에 비해 악을 위해 강력한 영향력을 지닌다(5b-8절).

i. 혀는 큰 산불을 일으키는 작은 불꽃과 같다(5b-6절).

ii. 혀는 길들일 수 없는 짐승과도 같다(7-8절).

독자들을 향한 일반적인 권고는 죄악된 그리고 비판적인 말의 문제가 지도자들에게만 해당되는 것이 아님을 나타낸다." Moo는 "가르치기를 원하는 사람들에 대한 관심 때문에 야고보가 혀에 대한 일반적 경고를 하게 되었다"는 견해를 지지한다.

5. 참고. Scaer, *James,* 100.

6. Ropes(*A Critical and Exegetical Commentary on the Epistle of St. James,* 232)는 혀가 갖고 있는 순전한 능력에 비추어 볼 때 이것이 공허한 자랑이 아니라 정당한 자랑이라는 점을 지적한다. Townsend(*The Epistle of James,* 60)는 야고보의 우려가 나타나기 시작하고 있다고 말한다.

d. 선과 악에 동시에 영향을 끼칠 수 있는 이러한 가능성은 하나님의 피조세계와는 달리, 독특하게 일관되지 못한 상황을 만들어낸다(9-12절).

i. 인간들이 하나님의 형상대로 지음받은 사람을 축복하고 동시에 저주할 수 있는 것은 통탄할 일이다(9-10절).

ii. 이런 비일관성은 나머지 피조 세계에서는 일어나지 않는다(11-12절).

본문 설명

약 3:1 내 형제들아 너희는 선생된 우리가 더 큰 심판을 받을 줄 알고 선생이 많이 되지 말라(Μὴ πολλοὶ διδάσκαλοι γίνεσθε, ἀδελφοί μου, εἰδότες ὅτι μεῖζον κρίμα λημψόμεθα). 야고보는 지혜와 말이라는 주제로 다시 돌아가면서, 먼저 혀에 대해 고찰한다. 하지만 야고보는 선생들과 관련해서 그것을 소개하기로 한다. 그러면서 그의 교회들에 있는 소수의 사람들만이 이런 지도자 역할을 열망해야 한다고 경고한다. 부정 명령법인 "되지 말라"(μὴ... γίνεσθε)는 '[선생이] 되는 것을 멈추라'는 의미일 수 있다. 고대 지중해 세계에서 선생들은 크게 존경을 받았다. 그래서 아마 야고보의 회중 가운데 많은 사람들이 이런 지위를 원했을 것이다. 어쩌면 다른 사회적 억압들을 극복하기 위한 한 가지 방법으로 그랬을 수도 있다.[7] 하지만 그 문장의 금언적 결론은 보다 초시간적인 경고를 시사하는 것으로, "많은 사람이…되지 않게 하라"[8]는 말에 가깝다. 기독교 사회에서 가르치는 것은 특권이라기보다는 우리가 져야 할 하나의 책임이다. 야고보가 살던 시대의 종교적 선생들은 신성한 전통을 전달해주는 사람들이었다. 그들의 핵심적인 일은 그것을 정확하게 배워서 정확하게 전달하는 것이었다.[9] 기록된 본문이나 구전들을 정확하게 암송한 후에야, 랍비의 제자들은 그것에 대해 논할 준비가 되었다. 그들이 부지불식간에 그것을 잘못 전하지 않도록 하기 위해서였다.[10]

"알고"(εἰδότες)라는 분사는 원인을 나타낸다. 여기에서 야고보는 왜 많은 사람이 선생이 되지 말아야 하는지 그 이유를 제시하기 때문이다. 알아야 하는 내용과 야고보가 경고한 이유에는 선생들이 이런 더 엄격한 심판에 직면해야 한다는 사실이 포함된다. "받을 줄"(will receive, λημψόμεθα)이라는 동사와 시제의 선택은 그 심판이 궁극적으로 최후의 심판 때 하나님이 내리시는 어떤 것임을 암시한다. 비록 "누구든 가르쳐본 적이 있는 사

7. Martin(*James*, 107)은 "강조할 목적으로 부정어 μή가 이 절 처음에 놓여있다"고 믿는다. "그 명령어는 교회의 당면한 상황에 대한 것이다. 누군가 가르치는 지위를 원한다면 그런 생각을 진지하게 재고하는 것이 좋다." 참고. Cargal, *Restoring the Diaspora*, 143. 사람들의 욕구는 "그들이 지위를 얻는 일에 집착하고 있음"을 나타낸다.

8. 2인칭 명령법은 가끔 약간 더 허용적으로 (또는 간접적으로) 기능을 해서, 오히려 3인칭 형태에 더 가깝다. Richard A. Young, *Intermediate New Testament Greek: A Linguistic and Exegetical Approach*(Nashville: Broadman & Holman, 1994), 145을 보라.

9. Isaacs(*Hebrew and James*, 212)는 "선생은 주로 전통의 수호자와 해석자로 간주되었다"고 설명한다(CD 13.7; IQS 9:12-20). "따라서 유대 사회에서 선생은 높게 평가되었다. 하지만 선생에게 제공된 높은 지위는 그가 위탁받은 전통을 충실히 지키기 위해 수행해야 할 책임의 무게와 비례했다." 더 불규칙적으로 적용되기는 했지만, 그리스-로마 사회 역시 종종 동일한 이상을 나타냈다.

10. 야고보가 살던 유대 사회에서 이루어진 교육 과정에 대한 포괄적이고 자세한 설명으로, Samuel Byrskog, *Jesus the Only Teacher: Didactic Authority and Transmission in Ancient Israel, Ancient Judaism and the Matthean Community*(Stockholm: Almqvist and Wiksell, 1994)을 보라.

11. Sleeper, *James*, 88.

12. Baker(*Personal Speech-Ethics in the Epistle of James*, 123)는 2:12이

람은 그런 평가와 비판이 날마다 이루어지는 것임을 알기는"[11] 하지만 말이다.

한편 "심판"(κρίμα)이라는 말은 잠재적 책망을 암시하는(하지만 KJV에서 시사하고 있는 것처럼 영원한 '정죄'를 보증하는 것은 아니다) 사법적 판결을 말한다.[12] 아마도 야고보는 말의 죄에 초점을 맞추고 있을 것이다. 그가 2절에서 그 주제를 소개하기 때문이다. 당시 사회에서 가르치는 것은 오로지 말로 이루어졌기 때문에, 야고보가 다른 사람들을 가르치면서 말로 큰 실책을 하는 것에 대한 책임을 주장하고 있다고 보는 것이 합리적인 듯하다(참고. 마 23:13; 막 12:38–40; 눅 12:48b; 20:47에서 예수님이 하신 말씀). 무가 설명하듯이, 선생들은 "더 큰 심판의 위험에 노출된다. 그들이 혀를 계속 사용한다는 것은 그들이 매우 쉽게 죄를 지을 수 있으며, 동시에 다른 사람들을 잘못된 방향으로 이끌 수 있다는 것을 의미한다."[13] 이 분야에서 일관되게 반복해서 실패하는 사람들은 최소한 자신들이 바울이 후에 가르침의 은사라고 부르는 것을 가지고 있는지(이어지는 주석을 보라) 의문을 가져보고, 최악의 경우에는 그들이 정말로 그리스도를 아는지 의문을 제기해보아야 한다.

약 3:2a 우리가 다 실수가 많으니(πολλὰ γὰρ πταίομεν ἅπαντες). 야고보는 모든 사람이 다양한 죄를 저지른다고 주장함으로 한층 강력하게 경고한다. '왜냐하면'(γάρ, 우리말 성경에는 번역되어 있지 않다–역주)이라는 말은 이 절을 2b절보다는 1절과 더 긴밀하게 연결해주는 반면에, 또한 더 광범위한 청중을 포함하는 것을 나타낸다. "실수하다"(stumble, πταίω)라는 동사는 문자적으로 '말을 더듬는다'는 의미일 수도 있고 비유적으로 '실수를 하다'라는 의미일 수도 있다. 여기에서 야고보는 그 말을 죄를 짓는다는 신학적 의미로 사용한다. 그는 말로 지은 많은 죄들과 함께, 특히 무심코 지은 죄, 심판에서 '그렇게 중하지 않은' 죄를 생각하고 있을 것이다. '실수하다'라는 말은 자동사이기 때문에, "많으니"(πολλά)는 직접 목적어가 될 수 없고 부사적 대격임이 분명하다. 이 문맥에서 가장 자연스러운 의미는 '여러 면에서'가 될 것이다. 물론 야고보는 약간 더 구체적인 것을 염두에 두고 있었을지도 모른다.[14] 그가 "다"(ἅπαντες)라는 말을 사용한 것으로 보아 그 동사는 복수 주어를 가지고 있으며, 그의 진술은 모든 사람을 언급하는 것이다.[15]

약 3:2b 만일 말에 실수가 없는 자라면 곧 온전한 사람이라 능히 온 몸도 굴레 씌우리라(εἴ τις ἐν λόγῳ οὐ πταίει, οὗτος τέλειος ἀνήρ δυνατὸς χαλιναγωγῆσαι καὶ ὅλον τὸ σῶμα). 하지만 야고보는 곧이어 바로 앞에서 한 진술에 예외를 제공할 수 있는 한 가지 조건을 가지고 자신의 말을 한정한다. 사람이 말에서 죄를 짓지 않을 수 있다면, 그들은 온전함에 도달할 수 있을 것이다.[16] 이 1급 조건절에서, "만일"(εἰ)이라는 말은 '…하므로'(since)라고 번역할 수는 없다. 왜냐하면 실제로 어떤 인간도 이 범주에 들어

여기에서 κρίμα(심판)를 사용한 배경이라고 보고 이렇게 주장한다. "심판은 행위와 말을 다 포함하기 때문에 주로 말과 관련된 일을 하는 선생 같은 자들은 종말론적 심판 때 더 힘든 시간(μεῖζον)을 예상해야 한다." 그는 또 1인칭 복수 λημψόμεθα("받을 줄")는 야고보가 더 위태로운 심판의 상황에 처한 자들 가운데 자신을 포함시키고 있음을 나타낸다고 지적한다. Moo(*The Letter of James*, 149)는 "야고보가 1인칭 복수인 '우리'로 말을 바꾼 것은 그가 그 자신을 교사로 여기고 있음을 나타낸다. 그리고 야고보는 자신을 그가 경고하는 자들과 동일시함으로써, 경고를 위한 더 효과적인 발판을 만들어낸다"고 주장한다.

13. Moo, *The Letter of James*, 150.

14. Davids(*The Epistle of James*, 137)는 "'많으니'(πολλά)가 빈도뿐 아니라 모든 유형의 때를 언급하는 것이라고 주장한다.

15. ἅπαντες를 끝부분에 놓아 강조한 것과 또 (보다 흔한 용어인 πάντες를 사용하는 것과 반대로) 복합 형태를 사용한 것은 둘 다 "우리가 다"(everyone)를 강조형으로 만들어준다(참고. Hiebert, *The Epistle of James*, 206).

16. Motyer(*The Message of James*, 119)는 "창세기 3:12에 따르면 타락 후 실제 일어난 첫 번째 죄는 말의 죄였다"고 지적하고, 성경 저자들이 일관되게 말의 죄를 죄 전체의 본보기로 사용하고 있음을 보여준다(시 5:9; 10:7; 140:3; 사 6:5; 롬 3:13–14을 보라. 그리고 건전한 말을 지지하는 것으로 베드로전서 3:10을 보라).

맞지가 않기 때문이다. 2a절의 주장에 비추어볼 때, 어느 누구도 '죄 없는 말'이라는 이상에 도달할 수 없다.[17] 그래서 우리는 가르치는 것에 대해 두 배 세 배 신중해야 한다. 나쁜 교훈으로 말미암는 피해는 상당히 중대한 것이 될 수 있다. 그리고 조만간 모든 선생은 그런 해를 끼칠 것이다.

2b절은 이 본문의 범위를 그저 선생들에게만 초점을 맞추는 것에서 모든 사람을 포함시키는 것으로 넓힌다. 야고보는 선생들을 향한 주의하라는 경고를 계속해서 지지하지만,[18] 말의 죄를 이 세상 모든 사람에게 해당되는 것으로 본다. 여기에서 다시 "온전한"(τέλειος)이라는 말이 나오는데, 이번에는 그저 '완전한' 혹은 '성숙한' 것이 아니라 '죄 없는 것'을 의미할 가능성이 더 많다.[19] 혀를 제어하는 것은 지혜보다 훨씬 더(참고. 1:4-5) 온전함에 반드시 필요한 것이다.

말을 제어할 수 있는 능력은 지혜 문학에서 두드러지게 등장하는 주제다(예를 들어, 잠 10:8, 11, 21; 11:9; 12:18, 25; 13:13 등). 따라서 이런 제어를 하는 사람은 자신이 참으로 지혜롭다는 것을 보여주는 것이다. 하지만 온전함, 혹은 완전한 성숙함은 내세에서만 이루어진다. "굴레 씌우다"(χαλιναγωγέω)라는 용어는 1:26에서 처음 나온다(거기에서 우리는 그것이 "재갈 물리다"라는 의미가 될 수 있다는 것을 보았다). 그 또한 말로 하는 죄 및 참된 종교적 성숙함과 관련해서 나오는 것이다.

여기에는 혀가 나머지 몸을 통제한다는 개념이 나온다. 혀를 굴레 씌울 수 있다는 것은 온 몸—육체적 움직임과 도덕적 행동—역시 굴레 씌울 수 있다는 것을 보여준다. 야고보는 분명 "말로 짓는 죄는 중단하기가 어려우므로, 그런 죄들을 중단할 수 있다면 분명 나머지 죄들도 중단할 수 있을 것이다"[20]라는 의미로 말한다. 하지만 그는 또한 악이 어떻게 생각으로부터 시작해서 발전하는지를 생각하고 있을 수도 있다(참고. 약 1:13-15; 또한 마 15:10-20을 보라). 그 생각은 우리가 그것을 입 밖으로 말하든 말하지 않든, 우리 마음속에서 말로 만들어진다. 그래서 말을 나타내는 제유법이자 보다 일반적으로는 생각을 나타내는 환유법인 혀는 태도뿐 아니라 모든 행동의 열쇠다.[21] 또한 "몸"(σῶμα)을 교회적 의미로 이해한다면, 이차적 차원의 의미도 볼 수 있다. 그래서 선생의 혀는 교회의 전체 몸을 인도하고 통제한다. 이런 해석에 의하면, 야고보는 회중들의 건강을 위한 선생들의 책임을 강조하는 것이다.[22]

약 3:3 우리가 말들의 입에 재갈 물리는 것은 우리에게 순종하게 하려고 그 온 몸을 제어하는 것이라(εἰ δὲ[23] τῶν ἵππων τοὺς χαλινοὺς εἰς τὰ στόματα βάλλομεν εἰς τὸ πείθεσθαι αὐτοὺς ἡμῖν, καὶ ὅλον τὸ σῶμα αὐτῶν μετάγομεν). 야고보는 말[24]과 재갈이라는 흔한 예로 시작해, 계속해서 아주 작은 것이 아주 큰 것을 제어하는 몇 가지 예를 든다. 여기에서 보면 재갈 같은 작은 장치가 사람보다 훨씬 더 크고 무거운 동물을 인도할 수 있다. 물론 이 예

17. Hiebert, *The Epistle of James*, 207. 그렇다면 이것은 논의를 위해 참된 것으로 추정된 일급 조건절의 전형적 예다. Burchard(*Der Jakobusbrief*, 137)는 그것을 "비현실적인 상태이거나 반어적 상태"라고 부른다.

18. Johnson(*The Letter of James*, 263)은 "특히 선생은 말에 실수하기가 쉽다"고 주장한다. 가르침이라는 환경은 "거의 모든 형태의 악한 말을 할 수 있는 유혹을 제공하기 때문이다. 교만, 학생들 위에 군림하려는 태도, 말대답과 부주의에 대해 분노하며 옹졸한 반응을 보이는 것, 그 자리에 없는 반대자들을 비방하는 것, 허영심을 채워주기 위한 학생들의 아첨 등이다."

19. Motyer(*The Message of James*, 120)는 덧붙여 이렇게 말한다. "그것은 혀를 통제할 만큼 강한 사람이 모든 다른 싸움도 이길 만큼 강하다는 것이 아니라, 이 싸움에서 이기는 것이 본질적으로 모든 싸움에서 이기는 것이라는 말이다."

20. Baker and Ellsworth, *Preaching James*, 83.

21. 참고. Motyer, *The Message of James*, 121.

22. Martin(*James*, 104, 110-11)에 따르면, 혀는 육체적 몸보다 더 교회라는 몸을 통제한다. Wall(*Community of the Wise*, 164-5)은 이 구절 전체가 회중의 지도자들을 향한 것으로 교회라는 몸에 비추어 읽혀야 한다는 점에 동의한다. 하지만 Moo(*The Letter of James*, 152)는 이런 해석에 반대한다. "야고보는 그 자신이나 그의 독자들이 '몸'이라는 언어를 교회에 적용하는 것에 익숙하다는 증거를 제

심층 연구

선생들은 남자들뿐이었는가?

어떤 사람들은 1절의 "형제들"(ἀδελφοί)이라는 말을 총칭적으로 혹은 포함적으로 번역하는 것을 망설인다. 다른 곳에서는 그렇게 번역하는 것을 허용하면서도 말이다.[25] 일반적으로, 그들은 신약에 따르면 교회 내의 교사들은 남자들뿐이었다고 주장한다. 이런 견해는 보통 디모데전서 2:12에 대한 오해에서 기인한다. 그것은 마치 바울이 여자들은 남자들을 가르치는 모든 역할을 금한 것처럼 번역된다. 적어도 기독교 교리와 관련해서는 그렇다는 것이다. 하지만 이 구절을 가장 주의 깊게 문법적 · 문맥적으로 분석한 것들은 바울이 두 가지 별개의 활동을 금하고 있지 않다는 것을 시사한다. 그보다 "가르치는 것"과 "주관하는 것"은 서로 상대방을 규정해주며, 장로의 역할을 말한다. 디모데전서 3:2이 가르치는 독특한 기능을 장로/감독에게 부여하고, 5:17이 그들이 교회의 일을 관리하는 것으로 말하는 것과 마찬가지다.

여자가 남자를 가르치는 것을 전면적으로 금하는 논증은 또한 은사와 직무에 대한 성경적 구분을 부적절하게 이해한다. '가르침'은 영적 은사가 될 수 있다(엡 4:11; 롬 12:7; 고전 12:28). 모든 영적 은사는 성령님이 결정하시는 대로 남자들에게나 여자들에게나 똑같이 주어진다(행 2:17–18; 고전 12:11). 그리고 모든 영적 은사는 전체 회중을 세우기 위해 사용되어야 한다(엡 4:12–13). 성경 어디에도 여자가 특별한 은사가 있으면 그 은사를 다른 여자들(혹은 어쩌면 어린아이들)에게만 발휘해야 한다고 희미하게라도 시사하는 곳은 없다. 반면에 사도행전 18:26은 그리스도인 여자(브리스길라)가 그리스도인 남자(아볼로)가 공개적으로 가르친 내용을 일부 바로잡고 있는 모습을 긍정적으로 묘사한다.

다른 한편 "교사"는 또한 "목사"를 칭하는 또 다른 호칭이기도 하다(엡 4:11). "목사/목자", "장로", "감독"은 모두 동의어가 될 수 있으며(행 20:17, 28), 디모데전서 2:12은 전후 문맥으로 볼 때, 장로("권위있는" 교사–'가르치는 것'과 '주관하는 것'을 서로 상대방을 규정하는 것으로 이해할 때)의 직무를 남자들에게 국한시키는 것으로 충분히 이해할 수 있다. (물론, '목사의 일' 역시 그저 영적 은사를 언급하며 남자에게나 여자에게나 열려있는 것일 수 있다.) 어떤 교회에 개인들로 이루어진 지도자 집단이 있는데, 그들이 모두 대등한 권위를 지니고 있으며, 모두 회중을 정기적으로 공적으로 가르치는 일에 관여하고 있다면, 그들은 신약의 장로들과 대등한 직분을 담당하고 있는 것이다.

시하지 않기" 때문이다. 그리고 또 "야고보가 '몸'이라는 단어를 사용한 모든 경우는 이렇게 교회론적으로 적용을 하지 않고서도 충분히 설명할 수 있기" 때문이다.

23. 여기에는 어려운 사본 이문들이 있다. UBS에서 택한 독법은 {C} 등급만 받았다. 그럼에도 불구하고, 이 독법, "하지만…만일"(*εἰ δέ*)은 가장 어려운 것으로, 앞에 나온 것과 대조를 이루지 않는 어색한 조건절을 만들어낸다. 그리고 그것은 외적으로는 상당히 잘 입증된다(ℵ², B*, 2, K, L, Ψ, 또한 수많은 소소한 번역 및 다른 오래된 라틴어, 콥트어, 그루지아어 번역들). 다른 독법들은 '보다'(ἴδε), '왜냐하면 만일'(εἰ δὲ γάρ), '보다'(ἰδού) 등으로, 그 중 어느 것도 많은 외적인 입증된 증거를 갖고 있지는 않지만, 그것들은 모두 더 매끄러운 독법 혹은 4절과 더 유사한 독법들을 제공한다. 일급 조건절에 대해서는 그것이 사실이라는 것에는 의문의 여지가 없으나, 야고보의 요점은 여전히 "논쟁적"이다(Hiebert, *The Epistle of James*, 209).

24. 이 구절의 더 고전적인 헬라 구문법을 보면 "말들의(ἵππων)"라는 속격 명사 역시 매우 강조되는 위치에 놓는다. A. T. Robertson, *Grammar of the Greek New Testament*(Nashville: Broadman, 1934), 418을 보라. 다시 말해, 여기서 말하는 원리가 말들에게 효과가 있다면 인간에게는 얼마나 더 효과가 있겠는가!

25. 특히 Poythress and Grudem, *The Gender-Neutral Bible Controversy*, 266을 보라.

대부분의 현대 복음주의 교회들에서, 장로와 대등한 사람은 담임 목사(혹은 단독 목사)뿐이다.[26] 물론 평등주의자들은 (1) 일세기 때 적용된 금지는 적어도 서구 사회에서는 더 이상 나타나지 않는 그 문화 특유의 이론적 근거에 기초하고 있었기 때문에, 심지어 이런 '최고의' 직분도 오늘날에는 남자들에게만 국한시킬 필요가 없다고 주장하거나, 아니면 (2) 디모데전서 2:12 자체가 여자들이 남자들에게 오만하거나 권위주의적인(권위있는 것이기보다는) 태도로 가르치는 것을 금한 것이라고 주장할 것이다. 하지만 목사-교사-장로의 직분을 남자들에게 국한시키는 표준적이고 상호보완적인 견해에서도, 야고보서에는 그가 '선생'이라는 말을 이런 공식적 자격의 의미로 사용한다고 시사하는 바는 전혀 없다.[27] 그렇다면 또한 2절에 나오는 "사람"(man, ἀνήρ)이라는 말을 지금까지 야고보서에서 그 말이 나온 모든 경우에 그랬던 것처럼 '사람'(person, ἄνθρωπος)보다 더 협소한 의미로 볼 이유는 전혀 없다.

의 중요성은 재갈이 말의 입 속에 들어있다는 것이다. 그래서 말을 타는 사람이 그 동물의 입을 제어함으로, 말 전체를 교묘하게 움직일 수 있다는 것이다. 그렇다면 인간의 혀는 사람에게 얼마나 더 큰 능력을 부여할 수 있겠는가!

약 3:4 또 배를 보라 그렇게 크고 광풍에 밀려가는 것들을 지극히 작은 키로써 사공의 뜻대로 운행하나니(ἰδοὺ καὶ τὰ πλοῖα τηλικαῦτα ὄντα καὶ ὑπὸ ἀνέμων σκληρῶν ἐλαυνόμενα, μετάγεται ὑπὸ ἐλαχίστου πηδαλίου ὅπου ἡ ὁρμὴ τοῦ εὐθύνοντος βούλεται). 야고보는 두 번째 유사한 예를 든다. 이번에는 배다. 그는 말의 경우보다도 더 욱더, 그 큰 배의 크기와 힘을 강조한다. 배도 마찬가지로 크기가 아주 작은 어떤 것에 의해 통제되고 인도된다.[28] 연속해서 나오는 두 개의 분사 "…이고"(being, ὄντα) "밀려가는"(being driven, ἐλαυνόμενα)은 '비록'(우리말 성경에는 번역되어 있지 않다-역주) 배는 크기가 매우 크고 심한 폭풍우와 싸울 수 있지만, 배의 한쪽 끝에 있는 아주 작은 장치가 그것을 조종할 수 있다는 개념을 제시한다.[29] 한편, "지극히 작은"(smallest, ἐλαχίστου)이라는 말은 그 키가 얼마나 작은 것인지 강조한다. 그것은 아마 분리격 용법(최상급에서처럼 문자적으로 '가장 작은'이라는 것은 아니지만, '매우, 매우 작은'이라는 의미의)을 예시하고 있을 것이다. 키를 잡고 조종하는 사람들은 키를

26. 이 모든 본문들에 대해 그리고 이 여록에서 주장한 여러 점들을 입증하는 증거에 대해 Craig L. Blomberg, "Women in Ministry: A Complementarian Approach," in *Two Views on Women in Ministry,* ed. James R. Beck(Grand Rapids: Zondervan, rev. 2005), 121-84를 보라. 참고. 같은 저자, "Neither Hierarchicalist nor Egalitarian: Gender Roles in Paul," in *Paul and His Theology,* ed. Stanley E. Porter(Boston: Brill, 2006), 283-326.

27. Ruckstuhl(*Jakobusbrief, 1-3 Johannesbrief,* 22)은 초대 기독교에서 활동한 수많은 순회 교사들을 상기시킨다. 그들은 고린도전서 12장에 묘사된 영적 은사를 사용하는 사람들로, 어떤 지역 회중 내에서도 직책을 갖고 있지 않았다. Popkes(*Der Brief des Jakobus,* 220)는 "위계적 또는 성례적" 교사와 "은사적 또는 예언적" 교사에 대해 말한다. 그는 전자를 (하지만 후자는 해당되지 않는다) 디모데전서 5:17에서 언급된 장로들과 연결시킨다.

28. 주어인 "배"는 복수지만 Μετάγεται("운행하나니")는 단수 동사다. 신약에서 중성 복수 주어는 통상 단수 동사를 취하기 때문이다.

29. Johnson(*The Letter of James,* 257)은 덧붙여서 "질량과 힘의 결합으로 인한 통제의 어려움이 강조된다"고 말한다.

30. Baker(*Personal Speech-Ethics in the Epistle of James,* 125)는 이 예에서 "일반적으로 중요한 세 가지 측면"을 본다. "첫째, 혀 자체는 강력하지 않다." 하지만 그것은 "힘을 전달해 어떤 목적을 위한 행동을 하게 하는 중심이다." 둘째, "배(τηλικαῦτα)의 커다란 크기와 대조적으로 키(ἐλαχίστου)의 작음을 강조한 것은 상대적으로 상당히 큰 몸에 대해 혀가 지니는 가치 또는 중요성을 드러낸다." 그리고

제어하기 때문에 배를 지배할 수 있다. 하지만 키가 제대로 작동하지 않으면 배는 조종이 불가능한 채 방향이 이리저리 바뀔 수 있다. 마찬가지로, 혀를 제어하지 않으면 그 자신이 통제가 불가능해질 수 있다.[30] 설계된 대로 작동할 때, 혀는 키와 마찬가지로 그것을 조종하는 사람이 지혜롭게 그들이 바라는 항로로 갈 수 있도록 해준다.[31]

약 3:5a 이와 같이 혀도 작은 지체로되 큰 것을 자랑하도다 (οὕτως καὶ ἡ γλῶσσα μικρὸν μέλος ἐστὶν καὶ μεγάλα αὐχεῖ). 야고보는 혀와의 비교를 분명히 함으로써, 이 부분의 결론을 맺는다. 다시 한 번 혀의 작은 크기를 그것이 자랑하는 행동과 대조시키는 것이다. 입 속에 있는 작은 재갈의 인도를 받는 말처럼, 그리고 배의 뒤편에 있는 작은 키로 조종되는 배처럼 작은 혀가 사람을 조종할 수 있다.[32] 야고보의 요점은 사람들은 그들의 혀를 조종하거나 혀가 사람들을 조종하게 하거나 둘 중 하나라는 것이다.

"큰"(μεγάλα)이라는 말은 직접 목적어(즉, "큰 것을 자랑한다")나 아니면 부사("크게 자랑한다")로 볼 수 있다. 그 둘 사이에 큰 차이는 없지만, 전자가 혀의 악한 행동을 강조하는 다음 부분의 도입부로 더 나을 것이다.[33] 여기에서 자랑하는 것(αὐχέω)에 해당되는 단어는 아마 중립적으로 사용되었을 것이다. 자랑이 좋은 것인지 악한 것인지를 결정하는 기준은 그 자랑의 내용이다. 혀는 상당한 힘을 가지고 있다고 주장해도 맞을 것이다. 하지만 데이비스가 말하듯이, "혀가 배를 조정하는 것이 아니라, 조타수가 종종 통제권을 잃는다."[34]

약 3:5b 보라 얼마나 작은 불이 얼마나 많은 나무를 태우는가(ἰδοὺ ἡλίκον πῦρ ἡλίκην ὕλην ἀνάπτει). 야고보는 유추의 새로운 부분으로 넘어간다. 거기에서 야고보는 혀의 통제할 수 없고 파괴적인 경향을 보여줄 것이다. 처음 나오는 예시는 얼핏 보기에 당면 주제와는 관련되지 않은 것처럼 보인다. 많은 나무들(forest)[35]을 태우기 위해 작은[36] 불꽃이 필요하다고 말하기 때문이다. 하지만 야고보는 부정적인 예로 넘어가면서도, 어떤 것을 일으키는 힘에 비해 너무나 거대한 결과를 가져오는 것에 대한 유추를 계속해서 사용한다.

약 3:6 혀는 곧 불이요 불의의 세계라 혀는 우리 지체 중에서 온 몸을 더럽히고 삶의 수레바퀴를 불사르나니 그 사르는 것이 지옥 불에서 나느니라(καὶ ἡ γλῶσσα πῦρ· ὁ κόσμος τῆς ἀδικίας ἡ γλῶσσα καθίσταται ἐν τοῖς μέλεσιν ἡμῶν, ἡ σπιλοῦσα ὅλον τὸ σῶμα καὶ φλογίζουσα τὸν τροχὸν τῆς γενέσεως καὶ φλογιζομένη ὑπὸ τῆς γεέννης). 다시 한 번 야고보는 그의 예를 설명한다.[37] 분명 혀는 문자적인 불은 아니다.[38] 그의 유추는 불이 통제할 수 없이 탈 때 일

셋째, "혀는 스스로 통제되지 않는다. 사람이 통제해야 한다."

31. "뜻"(ὁρμή)은 여기에서 "사공의 손으로 이루어지는 인도"보다는 "그의 도덕적 의지"를 가리킨다(Hartin, James, 175; Dibelius, *James,* 190). NASB는 그것을 "의향"으로 번역하는 반면에 REB는 4절의 마지막 절을 "조타수가 무슨 항로를 선택하든"으로 번역한다.

32. "도"(and, καί)는 여기에서 반의적 의미를 취한다. 참고. NET. "하지만 그것은 매우 허세를 부린다." 그러나 "자랑"(αὐχεῖ)은 지나치게 부정적이지는 않다(참고. NRSV: "큰 공적을 자랑하다").

33. 또한 BDAG, 154을 보라; Louw and Nida, *Greek-English Lexicon,* 431.

34. Davids, *The Epistle of James,* 140.

35. Leonard E. Elliott-Binns("The Meaning of *ὕλη* in James 3:5," NTS 2 [1955]: 48–50)는 키 큰 나무들이 아니라 관목숲과 덤불들을 염두에 두고 있다고 주장한다. 하지만 이것이 그 예가 의미하는 바를 바꾸지는 않는다.

36. "얼마나 작은"과 "얼마나 많은" 둘 다로 번역된 단어(ἡλίκος)는 크기와 대조를 나타낸다. 그것은 '얼마나 넓은' 혹은 '얼마나 조그마한' 둘 다를 의미할 수 있다. 그 말의 어근은 그저 어느 정도의 극단성만을 말하기 때문이다.

37. Moo(*The Letter of James,* 156)는 여기에서 야고보가 "단도직입적인 은유"를 위해 그의 직유를 버렸다는 사실을 지적한다.

38. Martin(*James,* 113)은 유대 문헌에서 혀를 불에 비교한 본문들의 목록을 제시한다. 거기에는 시편 10:7, 39:1–3, 120:2–4, 잠언 16:27, 26:21, 이사야 30:27, 집회서 28:13–26 등이 포함된다.

어날 수 있는 광범위한 결과를 강조한다. 본서의 저자들이 살고 가르치는 곳인 콜로라도에서는, 야영자가 캠프파이어에서 부주의로 타다 남은 불씨 하나를 남겨놓으면 그것이 산불로 번져 몇천만 평 심지어 몇억 평이 소실될 수도 있다. 야고보의 요점은 혀도 그와 같은 효과를 가져올 수 있다는 것이다. 부주의한 한 번의 말이 이력을 망치고 삶을 파괴시킬 수 있다.

야고보는 이러한 공포를 강조하기 위해 네 개의 대단히 모욕적인 절/문구를 사용한다. 첫째, 혀는 "불의의 세계"(ὁ κόσμος τῆς ἀδικίας)다. 마틴은 이 절을 처음에 나오는 진술과 동격으로 놓는 흥미로운 제안을 소개한다. 그래서 "혀는 불이요, 우리 지체 가운데 자리잡은 불의의 세계다"[39]라는 번역이 나온 것이다. 이것은 합리적인 선택권인 것처럼 보인다. 그리고 실제로 UBS 이전 판들은 "혀는 곧 불이요" 다음에 UBS 4판(UBS의 헬라어 성경 4판)에서처럼 세미콜론을 두기보다는 쉼표를 찍어서 이런 문구가 나오게 한다. 하지만 우리가 선택한 번역과 구두점은 다수의 견해와 마찬가지로, 헬라어 본문을 가장 자연스럽게 번역한 것이다. "혀"(ἡ γλῶσσα, TNIV는 소수 의견에 힘을 주기 위해 그 말을 동사와 함께 빼놓는다)를 강조해서 반복하는 것에 비추어볼 때 그렇다는 것이다.[40]

"불의의"(τῆς ἀδικίας)라는 소유격은 부분사("불의의 총합"을 내는)[41]이거나 서술적(즉, "불의한 세계")일 수 있다. 몇몇 사람들은 여기에 나오는 "세계"(κοσμός)를 "단장"(베드로전서 3:3에서처럼)으로 번역하려 했다. 하지만 무는 "신약에서 *kosmos*의 가장 일반적인 의미는…타락한, 죄된 세계 체제"라는 점을 지적한다. 야고보서에 나오는 다른 세 개의 용례에서와 마찬가지다. 그래서 그는 "세계"라고 번역함으로 서술적 소유격을 지지한다.[42] 데이비스는 이 부분을 누가복음 16:9과 매우 흥미롭게 비교한다. 거기에 나오는 "불의의 재물"(μαμωνᾶ τῆς ἀδικίας)에서는 소유격이 형용사를 대신했다.[43] NET는 그것을 잘 표현한다. "혀는 우리 몸의 지체 중 악행의 세계를 대표한다."

그다음 질문은 이 문장에 나오는 동사(καθίσταται)가 정말로 중간태(즉, 혀가 "스스로 정하다")인가 혹은 수동태(그것이 "정해지다")인가 하는 것이다(우리말 성경에는 단지 "혀는 곧 불이요"라고 되어 있다-역주). 중간태로 본다면, 혀 자체가 어느 정도 의지가 있는 것으로 받아들여야 하는데, 그렇게 되면 혀는 훨씬 더 제어하기 어렵게 된다. 수동적 형태를 받아들인다면, 누가 우리 지체 안에 혀를 두는지 물어볼 필요가 있다. 우리 가운데 이 악을 둔 것에 대해 하나님을 비난해야 하는가? 아니면 이 제어할 수 없는 지체에 대해 다른 누군가가 책임을 져야 하는가? 베이커는 καθίσταται를 수동태로 이해해, 여기에서 야고보는 그저 우리는 하나님이 만드신 그대로라고 말하고 있다고 주장한다.[44] 하지만 하나님은 우리를 죄된 존재로 만들지 않으셨으며, 그래서 중간태로 보는 것이 더 의미가 잘 통한다.[45] 혀는 우리의 죄 된 성

Davids(*The Epistle of James*, 141)는 불이 종종 통제할 수 없는 열정을 나타내는 비유로 사용된다는 사실에 주목하지만, 이것이 다른 본문들에서는 보다 분명하다는 Martin의 말에 동의한다.

39. Martin, *James*, 114-15; 참고. Burchard, Der Jakobusbrief, 144: "불의의 세계"는 "불"과 동격이다.

40. Moo, *The Letter of James*, 158을 보라. "불의의 세계"도 이처럼 강조되어 있다. 그것이 색다르게도 문장 앞부분에 나와 있기 때문이다. 느슨하게 첨부된 서술 주격과 함께 나오는 '스스로 만들다' 혹은 '만들어지다'(καθίσταται)라는 것에 대해서는 BDAG, 492, s.v. "καθίστημι/καθιστάνω," sec. 3에 나오는 서너 가지 예를 보라.

41. 이 독법은 라틴어 Vulgate의 지지를 받는다. 참고. NAB: "그것은 우리 지체 중에서 악의의 세계로서 존재한다."

42. Moo, *The Letter of James*, 157.

43. Davids, *The Epistle of James*, 142.

44. Baker, "*James*," 76.

45. Dibelius, *James*, 194.

46. Martin, *James*, 115.

47. Stulac(*James*, 126)은 혀를 서술하는 네 개의 절/구에서 점점 더 악화가 진행되는 것을 인식한다. 말의 수많은 악으로부터, 전인적인 부패로, 그 사람의 생명의 파멸로, 지옥의 멸망으로. 이것은 1:13-15에 나온 진전과 긴밀하게 대응된다.

48. Baker("*James*," 76)는 "그 비유적 표현은 사람이 붉은 물감을 마셨

품이 구현된 것으로, 스스로 이 악한 일을 하기로 정한다. 이 특정한 절에 대한 마지막 질문으로, 우리는 "지체"(μέλεσιν)라는 말을 공동체적인 의미로 해석하는가, 개인적인 의미로 해석하는가 하는 것이다. 공동체적인 것으로 본다면, 이 절은 전체 회중의 말을 나타내기 위해-아마도 특히 지도자들에게 초점을 맞춰서-"혀"라는 말을 사용한다.[46] 개인적인 것으로 본다면, "혀"는 어떤 개인의 말 그리고 그것이 그 사람의 삶에서 하는 역할을 나타낸다. 후자가 더 분명한 듯하다.

야고보는 잘못 계획된 말의 위험을 더 해설하는 세 가지 형용사적 분사구를 사용해서, 그의 비난을 이어간다. 현재 시제는 혀가 일으킬 수 있는 문제들의 계속적인 측면을 시사한다. 그것은 잘못 말하고 있는 그 사람을 계속해서 타락하게 한다 혹은 더럽힌다. 그것은 불을 통제할 수 없이 타는 것과 마찬가지로 점점 더 다른 사람들에게 해를 끼치며, 지옥 자체의 힘으로 반복해서 타오른다.[47] 다시 한 번 "몸"(σῶμα)은 공동체적인 것으로 혹은 개인적인 것으로 볼 수 있다. 그리스도의 몸으로서 교회를 말하거나(바울적 의미에서), 아니면 혀가 그처럼 더럽히는 개인의 몸을 말한다는 것이다. 이 용어를 계속해서 보다 개인적인 방식으로 이해해서, 야고보가 각 사람 내부에 있는 힘에 대해 말하고 있다고 보는 것이 가장 좋다.[48]

"삶의 수레바퀴"(τὸν τροχὸν τῆς γενέσεως)는 번역하기 어려운 말이다. 그리고 어떤 사람들은 그 말이 신비주의 전통에 철학적 배경을 두고 있음을 반영한다고 보았다. 거기에서 운명의 여신이 관장하는 수레는 삶, 죽음, 환생이라는 주기 및 각 삶 안에 있는 환경의 오르내림을 묘사했다.[49] 하지만 이 용어를 이런 전문적 배경 속에서 파악하기보다는 보다 비공식적으로, 우리 존재의 전체 과정이라는 견지에서 이해하는 것이 더 나은 듯하다[참고. 영화 〈라이언 킹〉(*The Lion King*)에 나오는 유명한 노래인 "삶의 주기"(circle of life) 혹은 NAB: "그 불꽃은 태어날 때부터 우리 삶을 둘러싼다"]. 그 표현은 야고보 시대 무렵에는 이미 대중적으로 보급되었고, 문맥과 분리하여 이해되었던 듯하다(거기에 어떤 전문적 의미가 있었다면). 혀가 파괴적으로 사용되면, 사람의 삶 전체를 아수라장으로 만들고 망가뜨린다.

"지옥"(Gehenna, γεέννα)이라는 말은 문자적으로는 예루살렘 바깥에 있는 게힌놈(아람어로 *Gehinnom*)을 말한다. 그것은 이전에 거기서 시행되었던, 몰렉 신에게 아이를 제물로 바치는 관행 때문에 비난받는 곳이었다(참고. 왕하 23:10; 대하 28:3; 33:6; 렘 7:31-32; 19:5-6; 32:35). 비유적으로 그것은 '지옥'(hell)을 의미한다.[50] 그것이 반드시 마귀적 영역을 의미하지는 않지만, 야고보는 조금 후에 거짓 지혜를 마귀적인 것이라고 칭할 것이다(3:15). 그래서 많은 사람들이 야고보가 지옥(Gehenna)을 사탄의 거주지와 연결시킨다고 본 것은 이해할 만하다. 사탄은 사람들이 악하게 말하게 하고 거짓된 것을 믿도록 유혹한다.[51] 하지만 리처드 보캄은 예수님의 요점이 악

을 때 그것이 순식간에 퍼져 그 몸의 모든 세포를 변색시키는 것에 비교한다. 이것이 전하는 영적인 메시지는 혀의 악은 우리의 삶 전체를 오염시키며, 그것에 대해 우리가 할 수 있는 것은 없다는 사실이다. 그것은 영구적인 오염이다"라고 해설한다.

49. 추가로 Dibelius, *James*, 196-98; Adamson, *The Epistle of James*, 160-64를 보라.

50. Moo(*The Letter of James*, 160)는 γεέννα("지옥")이 예수님의 가르침과 또 다르게 연결되는 것을 본다. "우리는 신약에서 예수님의 가르침에서만 이 단어를 발견하기 때문이다(11번)." 그리고 예수님은 "궁극적 정죄의 장소를 가리키기 위해 그 단어를 사용하셨다." 예수님이 지옥을 꺼지지 않는 불의 장소로 보신 것에 비추어, 야고보가 그 용어를 불 같은 혀가 발화하는 장소로 사용하는 것은 자연스러운 귀결이다.

51. Baker("James," 77)는 여기에 나오는 γεέννα를 "사탄을 나타내는 완곡어법"으로 본다. "인간의 혀는 개인과 사회에 대해 사탄의 해로운 계획을 급파하기 위한 사탄의 주둔지"라는 것이다. Davids(*The Epistle of James*, 143)는 야고보가 사탄을 지옥에 거주하는 자로 규정한 첫 번째 사람이라고 해석하는 것을 지지한다. 게다가, "사람 안에 있는 악은 이미 세상 혹은 악한 충동에 속한 것이라고 나온 바 있는데, 처음으로 사탄 안에 그 궁극적 원천이 있는 것으로 여겨진다."

한 말의 기원에 대한 것이 아니라 그 말에 임하는 벌에 대한 것이라고 생각한다(회개하지 않는 범죄자는 결국 지옥에 처해진다). 그리고 이런 해석이 더 나을 것이다. 그것은 범죄는 벌을 받아야 한다는 원리를 따르며("불"을 시작하는 혀는 "불"에게 벌을 받는 것으로 끝난다), 솔로몬의 시편(*Psalms of Solomon*) 12:1-4과 매우 비슷하다.[52]

약 3:7 여러 종류의 짐승과 새와 벌레와 바다의 생물은 다 사람이 길들일 수 있고 길들여 왔거니와(πᾶσα γὰρ φύσις θηρίων τε καὶ πετεινῶν, ἑρπετῶν τε καὶ ἐναλίων δαμάζεται καὶ δεδάμασται τῇ φύσει τῇ ἀνθρωπίνῃ). 야고보는 혀의 통제할 수 없는 성질을 묘사하기 위해 야생 동물의 영역에서 다른 영역으로 이동한다. "종류"(φύσις)라는 말은 어떤 것의 특성을 나타내는 '성질'을 말할 수도 있지만, 여기에서는 특정한 범주 안에 있는 동물의 모든 '유형' 혹은 '종'(참고. NRSV)을 말한다. 짐승들의 목록은 부분 소유격을 사용하여, '다음 집단들에서 모든 종류의 동물'을 의미한다. 동물들을 이 네 범주로 나누는 것은 창세기 1:26과 9:2에서 비롯되었다. 야고보가 피조계를 언급한 것은 첫 인간들에게 세계를 "정복하라"고 하신 하나님의 명령을 생각나게 한다. 동물계는 여전히 인간의 통제 아래에 있어서 창조 질서를 유지하지만 혀는 그렇지 않다.

첫 번째 동사인 "길들이다"(δαμάζεται)는 금언적 현재를 나타내는 것으로, 이 동물들이 길들여질 수 있다는 가능성만 단언한다.[53] 두 번째 동사인 "길들여왔다"(δεδάμασται)는 것은 과장법이 될 수 있다. 야고보는 인간이 모든 동물들 하나하나를 이런저런 시점에 다 길들여왔다고 말하는 것이 아니라, 심지어 그 당시에도 성읍, 길, 농장 등과 같은 것들을 건설함으로써 자연계를 길들인 것보다 더 그렇게 해왔다고 말하는 것이다.[54] 게다가 일세기 때 이미 사람들은 자신들의 목적을 위해 많은 동물들을 길들여놓았다. 시편 8:6-8은 농업을 위해서뿐 아니라, 또한 사냥꾼이 들에서 먹이를 찾는 것처럼 동물들을 정복한다는 개념을 더 보여준다.[55] 이 구절에서 첫 번째로 나온 "종류"(φύσις)라는 말의 용례가 동물의 '종'을 의미했던 것처럼, 두 번째 용례 역시 '인간의 본성'이 아니라 '사람'(humankind, 인간이라는 종)을 말한다. 베이커는 야고보가 동물에게나 사람에게나 φύσις를 반복함으로써, 인간이 잠재적으로 동물과 나을 바 없는 하나님의 또 하나의 피조물일 뿐임을 묘사하기 위해 역설을 사용하고 있다고 주장한다.[56]

약 3:8 혀는 능히 길들일 사람이 없나니 쉬지 아니하는 악이요 죽이는 독이 가득한 것이라(τὴν δὲ γλῶσσαν οὐδεὶς δαμάσαι δύναται ἀνθρώπων, ἀκατάστατον κακόν, μεστὴ ἰοῦ θανατηφόρου). 인간은 모든 종류의 야생 동물을 정복할 수 있었지만, 혀를 정복한 사람은 아무도 없

52. Richard Bauckham, "The Tongue Set on Fire by Hell(James 3:6)," in *The Fate of the Dead: Studies in the Jewish and Christian Apocalypses*(Leiden: Brill, 1998), 119-31.

53. Porter(*Verbal Aspect in the Greek of the New Testament*, 224)는 야고보서 3:3-12을 "신약에서 전시간적인(omnitemporal, 격언을 나타내는 그의 용어) 현재 용례 중 아마 가장 큰 부분일 것"이라고 말한다. 어떤 의미에서 이 부분의 모든 구절은 모든 시대에 일관되게 해당되는 금언적 행동을 반영하는 적어도 하나의 동사를 포함한다.

54. '길들이다'의 현재 시제와 과거 시제의 결합은 "인간이 처음부터 동물 세계에 발휘해온 통제"를 더욱 강조한다(Hartin, *James*, 179).

55. Hiebert(*The Epistle of James*, 220)와 Townsend(*The Epistle of James*, 62, REB를 따라)는 둘 다 '길들이다'보다 '정복하다'라는 말을 더 선호한다. 피조세계에 대한 인간의 지배가 초점이기 때문이다.

56. Baker and Ellsworth, *Preaching James*, 87-88.

57. Townsend(*The Epistle of James*, 63)는 이러한 대조는 적어도 멀리 어거스틴까지 거슬러 올라가는 것으로, 맞는 것이긴 하지만, "분명 야고보는 그것을 생각하고 있지 않다"고 주장한다. 하지만 그는 이러한 확신을 입증하는 이유들은 제시하지 않는다. Moo(*The Letter of James: An Introduction and Commentary*, 127)는 어거스틴의 견해를(On the Creation 8에서 나온) 마치 그것이 어느 정도 신빙성이 있는 것처럼 인용한다. 하지만 15년 후에 Moo(*The Letter of James*, 161)는 이것을 의심한다. Moo의 나중 입장과는 반대로, 우리가 우리 힘으로 다룰 수 없는 것을 하나님이 다루시도록 도울 수 있다고 단언한다 해서, 우리가 이생에서 완전론(사람이 현세에서 도덕,

었다. 이 구절의 첫 절에서, 주로 모호한 부분은 "사람"(ἀνθρώπων)이라는 말과 관련된 것이다. 그것은 어쩌면 "혀"(γλῶσσαν)를 수식하는 소유를 나타내는 소유격(possessive genitive)일 수도 있지만, 더 가까이에 있는 "없나니"(οὐδεὶς)를 수식하는 부분 소유격일 가능성이 더 많다. 하지만 그 소유격 명사는 암시된 대조를 강조하기 위해 문장 제일 끝으로 옮겨졌다. 이것은 우리가 혀를 길들이는 데 도움을 얻기 위해 인간 외적인 것을 볼 필요가 있음을 암시한다. 사람은 어느 누구도 자신의 혀를 정복할 수 없지만, 하나님은 우리를 위해 그것을 통제하실 수 있다.[57]

야고보는 혀를 치명적인 힘에 비유하면서 계속해서 혀에 대해 묘사한다.[58] "쉬지 아니하는"(uncontrollable, ἀκατάστατον)이라는 말은 1:8에서 처음 나왔다("정함이 없는"-역주). 거기에서 그 말은 쉬지 않는 파도에 대해 사용되었다. 여기에서 그 말은 훨씬 더 좋지 않은 함축을 지닌다. 이런 통제 불능의 측면을 전달하기 위해, "쉬지 아니하는"(restless)이라는 말보다 더 강한 번역이 사용되어야 한다. 그것은 '통제할 수 없는'이라는 의미에 더하여 '정함이 없는'(unstable)이라는 의미를 지닐 수 있다. 그래서 그 비유적 표현은 어느 순간에든 강타할 수 있는, 무질서하고 예측 불가능한 유기체라는 개념을 전달할 수 있다. 죽음을 유발하는 독이라는 표현은 극적이다. 특히 혀가 통상 생명을 주는 음식과 음료를 맛보는 데 사용되는 것을 생각할 때 더 그렇다. 그 비유는 공격할 태세를 갖춘 뱀의 이미지를 시사한다. 에덴 동산에서 뱀이 하와에게 한 파괴적이고 속이는 말과 매우 비슷하다. 그 말은 낙원에 독을 집어넣었다. 시편 140:3은 한 걸음 더 나아가 광포한 행악자들이 "뱀 같이 그 혀를 날카롭게 하니 그 입술 아래에는 독사의 독이 있나이다"라고 선언한다.

약 3:9 이것으로 우리가 주 아버지를 찬송하고 또 이것으로 하나님의 형상대로 지음을 받은 사람을 저주하나니 (ἐν αὐτῇ εὐλογοῦμεν τὸν κύριον καὶ πατέρα καὶ ἐν αὐτῇ καταρώμεθα τοὺς ἀνθρώπους τοὺς καθ' ὁμοίωσιν θεοῦ γεγονότας). 야고보는 마지막으로 혀를 매우 악한 것으로 만드는 주된 문제가 무엇인지 말한다. 바로 혀의 이중성이다. 주를 찬송하는 것과 사람들을 저주하는 것은 인간이 하는 말 중 최고의 것과 최악의 것을 반영한다. "주"(κύριον)[59]라는 말을 예수님에 대한 언급으로 해석하는 것은 솔깃한 해석이지만, "주"와 "아버지"(πατέρα) 둘 다를 언급하는 공유 관사 τόν으로 보아 그럴 것 같지는 않다. 예수님은 성경에서 절대 '아버지'로 언급된 적이 없다.[60] 이 찬송(blessing)은 예배 가운데 의식에 따라 하나님께 환호를 보내는 것일 가능성이 가장 많다. 특히 야고보가 인용문 안에 공식적 언어를 사용하는 것으로 보아 더욱 그렇다.[61]

종교, 사회, 정치적으로 완전한 영역에 도달할 수 있다는 학설-역주)을 믿기는 어렵다. 참고. 특히 J. L. P. Wolmarans, "The Tongue Guiding the Body": The Anthropological Presuppositons of James 3:1-12," *Neot* 26(1992): 526.

58. 여기에 사본상의 이문이 있다. 그것은 UBS로부터 {B} 등급을 받은 것이다. "통제할 수 없는"(우리말 성경에는 "쉬지 아니하는"-역주) 혹은 "불안정한"(ἀκατάστατον)은 특히 ℵ, A, B, K, P의 사본상 지지를 받는다. 한편, 다른 선택권(ἀκατάσχετον)은 '통제할 수 없는'이라는 더 강력한 함축만 지니고 있는 것으로, C, Ψ, [*Byz*], 그리고 수많은 소소한 사본들과 교부들에서 나온다. 후자의 독법은 야고보가 통제할 수 없는 성질이라는 부정적 함축을 다루고 있었다는 논증을 지지한다. 설령 그가 원래는 그 용어를 더 광범위한 의미로(ἀκατάστατον) 썼을지라도 말이다. 서기관이 분명한 단어를 더 모호한 단어로 바꾸기보다는 이것을 더 강하고 더 분명하게 부정적인 용어(ἀκατάσχετον)로 바꾸었을 가능성이 더 많다.

59. 이것은 UBS가 이 본문에서 제시하는 세 번째 사본상 결정이다. 이번에는 {A} 등급을 받았다. 여기에서는 "주"(κύριον)-거의 모든 오래된 사본들이 지지하는-라는 말과 "하나님"(θεόν)-다른 많은 소소한 사본들과 함께 *Byz*가 가장 잘 지지하는-이 대조된다. 후자의 독법은 의도적으로 어떤 혼란도 제거하려고 도입되었을 것이다. 다시 한 번, 서기관들은 모호한 단어(κύριον)를 모호하지 않은 단어(θεόν)로 바꾸었을 가능성이 많다.

60. 그랜빌 샤프(Granville-Sharp)의 법칙은 접속사로 연결되어 있는 한 쌍의 비고유명사인 단수 인칭 명사들에 하나의 관사가 있을 때는,

"우리가 저주하나니"(καταρώμεθα)라는 말이 반드시 교회를 거부한 사람들에게 주어지는 공식적이고 공적인 저주–유대교 회당이 후에 예수의 추종자가 된 회원들에게 퍼부은 것 같은–라는 개념을 포함하는 것은 아니다. 신약에서 저주를 금하는 것은 "다른 그리스도인들에게 분노에 차서 퍼붓는 것을 겨냥하고"(마 5:21–26을 보라) 있었다.[62] 여기에서 야고보의 혐오는 "하나님의 형상대로" 지음받은 누군가를 저주한다는 자명적 개념이다. 파생적으로 이것은 인간이 타락했음에도 불구하고 하나님의 형상이라는 흔적을 가지고 있으며, 그래서 다른 사람을 저주하는 것은 그 사람이 그리스도인이건 아니건, 신적인 것의 형상을 저주하는 것임을 암시한다. 하지만 야고보의 주된 관심사는 그의 서신서 전체에서 싸우고 있는 두 마음이 어떻게 "두 혀로 바뀌어가는가를 포함한다."[63]

약 3:10 한 입에서 찬송과 저주가 나오는도다 내 형제들아 이것이 마땅하지 아니하니라(ἐκ τοῦ αὐτοῦ στόματος ἐξέρχεται εὐλογία καὶ κατάρα. οὐ χρή, ἀδελφοί μου, ταῦτα οὕτως γίνεσθαι). 야고보는 이 모순적 상황을 요약하고 나서 그것을 비난한다. 그 비난은 같은 사람이 찬송과 저주 둘 다를 할 수 없다는 것이다.[64] 야고보의 말은 이렇게 불성실하게 말하는 사람들을 비난한다. 그러면서 이 행동이 그리스도인들 사이에서는 발붙일 곳이 없다고 절박하게 주장한다.[65] 사람들은 일구이언을 할 때 속이게 된다. 예수님과 마찬가지로, 야고보도 사람들의 입에서 나오는 것이 그들의 마음을 비춘다고 주장하며, 그래서 이런 이중적인 말은 1:5–8에서 정죄한 요동하는 충성을 나타낸다는 것이다.

약 3:11 샘이 한 구멍으로 어찌 단 물과 쓴 물을 내겠느냐(μήτι ἡ πηγὴ ἐκ τῆς αὐτῆς ὀπῆς βρύει τὸ γλυκὺ καὶ τὸ πικρόν;). 일구이언이 비정상적인 것임을 보여주기 위해, 야고보는 다시 자연에서 나온 몇 가지 예를 든다. 처음에 나오는 번역되지 않은 μήτι는 부정적 대답을 예상하는 질문을 한다. 여기에서 우리의 입은 샘물에 비교된다. 하지만 샘은 소금물을 내거나 단 물을 낸다. 둘 다를 낼 수는 없다. 소금을 조금이라도 섞으면 물 전체가 소금물이 된다. 자연 세계에서 샘은 오염된 물을 뿜어내다가(βρύει, 참고. NAB) 깨끗한 물을 내는 것으로 갑자기 바뀔 수 없다. 마찬가지로, 우리의 말이 우리 마음에서 나오는 것이라면, 그것은 악과 섞이지 않은 전적으로 순결한 것이 되어야 한다. 그렇게 섞이면 우리의 모든 부분이 더럽혀진다.

약 3:12 내 형제들아 어찌 무화과나무가 감람 열매를, 포도나무가 무화과를 맺겠느냐 이와 같이 짠 물이 단 물을 내지 못하느니라(μὴ δύναται, ἀδελφοί μου, συκῆ ἐλαίας ποιῆσαι ἢ ἄμπελος σῦκα; οὔτε ἁλυκὸν γλυκὺ ποιῆσαι ὕδωρ). 야고보는 자연계가 어떻게 스스로에게 충실해야 하는가에 대

그 명사들은 언제나 같은 사람/사물을 말한다고 주장한다. "주"와 "아버지"를 여기에서 고유명사로 본다면, 그 법칙은 엄격하게 적용되지 않는다. 하지만 그 두 용어는 여전히 밀접하게 관련되어 있으며 아마 같은 존재인 하나님을 말할 것이다.

61. 참고. Hiebert, *The Epistle of James,* 222.

62. Martin, *James,* 119. 보다 광범위하게 Keener(*The IVP Bible Background Commentary,* 697)는 야고보가 "인간 적들을 저주하는 선동적인 수사학 혹은 전쟁의 외침"을 비난하는 것을 상상한다. 설령 이런 형태의 말이 마카베 시대 이후 유대인들의 애국심 전통에 깊이 새겨져 있다 해도 그렇다는 것이다.

63. Tidball, *Wisdom from Heaven,* 106. 다른 사람들을 공공연히 비난하는 것이 충분히 극단적인 것으로 입증된다면, 그들은 "저주받은 사람들에게 판결을 내림으로써 그리스도의 종말론적 특권을 그들이 취하는 것이다"(Scaer, *James,* 101).

64. 9–10절에는 마태복음 12:33–37에 나오는 예수님의 가르침이 분명히 반영되어 있다. 그것은 어떻게 악한 마음을 가진 사람이 선한 것을 말할 수 없고, 어떻게 사람의 말이 그 사람의 마음에서 나오는 것인지에 관한 부분이다. 말은 그 사람의 마음 상태를 일관되게 반영한다. 그래서 일구이언에 대해 그렇게 관심을 가지는 것이다. 야고보의 가르침은 또한 어떻게 순결하지 못한 마음에서 나오

한 예를 세 가지 더 들면서, 혀의 우스꽝스러운 성질에 대해 죽 이어지는 유추들의 결론을 내린다.[66] 야고보의 요점은 어떤 식물도 자신이 아닌 다른 식물의 열매를 맺지 못한다는 것이다.[67] 한 종류의 물이 다른 종류의 물로 바뀔 수 없는 것과 마찬가지다.[68] 마찬가지로, 타락 이래 자연스럽게 악의 도관이 되어온 우리의 혀도 그것 스스로는 선한 것을 낼 수가 없다.

이 구절의 마지막 절에는 두 개의 주격 형용사가 나온다. 그래서 둘 중 어느 것이든 문법적 주어가 될 수 있다. 야고보가 예를 들어 말한 것은 소금물을 단 물로 만드는 것이 거의 불가능하다는 견지에서 이해하는 것이 더 나아 보인다. 단 물을 소금물로 만드는 것은 매우 쉽기 때문이다.[69] 하지만 예수님의 가르침에서 나온 대조도 있다. 내적으로 '선한' 사람은 선한 말을 하는 반면, 마음이 구속받지 못한 사람들은 여전히 유독한 말을 하리라는 것이다. 야고보는 완전함을 찾는 것이 아니라 행동의 일관성을 찾고 있다(3:2을 보라). 무화과나무에서 무화과가 자라고, 단물 샘에서 단물이 나오리라 믿을 수 있는 것처럼, 성숙해가고 있는 신자는 점차 더 파괴적이기보다 건설적으로 이야기한다.

> 이처럼 비유들[9–12절에 나오는]이 함축하는 바는 같은 사람이 선한 말과 나쁜 말(하나님을 찬송하는 것과 사람들을 저주하는 것) 둘 다를 할 수 없다는 처음의 주장에서, 한 종류의 사람이 다른 종류의 진술을 할 수 없다는 주장으로 그리고 마지막으로는 나쁜 사람이 좋은 진술을 할 수 없다는 주장으로 넘어간다. 이것은 이해하기 쉽고 논리적인 사고의 진전이다.[70]

적용에서의 신학

대단히 많은 선생들의 문제(3:1-2a)

야고보가 그의 교회들에서 선생이 되는 사람이 더 적어야 한다고 한 경고는 후에 마태복음 23:2–7에 기록된 예수님의 말씀을 반영하는 것이다. 거기에서 그리스도는 여러 유대 선생들은 그들이 가르치는 사람들의 삶을 어렵게 만들면서 자신들이 설교한 바를 스스로는 실천하지 않는다고(2–4절), 그리고 자신들의 위치에 수반되는 지위와 존경을 지나치게 소중히 여긴다

는 말이 사람을 더럽게 하는지에 대한 마태복음 15:18을 반영한다.

65. 야고보가 가한 비난의 강도에 대해서는 Adamson, *The Epistle of James*, 146–47을 보라.

66. 여기에서 사본상의 이문(여러 다른 문장)은 결론적 진술의 가장 원래 형태의 생략된 성질에서 생겨난 것이다. 그것은 "짠 물도 물을 달게 만들다"(neither salty sweet to make water, οὔτε ἁλυκὸν γλυκὺ ποιῆσαι ὕδωρ)로, UBS에서 {B} 등급을 받았다. 그 이문들은 생략된 부분을 채워 넣고, 야고보의 의미를 보다 분명하게 하려는 시도들을 반영한다.

67. 무화과, 감람유, 포도주는 이스라엘의 원예농업에서 나오는 세 가지 주요 생산물이었다(참고. *Hiebert, The Epistle of James*, 225).

68. Martin(*James*, 121)은 여기에서 나오는 야고보의 예들에 대해 예수님이 자연을 사용하신 것(마 7:16–20; 12:33–35; 눅 6:43–45)이 그 배경이라고 말한다.

69. Davids(*The Epistle of James*, 148)는 "ἁλυκὸν("짠 물")가 분명 소금기 있는 샘을 의미하며, ποιῆσαι("단물")는 아무리 해도 샘이 하는 일이라기에는 좀 색다른 것으로, 12a절과의 대비를 분명하게 하기 위해 선택되었음이 분명하다.

70. Bauckham, *James*, 90.

고(5–7절) 한탄하신다. 신약의 다른 곳을 보면 좋은 선생과 나쁜 선생의 수많은 예가 나온다. 가르침은 교회를 세우기 위해 발휘되는 영적 은사가 될 수도 있고(롬 12:7; 고전 12:28; 엡 4:12), 아니면 교리적으로나 행동 면에서나 자격이 없는 사람이 스스로 자청한 역할이 될 수도 있다(특히 유다서, 베드로후서, 요한 1–3서에서 반대한 거짓 교사들).

야고보는 선생들이 그들의 소명을 감당하는 데 있어 말의 역할이 지배적이기 때문에 더 큰 책임과 의무를 지닌다는 것에 대해 누가복음 12:48b과 마가복음 12:36–40에 나오는 가르침들을 기억했을 것이다. 물론 고대 지중해 세계에서 선생들은 전통을 전달하는 사람 훨씬 이상의 존재였다. 그들은 삶의 모든 행보에서 본받아야 할 본보기였다. 바울이 사람들에게 자신의 섬김의 사역을 본받으라고 하면서 반복해서 본을 보인 것과 마찬가지다(예를 들어, 고전 4:16; 살전 1:6). 심지어 바울은 자신이 그리스도를 본받고 있다고 진지하게 말할 수 있을 정도였다(고전 11:1).[71]

오늘날의 선생들은 이런 총체적 형태의 사역을 회복해야 할 필요가 있다. 너무나 많은 선생들이 그들이 가르치는 사람들로부터 깊이 은둔하고 있어서, 그들이 무대 뒤에서는 정말 어떤 모습인지 아는 사람이 거의 없다. 탁월하고 유명한 선생들이 받는 '영웅 숭배'는 쉽게 자신의 가치와 무오성을 지나치게 부풀려 생각하도록 만들 수 있다! 곧 선생은 정말로 중요한 문제들에 대해 다른 어느 누구의 의견도 받아들이지 않으며, 자신과 의견이 다른 사람들은 덜 영적이거나 순종적이지 않다고 비난하는 독재자 같은 존재가 된다.[72] 야고보서를 보면서 우리는 그와 정반대의 특성을 지닌 사람이 되어야 한다. 더 겸손한 태도와 의견을 갖는 것이다. 우리의 삶은 열린 책이 되어야 한다. 다른 사람들이 살펴보고 그대로 따라할 만한 가치를 지녀야 한다는 것이다. 물론 우리는 죄를 지을 것이다. 하지만 제자도에는 회개의 좋은 모델에서도 배우는 것이 포함된다.

저자들이 지금까지 가르쳐온 신학교는 지도자들이 "평생 성경적으로 사고하고, 신실하게 살며, 지혜롭게 인도하도록"[73] 구비시키는 세 가지 핵심 과제를 사명선언문에 넣고 있다. 로버트 월(Robert Wall)은 야고보서에서 이 세 가지를 모두 정확히 탐지해낸다. 하지만 그는 또한 신실한 삶이 우선이라는 것을 인정한다. "야고보서는 전문적 유능함보다는 인격적 성품에 더 관심이 있는 듯하다." 궁극적으로 어떤 선생이 가진 신앙의 가치를 결정하는 것은 단순히 교리의 정통성이 아니라 "그 사람이 '지혜롭고 총명한가' 하는 것이다."[74] 더 간단히 말하면, 내용(content), 유능함(competence), 성품(character) 이 세 가지다.[75] 하지만 이 중 가장 중요한 것은

71. 참고. 추가로 David S. Dockery, "True Piety in James: Ethical Admonitions and Theological Implications," *CTR* 1(1986): 151–70을 보라.

72. Hughes, *James,* 127–28. 참고. Evans, "James," 778: "절대 실수를 인정하지 않거나 논쟁에서 지려 하지 않는 것은 결코 힘의 표시가 아니며, 위협적이고 감히 내 말을 반박할 생각은 말라는 식의 태도는 지혜의 표시가 아니다. 공격적이고 상처주는 말로 사람들을 파멸시키는 것이나, 하나님께 공갈을 쳐서 이기적인 요구에 응하시게 하려는 수단으로 기도를 사용하는 것은 그리스도 안에서의 삶이 의미하는 모든 것을 저버리는 것이다."

73. 정확한 표현은 2001년 당시 덴버 신학교 학장이었던 Craig R. Williford가 만든 표어에서 나온 것이다.

성품이다!

말의 긍정적 잠재력(3:2b-5a)

야고보는 모든 사람에게 가르치는 일, 혹은 심지어 말하는 것 자체를 하지 못하도록 위협하기 전에,[76] 숙련된 교훈과 민감한 말이 엄청난 선을 이룰 수 있다는 사실을 상기시킨다. 작은 재갈과 키는 말 타는 사람과 배의 선장이 대단히 크고 제어하기 어려운 운송 수단들을 그들이 원하는 곳으로 가도록 인도하게 할 수 있다(3–4절). 부모가 아이에게 해주는 비공식적인 가르침이건 강의실에서 교수가 주는 가르침이건, 하나님 나라의 가치관을 위해 다른 사람들의 삶을 형성할 기회를 갖는다는 것은 엄청난 특권이며, 이 세상 어느 직업보다 더 보람 있는 일이다. 한 명의 훌륭한 학생이 세상에서 영향력 있는 지위를 갖게 될 때, 자기 선생의 사역을 선하고 경건한 방식으로 거의 무제한 증식시킬 수 있다.[77]

잠언서는 말의 잠재적 파괴성뿐 아니라 말의 긍정적 능력을 인식한다. 1–9장은 부모의 교육으로부터 배울 필요성을 강조한다. 그 책 나머지 부분은 개별적으로 분리되어 있는 주옥같은 지혜들을 포함한다.

- 의인의 입은 생명의 샘이라도(10:11a).
- 유순한 대답은 분노를 쉬게 하여도(15:1a).
- 의논이 없으면 경영이 무너지고 지략이 많으면 경영이 성립하느니라(15:22).
- 생명의 경계를 듣는 귀는 지혜로운 자 가운데 있느니라(15:31).
- 선한 말은 꿀송이 같아서 마음에 달고 뼈에 양약이 되느니라(16:24).

이런 것들은 잠언 10–31장에 나오는 비슷한 가르침들의 작은 표본에 불과하다. 적용할 것들은 매우 많다. 모든 성공적인 대인 관계는 건강한 소통 기술을 반영한다. 결혼생활에서 친밀함이 생겨나는 핵심은 조화롭고 생산적인 일터를 만들어나가는 것과 같다. 긍정적이고, 신뢰할 수 있으며, 장황하지 않고 명확한 말, 문제가 생겨나면 바로 처리하는 것, 그다음 그 문제들에 대해서는 잊어버리고 앞으로 나아가는 것 등이다.[78] 혀는 대단히 강력해서 그것은 실로 인격 전체를 형성한다(참고. 또한 6절).[79]

---

74. Wall, *Community of the Wise,* 162.

75. 그 두운체로 된 용어들은 덴버 신학교의 작고하신 학장 Clyde B. McDowell이 선택한 것으로, 1992년 그가 지역 교회 목사이면서 그 학교의 조교수였을 때 작성한 사명선언서를 요약한 말이다.

76. Gench(*Hebrews and James,* 112)는 2절이 혀에 '지퍼를 채우라'는 것이 아니라 '재갈을 물리라'고 가르치고 있음을 상기시킨다!

77. 놀라운 예로는 R. Wayne Stacy, "The Power to Bless: James 3:1–12(A Sermon)," *RevExp* 97(2000): 233–34을 보라.

78. 이에 대한 탁월한 예로는 William E. Hulme, "Mind Your Tongue: Reflections on Christian Conversation," *WW* 6(1986): 249–55을 보라.

79. Hubbard, *The Book of James,* 75.

말의 부정적 잠재력(3:5b-8)

바로 이런 이유 때문에, 말은 또한 대단히 파괴적인 것이 될 수 있다. 성경과 묵시에 나오는 잠언들의 긴 목록을 여기에서도 증거로 제시할 수 있을 것이다.

- 과격한 말은 노를 격동하느니라(잠 15:1b).
- 미련한 자의 입은 미련한 것을 쏟느니라(15:2b).
- 패역한 혀는 마음을 상하게 하느니라(15:4b).

이 목록은 거의 끝없이 이어진다. 야고보서 3:5-6에 특히 적절한 것은 잠언 16:27이다. "불량한 자는 악을 꾀하나니 그 입술에는 맹렬한 불 같은 것이 있느니라"(TNIV). 또한 18:21(야고보서 3:7-8을 상기시키는)과도 비교해보라. "죽고 사는 것이 혀의 힘에 달렸나니." 집회서에서는 집회서 5:13-6:1을 14:1과 혹은 19:15을 22:27과 대조해볼 수 있다. "속삭이는 자", "일구이언을 하는 자", "뒤에서 험담하는 자"에 대해 특히 엄중히 경고하는 부분은 28:13-26이다.[80]

길들여지지 않은 혀의 썩은 열매에는 "뒷공론, 얕잡아보기, 저주, 자랑하기, 조종, 거짓 가르침, 과장, 불평, 아첨, 거짓말"[81] 등이 포함된다. 스툴락(Stulac)은 날카로운 통찰력으로 이렇게 말한다.

> 뒷공론을 퍼뜨리라. 그러면 사람들이 당신을 신뢰하지 않을 것이다. 빈정거리고 모욕하는 말을 하라. 그러면 사람들이 당신을 따르지 않을 것이다. 하지만 특히 야고보가 생각하고 있는 것은 당신의 말에 대한 다른 사람들의 반응이 아니라, 당신의 말로부터 시작해서 나머지 삶 전체에 죄를 퍼뜨리는 것이다. 혀로 증오에 찬 말을 하라. 그러면 행동의 다른 측면들도 증오에 차게 될 것이다. 당신의 말을 훈련하고 정결하게 하지 않으면, 삶의 나머지 부분을 훈련하거나 정결하게 하지 못할 것이다.[82]

미국인들은 말의 자유를 소중히 여긴다. 하지만 자유에는 책임이 따른다. 민주주의 사회에서 사는 책임있는 시민 그리고 다른 모든 형태의 사회에서 사는 그리스도인은 어떤 말이 유용하고, 심지어 불쾌하다 해도 필요한 말인지-이를테면 다른 사람들에게 가해자는 불의에

80. 추가로 Barclay, *The Letters of James and Peter*, 82-83을 보라.

81. Barton, Veerman and Wilson, *James*, 77.

82. Stulac, *James*, 125.

83. 참고. Perkins, *First and Second Peter, James, and Jude*, 115: "우리는 모든 형태의 말이 대중 앞, 랩 음반, 매스컴 등에서 허용되어야 하는지 궁금한 지경에 이르렀다. 다른 사람들의 인종, 성적 취향, 성별, 혹은 종교로 인해 그들을 향한 증오를 표현하거나 그들의 품위를 떨어뜨리는 말은 제한되고 있다." 유감스럽게도, 이런 제한들은 일관성 없이 이행된다. 그래서 그리스도인들은 그들에게는 온갖 비방의 말을 해도 아무 처벌도 받지 않는 집단으로 여겨지는 듯하다.

84. Deiros(*Santiago y Judas*, 177-78)는 어떻게 전세계 도처의 정부들이 논쟁적인 국책 프로그램과 정책들에 대해 자기 국민들의 지지

도전하는 것과 같은-그리고 어떤 것이 그저 파괴적인 것일 뿐인지 배워야 한다.[83] 복음주의 그리스도인들은 때로 이와 같은 상황에서 사랑 안에서 진리를 말하는 것을 잘 하지 못했다. 또한 자유주의적인 그리스도인들은 종종 사랑 안에서 진리를 말하지 못했다. 그리고 거의 모든 사람은 흥미로운 소문을 그것이 정확한 것인지 확인해보지 않은 채 다른 사람들에게 전달하는 경향 때문에 고통을 받아왔다. 특히 구글 검색을 하면 대부분 잘못된 정보, 절반의 진실, 개인의 의견들이 사실들과 교묘하게 뒤섞여 엄청나게 퍼부어지는 인터넷 시대에는 더욱 그렇다![84]

일관되지 못할 가능성(3:9-12)

모든 인간이, 심지어 구속받지 않은 상태에서도, 하나님의 형상을 불완전하게나마 여전히 반영한다는 것(9절)은 정치적·종교적 '우파'에게나 '좌파'에게나 틀에 박힌 의제에 도전을 가한다. 낙태와 안락사는 하나님의 마음을 깊이 상하게 한다. 그것은 하나님의 형상으로 만들어진 생명을 취하는 것이기 때문이다. 하지만 가난하고 버림받은 사람들(동성애자들을 포함해서)을 학대하거나 소홀히 하는 것도 똑같이 마음을 상하게 한다. 그런 취급 역시 마찬가지로 하나님이 자신을 반영하도록 지으신 개인들의 품위를 떨어뜨리기 때문이다. 의로운 전쟁 신학은 전투에서 죽은 수많은 믿지 않는 영혼들에게 그 자리에서 지옥으로 가라고 불가피하게 판결을 내리는 반면, 완전한 평화주의는 압제자들이 여러 부류의 저지되지 않은 테러에 의해 동일한 판결을 선포하도록 허용한다. (압제자 또는 폭군들이 테러를 통해 수많은 죄 없는 사람들을 살상하는 것을 평화주의자들은 묵인하거나 가만히 보고만 있다. 그것은 테러당하는 사람들을 지옥으로 보내는 행위와 별반 다를 것이 없다.-역주)

하지만 여기에서 야고보의 권고는 우리의 말이라는 측면에도 *imago Dei* 교리를 적용시킨다. 우리는 야고보가 10a절에서 보여준, 사람들을 저주하면서 하나님을 찬송하는 신자들에 대한 혐오감을 회복할 필요가 있다.[85] 말의 이중성은 시편 62:4에서 그리고 집회서 5:13 및 사해 두루마리의 '공동체의 규칙'(Rule of the Community, 1QS 10.21-24) 같은 신구약 중간기의 본문들에서 정죄한다. 하지만 10b절은 우리의 행동이 이렇게 나쁜 것이 되어서는 안 된다는 사실을 상기시킨다.

11-12절에 나오는 비유적 표현은 "그리스도인이 말에 대한 정직과 훈련을 회복하도록 명

를 얻어내기 위해 거짓말과 절반의 진리들을 의도적으로 퍼뜨리는지 강조한다.

85. 참고. Stulac, *James*, 128-29. "우리의 교회들에서 습관적으로 말을 오용하는 일들을 생각해보라. 우리는 다른 사람들에게 조롱의 말이나 날카로운 말을 하는 경우가 얼마나 흔한지, 다른 사람들이 우리가 좋아하지 않는 일을 할 때 얼마나 빨리 그들의 악한 동기들을 비난하는지, 얼마나 쉽게 교회 내에서 분노의 다툼을 일으키는지. 이 모든 것에 대해 우리가 느끼는 성경적 충격은 어디 있는가? 기도 요청이라는 명목 아래 다른 사람들의 비밀을 뒷공론하며 전달하고 있을 수 있다. 〈세이브드〉(*Saved*)라는 영화는 이런 행동에 대해 유머러스하면서도 신랄하게 풍자한다.

한다. 변화는 가능하다…그렇지 않으면 훈련된 말이라는 주제에 이렇게 많은 에너지를 들이지 않았을 것이다."[86] 이 구절들에 나오는 비유적 표현들은 마태복음 7:16–20에 나오는 예수님의 가르침도 상기시킨다. 우리는 우리의 열매로 알 수 있다는 것이다. 좋은 나무는 나쁜 열매를 맺을 수가 없다. 전체적으로 조감해보면, 궁극적으로 구속받은 사람의 전반적인 삶의 특징은 건설적인 말이다.

86. Gench, *Hebrews and James,* 111.

야고보서 3:13–18

CHAPTER 7

문학적 전후 문맥

야고보서 3:13–18은 이 서신서의 두 번째 주요 주제를 계속해서 풀어간다. 지혜와 말이라는 주제다. 3:1–12에 나오는 경고들이 주로 혹은 오로지 선생들에게만 해당되는 것으로 보는 사람들은 3장 끝부분까지도 선생들이 초점의 대상이라고 보는 데 아무 어려움이 없다. 선생들은 분명 시기, 자랑, 거짓, 무질서 등 혀로 쉽게 저지르는 죄에 관여하기보다는 "위로부터 내려온 지혜"를 습득하고 따라야 한다.

동시에, 어떤 범주의 그리스도인도 여기에 나오는 야고보의 범위에서 배제되지 말아야 한다. 기독교적 맥락에서는 통상적으로 가르치는 역할을 하지 않는 사람들 간에 의견 차이가 일어나는 경우가 종종 있다. 실로 종종 회중들을 분열시키는 사람들은 가르치는 사람들, 그 일의 어려움을 인식하는 사람들이 아니라, 지도부나 사역에 거의 관여하지 않으면서 자신들이 지지하고 격려해야 하는 사람들에 대해 너무 비판적으로 불평하며 여가시간을 보내는 사람들이다! 그래서 우리는 야고보의 말이 선생들에게 특별한 의미를 지니고 있기는 하지만, 그는 여기에서 모든 그리스도인에게 말하고 있다고 보는 것이 가장 좋다.[1]

물론 지혜라는 주제는 1:5–8에서 처음 나왔으며, 1:19–26에서 다시 나왔다. 3:13에서 명령하는 온유함(humility)은 1:21에서 나오는 말을 반영한다. 하지만 이제 신자들은 그저 그들 안에 심어진 말씀을 받기만 하는 것이 아니라, 구원에서 나오는 선행을 온유함으로 수행해야 한다(2:14–26을 상기하라). 3:14에서 경고하는 독한(bitter) 마음은 11절의 "쓴"(bitter) 물이라는 비유적 표현을 기초로 하고 있다. 그래서 또한 자랑하지 말라는 금지는 2:13에 나오는 승리의 용어를 다시 사용하지만, 여기에서는 완전히 부정적인 의미에서 사용한다. 그런 거짓 지혜는 위에서 오는 것일 수가 없다(3:15). 하늘은 오로지 선한 선물만을 보내주기 때문이다(1:13–18). 3:16에 나오는 혼란(ἀκαταστασία)은 1:8에 나오는 "정함이 없는"(ἀκατάστατος) 사람 및 3:8의

1. 참고. Townsend, The Epistle of James, 68.

"쉬지 아니하는"(uncontrollable, ἀκατάστατον) 혀와 같은 어근에서 나온다. 하늘의 지혜가 지닌 긍휼(3:17)은 2:13에서 심판을 이기고 자랑하는 긍휼을 상기시키며, 반면 "편견이 없나니"(17절)라는 말은 1:6의 의심하는 죄와 2:4의 차별하여 대하는 죄와 반대된다.

마찬가지로, 3:13–18은 4:1–12에 나오는 야고보의 책망, 즉 그의 회중 가운데 너무 많은 사람들이 하나님의 벗이기보다는 "세상의 벗"처럼 행동한다는 책망(특히 4:4을 보라; 참고. 3:15에 나오는 "땅 위의")을 대비하게 한다. 4:1–2에 나오는 다툼, 싸움, 시기 등은 말로 하는 것일 가능성이 높으며(뒤의 200쪽을 보라), 그것은 3:14의 독한 시기와 다툼을 반영한다. 3:13에 나오는 온유함(humility)의 필요성은 4:6에 나오는 똑같은 미덕(여기에서는 '겸손'으로 번역됨–역주), 하나님이 은혜롭게 주실 미덕을 예상한다. 3:15에 나오는 마귀적 지혜는 대적할 수 있다(4:7). 악한 마음(3:14)이 더 낫게 변화될 수 있는 것(4:8)과 마찬가지다. 서로 비방하지 않는 것(4:11–12)은 이런 변혁에서 중대한 역할을 담당한다. 다른 사람들에 대한 부적절한 판단을 피하는 것도 마찬가지다(3:17).

3:13–18과 서신서 뒤에 나오는 부분들과의 연결은 자주 나오지 않지만, 그래도 그런 연결 중에는 자랑하는 것에 대한 반복된 경고가 포함된다(3:14; 참고. 4:13–17, 특히 16절. 이번에는 미래의 계획이라는 맥락에서). 화평하고 양순한 것(3:17–18)은 불의에 대해 보복하지 않고, 대신 계속해서 오래 참는 것이다(5:7–11). 그 과정에서 그 사람의 마음은 더 독해지기보다는(3:14) 굳건해진다(5:8).

IV. 세 가지 주제의 확장(2:1-5:18)
- B. 지혜와 말(3:1-4:12)
  - 1. 혀의 권세(3:1-12)
  - ➦ **2. 위로부터 난 지혜와 아래로부터 난 지혜**(3:13-18)
  - 3. 다툼과 비방에서 말의 오용(4:1-12)
- C. 시련과 시험(4:13-5:18)

주요 개념

그리스도인들은 그들의 선한 행동을 통해 세상의 지혜가 아닌 하늘의 지혜를 보여야 한다. 특히, 그들은 시기와 분쟁보다는 정결함과 화평함을 보여야 한다.

번역

야고보서 3:13-18

13a	수사학적 질문	**너희 중에 지혜와 총명이 있는 자가 누구냐**
b	권고	**그는…그 행함을 보일지니라**
c	수단	선행으로 말미암아
d	방식	지혜의 온유함으로
14a	(14c의) 조건	그러나…독한 시기와 다툼이 있으면
b	장소	너희 마음 속에
c	권고	**자랑하지 말라…거짓말하지 말라**
d	약점	진리를 거슬러
15a	주장	**이러한 지혜는…아니요**
b	원천	위로부터 내려온 것이
c	대조	땅 위의 것이요
d	연속	정욕의 것이요
		귀신의 것이니
16a	(16b의) 위치	시기와 다툼이 있는 곳에는
b	(15의) 기초	**혼란과 모든 악한 일이 있음이라**
17a	(15와의) 대조	오직 **위로부터 난 지혜는 첫째 성결하고** 다음에 화평하고
b	연속	관용하고
		양순하며
		긍휼과 선한 열매가 가득하고
		편견과
		거짓이 없나니
18a	결과	**의의 열매를 거두느니라**
b	방식	화평으로 심어
c	영역(이점+매개자)	화평하게 하는 자들은

구조

이 단락은 ABA 구조로 세분된다. 참되고 경건한 지혜에 대한 야고보의 논의가 불경하고 거짓된 지혜에 대한 경고들 사이에 끼어있는 형국이다. 13절은 그 단락의 주제 문장을 형성한다. 그 수사학적 질문과 명령은 조건적 문장에 해당되는 것을 만들어낸다. "사람이 지혜롭고자 한다면, 그는 온유하고 유익한 행동으로 그것을 보여주어야 한다"는 것이다. 정반대되는 대안(14–16절)이 명백히 조건적인(14절) 문장의 일부로 소개된다. 이 선언은 또한 참된 지혜의 정의에 대한 이론적 근거를 제공한다. 시기와 다툼은 진리에 거슬러 작용한다. 그래서 지혜로운 사람은 다른 사람에게 양보하고 협조할 것이다.

무엇보다 하나님의 총명을 가지고 있는 사람은 그들이 행하는 악한 일들을 자랑하지 않을 것이다(그리고 심지어 가장 지혜로운 사람이라도 여전히 그들이 원하는 것보다, 혹은 그들이 인정하고 싶어하는 것보다 더 자주 죄를 짓는다). 악에 대해 자랑하는 사람들은 하늘에서 보내준 지혜가 아니라(15a절) 기껏해야 인간이 만든 것일 뿐인 그리고 최악의 경우에는 귀신의 것인(15b절) 지혜를 자랑한다. 아래로부터 온 이 지혜가 어떤 행동으로 표현될지는 스스로 드러나겠지만, 문제의 중심에는 시기와 다툼을 불러일으킨 자기중심성이 여전히 남아있을 것이다. 이 두 특징이 완전히 자유롭게 표출될 때, 다른 모든 종류의 악한 행동이 따를 것이다(16절).

대책은 겸손한 태도로 선한 행동을 하라는 첫머리의 명령을 구체화한 것으로, 먼저 성결함으로 시작된다(17a절). 그것은 당연한 것으로 순결하고 혼합되지 않은 선함과 하나님께 대한 헌신이 다른 어떤 특징보다 앞서야 한다. 어떤 사람들이 함께 어울리기 쉽고 선한 행동으로 가득하지만 근본적인 영적 충성에 대해서는 확실하지 않다면, 그들은 독특한 하나님 나라 가치를 지닌 일은 절대 하지 않기 때문이다. 화평케 함이 그다음 세 가지 특징을 요약하는 듯하며, 그다음에는 선행에 대한 언급들이 나온다. 그다음에 진정성을 보여주는 두 가지 특징이 나온다. 그래서 우리는 다시 성결함이라는 주제로 돌아간다(17b절). 화평케 함의 유익이 그 단락을 마무리해준다. 한때 독립적인 잠언이었던 말이 여기에서는 "위로부터 난 지혜"의 결과를 요약해준다(18절).

석의적 개요

- Ⅳ. 세 가지 주제의 확장(2:1-5:18)
  - B. 지혜와 말(3:1-4:12)
    - 1. 혀의 권세(3:1-12)
    - ➦ **2. 위로부터 난 지혜와 아래로부터 난 지혜(3:13-18)**
      - a. 지혜로운 사람들은 선행을 통해 그들의 지혜를 보인다(13절).
      - b. 그리스도인들은 세상적 지혜를 피해야 한다(14-16절).
        - i. 그들은 신자들 가운데서 독한 시기의 태도에 대해 자랑하거나 거짓말하지 말아야 한다(14절).
        - ii. 이 소위 '지혜'의 원천은 세상, 육신, 마귀다(15절).
        - iii. 그런 태도는 훨씬 더 큰 반역과 악의 늪을 상징한다(16절).

c. 그리스도인들은 하늘의 지혜를 받아들여야 한다(17-18절).

i. 참된 지혜는 무엇보다도 도덕적 성결함을 반영해야 한다(17a절).

ii. 이 지혜는 또한 차분하고 균형잡힌 인격을 반영하는 많은 선행을 포함한다(17b절).

iii. 참된 지혜는 화평케 하는 것에 특별한 우선순위를 둔다(18절).

본문 설명

약 3:13 너희 중에 지혜와 총명이 있는 자가 누구냐 그는 선행으로 말미암아 지혜의 온유함으로 그 행함을 보일지니라 (τίς σοφὸς καὶ ἐπιστήμων ἐν ὑμῖν; δειξάτω ἐκ τῆς καλῆς ἀναστροφῆς τὰ ἔργα αὐτοῦ ἐν πραΰτητι σοφίας). 이 구절에서 야고보는 작전을 바꾸면서 겉으로 보기에는 주제 역시 바꾼다. 하지만 혀를 제어하는 것이 지혜 문학의 인기 있는 주제라는 사실을 기억한다면, 그 전환은 실제로 순조롭게 이루어진다. 야고보는 누가 현자의 자격이 있는지 수사학적으로 묻는다.

"지혜"(σοφός)와 "총명"(ἐπιστήμων)에 해당하는 두 단어는 상호 교환할 수 있는 것처럼 보인다. 그래서 야고보가 표현을 중복하며 믿음을 지나치게 지성화하는 것처럼 보일 수 있을 것이다. 하지만 "지혜"(σοφός)라는 말은 히브리어 *ḥokmâ*에 배경을 두고 있는데, 그 말에서는 이론과 실천이 교차된다. 구약에서 '지혜'는 단순히 인지적 지식이 아니라 하나님을 경외하는 것으로 이끈다(그리고 하나님에 대한 경외는 또한 지혜로 이끈다. 앞의 63쪽을 보라). 두 번째 용어인 "총명"(ἐπιστήμων)은 신약에서 단 한 번 나오는 말이다. 하지만 그것은 훨씬 더 실제적인 경향을 지닌 것처럼 보이며, "지식을 효과적으로 발휘할 수 있게 하는 방식으로 지식이 있는, 전문가, 학식이 있는 사람, 이해"[2]와 관련되어 있다. 키스트메이커(Kistemaker)는 "총명"(ἐπιστήμων)이 "지혜"(σοφός)를 수식해서 "경험, 지식, 능력까지 갖춘 지혜로운 사람"이라는 의미를 만든다고 주장한다.[3]

이 두 단어는 칠십인역에서 세 번에 걸쳐 함께 나온다(신 1:13, 15; 4:6). 처음 두 본문은 지도자가 지녀야 하는 자질들을 말하지만, 세 번째는 일반 백성들에게까지 그 적용을 확대한다. 야고보는 마찬가지로 이 용어들을 교회 지도자들과 전체 회중 둘 다를 말하는 것으로 사용할 것이다. 교회 지도자들뿐 아니라, 모든 그리스도인은 "실제적인 도덕적·영적 통찰"[4]뿐 아니라 하나님에 대한 지식 역시 추구해야 한다. 야고보는 그의 회중들에게 스스로를 평가하고 그들 중에 누가 정말로 지혜로운지, 누가 옳은 것을 알고 또한 그것을 실천하는지 평가해보라고 요청하고 있다.[5]

야고보는 그러고 나서 경건한 지혜의 결과("선행")와 태도("온유함")를 강조함으로 자신의 수사학적 질문에 대답한다. 이 부분은 삼인칭 부정과거 미완료인 "보일지니라"(must show, δειξάτω)로 시작된다. 이 형태는 종종 '…하도록 하라'(let)고 번역되긴 하지만, 이 문맥에서는 그것을 '해야 한다'(must)로 이해하는 것이 더 낫다. 야고보는 2:14–26에 나오는 믿음과 행위에 대한 논의를 반영하면서, 사람들의 "선행"이 참된 지혜의 불가피한 결과라고

---

2. BDAG, 381. 참고. REB: "누가 지혜롭거나 학식이 있느냐…그가 그에 대한 실제적 증거를 제시하게 하라."

3. Kistemaker, *James and the Epistles of John*, 117.

4. Hiebert, *The Epistle of James*, 227.

5. 참고. Andria, "James," 1513: "지혜는 철학적 이론이 아니라 일상생활에서 보여야 하는 어떤 것이다. 그리고 그것은 또한 말씀의 진리를 적용하는 것에서 나온다."

주장한다.

"지혜의 온유함"(πραΰτητι σοφίας)이라는 말은 일세기 헬레니즘 사회의 색다른 표현이었을 것이다. 온순함(meekness)은 많은 헬라 사고에서 그리 존경받는 특징이 아니었다. 하지만 신약의 저자들은 예수님의 가르침을 따랐고, 온순함 혹은 온유함(humility)을 "하나님 앞에서 우리 자신의 하찮음에 대한 건강한 이해 및 다른 사람들을 대하는 데 있어 그에 상응하는 겸손과 교만하지 않음"[6]을 포함하는 것으로 이해했다. 스툴락은 그것을 "기꺼이 하나님의 말씀을 배우고 그 말씀에 반응하는 것"[7]이라고 부른다. "지혜의"(σοφίας)라는 말은 아마도 원천 혹은 기원을 나타내는 소유격일 것이다(참고. NET: '지혜가 가져오는 온유함'). 전체 단락이 두 가지 반대되는 존재 방식과 그 기원을 대조시키기 때문이다.[8] 존슨은 이 서신서의 앞에 나오는 두 개의 본문을 그 표현의 배경으로 본다. 그것은 바로 1:5에 나오는 지혜를 위한 기도와 "1:21에 나오는 심어진 말씀을 '온유함으로 받으라'는 권고다." 그래서 여기 나오는 온유함은 신적 지혜로 말미암은 것이다. "Praus라는 용어는 우연한 것이 아니다. 전체 본문은 하나님의 지혜와 연관된 온유함과 시기심에 기초한 세상적 지혜의 냉혹함이라는 특성 사이에 대조를 다룬다."[9] 야고보에 따르면, 사람들이 참으로 지혜로우려면 온유함을 보여야 한다.

약 3:14 그러나 너희 마음 속에 독한 시기와 다툼이 있으면 자랑하지 말라 진리를 거슬러 거짓말하지 말라(εἰ δὲ ζῆλον πικρὸν ἔχετε καὶ ἐριθείαν ἐν τῇ καρδίᾳ ὑμῶν, μὴ κατακαυχᾶσθε καὶ ψεύδεσθε κατὰ τῆς ἀληθείας). 야고보는 그러고 나서 지혜를 특징짓는 특성들과 반대되는 특성들에 대한 경고를 시작한다. 그것은 모두 16절에서 반복된다. 그 절은 단지 논증을 위해 전제부의 진리를 추정하고 있을 수도 있지만, 1급 조건절은 야고보의 회중들이 실제로 이런 태도들을 지니고 있었을 수도 있음을 시사한다. 그다음 부분(4:1-10)에서 논하는 다툼은 야고보의 교회 내 일부 사람들이 바로 그 문제를 가지고 다투고 있었다는 것을 사실상 확실하게 해준다.[10]

"열심"(ζῆλος)이라는 용어의 의미는 '열심'과 '열렬한 관심'이라는 긍정적인 개념들로부터 '질투'와 '시기'라는 부정적인 개념들까지 광범위하다. 여기에서 열심이 "독한"(πικρὸν) 것이라고 나오고 "이기적인 야심"(우리말 성경에는 '다툼'-역주, ἐριθείαν)이라는 말과 짝을 이루고 있는 것으로 보아, 그 용어는 이 맥락에서 분명 부정적인 것이며, 그래서 '시기'를 의미한다. 이러한 시기는 다른 사람과 상관없이, 자신에게 가장 좋은 것을 추구한다. 그러면서 언제나 다른 사람들이 재산에서나 기회에서나 자신보다 덜 소유하기를 바란다. 집단적으로는, "독한 시기"는 "다른 사람들의 의견을 배제하고 자신의 의견을 밀어붙이려는 강렬한 욕구"[11]를 나타낼 수 있다.

당파적 경쟁 혹은 파당 정책이라는 배경에서 보통 사용되는 단어인 "다툼"(ἐριθείαν)이라는 말과 결합해서,[12] 그것은 성난 경쟁을 하는 사람들, 자신의 권리를 위해 상대방을 끌어내리면서 서로 싸우는 사람들의 모습을 묘사한다, 그것은 "지혜의 온유함"과는 전혀 다르다. 이 문제들은 "너희 마음 속"(ἐν τῇ καρδίᾳ ὑμῶν)에서 비롯된다. 단수인 "마음"이 복수인 "너희"의 한정을 받는다. 아마 야고보는 그 문제가 교회 내의 부패한 핵심

6. Moo, *The Letter of James: An Introduction and Commentary,* 132.
7. Stulac, *James,* 134.
8. Burchard, *Der Jakobusbrief,* 125. Popkes(*Der Brief des Jakobus,* 246)는 다른 주요 대안을 지지하는데, 그것은 서술 소유격이다(그렇게 보면 '지혜로운 온유함'이라는 번역이 가능하다).
9. Johnson, *The Letter of James,* 270. 참고. 같은 저자, "James 3:13-4:10 and the Topos Περὶ Φθόνου," *NovT* 25(1982): 336, 소크라테스를 인용한 것. "시기(혹은 질투)는 영혼의 궤양이다."
10. R. Alan Culpepper, "The Power of Words: The Tests of Two Wisdoms," *RevExp* 83(1986): 415.
11. Ropes, *A Critical and Exegetical Commentary on the Epistle of St. James,* 245.
12. Townsend, *The Epistle of James,* 69-70.
13. Hiebert, *The Epistle of James,* 230.

부와 관련된 몇 사람을 포함하고 있음을 암시할 것이다. 각 회중 전체는 대체로, 집단적으로 잘못된 태도를 반영하고 있는 것으로 여겨진다. 독한 시기와 다툼이라는 이미지는 종종 여러 지도자들 간의 경쟁과 연결되어 있기 때문에, 그리고 이 장 전체는 선생들에 대한 야고보의 도전으로 시작되었기 때문에, 야고보는 아마 잘못된 이유로 교회를 가르치고 인도할 사람들에게서 비롯되어 널리 퍼진 문제를 비난하고 있을 것이다.

이 절 후반부는 서로 경쟁하는 자세를 취하면서 안전하다고 느끼는 사람들에 대한 책망이다. 현재 명령형과 함께 나오는 "말라"(μή)는 말이 반드시 현재의 행동을 '중단하라'는 의미는 아니지만 이 상황에서는 이로 인한 실패들이 이미 존재하고 있을 듯하며, 야고보는 그의 교회를 다른 방향으로 인도하기 원하는 것처럼 보인다. 히버트(Hiebert)는 야고보의 "단수 부정사(*mē*)가 두 동사 모두에 걸리는 것으로 보아야 한다. 현재 명령형 동사와 함께 나오는 부정사는 그들의 태도를 표현하는 이 행동들을 반드시 그만 둘 것을 요구한다"[13]고 주장한다.

여기에서 제기되는 주요 질문은 "진리를 거슬러"(κατὰ τῆς ἀληθείας)라는 말에 "자랑하다"(κατακαυχᾶσθε)와 "거짓말하다"(ψεύδεσθε)라는 두 동사가 연결되는가, 아니면 "거짓말하다"라는 동사 하나만 연결되는가 하는 것이다.[14] 어떤 사람들은 전치사구가 두 동사를 모두 수식한다는 개념을 지지하지만, 그들은 "거슬러"(κατά-)라는 두 표현이 중복되는 것에 대해 설명하지 못한다.[15] 또 어떤 사람들은 자랑하는 것을 앞에 나오는 "지혜"(σοφία)를 자랑하는 것에 대한 언급으로 본다. 그 결과 "너희의 지혜를 자랑함으로 진리를 거슬러 죄를 짓지 말라"[16]고 번역한다. 버딕(Burdick)은 사람들이 그들의 "독한 시기와 다툼"을 자랑한다고 주장하기까지 하지만,[17] 지금까지 야고보의 모든 가르침에 비추어볼 때 사람들이 사실은 자기 것이 아닌 지혜를 교만하게 자랑하고 있다고 보는 것이 더 자연스럽다(참고. NJB: "거짓말로 진리를 자랑하거나 감추지 말라", HCSB: "진리를 무시하여 자랑하고 거짓말하지 말라").[18]

약 3:15 이러한 지혜는 위로부터 내려온 것이 아니요 땅위의 것이요 정욕의 것이요 귀신의 것이니(οὐκ ἔστιν αὕτη ἡ σοφία ἄνωθεν κατερχομένη ἀλλὰ ἐπίγειος, ψυχική, δαιμονιώδης). 야고보는 한동안 이런 부정적 맥락을 이어간다. 그는 시기와 자랑을 다시 언급하면서, 이 행동의 참된 원천을 밝힌다. "위로부터"(ἄνωθεν)라는 말은 청중을 1:17–18로 다시 돌아가게 한다. 거기에서 하나님은 위로부터 좋은 선물을 퍼부어주시는 분으로 여겨졌다. 이런 연관은 지혜를 위로부터 내려오는 탁월한 선물로 해석하게 한다. 그것은 또한 지혜의 신적 기원을 분명하게 나타낸다. 마찬가지로, "내려온"(ἄνωθεν)이라는 분사는 1:17의 "내려오나니"(καταβαῖνον)를 반영하면서, 다시 한 번 하늘의 기원을 강조한다.

여기에서 그 분사는 완곡어법으로, 즉 형용사적 분사의 술어적 용법으로 "이 지혜는 위로부터 내려오고 있지 않다"(this wisdom is not coming down from above)라고, 혹은 부사적으로 "이 지혜는 위로부터 나온 것이 아니다, 내려오고 있으면서"(this wisdom is not from above, coming down)라고 볼 수 있다. 후자는 문법적으로 가능

14. NIV는 각각을 별도로 취해서, "그것에 대해 자랑하지 말고 진리를 부인하지 말라"고 말하는 반면, NASB는 "그리고 거짓말하다"(καὶ ψεύδεσθε)를 연속적인 것으로 (결과를 나타내는) 보아서 "교만함으로 진리에 거슬러 거짓말하지 말라"고 이해한다.
15. Dibelius, *James,* 210; Wall, *Community of the Wise,* 184을 보라.
16. Martin, *James,* 131. 참고. Moo, *The Letter of James: An Introduction and Commentary,* 133; Nystrom, *James,* 207.
17. Donald W. Burdick, "James," in *The Expositor's Bible Commentary,* ed. Frank E. Gaebelein, vol.12(Grand Rapids: Zondervan, 1981), 190.
18. 참고. Plato, *Philebus* 49A. 거기에서 소크라테스는 수사학적으로 묻는다. "그리고 모든 미덕들에 대해서, 지혜는 사람들이 일반적으로 소유를 주장하는 것, 그럼으로써 투쟁과 지혜에 대한 잘못된 자만으로 스스로를 채우는 것이 아닌가?"

하며, 심지어 헬라어 단어 순서를 그대로 복제한 것이긴 하지만, "내려오다"라는 말을 문장의 나머지 부분과 그리 의미 있게 연결시키지 못한다. 전자의 해석이 의미가 잘 통한다. 하지만 그렇게 보려면 구문상 문제가 발생한다.[19] 이 구절 두 번째 부분의 형용사들은 훨씬 더 나은 해석을 시사한다. 바로 형용사적 분사의 한정적 용법이다["이것은 위로부터 내려오는 지혜가 아니다"(*this is not wisdom which comes down from above*)].[20]

거짓 지혜의 원천을 서술하는 "거룩하지 못한 삼총사"를 이해하는 핵심은 그것이 하나님으로부터 비롯되지 않는다는 것이다. "땅 위의 것"(ἐπίγειος)이라는 말은 신약에서는 일관되게 열등한 것을 말한다.[21] "땅 위의" 것인 지혜는 하나님을 차단하며 그 영역을 이 땅의 것들로 제한한다. 야고보에 따르면, "하나님에 대한 고찰을 배제하는 지혜는 사실상 중립적 의미에서 '땅 위의' 것이 아니라 일종의 폐쇄를 나타낸다." 그것은 "땅에 고착된" 혹은 이 세상에 한정된 것이다.[22]

가운데 나오는 용어인 "정욕의 것"(natural, ψυχική)이라는 말은 종종 성경에서 "신령한 것"(πνευματική)이라는 말과 대조를 이룬다. 그래서 "정욕의 지혜"(natural wisdom)라는 말의 의미는 거기에 성령의 생명이 결여되어 있다는 뜻이다.[23] '육욕적인'(sensual, HCSB)이라고 번역할 수도 있겠지만, "그 용어는 육체의 총체적 욕망을 말하는 것이 아니라, 하나님과 떨어져 있는 이 세상 삶에서 영적인 것과 대조되는, 본질적으로 인간적인 것을 나타낸다."[24] 이런 오해를 피하기 위해, 우리는 '자연적인'(natural, NASB)이라는 용어를 택했다. '신령한'(πνευματική)이라는 말이 지닌 '초자연적인'(supernatural)이라는 함축과 대조시키기 위해서다. '자연적인'이라는 말은 단순한 인간인 사람들을 말한다. '초자연적인'이라는 말은 그 안에 성령님도 모시고 있는 사람들을 말한다.

마지막 용어인 "귀신의 것"(δαιμονιώδης)이라는 말은 이 지혜가 마귀의 영감을 받은 것임을 시사한다.[25] 이 용어는 3:6에서 혀가 "지옥 불에서 나는" 것이라고 했던 진단 내용을 상기시키며, 4:7의 "마귀를 대적하라"는 말이 나올 것을 예상한다. 야고보는 "진리를 거슬러 거짓말"하지 말라고 금하면서, "이미 마귀의 또 다른 특징을 인용했다." 바로 그들의 행동이 그들의 "지혜"의 기원을 무심코 드러낸다는 것이다.[26] 야고보는 경건한 것과는 정반대인 그의 회중들의 잘못된 세계관을 드러낸다. 그것은 현세적이고, 영적으로 죽어있으며, 마귀의 선동을 받은 것이다. 이 세 가지 형용사는 "세상과, 육신과, 마귀"라는 잘 알려진 삼총사의 성경적 원천을 형성한다.

약 3:16 시기와 다툼이 있는 곳에는 혼란과 모든 악한 일이 있음이라(ὅπου γὰρ ζῆλος καὶ ἐριθεία, ἐκεῖ ἀκαταστασία καὶ πᾶν φαῦλον πρᾶγμα). 야고보는 거짓 "지혜"[27]에 대한 논의를 결론지으면서, 시기가 온갖 악으로 이르는 문을 열어준다고 단언한다. 야고보는 사람들이 교회 안에서 그들 자신의 영광을 추구할 여지를 전혀 주지 않는다. 그는 시기와 다툼을 마귀적 영감을 받은 거짓 '지혜'와 연결시키는 반면, 우리의 이기적 행동들이 함축하는 바를 말한다. 종종, 그리스도인들이 교회 안에서 더 높은

19. Porter(*Verbal Aspect in the Greek of the New Testament,* 457)는 "('이다' [ἔστιν]와 '내려오다'[κατερχομένη] 사이에) 끼어있는 주어는 완곡법을 있을 법하지 않게 만든다"고 말한다.
20. Maier, *Der Brief des Jakobus,* 167. 여기에서 문제는 그 분사가 이 위치에서 한정적으로 작용하고 있다면 관사가 붙은 명사가 관사가 붙은 분사를 꾸며주리라는 것이다. 하지만 σοφία의 관사는 지혜를 명확하게 하기보다는 지시사("위로부터 내려온 지혜는 이것이다")의 술어적 기능을 나타내기 위해 더 필요하다. 그래서 이 원리는 여기에서 덜 적절하다.
21. Davids, *The Epistle of James,* 152.
22. Johnson, *The Letter of James,* 272.
23. Townsend, *The Epistle of James,* 70.
24. Hiebert, *The Epistle of James,* 232.
25. Martin, *James,* 132을 보라. 또한 '-ωδες' 어미는 마귀의 영감을 받은 것이기보다는 마귀와 같은 것을 시사한다고 주장할 수 있다.
26. Davids, *The Epistle of James,* 152.

지위를 얻으려 애쓸 때, 그들은 자신들의 행동이 실제로 더 많은 문제를 만들리라고 상상하지 못한다. 우리는 우리가 해결책이라고, 그리고 우리 생각대로 하면 교회가 개선되도록 도울 수 있을 것이라고 생각할지 모른다. 대신, 야고보는 자기 본위의 이기주의는 반드시 혼란을 낳으며, 사람들이 더 고상한 행동을 하도록 이끌기보다는 더 비열한 행동을 하게 한다고 단언한다.

여기에서 야고보는 "혼란"(ἀκαταστασία)의 어근을 세 번째로 사용한다. 이미 사용된 1:8의 "정함이 없는"(ἀκατάστατος)과 3:8의 "쉬지 아니하는"(ἀκατάστατον)을 생각해보라. 이 어근의 의미는 '소란스러운'이라는 비교적 부드러운 것으로부터, '선동적인'이라는 폭력적인 형태에 이르기까지 다양하다.[28] 로프스(Ropes)는 여기에 나온 명사가 "우리가 사용하는 '무질서'(anarchy)라는 말이 지닌 좋지 않은 연상들을 어느 정도"[29] 함축한다고 말한다. 그리고 마틴은 그것을 "무법함과 경계를 접하고 있는 질서의 붕괴"[30]라고 말한다. 그 명사는 관련 형용사로부터 불안정함이라는 개념을 병합했지만, 이제 '안식하지 못함'(restlessness)이라는 결과에 더 초점을 맞춘다. 이 혼돈은 세상 사람들이 보기에 교회의 신뢰성과, 교회가 자신의 회중들에게 효과적으로 사역할 수 있는 능력 둘 다를 망친다. 우리가 기독교계에서 권력을 위해 싸울 때 악이 비집고 들어온다. 자신의 명예와 지위를 추구하면서 세상적 가치관에 따라 살 때, 우리는 심지어 사탄에게 하나님의 집으로 들어오는 입구를 제공하기까지 한다! 우리의 행동은 더 이상 우리의 믿음을 보여주지 못하며(2장 내내 그런 것처럼), 오히려 우리가 세상과 세상의 행동 기준(4장을 촉발시키는)에 몰두하고 있음을 보여준다.

"악한"(φαῦλος)이라는 말은 "사악한, 잘못된, 나쁜, 비열한"[31]이라는 의미다. "일"(deed, πρᾶγμα)에 해당하는 단어는 소송을 의미하기도 하는데(2:6의 κριτήρια를 생각해보라), 이는 "내부자의 악의 있는 말은 그리스도를 따르는 사람들에게 수치를 주기 위해 법정 앞으로 가난한 신자를 끌고 가는 부자 외부인과 똑같이 공동체에 해로운 영향을 미친다"[32]는 것을 시사한다. 지도자들이나 모든 그리스도인이나 할 것 없이 이 경고를 아무리 심각하게 받아들여도 지나치지 않다!

약 3:17 오직 위로부터 난 지혜는 첫째 성결하고 다음에 화평하고 관용하고 양순하며 긍휼과 선한 열매가 가득하고 편견과 거짓이 없나니(ἡ δὲ ἄνωθεν σοφία πρῶτον μὲν ἁγνή ἐστιν, ἔπειτα εἰρηνική, ἐπιεικής, εὐπειθής, μεστὴ ἐλέους καὶ καρπῶν ἀγαθῶν, ἀδιάκριτος, ἀνυπόκριτος). 마지막으로, 야고보는 참된 지혜라는 주제로 다시 돌아온다. 그는 먼저 이 지혜의 기원을 강조한다. "위로부터 난"(ἄνωθεν)이라는 말을 제일 앞에 두고, 이전에 그가 사용했던 단어의 순서를 거꾸로 놓는 것이다(15절을 보라). 이 세상의 경계 안에서 비롯되는 지혜 혹은 심지어 마귀들의 마음속에서 나오는 지혜와는 대조적으로, 우리가 추구할 만한 지혜는 하늘에서 온다. 하나님의 선물이 "위로부터"(1:17) 오는 것이다.

그 뒤에 나오는 형용사들의 순서가 지닌 의미에 대해 약간의 논란이 있다. 특히 "성결하고"(ἁγνή)를 어디에

27. 야고보가 거짓 '지혜'를 나타내기 위해 σοφία라는 명사를 한 번도 사용하지 않는 것을 주목하면 흥미롭다. 그것은 본문에 암시만 되어 있다. 참고. Church, "James," 375. Hartin(*A Spirituality of Perfection*, 73)은 Cargal(*Restoring the Diaspora* 153)의 뒤를 이어 이것을 '반(反) 지혜'라고 칭한다.

28. William D. Mounce, ed., *Mounce's Complete Expository Dictionary of Old and New Testament Words*(Grand Rapids: Zondervan, 2006), 1075.

29. Ropes, *A Critical and Exegetical Commentary on the Epistle of St. James*, 248.

30. Martin, *James*, 126.

31. Barclay M. Newman Jr., ed., *A Concise Greek-English Dictionary of the New Testament*(New York: United Bible Societies, 1971), 192.

32. Wall, *Community of the Wise*, 187.

배치할 것인가 하는 문제에 관한 것이다. 하지만 대부분의 사람들은 지혜의 속성들이 모두 정결이라는 처음의 용어 다음에 나오고, 그것의 결과로 일어나는 것이라고 생각한다. 이 단어의 어근(ἁγνός)은 윤리적으로 흠이 없는 것을 나타내며, "어떤 흠도 결점도 없는 지혜는 어떤 악한 것도 낼 수가 없을 것이다."[33] 성결함은 "두 마음을 가진 사람들의 특징인 도덕적·영적 결함들이 없는"[34] 것, 그리고 "세상으로부터 더럽혀지지 않은"(참고. 1:27) 것을 의미한다.[35] "절반은 좋고 절반은 나쁜 것처럼 보이는 것은 지혜로 볼 수 없다"[36]면, 지혜는 세상적이거나 마귀적인 어떤 것과도 섞이지 않은, 성결한 것이어야 한다. 그것은 오로지 하나님께 초점을 맞추고, 다른 곳에 조금이라도 충성을 바쳐서는 안 된다. 우리는 화평하고, 관용하며, 긍휼이 가득하게 될 수 있지만, 이런 성품상의 특성이 진정한 기독교 신앙에서 나오는 것이 아니라면, 하나님 나라의 영원한 관점에서 보면 아무 의미 없는 것이다.

하늘에서 나온 지혜의 나머지 특징들은 성결의 원리에서부터 나온다. 이 특징들은 "유음을 이용하여 배열된 형용사들 목록에 의해 상술되어 있는…도덕적 정결"[37]이다. 유음, 곧 똑같거나 비슷한 모음이 서로 매우 가까운 곳, 특히 단어를 시작할 때 나오는 것이 이 목록의 주요 조직 원리인 듯하다. 이러한 순서는 사람들이 지혜의 모든 다양한 요소들을 암기하는 것을 도와주는 유용한 연상 도구가 된다.[38] 하지만 야고보가 그의 속성들을 미학적·수사학적 목적을 위해 배열하기는 하지만, 그 속성들의 신학적 의미는 절대 감소시키지 않는다. 이 목록에 따라 사는 사람은 "실로 하나님께 영감을 받을 것이며, 기독교 공동체에서 구속력 있는 사람이 될 것이다."[39] 이 참된 하늘의 지혜는 이 세상 "지혜"가 아닌 모든 것, 14–16절에 나오는 자기 본위의, 자기 잇속만 차리는 태도와는 정반대다. 성결함을 나머지 미덕들의 선행조건으로 놓으면, 하나님의 거룩함은 "죄된 세상에 들어오지만 그 세상에 의해 영향을 받지 않는 하늘의 지혜"[40]로 나타난다.

여러 형용사들은 야고보의 청중들에게 지혜의 특징을 분명하게 묘사해준다. 지혜는 성결한 것 외에도 "화평한"(εἰρηνική) 것이 되어야 한다. 그것은 호전적인, 거짓 "지혜", 다툼으로 가득한 지혜와는 반대된다. 참된 지혜는 또한 "관용하는"(gentle, ἐπιεικής)–'사려 깊은'(considerate: REB) 혹은 '인정 많은'(lenient: NAB)–것이 되어야 한다. 이 특질은 "해를 당했으며, 굴복하지 않을 '권리'를 가지고 있지만 그럼에도 불구하고 자신의 권리를 포기하는 사람을 묘사한다."[41] 그것은 "양순하다"(willing to submit, εὐπειθής). 이것은 아래로부터 나온 이기적인 야망(selfish ambition)과 대조를 이룬다. 이 용어는 또한 "사리에 타당한 충고를 따르는"(ESV), "고분고분한"(HCSB), "남의 말을 잘 듣는"(NET) 사람을 시사한다.[42] 거짓 지혜와 마찬가지로, 참된 지혜는 그 결과로 드러난다. 참된 지혜는 다툼과 악한 행동을 낳는 대신, 긍휼과 선한 열매가 가득하다.

긴 e–소리의 지배를 받는 단어들에서, a–소리가 특

33. Moo, *The Letter of James: An Introduction and Commentary,* 135.
34. Martin, *James,* 133. 참고. Keenan, *Wisdom of James,* 118: "첫 번째로는 요동하는 차별과 두 마음을 품는 것으로부터, 그래서 불안정으로부터."
35. Wall, *Community of the Wise,* 188.
36. Ropes, *A Critical and Exegetical Commentary on the Epistle of St. James,* 249.
37. Davids, *The Epistle of James,* 154.
38. Wall(*Community of the Wise,* 189)은 그래서 "이 목록의 기능은 일차적으로 수사학적이고 인상에 남게 하기 위한 것이다."
39. Davids, *The Epistle of James,* 155.
40. Kistemaker, *James and the Epistles of John,* 122.
41. Hughes, *James,* 158.
42. Culpepper("The Power of Words," 415)는 '관용하는' 것과 '고분고분한' 것을 대조시킨다. 전자는 '지혜로운 사람이 지배를 받거나 조종을 당할 만한 사람들을 배려하는' '강자의 위치'에 적용되는 반면, 후자는 '지혜로운 자가 고집스럽지 않고 합리적이어서 하라는 대로 순종하는' '약자의 위치'에 적용된다는 것이다.

징인 단어들로 넘어가면서 야고보는 또한 2:4에서처럼, 참된 지혜는 "편견이 없다"(ἀδιάκριτος)고 말한다. 그는 또한 마음속으로 "일방적 판단을 피하는"이라는 의미를 염두에 두고 있었을 것이다. 앞으로 나올 4:11–12에 제시된 그의 가르침에 비추어볼 때 그렇다는 말이다.[43] 마지막으로, 참된 지혜는 어떤 위선이나 두 마음도 없으며, 전적으로 있는 그대로를 의미한다. 즉, "거짓이 없다"(ἀνυπόκριτος).[44] 모티어는 이 결론적 특징들을 "불확실함이 없는" 그리고 "불성실함이 없는"이라고 번역한다. 그러면서 "전자는 마음과 생각의 확고한 헌신을 취한다. 후자는 그에 걸맞는 삶에 대한 똑같이 확고한 헌신을 취한다"[45]고 말한다. 일관되게 이런 미덕들을 보이는 신자는 참으로 하나님 나라를 위해 세상에 영향을 끼칠 것이다. 이 특성들과 바울이 말하는 성령의 열매 사이의 유사성 및 그 함축에 대해서는 뒤의 190–191쪽을 보라.

약 3:18 화평하게 하는 자들은 화평으로 심어 의의 열매를 거두느니라(καρπὸς δὲ δικαιοσύνης ἐν εἰρήνῃ σπείρεται τοῖς ποιοῦσιν εἰρήνην). 이 본문의 마지막 구절은 금언적인 것처럼 들린다. 그래서 일부 사람들은 그것이 바로 전에 나오는 자료와 연관성이 있는 것인지에 대해 의문을 제기한다. 처음에 나오는 접속사(δέ)는 반의 접속사('하지만')일 수도 있지만, 아마 연속사('그리고')일 가능성이 더 많다. 그래서 이 잠언은 지혜에 대한 논의의 논리적 결론 역할을 한다. 존슨은 야고보가 "위로부터 난 지혜와 연관된 긍정적 자질들에 의거해서 행동할 필요성으로 돌아간다"는 점에서 δέ가 약간의 대조를 시사한다고 주장한다. 그래서 이 구절이 그림을 완성하기 위해 참된 지혜에 대한 묘사를 하나 더 추가하는 것이 아니라, 그 결과에 대한 생각을 추가한다는 것이다.[46] 야고보가 거짓 지혜에 대한 묘사를 제공하고(14절) 그 결과를 살펴보았던 것처럼(16절), 여기에서도 마찬가지다. 먼저 그는 참된 지혜의 특성들을 묘사하고(17절) 그다음에 그 결과를 묘사한다(18절).

문법적으로, 마지막 여격 표현(τοῖς ποιοῦσιν)은 모호하여, 행위자의 여격("화평하게 하는 자들에 의해")을 나타내거나 편의의 여격("화평하게 하는 자들을 위하여")을 나타낼 수 있다. 어떤 사람들은 편의의 여격이 더 자연스럽다고 혹은 행위자의 여격이 중복되는 것이라고 주장하는 반면,[47] 다른 사람들은 반복을 "강조의 동어 반복으로…수사학적 효과를 위해 사용된 것"[48]이라고 변호했다. 이런 여러 뉘앙스들은 번역에서 표현하기가 어려우며, 히버트가 주장하듯이, "아마 야고보는 두 의미 모두에 대한 여지를 남겨놓기 위해 의도적으로 그 구문이 어떤 전치사의 제한을 받지 않도록 두었을 것이다. 화평하게 하는 자들은 의의 열매를 심기만 하는 것이 아니라, 그들 역시 자신들이 한 일의 결과를 누린다."[49] 그래서 화평하게 하는 자들은 "그들이 창출하는 화평함의 분위기 속에서 의의 수확(열매)을 거둔다."[50] 특히 "열매"(καρπός)를 추수한 수확물로 생각할 때, "의의"(δικαιοσύνης)라는 말은 원천 소유격보다는 동격 소유격일 가능성이 더 많다. 수확은 화평하게 하는 자들이

---

43. Baker and Ellsworth(*Preaching James,* 101)도 마찬가지로 두 의미를 다 본다. "'차별의 기미가 없다'는 것은…2:4에 나오는 '차별하다'라는 말의 반대말이다…그것은 문화적, 경제적, 사회적 편견 없이 다른 사람들을 포용하는 행동을 취한다."

44. Moffatt's *A New Translation of the Bible*은 이 마지막 두 형용사를 "모호하지 않은"(unambiguous) 그리고 "솔직한"(straightforward)이라고 번역한다.

45. Motyer, *The Message of James,* 136.

46. Johnson, *The Letter of James,* 275.

47. 참고. Laws, *The Epistle of James,* 165; Martin, James, 135.

48. Davids, *The Epistle of James,* 155. 참고. Moo, *The Letter of James: An Introduction and Commentary,* 137.

49. Hiebert, *The Epistle of James,* 237. 참고. Maier, *Der Brief des Jakobus,* 172. NET은 "화평하게 하는 사람들 가운데"라고 번역함으로, 두 여격을 모두 염두에 두고 있을 것이다.

50. Moo, *The Letter of James: An Introduction and Commentary,* 137.

촉진하는 의로운 행동이다.[51]

하지만 이 구절에서 화평이 중심부에 나온다는 것은 또 다른 어려움을 야기한다. 주요 주제는 '지혜'에서 '화평'으로 바뀌는 듯하다. 17절에 나오는 "화평하고"(εἰρηνική)라는 말과 연결된 단순한 표어가 그렇게 넘어가는 것에 대한 설명을 도와주는 것은 사실이다. 하지만 그것 외에도, "이 장 전체가 싸우고, 논쟁하고, 공동체의 평화와 연합을 교란시키는 사람들에게 관심을 가지므로, 이 말은 그저 εἰρήνη-εἰρηνική라는 표어에 의해 제시된 것은 절대 아니며, 주된 요점을 강조하는 적절한 결론이다."[52]

농업의 이미지는 앞에서 나왔던 불, 불안정함, 혼돈 등의 이미지와 강력한 대조를 이룬다. "화평함은 이 본문에서 작용하는 많은 다양한 종류의 개념들을 한데 모아놓는다. 하나님의 지혜는 하나님이 우리에게 바라시는 화평함과 온전함으로 이끌기 때문이다."[53] 성경 도처에서 화평이라는 개념은 '온전함'이라는 개념으로, 이 개념은 "철저히 히브리적인 것이며, 단순히 동요가 없는 상태보다 훨씬 더 많은 것을 의미한다. 가장 중요한 개념은 긍정적인 것으로, 안정뿐 아니라 번영, 만족을 포괄한다."[54] 이 화평의 개념은 피상적으로 문제들과 불편한 쟁점들을 피하는 것 훨씬 이상이다. 지혜는 "정결함을 희생하여 화평을 추구하지 않을 것이다. 그것은 화평을 유지하기 위해 죄와 타협하지도 않을 것이다. 하지만 심지어 죄와 싸울 때에도, 그것은 화평을 갈망한다. 그것의 지혜로운 조언에 의해 모든 분열을 치유하기를 갈망하는 것이다."[55] 본질적으로, 화평은 지혜의 궁극적 목표이며, 지혜는 화평함 가운데서만 최고의 잠재력에 이른다.

심층 연구

야고보서에서 지혜는 곧 성령과 같은 것인가?

갈라디아서 5:22-23을 잘 아는 독자들은 위로부터 난 지혜에 대한 야고보의 묘사를 읽을 때 바울이 말하는 "성령의 열매"를 생각하지 않을 수 없다. 바울은 "사랑과 희락과 화평과 오래 참음과 자비와 양선과 충성과 온유와 절제"를 열거한다. 실제 헬라어 어근 중 단 두 개만 야고보서 3:13-18에 다시 나온다. "화평"과 "온유"(혹은 '겸손')다. 하지만 그 개념들은 야고보가 권하는 미덕들과 밀접하게 중복된다. 게다가, 야고보는 바울이 성령의 열매에 대해 사용한 것과 똑같은 단어를 사용해서 의의 "열매"(καρπός)를 언급한다(18절). 그리고 야고보는 그가 수집한 긍정적인 성품적 특성들을 그와 정반대되는 것들(땅 위의, 정욕의, 귀신의 지혜)과 대조시킨다. 바울이 그의 열매 목록을 똑같이 상세한 "육체의 일" 목록과 나란히 놓은 것과 마찬가지다(갈 5:19-21).

이상하게도, 야고보서 어디에도 성령에 대한 명백한 언급이 없다. 이 서신서에서 "영"(spirit, πνεῦμα)에 대한 언급은 2:26-인간의 영혼이 몸에 생명을 주는 것에 대한 분명한 언급-과 4:5-우리가 인간의 영혼도 마찬가지로 염두에 두고 있다고 주장할(뒤의 204-206쪽을 보라)-두 군데다. 야고보가 말하는 "위

51. 참고, Hartin, *James,* 195.
52. Davids, *The Epistle of James,* 155.
53. Nystrom, *James,* 210.
54. Adamson, *The Epistle of James,* 157.
55. Hiebert, *The Epistle of James,* 234-35.
56. 지난 반세기 동안, 이 관점은 특별히 J. Andrew Kirk, "The Meaning

로부터 난 지혜"는 분명 하늘에 계신 하나님, 통상 성경 내내 그분의 영이 인간들에게 주시는 그분의 선물을 중재하시는 그 하나님으로부터 나온다는 것에 비추어볼 때, 왜 주석가들이 의인화된 지혜는 야고보서에서 신적 성령님에 해당되는 것이 아닐까 하고 생각하는지 이해할 수 있다.[56]

구약과 신구약 중간기의 지혜 문학 때문에 성령에 대한 그들의 이해가 발전되었다. 그래서 언제나 분명하게 인격적인 존재는 아니었던 하나님의 *rûah*에 대한 고대 견해들은 점점 더 인격화되고, 그다음에는 실체화되고(하나님과 별개의 실체로서 다소 독립적인 생명을 지니는), 그리고 그다음에는 비슷한 발전을 해나가는 지혜와 점점 더 연결되게 되었다. 예를 들어, 히브리어 단어(*hokmâ*)의 여성형에 기초한 잠언 8–9장에서, 지혜는 비유적으로 이스라엘의 성읍 사람들에게 와서 그녀에게 배우는 한편, "어리석음"(Dame Folly)을 피하라고 외치는 여인으로 나온다. 특히 젊은 남자들이 매춘굴로 유혹당하는 것을 피하라는 것이다.

신구약 중간기에, 특히 솔로몬의 지혜서와 집회서에서, 지혜는 점점 더 스스로가 신적인 존재처럼 말한다. 때로는 2세기 후에 예수님이 하신 말씀과 놀랄 만큼 비슷한 말로 그렇게 말한다(특히, 참고. 집회서 51:23–27과 마 11:27–30). 누가복음 11:13에서 예수님은 하나님 아버지께 성령을 구하는 사람들에게 성령을 약속하신다. 그 약속은 마태복음 7:11에서는 모든 "좋은 것"을 포함하는 것으로 일반화된다. 야고보서 1:5이 신자들에게 하나님께 지혜를 구하라고 명할 때 그리고 그 지혜가 사람들에게 주어지리라는 약속에서 예수님의 전승의 메아리를 듣게 될 때, 지혜와 성령은 놀랄 만큼 유사해진다.[57]

그럼에도 구약의 다른 어떤 본문도 오순절(행 2장. 그때 그들은 성령의 영원한 내주하심을 받았다) 이후 예수님의 제자들이 일찍이 성령의 다시 오심을 구해야 했다는 것 혹은 심지어 구할 수 있었다는 것을 시사한 적은 한 번도 없다. 그들은 아마 반복해서 성령의 충만함을 받거나, 아니면 성령의 충만한 권능을 받아야 할 필요는 있을 것이다(엡 5:18; 참고. 행 2:4; 4:8, 31; 9:17; 13:9). 하지만 성령은 언제나 그들 안에 거했다. 그럼에도 야고보는 신자에게 지혜가 "부족"해서 그 지혜를 "주시는 하나님"(1:5)께 구할 필요가 있을 만한 상황을 상정한다. 야고보는 지혜를 성령과 완전히 동일화하지 않는다 해도, 그럼에도 불구하고 그 둘을 비슷하게 이해하는 듯하며, 아마 성령이 그리스도인의 삶에 하나님 아버지의 지혜를 나눠주시는 탁월한 (그리고 아마도 유일한) 분배자라고 이해하는 듯하다.

땅 위의 혹은 심지어 귀신의 "지혜"를 추구하지 말아야 할 더욱 더 큰 이유는 우리가 하나님의 벗이면서 동시에 세상의 벗이 될 수는 없다는 것이다(4:4). 우리가 "그리스도의 지체"(신자의 몸)를 가지고 문자적인 창녀와 연합하지 말아야 한다면(고전 6:15), 다른 죄된 혹은 헛된 쾌락들을 탐함으로써 비유적으로 간음해서는 안 된다(다시 한 번 약 4:4 참고). 그렇게 한다면 그 사람은 말도 안 되는 "잡혼"으로 성령(하늘의 지혜의 원천)을 "세상과 정욕과 마귀"와 연결시키고 있는 것이다!

---

of Wisdom in James: Examination of a Hypothesis," *NTS* 16(1969–70): 24–38과 연관되어 있다. 참고. 특히 Davids, *The Epistle of James*, 55–56, 71–72, 152.

57. Kamell, "Wisdom in James," 특히 123–53을 보라.

적용에서의 신학

앞에서(63-65쪽을 보라) 제시된 "지혜"의 모든 배경은 3:13-18의 배경을 이루기도 한다. 특히 중요한 것은 욥기 28:28로, 거기에서는 "주를 경외함이 지혜요"라는 전통적인 후렴구를 "악을 떠남이 명철이니라"와 결합시킨다(참고. 또한 잠 1:7). 잠언 15:33은 집회서 1:27 및 3:17과 마찬가지로, 지혜와 온유함 혹은 행동과 겸손 등의 개념들이 결합된 것을 포함한다.[58] 예수님의 가르침 중에서는, 특히 마태복음 11:29을 생각할 수 있다. 거기에는 "마음이 온유하고 겸손"하다는 예수님의 단언이 포함되어 있다. 시기는 사도행전 5:17과 13:45에서 특정한 유대인 지도자들의 파멸의 원인으로 나온다. 교만한 자랑에 대한 경고는 오직 여호와를 자랑하라는 예레미야의 명령과 맞물려있다(렘 9:24).

이에 반해, "위로부터 난 지혜"는 신구약 중간기 지혜 문학의 수많은 본문들을 생각나게 하는 언어로 묘사되어 있다(예를 들어, 지혜서 7:25; 9:4, 8; 집회서 1:1; 24:3). 의의 씨를 뿌리는 것은 씨와 관련된 예수님의 비유들-씨뿌리는 사람, 씨가 은밀하게 자라는 것, 겨자씨, 밀과 가라지-을 반영한다. 그런 비유들은 그에 대한 해석들과 함께 마태복음 13장과 마가복음 4장에 두드러지게 나온다. 화평하게 하는 자에 대한 강조는 화평하게 하는 자에게 복이 있다고 말하는 팔복을 상기시킨다(마 5:9). 더욱 유사한 것은 이사야 32:17이다. "공의의 열매는 화평이요 공의의 결과는 영원한 평안과 안전이라"(TNIV). 흥미롭게도, 사도행전에서 야고보가 지도력을 발휘하는 두 장면에서 그는 교회 안에서 서로 싸우는 파벌들 간에 화평을 이루려 애쓰고 있다. 특히 바울과 그의 지지자들 및 예루살렘의 보수적인 유대 그리스도인들 간의 다툼이다(행 15:13-21; 21:18-25).[59]

묘하게도, 정보와 지식을 계속 폭발적으로 접하게 되면서-가장 두드러지게는 인터넷을 통해-참된 지혜는 점점 쇠하는 듯하다.[60] 작가들이 평판 좋은 출판사들의 엄격한 판단 기준을 통과해야 자기 작품을 인쇄할 수 있었을 때에는, 글을 읽는 대중들은 출판된 많은 글들에 어느 정도의 진리가 있다고 추정할 수 있었다. 누구나 웹사이트를 만들고 어떤 판타지든 실제 진리라고 선전할 수 있게 된 지금은, 누구를 그리고 무엇을 믿어야 하는지 분별하기가 점점 더 어려워진다. 세계의 수많은 사람들이 기독교의 기원에 대한 소설인 『다빈치 코드』(*The DaVinci Code*, 혹은 그와 유사한 저술들)를 직접 조사 연구해보지 않은 채 곧이곧대로 받아들이는 반면, 역사가들과 고고학자들이 성경의 수많은 본문들의 정확성을 애써 공들여 보여주어도 거부한다(혹은 분별없이 모르는 채로 있다)![61]

58. Bauckham, *James,* 84.
59. Motyer, *The Message of James,* 135.
60. Tidball, *Wisdom from Heaven,* 54.
61. 성경의 역사적 이야기들에 나오는 수많은 세부사항들을 세심하게 확증하는 것에 대해서는 특히 Kenneth A. Kitchen, *On the Reliability of the Old Testament*(Grand Rapids: Eerdmans, 2003); *Gospel Perspectives,* 6 vols., ed. R. T. France, David Wenham, and Craig Blomberg(Eugene, OR: Wipf & Stock, repr. 2003-4); Colin J. Hemer, *The Book of Acts in the Setting of Hellenistic History,* ed. Conrad Gempf(Tübingen: Mohr, 1989)를 보라. 약간 대중적인 차원의 요약으로는 참고. Walter C. Kaiser Jr., *The Old Testament Documents: Are They Reliable and Relevant?*(Downers Grove, IL:

겸손한 정신으로 참된 지혜와 분별을 가진 사람은 더 드물다. 수세기 전에 베데(Bede) 부주교는 "겸손하고 지혜로운 방식으로 사는 사람은 하나님 앞에서 자신의 신분을 수천 마디 말보다 더 많이 증거할 것이다"[62]라고 말했다. 유감스럽게도, 기독교계에는 분명 자신의 일에만 골몰하고, 다른 사람들의 비판은 안중에도 없으며, 자신들이 언제나 옳고, 심지어 성경을 믿는 경건한 그리스도인들이 절대 동의한 적이 없는 문제들에 대해서도 그렇다고 확신하는 선생들(그리고 다른 강사들)이 훨씬 흔하다. 그런 행동은 하늘이 보낸 "지혜"가 아니라, 세상의 것이고 마귀적인 지혜에 대한 야고보의 묘사에 들어맞는다.[63] 게르하르트 마이어(Gerhard Maier)는 이 본문에 포함된 '놀라움'을 묘사할 때, 그것을 잘 요약해준다. "우리는 어떤 사람의 삶의 방식에서 그리스도인의 지혜를 인식한다. 그것은 그 사람의 지성, 수사학, 혹은 타당성에서 오는 것이 *아님*을 의미한다!"[64] 많은 회중은 그들의 지도자를 선택할 때 이것을 적용할 필요가 있다. 카리스마 있는 웅변가보다 겸손한 목자를 선호하는 것이다.

아래로부터 나온 이 "지혜"의 시기와 다툼은 이것이 "언제나 일등만을 우선으로 여기고 자신의 이익에 신경쓰는" "극단적이고 파괴적인 개인주의"[65]의 특징을 지닌다는 것을 시사한다. 이 파괴성의 네 가지 표현은 특히 선생 혹은 학자를 괴롭힌다. 그것은 교만, 신랄함, 광신, 자기 중심적 경쟁이다.[66] 보다 일반적으로는 "명민한 두뇌와 솜씨 있는 혀를 지닌 분명 영리한 부류의 사람들이 있다. 하지만 그럼에도 불구하고, 어떤 위원회에서건, 어떤 교회에서건, 어떤 집단에서건, 그는 문제를 유발하고 인간관계를 망치는 데 영향을 끼친다. 그가 소유하고 있는 지혜가 신적인 것이기보다는 마귀적인 것이라는 사실을 기억하면 정신이 번쩍 든다."[67] 교회 징계에 대해 예수님이 말씀하신 모델(마 18:15-18)이 그런 개인들에게 적용된다는 것(딛 3:10-11)을 하나님의 백성이 인식할 때까지, 효과적인 사역은 좌절되고, 선한 사람들은 불필요하게 상처를 받으며, 사탄과 그의 앞잡이들은 그들의 영적인 견고한 진에서 웃으면서 우리를 조롱할 것이다.

올바른 접근법은 성결함과 화평함 순으로 초점을 맞춘다. 하나님의 백성에게 성결함이 없으면 화평함은 상대적으로 무의미해진다. 오늘날과 같은 다원주의와 상대주의 시대에 우리는 "우선 그것이 옳기 때문에 지혜로운 일을" 한다는 사실을 기억할 필요가 있다.[68] 하지만 에베소서 4:15에서처럼, 사랑 안에서 참된 것을 말하고 행해야 한다. 우리는 교회 징계라는 대단히 유쾌하지 않은 과정이라도 침착하고, 긍휼하며, 합리적인 정신을 가지고 수행할 수 있다. 잘못을 범한 측이 똑같이 그렇게 행동하든 안 하든 상관없다.[69] 그리고 '온유한'이 또한 '관대한' 것을 의미한다면, 위로부터 난 지혜는 "공감하는 이해의 마음으로 혹은 환경이 여의치 않

IVP, 2001); Craig L. Blomberg, *The Historical Reliability of the Gospels*(Downers Grove, IL: IVP, rev. 2007).

62. Bray, *James, 1-2 Peter, 1-3 John, Jude,* 42에서 인용.

63. Hubbard, *The Book of James,* 80.

64. Maier, *Der Brief des Jakobus,* 165(번역 필자, 강조체 저자).

65. Tidball, *Wisdom from Heaven,* 45.

66. Barclay, *The Letters of James and Peter,* 91-92.

67. 같은 책, 94.

68. Stulac, *James,* 137.

69. 참고. Lea, *Hebrews and James,* 306.

았다고 변명하면서 엄격한 정의"[70]를 조금 완화시키며 하나님의 율법을 적용한다. 이런 개념은 아마 2:13(2:1–4 이후에)의 예기치 않은 전개와 비슷할 것이다. 차별하지 말 것을 명하지만 그러면서도 긍휼이 심판을 이길 것이라고 약속하는 것이다.

나이스트롬(Nystrom)은 화평함이 교회 생활에서 어떤 모습이 아닌지에 대한 탁월한 예를 제공한다. 그것은 바로 "엄한 사랑"을 피하는 것이다.[71] 반면 글렌 스타센(Glen Stassen)의 "의로운 화평케 함" 운동은 화평과 화해를 확립하기 위한 주도적 방법들이 어떻게 가장 제어하기 어려운 사회적·정치적 상황들 속에서도 많은 선을 이룰 수 있는지 보여주었다.[72] 교회 간 충돌이라는 보다 작은 규모로는 특히 켄 산데(Ken Sande)의 『화평하게 하는 자』(*The Peacemaker*)와 함께, 그런 분쟁들을 조정하고 중재하는 그의 기독교 조직을 보라.[73] 해럴드 송어(Harold Songer)는 의로운 사람들은 단순히 "화평을 유지"하기만 하지는 않는다는 사실을 적절히 강조한다. 그런 평화 유지는 때로는 다루어야 할 문제들에 직면하지 못한다는 것을 의미한다. 그보다 그들은 '화평을 이룬다'(make peace). 그것은 근본적 문제들을 해결하기 위해 일시적으로 공동체를 혼란하게 하는 것을 의미할 수도 있다. 진정한 화평을 이루기 위해서다.[74]

70. Kugelman, *James and Jude,* 43.

71. Nystrom, *James,* 210–20.

72. Glen H. Stassen, *Just Peacemaking: Transforming Initiatives for Justice and Peace*(Louisville: WJKP, 1992); 같은 저자, *Just Peacemaking: Ten Practices for Abolishing War*(Cleveland: Pilgrim, 1998).

73. 부제는 *A Biblical Guide to Resolving Personal Conflict*(Grand Rapids: Baker, rev. 1997).

74. Harold S. Songer, "James," in *The Broadman Bible Commentary,* ed. Clifton J. Allen, vol.12(Nashville: Broadman, 1972), 126. 이 논증은 전체 민족들에 의한 의로운 전쟁이 이따금씩 필요하다는 것에도 적용되었다.

8 CHAPTER

야고보서 4:1-12

문학적 전후 문맥

이 열두 구절은 지혜와 말이라는 주제를 명료하게 설명하는, 이 서신서 본문의 두 번째 주요 부분을 더 전개한다. 야고보서 4:1-10은 3:13-18에서 매우 자연스럽게 이어지기 때문에, 일부 주석가들은 이 두 부분을 묶어서 하나의 본문으로 본다.[1] 야고보는 시기와 다툼에서 나오는 악에 대해 경고하고 나서(3:14, 16), 이제 그의 교회들 안의 일부 사람들이 갖고 있던 그런 동기들로 인해 무엇이 나오게 되었는지 지적한다. 바로 정욕과 다툼이다. 그것은 하나님보다는 이 타락한 세상에 대한 헌신을 닮았다(4:1-6). 7-10절은 대책을 제공한다. 마귀를 대적하고(3:15에 나오는 세상과 마귀 사이의 연관을 생각해보라) 하나님께 복종하라는(위로부터 난 지혜를 보이는 사람들처럼, 참고. 3:13, 17-18) 것이다. 11-12절은 야고보가 사람들의 지혜를 나타내는 핵심적인 것이 무엇인지 잊지 않았음을 상기시킨다. 그것은 바로 그 사람이 하는 말이다. 서로 비방하는 것은 사람들이 다툼으로 말미암아 행동하는 첫 번째 예다. 하지만 그것은 하나님의 형상으로 지음받은 사람들을 비난하고 그래서 암시적으로 하나님을 공격하는 것과 마찬가지로(3:9), 또한 비방과 거짓 판단을 금하는 하나님의 율법을 반대한다. 그것은 또한 그 율법을 주신 하나님을 비판하는 것이다.[2]

마찬가지로, 이 부분은 야고보서의 더 앞에 나오는 자료들과도 연결된다. 4:1-3의 "정욕"은 1:14-15에 나오는 욕심을 상기시킨다. 4:1에 나오는 "지체" 중에서의 "싸움"은 3:5-6에 나오는

1. Johnson, *The Letter of James*, 267-90.
2. 11-12절이 어디에 속하는가 하는 것은 아마도 전체 서신서에서 개별적 단락들의 개요를 포함해 가장 어려운 질문일 것이다. Edgar(*Has God Not Chosen the Poor?* 197-209)는 종말론에 근거한 세 개의 경고 및 관련된 권고들이 점차 강도가 세지는 것을 인식하면서, 4:11-5:11을 주요 소부분으로 삼는다. Baker and Ellsworth(*Preaching James*, 118-36)는 4:11-5:6을 함께 묶어서 하나님의 주권을 무시하는 세 가지 길로 본다. Nystrom(*James*, 248-66)은 4:11-12과 13-17을 "공동체 내의 두 가지 문제를 다루는" 하나의 소단위로 결합시킨다. Brosend(*James and Jude*, 416-22)는 11-12절을 앞과 뒤에 연결점을 가지고 있는 독립적 부분으로 보는 반면, Townsend(*The Epistle of James*, 84)는 이 두 구절의 바로 앞뒤 전후 문맥과의 어떤 연관도 탐지하지 못한다! 하지만 다수의 주석가들은 11-12절이 야고보가 재물의 잘못된 사용이라는 주제에 밀접하게 연결되어 있는 두 본문(4:13-17과 5:1-6)으로 넘어가기 전에 말에 대한 논의를 마무리한다고 주장한다.

것과 같은 용어를 사용한다. 거기에서는 혀가 몸의 여러 지체 중 매우 위험한 것으로 드러난다. 4:2과 4절에 나오는 살인과 간음의 결합은 2:11에서 그 행동들을 금하는 십계명의 두 계명을 짝지어놓았던 것을 반영한다. 하나님의 벗이 된다는 것(4:4)은 아브라함에 대한 비슷한 칭찬을 상기시킨다(2:23). 하나님의 은혜를 받는 겸손한 사람(4:6)은 1:9의 높임을 받을 "낮은" 사람들과 대응을 이루는데, 그런 개념은 4:10에 나오는 말과 더욱 대응을 이루면서 반복된다. 손과 마음을 정결하게 하는 것(4:8)은 1:27에서 세속에 물들지 말라고 명할 때 그랬던 것과 마찬가지로, 의식상의 정결을 나타내는 말을 도덕적 문제에 적용한다. 악인들에게 회개하는 가운데 겸손하라고 혹은 자신을 낮추라고 명령하는 것(4:9)은 회개하지 않는 악인이 종말에 낮아지리라고 예언하는 1:10에서와 같은 개념(그리고 부분적으로 같은 뜻의 동사)을 사용한다.

부적절한 판단에 대한 책망(4:11–12)은 1:6에 나오는 요동함 및 2:4에 나오는 차별에 대한 책망에서와 같은 κριν–단어군을 사용한다. 3:17에서 칭찬하는, 편견이 없고 판단하지 않는 미덕에 대해 사용된 것과 마찬가지다. 입법자와 재판관은 오직 한 분이라는 선언(4:12a)은 일신론의 고백–2:19에서 더욱 더 명백하게 설명되어 있는–을 적용하는 반면, 판단하는 태도를 정죄하는 수사학적 질문(4:12b)은 "이웃"을 사랑하라는 레위기적 명령을 적용한다(2:8).

이 본문과 그다음에 나오는 본문들을 연결시켜주는 대응은 더 적다. 많은 사람들은 그래서 야고보서가 4:13–17에서 새로운 주제로 넘어간다고 본다. 하지만 그 구절들은 미래를 계획하는 사람들이 말해야 하는 것과 하지 말아야 하는 것을 강조함으로, 적절한 말과 부적절한 말이라는 주제를 계속 다룬다(13절과 15절을 보라). 올바른 태도 혹은 동기로 기도를 한정시킬 필요성(4:3)은 어떠한 이유에서든 하나님의 뜻이 우리의 뜻보다 우선해야 한다는 개념으로 일반화될 수 있다(4:15). 4:16의 교만한 자랑은 그저 이기적인 탐닉을 위해 소유하려는 부적절한 기도의 동기(4:3)에서 자연스럽게 나온다. 실로 5:1–6의 부유한 억압자는 자신만을 위해 돈을 쓸 때 어느 정도의 극단까지 갈 수 있는지를 보여준다. 야고보서 5:6은 4:2에 나오는 "살인"

IV. 세 가지 주제의 확장(2:1-5:18)

- B. 지혜와 말(3:1-4:12)
  - 1. 혀의 권세(3:1-12)
  - 2. 위로부터 난 지혜와 아래로부터 난 지혜(3:13-18)
  - ➡ **3. 다툼과 비방에서 말의 오용(4:1-12)**
    - **a. 세상과 벗됨(4:1-6)**
    - **b. 하나님께 대한 복종(4:7-10)**
    - **c. 다른 사람들을 비방함(4:11-12)**
- C. 시련과 시험(4:13-5:18)

이 비유적인 것일 가능성을 더 보여준다. 야고보가 5:7-11에서 억압받는 신자들에게 보여주라고 명하는 오래 참음은 4:7-10에 나오는 복종과 거의 대응된다. 마지막으로, 5:12에서는 또 하나의 부적절한 형태의 말을 금한다. 그것은 어길 가능성이 있는 맹세를 하는 것이다.

주요 개념

그리스도인들은 세상의 벗이 되기보다 하나님의 벗이 되기 위해 다툼을 거부하고 겸손히 하나님께 복종해야 한다. 이 변혁을 보여주는 핵심적 시험 사례는 다른 사람들에게 그리고 그들에 대해 말하는 방식이다.

번역

야고보서 4:1-12

1a	질문	**너희 중에 싸움이 어디로부터 다툼이 어디로부터 나느냐**
b	대답	너희 지체 중에서 싸우는 **정욕으로부터 나는 것이 아니냐**
2a	주장	**너희는 욕심을 내어도 얻지 못하여**
b	(2a의) 결과	**[그래서] 살인하며**
c	(2a의) 회상	**시기하여도 능히 취하지 못하므로**
d	(2c의) 결과	**[그래서] 다투고 싸우는도다**
e	(2a의) 회상	**너희가 얻지 못함은**
f	(2e의) 원인	구하지 아니하기 때문이요
3a	(2f의) 확장	**구하여도 받지 못함은**
b	원인	잘못 구하기 때문이라
c	목적	정욕으로 쓰려고
4a	수사학적 질문	간음한 여인들아 **세상과 벗된 것이…알지 못하느냐**
	대조	**하나님과 원수 됨을**
b	(4c의) 조건	그런즉 누구든지 세상과 벗이 되고자 하는 자는
c	(4a의) 재진술	**스스로 하나님과 원수 되는 것이니라**
5a	(4a)의 확장	**너희는…말씀을 헛된 줄로 생각하느냐**
b	내용	성령이 시기하기까지 사모한다 하신
c	정체성	하나님이 우리 속에 거하게 하신

6a	대조	그러나 더욱 큰 은혜를 주시나니
b	(5a의) 재진술	그러므로 **일렀으되**
c	(5bc의) 재진술	하나님이 교만한 자를 물리치시고
d	(6a의) 재진술	겸손한 자에게 은혜를 주신다 하였느니라(잠 3:34)
7a	추론	(1) 그런즉 **너희는 하나님께 복종할지어다**
b	대조	(2) **마귀를 대적하라**
c	결과	그리하면 **너희를 피하리라**
8a	(7a와) 유사	(3) **하나님을 가까이 하라**
b	결과	그리하면 **너희를 가까이 하시리라**
c	(7a, 8a의) 근거	(4) 죄인들아 **손을 깨끗이 하라**
d	유사	(5) 두 마음을 품은 자들아 **마음을 성결하게 하라**
9a	(8cd의) 확장	(6) **슬퍼하며**
		애통하며
		울지어다
b	재진술	(7) **너희 웃음을 애통으로,**
		너희 즐거움을 근심으로 바꿀지어다
10a	(7a의) 재진술	(8) **주 앞에서 낮추라**
b	결과	**그리하면 주께서 너희를 높이시리라**
11a	권고	형제들아 **서로 비방하지 말라**
b	근거	**형제를 비방하는 자나**
		형제를 판단하는 자는
		곧 율법을 비방하고
		율법을 판단하는 것이라
c	(11d의) 조건	네가 만일 율법을 판단하면
d	결과	**율법의 준행자가 아니요**
		재판관이로다
12a	주장	**입법자와 재판관은 오직 한 분이시니**
b	묘사	능히 구원하기도 하시며 멸하기도 하시느니라
c	수사학적 질문	**너는 누구이기에**
d	묘사	이웃을 판단하느냐

구조

야고보서 4:1-6은 위로부터 난 지혜를 보여줄 사람들에게 핵심 문제를 제시한다. 그들은 여전히 동료 그리스도인들과 싸운다. 어떻게 그럴 수가 있는가? 야고보는 스스로 질문을 던지고 대답한다. 심지어 구속받은 이후에도, 인간의 타락한 본성의 일부로 남아있는 정욕으로부터 그런 것이 나온다는 것이다(1절). 이 정욕은 통상 사람들이 자신들이 가지고 있지 않은 것에 집착하여, 말로 하는 모욕으로부터 문자적인 전쟁에 이르기까지 온갖 다툼으로 이어진다(2a-b절). 많은 사람들이 자신이 원하는 것을 갖지 못하는 이유 중 하나는 기도로 하나님께 구하지 않았기 때문이다(2c절). 아니면 하나님께 구했지만, 자기중심적인 동기로 구했다(3절). 그것은 중생한 사람이 아니라 구속받지 못한 사람들 특유의 행동을 닮은 것이다(4절)! 이것이 너무 가혹하게 들린다면, 야고보는 자신의 말을 지지하는 성경 구절을 풀어쓰고(5-6a절) 그다음에는 인용문으로(6b-c절) 그의 주장을 뒷받침한다(잠 3:34 칠십인역).

그런 다음 야고보는 짧은 명령들을 짧고 날카롭게 퍼부으면서, 이러한 죄인들의 곤경에 대한 해결책을 제시한다(7-10절). 7a절과 10a절은 주 앞에서 복종하고 자신을 낮추라는 명령으로 이 단락을 둘러싸는 인클루시오를 형성한다. 야고보는 첫 번째 명령으로, 마귀를 대적하면 분명 그 마귀가 곤경에 빠지게 될 것이라고 약속한다(7b절). 마지막 명령으로는, 하나님이 그런 사람을 높이실 것이라고 약속한다(10b절). 그 중간에서 그는 7절의 복종과 대적하는 것에 무엇이 포함되는지 말한다. 깨끗한 손과 마음(변화된 행동과 태도-8절)을 가지고 하나님을 가까이 하는 것이다. 그다음 그는 10절에 나오는 자신을 낮추는 것이 무엇을 의미하는지 설명하면서 그의 마지막 명령을 예상한다. 그것은 과거의 죄에 대해 적절한 애도를 표하는 것이다(9절).

11-12절은 이 본문의 결론을 내린다. 3:1-12에서처럼, 야고보는 혀가 범하는 구체적 죄들로 다시 돌아온다(11-12절). 그는 다른 사람들에 대한 거짓된 혹은 지나치게 판단하는 말을 금하기 때문이다(11절). 그것은 아래로부터 난 "지혜"의 또 다른 부산물이다(3:14-16). 하나님 한 분만이 심판자이시며, 오직 그분만이 완전한 진리를 가지고 사람을 판단하는 법을 아시기 때문이다(12절). 이 역할에서 하나님께 굴복하는 것은 위로부터 난 참된 지혜를 보여준다.[3]

석의적 개요

Ⅳ. 세 가지 주제의 확장(2:1-5:18)

B. 지혜와 말(3:1-4:12)

➡ **3. 다툼과 비방에서 말의 오용**(4:1-12)

a. 그리스도인들은 싸움이 세상과 벗된 것에서 나온 것이므로 거절해야 한다(1-6절).

i. 질문이 제기되고 대답이 나옴: 다툼이 어디로부터 나는가? 우리의 정욕으로부터(1절).

ii. 행동이 관찰됨: 그리스도인들 사이의 다툼은 그들의 욕심을 만족시켜주지 못한다(2-3절).

iii. 질문과 대답을 고쳐서 말함: 이 모든 이기심은 다 어디서 오는가? 세상과 벗되는 것으로부터. 그것은 하나님의 벗이 되는 것과 양립하지 못한다(4절).

iv. 성경에 호소함: 하나님은 우리가 이런 식으로 행동하는 것을 원치 않으시며, 우리가 이런 식으로 행동하지 않을 수 있도록 만드신다(5-6절).

b. 그리스도인들은 하나님과 벗된 것에 대한 반응으로 겸손히 그분께 복종해야 한다(7-10절).

i. 주된 요점 진술: 하나님께 복종할지어다(7a절).

ii. 이것을 위한 세 가지 명령(7b-9절)

iii. 주된 요점 재진술: 하나님 앞에서 낮추라(10절).

c. 그리스도인들은 비방을 분쟁의 특별히 좋지 않은 표현으로 여기고 거절해야 한다(11-12절).

i. 다른 신자들을 비방하는 것은 그런 행동을 금하는 하나님의 율법을 비방하는 것이다(11a절).

ii. 이것은 신자들을 하나님의 율법에 순종하는 대신 그 율법을 판단하는 위치에 둠으로써 유일한 심판자이신 하나님의 역할을 빼앗는 것이다(11b-12절).

본문 설명

약 4:1 너희 중에 싸움이 어디로부터 다툼이 어디로부터 나느냐 너희 지체 중에서 싸우는 정욕으로부터 나는 것이 아니냐(Πόθεν πόλεμοι καὶ πόθεν μάχαι ἐν ὑμῖν; οὐκ ἐντεῦθεν, ἐκ τῶν ἡδονῶν ὑμῶν τῶν στρατευομένων ἐν τοῖς μέλεσιν ὑμῶν;). 야고보는 그의 청중들에게 던지는 또 하나의 수사학적 질문으로 이 부분을 시작한다. 3:18에 나오는 화평함에 대한 논의와 정반대되는 것으로, 그는 여기에서 그의 청중 사이의 내분에 대해 말한다. 존슨은 이것을 시기에 대한 헬레니즘적 토포스(topos: 상용되는 주제, 개념 표현-역주) 혹은 기성 형식의 논의를 따라, 앞에 나온 다툼과 화평케 하는 것을 계속 대조시키는 것으로 본다. 싸움과 다툼에 대한 질문은 "그 토포스의 표준적 특징 중 하나로, 그의 독자들의 행동이라고 여겨지는 것들보다는 논증의 논리에 더 기초하고 있다."[4]

하지만 야고보가 이런 종류의 토포스를 그의 독자들과 아무런 직접적 관련 없이 확대한다는 것은 좀 이상해 보인다. 그리고 그의 회중들 안에서 적어도 일부 논증들이 일어나고 있었다고 추정하는 것이 더 낫다. 일부 주석가들은 문자 그대로의 폭력이 있었다고 추측한다. 특히 야고보가 열심당의 운동이 점점 더 조직화되던 60년대 초에 글을 쓰고 있었다면 더욱 더 그렇다.[5] 하지만 영어에서와 마찬가지로, 싸움과 다툼에 해당하는 헬라어들은 또한 비유적인 것이 될 수 있다. 이 서신서가 40년대에 쓰인 것이라면, 이 용어들은 분명 말로 하는 논쟁과 비판이라는 의미에서 다툼을 말하고 있을 것이다. 이 경우 옳은 말과 그른 말이라는 주제가 3:1-

3. 동시에, "11-12절에 나오는 경고는 7-10절에 나오는 교만에 대한 책망과 겸손함에 대한 요구에서 비롯된 것이다"(Lea, *Hebrews and James*, 322).
4. Johnson, *The Letter of James*, 275-76.
5. 특히 Martin, *James*, 144을 보라. 참고. Michael J. Townsend, "James 4:1-4: A Warning against Zealotry?" *ExpTim* 87(1975-76): 211-13.
6. 전자가 통상적인 해석이다. 하지만 후자를 지지하는 것으로는 예를 들어, Wall, *Community of the Wise*를 보라. 195. Barclay(*The Letters of James and Peter*, 98)는 어떻게 두 가지 모두에 다 쉽게 이르게 되었는지 설명한다. "쾌락을 열광적으로 추구하다 보면 마치 전쟁과

4:12에서 계속 강조된다.

야고보는 독백을 계속하면서, 자신의 질문에 또 다른 질문으로 대답한다. "아니냐"(οὐκ)에 해당하는 단어는 그가 긍정적인 대답을 기대하고 있음을 암시한다. 그 다툼이 실제로 우리의 정욕으로부터 나온다는 것이다. "어디로부터"(from where)와 "이로부터"(from this, πόθεν; ἐντεῦθεν)는 좀 더 오래된 영어 단어인 '어디서'(whence, KJV)와 '여기에서'(hence, KJV)로 보다 쉽게 번역할 수 있다. 오늘날에는 그것에 정확하게 해당되는 말은 없다. "정욕"(ἡδονή)에 해당되는 말은 '쾌락주의'(hedonism)라는 말의 원천이다. 하지만 시간이 흐르면서 점점 더 그 말이 정욕, 특히 부적절한 성적 욕망을 포함하는 함축을 지니게 되었지만, 야고보 시대에는 단순히 강렬한 쾌락 혹은 향락(참고. REB, '욕구')을 의미했다. "너희 지체 중에서 싸우는"이라는 표현은 한 사람 안에서 일어나는 내적 투쟁이나 동료 그리스도인들 사이의 외적 다툼, 혹은 그 둘 다를 의미할 수 있을 것이다.[6]

약 4:2 너희는 욕심을 내어도 얻지 못하여 살인하며 시기하여도 능히 취하지 못하므로 다투고 싸우는도다 너희가 얻지 못함은 구하지 아니하기 때문이요(ἐπιθυμεῖτε καὶ οὐκ ἔχετε, φονεύετε καὶ ζηλοῦτε καὶ οὐ δύνασθε ἐπιτυχεῖν, μάχεσθε καὶ πολεμεῖτε, οὐκ ἔχετε διὰ τὸ μὴ αἰτεῖσθαι ὑμᾶς). 야고보가 1절에서 내적 긴장을 다루는 것에서 외적 긴장을 다루는 것으로 넘어간 것이 아니라면, 그는 분명 지금 그렇게 넘어간다.[7] 2절은 말다툼하는 사람들의 문제를 진단한다. 이 구절의 구두점은 가장 어려운 해석학적 문제일 것이다. NIV는 UBS의 구두점을 가장 비슷하게 따라서, "너희는 어떤 것을 원하지만 그것을 얻지 못한다. 너희는 살인하고 시기하지만, 너희가 원하는 것을 갖지 못한다. 너희는 다투고 싸운다"라고 번역한다. 한편 NASB는 본문의 비약을 이해할 만한 방식으로 조금 제거해보려 애쓴다. "너희는 갈망하지만 갖지 못한다. 그래서 너희는 살인을 저지른다. 그리고 너희는 시기하지만 얻을 수 없다. 그래서 너희는 다투고 싸운다"(참고. 또한 NRSV, TNIV).

데이비스는 전자의 번역을 지지한다. 그는 3절이 2절의 이 구두점과 결합될 때 교차 대구법적 구조가 되는 것을 인식하기 때문이다. "너희는 욕심을 내어도 얻지 못한다"(2a절)는 "너희는 구하여도 받지 못한다…"(3절)와 대응되는 한편, "너희는 살인하고 시기하여도 능히 취하지 못한다"(2b절)는 "너희는 다투고 싸운다 [그리고] 얻지 못한다 너희는 구하지 않기 때문이다"(2c절)와 대응을 이룬다는 것이다.[8] 하지만 2–3절에 있는 개념상의 단절이 문제에 대한 진술과 문제의 이유 사이에 나온다. 그것은 데이비스의 세 번째 부분(2c절)을 한가운데서 양분시킨다. 그에 더해서, 매끄럽게 이해되도록 하기 위해, 바로 이 이음매에 본문에는 실제로 포함되어 있지 않은 말인 '그리고'를 끼워 넣어야 한다. 그렇기 때문에 후자의 번역이 더 선호할 만하다. 그것은 야고보의 사고의 흐름과 깔끔하게 맞물린다. 특히 우리의 행동과 정욕의 결과들을 강조한다는 점에 있어서 그렇다. 무가 지적하듯이, "공동체를 파멸시키고 있는 투쟁들을…자신들이 가지고 있지 않은 것을 얻기 위한 그들의 시기 어린 욕망의 산물[로]" 이해하는 것이 야고보의 전반적인 가르침(참고. 3:14–16)에 더 잘 맞으면서, 또한 "살인"이라는 말이 나온 위치['시기' 앞에, NIV에서처럼('covet')]

도 같이 질질 끄는 적개심이 생겨나고, 마치 전투와도 같이 갑자기 적대감이 폭발하기도 한다." 마찬가지로, Cargal, *Restoring the Diaspora*, 155. Apoc. *Elijah* 1:16은 금식의 목적을 설명하는 맥락에서 특별히 유사한 대비를 제공한다. "여호와가 하늘을 창조하신 때로부터 그분은 악이 너희를 자극하지 않도록 열정과 욕망과의 싸움에서 인간의 유익을 위해 금식을 창조하셨다."

7. Perkins, *First and Second Peter, James, and Jude*, 123.

8. Davids, *The Epistle of James*, 157–58.

가 문장을 용두사미처럼 보이게 한다는 문제도 피할 수 있다.[9] 로스는 이 구절이 그 대신 시기의 "심각하고 불가피한 결과들"을 지적한다고 주장한다.[10]

"욕심을 내어도"(desire, ἐπιθυμέω)라는 말이 반드시 부정적인 것일 필요는 없다. 하지만 1절에 나오는 "정욕"의 경우와 마찬가지로, 여기에서 그것은 현재 자신이 갖고 있지 않은 어떤 것을 확보하고자 하는 강력하고 불건전한 갈망을 의미하는 듯하다. "살인하다"(φονεύω)라는 용어는 더 어렵다. 이 단어가 비유적 의미로 사용되었다는 증거가 별로 없기 때문이다. 하지만 야고보는 그의 청중에게 충격을 주기 위해 이 냉혹한 말을 사용하는 듯하지만, 동시에 그것은 다른 사람을 미워하는 것은 마음으로 살인을 저지르는 것이라는 예수님의 가르침을 반영한다(마 5:21-22; 참고. 또한 시편 59:6의 생생한 비유적 언어).[11]

이 구절들에서 야고보의 첫 번째 소부분은 2절의 3분의 2 정도 되는 πολεμεῖτε 이후에 끝날 것이다. 반복되는 단어들인 "싸움…다툼…다툼…싸움"(πόλεμοι... μάχαι...μάχεσθε...πολεμεῖτε)에 의해 형성된 인클루시오와 거기 포함된 교차대구법에 비추어볼 때 그렇다. 이 구절들 내내, 공통적 주제는 이기적 욕심과 시기심이다. 이렇게 해서, 야고보의 생각은 3:14-16로 그리고 이기적인 초점의 악한 영향으로 되돌아간다. 야고보가 "너희가 갖지 못하는 것은 너희 자신이 정말로 구하지 않기 때문이다"[12]라는 개념을 표현하기 위해 중간태인 αἰτέω—그것은 강조의 의미를 지니고 있을 것이다—를 사용하는 것은 흥미롭다. 또한 야고보가 마태복음 7:7-8에 나오는 예수님의 가르침을 반영하고 있고, 구함이라는 주제를 확장하고 있을 수도 있다. 예수님은 그의 제자들에게 하나님께 구하는 사람은 받을 것이라고 가르치셨으며, 20년 후에 일부 사람들이 그들이 원하는 것을 획득하지 못했기 때문에 화가 나 있다고 생각할 수도 있을 것이다. 첫째, 야고보는 그들에게, 받으려면 구해야 할 필요가 있다고 상기시킨다![13] 게다가, 동사의 현재 시제는 때로 그들이 계속해서 혹은 끈질기게 구해야 한다는 사실을 시사할 수도 있다. 우리는 종종 받기 위해 참고 견디며 기도해야 한다(참고. 눅 18:1-8).

약 4:3 구하여도 받지 못함은 정욕으로 쓰려고 잘못 구하기 때문이라(αἰτεῖτε καὶ οὐ λαμβάνετε διότι κακῶς αἰτεῖσθε, ἵνα ἐν ταῖς ἡδοναῖς ὑμῶν δαπανήσητε). 하지만 야고보의 청중 가운데 일부는 그에 대한 답으로 그들이 기도하고 구해왔으나 아직 갖지 못했다고 주장할 것이다. 그래서 야고보는 계속해서 이 주제를 확장시킨다. 이 구절에서 야고보는 기도가 응답받지 못하는 또 하나의 이유를 제시한다. 여기에서 그 문제는 악한 동기를 포함한다.

9. Moo, *The Letter of James,* 182; Martin(*James,* 146)과는 반대다. Martin은 야고보가 공동체 내의 물리적 폭력 유형에 반격하려 한다고 이해한다.
10. Laws, *The Epistle of James,* 172.
11. 1절의 "싸움"(πόλεμοι)은 비유적인 것이며, "다툼"(στρατευομένων)도 분명 그렇다. 그리고 4절의 "간음한 여인들"(μοιχαλίδες) 역시 비유적이다. 그래서 여기에 나오는 야고보의 말을 어떤 주장을 펼치기 위한 강력한 비유로 보는 것이 합리적인 듯하다. Andria("James," 1514)는 야고보가 "상황의 심각함"을 강조하기 위해 "과장하고 있는" 것으로 본다. Johnson(*The Letter of James,* 277)은 살인이 시기심의 논리적 결론이라는 시기에 대한 헬레니즘의 토포스를 가리킨다(또한 그의 글 "James 3:13-4:10 and *Topos* Περὶ Φθόνου"를 보라). 다른 한편 클레멘트 1서 4:7은 "질투와 시기"(ζῆλος καὶ φθόνος)가 가인과 아벨의 경우에 실제로 형제 살해(ἀδελφοκτονίαν)로 이어진 분명한 예를 든다. 그래서 이 말이 반드시 비유적이거나 과장된 것이라고 여길 필요는 없다. 이런 행동의 선례가 히브리 성경 첫 부분부터 나온다.
12. 참고. Hiebert, *James,* 248, n. 28. 하지만 대부분의 주석가들은 2-3절에서 이 동사가 중간태에서 능동태로 그리고 다시 중간태로 바뀐 것이 그저 문체적인 것일 뿐이라고 본다.
13. 이렇게 올바른 선물의 원천에게 구하지 않는 것은 하나님에 대한 잘못된 신학을 나타낸다. 그것은 야고보가 1:5-7, 16-17에서 이미 다룬 것이다. 그들이 바라면서도 가지지 못한 것은 "그들이 공동체의 지도자로서 인정받을 수 있게 해줄 만한 지혜"라는 Moo의 가설(*The Letter of James,* 184)은 흥미롭지만, 본문을 가장 올바로 해석한 것은 아니다(특히 3절에 비추어볼 때).

즉, "잘못"(κακῶς) 구한다는 것이다. 야고보는 능동태(αἰτεῖτε)에서 중간태(αἰτεῖσθε)로 또 다른 흥미로운 전환을 한다. 아마 그들의 기도 요청에 포함된 이기심을 보여주기 위해서일 것이다. 그들은 이타적으로 기도하지 않고, 그들 자신이 원하는 것과 바라는 것을 위해 힘주어(강력하게) 하지만 잘못 기도한다.[14]

야고보의 설명적 목적절은 이러한 긴장을 명백하게 드러낸다. 그들은 분명 물질적인 "것들"을 구하고 있었다. 자신들의 돈을 쓰고 재산을 과시하기 위해서다. 야고보는 신자들은 이기적인 이익을 구해서는 안 되며, 하나님은 그런 기도 요청들을 존중하지 않으신다는 것을 분명하게 밝힌다. 이 구절은 소위 '건강하고 부자 되는' 복음과 얼마나 극적인 대조를 이루는지! 야고보의 청중들이 구하고 있는 바가 악하다는 사실은 분명하다. "선물을 주시는 하나님이 그들의 만족을 위한 일종의 자판기 같은 분으로 조작되기 때문이다."[15]

약 4:4 간음한 여인들아 세상과 벗된 것이 하나님과 원수 됨을 알지 못하느냐 그런즉 누구든지 세상과 벗이 되고자 하는 자는 스스로 하나님과 원수 되는 것이니라(μοιχαλίδες, οὐκ οἴδατε ὅτι ἡ φιλία τοῦ κόσμου ἔχθρα τοῦ θεοῦ ἐστιν; ὃς ἐὰν οὖν βουληθῇ φίλος εἶναι τοῦ κόσμου, ἐχθρὸς τοῦ θεοῦ καθίσταται). 이 시점에서 문제는 곪아서 터질 지경에 이른다. 야고보는 그의 교회 안에서 너무나 이기적으로 행동하고 있는 사람들을 겨냥해 의도적으로 모욕적인 "간음한 여인들아"라는 말로 낙인찍는다. 그것은 구약 선지서의 언어를 끌어내는 것으로, 거기에서 이스라엘과 유다는 하나님을 예배한다고 주장하면서 우상들과 관계를 맺으며 자신을 과시하는 간음한 여인들에 비유되었다.[16] 여성형 용어가 어떤 집단의 남자와 여자를 함께 언급하는 것은 좀 이상해 보이지만,[17] 성경적 전통에 맞추어 야고보는 전체 교회를 여호와 혹은 그리스도의 '신부'로 의인화한다. 잘해야 그녀는 자신의 신랑에게서 다른 곳으로 정신을 팔게 되었으며, 최악의 경우에는 그 신랑에게 부정한 아내가 되었다.

"세상"(τοῦ κόσμου)과 "하나님"(τοῦ θεοῦ)은 목적 소유격으로 "벗된 것"(φιλία)과 "원수 됨"(ἔχθρα)이라는 능동형 명사를 따른다. 고대에 벗이 된다는 의미는 보통 오늘날의 서구 세계보다 훨씬 더 진지하게 받아들여졌다. 그것은 공통의 가치관과 충성의 대상을 지닌 사람들 사이의 평생에 걸친 협정이었던 것이다.[18] "세상과 벗된 것"(φίλος…τοῦ κόσμου)이라는 표현은 비유적인 간음을 설명한다. 그 청중이 연애하는 대상이 잘못되었다. 그것은 바로 타락한 세상 제도와 거듭나지 않은 사람들의 가치관이었다.[19] 아마 이 이미지에 가장 유사한 것은 요한일서 2:15에 나올 것이다. 그것은 우리가 세상을 사

14. Hiebert, *The Epistle of James,* 248. 참고. 또한 Robertson(*Grammar of the Greek New Testament,* 805). 하지만 앞에서 말했듯이, 대부분의 주석가들은 그저 문체상의 변형만 있다고 본다.

15. Johnson, *The Letter of James,* 278.

16. 구약에서 나온 긴 예들과 본문들로는 Moo(*The Letter of James,* 187)를 보라.

17. 여기에서 사본상의 이문은 분명 여성형인 "간음한 여인들"(μοιχαλίδες)을 남성형 용어와 여성형 용어의 결합을 대신하여 해결하려는 것이다. 야고보가 자기 청중들에게 말할 때 남성형과 여성형 용어 둘 다를 사용한 전례가 있지만(2:15을 생각해보라), 여기에서 그 둘을 짝짓는 것은 분명 남자와 여자가 섞여 있는 청중들에게 말하기 위해 여성형 복수 용어가 사용되었음을 분명히 밝히려고 끼워넣은 더 쉬운 독법이다. 여성형 복수 호격인 μοιχαλίδες는 일반적인 칠십인역식 표현이다. 외적 증거도 마찬가지로 {A} 등급을 지지한다. ℵ*, A, B가 모두 이 독법에 동의하기 때문이다.

18. 특히 John T. Fitzgerald, ed., *Friendship, Flattery, and Frankness of Speech: Studies on Friendship in the New Testament World*(Leiden: Brill, 1996)를 보라. 벗들 사이의 조화의 중요성, 특히 집단적 배경에서의 그런 중요성에 대해서는 Donald J. Verseput, "Plutarch of Chaeronea and the Epistle of James on Communal Behaviour," 502–18을 보라.

19. 참고. Luke T. Johnson, "Friendship with the World/Friendship with God: A Study of Discipleship in James," in *Discipleship in the New Testament,* ed. Fernando F. Segovia(Philadelphia: Fortress, 1985), 173.

랑하는 것을 금한다. 야고보 시대에 벗되는 것은 어떤 것 혹은 어떤 사람과 동일화되는 것 혹은 관계를 맺는 것을 나타냈으며, 그래서 세상과 벗된다는 것은 세상의 가치관과 우선순위에 동화되는 것을 의미했다.[20] 모티어는 우리가 "우리 마음의 성향이 (누가 바라든) 세상을 향하고 있으면서 우리가 [하나님과] 친밀한 교제 가운데 살 수 있다"[21]고 생각하지 말아야 한다고 경고한다. 그보다, 그런 사람들은 "스스로"(καθίσταται-3:6에서처럼) 하나님과 원수되는 것이다.[22] 세상과 벗되는 것과 하나님과 벗되는 것 사이의 이러한 대조는 틀림없이 전체 서신서의 주제다. 존슨은 어떻게 다른 주요 주제가 그 아래 포함될 수 있는지 보여주었다.[23]

약 4:5-6a 너희는 하나님이 우리 속에 거하게 하신 성령이 시기하기까지 사모한다 하신 말씀을 헛된 줄로 생각하느냐 그러나 더욱 큰 은혜를 주시나니(ἢ δοκεῖτε ὅτι κενῶς ἡ γραφὴ λέγει, Πρὸς φθόνον ἐπιποθεῖ τὸ πνεῦμα ὃ κατῴκισεν ἐν ἡμῖν, μείζονα δὲ δίδωσιν χάριν;). 야고보는 1-4절에서 언급한 그의 비난을 뒷받침하기 위해 성경을 의지한다. 대부분의 사람들은 그 '인용문'이 5절 끝까지만 이어진다고 생각한다. 하지만 구약 본문에는 5b절과 그다지 유사한 것이 없다. 그렇기 때문에, 소수의 주석가들은 "말씀"(Scripture, γραφή)을 그냥 '글'이라고 번역했다.[24] 하지만 그 용어가 신약에서 우리가 구약이라고 부르는 것을 의미하는 말로 엄청나게 자주 등장하는 것과, "말하다"라는 동사가 6절 중간에서 분명 성경에 해당하는 것을 소개하는 비슷한 형식으로 반복되는 것으로 볼 때(the Scripture says: 우리말 성경은 이 부분이 "하신 말씀", "일렀으되"로 되어 있다-역주), 이 해결책은 별로 설득력이 없다. UBS는 하나님을 "질투하는 하나님"(참고. 또한 출 34:14; 슥 8:2)이라고 진술하는 출애굽기 20:5을 유사구절이 될 만한 것으로 인용한다. 그래서 야고보서 4:5은 대략 그것을 확장해서 풀어쓴 것을 반영한다는 것이다.

몇몇 학자들은 5a절을 5b절에서 떼어내 두 개의 분리된 문장을 만든다. "너희는…하신 말씀을 헛된 줄로 생각하느냐[앞에 나온 4절의 가르침을 언급하면서]? 성령(The Spirit)은 시기하는 경향이 있다…[혹은 이 절을 어떻게 번역하든]"라는 것이다.[25] 하지만 우리는 "하신 말씀을"이라는 말 다음에 그 참조문의 내용이 나올 것을 기대한다. 그리고 그것이 없으면, 5b절은 아무런 명백한 논리적 연관 없이 5a절에서 나오게 된다. 로스는 5b절이 유사한 질문, 또한 부정적 대답을 요하는 질문을 형성한다고 시사한다. "인간 영혼(spirit)의 갈망은 시기심의 지시를 받는가?"[26]라는 것이다. 하지만 이 접근법은 다음과 같은 약점들을 더해주었다. 그것은 (1) 5b절 문법의 어떤 것도 그것이 의문문으로 끝나야 한다는

20. 참고. Church, "James," 386.
21. Motyer, *The Message of James,* 147.
22. 참고. REB: "자신을 만들다"(makes himself). 하지만 그 말의 어원은 NJB가 표현하듯 "구성했다"(constituted)라는 더 강한 의미를 지니고 있다. Johnson("Friendship with the World/Friendship with God," 171)은 "확립하다"(establish)라는 의미를 제안한다.
23. 앞의 책, 176-83.
24. 일부 사람들(예를 들어, Kugelman, *James and Jude,* 49; Tsuji, *Glaube zwischen Vollkommenheit und Verweltlichung,* 84-85)은 γραφή을 성경 외적인 '글'로 받아들인다. 그것은 유다가 위경 본문을 인용하거나 암시한 것을 상기시킨다. 하지만 이것과 눈에 띄게 유사한 어떤 본문도 일찍이 발견된 바 없다. 또한 요한복음 7:38이 γραφή이라는 말로 다양한 본문들의 단편이 될 만한 것과 함께 한 무리의 구약 주제들을 언급하는 것과 마찬가지로, 야고보도 어떤 특정한 본문을 염두에 두지 않고 반복해서 나오는 성경 주제를 언급하고 있을 수도 있다. 참고. 또한 고전 2:9과 엡 5:14(Barton, Veerman, and Wilson, *James,* 97).
25. 예를 들어, Hiebert, *The Epistle of James,* 253-56.
26. Laws, *The Epistle of James,* 178-79. 더 상세한 것으로는 그가 이전에 쓴 "Does the Scripture Speak in Vain? A Reconsideration of James iv.5," *NTS* 20(1973): 210-15를 보라. 보다 최근의 것으로는 Isaacs, *Hebrews and James,* 227을 참고하라.
27. P. Thomson, "James iv. 5," *ExpTim* 29(1917-18): 240. 참고. the 1881 edition of the RV. Thomson은 본문에 "또는"이라는 말을 추가할 것을 요구하는 A. Haire Forster("James iv. 5,6," *ExpTim* 29 [1917-18]: 139)의 견해를 단순화하고 있었다.
28. Johnson, *The Letter of James,* 280-82; Sleeper, *James,* 109.
29. 여기에서 우리가 주장하는 내용을 지지하는 증거와 함께, 이 반 구

것을 시사하지 않는다. (2) 이 질문에 대한 더 명백한 대답은 '아니다'가 아니라 '그렇다'라는 것이다!

그렇다면 아마도 우리는 "성령"(spirit, πνεῦμα)이라는 말을 하나님의 성령으로 보고 5b절을 부정적 대답이 암시된 "그가 우리 안에 살도록 하신 성령님이 시기하는 마음으로 사모하시는가?"라는 질문으로 번역해야 할 것이다.[27] 존슨은 5a절("너희는…말씀을 헛된 줄로 생각하느냐" 부분-역주)을 6b절을 소개하는 진술로 봄으로써, 그것을 질문으로 볼 때 생겨나는 문제를 해결한다. 5b-6a절을 질문과 대답이 있는 삽입구라고 보는 것이다.[28] 하지만 로스의 접근법이 지닌 또 다른 문제들은 존슨의 해석 역시 혼란에 빠지게 만들며, 성경 다른 곳에서는 "말씀을"(Scripture says)이라는 언급이 이렇게 그것이 소개하는 본문들과 멀리 떨어져 있는 경우는 없다.

그렇기 때문에, 대다수의 주석가들은 5b절이 그 "말씀"의 인용문을 나타낸다고 생각한다. 그것이 아무리 암시적인 (그리고 파악하기 어려운) 것이라 해도! 그렇다면 세 가지 번역을 제안할 수 있다. (1) '그가 우리 속에 거하게 하신 영이 강렬하게 시기한다.' (2) '그가 우리 속에 거하게 하신 성령이 시기하여 사모한다.' (3) '하나님이 그가 우리 속에 거하게 하신 영을 시기하여 사모하신다'라는 것이다.[29] (1)은 1-2절에서 논한 시기와 잘 어울리지만, 바로 앞뒤의 문맥이 하나님과 세상 사이의 적대감에 대한 것임을 비추어볼 때, 나머지 두 견해가 더 설득력이 있는 듯하다. 게다가 설령 (1)을 가르치는 어떤 글을 발견할 수 있다 해도,[30] 어떻게 누군가가 이 '글'(혹은 성경)이 헛되이 말한다고 상상할 수 있겠는가?

어떤 사람들은 하나님 혹은 성령님을 '시기하는' 것으로 묘사하는 해석을 거부하겠지만, 출애굽기 20:5에 나오는 하나님의 질투라는 배경으로 볼 때, 여기에서 통상 부정적으로 사용되는 용어("시기"-φθόνος)를 거룩하신 하나님께 적용하는 것이 가능하다. "사모한다"(ἐπιποθεῖ)는 말은 반드시 악한 것은 아닌 강렬한 욕구를 가리킬 때가 종종 있다. 자기 백성을 불로 소멸하실 만큼 질투하시는 하나님, 그들이 하나님께 반역할 때 그들에게 진노의 불을 내리시고 재앙을 가져오시는 하나님(참고. 신 4:24; 수 24:19; 사 26:11; 겔 16:42)은 분명 그들의 영혼이 그분께 돌아오게 하기 위해 시기하는 마음으로 사모하신다고 말할 수 있을 것이다.[31]

(2)와 (3) 중 하나를 택하는 것이 본문의 더 큰 이야기 흐름을 유지하는 것인 반면, 하나님을 문장의 주어로 보는 것이 야고보의 문체에는 더 맞는 듯하다. 야고보는 아직 그의 서신서에서 성령을 직접 언급한 적은 없다. 그래서 그 성령이 갑자기 나타나는 것이 의문스러울 수도 있다. 반면에 "거하게 하다"의 주어는 반드시 하나님이 되어야 한다.[32] 그래서 하나님이 반 구절(half-

절(half-verse)을 둘러싼 석의적 문제와 견해들에 대한 광범위한 논의로는 Moo(*The Letter of James*, 188-90)를 보라. 그는 궁극적으로 우리와 같은 접근법을 변호한다(하지만 인용문이 어디에서 끝나는지와 관련해서는 우리와 의견이 일치하지 않는다).

30. 특히 Richard Bauckham, "The Spirit of God in Us Loathes Envy: James 4:5," in *The Holy Spirit and Christian Origins*, ed. Graham N. Stanton, Bruce W. Longenecker, and Stephen C. Barton(Grand Rapids: Eerdmans, 2004), 270-81에 나오는 논의를 보라. Bauckham은 "사모한다"는 것뿐 아니라 "몹시 싫어하다"라는 의미가 될 수 있는 한 동사로 인용문의 기저에 있는 히브리어 출처가 될 만한 것을 구성하고, 야고보서와 우리가 엘닷과 메닷(참고. 민 11:25-30)의 잃어버린 책 내용에 대한 다른 고대 문헌에서 나온 인용문을 통해 아는 것 사이에 있는 수많은 유사점들을 주목하며, 이 "글"(γραφή, 클레멘트 1서 역시 그렇게 부른다)로부터 조금씩 수집한 참조문이 될 만한 것들을 짐작한다. 그 글은 성령이 민수기 본문에 예시되고 아마도 잃어버려진 책에서 자세히 설명된 것과 같은 시기를 몹시 싫어하신다고 말할 것이다. 하지만 야고보서의 헬라어 본문을 통해 이런 결론에 이르기는 쉽지 않으며, Bauckham 역시 합의된 견해를 찬성하는 가장 강력한 논증들에 반응하거나 Carpenter(뒤의 206쪽을 참조하라)와 교류하지 않는다.

31. Burchard, *Der Jakobusbrief*, 173. Robertson(*Greek Grammar of the New Testament*, 626)은 이 논란의 여지가 있는 표현(πρὸς φθόνον)을 "시기"(jealousy)라고 번역한다.

32. 여기에서 본문상의 문제는 주로 거의 똑같이 들릴 만한 두 동사를 중심으로 하고 있다. UBS에서 택한 "살게 했다"(made to live, κατῴκισεν)라는 말은 원인이 되는 것을 나타내는 사역 동사이며, 𝔓[74], ℵ, B, Ψ의 지지를 받는다. 반면, 두 번째 안인 "살았다"(lived, κατῴκησεν)는 자동사이며 초기의 사본적 증거는 거의 없다. 세 번째 안

verse) 내내 주어로 있는 것이 가장 자연스럽다. 이러한 이해는 또한 하나님이 다시 암시된 주어로 나오는 6절 시작부와도 잘 맞는다. 이런 경우, "영"(πνεῦμα)을 인간의 영혼으로 이해하는 것이 더 나은 듯하다. 야고보는 방금 그의 청중을 그들과 하나님과의 관계에서 "간음한 여인들"이라고 불렀으며 이 시점에서 성령이 그들 안에 거하신다고 생각할 것 같지는 않다. 그래서 (3)번 안이 가장 나으며, 스피크(Spicq)는 그 결과 이 세 단어(πρὸς φθόνον ἐπιποθεῖ)를 "강력하고 배타적으로 사랑하신다"[33] 라고 번역한다.

하지만 그 '인용문'은 여전히 이상하다. 설령 수많은 구약 본문들이 하나님을 시기하시는 분으로 부른다 하더라도, 그분이 우리 안에 거하게 하신 영에 대한 구체적 언급은 어떤 식으로 설명할 수 있을까?[34] 크레이그 카펜터(Craig Carpenter)는 우리가 더 고찰해볼 만하다고 생각하는 흥미로운 접근법을 하나 제안했다. 5b절부터 시작되는 인용문이 6a절까지 확장되는 것이라면 어떨까(참고. UBS가 "그러나 더욱 큰 은혜를 주시나니" 다음에만 의문 부호를 둔 것)? 분명 6a절은 성경처럼 보인다. 그것은 같은 구절 후반부에 인용된 잠언 3:34의 두 번째 줄을 아주 비슷하게 반영한다. 네 헬라어 단어 중 세 개는 다음의 칠십인역과 비슷하다. "그러나 그가 은혜를 주신다"(δὲ δίδωσιν χάριν). 6b절에 나오는 잠언의 첫째 줄은 사실상 5b절과 개념적으로 닮았다. "하나님이 교만한 자를 물리치시고." 하나님은 인간 영혼이 그분께 돌아서기를 시기하는 마음으로 사모하시기 때문에 그렇게 하신다는 것이다. 아마 5b-6a절이 합쳐져 헛되이 말하지 않는 성경을 나타낼 것이다. 그 구절들은 야고보가 그다음에 6b절에서 명백하게 인용하는 바로 그 잠언 본문을 풀어서 쓰고 있기 때문이다.[35] 그리고 이 성경이 헛되이-아무 효과 없이-말한다고 생각한 사람들은 언젠가 그들에 대한 하나님의 반대를 좌절시킬 수 없었다는 사실을 발견할 것이다. 하지만 어떤 해석도 문제가 없는 것은 없다. 그래서 설교자들과 교사들은 5b-6a절에 대해 여기에서 제시된 독특한 형태의 어떤 한 가지 접근법에 의존하여 메시지의 주된 요점을 구성하지 않도록 주의해야 한다.

약 4:6b-d 그러므로 일렀으되 하나님이 교만한 자를 물리치시고 겸손한 자에게 은혜를 주신다 하였느니라(διὸ λέγει, Ὁ θεὸς ὑπερηφάνοις ἀντιτάσσεται, ταπεινοῖς δὲ δίδωσιν χάριν). 앞의 한 구절 반을 어떻게 해석하든, 야고보는 이제 명확한 성경 본문을 인용하는 것으로 넘어간다. 칠십인역에 나오는 형태의 잠언 3:34이다. 여기에서 그는 누가 하나님의 은혜를 받는지 명확히 밝힌다. 겸손한 자, 자신이나 다른 어떤 거짓 신들이 아니라 하나님을 의지하는 일에 계속해서 신실한 사람들이다. 여기에서 다시 우리는 주시는 분이신 선하신 하나님의 이미지를 본다. 그것은 야고보가 그의 청중들 앞에 일관되게 제시하는 이미지다. 우리는 세상의 것들을 원하는 대신에, 심지어 우리가 이 세상에 살고 있는 동안에도, 하나님은 참으로 가질 만한 가치가 있는 선물을 주신다는

은 두 번째 안과 철자가 약간 다른 것일 뿐이다.

33. C. Spicq, "Επιποθεῖν, desirer ou chérir?" *RB* 64(1957): 184-95.

34. 일부 주석가들은 그냥 포기하고 야고보가 이 시점에서 그의 자료 출처를 혼동했다고 생각한다. 예를 들어, Wiard Popkes, "The Composition of James and Intertextuality: An Exercise in Methodology," *ST* 51(1997): 99-103에서 그렇게 본다.

35. Craig B. Carpenter, "James 4.5 Reconsidered," *NTS* 47(2001): 189-205, 특히 199-203을 보라.

36. Guthrie, "James," 255.

37. Davids(*The Epistle of James,* 165)는 "οὖν가 분명히 이 명령법들(4:7-10에서 모두 합해 10개)이 잠언 3:34 인용문과 이전의 권고의 확장"을 나타낸다고 주장한다. Law(*The Epistle of James,* 180-81)는 그 의견에 동의하지 않으며 그 두 부분 사이에는 약간 스칠 정도의 관계만 있다고 생각한다. 하지만 개념상으로나 문법적으로나 Davids의 입장이 더 타당성이 있다. Moo(*The Letter of James,* 192)는 "일련의 명령들을 6절의 인용문에 나오는 은혜에 대한 약속과 효과적으로 결합시키는" 어근 tapein-의 축어적 관련성을 논의의 기초로 삼아서, 그 입장에 동의한다.

사실을 기억해야 한다.

첫 번째 여격 실명사인 "교만한 자"(ὑπερ-ηφάνοις)는 "물리치다"(ἀντιτάσσεται)의 직접 목적어 역할을 한다. 두 번째 "겸손한 자"(ταπεινοῖς)는 간접 목적어라는 보다 흔한 여격(혹은 그것의 하위 범주 중 하나인 편의의 여격)을 나타낸다. 앞의 1:9에서 그랬던 것처럼, ταπεινοῖς는 영적 상태뿐 아니라 사회적 상태를 시사한다. 그저 '겸손한' 것이 아니라 '굴욕을 당한'–가난, 억압 등에 의해–의 의미를 나타내는 것이다. 하나님은 그분의 선물을 구하고 그것을 받을 만큼 충분히 겸손한, 혹은 겸손하게 된 사람들에게만 그분의 선물을 주신다. 하지만 야고보는 하나님의 은혜가 "더욱 큰"(6a절) 것이라고 말한다. 어떤 비유를 염두에 두고 있는지 분명하지 않기 때문에, 이것은 긍정적인 것("큰")을 위해 사용된 비교 형태의 경우일 수 있다. 거스리(Guthrie)가 주장하듯이, "하나님이 주시는 은혜는…'엄청나다'."[36]

약 4:7 그런즉 너희는 하나님께 복종할지어다 마귀를 대적하라 그리하면 너희를 피하리라(ὑποτάγητε οὖν τῷ θεῷ, ἀντίστητε δὲ τῷ διαβόλῳ καὶ φεύξεται ἀφ' ὑμῶν). 야고보는 이제 세상과 벗된 것에 대한 교정책으로 눈을 돌린다. 복종하라는 처음의 명령 다음에는 하나님이 겸손한 자들을 지지하신다는 개념이 바짝 따라 나온다. "그런즉"(οὖν)이라는 말이 나타내는 바와 같다.[37] 권위에 기꺼이 복종하는 것은 그 사람의 겸손이 진정한 것임을 보여준다. 여기에서 동사 ὑποτάγητε는 형태는 수동형이지만, 아마 자신이 자발적으로 복종하게 되는(즉, 하나님에 의해 '복종되는') 것을 허용한다는 의미일 것이다. 그래서 사실상 재귀 중간태와 똑같다.[38] '복종하다'라는 말은 우리 문화에서는 무거운 부담을 주는 용어지만, 여기에서 그 말은 우리 삶을 하나님의 권위와 뜻 아래 둔다는 의미로 이해하는 것이 가장 좋을 것이다.[39] 하나님이 공표하시는 명령에 우리는 반드시 순종해야 한다.

반대로, 야고보는 그를 따르는 자들에게 "마귀를 대적하라"고 명한다. 그것은 유혹을 피하라는 그의 다른 명령들에 비추어볼 때 흥미로운 명령이다.[40] 하지만 우리는 그 대조를 주목해야 한다. 마귀를 대적하라는 명령은 받지만, 마귀의 유혹과 싸우기 위해 그 유혹이 가장 강한 곳에 남아있으라는 명령은 아니라는 것이다(광야와 겟세마네에서 예수님이 그러셨던 것처럼, 때로 하나님을 기쁘시게 하는 다른 대안이 없을 수도 있지만). 종종 우리는 문자적으로나 비유적으로나 달아나야 한다. 또 어떤 상황에서는 부도덕이 횡행하는 가운데서도 도덕적으로 살아야만 한다.[41] 7절 전반절과 후반절은 함께 마귀를 대적하는 두 가지 보완적 수단을 제공한다. 하나님께 복종하는 것 자체가 마귀를 대적하는 행동이기 때문이다. 야고보가 이미 4절에서 그의 청중들을 "간음한 여인들"이라고 부르는 것에서 간결하게 설명했듯이, 하나님께 복종하는 것과 마귀에게 충성하는 것은 상호 배타적인 것이다. 게다가 사람들이 자신의 삶을 하나님께 맞출 때, 그 결과 마귀의 시험에 더 잘 대적하게 되고 마귀는 모든 발판을 잃어버린 채 반드시 도망한다.[42]

---

38. 참고. Hiebert, *The Epistle of James,* 261, 265.

39. 참고. Moo, *The Letter of James,* 192: "하나님께 복종한다는 것은 우리 자신을 그분의 주권 아래 둔다는 것, 그렇기 때문에 모든 일에서 그분께 순종하는 일에 헌신한다는 것을 의미한다."

40. 동사들은 다르지만, Martin(*James,* 152)은 6a절에 나오는 교만한 자에 대한 하나님의 태도 및 사탄에 대한 우리의 태도 사이에 있는 개념적 유사성을 지적한다. Baker("James," 91)는 "'마귀를 대적하라'는 두 번째 명령은 하나님께 대한 복종이라는 개념에 필요한 보완물이다. 하나님과 벗 되는 것과 세상과 벗 되는 것이 상호 배타적인 것과 마찬가지로, 사탄의 맹공격에 저항하는 것은 하나님께 충성을 바치는 것의 동전의 뒷면과 같다"고 주장한다.

41. Keener(*The IVP Bible Background Commenatry,* 699)는 "고대의 마술과 관련된 본문들은 주문을 외우면 마귀가 도망가는 것에 대해 말했다. 하지만 여기에 나오는 개념은 마술적인 것이 아니라 도덕적인 것이다"라고 말한다. 에베소서 6:10–20에도 비슷한 개념들이 나오는 것을 상기할 수 있다.

42. 7절 후반절 역시 명령법의 조건적 용법에 대한 좋은 예를 제공한다. "마귀를 대적하라 그리하면 너희를 피하리라"는 말은 의미론적

하지만 이 구절이 암시하지 않는 두 가지 원리가 있다. 첫째, 그것은 우리가 순전한 생각과 행동으로 마귀를 대적한다면, 마귀가 우리로부터 도망한 후 우리를 완전히 홀로 남겨둘 것이기 때문에 우리의 삶이 평탄하리라는 것을 의미하지는 않는다. 하지만 그것은 우리가 마귀를 대적하면, 마귀가 우리에게, 즉 우리의 영혼에 어떤 지배력도 갖지 못한다는 것을 약속한다(참고. 요일 4:4). 둘째, 야고보는 신자들이 모든 전선에서 극적인 영적 전투에 참전해야 한다는 강령을 발표하고 있는 것이 아니다. 분명 대적에 대해 그리고 심지어 마귀를 쫓아내기 위해 강렬한 합심 기도를 할 때와 장소가 있다. 하지만 어떤 사람들은 이 구절을 아주 미약한 골칫거리에 대해서도 자신들의 삶에 대한 사탄의 지배와 맞서 싸워야 한다는 의미라고 여긴다. 우리가 정말로 하나님께 복종한다면, 하나님은 우리가 언제 직접적 책망 혹은 어둠의 권세에 대항한 축사 활동을 사용해야 하는지 분명하게 보여주실 것이다. 종종 우리는 시험을 야기하는 상황을 '그저' 피하거나 떠나야 한다. 어떤 경우든, 하나님은 우리에게 마귀의 간계 아래에서 그것에 굴복하지 않고 견디어내는 능력을 약속하신다(고전 10:13).

약 4:8 하나님을 가까이하라 그리하면 너희를 가까이 하시리라 죄인들아 손을 깨끗이 하라 두 마음을 품은 자들아 마음을 성결하게 하라(ἐγγίσατε τῷ θεῷ καὶ ἐγγιεῖ ὑμῖν. καθαρίσατε χεῖρας, ἁμαρτωλοί, καὶ ἁγνίσατε καρδίας, δίψυχοι). 야고보는 계속해서 명령한다. 8절 전반부는 7b절과 형태상 비슷하다. 하지만 그 내용의 이면을 전달한다. 마귀를 대적하라고 명령하고 그러면 그가 피할 것이라고 보장하는 대신, 야고보는 하나님을 향해 움직이라고 명하고 하나님이 그에 화답하실 것이라고 약속한다. 그는 우리의 행동과 하나님의 반응 둘 다를 나타내기 위해 "가까이 하다"(ἐγγίζω)라는 동일한 동사를 사용한다. 하지만 하나님께 "가까이 하는" 것이 야고보에게는 그저 정신적 혹은 감정적 활동이 아니다. 그것은 하나님께 대한 실제적 반응이다. 즉, 혀를 제어하는 것(1:19, 26; 3:2), 가난한 사람들을 돌보는 것(1:27; 2:16-17), 지혜와 화평이 자라는 것(1:5; 3:16-18), 기도로 그분과 교통하는 것(4:2-3, 15; 5:13-18) 등이다.[43] 우리가 하나님의 지혜에 따라 살려고 애쓸수록, 하나님의 정결함과 거룩함으로 더 가까이 자라갈 것이다.[44] 우리 안에 하나님의 마음을 계발할 때, 우리는 자동적으로 하나님의 눈을 통해 세상을 보고 겸손하게 된다. 야고보가 이미 보여주었듯이, 하나님은 겸손한 자에게 은혜를 주신다. 그렇기 때문에, 그분은 그렇게 사는 사람들에게 힘을 주시고 "가까이" 하실 것이다.[45]

"하나님을 가까이 하"는 것의 실제적 특성을 강화하기 위해, 야고보는 깨끗하게 하고 성결하게 하라는 구약의 비유적 표현에 기초한 명령을 덧붙인다. 그것은 원래 이스라엘의 제사 의식 관행에서 나온 것이다. 하지만 야고보는 이 의식상의 정결에 관한 용어들을 취해서 그것을 도덕적 맥락으로 바꾸어놓는다. 베이커는 이 두 개의 명령은 회개하는 죄인에게서 일어나는 "외적 변

으로 "네가 마귀를 대적한다면-그리고 너는 그래야 한다-그가 너를 피할 것이다"(Wallace, *Greek Grammar beyond the Basics,* 491)와 같은 말이다.

43. Hughes, *James,* 187.

44. 하나님의 임재 안에서 사는 것은 7절에 나오는 복종하라는 명령에 대한 우리의 첫 번째 순종의 행위다(Motyer, *The Message of James,* 152).

45. Martin(*James,* 153)은 "ἐγγίσατε('가까이 하라')는 명령이지만 아마 야고보는 사람이 마귀를 저항하면 *eo ipso* [즉 불가피하게] 하나님께 가까이 간다고 추정하는 듯하다. 그런 사고는 4-6절에 나오는 '둘 중 하나' 식으로 분리하는 그의 방식과 일관되다."

46. Baker, "James," 91.

47. Porter("Is *Dipsuchos* [James 1,8; 4,8] a 'Christian' Word?" 474)는 1:8과 4:8의 두 용례가 이 용어의 원래 용법이라고 주장한다. "야고보서의 저자는 헬라어를 창의적으로 사용하는 사람으로, 아마 하나의 어휘 목록 형태로 문법화하기 위해 자기가 바라는 개념을 표현할 어휘 항목을 스스로 만들어낼 것이다. 그 말은 그 후에 기독교적 언어 환경에서 배타적이지만 광범위하게 사용되었다." 그래서 명확히 '기독교적인' 용어를 만들어낸다.

48. Hughes, *James,* 188.

화"와 "요구되는 내적 정화" 둘 다를 나타낸다고 지적한다.[46] 야고보는 더 이상 그의 청중들을 통상 부르던 대로 "형제자매"(ἀδελφοί)라는 다정한 말로 부르지 않는다. 대신 그들을 "죄인들"과 "두 마음을 품은 자들"이라고 부른다. 먼저 뒤의 용어(δίψυχοι)를 살펴보겠다. 그것은 아마 야고보가 1:8에서 만들어낸 말일 것이다. 여기에서 그 말의 의미는 확대되어, 4:4의 두 본성을 가진 사람을 말한다.[47]

야고보가 이제 그 말을 '마음을 성결하게 하는'이라는 개념과 함께 사용하는 것을 살펴보면 흥미롭다. 성결함은 그 헌신과 행동에서 섞이지 않은, 더럽혀지지 않은 그리고 한결같은 것에 적용된다(참고. 3:17). 사람들에게 그들의 마음을 성결하게 하라고 명하면서, 야고보는 한 마음으로 이 세상에서 하나님과 그분의 뜻을 추구하지 않음을 보여주는 모든 것을 그들의 생각과 행동에서 제거하라고 명한다. REB는 "두 마음을 품은"(δίψυχοι)이라는 말을 "동기들이 뒤섞여 있는 너희들"이라고 적절하게 번역하는 반면, 휴즈(Hughes)는 그런 이중적 충성에 대해 여기에서 소개하는 해결책은 회개라고 말한다.[48]

약 4:9 슬퍼하며 애통하며 울지어다 너희 웃음을 애통으로, 너희 즐거움을 근심으로 바꿀지어다(ταλαιπωρήσατε καὶ πενθήσατε καὶ κλαύσατε. ὁ γέλως ὑμῶν εἰς πένθος μετατραπήτω καὶ ἡ χαρὰ εἰς κατήφειαν). 야고보는 그다음 그들의 두 마음에서 나온 이러한 회개를 공개적으로 보일 것을 명한다. 지도권을 갖기 위해 싸우고 경쟁하도록 만드는 자신에 대한 자랑 대신, 그들은 그들의 교만이 그런 타락으로 이끌었음을 애통해야 한다.[49] 야고보는 그들에게 단순히 외적인 행동을 바로잡는 것을 넘어서, 그들의 고집스럽고 악한 행동에 대해 마음에서 우러나는 슬픔의 태도를 지니라고 선지자적 음성으로 명령한다.[50] 야고보는 그들에게 웃음과 기쁨을 멈추라고 지시한다. 지금은 죄에 대해 가책을 느끼고 뉘우쳐야 할 때다.[51] NJB는 그 의미를 잘 포착한다. "너희의 불쌍함을 인식하고 비참한 마음으로 그것을 위해 울라."

야고보는 기뻐해야 할 때가 절대 없다고 주장하는 것이 아니다. 하지만 그는 이때는 회개의 때, "회복을 위한 반응"을 할 때라고, "그런 길을 따르는 사람들은 웃고 기뻐할 자격을 갖게 될 것이다"라고 주장한다. 종말에 모든 것이 역전될 때 그렇게 된다는 것이다.[52] 일단 우리의 죄가 얼마나 중한 것인지 인식하면, 우리는 우리 죄가 얼마나 "전율할 만한 것"인지에 울며, "우리가 하나님으로부터 스스로 얼마나 멀어졌는지를 인식할 때 당황해하고 그것을 보여주어야" 한다.[53]

약 4:10 주 앞에서 낮추라 그리하면 주께서 너희를 높이시리라(ταπεινώθητε ἐνώπιον κυρίου καὶ ὑψώσει ὑμᾶς). 마지막으로, 야고보가 복종하라는 명령과 하나님이 높이신다는 약속을 조금 바꿔서 말할 때, 3:14에서 시작된 겸손 대 교만의 논쟁의 결론에 이르게 된다. 우리가 우리 자신의 이기적인 야망을 위해 그 자리를 다투는 것이 아니다. 대신 자신이 뜻하시는 대로 높이시는 분은 하나

49. Moo(*The Letter of James,* 195)는 이렇게 설명한다. "태평하고 명랑 쾌활한 태도는 '세상의 벗'인 사람들 특유의 태도다. 그들은 쾌락주의적 철학으로 산다…하지만 심지어 헌신된 그리스도인들도 죄에 대해 무심한 태도에 빠질 수 있다. 그는 우리가 죄를 있는 그대로 보기 원한다." 집회서 34:31은 적절한 경고를 한다. "어떤 사람이 자신의 죄 때문에 금식을 한 후 돌아가 같은 일을 한다면, 누가 그들의 기도를 들을 것인가? 그리고 자신을 낮추는 것으로 무엇을 얻은 것인가?" 야고보가 촉구하듯이, 변화된 행동 없는 회개는 그 사람을 하나님께 더 가까이 가게 하지 못한다. 참된 회개는 그의 행함을 통해 드러난다.

50. 다른 선지서 본문들과 비교하려면 Martin(*James,* 154)을 보라.

51. "웃음은 세상적 백성의 시끄러운 쾌활함을 묘사하는 것처럼 보인다. 그들의 천박함은 자신들이 어리석은 선택을 했다는 사실을 깨달을 때 침울함에 빠질 것이다. 웃음과 기쁨은 악이 아니다. 하지만 우리가 죄인으로서 하나님과 만나는 특정한 순간들은 명랑한 축하보다는 진지한 회개를 요구한다"(Lea, *Hebrews and James,* 322).

52. Martin, *James,* 155.

53. Baker, "*James,*" 92.

님이시다. 여기에서 겸손이라는 주제가 야고보의 생각에 본질적인 것임이 드러난다. 하나님은 우리가 겸손할 때 우리에게 은혜를 주시며 우리를 높이신다. 하지만 이번에는 우리가 스스로 겸손해질 것을 요구하는 명령이 나온다. 야고보는 그의 교회들에서 일어나고 있는 논쟁과 경쟁들로 인해 이 주제를 소개하고 나서(3:14과 4:1-2을 상기해보라), 이 문제들에 대한 답으로 겸손이라는 말로 결론을 내린다. 겸손한 사람들은 지도자의 지위에 오를 수 있는 그들 자신의 '권리'를 추구하지 않고, 하나님이 보시기에 적합하신 대로 그들을 격려하고 높이시도록 한다. 그래서 겸손은 공동체를 위해 반드시 필요한 속성이다.

교회 안의 교만과 이기적 야심과는 대조적으로, "세상으로부터가 아니라 하나님이 주시는 참된 높임을 얻을 수 있는 유일한 방법은 자기를 낮추는 것과 회개다"(참고. 1:9-11).[54] "겸손은 수동성이 아니라 수용성이다. 그것은 하나님이나 다른 사람들 앞에서 굽실거리는 것이 아니다. 그것은 그저 진리를 받아들이는 것, 모든 상황에서 배우는 것, 순박함과 지혜에서 자라는 것이다."[55] 성경 전체에서 그렇듯이, 하나님의 백성은 하나님을 기쁘시게 하기 위해 열심히 애써야 한다. 하지만 그분의 큰 은혜로만(6절을 상기하라) 그 일은 영원한 가치를 지닌 무언가를 성취한다.[56] 야고보는 이제 7절에서 시작된 그의 인클루시오를 마쳤다(앞의 197-198쪽을 보라).[57]

약 4:11 형제들아 서로 비방하지 말라 형제를 비방하는 자나 형제를 판단하는 자는 곧 율법을 비방하고 율법을 판단하는 것이라 네가 만일 율법을 판단하면 율법의 준행자가 아니요 재판관이로다(μὴ καταλαλεῖτε ἀλλήλων, ἀδελφοί. ὁ καταλαλῶν ἀδελφοῦ ἢ κρίνων τὸν ἀδελφὸν αὐτοῦ καταλαλεῖ νόμου καὶ κρίνει νόμον· εἰ δὲ νόμον κρίνεις, οὐκ εἶ ποιητὴς νόμου ἀλλὰ κριτής).[58] 여기에서 약간의 사고의 도약이 일어난다. 그것은 어떤 면에서 2:1-13에 나왔던 차별에 대한 논의와 유사하다. 야고보는 특정한 말의 죄를 다시 다룬다. 그것은 그가 여전히 율법 준수라는 보다 일반적인 논의보다는 3:1에서 시작된 사고의 맥락을 따르고 있음을 시사한다. "비방하다"(καταλαλέω)라는 말은 어떤 사람에 대한 정당하지 않은 말이라는 함축을 지닌 말로 들릴 수 있으며(그래서 NIV에서는 '비방자'라고 번역한다), 그것은 "판단하다"(κρίνω-이를테면 '정죄하다' 같은, 참고. NJB)라는 말의 보다 부정적인 의미와 유사한 것으로 볼 수 있다. 하지만 그것은 또한 말로 하는 더 광범위한 학대를 가리킬 수도 있다. 거기에는 "파괴적인 말의 공격, 다른 사람들 등 뒤에서 하는 뒷공론, 거짓 고발"[59] 등이 포함된다. 그래서 여러 다른 번역들에는 "비판하다"(criticize: NLT), "나쁘게 말하다"(speak evil against: NRSV, ESV), "중상하다"(malign: Berkeley), "헐뜯다"(disparage: TCNT), "뒤에서 험담하다"(backbite: Tyndale) 등이 포함된다.[60] 다른 사람들을 나쁘게 말하지 말라는 이 명령은 이전의 유대 본문들에도 나온 경우가 많다.[61]

---

54. Davids, *The Epistle of James,* 168. 참고. 특히 눅 18:9-14.

55. McDonnell, *Catholic Epistles and Hebrews,* 30-31.

56. 참고. Evans, "James," 778: "하나님이 '더욱 큰 은혜를 주시기' 때문에 마귀를 물리칠 수 있다. 이 일에는 의지력이 관여되어 있으며, 신자는 적극적으로 저항해야 한다. 하지만 하나님의 은혜가 있어야 성공적인 저항이 가능하다."

57. Davids, *The Epistle of James,* 165; Martin, *James,* 152을 보라.

58. Baker("James," 93)는 그리스도인의 판단을 금하는 본문들을 제시하는데, 그 목록이 길다. 그는 또한 우리가 성장하도록 돕기 위해 사랑에서 나온 비판과 "악의, 분노, 교만, 경멸에서 나온" 비판 사이의 중요한 구분을 한다. 그런 비판의 "의도는 실제 무기를 대신하는 말로서, 누군가에게 상처를 주려는 것이다"(94). 전자는 경건한 관심에서 행하는 것이고, 후자는 죄가 되는 교만에서 행하는 것이다.

59. Stulac, *James,* 152.

60. "때로는 얼굴을 맞대고 책망하는 것이 필요했다. 그리스도인들도 실수를 한다. 야고보는 몇 장에 걸쳐 자기 친구들의 실수를 지적했다. 하지만 그는 그것을 그들 면전에서 했다. 그리고 그들의 유익을 위해서 했다. 뒤에서 험담하는 것은 이 두 가지 점에서 다 실패하는 것이며 그 결과는 언제나 해롭다"(Hubbard, *The Book of*

레위기 19:16은 비방하는 것을 명백히 금하며, 반면 우리가 서로 판단할 때 어기게 되는 가장 중심적 율법은 이웃 사랑에 대한 18절일 것이다(마 19:19).[62]

개념적으로, 다른 사람들을 비방하는 것 혹은 정죄하는 것이 어떻게 율법을 판단하는 것인가? 아마도 그것은 율법에 나오는 여러 명령들, 특히 야고보가 깊은 관심을 가지고 있는 이웃 사랑의 율법을 무시함으로써, 율법이 우리 삶을 형성하도록 하기보다는, 그 중 어떤 것을 순종해야 한다고 생각하는지 스스로 결정할 수 있는 위치에 선다는 의미일 것이다. "그런 사람은…자신을 율법 '바깥'과 '위에' 둔다."[63] 이 구절은 또한 "공동체의 다른 지체를 판단하는 사람은 스스로 겸손해졌다고 혹은 구원할 수 있는 '분'인 하나님께 가까이 갔다고 도저히 말할 수가 없다"[64]는 점에서 더 깊은 문제를 드러낸다. 이 부분 전체에서 "율법"(νόμος)이라는 말이 관사 없이 나온다는 사실은 야고보가 여기에서 하나님의 뜻을 율법으로 보면서 질적인 의미로(qualitatively) 말하고 있음을 시사할 것이다.[65] 실로, 야고보는 토라 자체를 생각하고 있는 대신, 아마 그리스도 안에서 성취된 토라, 복음 메시지, 2:8-13에서처럼 (질적으로) 최고의 법인 새 언약으로 돌아가고 있을 것이다.[66]

약 4:12 입법자와 재판관은 오직 한 분이시니 능히 구원하기도 하시며 멸하기도 하시느니라 너는 누구이기에 이웃을 판단하느냐(εἷς ἐστιν [ὁ] νομοθέτης καὶ κριτὴς ὁ δυνάμενος σῶσαι καὶ ἀπολέσαι· σὺ δὲ τίς εἶ ὁ κρίνων τὸν πλησίον;). 판단하지 말라는 야고보의 이론적 근거는 하나님의 성품에서 나온 것이다. 자신이 어떤 율법을 순종하고 어떤 것을 순종하지 않을지 결정할 권리가 있는 것으로 봄으로써, 말의 죄는 더욱 큰 문제를 나타낸다. 즉, 하나님의 역할을 빼앗는 것이다(그것은 첫 번째 계명과 정반대되는 것이며 최초의 타락과 유사하다).[67] 하나님은 무엇이 옳은지 확증하시는 분이며(입법자로서) 또한 행악자를 벌주시는 분이다(재판관으로서). "어떤 사람을 판단함으로써 하나님의 판단하시는 권리를 빼앗는 것은 사실 하나님에 대한 신성모독이다."[68]

하지만 야고보는 모든 그리스도인이 적절하고 필요한 분별력을 발휘해야 한다는 것을 금하고 있는 것이 아니다. 그는 또한 믿음의 기준에 극악무도하게 불순종하는 것처럼 보이는 사람들을 자신들의 교제권에서 물리치는 공동체의 권리를 금하고 있는 것도 아니다…야고보는 [여기에서] 우리가 다른 사람들을 정죄하는, 시기하고 까탈스럽게 비판하는 말을 하나님 보시기에 잘못이라고 [오직 하나님만이 하실 수 있는 평가] 책망하는 것이다.[69]

다시 한 번, 소형 인클루시오가 나온다. 12절 끝에 나오는 "이웃"(πλησίον)이 11절 첫 부분에 나오는 "서로"(ἀλλήλων)라는 말로 돌아가기 때문이다. 야고보의 마무리 질문은 신랄하고 수사학적인 것으로, 서로 비방하는 사람에게 하는 말처럼 보인다. "그렇게 하는 것은 그

James, 99-100).

61. 탁월한 목록으로는 Martin(*James,* 163)을 보라.

62. 비방에 대해서는 시편 15:3과 잠언 10:18을 더 보라. 신구약 중간기적 배경에 대해서는 특히 지혜서 1:11을 참고하라. "그러면 쓸모없는 불평을 주의하고, 너의 혀가 비방을 하지 않도록 하라. 은밀히 행한 말에는 반드시 결과가 따르며, 거짓말하는 입은 영혼을 파괴시키기 때문이다."

63. 같은 책, 164. 이 절의 현재 시제들은 또다시 격언적이다. 혹은 보다 정확하게 말하면, 초시간적이다(Porter, *Verbal Aspect in the Greek of the New Testament,* 238).

64. Brosend, *James and Jude,* 117.

65. Hiebert, *The Epistle of James,* 268.

66. 참고. Tidball, *Wisdom from Heaven,* 111.

67. 비방하지 말라는 명령은 수많은 종교와 철학들에서 나온다. 야고보의 독특성은 그가 자신의 금지의 근거를 인간들 사이의 대인관계의 특성에 두는 것이 아니라 하나님의 성품에 둔다는 것이다. Giovanni C. Bottini, "Uno solo e'il legislatore e giudice(*Gc* 4, 11-12)," SBFLA 37(1987): 99-112을 보라.

68. Davids, *The Epistle of James,* 170.

69. Moo, *The Letter of James,* 199.

말을 듣는 상대방보다 자신을 우월한 존재로 보는 것이고, 이웃을 사랑하라는 율법의 요구를 부인하는 것이며, 오직 하나님만 하실 수 있는 역할을 주제넘게 자신이 하려는 것이다."[70] 야고보가 "입법자"라는 말에 관사를 실제로 포함시켰다면,[71] 그것은 쉐마에 대한 또 하나의 암시가 될 만한 것이다. 가능한 번역은 "입법자와 심판자는 하나다", 즉 초점이 흔들리지 않는다(2:19과 거기 나온 문법에 대한 논의를 상기해보라)라는 것이다.[72] 우리는 이와 비슷하게 한 마음을 갖는 것에서 자라가야 한다.

적용에서의 신학

세상과 벗됨(4:1-6)

1-3절의 성경적 기초는 탐내는 것을 금하는 열 번째 계명이다(출 20:17).[73] 예수님 자신은 마태복음 5:21-22에서 살인에 대한 비유적 정의를 발전시켜 미워하는 말까지 거기에 포함시키셨다. 더 유사한 유비는 집회서 28:17-18에 나온다. "채찍으로 일격을 가하면 채찍 자국이 솟아오른다. 하지만 혀로 일격을 가하면 뼈가 부서진다. 많은 사람이 칼 끝으로 망하지만, 혀 때문에 망한 사람만큼 많지는 않다."[74] 하나님께 구하는 자들은 받을 것이라는 그리스도의 약속(마 7:7-11; 눅 11:9-13)이 야고보서 4:3의 배후에 있을 것이다. 하나님의 신실하지 않은 백성을 간음한 아내로 보는 이미지는 선지서, 특히 호세아서(특히 호세아 1-3장을 보라)에 나온다. 거기에서 선지자의 음란한 아내는 이스라엘을 직접적으로 상징한다. 에스겔 23장은 이 이미지를 발전시키는 또 하나의 특별히 생생한 장을 제공한다.[75]

존 슈미트(John Schmitt)는 그 말의 배후에 있는 가장 적절한 성경으로 잠언 30:20을 더 선호한다. 거기에서 음녀는 "먹고 그의 입을 씻"으며(그녀의 생식기를 의미하는 완곡어법?) 자기가 아무런 악도 행하지 않았다고 주장하기 때문이다. 그것은 야고보가 아마도 싸우고자 하는 바

70. Brosend, *James and Jude,* 119. Williams의 NT는 이렇게 되어 있다. "너는 율법의 실천자가 아니라 비판자다." 반면 Knox는 이렇게 기록하고 있다. "그대는 그것에 순종하는 대신 그것의 검열관으로 스스로를 세워놓고 있다." Hughes(*James,* 198)는 이것을 가장 나쁜 죄 중 하나라고 부른다. 그것은 자신을 율법보다 높이며 그래서 율법의 창시자이신 하나님보다 높이는 것이기 때문이다.

71. 여기에서 본문에 대한 논쟁은 관사를 '입법자' 앞에 포함시키는가 빼는가 하는 것을 포함한다. Metzger(*Textual Commentary on the Greek New Testament,* 613)는 상황을 이렇게 분석한다. "νομοθέτης 앞에 ὁ를 포함시키는 것을 찬성하는 증거와 반대하는 증거는 고문서학이나 구문 둘 다에서 주목할 만한 고려사항이 나타나지 않고 강력하게 균형을 이루기 때문에, 위원회는 관사를 그대로 두지만 그것을 괄호 안에 둔다."

72. 참고. Martin, *James,* 164. 그러나 이 해석에 따라 우리도 그와 마찬가지로 야고보가 여기에서 도덕률 폐기론적 입장을 주장하는 "가짜 바울주의적 그리스도인들"을 반대하는 것으로 보아야 하는 것은 아니다. 우리는 야고보가 그 입법자가 재판관과 동일한 분을 의미한다고 생각하고 싶을 수도 있을 것이다. 하지만 그러려면 삼인칭 복수 동사가 나와야 한다. "입법자와 재판관은 한 분이시다"(the lawgiver and judge *are* one).

73. 참고. Sleeper, *James,* 105-6.

74. Kugelman, *James and Jude,* 46-47은 그것이 핵심적인 배경 본문이라고 보고 인용함.

75. 성경 도처에서 이 주제를 상세히 다룬 것으로는 Raymond Ortlund Jr., *Whoredom: God's Unfaithful Wife in Biblical Theology*(Leicester: IVP; Grand Rapids: Eerdmans, 1996)를 보라. 이 원판에서 Ortlund는 이렇게 고백하면서 그의 서론을 시작한다. "이 책 제목은 저자의 감정을 상하게 한다"(8쪽). 하지만 그는 이어서 그것이 말하는

로 그 뉘우치지 않는 태도다.[76] 예수도 마찬가지로 그의 동시대 사람들을 음란한 세대라고 말씀하신다(특히 마 16:4을 보라; 참고. 12:39; 막 8:38). 세상과 벗하는 것과 하나님과 벗하는 것 사이의 대조는 잠언 8-9장에서 지혜와 미련함 가운데 선택하라는 명령 그리고 예수님이 사역하시는 동안 재물보다 하나님을 섬기라는 명령과 비슷하다(마 6:24; 눅 16:13).[77] 야고보서 4:5의 배후에 있을 만한 성경은 이미 제시되었다. 그리고 우리는 이것을 뒤에 6절에서 인용된 잠언 3:34을 말을 바꿔서 쓴 것으로 혹은 그에 대한 해설로 보기로 했다.[78]

야고보가 다투는 그리스도인들을 책망하는 것은 신자들 사이에 건강한 의견 차이가 있을 수 없다는 의미는 아니다. 그리스도인들이 서로 그들의 솔직한 의견을 나눌 때, 교리적 논쟁, 교회 정책과 전략, 예배 취향 그리고 수많은 다른 주제들에 대한 논쟁을 피할 수 없다. 하나 됨은 모든 주제에 대해 이의 없는 만장일치를 요구하시는 경우가 거의 없다. 그저 그런 차이 때문에 더 깊은 유대가 파괴되지 않도록 합의하는 것이 필요할 뿐이다.[79] 하지만 유감스럽게도, 많은 기독교적 상황에서, 더 큰 문제는 애초에 충분한 연합과 서로에 대한 헌신의 결여다. 루크 존슨(Luke Johnson)이 그리스도인 학자들에게 제기하는 질문들은 성경을 해설하는 모든 사람에게 똑같이 분명하게 적용된다. "어느 정도까지 [가르침은] 시기와 교만을 기초로 하고 있는가…협력보다 경쟁에 의해 형성된…? 그리고 어떻게 우리 자신의 열망, 직업, 실천은" 학교와 교회 둘 다의 "형성에 기여하는가?"[80] 주석가들은 1-2절의 다툼과 싸움을 어떻게 문자적인 것으로 이해해야 하는지에 대해 의견이 분분하지만, 극단적인 경우 신자들이 부적절한 힘-개인적인 것이건 제도화된 것이건-으로 분쟁을 수습하려 했다는 것에는 모두가 동의한다.[81]

2-3절은 기도에 관한 두 가지 핵심 원리를 소개한다. 그것은 13-17절을 살펴본 후에 보충할 필요가 있을 것이다. 한편으로, 하나님의 백성은 마땅히 해야 하는 만큼 자주 혹은 끈질기게 기도하지 않음으로써, 자신과 다른 사람들을 위한 많은 축복들을 놓친다.[82] 아니면 그들은 충분히 자주 혹은 열렬히 기도하긴 하지만 자기중심적인 동기로 하며 그래서 여전히 받지 못

신실하지 않은 것의 불쾌함에 비추어, 그것의 적절함을 설명한다. 묘하게도, 어떤 사람은 확신을 갖지도 않았고, 심지어 감정이 상하지도 않았다. 재발행판(Downers Grove, IL: IVP, 2003)에서는 책의 제목을 *God's Unfaithful Wife: A Biblical Theology of Spiritual Adultery*로 바꾸고 서론을 고쳐서 원래 제목을 남아있지 않게 만들었기 때문이다!

76. John J. Schmitt, "You Adulteresses! The Image in James 4:4," *NovT* 28(1986): 327-37.

77. 각각 Timothy B. Cargal, "When Is a Prostitute Not an Adulteress? The Language of Sexual Infidelity in the Rhetoric of the Letter of James," in *A Feminist Companion to the Catholic Epistles and Hebrews,* ed. Amy-Jill Levine(Cleveland: Pilgrim, 2004), 114-26; Tamez, *The Scandalous Message of James,* 49을 보라.

78. 5b절 하나만 보면 그것에 대한 또 한 가지 가능성은 창세기 6:5이다. 거기에서 여호와께서는 인간 영혼의 생각이 얼마나 악하게 되었는지 보신다. Lewis J. Prockter, "James 4.4-6: Midrash on Noah," NTS 35(1989): 625-27을 보라. 하지만 창세기에서는 하나님이 사람들을 설득하여 그분께로 돌아오도록 사모하기보다는 심판이 따른다.

79. 참고. Stulac, *James,* 139.

80. Luke T. Johnson, "Reading Wisdom Wisely," LS 28(2003): 111.

81. 특히 개인적 영역뿐 아니라 사회적 영역에 대한 Richardson(*James,* 175-76)의 사려깊은 적용을 보라.

82. 야고보의 회중들이 "일반적으로 기도하지 않은 것"에 대한 Guthrie의 해설("James," 253)은 우리에게도 종종 적용된다. "그들은 교회 내의 인간관계가 황폐해질 정도로 강렬한 욕구를 가지고 있다. 하지만 그들의 욕심은 응답을 받지 못한다. 그들이 진정한 성취의 원천이신 하나님께로 더 이상 가지 않기 때문이다."

한다. 그런 경우들을 쉽게 분별할 수 있다. 적어도 다른 사람들에게서는. 예를 들어, 너무 사치스러운 생활 기준, 승진이나 지위, 상이나 인정, 혹은 심지어 아주 약간의 고난의 기미만 있어도 거기서 벗어나려 하는 등의 욕구다. 겉보기에 더 고상해 보이는 우리 자신의 기도 요청, 이를테면 좋은 건강(우리가 그리스도를 더 잘 섬길 수 있도록), 많은 재정(우리가 가족을 제대로 보살피도록 혹은 더 많이 드릴 수 있도록), 좋은 직장(거기에서 우리의 영적 은사들을 가장 잘 발휘할 수 있도록) 등에 대한 요청은 훨씬 더 근본적이지만 궁극적으로 이기적인 바람이 동기가 될 수 있다. 곧 기분 좋게 느끼고, 우리가 원하는 것은 무엇이든 사고, 아니면 다른 사람들에게 좋은 평판을 듣고자 하는 것 등이다.[83] 다른 한편, 4장 끝부분에서 보겠지만, 때로 완벽하게 적절한 기도 요청들이라도 하나님의 뜻이 아닐 수 있다. 하나님의 더 중요한 계획들 때문이다.

세상과 벗 되지 않고 하나님과 벗 되는 것이 세상에서 분리되는 것을 의미하지 않는다. 예수님은 그분의 제자들에게 소금과 빛이 되라고 명하셨기 때문이다(마 5:13-16). 하지만 그것은 세상의 죄 된 관행들로부터 분리되는 것을 요구한다. 4-6절에서 발생하는 가장 어려운 적용 질문은 "세상의 벗"이 참된 그리스도인이 될 수 있는가 하는 문제다. 물론 알미니안주의와 칼뱅주의 사이의 역사적 토론에 대한 더 큰 확신들에 많은 것이 달려 있을 것이다. 알미니안 진영에서는 팃볼(Tidball)이 "세상과 벗 되는 것은 불신과 배교로 이끌며 하나님과 반대편에 서도록 한다"[84]고 단언한다. 다시 말해, 그리스도인들은 그들의 믿음을 완전히 버리기로 선택할 수 있다. 칼뱅 진영에서는 모티어도 똑같이 단도직입적으로 "AD의 자녀들인 우리가 BC의 삶을 살 수 있다"[85]고 단언한다. 다시 말해, 우리는 구원받았지만 구원받은 자처럼 살지 못할 수도 있다.

하지만 심지어 칼뱅주의자들도, 신앙을 고백한 그리스도인들이 그처럼 일관되게 비기독교적인 삶을 아무런 가책 없이 살 때는 그 사람이 정말로 회심한 것인지 의문을 가져보아야 한다고 대체로 시인한다.[86] 한 가지 명확한 표시는 겸손이 아닌 교만이 될 것이다(6절). 그 교만은 다른 사람들을 "모두 엄청나게 멸시하는 것"과 "세 가지 이유로 인해 하나님에게서 분리되어 있는 것"을 의미한다. 그 이유란 "자신의 필요를 모른다", "자신의 독립을 소중히 여긴다", 그리고 "자신의 죄를 인식하지 못한다"는 것이다.[87] 동시에 그리스도의 은혜는 모든 인간의 약점보다 더 위대해서, 티끌만큼이라도 회개의 기미가 있으면 개입하여 죄인들을 변화시키고,

83. 블레이즈 파스칼은 이기적인 이유로 추구했던 것들을 겸손하게 고백하면서 하나님의 뜻에 따라 올바른 기도를 드리는 예를 보여준다. "예, 주님, 제가 건강을 좋은 것으로 여겼던 것을 고백합니다. 그것이 주님을 섬기는 수단이기 때문이 아니라, 그 건강이 있으면 제가 이생의 것들을 더 즐기고 치명적 쾌락을 더 잘 누리기 위한 제한과 절제를 덜 발휘해도 되기 때문이었습니다. 저의 이성을 고쳐주시고 저의 감정을 당신의 길에 맞추도록 제게 은혜를 주시옵소서. 그래서 고난 속에서도 저 자신을 기쁘게 여기게 하사, 제가 외적 행동을 할 수 없는 동안 주님이 제 생각을 정결하게 하셔서 저의 생각이 더 이상 주님의 생각과 상충되지 않게 하옵소서. 그래서 저의 육체적 연약함 때문에 밖에서 주님을 찾지 못하게 될 때, 제 안에서 주님을 발견하게 하소서…저는 건강이나 질병, 생명이나 사망을 위해 기도하지 않습니다. 그보다 주님께서 저의 건강, 저의 질병, 저의 생명, 저의 죽음을 당신의 영광을 위해, 저의 구원을 위해 그리고 제가 그 가운데 속하고자 하는 주님의 교회와 주님의 성도들에게 소용되도록 마음대로 사용하시기를 기도합니다. 오직 주님만이 제게 가장 좋은 것이 무엇인지 아십니다. 당신은 주권적인 주인이십니다. 무엇이든 주님이 기뻐하시는 대로 하시옵소서. 제게 주시든지, 제게서 가져가시옵소서. 제 뜻을 주님의 뜻에 맞춰주시고, 겸손하고 온전한 복종과 함께 그리고 거룩한 확신으

그들을 하나님과 화목하게 한다. 그들의 과거가 아무리 반역적이었을지라도.[88]

하나님께 대한 복종(4:7-10)

앞에서 야고보는 시험에 굴복하는 책임을 그 죄를 짓는 개인에게 있다고 말했다(1:13-15). 그럼에도 불구하고 7절에서 보여주듯이, 그는 사탄의 역할을 충분히 잘 알고 있다. 이 첫째가는 대적이나 참소자에 대한 관심은 신구약 중간 시기에 눈에 띄게 증가했다. 마귀는 구약 문헌에서는 욥기에서 가장 잘 알려져 있는데, 제2성전 유대교에서는 인간의 안녕을 위협하는 핵심적 반대자로 등장한다. 그럼에도 우리는 그 마귀에게 저항할 수 있으며(그리고 저항해야 하며), 그는 피할 것이다(특히, *Testament of the Twelve Patriarchs*, 예를 들어, *T. Dan* 5:1, *T. Naph.* 8:4를 보라).[89]

이 선포가 하나님의 은혜를 보장하는 말 다음에 나온다는 사실은 우리 자신의 힘으로 마귀를 대적하거나 그가 우리에게서 피하는 것이 아니라 오직 주님을 통해서만 그렇게 된다는 것을 상기시켜준다. 하나님께 굴복하는 것은 자기 주장, 자율, 권세에 대한 세상의 요청과 정반대되는 것이다. 심지어 어떤 대의를 위한 운동을 추진하거나 이타적인 일에 열심을 내는 그리스도인이라 해도, 자신의 의제를 추진하는 일에 너무 열심이다가 부지불식간에 마귀보다 하나님을 대적하게 되는 경우가 있을 수 있다.[90] 신자들은 언제나 하나님께 복종하여 그들 자신이 추진하는 운동을 제쳐놓을 준비가 되어 있어야 한다. 하나님이 무엇을 원하시는지에 대해 너무나 확신하는 나머지, 자신들의 길을 바로잡지 못하는 일이 있어서는 안 되는 것이다.

하나님께 가까이 가라는, 손을 깨끗이 하라는, 그리고 마음을 성결하게 하라는 명령은 모두 성전 예배에서 사용하는 의식에 대한 용어를 빌려온 것이다(특히 사 1:11-17을 보라; 참고. 또한 출 30:19-21; 레 16:4).[91] 의식상의 정결에 대한 표현들은 구약에서 이미 도덕적 거룩함을 나타내는 말로 비유적으로 사용되었다(예를 들어, 시 26:6; 사 1:16). 하지만 이것은 죄인들로부터 분리되라는 것이 아니라, 오직 죄로부터 떠나라는 것이다.[92] 예수님도 마찬가지로 "마음이 청결한 자"(마 5:8)가 복이 있다고 하시는 한편, 제자들에게 "세상의 소금"과 "세상의 빛"이 되라고 명하신다(13-16절).[93] 야고보서 4:9 역시 팔복에서 끌어왔을 것이다. 애통하는 자를 축복하고(마 5:4; 참고. 이미 욥 5:11), 웃는 자들에 대한 예수님의 상응하는 화(눅 6:25)를 말하기 때문이다.

로 그것을 주시옵소서. 제가 오로지 주님께만 저 자신을 내어드리도록 그리고 제가 주님의 영원하고 앞날에 대비하는 보살핌을 받게 해주시옵소서. 제가 주님으로부터 나오는 것은 무엇이든 똑같이 흠모하게 하옵소서"(Blaise Pascal, *The Mind on Fire*, ed. James M. Houston[Minneapolis: Bethany, 1997], 185-86에서 나온 것.

84. Tidball, *Wisdom from Heaven*, 157.

85. Motyer, *The Message of James*, 147(그의 말이 역사의 시기들과 관련해 세대주의적 관점을 소개하는 것은 아니다).

86. 참고. Hughes, *James*, 176.

87. Barclay, *The Letters of James and Peter*, 105.

88. 참고. Hughes, *James*, 179-80.

89. Sleeper, *James*, 111; Perkins, *First and Second Peter, James, and Jude*, 125.

90. 참고. Townsend, *The Epistle of James*, 75.

91. Darian Lockett, "'Unstained by the World': Purity and Pollution as an Indicator of Cultural Interaction in the Letter of James," in *Reading James with New Eyes*, ed. Kloppenborg and Webb, 49-74.

92. Darian Lockett, *Purity and Worldview in the Epistle of James*(London: T&T Clark, 2008).

93. 이 주제의 광범위한 적용으로는 Nystrom, *James*, 231-35을 보라.

비록 겸손이라는 특질은 그리스–로마 사회에서 인기가 없었지만, 겸손이 주는 유익들은 유대 성경(참고. 욥 22:29; 잠 29:23; 사 57:15)에 그리고 그 외 자료(집회서 2:17; 3:17)에 잘 묘사되어 있다.[94] 예수님은 물론 서너 가지 면에서 겸손한 자들을 높이신다고 약속하셨다(특히 마 23:12; 눅 14:11; 18:14을 보라). 하지만 역설적이게도, 우리는 상을 받고자 하는 마음의 동기를 갖고 있으면서 진정 겸손하게 될 수는 없다. 우리는 다른 사람들을 우리 자신보다 더 낫게 대해야 한다(참고. 빌 2:4; 약 2:8). 자신의 모든 존재와 모든 소유가 하나님의 풍성한 은혜로부터 온 것이기 때문이다. 감사는 보상을 바라는 마음보다 훨씬 더 많이 다른 사람들을 이타적으로 섬기게 한다.

다른 사람들을 비방함(4:11-12)

파괴적인 말에 대한 야고보의 경고는 거짓 증거를 하지 말라는 십계명의 계명에 기원을 두고 있다(출 20:16). 어떤 사람이 자기 이웃을 사랑한다면(레 19:18), 그 사람은 동시에 그를 비방할 수 없다(19:16). 하지만 레위기는 또한 이 두 구절 사이에서 참으로 잘못을 범하는 죄인에게는 분명한 책망을 할 때가 있다는 것을 상기시킨다(19:17). 심지어 그럴 때에도 충분한 사랑을 갖고 해야 한다. 우리가 잘못을 한 경우 우리 자신도 비슷한 대우를 받을 것을 상상할 수 있도록 하기 위해서다(갈 6:1; 마 7:12).[95] 그래서 야고보는 신자들에게 다른 사람들의 행동과 믿음을 분석하지 않는다는 의미에서 절대 판단하지 말라고 말하고 있는 것이 아니며, 심지어 바로잡는 행동을 취한다는 의미에서 그렇게 말하는 것도 아니고, 그보다는 남을 판단하는 혹은 흠잡기 좋아하는 정신이 특징이 되어서는 안 된다고 말하는 것이다.

똑같은 점이 마태복음 7:1–6과 고린도전서 5:1–5에서도 나온다. 올바른 균형에 대한 가장 완전한 설명은 마태복음 18:15–35에 나온다. 회개하지 않는 신자는 교회의 징계를 받아야 할 수도, 극단적인 상황에서는 심지어 출교를 당해야 할 수도 있다(15–18절). 하지만 그 개인들에게 상처를 받은 그리스도인들은 "일곱 번을 일흔 번까지" 용서해야 한다(21–22절). 하나님이 그들의 죄를 용서하시지 않는 일이 없도록 하기 위해서다(23–35절).[96] 하지만 대부분의 기독교적 상황에서 문제는 극단적이고 명백한 경우들을 다루는 데 있는 것이 아니라, 좀 더 회색 지대에서 다른 신자들의 잘못을 찾는 것에 있다. 스툴락은 그리스도인들이 세 가지 면에서 너무 빨리 비판한다고 말한다. "교회 업무에서 다른 사람들의 말이나 행동 배후에 있는 동기를 판단하는 것, 다른 사람들이 돈을 어떻게 쓰는지 판단하는 것, 다른 사람들이 자녀를 어떻게 키우는지 판단하는 것"[97]이다.

12절 배후에는 또한 신명기 6:4에 나오는 쉐마 및 거기에 나오는 유일신론에 대한 선언과

94. Barclay, *The Letters of James and Peter,* 109–10.

95. 참고. Brosend, *James and Jude,* 121.

96. 추가로 Blomberg, "On Building and Breaking Barriers"를 보라.

97. Stulac, *James,* 155.

하나님의 한결같은 마음이 있다(참고. 또한 마 10:28; 눅 12:4).[98] 생명을 구원하기도 하시고 멸하기도 하시는 분인 하나님에 대해서는 신명기 32:39, 사무엘상 2:6, 열왕기하 5:7, 시편 68:20을 보라.[99] 다른 사람들을 판단하지 않는 것과 마찬가지로 율법을 판단하지 않는다 해서 율법의 의미와 의의를 분석하거나, 해석하거나, 평가하는 우리의 책임이 면제되는 것은 아니다. 하지만 그것은 우리가 스스로 하나님의 말씀 위에 있는 권위자가 되어, 어떤 점에서든 율법의 현대적 적용이 우리에게 무엇을 의미하는지 우리가 결정하고 우리 삶에 율법이 주장하는 것을 거부할 수 있다는 뜻은 아님을 의미한다.

98. Edgar, *Has God Not Chosen the Poor?* 198.

99. Hartin, *James,* 218.

CHAPTER 9

야고보서 4:13–17

문학적 전후 문맥

마침내 야고보는 그의 세 번째 주요 주제인 시련과 시험이라는 주제에 대해 이야기할 준비가 되었다(4:13–5:18). 이 서신서 본론의 마무리 부분은 또한, 재물을 추구하다가 생겨난 문제들로 돌아간다. 적어도 4:13–5:6에서는. 하지만 2:1–26에서, 야고보가 부와 가난에 대해 공식적으로 논지를 발전시킬 때 신자들이 배워야 하는 주된 교훈이 부자 편을 들어 차별하고 그들이 도울 수 있는 가난한 자들을 소홀히 하지 말아야 한다는 것이었음에 반해, 여기에서 주된 초점은 야고보의 청중이 그들이 착취와 억압을 받는 입장일 때 어떻게 반응해야 하는가 하는 것이다.

5:1–6과 형식상 유사한 점들이 있음에도 불구하고, 이 부분은 재물이나 빈곤에 대한 것이 아니라 보다 일반적으로 자율적인 계획 수립의 시험, 그래서 하나님의 뜻을 고려하지 않는 것에 대한 것이다.[1] 5:1–6에서는 부자 불신자들이 그들의 시련을 자초하고 있고, 신자들은 그 시험에 반격을 가하거나 비현실적인 약속을 하기 위해서가 아니라, 그들의 악행을 바로잡을 그리스도의 재림과 심판날을 믿기 위해 대적해야 한다(7–12절). 그들의 시련이 억압보다는 육체적 질병의 결과라면, 그들은 병 나음을 위해 그리고 필요하다면 죄사함을 위해 기도해야 한다(5:13–18).

하지만 이 서신서의 다른 모든 주요 소부분들의 경우와 마찬가지로, 야고보는 주제와 표현에 충분한 대비들을 엮어놓아서, 정해진 본문의 앞과 뒤 사이에 있는 연관들을 인식할 수 있게 해준다. 상인의 덧없음(4:13–14)은 어떻게 부자가 (재정적인?) 인생의 전성기 때 죽을 수도 있는지 상기시켜준다(1:10–11). 4:16의 교만한 자랑은 3:14–16의 세상적 지혜의 중심 측면을

1. 하지만 재물은 분명 이 시험을 악화시킨다. 그래서 Davids(*The Epistle of James,* 171)는 4:13–5:6을 "재물을 통한 시험"이라고 제목을 붙인다. "재물을 통한 시험"과 "부유한 자들에 의한 시험"(174)이 4:13–17 및 5:1–6 각각에 대한 그의 소제목이다.

2. William L. Blevins, "A Call to Repent, Love Others and Remember God: James 4," *RevEXp* 83(1986): 419–26.

3. 예를 들어, Felder, "James," 1799.

4. Luís Alonso Schökel, "James 5,2 [*sic*] and 4,6," *Bib* 54(1973): 73–76.

나타낸다. 짧은 단락을 앞에 나오는 자료와 밀접하게 통합된 금언적 진술로 결론맺는 것(4:17)은 3:18과 조화를 이룬다. 그리고 4장 전체가 하나님께 대한 복종이라는 주제로 느슨하게 연결되었다고 볼 수도 있다.[2] 아니면 4:13-17을 3:1에서 시작된 자료의 결론을 맺는, 적절한 말에 대한 마지막 소부분으로 볼 수도 있다(네가 말하는 것을 자랑하지 말고 "주의 뜻이면"이라고 선언하라).[3]

4:13-17과 5장 사이의 대단히 밀접한 공식적 연결은 4:13과 5:1을 이어주는 똑같은 서론적 명령인 "들으라"(Come now)는 말과 함께 나온다. 보다 일반적으로 말하면, 4:1-5:6의 사고의 전개는 하나님이 겸손한 자에게 은혜를 주시는 것(4:6)이 주 앞에서 낮출 필요성으로 이어지고(4:10), 하나님이 교만한 자를 물리치시는 것(4:6)은 4:13-17에서 상인들을 가볍게 책망하는 것과 5:1-6에서 부자 착취자들을 엄하게 책망하는 것으로 이어진다고 볼 수 있다.[4]

IV. 세 가지 주제의 확장(2:1-5:18)

C. 시련과 시험(4:13-5:18)

➦ **1. 하나님의 뜻과 상관없는 계획 수립(4:13-17)**

2. 억압에 반응함(5:1-12)

3. 심각한 질병을 위해 기름을 바르는 기도(5:13-18)

주요 개념

그리스도인들은 마치 그들이 자신들의 삶을 온전히 통제하고 있는 것처럼 계획을 세워서는 안 되며, 일관되게 하나님의 주권을 건전하게 허용해야 한다. 이 원리를 알고 그것을 이행하지 못하면 그 책임은 더욱 크다.

번역

야고보서 4:13-17

13a	외침	들으라 **너희 중에 말하기를**	**오늘이나**
b	연속		**내일이나**
			우리가 어떤 도시에 가서
			거기서 일 년을 머물며

			장사하여
			이익을 보리라 하는 자들아
14a	문제	**내일 일을**	**너희가 알지 못하는도다**
b	동격		너희 생명이 무엇이냐
c	예시	**너희는** 잠깐 보이다가…**안개니라**	
d	대조		없어지는
15	결심	**너희가 도리어 말하기를 주의 뜻이면 우리가 살기도 하고**	
			이것이나 저것을 하리라 할 것이거늘
16a	행동	이제도 **너희가 허탄한 자랑을 하니**	
b	주장	**그러한 자랑은 다 악한 것이라**	
17a	추론	그러므로 사람이 선을 행할 줄 알고도…**죄니라**	
b	대조		행하지 아니하면

구조

이 단락 각 부분의 문법과 의미론적 기능은 야고보서에 나오는 이 정도 길이의 다른 어떤 부분보다 더 서로 긴장을 이룬다. 엄밀히 말해서, 전체 단락의 주요 동사는 "오라"(Come)이다. 하지만 "들으라"(Come now)는 말은 그저 그다음에 나오는 것에 면밀하게 주의를 기울이라는 명령 역할을 한다. 그것은 믿을 수 없을 만큼 거추장스럽게 말하긴 하지만, "들으라, [y]라고 말하는 대신 [x]라고 말하는 너희여"라는 외침으로 13–15절 전체를 강조하는 것일 수 있다.[5] 하지만 사실상 모든 번역자는 13절의 부정사를 독립적으로, 따라서 명령법으로 번역한다.

14a절과 b절은 하나의 말과 하나의 질문으로 나눌 수 있다("너희가 알지 못하는도다 너희 생명이 무엇이냐?"). 하지만 우리는 두 번째 부분을 첫 번째 부분과 동격으로 보았다. 우리가 내일에 대해 알지 못하는 것은 바로 우리의 생명이 무엇을 포함할지 혹은 무엇과 같을지 알지 못한다는 것이다. 이렇게 되면 13절은 미래가 너무나 불확실한데도, 심지어 일 년 이후까지, "우리가" 뭔가를 하리라고 네 번에 걸쳐 주장하는 사람들을 향한 당혹스런 외침이 된다. 이로 인해 제기되는 문제는 전혀 계획을 세우지 않음으로써 해결되는 것이 아니라, 하나님의 뜻이 우리의 뜻을 뒤집을 여지를 남겨둠으로써 해결된다. 하지만 야고보의 회중들 중 일부는 현재 그들의 생활방식에서 하나님을 향해 교만한 행동을 하고 있다(16a절). 더 나쁜 것은, 그들이 자신들의 계획을 세울 때 하나님을 배제할 뿐만 아니라, 자신들의 자율성에 대해 자랑을 한다는 것이다(16b절). 이런 접근법이 악하다는 것에 대해 추호의 의심도 없도록 하기 위해, 야고보의 마무리 책망은 그들이 올바른 과정에 대해 몰랐다고 변명할 수 있을 만한 모든 가능

성을 제거해버린다. 필연적으로 따르는 추론은 그들이 계획을 세울 때 하나님을 포함시키지 않는다면 죄를 짓고 있다는 것이다(17절).[6]

석의적 개요

IV. 세 가지 주제의 확장(2:1-5:18)

C. 시련과 시험(4:13-5:18)

➦ **1. 하나님의 뜻과 상관없는 계획 수립(4:13-17)**

a. 그리스도인들은 미래를 안다고 생각하지 말고 언제나 하나님의 뜻이 그들의 뜻을 지배할 여지를 남겨두어야 한다(13-15절).

i. 잘못된 태도는 앞으로 올 모든 사건에 대해 확신있게 단언하는 것이다(13-14절).

ii. 올바른 태도는 계획을 세우지만 하나님의 뜻이 그 계획들을 변경할 수 있음을 감안하는 것이다(15절).

b. 미래에 대한 그런 주제넘음은 사실 자신의 교만을 자랑하는 것이다(16-17절).

i. 그리스도인들에게 그런 모든 자랑은 특별히 악한 것이다(16절).

ii. 이것은 그리스도인들이 더 잘 알기 때문이다(17절).

본문 설명

약 4:13 들으라 너희 중에 말하기를 오늘이나 내일이나 우리가 어떤 도시에 가서 거기서 일 년을 머물며 장사하여 이익을 보리라 하는 자들아(Ἄγε νῦν οἱ λέγοντες, Σήμερον ἢ αὔριον πορευσόμεθα εἰς τήνδε τὴν πόλιν καὶ ποιήσομεν ἐκεῖ ἐνιαυτὸν καὶ ἐμπορευσόμεθα καὶ κερδήσομεν). 야고보는 그의 청중에게 자신이 다음에 지시할 내용에 특별히 주의를 기울이라는 명령의 말로 시작한다. "들으라"(ἄγε νῦν)는 말은 보통 가상의 적에게 하는 논증의 말이거나 아니면 "풍자에서 냉혹한 말을 시작하는"[7] 말이다. 이 부분(4:13–17)의 주요 주제 중 하나는 그 말을 듣는 사람들을 그리스도인으로 간주해야 하는가 아닌가 하는 것이다. 부자인 것과 그리스도인인 것이 상호 배타적인 것이라고 주장하는 사람들은 "아니다. 이 사람들은 신자들일 리가 없다"[8]고 말할 것이다. 다른 사람들은 야고보가 그의 회중이 아닌 사람들의 잘못을 바로잡고 있다는 게 말이 안 된다고 주장한다. 그런 사람들은 야

5. Hiebert, *The Epistle of James*, 277.
6. Isaacs, *Hebrews and James*, 235.
7. Keener, *The IVP Bible Background Commentary*, 700.
8. 예를 들어, Maynard-Reid(*Poverty and Wealth in James*, 69)는 야고보서에 묘사된 "부자"들의 세 집단이 있는 반면(2, 4, 5장), 이들은 별개의 다른 계층이 아니라, 같은 개인들의 서로 다른 기능들이라고 주장한다. 이 집단이 그리스도인이 아니라는 그의 논증은 다음과 같이 단순화해서 설명할 수 있다(70–75쪽). (1) "들으라"(ἄγε νῦν)는 명확히 퉁명스러운 말이며 우호적인 인사말은 아니다. (2) "우리가 장사하여"(ἐμπορευσόμεθα)라는 말은 신약 다른 곳에서는 베드로후서 2:3에서만 나오는데, 거기에서 그 말은 사기치는 것 혹은 속이는 것을 의미한다. (3) 대부분의 무역과 상업 활동은 대지주인 토박이 귀

고보의 말에 신경을 쓰거나 그 말을 들을 이유가 없을 것이기 때문이다.[9] 이 본문을 계속 살펴보면서 우리는 각 측의 주장에 대한 다양한 증거들을 살펴볼 것이다.

하지만 이 구절은 재물이 사람들로 하여금 하나님께로부터 독립하도록 허용하는데, 그것은 그들의 영적 상태에 위험할 수 있다는 것, 그리고 야고보는 사람들에게 이런 교만한 자율성을 깨닫게 하고자 한다는 것을 소개한다. 야고보는 그의 청중에게 말하기 위해 여격 실명사 분사인 "너희 중에 말하기를"(οἱ λέγοντες)이라는 말을 사용해서, 그다음에 그가 징벌하고자 하는 집단을 좀 더 상세히 묘사할 수 있다. "야고보서에서 종종 그렇듯이 특별한 표적은 말인데, 그것은 마음이 지향하는 바를 드러낸다."[10] 그리고 이 집단은 누구인가? 그들은 하나님과 그분의 계획 혹은 주권을 생각하지 않고 자신의 삶, 자신의 미래를 계획하는 사람들이다.

"오늘이나 내일이나"라는 말이나 "이것이나 저것"이라는 일반적인 말은 야고보가 하나님과 별도로 어떤 계획을 수립하는 모든 사람에 대해 이 글을 쓰고 있음을 나타낸다. 일관되게 미래 시제 직설법 동사를 사용한 것-"우리가 가리라"(πορευσόμεθα), "우리가 머물리라"(ποιήσομεν), "우리가 장사하리라"(ἐμπορευσόμεθα), "우리가 이익을 보리라"(κερδήσομεν)-은 이 계획들이 수행되리라는 확신을 보여준다. 이러한 계획을 세운 사람들이 보여주는 확신을 완화시키는 조건절은 없다. 그들은 여행이 언제나 안전하지는 않았던 그 당시에 외국의 도시로 가서 머물려 한다. 그리고 그다음 거기에서 이익이 나는 사업을 할 작정이다.[11] 그들은 때와 장소를 모두 정해놓았다. 모든 것은 안전하다. 그리고 그들은 하나님이 그들의 계획에 대해 어떻게 생각하실지에 대해서는 전혀 생각하지 않는다. 그들의 자랑은 하나님을 향한 그들의 교만한 태도 및 그들의 삶에 대한 하나님의 주권이라는 실상을 드러낸다.[12] "야고보가 그런 태도에 대해 제기하는 문제점은 사람들이 하려는 이 장사가 '세속적' 직업이라는 것 때문이 아니다…그를 화나게 하는 것은 그런 태도가 '세상적 계획 수립' 및 부자가 되고자 하는 뻔뻔한 욕구를 드러내는 교만하고 득의양양한 태도를 반영한다는 것이다."[13] 세속적으로 만든 것은 그들의 직업이 아니라 태도다.

약 4:14 **내일 일을 너희가 알지 못하는도다 너희 생명이 무**

족들만 하는 것이었다(그래서 4:13-17의 이 집단을 5:1-6의 집단과 연결시켜준다). Edgar(*Has God Not Chosen the Poor?* 198-99)는 다음과 같이 덧붙인다. (4) 5:1에서 부재중인 불신자들에게 더 분명하게 말하는 표현인(돈호법이라는 문학적 장치에 의해) "들으라"를 반복하는 것 (5) "형제" 혹은 "자매"(동료 그리스도인들)에 대한 언급이 없는 것 (6) 이윤을 위한 동기로 세운 불경한 계획 등이다.

9. Moo(*The Letter of James,* 201)도 동의한다: "야고보는 이 상인들이 기독교적 관점에서 삶을 바라보지 못한다고 비난하고(14절), 그들에게 계획을 세울 때 여호와의 주권과 섭리를 알라고 촉구하며(15절), 그들에게 이 문제에서 그들이 무엇을 해야 할지 안다고 말한다(17절). 야고보는 비그리스도인들에게는 이런 식으로는 절대 말하지 않을 것이다." 그렇기 때문에 Adamson(*The Epistle of James,* 180)처럼 이 사람들을 신자들로서, 그들은 잘 알면서도 자기들의 계획을 세울 때 하나님을 배제함으로써 부지불식간에라도 일시적으로 '사실상의 무신론'을 채택한 사람들이라고 보는 것이 더 낫다.

10. Johnson, *The Letter of James,* 295.

11. Moo(*The Letter of James,* 202)는 유용한 경고를 한다. "여기에서 이윤을 남기러 간 사람 자체를 책망하고 있다고 생각하고 싶은…유혹이 매우 크게 든다. 우리가 기독교의 융화 가능성과 자본주의의 이윤이라는 동기에 대해 어떻게 생각하건 간에, 여기에서 어떤 비판이라도 발견하는 것은 잘못일 것이다…야보고는 이 상인들이 계획을 세우는 것 심지어 이윤을 얻고자 하는 욕구를 책망하고 있는 것이 아니다. 그는 그보다 그들이 이러한 목표를 추구하는 것에서 보여준 현세적인 자신감을 책망하는 것이다. 그것은 사업을 하는 사람들이 특별히 빠지기 쉬운 위험이라고 말해야겠다."

12. 참고. Raymond A. Martin, "James," in Raymond A. Martin and John H. Elliott, *James, I-II Peter, Jude*(Minneapolis: Augsburg, 1982), 43: "교만의 또 다른 증거, 그것은 곧 우리가 우리 자신의 운명을 통제한다는 느낌, 우리 삶의 하루하루를 하나님께 의지하고 있다는 사실을 인정하지 못하는 것 혹은 인정하려 들지 않는 것."

13. Martin, *James,* 165.

14. 이 구절에서는 세 개의 이문이 있다. 첫 번째 것은 "내일의"(τῆς αὔριον) 앞에 "그"(τό)라는 관사를 포함시키는 것 및 이차적으로 관사의 형태와 관계가 있다. 여기에서 첫 번째 대안['일'(τό) 대신 '일들'(τά)]은 잠언 27:1과 동화된 것을 반영하는 듯하며, 관사가 아예 없는 것은 B의 경향인 듯하다. 그래서 받아들여진 이문은, 상당

엇이냐 너희는 잠깐 보이다가 없어지는 안개니라(οἵτινες οὐκ ἐπίστασθε τὸ τῆς αὔριον ποία ἡ ζωὴ ὑμῶν· ἀτμὶς γάρ ἐστε ἡ πρὸς ὀλίγον φαινομένη, ἔπειτα καὶ ἀφανιζομένη). 야고보는 하나님 없이 계획을 수립하려는 유혹에 굴복하는 것이 얼마나 어리석은지 지적한다. 그의 고발은 부정관계대명사(οἵτινες)로 시작된다. 그것은 "너희와 같은 사람"이라는 질적인 의미를 부여한다. 그러고 나서 야고보는 신약에서 "아는 것"에 대해 가장 잘 사용하지 않는 세 개의 동사 중 하나(ἐπίσταμαι)를 사용한다. 그 말의 기본적 의미는 '이해하다'이지만, 그것은 반드시 "[…을] 알다"(οἶδα)에 첨부될 수 있는 지적이거나 내용에 기초한 지식, 혹은 "[누구를] 알다/어떻게 하는지 알다"(γινώσκω)가 뜻하는 인격적이고 실제적인 지식을 나타내지는 않는다. 야고보가 택하는 동사가 지닌 의미의 범위는 다른 두 개보다는 더 간단하다['지혜로운'(σοφός)과 비교되는 '이해'(ἐπιστήμων)라는 말처럼 앞의 183쪽을 보라].

그 구절의 전반부에 대해 두 가지 주된 번역이 있다. "너희는 내일이 무엇을 가져다줄지조차 알지 못한다. 너의 생명이 무엇이냐"(참고. NRSV, ESV)? 아니면 앞에 제시된 번역이다(참고. HCSB: "너는 심지어 내일이 가져올 것도 알지 못한다. 너희 생명이 무엇이 될지!"). 우리의 선택은 여러 본문 및 구두점의 이문들에 대해 UBS 위원회가 내린 결정을 따른다.[14] 하지만 그 논쟁들은 균형이 잘 잡혀 있다.[15] 다행히도, 이 구절의 주된 요점은 어떤 주요 독본을 보아도 분명하다.

안개 혹은 "수증기"(ἀτμίς)는 건조한 팔레스타인 날씨에서 덧없는 것을 나타내는 자연적 유추로, 거기에서 공기 중의 작은 물방울은 바다 근처에서 응축되어 형성되지만 이내 사라진다. 안개는 일시적인 것을 나타내는 널리 보급된 구약 비유로, 자연계에서 끌어온 것이다(풀, 그림자, 구름, 연기 등과 같은 것들과 함께).[16] 어거스틴은 자세히 설명한다. "사람의 몸이 잠시 건강을 회복하는 것은 그의 호흡을 잠시 더 연장시키는 것에 불과하다. 그러므로 그것을 크게 중요한 것으로 여겨서는 안 된다. 그것은 영원하지 않고 일시적인 것이기 때문이다."[17] 야고보는 여기에서 긍정적인 단어인 보이는 것(appearing, φαινομένη)과 부정적인 단어인 없어지는 것(disappearing, ἀφανιζομένη) 둘 다에 동일한 헬라어 어근을 사용해서 또 하나의 말장난을 사용한다. 영어에도 이렇게 비슷하게 유사한 용어들이 있으므로, 번역을 할 때 그 말장난

히 잘 입증된 단수 관사가 있는 것으로, 아마 원래의 독법일 것이다. 두 번째 이문은 "무엇"(ποία) 다음에 "왜냐하면"(γάρ) 혹은 "하지만"(δέ)을 포함시키는 것과 관련되어 있으며, ποία가 독립적인 질문을 시작하는 말인지, 아니면 "네가 알다"(ἐπίστασθε)에 의존하고 있는지에 대한 모호함을 명확하게 하려는 것처럼 보인다. 연결사와 함께, 앞 절은 쉽게 하나의 질문을 형성한다. 세 번째 이문은 "그것이 될 것이다"(it will be, ἔσται)와 "너는…이다"(you are, ἐστε)의 이타시즘(itacism: 철자가 다른데도 다함께 '이' 발음을 내게 되는 것을 이타시즘이라 한다-역주)과 관련된 것이다. 앞 절을 질문으로 해석한 후 필사자는 삼인칭 단수 미래를 소개할 가능성이 더 많았다. ℵ에서 빼놓은 것은 보지 못하고 빠뜨렸을 것이다. 반면 관사가 있거나 없는 것이 의미를 바꿔놓지는 않는다(그리고 방금 말한 것처럼, B는 관사를 생략하는 경향이 있다).

15. Moo(*The Letter of James,* 203)는 "무엇"(what sort, ποία)이 RSV에서처럼, 그리고 NASB와는 반대로, 별도의 질문으로 이어지는 것이 더 자연스럽다고 주장한다. 하지만 Johnson(*The Letter of James,* 296)은 이문들과 여러 번역들을 검토한 후에, "전반적으로…여기에서 주어진 것처럼 Nestle-Aland 26판(UBS 3판과 똑같은)의 본문과 구두점을 따르는 것이 더 나은 듯하다. 그것이 어색하기는 하지만"이라고 주장한다.

16. "안개"(ἀτμίς)는 심지어 "연기"로 번역될 수도 있다(참고. NET, HCSB). 하지만 배를 타고 다니는 상인들에게는 "안개"가 더 자연스러운 의미다(Townsend, *The Epistle of James,* 87). 철학자 Jean-Luc Marion(*God Without Being,* trans. Tomas A. Carlson [Chicago: Univ. of Chicago Press, 1991], 222, n.20)은 "헛되다"는 선언이 나오는 전도서가 여기에서 배경에 있다고 본다. 그는 "*atmis*는 보통 *hebhel*(히브리어로 '내쉬는 숨', '헛됨'-역주)을 번역하는 것으로, 칠십인역만 *mataiotēs*('헛됨' 또는 '공허함'-역주)를 선호하여 예외를 둔다. 번역의 공통점은 모든 것은 계속 유지되지 않는다는 것이다…야고보서 4:14은 그렇기 때문에 이렇게 말하는 전도자와 가장 비슷하다: *atmis…pros oligon phainomenē epeita kai aphanizomenē*. 그것을 Vulgate는 *vapor…ad modicum parens et deinceps exterminabitur*라고 다시 번역한다. 그러면서 Jerome은 대단히 논리적으로 *atmis*를 번역하고 *hebhel*을 번역하기 위해 동일한 라틴어 용어를 사용한다.

17. Bray, *James, 1-2 Peter, 1-3 John, Jude,* 52에 인용됨.

을 그대로 보존할 만한 가치가 있다.[18]

약 4:15 너희가 도리어 말하기를 주의 뜻이면 우리가 살기도 하고 이것이나 저것을 하리라 할 것이거늘(ἀντὶ τοῦ λέγειν ὑμᾶς, Ἐὰν ὁ κύριος θελήσῃ καὶ ζήσομεν καὶ ποιήσομεν τοῦτο ἢ ἐκεῖνο). 야고보는 이제 이 상인들이 취해야 하는 적극적인 행동을 언명한다. 이것은 이 수신자들이 그리스도인이라는 것을 가장 쉽사리 밝혀주는 구절이다. 한편으로, 이 구절을 그저 야고보가 13-14절에서 정죄하는 부유한 비그리스도인들과 대조해서, 야고보의 회중들 안에 있는 가난한 그리스도인들에게 그들이 미래를 계획할 때 어떻게 행동해야 하는지에 관해 내리는 명령이라고 이해할 수도 있다. 다른 한편, 수신자에게는 분명한 변화가 없고, "너희"(ὑμᾶς)라는 말을 13절에서 이미 직접 수신자로 나온 그리고 14절에서 이인칭 복수로 언급했던 동일한 집단을 언급한 것으로 보는 것이 더 논리적인 듯하다. 야고보가 이 상인 집단에게 일을 할 때 하나님의 뜻을 참고하라고 명한다면, 두 가지 이유 때문에 그들이 신자들이라고 볼 수밖에 없다. 첫째, 불신자들이 그들의 삶에 대한 하나님의 뜻에 신경을 쓸 이유가 없을 것이다. 둘째, 불신자들이 야고보의 명령에 귀를 기울일 이유는 더욱 더 적을 것이다.[19]

"말하기를"(should say, λέγειν)은 그 부정사를 명령법으로 만든다. 그러려면 근처에 있는 다른 모든 정형 동사로부터 독립해 있어야 한다. 이 구절은 우리의 말이 마음의 태도를 나타낸다는 야고보의 입장을 다시 한 번 보여준다. 이 말들을 말로 표현하는 것보다 더 중요한 것은 우리가 어떤 계획을 수립할지라도 항상 지녀야 하는 마음 자세인 하나님 앞에서의 겸손이다. "주의 뜻이면"(ἐὰν ὁ κύριος θελήσῃ)이라는 표현은 고대 지중해 문화에서도 여러 출처에서 나왔을 만큼 흔한 것이지만, 그것은 구약의 개념이며, 신약에서도 종종 나타난다(예를 들어, 마 7:21; 26:42; 요 4:34; 행 18:21; 고전 1:1).[20]

이 표현은 아무 생각 없이 반복하는 경건한 부록도, 우리의 행동에 대해 책임을 지지 않는 것에 대한 구실이 되어주는 숙명론의 표현도 아니다. 그보다 그것은 우리가 최선을 다해 분별한 하나님의 뜻을 따름으로 그분을 기쁘시게 하려 할 때 우리 삶의 모든 영역에서 하나님의 주권에 대해 마음을 각성시켜주는 것이 되어야 한다.[21] "만일…이면"(if, ἐάν)으로 시작되는 3급 조건절은 여기에서 이 어법이 분명히 하나님의 은혜를 추정하고 있지 않다는 의미에서 의미심장하다. 즉, 자신의 계획은 주의 목적을 반영할 수도 있고 반영하지 않을 수도 있다는 것이다. "우리가 살리라"(ζήσομεν)는 말은 사는 것까지도 당연시해서는 안 된다는 것을 보여준다. 우리의 삶이 지속되는 것 자체가 하나님께 달려 있기 때문이다. 모티어는 이 구절의 동사들이 우리 자신의 무지, 약함, 하나님께 대한 의존 등 모든 신자가 지녀야 할 필수적 태도들을 가리킨다고 주장한다.[22] 야고보는 "이것이나 저것"(τοῦτο ἢ ἐκεῖνο)이라는 포괄적인 말을 사용한다. 그것은 13절에 나오는 "어떤"(such and such)이라는 일반화된 말과 비슷하며, 이 "권고가 모든 상황에 적용된다

---

18. Martin(*James,* 166)은 또한 유대-기독교와 그리스-로마 문헌에서 인생은 짧고 우리는 미래를 주관할 수 없다는 개념과 유사한 것들을 소개하는 탁월한 목록을 제시한다.

19. 대다수의 주석가들이 통상적으로 주장하는 말. 전자는 그 '불신자들'이 이교도라기보다 유대인들이라면 상쇄될 수 있을 것이다. 하지만 후자는 여전히 그대로일 것이다. 일부 그리스-로마 사람들은 하나님의 뜻에 대해 말했을 것이다. 하지만 대부분은 복수로 된 신들 혹은 여신들을 생각했을 것이다.

20. Moo(*The Letter of James,* 205)는 야고보가 보다 일반적인 '하나님/신'(θέος)이라는 말보다 '주'(κύριος)라는 말을 사용한 것은 이 표현이 유대-기독교 전통 안에 있다는 것을 보여준다고 주장한다. Knut Backhaus("Condicio Jacobaea: Jüdische Weisheitstradition und christliche Alltagsethik nach Jak 4, 13-17," in *Schrift und Tradition,* ed. Knut Backhaus and Franz G. Untergassmair [Paderborn: Schöningh, 1996], 135-58)는 핵심적인 기독교적 특성들은 신 중심적 관점이라고 요약할 수 있다고 말한다. 그것은 하나님의 뜻을 삶의 가장 핵심에 두는 한편 동시에 날마다 살아가기 위한 지혜와 인도가 잠재적으로 모든 주위 환경 혹은 사고 방식에서 오는 것으로

는 것"[23]을 보여준다. 야고보가 요구하는 적절한 태도가 계획 수립을 배제하지 않는다는 사실을 강조하는 것이 중요하다. 대신 그것은 계획을 수립하는 과정과 그 이후 하나님의 뜻에 복종할 것을 요구한다. "인간의 유한함과 신적 주권 둘 다를 인정하면서"[24] 그렇게 하라는 것이다.

약 4:16 이제도 너희가 허탄한 자랑을 하니 그러한 자랑은 다 악한 것이라(νῦν δὲ καυχᾶσθε ἐν ταῖς ἀλαζονείαις ὑμῶν· πᾶσα καύχησις τοιαύτη πονηρά ἐστιν). 적절한 행동 과정과는 대조적으로, 야고보는 이렇게 다니면서 장사하는 사람들에게 그들이 현재 하는 행동이 함축하는 것을 보여준다. 다시 야고보는 그의 청중의 잘못을 일깨워준다. 그것은 또한 그의 청중들이 여기에서 (적어도 주로) 그리스도인이라는 결론으로 이끈다. 하지만 이 신자들은 야고보가 마땅히 해야 한다고 생각하는 것처럼 그들의 삶과 사업을 운영하고 있지 않다. 자랑(καυχάομαι)에 해당하는 동사는 3:14에서 복합형으로 나오는 것으로, 일반적으로 주제넘게 허풍을 떤다는 부정적 용어다.

이 구절 전반부의 모호함은 "허탄한"(in your arrogance, ἐν ταῖς ἀλαζονείαις)이라는 말을 중심으로 하고 있다. 한 가지 견해는 야고보가 이 사람들이 그들의 교만에 대해 자랑한다고 말하고 있다는 것이다. 마치 그들의 독립성 혹은 스스로 결정하는 것 자체가 자랑거리라도 되듯이 말이다.[25] 두 번째 견해는 전치사구를 부사적으로 해석하여, 그들이 자랑하는 방식을 묘사하는 것으로 이해하는 것이다. 즉, 교만한 상태로 자랑한다는 것이다.[26] 후자의 견해는 아마도 그들의 마음 상태를 나타내는 한편, 본문의 흐름(우리가 하나님의 모든 은혜에 의존하고 있다는 것)을 보면 전자의 견해, 즉 이 장사하는 사람들이 자신의 삶을 하나님의 모든 인도하심과 별개로 독립하여 계획할 수 있다고 자랑하는 것으로 이해하는 것이 더 나은 듯하다. 더구나 무는 구약에서 '자랑하다'(καυχάομαι + ἐν) 다음에 언제나 자랑하는 대상이 나오며, 복수[문자적으로는 '허탄함들'(ἀλαζονείαις)]는 이러한 이해—즉, 그들이 자신들의 반복된 허탄한 행동들을 자랑한다는—를 지지한다고 설득력 있게 주장한다.[27]

야고보는 사람들이 자신들의 자율성에 대해 자랑할 때 죄를 짓는 것이라고 주장하면서, 이런 태도를 가차 없이 정죄한다. 야고보가 모든 자랑은 죄라고 말하는 것이 아니라 자신의 독립성에 대한 이런 특정한 유형의 자랑을 죄라고 말한다는 것에 주목해야 한다. 신약은 여러 곳에서 우리가 자랑할 수 있는 것에 대해 가르친다. 그것은 그리스도의 죽음, 우리 자신의 연약함, 하나님의 힘 등이다. 이에 반해, 이 장사하는 사람들의 자랑하는 태도는 4:4의 개념 및 세상의 벗이 된다는 것이 무엇을 의미하는지 예시해준다.[28] 이 장사하는 사람들은 하나님 앞에서의 겸손보다 물리적 재물과 그들 자신의 계획에 더 관심이 있다.

약 4:17 그러므로 사람이 선을 행할 줄 알고도 행하지 아니하면 죄니라(εἰδότι οὖν καλὸν ποιεῖν καὶ μὴ ποιοῦντι,

---

인식하는 것이다.

21. Martin(*James*, 167)은 이렇게 설명한다. "어떤 기독교의 가르침과도 마찬가지로, 이 문구는 헛되고 생각 없는 반복, 일종의 미신에 불과한 것이 될 수도 있다. 야고보가 여기에서 촉구하고 있는 것은 실제로 하나님이 인생의 결정들을 주관하시는 분이라는 인식으로 이끄는 확신(그에 걸맞는 생활방식으로 표현되는)이다."
22. Motyer, *The Message of James*, 161.
23. Johnson, *The Letter of James*, 297.
24. Davids, *The Epistle of James*, 173.
25. 이 해석을 지지하는 것으로는 Martin, *James*, 167을 보라.
26. Johnson(*The Letter of James*, 297)은 "너는 자만함으로 자랑하고 있다"고 표현하며, 그래서 이 두 번째 독법을 지지한다. 그는 이 문구를 그리스-로마 문학에 나오는 허풍선이 자랑꾼이라는 고정 인물에 대한 묘사로 해석한다.
27. Moo, *The Letter of James*, 206-7.
28. Martin, *James*, 165.

ἁμαρτία αὐτῷ ἐστιν). 17절은 겉보기에 이 본문에 대한 이상한 결론이다. "그러므로"(οὖν)라는 말은 이 구절을 앞에 나오는 것과 연결해주지만, 그것은 또한 다른 여러 문맥에 맞을 수 있는 개별적인 금언처럼 보인다. 이 구절은 보다 구체적으로는 사람들이 행동해야 한다고 알고 있는 행동, 혹은 그런 행동을 하지 못하는 것을 말한다. 이 맥락에서 야고보는 그의 청중에게 모든 인생의 계획에서 하나님의 뜻을 고려하라고 촉구했다. 그래서 언제나 하나님의 주권적 뜻 앞에 겸손하게 서지 않는 것은 그들이 지금 알고 있는 '선'한 일을 행하지 않는 것이다.[29]

"선을 행하다"라는 개념은 율법('선')을 실천한다는 낯익은 구약 개념이었으며, 유대인–그리스도인 청중에게 잘 맞는다. "선"(καλὸν)은 언제나 여호와의 뜻을 위한 여지를 남겨놓는다는 생각을 명확하게 포함하는 반면, 야고보의 사고에서는 아마 다른 선한 행동 역시 포함할 것이다. 특히 자선 활동 및 가난한 자들을 돌보는 행동이다.[30] 이 본문에서 상인들, 적어도 고대 사회의 작은 사회경제적 "중간 집단"[31]의 상인들은, 어느 정도 재량껏 돈을 사용하는 사람들이었다. 그래서 야고보가 여기에서 "행하는" 혹은 "행하지 아니하는"(ποιεῖν…μὴ ποιοῦντι) 것에 대해 강조하는 것 중 일부는 2장의 실제적 경건 및 부유하지 못한 사람들을 도울 필요성에 대한 강조와 관련이 되어 있다. 우리가 행하고 말하는 모든 것에서, 그리고 특히 물질적 소유에서 하나님을 인정하지 않는다면, 우리는 참으로 우리 믿음대로 살지 못하고 오히려 죄를 짓는 것이다. 커트 리처드슨(Kurt Richardson)은 4:13–17을 "기독교 사업 윤리의 가장 중요한 성경적 자료 중 하나"라고 적절히 칭한다.[32] 하지만 이 본문은 또한 우리가 일반적으로 어떻게 살아야 하는지 알려준다. 곧 겸손하게 그리고 하나님의 뜻에 복종해서 살아야 한다는 것이다.

적용에서의 신학

오늘날 서구 그리스도인들은 국제적으로 물건을 사고 파는 것의 필요성과 심지어 그것의 좋은 점을 당연시하는 반면, 배를 타고 다니는 상인들에 대한 고대의 의견은 훨씬 더 복합적이었다(특히 아모스 4장과 6장을 보라). 로마는 이탈리아의 부유한 사람들에게 사치품을 제공하기 위해 각 지방에서 생산되는 원료의 상당량을 쓸어 모았던 수입 관행 때문에, 혹은 심지어 헬레니즘의 이원론이 이 세상에서 일반적으로 장사하는 일에 너무 몰두하는 것에 의심쩍은 눈초리를 보냈기 때문에, 야고보서를 읽는 많은 일세기 독자들은 그처럼 웅대한 계획을 가지고 있는 이 여행자들을 처음에는 의심의 눈초리로 바라보았을 것이다.[33] 그들의 계획에는 최저

29. Hiebert(*The Epistle of James*, 280)는 그들이 이미 잠언 27:1 혹은 이사야 56:12로부터 오직 하나님만이 궁극적으로 이루실 수 있는 것에 대해 자랑하는 것이 얼마나 표리부동한 것인지를 알았어야 한다고 지적한다.

30. Johnson(*The Letter of James*, 298)과는 반대로. 그는 이 구절에 나오는 '선'이 구체적으로 "기도에 대한 노력 및 자신의 계획을 하나님의 뜻 안에 [두는 것]"을 말한다고 본다. 그것은 "*oun*('그러므로')가 가리킬 수 있는 유일한 생략 부분"이다. Moo(*The Letter of James*, 208)는 누가복음 19:11–27, 12:47에 나오는 예수님의 가르침을 가리킨다. 그리고 마태복음 25:31–46은 "우리는 죄에 대해 생각할 때 우리가 하지 말았어야 했는데 했던 것들만 생각하는 경향이 있다"는 것을 상기시켜준다.

31. 그 용어는 흔히 사용되는 '중산층'이라는 시대착오적인 용어보다는 Meier(*A Marginal Jew: Rethinking the Historical Jesus*, 282)가 선호하는 용어.

32. Richardson, *James*, 201.

생활수준[34]에 가까운 삶을 살고 있던 로마 제국의 70에서 80퍼센트에 달하는 사람들을 돕는 일은 거의 없었다(누가복음 12:16–21에 나오는 어리석은 부자의 비유를 생각해보라). 그들은 정부의 포괄적 복지가 전혀 없는 사회에서 부자들이 베푸는 자선이 담당했던 중심적 역할에 대해 단 한 번도 인식하지 않은 채 시간, 목적, 장소, 목표, 보상에 대한 견적을 냈다(13절).[35]

오늘날 미국의 궁핍한 사람들의 비율은 훨씬 더 적을지 모르지만, 전 세계적으로 물질적 자원의 부족함으로 인한 고통은 엄청나며, 계속 더 비대해지는 소비자들의 요구를 맞추기 위해 더 가난한 나라의 자연 자원들을 착취하는 주체가 로마에서 부유한 서구 나라들로 바뀌었을 뿐이다. 미국에서는 비만이 언제나 높은 비율을 차지하는 반면, 세계의 다른 곳에서는 수많은 사람들이 굶어 죽어가고 있다. 이런 불균형에 대해서는 역겨움이라는 말이 더 정확한 표현일 것이다! 같은 제목의 영화가 대단히 강력하게 묘사했듯이, 우리는 '유행성 부자병'(*Affluenza*)을 앓고 있다. 크리스토퍼 처치(Christopher Church)는 그것을 "의기양양한 소비주의"라고 부르며, '브레드 포 월드'(Bread for the World)의 회장 아더 사이먼(Arthur Simon)의 말을 인용한다. "부유한 문화는 우리의 마음을 덧없는 만족들로 향하게 하고 하나님으로부터 멀어지게 만든다." 반면 "전례 없는 번영은 우리의 삶을 넉넉하지만(full) 그렇다고 반드시 성취감 있는(fulfilled) 것은 아닌 삶으로 만들었다." 사이먼은 이렇게 결론을 내린다. "문제는 우리가 믿음을 시험하고 그것이 부족하다는 사실을 발견하는 것이 아니라, 재물을 시험하고 그것이 중독성이 있다는 사실을 발견한다는 것이며, 그 결과 그리스도를 따르는 것이 불편하다는 사실을 발견한다는 것이다."[36]

인생의 덧없음은 유대 지혜 문학의 흔한 주제다. 전도서 전체는 이 세상 쾌락이 덧없고 만족스럽지 못한 헛된 것임을 강조한다. 이것을 말하고 있는 본문을 몇 개만 들자면, 잠언 27:1, 호세아 6:4, 13:3 그리고 지혜서 2:1–5 등이 있다. 여기에는 안개 혹은 연기에 대한 비유가 사용되고 있다. 14–15절은 우리가 계속해서 세심하게 살아가도록 계획을 세울 수 있다는 주제넘음에 효과적으로 반격을 가한다. 미래에 대한 우리의 무지, 타락한 인간으로서 우리의 연약함, 하나님의 뜻에 우리가 전적으로 의존하고 있는 것을 상기시킴으로써 그렇게 한다.[37]

이 중 마지막 것인 하나님의 뜻에 대한 전적 의지는 즉시 주기도문을 상기시킨다(마 6:9–13; 눅 11:1–4). 하나님의 뜻이 이미 하늘에서 이루어진 것처럼 땅에서 이루어지게 해달라고 간구하는 것에서는 그러한 전적 의지가 중심을 이룬다. 하지만 그렇게 되려면 정기적으로 하나님

33. 이 모든 요인을 하나로 묶어주는 것은 자본주의나 사회주의가 생겨나기도 전의 삶이었다. 그 삶에서는 인류학들이 '한정된 선'이라고 부른 이론이 지배했으며, 그 때에는 어떤 개인이 획득한 거의 모든 남는 돈은 그가 획득하지 않았다면 가난한 자들이 가졌을 것인데, 그 가난한 자에게서 그가 암암리에 빼앗아간 것이라고 믿었다. 특히 Bruce J. Malina, *The New Testament World: Insights from Cultural Anthropology*(Atlanta: John Knox, 1981), 71–93을 보라.

34. 고대 제국들의 전형적인 경제적 피라미드에 대해서는 Lenski(*Power and Privilege: A Theory of Social Stratification,* 284)를 보라.

35. 참고. Stulac, *James,* 158.

36. Church, "James," 390–91. Simon의 책은 *How Much Is Enough? Hungering for God in an Affluent Culture*(Grand Rapids: Baker, 2003)이다.

37. Motyer, *The Message of James,* 161.

께 충분한 시간 동안 귀를 기울여서 필요할 때 하나님의 계획이 우리의 계획을 지배할 수 있도록 해야 한다. 우리의 일상적 스케줄에서 신적인 간섭과 마귀적인 간섭을 구분하여, "세월을 아끼라 때가 악하니라"(엡 5:16, TNIV)는 말을 실천하기 위해서다.

"어떤"(such-and-such, 13절) 혹은 "이것이나 저것"(15절)이라는 일반화시키는 말은, "주의 뜻이면"이라는 말을 덧붙이는 것이 특정한 종류의 기도들에만 적용되며, '믿음대로 되리라'는 식의 다른 기도들에는 적용되지 않는다는 주장에 이의를 제기한다. 후자의 접근은 기도를 마술-의식이나 어떤 공식을 통해 하나님 혹은 신들을 조종하려는 것-로 바꾸어버리며, 하나님의 주권 대신 인간의 주제넘음을 나타낸다. 그것이 바로 이 상인들이 하고 있던 일이다![38]

실로, 장기적인 계획 수립은 우리 시대보다 야고보 시대에 훨씬 더 눈에 띄는 진기한 일이었을 것이다. 그런 전략 수립에 높은 가치를 두는 것은 "명확히 현대적인 현상"이며, 고대 로마 제국에서는 저축이나 투자금이 넘쳐났던 소수의 사람들조차 일반적으로 그런 식으로 전략을 세우지는 않았다.[39] 현대 사회에서 해결책은 어쨌든 불가능한 일인 가공의 이상적인 과거 사회를 재창조하는 것이 아니라, 현대의 경제 제도 안에서 기독교적 계획 수립이 어떤 모습을 띠어야 하는가에 대해 성경적으로 성찰하는 것이다.

바턴(Barton), 비어맨(Veerman), 윌슨(Wilson)은 피해야 하는 다섯 가지 관행을 시사한다. 은퇴를 그저 우리가 맺은 노동의 열매를 누리는 때로 생각하는 것, 일을 그저 우리가 원하는 것을 사는 데 필요한 돈을 버는 수단으로만 보는 것, 물질적 번영을 우리의 노동의 상징으로 보는 것, 하나님을 돈이 중요한 부분을 차지하는 현세적인 관심사들과는 멀리 떨어져 있는 분으로 생각하는 것, 상세한 인도를 구하기 위해 그리스도와 상의하지 않고 재정적 결정을 내리는 것 등이다.[40] 역으로, 크리스토퍼 처치는 우리가 신자로서, 개인적으로, 공동체적으로 그리고 심지어 세속 직장에서 "선을 행할" 수 있는 세 가지 방법을 강조한다. 고아와 과부(가장 뒤처지고 소외된 사람들의 본보기로서)를 돌보는 것, 차별적 관행을 피하는 것, 다른 사람들에게 긍휼을 보이는 것(예를 들어, "이해관계자들을 공정하게 대하는 것. 즉, 주주들의 배당금에만 초점을 맞추기보다는 종업원, 공동체, 고객, 상인, 심지어 경쟁자들까지도).[41] 그런 21세기 기독교 기업가의 모델로 밀튼 허시(Milton Hershey), 헨리 르투르뉴(Henry LeTourneau), 혹은 제임스 크라프트(James Kraft)를 생각할 수 있다. 그들은 이러한 원리들 중 많은 것을 채택하면서도 성공적인 (그리고 이윤을 내는) 사업을 운영했다.

16절은 올바른 형태와 잘못된 형태의 자랑의 배경과 적용에 대해 앞에서 논의한 바를 상

---

38. Bruce Barron(The Health and Wealth Gospel[Downers Grove, IL: IVP, 1987], 103)은 이십 년 전에 Kenneth Hagin을 인용하면서, 건강과 재물을 위한 기도에서 "하나님의 뜻이면"이라는 말을 포함시키는 것은 비성경적이라고 주장했다. Hagin은 오늘날에도 텔레비전에서 여전히 같은 주장을 한다. 하지만 야고보서 4:13-17이 재물을 축적하는 것에 대해 말하는 것이 아니라면, 그 어떤 것이 그렇단 말인가! Hagin의 주장은 비성경적이다. 하나님을 조종의 대상으로 여길 때의 위험은 역설적이게도 또한 비은사주의 집단에서 주제넘은 기도를 드리지 않도록 하기 위한 말(혹은 글)로 된 부적으로 "주님의 뜻이면"이라는 말을 무심히 사용할 때 생긴다. 실제로는 그 원리를 말로만 존중할 뿐이고 이미 정해놓은 계획을 아무 생각 없이 계속해나가면서 그렇게 하는 것이다. 참고. Hubbard,

기시킨다(앞의 225쪽을 보라). 여기에서 야고보는 그가 반대하는 것은 계획을 수립하는 자체가 아니라 그 과정에서 허탄함이 끼어들 수 있다는 것임을 분명히 한다.[42] 17절의 '잠언'은 본문에 대한 또 하나의 일반화다. 이 상인들에게는 주의 뜻이 개입할 여지를 남겨놓지 않는 것이 장차 피해야 할 핵심적 태만죄이겠지만, 다른 신자들에게는 그들이 무엇을 해야 하는지 알면서 하지 않은 것들이 태만죄가 될 수 있을 것이다. 야고보는 후에 누가복음 12:47–48에 기록된 예수님의 가르침을 여기에서 마음 한 구석에 담고 있을 수도 있다. 바로 "많이 받은 자에게는 많이 요구할 것이요"(TNIV)라는 가르침이다.[43] 잠언 3:27–28과 마태복음 25:42–43 역시 태만죄의 배경이 되는 중대한 가르침을 담고 있다. 그리고 설령 이 본문을 현대에 적용하기 위해 야고보의 예를 계속 참고한다 해도, 야고보가 자신의 주장을 얼마나 면밀하게 납득시키는지 알기 위해서는 야고보 시대와 우리 시대의 가난한 사람들과 중간 집단 사람들이 얼마나 자주 부자가 되고자 하는 똑같은 욕구를 가지고 있는지만 생각해보면 된다.[44]

The Book of James, 103–4.

39. Keenan, *The Wisdom of James,* 141.

40. Barton, Veerman, and Wilson, *James,* 112.

41. Church, "James," 395–97.

42. "여기에서 책망하는 것은 인생에서 장사를 하고 돈을 버는 일이 전부라는, 인간의 계산이 미래를 안전하게 지켜줄 수 있다는 교만한 가정이다"(Gench, *Hebrews and James,* 118–19). Wall(*Community of the Wise,* 222)은 이것을 "고가의 위험"이라고 부른다!

43. Maier, *Der Brief des Jakobus,* 199.

44. 앞의 책, 215.

CHAPTER 10

야고보서 5:1–12

문학적 전후 문맥

4:13–17에 나오는 순회 상인들에 대한 비교적 온건한 책망에 바로 이어서, 이 서신서 전체에서 가장 가혹한 표현이 나온다. 5:1–12에서 야고보는 그의 회중 가운데 있는 가난한 일용직 노동자들을 억압하는 부유한 비그리스도인들을 정죄한다. 분명 이 본문은 부자와 가난한 자의 문제를 다루지만, 그것이 천명하는 원리는 어떤 시련에 대해서든 쉽게 적용된다. 사실상 5장은 10–12절에서 적절한 말에 대한 내용이 다시 나오면서, 이 서신서의 핵심 주제들 각각에 대한 최종 결론을 제공한다. 5:13–18의 기도에 대한 초점 역시 말을 다루는 것으로 생각할 수 있다. 그때나 지금이나 말없이 기도하는 경우가 종종 있긴 하지만 말이다. 많은 주석가들은 이 서신서 본론이 5:6에서 끝난다고 본다.[1] 하지만 여기에서 그렇게 큰 구분을 짓기는 대단히 부적절한 듯하다. 1–6절은 결국 이 책에서 논의된 다른 모든 것을 유발한 핵심적 시험을 진술하는 반면, 7–11절(그리고 또한 12절도 그렇다고 주장할 수 있다)은 야고보의 청중들이 이 어려운 상황들에서 보여야 하는 적절한 반응을 제시한다. 그렇기 때문에 이 열두 구절은 서로 밀접하게 결합되어 있다.[2]

13–20절은 이 장 전반부와 별로 명확하지 않게 묶여있다. 하지만 19–20절만은 자연스럽게 결론으로 볼 수 있다(뒤의 255쪽을 보라). 그러면 13–18절은 어디에 들어맞는가? 그 구절들은 재물이라는 주제와는 아무런 상관도 없다. 하지만 질병은 의심할 바 없이 시련이다. 그렇다면 1:12–18에서 그랬던 것처럼, 5장 전반부와 후반부 둘 다에서 대안적 시나리오가 등장한다. 각 부분에서 당면한 시련은 사람들이 통과하는 시험 혹은 거기 굴복하는 시험이 될 수 있다.

1. 예를 들어, Wall(*Community of the Wise*, 248–49)은 5:7–20에서 세 부분으로 된 한 쌍의 결론을 발견하는데, 그것은 1장을 형성했던 세 부분으로 된 한 쌍의 서론과 짝을 이룬다. 그래서 7–12절과 13–20절은 둘 다 인내함(7–8절)과 기도(13–16a절)를 통해 어려운 환경을 견디라는 권고로 시작해서, 구약의 예들로 이어지며(8–11, 16b–18절), 지혜 금언으로 결론을 내린다(12, 19–20절). 처음 두 세트의 대비는 분명 존재한다. 그것은 13–18절을 앞부분의 자료와 분리하려는 사람들과는 반대다. 하지만 마지막 '대비' 세트들은 서신서 전체에서 대비를 나타내지 않는 다른 수많은 쌍의 본문들과 마찬가지로 비슷하지가 않다. Sleeper(*James*, 130)도 마찬가지로, 7–20절은 별

5:1-6의 부자 억압자들에 대한 반응으로, 7-8절과 10-11절은 올바른 반응인 참을성 강한 인내에 대해 말하는 반면, 9절과 12절은 잘못된 반응인 원망과 경솔한 맹세에 대해 경고한다. 야고보는 죄의 고백이 필요한 몇 가지 상황(16b절)을 기도가 적절한 모든 상황(13-16a, 17-18절)과 대조시킨다. 11절에서 "우리가 복되다 하나니"(μακαρίζομεν)와 "인내하는" (ὑπομείναντας)에 해당하는 동사를 사용한 것은 야고보서에서 이와 동일한 어근에서 나오는 단어들이 단 한 번 더 결합되어 있는 부분을 상기시킨다. 그것은 1:12로, 분명 시험을 참는 것에 대한 복이라는 맥락에서 나온 것이다. 그래서 5장의 주요 요점은 1:2-4과 12-18절에서 소개된 시험(test)과 시험(temptation)이라는 주제를 해설하는 것인 듯하다.[3] 서신서 끝에 가서 야고보의 다른 두 핵심 주제의 요소들이 모든 주요 주제들을 하나로 묶는 데 도움을 주는 것이다.[4]

어떤 개요를 보든, 5:1-12은 바로 앞뒤 본문들과의 수많은 구체적 연결들을 포함한다. 5:1의 "들으라"는 말은 4:13의 시작부와 정확하게 조화를 이룬다. 5:1의 "부한 자들"이라는 말은 앞부분에 나오는 상인들을 상기시킨다. 거기에서 우리는 이들이 여기에서처럼 부자 불신자들이 아니라 중간 집단 그리스도인이라고 주장했지만, 그럼에도 불구하고, 각 집단은 이생의 덧없음이라는 교훈을 배워야 한다. 그것은 그들의 행동에 대한 하나님의 평가에서 절정에 이른다(4:14, 16b-17; 5:2-3, 6).

5:7-12은 자연히 13-18절로 이어진다. 전자에 나오는 참으라는 명령은 자연히 후자에 나오는 기도하라는 명령으로 이어지기 때문이다. 7-12절이 억압과 착취라는 시련에 대한 긍정적인 해결책을 제시하는 것처럼, 13-18절은 질병과 고난이라는 시험에 대한 적절한 반응을 묘사한다. 10-11절이 주위 사람들에게 참을성 있게 진리를 말하는 것의 본보기로 선지자들과 욥의 예를 드는 것과 마찬가지로, 17-18절은 하나님께 참을성 있게 기도하는 본보기로 구약 선지자 엘리야를 활용한다. 엘리야는 비가 내리지 않게 해달라고, 그리고 후에는 비를 내려달라고 간절히 구했기 때문이다. 이것은 5:7에서처럼, 추수를 위해 절실히 필요한 비였다.

야고보의 주요 주제 세 가지를 다 함께 묶는 것에 관해서는, 하나님의 뜻을 구하지 않고 재물을 구하려는 유혹은 4:13-14에 나오는 잘못된 말로 이끌 것이다. 부유한 자들의 핍박에 대한 반응으로 하나님의 뜻을 구하지 않으려는 유혹은 5:12에 나오는 잘못된 말로 이끌 것이다. 각 경우 해결책의 일부는 올바른 말이다(4:15과 5:10-11을 보라). 마찬가지로, 5:16에서 서로에게 죄를 고백하는 것은 심한 육체적 고난이라는 시험에 대한 적절한 반응 중 일부다. 하지

개의 분리된 부분-"그리스도인의 성품과 공동체"에 대한(하지만 이 서신서에서 이런 제목에 해당되지 않는 것이 무엇이 있겠는가?)-이라고 주장하면서 한편으로는 각 부분들이 단단히 연결되어 있지는 않다는 것을 인정한다.

2. 적어도 1-11절을 야고보서의 동일한 큰 부분 안에 두는 것에 대해서는 예를 들어, Stulac, *James*, 156-57; Martin, *James*, civ; Nystrom, *James*, 29를 보라.

3. 참고. Tsuji, *Glaube zwischen Vollkommenheit und Verweltlichung*, 95.

4. 5:1-20을 하나의 독립된 단위로 보는 다른 사람들로는, Baker, "James," 99; Brosend, *James and Jude*, 130-31; Church, "James," 328, 401이 있다. 4:13-5:20 전체가 한데 결합되어 있다고 보는 것으로는 Isaacs, *Hebrews and James*, iv을 참고하라. 특히 7-11절에 나오는 세 가지 주제를 서로 결합시키는 것에 대해서는 Davids, *The Epistle of James*, 181을 보라.

만 5:13–18에서 부와 가난은 어떤 역할도 하지 않으며, 지혜는 여기에서 아무런 명백한 역할을 하지 않는다. 그래서 이 자료가 시련(trial)과 시험(temptation)이라는 주제에 의해 가장 현저히 통합되어 있다고 보는 것이 가장 좋다.

물론 야고보서 다른 부분들과의 연결도 나타난다.[5] 5:1–6에 나오는 부당한 부자는 2:6–7에 나오는 부자와 대응되는 사람들이다. 그들의 부가 사라진 것은 1:10–11에서 재물을 추구하던 중에 부자가 사라진 것과 비슷하다. 심판을 나타내는 불의 이미지(3절)는 3:6을 상기시킨다. 5:7–10에 스며들어있는 참을성 있는 인내는 1:3–4의 시련을 통해 자라난 인내를 상기시킨다. 5:9에 나오는 원망하지 말라는 경고는, 5:12에 나오는 맹세하지 말라는 명령과 마찬가지로, 4:11–12에 나오는 하나님의 다가오는 심판에 비추어 서로 비방하지 말라는 경고를 상기시킨다.

IV. 세 가지 주제의 확장(2:1-5:18)
- C. 시련과 시험(4:13-5:18)
  - 1. 하나님의 뜻과 상관없는 계획 수립(4:13-17)
  - ➦ **2. 억압에 반응함(5:1-12)**
    - **a. 억압자들에 대한 심판을 알림(1-6절)**
    - **b. 억압받는 자들에게 요구되는 선지자적 인내(7-11절)**
    - **c. 비현실적인 약속을 피하기 위해 맹세를 금함(12절)**
  - 3. 심각한 질병을 위해 기름을 바르는 기도(5:13-18)

V. 마무리(5:19-20)

주요 개념

그리스도인들은 억압에 대해 복수자이신 하나님의 역할을 빼앗아가는 반응도, 그들의 억압자들에게 비현실적인 약속을 하는 반응도 보이지 말고, 참고 견디는 선지자적 인내로 반응해야 한다. 오직 하나님만이 완전하고 공정하게 모든 잘못을 바로잡으실 수 있으며, 그분은 재림 때 그렇게 하겠다고 약속하셨다.

5. 참고. 또한 Church, "James," 401.

번역

야고보서 5:1-12

1a	외침	**들으라 부한 자들아**…울고 통곡하라
b	원인	너희에게 임할 고생으로 말미암아
2a	사건	**너희 재물은 썩었고**
b	연속	**너희 옷은 좀먹었으며**
3a	유사	**너희 금과 은은 녹이 슬었으니**
b	결과	**이 녹이 너희에게 증거가 되며**
c	진전	**불 같이 너희 살을 먹으리라**
d	(2–3a과) 연속	**너희가**…**재물을 쌓았도다**
e	때	말세에
4a	행동	보라…**품꾼에게**…**삯이 소리 지르며**
b	신원	너희 밭에서 추수한
c	(a의) 묘사	주지 아니한
d	결과	**그 추수한 자의 우는 소리가**
e	장소	만군의 주의 귀에 들렸느니라
5a	행동	**너희가**…**사치하고**
b	장소	땅에서
		방종하여
c	유사	**너희 마음을 살찌게 하였도다**
d	때	살륙의 날에
6a	행동	**너희는**…**정죄하고**
b	진전	**의인을**…**죽였으나**
c	인정	**그는 너희에게 대항하지 아니하였느니라**
7a	권고	그러므로 형제들아…**길이 참으라**
b	때	주께서 강림하시기까지
c	예시	**보라 농부가 땅에서 나는 귀한 열매를 바라고**
d	방식	길이 참아
e	때	이른 비와 늦은 비를 기다리나니
8a	(7a와) 유사	**너희도 길이 참고**
b	권고	**마음을 굳건하게 하라**

c	기초	주의 강림이 가까우니라
9a	권고	형제들아 **서로 원망하지 말라**
b	기초	그리하여야 심판을 면하리라
c	확장	**보라 심판주가 문 밖에 서 계시니라**
10a	본보기	**선지자들을 고난과 오래 참음의**
b	묘사	**본으로 삼으라** 형제들아 주의 이름으로 말한
11a	결과	**보라 인내하는 자를 우리가 복되다 하나니**
b	(10a에) 병행	**너희가 욥의 인내를 들었고**
		주께서 주신 결말을 보았거니와
c	내용	주는 가장 자비하시고 긍휼히 여기시는 이시니라
12a	권고	내 형제들아 무엇보다도 **맹세하지 말지니**
b	참조	하늘로나
		땅으로나
		아무 다른 것으로도 맹세하지 말고
c	대조	오직 **너희가 그렇다고 생각하는 것은 그렇다 하고**
		아니라고 생각하는 것은 아니라 하여
d	기초	정죄받음을 면하라

구조

내부적으로 5:1–12은 세 부분으로 나뉜다. 1–6절은 부자 로마인이나 유대인 지주들이 대부분 가난한 이 그리스도인 일용 노동자들에게 유발시키고 있는 시험을 언급한다. 7–11절은 적절한 반응을 제시한다. 12절은 아마 빈번하게 있었을 대조적 반응을 제외한다.

그 시험들은 야고보가 억압자들에게 임하는 정죄에 대해 경고할 때 모습을 드러낸다. 1–6절은 이 임박한 고생에 애통해하라는 명령으로 시작된다(1절). 그들이 사용하지 않고 쌓아놓

6. 여기에서 12절의 배치를 이해하기 위한 해석적 틀과는 별도로, 이 구절을 전후 문맥과 관계없는 것으로 보기가 쉽다. 참고. Perkins (*First and Second Peter, James, and Jude,* 134). 그는 그것을 어떻게 하다 보니 그냥 "본문에 들어오게 된" "별개의 전승"이라고 칭한다. 마치 어떤 저자의 인도의 손길도 전혀 없는 것처럼 그렇게 되었다는 것이다! 다른 사람들은 12절을 13–20절과 연결시킨다(예를 들어, Isaacs, *Hebrews and James,* 243; Edgar, *Has God Not Chosen the Poor?* 209). 그것에 대해서는 248쪽을 더 보라.

7. Paul S. Minear("Yes or No: The Demand for Honesty in the Early Church," *NovT* 13 [1971]: 1–13)는 소통을 위해 입으로 하는 말에

은 채 의지했던 재물은 이미 그들을 실망시키기 시작하고 있으며(2-3a절), 그것은 곧 그들에 대한 하나님의 심판의 일부가 될 것이다(3b절). 그들이 물질적 소유를 남용한 내용이 이제 열거된다. 다른 사람들을 도울 시간은 짧은데 그 물질을 쌓아두는 것(3c절), 그들의 품꾼에게 삯을 주지 않는 것(4절), 그러면서도 호색과 사치 가운데 사는 것(5절)이다. 그 결과, 그들의 품꾼들 중 일부는 그들의 빚을 갚을 수가 없었고 감옥에 들어가라는 판결을 받았다. 일부 사람들은 심지어 그 감옥 안에서 죽기까지 했다(6절).

해결책에는 혁명적 폭력이나, 그리스도가 다시 오실 때 시행하실 보복자 하나님의 역할을 대신하는 것은 포함되지 않는다. 그보다 이 착취당한 신자들은 인내하며 그들의 역경을 견뎌내야 한다. 그 기본적 명령은 농작물이 자라는 데 필요한 비를 기다리는 농부의 짧은 유추와 함께, 7-11절을 소개한다. 이 예는 8절에 나오는 마음을 강하게 하라는 명령과 마찬가지로, 야고보가 염두에 두고 있는 것은 소극적인 활동이나 비활동이 아니라, 하나님이 오셔서 그분의 역할을 하시기를 적극적으로 준비하는 것임을 보여준다. 부정적인 면으로, 우리는 서로 원망하고 서로에게 자신의 좌절감을 퍼부어서는 안 된다(9절). 이 단락을 마무리해주는 두 가지 예가 더 나온다. 하나님의 인도를 받은 선지자들의 말, 곧 당시의 불의에 대해 비난하는 표현이 특징이었던 말(10절)과, 분명하고 솔직한 욥의 말, 마찬가지로 하나님께 소극적으로 불평하기보다 적극적이기 위해 인내를 보여준 그의 말이다(11절)!

하지만 야고보의 교인들이 하지 말아야 하는 것은 맹세다. 이것은 빚을 갚겠다고 약속함으로써 더 많은 돈을 빌리거나 더 시간을 끌 수만 있다면, 그렇게 약속하는 것을 포함할 것이다. 그것은 문제를 악화시킬 뿐이다(뒤의 249쪽을 보라). 그리스도인들은 말을 하면 그냥 믿을 수 있는 진실한 사람이 되어야 한다(12절).[6] 이 구절을 "무엇보다도"라는 말로 시작함으로, 야고보는 이것이 억압에 대한 적절한 반응의 절정임을 보여주었다.[7] 다시 한 번, 옳든 그르든 사람이 행동하는 방식의 핵심은 바로 말이다. 실로 우리는 7-12절이 더욱 더 밀접하게 결합되어 있는 것으로 생각할 수 있다. 7-8절은 인내를 명한다. 9절은 혀를 잘못 사용하는 것(원망)에 대해 경고한다. 10-11절은 인내의 예를 든다. 12절은 다시 한 번 혀를 잘못 사용하는 것(맹세)에 대해 경고한다. 하지만 이번에는 긍정적인 면도 나온다. 이 중 가장 중요한 것은 말의 진실함이다.[8]

의지하고, 말의 지배를 받는 문화에서 속이려는 의도로 나서는 것은 사회의 가장 원천을 오염시키는 것임을 보여준다.

8. 참고. Motyer, *The Message of James*, 174. Gilberto Marconi("La debolezza in forma di attesa: Appunti per un'esegesidi Gc 5,7-12," *RivBib* 37 [1989]: 176)는 7-12절이 7-9절과 10-12절의 두 부분으로 적절히 나누어지는 것으로 볼 수 있다고 말한다. 각 부분은 주님의 재림에 기초한 오래 참음을 포함하는 명령 혹은 본보기를 말하는 두 구절로 시작되는 반면, 각 부분의 마지막 구절에는 그리스도가 다시 오실 때 하나님이 심판하실 것이기 때문에 잘못된 말을 하지 말라는 경고가 포함된다.

석의적 개요

IV. 세 가지 주제의 확장(2:1-5:18)
  C. 시련과 시험(4:13-5:18)
    1. 하나님의 뜻과 상관없는 계획 수립(4:13-17)
➦ **2. 억압에 반응함(5:1-12)**
      a. 그리스도인들은 그들을 억압하는 자들에게 원수를 갚으려 애써서는 안 된다. 하나님이 그 일을 해결해주시겠다고 약속하셨기 때문이다(1-6절).
        i. 부자 억압자들은 그들에게 임할 고생을 애통해하라는 명령을 받는다(1절).
        ii. 그들의 심판이 열거된다(2-3b절).
        iii. 그들이 지은 억압의 죄가 예시된다(3c-6절).
      b. 그리스도인들은 억압에 대해 선지자적 인내로 대응해야 한다(7-11절).
        i. 그리스도인들은 계속 인내해야 한다. 심판날이 가까웠기 때문이다(7-9절).
        ii. 그리스도인의 인내는 오래 참는 선지자적인 것이 되어야 한다(10-11절).
        iii. 그리스도인들은 하나님의 큰 긍휼을 볼 때까지 믿음 안에서 견뎌야 한다(11절).
      c. 그리스도인들은 비현실적인 약속으로 채권자들의 공격을 피해서는 안 된다(12절).
        i. 그들은 자신들이 지킬 수 없는 약속을 해서는 안 된다(12a절).
        ii. 그들은 나무랄 데 없는 진실한 사람들이 되어야 한다(12b절).

본문 설명

약 5:1 들으라 부한 자들아 너희에게 임할 고생으로 말미암아 울고 통곡하라(ἄγε νῦν οἱ πλούσιοι, κλαύσατε ὀλολύζοντες ἐπὶ ταῖς ταλαιπωρίαις ὑμῶν ταῖς ἐπερχομέναις). 야고보는 마땅히 해야 한다고 생각되는 대로 믿거나 행동하지 않는 사람들에 대한 비난을 계속한다. 이 부분은 앞부분과 유사한 방식으로 시작되지만, 야고보의 공격은 더욱 신랄해지면서, 그의 수신자들에게 다가오는 재앙에 대해 울라고 압박한다.[9] 어떤 사람들은 4:13–17과 5:1–6 둘 다 부자 불신자들에게 하는 말이라고 주장하지만(앞의 221쪽을 보라), 그리

9. Johnson(*The Letter of James,* 298)은 "단도직입적인 적대감의 어조는 주목할 만한 것으로, 유대 전통 안의…그리고 복음 전통 안의 일부 요소들과만 어울린다"고 말한다.

10. 예를 들어, Richardson(*James,* 204–6). 그는 그래서 울라는 명령에서 회개하라는 암시적 명령이 있다고 본다. Cargal(*Restoring the Diaspora,* 180–81)은 불행 자체가 회개를 일으킬 수 있다고 생각한다. 하지만 불행에 최후의 심판이 포함된다면, 이것은 불가능할 것이다. 게다가 Perkins(*First and Second Peter, James, and Jude,* 131)는 묵시적 맥락에서 울라는 명령은 통상 사람들에게 회개하라고 명하기보다는 사람들의 멸망을 확인해준다는 것을 지적한다. Church("James," 405)는 그런 사람들을 "가짜 신자들"이라고 부른다. 자신들이 구원받았다고 잘못 생각하는 공동체의 일원들이라는 것이다. 참고. 특히 Christine Prieto, "Malédiction des mauvais riches de la communauté—Jacques 5,1–6," *FoiVie* 102.4 (2003): 73–81.

11. Maier(*Der Brief des Jakobus,* 201–2)는 하지만 심지어 가장 준엄한 심판에 대한 선지서 본문들이라도 사람들에게 회개하도록 명하는 데 사용될 수 있다는 것을 상기시켜준다. 그렇기 때문에 야고보는 부자 불신자가 회개하고 그리스도께 돌아오지 못하게 차단하지 않는다. 그가 자신이 현재 참된 신자라고 생각하는 사람에게 말하고 있을 가능성 역시 없을 것이다.

고 일부 사람들은 두 본문이 모두 신자들을 말하는 것으로 만들려고 애썼지만,[10] 두 본문의 전반적인 어조와 야고보의 책망 내용으로 보아 다르게 이해해야 할 듯하다. 전자의 본문에서 야고보는 한 그리스도인 집단의 잘못된 행실을 바로잡으려는 목적으로 그들을 격려했지만, 이 본문에서는 "부한 자들"(οἱ πλούσιοι)에게 구속에 대한 어떤 제안도 하지 않은 채 그들을 공격한다.[11] 여기에서 "들으라"(ἄγε νῦν)는 직접적인 말은 아마 '돈호법'으로 알려진 수사학에서 나온 비유적 표현의 예일 것이다. 돈호법이란 그 자리에 있는 사람들을 위하여 그 자리에 없는 사람들에게 말하는 것이다.[12] 이렇게 해서 야고보의 청중은 그들을 억압하는 자들이 확실하게 종말을 고하게 될 것임을 알게 될 것이다.

이 억압자들의 신원은 그들의 경제적 지위에 의해 규정된다(참고. 마 19:23–24). 그들은 부자가 인구의 아주 작은 비율을 차지하던 사회에서 재정적으로 부유한 사람들이다. 야고보는 그들에게 행동을 바꾸라고 명하지 않는다. 대신 그들에게 임할 운명을 애도하라고 명함으로 그들 생전에 임박한 재앙이 실현될 것임을 경고한다. 첫 번째 동사인 "울라"(κλαύσατε)는 명령형이다. 두 번째 동사인 "통곡하라"(ὀλολύζοντες)는 분사다.[13] 하지만 그 두 동사는 둘 다 명령으로 해석되어야 한다. 후자는 부대 상황의 분사로, 문장에서 주동사와 동일한 기능을 할 수 있기 때문이다.[14]

'울다'라는 말은 칠십인역의 선지서에서 심판이라는 맥락에서 나오며, 불분명한 공포로 인한 날카로운 비명을 말할 수 있다.[15] 무는 "이 배경은 부자들에게 임할 고생이 이 땅에서 있는, 일시적 고난이 아니라, 하나님이 심판날에 그들에게 가하실 정죄와 벌을 말하는 것임을 분명하게 해준다."[16] A. T. 로버트슨(A. T. Robertson)은 이 구절의 의미를 강력하게 포착한다. "울음을 터뜨리는 것(4:9에서처럼 *klaiō*의 기동 능동 명령법), 슬픔으로 울부짖는 것"[17]이라는 것이다. "고생"(ταλαιπωρία)이라는 명사는 "비참함, 비탄, 괴로움"[18] 등을 의미하며, 야고보는 이 부한 자들이 끔찍한 시련을 겪을 것임을 분명히 한다. 이 사람들은 아마 자신들의 재물을 고통과 고난을 피하는 수단, 편하고 안락한 삶을 사는 수단으로 보았을 수도 있다. 하지만 야고보는 그들의 재물이 이 상황에서 그들을 구원해주지 못할 것이라고 단언한다.

약 5:2 너희 재물은 썩었고 너희 옷은 좀먹었으며(ὁ πλοῦτος ὑμῶν σέσηπεν καὶ τὰ ἱμάτια ὑμῶν σητόβρωτα γέγονεν). 야고보는 불의한 부자들에 대해 고발한다. 그는 가장 명료한 시제인 완료시제로 쓴다. 여기에서는 아마 선지자적 의미로 사용되었을 것이다.[19] 야고보가 생각하기에 이 재물들이 썩으리라는 것은 확실했다. 그래서 그는 그 일이 이미 일어난 것처럼 말한다. 하지만 완료 시제를 좀 더 표준적인 방식으로 해석할 수도 있다. 그들이 의지하고 있는 이 재물은 어떤 유의미한 의미에서든 이미 그들에게 쓸모없는 것이 되었다.[20] 이 재물과 옷은 이미 썩었다. 특히 그것들이 사용되지 않고 있기 때문이다. 아를스의 캐사리우스(Caesarius of Arles)가 6

12. 예를 들어, Felder, "James," 1799을 보라.

13. 후자는 의성어, 곧 소리나는 대로 표기한 단어의 아름다운 예다(참고. 영어의 '길게 울다'[ululate]; Sleeper, *James,* 121는 그렇게 말한다).

14. 대부분의 주석가들과 번역들은 그렇게 말한다. 하지만 그것을 이 사람들이 울어야 하는 특별히 강렬한 방식을 명시하는 법조동사(modal)로 볼 수도 있다(참고. Kistemaker, *James and the Epistles of John,* 156).

15. Popkes, *Der Brief des Jakobus,* 302.

16. Moo, *The Letter of James,* 211.

17. A. T. Robertson, *Word Pictures in the New Testament,* vol. 6(Nashville: Broadman, 1933), 57.

18. BDAG, 988. 야고보는 4:9에서 애통과 회개라는 맥락에서 관련 동사를 사용한다. 하지만 여기에서 전후 문맥은 심판의 불행에 대해 말한다.

19. Ropes, *A Critical and Exegetical Commentary on the Epistle of St James, 284; Isaacs, Hebrews and James,* 236을 보라.

20. 참고. Sleeper, *James,* 123–24; Popkes, *Der Brief des Jakobus,* 303.

세기에 말했듯이, "재물은 선한 사람에게 해를 끼칠 수 없다. 그는 그것을 무리 없이 사용하기 때문이다. 마찬가지로, 그것은 악한 사람들에게 도움을 줄 수도 없다. 그가 그것을 탐욕스럽게 간직하고 있거나, 방탕하게 낭비하는 한."[21]

마요르도모 마린(Mayordomo-Marin)은 2절을 이미 일어난 일인 부적절한 쌓아놓기를 언급한다고 가장 강력하게 주장한다. 개념적으로 2-3절은 4-6절과 더 잘 어울린다. 야고보는 미래에 대해 명백하게 말할 때 미래 시제를 사용하며(3b절에서와 같이), 그 냉혹한 심판은 부자들이 자신들의 물질적 소유를 아무에게도 소용이 없게 쌓아놓음으로써 낭비해버렸다는 것을 스스로 볼 수 있다면, 더 이해가 될 것이다.[22] 옷이 좀먹는다는 말은 인간을 좀먹은 옷에 비유하는 욥기 13:28-14:2과, 땅에 보물을 쌓아놓는 것과 그 보물을 좀먹지 않는 하늘에 쌓아놓는 것에 관한 마태복음 6:19-20(병행구절, 눅 12:33)의 예수님의 가르침을 상기시킨다.

약 5:3a 너희 금과 은은 녹이 슬었으니 이 녹이 너희에게 증거가 되며 불 같이 너희 살을 먹으리라(ὁ χρυσὸς ὑμῶν καὶ ὁ ἄργυρος κατίωται καὶ ὁ ἰὸς αὐτῶν εἰς μαρτύριον ὑμῖν ἔσται καὶ φάγεται τὰς σάρκας ὑμῶν ὡς πῦρ). 야고보는 이제 훨씬 더 구체적이 된다. 이 구절은 당혹스러운 표현을 제시한다. 엄밀히 말해 금은 녹이 슬지 않기 때문이다. 많은 주석가들은 야고보가 적어도 쉽게 녹이 슬 수 있는 흔하고, 불순한 금속 혼합물을 말하고 있다고 추정한다.[23] 하지만 그 표현은 일부러 부조화하도록 쓴 말일 것이며, 그것이 쓸모없게 된다는 비유적 의미를 반영한다면 더욱 더 강력한 말이다. 다시 말해, 심지어 부자들이 그들을 구원해줄 것이며 그들에게 안전을 제공하리라고 생각하는 금조차도, 그들을 지켜줄 만큼 오래 지속되지 않을 것이다.[24]

"녹"(ἰός)이라는 단어 또한 흥미를 자아낸다. 그것은 녹과 독(3:8에서처럼)을 둘 다 의미할 수 있기 때문이다. 어떤 면에서 후자의 정의가 이 구절 후반부에 나오는 살을 먹는 불에 가장 잘 어울린다.[25] 어느 쪽이든, 야고보의 단언은 낭비를 의미한다. 이 사람들은 사용되지 않은 재물을 너무 많이 보유하고 있어서, 심지어 녹이 슬지 않은 것이라도 하나님이 보시기에는 녹이 슬어 보이며, 이 낭비가 그들에게 불리한 증거가 된다. 사용되지 않은 재물은 하나님 나라에 아무 소용이 없으며, 하나님을 위해 그것을 사용하기를 거부하는 사람들을 정죄한다.

"위하여"(for, εἰς, "증거가 되며"가 for evidence로 되어 있다-역주)라는 말로 시작하는 전치사구는 이 문자적인 혹은 비유적인 녹슮의 결과를 제시한다. 그것은 이 부한 자들에게 불리한 "증거"(μαρτύριον, 증언, 간증)가 될 것이다. 우리는 그 여격 인칭 대명사(ὑμῖν)를 "너희에게 반대하는"이라고, 불리함의 여격으로 번역할 수 있다. 그것을 참조의 여격으로 보아 이 낭비된 재물이 부한 자들"에게" 증거하여 그들을 회개로 이끈다고 이해할 수도 있지만(즉, 그들에게 그들의 어리석음에 대한 증거를 제

21. Bray, *James, 1-2 Peter, 1-3 John, Jude,* 54에 인용됨.
22. M. Mayordomo-Marin, "Jak 5.2-3a: Zukünftiges Gericht oder gegenwärtiger Zustand?" *ZNW* 83(1992): 132-37. 참고. Tidball, *Wisdom from Heaven,* 70; Moo, *The Letter of James,* 214.
23. 예를 들어, Baker and Ellsworth(*Preaching James,* 124). 그는 야고보가 "녹"을 생각한 것은 그것의 불그스름한 색깔이 그가 막 언급하려 하는 불의 색깔을 닮았기 때문일 것이라고 그럴듯하게 덧붙인다.
24. 참고. 특히 Christfried Böttrich, "Vom Gold, das rostet(Jak 5,3)," NTS 47(2001): 519-36. Ropes(*A Critical and Exegetical Commentary on the Epistle of St James,* 284-85)는 "될 것이라"(will be, ἔσται)와 "먹으리라"(φάγεται)의 미래 시제는 부식이 이미 시작되었다는 입장을 누그러뜨리며 2-3절에서 선지자적 완료를 사용한 것을 확증한다고 주장한다. 하지만 미래의 일은 이 부식이 언제 처음 일어나기 시작했는가 하는 것이 아니라 이 부식이 담당할 결정적 역할이다.
25. 참고. Wolfram Weiser, "Durch Grünspan verdorbenes Edelmetall? Zur Deutung des Wortes 'IOS' im Brief des Jakobus," *BZ* 43 (1999): 220-23.
26. *Laws, The Epistle of James,* 199. 부자에 대한 비슷한 위협으로는

시하는 것), 일반적으로 합의된 주장에 의하면, 야고보는 대신 "그 부패함이 그들에게 불리한 증거로 여겨진다"[26]는 위협의 말을 하고 있다. 그 비유적 표현은 법정에서 나온 것으로, 부자들이 일반적으로 뇌물을 통해 법정을 조종할 수 있다고 생각하는 것에 비추어볼 때 더욱 묘하다.[27]

이 문장의 후반부는 ἰός를 "녹"(금속들에 관해서는)과 "독"(그것이 사람들에게 미치는 영향에 관해서는) 둘 다로 번역하는 것을 지지한다.[28] 야고보는 기본적으로 이 사람들에게 그들의 탐욕과 재물로 인해 종말론적 심판과 현재의 고통 둘 다가 임할 것이라고 저주한다. 그들의 재물을 오염시킨 독은 그들의 육체에도 독을 집어넣을 것이다(참고. 또한 NLT: "너희가 의지하던 바로 그 재물이 너희의 살을 불처럼 먹어치울 것이다"). 이 반 구절의 마지막 두 단어인 "불 같이"(ὡς πῦρ)라는 말은 그 뒤의 동사를 수식해서 "불 같이 너는 재물을 쌓았다"라는 의미가 될 수도 있을 것이다. 다시 말해, 재물들은 모두 조만간에 타 버릴 것이다. 아니면 요점은 아마도 그 불신자 자신이 앞으로 지옥에서 받게 될 벌이 될 것이다.[29] 하지만 그 비교절은 "네 살을 먹는다"는 말과 훨씬 더 자연스럽게 어울린다. 거의 모든 번역과 주석에서 그렇게 본다.

약 5:3b 너희가 말세에 재물을 쌓았도다(ἐθησαυρίσατε ἐν ἐσχάταις ἡμέραις). 3절은 이어서 왜 이 부자들이 벌을 받아야 하는지 설명한다. 바로 여기에서 신약의 종말론적 세계관을 이해하는 것이 매우 중요하다. 우리는 말일에 살고 있으며 오순절 때부터 그래왔다(참고. 행 2:17). 그리스도는 언제라도 다시 오실 수 있다. 우리의 보물은 어디에 있는가? 우리는 이 땅에서 오래오래 살 계획을 세우면서, 편안히 살기 위해 보물을 이 땅에 쌓아두고 있는가(참고. 눅 12:13–21을 보라), 아니면 하나님이 지금 여기에서 우리에게 주신 축복들에 감사하면서 하나님이 계신 하늘에 보물을 쌓는 일에 더 초점을 두는가? 야고보가 정죄하는 것은 재물을 소유하는 것 자체가 아니라, 하나님 나라의 목적을 위해 그 재물을 사용하지 않고 쌓아놓는 것이다. 존슨이 말하듯이, "'말일'은…부자들이 예상하는 은퇴 이후의 세월이 아니라, 하나님의 심판의 때다."[30] 마틴은 여기에서 의도하고 있을 만한 역설은 야고보가 "염두에 두고 있는 것은 그들이 과시하는 부가 아니라 그들을 기다리는 불행"[31]이라는 것이라고 말한다. 영원에 대한 우리의 견해는 우리가 오늘을 어떻게 살아가는가에 영향을 끼칠 것이다.

약 5:4 보라 너희 밭에서 추수한 품꾼에게 주지 아니한 삯이 소리 지르며 그 추수한 자의 우는 소리가 만군의 주의 귀에 들렸느니라(ἰδοὺ ὁ μισθὸς τῶν ἐργατῶν τῶν ἀμησάντων τὰς χώρας ὑμῶν ὁ ἀπεστερημένος ἀφ᾽ ὑμῶν κράζει, καὶ αἱ βοαὶ τῶν θερισάντων εἰς τὰ ὦτα κυρίου Σαβαὼθ εἰσεληλύθασιν). 이제 야고보의 비난은 더욱 구체적이 된다. 이 구절은 두 가지 작용을 할 수가 있다. 그것은 자기 품꾼들–이 경우에는 추수를 돕기 위해 고용된 일용 노동자들–의 돈을 강탈하고, 사취하고,[32] 속인 부한 자들에게 비난

1En 94:6–9를 참고하라. Martin(*James*, 177)은 에스겔 7:19에서 비슷한 정서를 밝혀내며 거기에서 재물과 하나님의 심판 사이의 관계를 규정한다.

27. Guthrie, "James," 262. 참고. Andria, "James," 1515.

28. Johnson(*The Letter of James*, 300)은 금이 불의 시험을 받는 것에 대한 흥미로운 대비를 제시한다. 그래서 "부자는 그들의 신뢰와 그들의 가치 의식을 그들이 가진 금과 은에 두므로, 금속을 못 쓰게 만드는 똑같은 독/녹이 그 금과 은 역시 못 쓰게 만든다. 그들도 금속들도 정련되지 못한 채, 오로지 멸망할 뿐이다."

29. Ropes, *A Critical and Exegetical Commentary on the Epistle of St. James*, 287.

30. Johnson, *The Letter of James, 300-301.* Stulac(*James*, 164)은 부자들에게 닥칠 세 가지 불행을 항목별로 쓴다. 그들의 재물을 잃은 것으로 인한 절망, 그들을 적발하는 증거로 인한 죄책감, 그들에게 임할 심판에서 멸망당할 무시무시한 고통 등이다.

31. Martin, *James*, 178.

32. 여기에서 사본상의 이문들은 의미상의 미묘한 차이를 나타낸다. 가장 오랫 동안 입증된 견해인 '보류하다', '억누르

을 퍼붓는다(참고. 마 20:1-16). 그것은 또한 고난받는 품꾼들에게 하나님이 그들을 보시며 그들의 상황을 돌보신다고 위로한다.

야고보는 두 부분으로 된 생생한 묘사를 한다. 이 구절 전반부에서 하늘에 소리 지르는 것은 도둑맞은 품꾼의 삯이다. 이 구절 후반부에 가서야 실제로 품꾼의 부르짖음이 하늘의 귀에까지 이른다. 심지어 무생물인 삯까지도 하나님께 이야기를 한다. 그것이 의인화될 때, 그것 자체가 하나님께 부르짖는다는 것이다. 그것은 지주에게 불리한 증언을 하기 때문이다. 그러면서 심판을 요구한다(참고. 창세기 4:10에서 아벨의 피가 땅에서 여호와께 호소하는 것).[33] 우리가 "네가 주지 아니한 삯이… 소리 지르며"라고 번역한 부분의 헬라어 원문을 문자적으로 번역하면 어색한 수동 구문이 될 것이다. "너에 의해 사취당한 삯이 소리 지른다"는 것이다. 이것은 그 전치사구(ἀφ' ὑμῶν)가 '너에 의해'라는 의미이며 '사취당한'을 수식한다고 가정하는 것이다. "에게"(from, ἀπό)라는 말은 매개를 나타낼 수도 있지만, 보다 일반적으로는 원천을 나타낸다. 필자는 왜 일부 주석가들만이 그 전치사가 기원을 나타내고, 그 전치사구가 "소리 지르며"라는 말을 꾸며주어 "사취당한 삯이…너희로부터 부르짖는다(the wages…that were defrauded cry out from you)"[34]라는 번역이 나왔다고 주장했는지 궁금하다. 그 삯이 지불되지 않았다면, 그것은 여전히 지주의 주머니에 남아 있을 것이며, 그곳으로부터 부르짖는 것으로 볼 수도 있다. 결국 그것은 거기에 속해야 할 것이 아니라 품꾼들의 소유다.

어떻게 해석하든 야고보는 어떤 사람이 너무 짓밟혀 정의를 한 번도 경험하지 못할 수 있다는 생각을 반박한다. 그런 개념은 의를 주시는 분이며 가난한 자들과 무력한 자들에 대한 열정적인 관심을 갖고 계신 분이신 하나님의 성품을 제대로 인식하지 못한 것이다. 야고보는 주(*Sabaoth*)라는 호칭을 택하는데, 그것은 "만군의 주"[35]라는 히브리어 호칭으로, 하나님(혹은 예수님)이 그의 백성을 방어하기 위해 군대를 인도하시는 모습을 나타낸다. 여기에서 야고보가 부자에게 직접 말하고 있는 것이 아니라, 그의 회중 가운데 있는 가난한 사람들에게 위로를 주고 있다는 것이 분명하게 드러난다. 하나님이 그들의 불안정한 상황을 보시며 그분이 정의를 가져오실 것이라고 주장하는 것이다. 야고보는 "들렸느니라"(εἰσεληλύθασιν)는 완료 시제를 사용한다. 그것은 하나님이 이미 그들의 불평을 들으셨고 행동을 취할 준비가 되어 있으신 것을 보여주기 때문이다. 신자들은 이 복수를 시행하시는 하나님의 독특한 역할을 빼앗으려 해서는 안 된다.[36]

약 5:5 너희가 땅에서 사치하고 방종하여 살륙의 날에 너희 마음을 살찌게 하였도다(ἐτρυφήσατε ἐπὶ τῆς γῆς καὶ

다'(ἀφυστερημένος)라는 드물게 나오는 단어는 ℵ와 B*의 지지만 받으며, 빚진 품삯과 관련된 의미를 지닌다. 극히 제한된 지지를 받고 있기 때문에, 이것은 십중팔구 알렉산드리아에서 다듬은 것이다. 다른 두 안은 '사취당한'(ἀποστερεῖν)이라는 동사의 서로 다른 형태다. 현재 시제 ἀποστερήμενος는 K와 L의 지지를 받는다(Metzger, *A Textual Commentary,* 614). UBS 위원회는 완료 시제(ἀπεστερημένος)를 택했는데, 그것은 A, B^2, Ψ 등의 지지를 받는다. 부분적으로는 그것이 널리 지지를 받기 때문이며, 부분적으로는 또한 이 본문에서 완료 시제를 일관되게 사용하기 때문이다. 그리고 그것이 그저 보류하는 것보다는 훔치는 것과 사취하는 것이라는 더 강한 함축을 지니고 있기 때문이다.

33. 그것에 대해서는 John Byron, "Living in the Shadow of Cain: Echoes of a Developing Tradition in James 5:1-6," *NovT* 48(2006): 261-74을 보라. 많은 번역들은 부르짖음의 이같은 사법적 성질을 분명하게 하기 위해, "너에 대해"라는 말을 덧붙인다(참고. 예를 들어, NASB. 그것은 이 두 단어를 이탤릭체로 표기한다. 그 단어들이 헬라어 본문에 실제로 있다는 것이 아니라 암시되어 있음을 보여주기 위해서다).

34. 예를 들어, Guthrie("James," 263). 그는 어떤 것에 대한 편애를 나타내지 않고 두 가지 가능성을 다 말한다.

35. 이 단어는 안식일(*šabbāt*)에 해당하는 히브리어와 관련이 없으며, 그 말과 혼동해서는 안 된다. 이 호칭 기저에 있는 히브리어는 *ṣᵉbāʾôt*이다.

36. George Reyes, "El grito del salario: ensayo de lectura literaria y ἐσπαταλήσατε, ἐθρέψατε τὰς καρδίας ὑμῶν ἐν ἡμέρᾳ σφαγῆς). 부자들에 대한 야고보의 고발이 계속 이어진다. 낭비, 개인의 쾌락만을 위해 사는 삶에 대한 이런 극단적 견해는 야고보가 반드시 '자본주의' 윤리 자체가 아니라, 어떤 경제적 철학과도 짝을 이룰 수 있는 이기심을 정죄하고 있음을 보여준다. 어떤 면에서 이 사람들은 이 땅에서 그들의 '하늘'을 경험했다. 그들은 이생에서 그들의 보상을 받았다. 그래서 그들은 만족하면서가 아니라 정죄를 받으면서 심판날에 이를 것이다.

역설적인 것은 그들이 계속 더 커지는 쾌락주의 하향나선을 만들고 철저한 방종을 유지하면서 자신을 위해 삶으로서, 자신들의 종말을 초래했다는 것이다. 마지막 날, "살륙이 특징인 날"(σφαγῆς–서술 소유격)에, 그들은 자신들이 벌에 직면하고 있음을 깨닫게 될 것이며, 반면 이생에서 자신을 "살찌게" 하지 않았던 사람들은 어린 양의 큰 혼인 잔치에 초대받을 것이다.[37] "마음을 살찌게 하는 것"(καρδία)은 부에 대한 내적 욕구를 말할 것이다. 하지만 καρδία는 때로는 보다 일반적으로 사람의 몸통 중앙부를 말할 수 있다. 그래서 그 표현은 "자기 위장을 살찌게 하는 것"[38]과 매우 비슷한 의미일 수 있다.

이 구절에 나오는 처음 두 동사(ἐτρυφήσατε와 ἐσπαταλήσατε)는 그저 풍요로운 생활방식이 아니라 방탕한 방종을 말한다. NAB는 "너희는 음탕한 사치 가운데 살았다"고 번역했다. NLT는 "너의 모든 변덕을 만족시키면서"라고 번역했다. 그리고 모팻(Moffatt)은 "너는 땅에서 흥청거렸으며 방탕함에 빠져들었다"고 번역했다. 웨이머스(Weymouth)는 "난봉꾼의 삶"에 대해 말한다. 굿스피드(Goodspeed)는 "사치스럽고 주색에 빠지는" 삶을 사는 것에 대해 말한다. 그리고 로테르햄(Rotherham)은 "땅에서 사치스럽게 지내고 마구 날뛰는 것"에 대해 말한다. 어떤 사람들은 이 상황이 과장되었고 반드시 야고보의 교회에서 실제 일어난 시나리오는 아니라고 주장할 수도 있고,[39] 또 어떤 사람들은 그 극단적인 표현 때문에 이것이 자신에게 적용될 수 있다는 것에 대해 무시하지만, 메이나드 레이드와 타메즈의 경고, 즉 다수 세계의 많은 지역에 비추어볼 때, 이것이 바로 많은 서구 그리스도인들이 사는 방식이라는 경고에 귀를 기울이는 것이 중요하다. 또한 우리는 우리 자신이 더 편안하게 느끼고 싶어 부자들에 대한 야고보의 정죄를 완화시켜서는 안 된다.[40] 이 구절의 마무리 문구를 "살륙의 날을 위해(*for*)"라는 일반적인 번역보다는 "살륙의 날에(*in*)"라고 번역하는 것이 더 나을 것이다.[41] 6절은 죽이는 것–사법적인, 문자적인, 혹은 둘 다–이 야고보 시대에 일어나고 있으며, 이 부자들이 종종 이런 죽음에 대해 책임이 있다는 것을 분명히 해줄 것이다.[42]

약 5:6 너희는 의인을 정죄하고 죽였으나 그는[43] 너희에게 대항하지 아니하였느니라(κατεδικάσατε, ἐφονεύσατε τὸν

---

sociológica," *RevistBib* 66(2004): 85–86. Reyes는 1–11절을 교차 대구법으로 그럴듯하게 개요를 말한다. 1절과 7–11절은 부자 억압자들에게 심판을 알린다. 2–3절과 5–6절은 그들의 죄를 상세히 말한다. 그리고 4절은 하나님이 그 억압받는 자들의 부르짖음을 들으시는 중심이자 절정에 이르는 부분이다.

37. "땅에서"(ἐπὶ τῆς γῆς)라는 말이 그저 땅에 의지해서 산다는 말일 수도 있지만(Johnson, *The Letter of James,* 303), 야고보는 이 땅의 것들과 영원한 것들을 대조시키는 경향이 있으며, 그는 이 땅의 것들을 부정적으로 본다(3:15–17).

38. Ernst Lerle, "Καρδία als Bezeichnung für den Mageneingang," *ZNW* 76 (1985): 292–93.

39. 예를 들어, Davids, *The Epistle of James,* 178이 그렇다.

40. Maynard–Reid, *Poverty and Wealth in James;* Tamez, *The Scandalous Message of James* 곳곳을 보라. Perkins(*First and Second Peter, James, and Jude,* 132)는 지나친 개인적 소비는 그들이 재정적 혜택을 덜 받고 있는 사람들을 도울 수단을 가지고 있었음을 의미하며, 따라서 그들을 돕지 않은 것은 더욱 비난할 만한 일이다.

41. TCNT은 이 구절 전반부와 후반부를 둘 다 간결하고 설득력 있게 포착한다. "유혈이 난무하는 때에 너희는 너희 도락에 빠져있었다."

42. Dibelius, *James,* 239; 참고. Stulac, *James,* 165.

43. 이것은 총칭적인 복수를 대체하는 것이 삼인칭 단수를 특정한 한 남자만 언급하는 것으로 보는 해석을 배제하는 드문 경우다. 그래서 우리는 다소 덜 품위 있는 "그는"[(s)he]이라는 말을 택했다.

δίκαιον, οὐκ ἀντιτάσσεται ὑμῖν). 부자 억압자들에 대한 야고보의 고발은 접속사 생략으로 가득한 한 문장으로 갑자기 끝난다. 여기에서 부유한 자들은 심판자이신 하나님의 역할을 빼앗는다. 그들은 자신들의 지위 때문에, 누구든 자신들이 선택하는 사람을 정죄할 권리가 있다고 생각한다. 두 개의 부정과거 시제 동사를 현재 시제로 된 세 번째 동사와 연결 접속사 없이 스타카토처럼 짧게 끊어서 나란히 놓은 것은 야고보의 주장이 강조하는 점을 강화시킨다. 이 희생자들은 결백하다!

다른 문맥이라면 이 구절은 궁극적인 "의인"이신 예수님을 재판하고 그분을 빌라도에게 넘겨주어 십자가에 못 박으라고 요구했던 유대인 지도자들에 대한 정죄로 읽을 수도 있을 것이다.[44] 하지만 이 문맥에서 야고보가 대결하고 있는 사람들은 스스로 더 많은 재물을 얻기 위해 자기 품꾼들을 사취한 부자 지주들이다. 그렇기 때문에 "의인"(τὸν δίκαιον)은 이렇게 사취를 당한 모든 의로운 사람에게 해당되는 포괄적 단수임이 분명하다.[45] 그럼에도 불구하고, 예수님은 그 집단의 선두에서 어떻게 반응해야 할지 모범을 보여준 본보기가 되셨다.

일부 학자들은 숙명적인 비저항에 만족하지 못한 나머지, 6b절을 질문으로 바꿔보려 했다. "그는 너희에게 대항하지 아니하였느냐?" 아니면 심지어 "그는 너희에게 대항해야 하지 않느냐?"[46]라는 것이다. 이런 대안은 또한 '그'라는 말을 인간뿐 아니라 하나님으로 해석할 여지를 준다.[47] 하지만 '않다'(οὐ나 μή)라든가 진술로 보면 뜻이 잘 통하지 않는 절 등과 같이, 질문을 나타내는 전형적인 표시들은 하나도 없으며, 헬라어의 '하다'(does)를 자연스럽게 '해야 하다'(should)로 바꿀 수 있는 방도도 없다. 하나님은 쉽게 저항의 주어가 될 만큼 가까이에 있는 선행사도 아니며, 억압받는 사람들이 들고 일어나 반역을 할 기회는 거의 없었다.[48] 이 구절의 두 절들 사이의 접속사 생략은 암시된 양보를 감추고 있을 수도 있다. 즉, "그가 너희에게 대항하지 아니하더라도"라는 것이다.[49] 하지만 그 본문을 이런 식으로 번역하면 접속사 없이 절들을 갑작스럽게 나란히 놓은 수사학적 효과가 파괴된다. 그 절을 역설적이고 슬픈 관찰로 남겨두는 것이 가장 좋다. 즉, 억압받는 사람들이 억압하는 자들에게 저항할 수 있는 위치가 아니기 때문에 저항하지 않는다는 것이다.

여기에서 살인은 사법적인 것일 가능성이 높다. 부유한 지주들이 더 적은 땅을 갖고 있는, 가난한 빚진 농부들을 법정으로 데리고 가, 그들의 땅을 빼앗고 그래서 그들의 수입원을 빼앗은 다음, 그들을 다시 이전에 그들 소유였던 땅의 소작인으로 고용하는 것이다. 쥐꼬리만 한 품삯으로는 빚을 갚을 수가 없게 되고, 그러면 그들의 새로운 지주들이 그들을 채무자의 감옥에 집어넣으므로 그들은 남은 인생을 거기에서 썩게 되는 것이다.[50] 유대 사회에서 생계수단을 빼앗아가는 것은

44. 참고. 예를 들어 Scaer, *James*, 122–23.

45. 대부분의 주석가들이 그렇게 본다. Martin(*James*, 182)은 후대의 편집자는 또한 야고보와 그의 순교를 암시한다고 주장한다. 하지만 야고보가 부당하게 죽임을 당한 의로운 사람의 한 예는 될 수 있을지 몰라도, 부자 지주와 가난한 품꾼을 다루는 이 본문에는 그것을 의미하는 것이 아무것도 없다. Theophylact는 11세기에 쓴 *Commentary on James*에서 이미 그 본문을 가난한 사람들, 예수님, 야고보를 모두 함께 말하는 것으로 보려 했다(Bray, *James, 1-2 Peter, 1-3 John, Jude*, 55에서 인용).

46. 예를 들어, Maynard-Reid(*Poverty and Wealth in James*, 74). 그가 보기에 저항은 심지어 필요하다면 폭력적 혁명을 포함할 수도 있었다. 하지만 이것은 화평케 하는 것에 대한 야고보의 강조와는 잘 맞지 않는다.

47. 예를 들어, Johnson(*The Letter of James*, 305). 그는 Schökel("James 5, 2[*sic*] and 4, 6," 73–76)을 따른 것이다. 참고. TCNT: "하나님은 너에게 반대하셔야만 하지 않는가?"

48. 그렇게 되면 이것을 별로 일반적이지 않은 용례인 현재 시제의 미래적 용법으로 보아야 한다. "그(녀)가 너희에게 대항하지 않을 것인가?" 즉, 심판날에 하게 될 증언을 통해. Burchard, *Der Jakobusbrief*, 195.

49. Roger L. Omanson, "The Certainty of Judgment and the Power of Prayer: James 5," *RevExp* 83 [1986]: 429.

그들을 죽이는 것이나 다름없었다(집회서 34:21–22을 보라). 대니얼 도리아니(Daniel Doriani)는 이렇게 설명한다.

> 앞에서도 그랬듯이(약 4:2), 살인은 아마 비유적인 의미일 것이다. 하지만 그들의 품삯을 주지 않음으로써, 부자들은 가난한 자들을 빈곤, 심지어 굶주림에 처하게 하는 판결을 내렸다.
> '판결을 내리다'라는 말은 법정을 시사한다. 부자들은 가난한 자들에게서 그들의 품삯과 땅을 빼앗기 위해 법 제도를 이용했다…정의를 가지고 있던 사람들이 아니라 권력과 재물을 가지고 있던 사람들이 법정에서 승소했다.[51]

부자들은 법정에 접근할 기회와 권세 그리고 그들이 바라는 바를 법적인 형태로 제시할 능력을 가지고 있었을 것이다. 한편, 이 의인들은 그리스도의 본을 따라 하나님의 정의가 그들을 위해 시행되기를 기다린다(2:2–4을 상기해보라).

5:7a–b 그러므로 형제들아 주께서 강림하시기까지 길이 참으라(Μακροθυμήσατε οὖν, ἀδελφοί, ἕως τῆς παρουσίας τοῦ κυρίου). 야고보는 다시 그의 말을 직접 듣는 청중에게 주의를 기울인다. 방금 어떻게 억압하는 부자들이 심판을 겪을지 그리고 어떻게 하나님이 그분의 신실한 자들의 부르짖음을 아시는지 드러내고 나서, 야고보는 그의 회중에게 계속해서 참고 견디라고 명한다. 그는 이 부분에서 회중을 네 구절 가운데(7, 9, 10절; 참고. 또한 12절) 세 번에 걸쳐 "형제들아"(brothers and sisters, ἀδελφοί)라고 부르면서, 그와 그의 회중 사이의 관계를 강조한다.[52]

"길이 참으라"(μακροθυμέω)는 동사는 두 가지 뉘앙스를 가지고 있다. 야고보가 보다 흔히 쓰는 동사인 "견디다"(ὑπομένω)와 마찬가지로, 이 용어는 그의 말을 듣는 사람들에게 기다리라고, 그리고 지나친 열심으로 억압에 맞서 그리스도의 대의를 촉진하기 위해 폭력에 의지하지 말라고 명한다. 하지만 μακροθυμέω는 ὑπομένω처럼 수동적이지는 않다. 그것은 또한 고난을 받고 있는 신자들에게 핍박에도 불구하고 견디라고 그리고 포기하지 말라고 명하기 때문이다.[53] 그들은 신실하게 그리고 인내심을 가지고 기다려야 한다. 만군의 여호와께서 그들의 부르짖음을 들으시고 그들의 고난을 보신다는 것을 인식하고 그렇게 해야 하는 것이다. 다시 한 번 우리는 타메즈의 "전투하는 인내"[54]라는 개념에 의지한다. 그들은 앞으로 임하실 만군의 여호와의 정의를 인식하기 때문에 기다릴 수 있다. 한편 그들은 선지자적으로 불의를 고발하며(10–11절), 가난한 품꾼들에 대한 공정한 대우를 촉진한다. 억압받는 자들은 폭력을 통해 자기 손으로 정의를 이루려 해서는 안 되고 그들의 주님이 나타나시기를 기다려야 한다.

---

50. 일세기 로마 제국이 만든 감옥의 지독한 환경에 대해서는 Brian Rapske, *The Book of Acts and Paul in Roman Custody*(Grand Rapids: Eerdmans, 1994), 특히 195–225를 보라. 빚을 갚기 위해 돈을 버는 것은 가능한 대안이 아니었다. 그래서 재정적으로 더 여유가 있는 친구나 친척이 '보석금을 내주지' 않는다면, 그는 종종 감옥에서 죽었다.

51. Daniel C Doriani, *James*(Phillipsbug, NJ: Presbyterian & Reformed, 2007), 172. 하지만 Omanson("The Certainty of Judgment and the Power of Prayer," 429)은 집회서 34:21–22과 지혜서 2:6–24 등에는 이 본문을 그저 "부유한 사람들이 의로운 가난한 사람들을 너무나 착취해서 그 가난한 사람들이 스스로를 부양할 방법이 전혀 없다는 의미로" 이해하도록 뒷받침해주는 증거들이 나온다고 본다.

52. 5:4, 9, 11에서처럼 "보라"(behold, ἰδού)라는 말이 갑자기 자주 사용되는 것도 흥미롭다. 전에는 그 말이 3:4와 5절에서만 나왔다. 그 말은 한때 "보다"(to see, εἴδω)라는 말의 구식 형태의 명령법이었으나, 단순 부사에 해당되는 것이 되었으며, 특히 긍정적인 혹은 부정적인 행동에 특별한 주의를 환기시키기 위해 사용되었다.

53. μακροθυμέω("길이 참으라")의 복합적 의미를 나타내는 칠십인역 및 다른 고전 본문들의 광범위한 목록으로는 Johnson(*The Letter of James*, 312–13)을 보라.

54. Tamez, *The Scandalous Message of James*, 43–46. 위의 48쪽을 상기해보라. 참고. Deiros, *Santiago y Judas*, 241–44, 246–50.

초대 교회에서 "강림하심"(παρουσία)이라는 말은 이내 예수님이 영광 중에 심판자로 다시 오신다는 고정된 의미를 지니게 되었다.[55] 야고보가 여기에서 이 주제를 제기하는 이유는 아마도, 사람들이 불의 가운데서 발견할 수 있는 유일하게 완벽한 위로는 하나님이 그분의 때에 완전한 정의를 이루시리라는 깨달음이기 때문일 것이다. 야고보는 방금 악인들에게 그리스도의 재림으로 시작될 심판날에 하나님이 그들을 반대하실 것이라고 경고했다. 여기에서 예수님의 동일한 나타나심은 신자들에게 위로를 준다.

약 5:7c-e 보라 농부가 땅에서 나는 귀한 열매를 바라고 길이 참아 이른 비와 늦은 비를 기다리나니(ἰδοὺ ὁ γεωργὸς ἐκδέχεται τὸν τίμιον καρπὸν τῆς γῆς μακροθυμῶν ἐπ' αὐτῷ ἕως λάβῃ πρόϊμον καὶ ὄψιμον). 야고보는 이어서 기다린다는 것이 무슨 의미인지 예를 들어 설명한다. 농부들은 이상적인 예다. 일단 자기 땅에 씨를 심으면, 그들은 농작물이 자라고 열매를 맺는 데 아무것도 할 수 없기 때문이다. 일세기 때는 특별히 더 그랬다. 그래서 그들은 추수를 하기 위한 적절한 때가 오기를 기다려야 한다.

이른 비와 늦은 비[56]는 독자들이 잘 알고 있는 지중해 유역 동반부의 표준적인 기후적 특성이었다. 이른 비는 보통 시월 중순에서 십일월 중순까지 지속된 반면, 늦은 비는 3월과 4월 주요 기간에 걸쳐 내렸다.[57] 그래서 두 개의 주요 수확(그리고 파종)철이 가을과 봄에 있다. 하지만 농부들은 그 사이에 한가하게 앉아있을 수가 없었으며, 잡초를 뽑고, 괭이질을 하고, 비료를 주고, 농작물이 무성한 열매를 맺기 위해 그들이 할 수 있는 일을 하느라 열심히 일했다.[58] 야고보의 유추는 그의 청중에게 깊이 공감을 얻었을 것이다. 그들 중 많은 사람들이 분명 농부들이었기 때문이다.

우리 역시, 비를 내리거나 농작물이 자라는 과정에서 농부가 하나님의 손길을 강요하기 위해 할 수 있는 일은 아무것도 없는 것과 마찬가지로, 우리도 하나님의 시간표가 아닌 다른 어떤 시간표에 따라 그리스도가 다시 오시도록 강요할 수 없다는 사실을 쉽게 인식한다. 그동안 우리는 세상에서 하나님의 목적이 성취되도록 기여할 수 있는 모든 것을 하면서, 하나님 나라 일에 부지런히 애써야 한다. 존슨은 열매에 대해 "귀한"(τίμιον)이라는 색다른 호칭을 사용한 것을 주목하면서, "이것은 분명 성경 문헌에서 농산물 같은 초라한 것에 대해 보석이나 왕관과 연관되는 호칭을 부여한 유일한 경우다"[59]라고 말한다. 풍년이 될 것이라는 보장도 없이 일하고 기다려야 했던 농부들에게는 농산물은 정말로 "귀한" 것이 될 것이다(마태복음 7:16-20을 상기해보라). 그리스도의 재림에 대한 약속을 가지고 있는 우리도 역시 기다리는 일의 가치를 그렇게 귀하게 여겨야 한다. 그리스도인들

---

55. Johnson(*The Letter of James,* 314)은 이러한 이해를 지지하며 구약과 칠십인역 그리고 고전 문헌들에서 유용한 배경을 제시한다. 야고보서에서 "강림하심"(παρουσία)은 특별히 예수님의 재림을 말하는 것으로, 이렇게 이해하는 것이 어떻게 "사실상 전문적인 기독교적 용법을 반영하는지" 보여주는 것이다. Laws(*The Epistle of James,* 208-9)는 이 용어가, 적어도 야고보서에서는, 예수님이 심판자로 오시는 것을 말한다고 덧붙인다.

56. 여기에서 사본상 이문들은 "받다"(우리말 성경에는 이 말이 번역되어 있지 않음—역주, λάβῃ)라는 동사에 목적어를 부여하려는, 즉 "이른"이라는 말과 "늦은"이라는 말 둘 다가 수식할 만한 명사를 제공하려는 시도를 나타낸다. 선택된 이문은 가장 어렵고 가장 짧은 것으로, 𝔓[74]와 B의 지지를 받는다. 두 번째 이문은 더 명백한 목적어—"비"(ὑετόν)—를 덧붙이며, A와 Ψ의 지지를 받는다. 반면 세 번째 이문은 ℵ(원본과 교정본이 같은 독법에 대해 약간 다르다)의 지지를 받는 것으로, 목적어가 열매가 되게 만든다. 그래서 농부가 이른 열매와 늦은 열매를 받는 보다 극적인 변화를 이루고, "이른과 늦은"이라는 말에서 암시된 "비"를 빼놓는다.

57. 겨울비(그리고 드문 경우에는 눈)는 또한 12월 말과 1월 초에도 왔으며, 그래서 일부 주석가들은 이것 역시 야고보의 구상 안에 맞추려 한다. 하지만 신명기 11:14의 칠십인역에서, "이른"과 "늦은"에 해당하는 같은 동사가 '가을'과 '봄'을 보다 분명하게 의미한다. 그래서 아마 여기에서도 그렇게 이해하는 것이 정확할 것이다(Moo, *The Letter of James,* 222-23). 참고. Keener, *The IVP Bible Background Commenatry,* 702.

58. Hartin(*A Spirituality of Perfection,* 64-65)은 이 점에서 수동성과 참는 것을 대조시킨다.

은 그리스도의 재림을 "잘 기다리도록" 부름받았다.

약 5:8 너희도 길이 참고 마음을 굳건하게 하라 주의 강림이 가까우니라(μακροθυμήσατε καὶ ὑμεῖς, στηρίξατε τὰς καρδίας ὑμῶν, ὅτι ἡ παρουσία τοῦ κυρίου ἤγγικεν). 야고보는 '적극적인' 기다림이라는 그의 주제를 이어간다. 분명 그는 독자들에게 주님을 기다리고 인내해야 한다고 각인시키기 원한다. 왜냐하면 그는 7절에서 사용했던 바로 그 명령법을 반복하기 때문이다. 하지만 다시 한 번 수동적이고 '한가한' 기다림이라는 개념과는 반대로, 야고보는 그들에게 "마음을 굳건하게 하라"고 촉구한다. 농부가 농작물이 익기를 기다리면서 건강한 추수를 위해 자신이 할 수 있는 모든 것을 다하는 것과 마찬가지로, 우리 역시 힘든 때를 인내심 있게 견디면서, 하지만 우리의 마음, 하나님에 대한 신뢰, 하나님과 우리의 관계를 강화시키기 위해 우리가 할 수 있는 모든 방도를 다하면서, 기다려야 한다.[60]

칠십인역에서, "마음을 굳건하게 하다"라는 이 관용구는 "여행을 위한 경우처럼 육체적 힘을 얻는 것(삿 19:5, 8; 시 103:15), 혹은 주님을 신뢰하므로 얻는 용기(시 111:8), 혹은 확고한 의도(집회서 6:37; 22:16; 또한 살전 3:13을 보라)"를 의미할 수 있다.[61] 우리는 하나님의 임박하심을 계속해서 의식하기 때문에 이 모든 것을 한다.[62] 야고보는 여기에서 "강림"(παρουσία)이라는 말이 시사하는 바, 그리스도의 재림만을 말하는 것이 아니라 하나님 나라에 관한 가르침 역시 말한다.[63] "가까우니라"(ἤγγικεν)는 동사는 완료 시제로 되어 있는데, 그것은 현재까지 지속되는 결과를 강조하는 용법이다. 그 동사로, 야고보는 주의 강림하심이 이미 가깝다는 것을 암시한다. 그것은 시간이 흐르면서 가까워졌기 때문이다. 하지만 물론 이것은 영원에 비추인, 하나님의 시간이라는 맥락에서의 가까움이다(참고. 시 90:4; 벧후 3:8–9). 현세적인 관점에서 보면, 우리는 "지체됨이 끝이 없는 것처럼 보일 때 소망을 유지하기 위해", "하나님의 타이밍이 의문스러워 보일 때 계속 신뢰하기 위해", "결과가 빈약한 것처럼 보일 때 의를 위해 계속 일하기 위해"[64] 우리 마음을 굳건하게 한다.

약 5:9 형제들아 서로 원망하지 말라 그리하여야 심판을 면하리라 보라 심판주가 문 밖에 서 계시니라(μὴ στενάζετε, ἀδελφοί, κατ' ἀλλήλων ἵνα μὴ κριθῆτε· ἰδοὺ ὁ κριτὴς πρὸ τῶν θυρῶν ἕστηκεν). 주님의 임박한 재림에 비추어, 야고보는 다시 한 번 그의 회중의 행동을 바로잡고자 한다. 전에 그랬던 것과 마찬가지로, 말로 인한 죄가 그의 청중에게 문제를 일으킨다.[65] 4:1–3에서 그들은 다투고 있었다. 반면 여기에서 그들은 공동체 내의 다른 사람들을 향해 원망만 하고 있다.[66] 하지만 싸움은 종종 불평으로 시작된다. 여기에서 그들의 투덜거림은 야고보

59. Johnson, *The Letter of James*, 314.

60. Baker("James," 103)는 이것이 5:5에 나오는 부자의 행동과 직접적인 대조를 이룬다고 말한다. 그 부자는 이 심판의 때에 "[자기] 마음을 살찌게 하였"다.

61. Johnson, *The Letter of James*, 315(참고. ESV, "확립하다"[establish]; NAB, "확고한"[steady]). 그 용어는 또한 한결같은 마음이라는 야고보의 주제를 계속 이어간다.

62. 이 ὅτι는 왜 그들이 자기 마음을 굳건하게 해야 하는지 그 이유를 제시하면서 원인절을 소개하고 있을 것이다. 그래서 우리는 내용절을 나타낼 만한 'that'보다 '왜냐하면'이라는 번역을 사용한 것이다.

63. 참고. 마태복음 3:2: "회개하라 천국이 가까이 왔느니라"(Μετανοεῖτε, ἤγγικεν γὰρ ἡ βασιλεία τῶν οὐρανῶν). 완료 시제 형태 ἤγγικεν와 축어적으로 유사한 것을 주목하라.

64. Hubbard, *The Book of James*, 119–20.

65. Luke T. Johnson("The Use of Leviticus 19 in the letter of James," *JBL* 101 [1982]: 396)은 이 해설에서 "야고보서에서 레위기 19장에 대한 가능한 암시 중 가장 미약한 것"이라는 불평을 발견한다. "나는 그것이 레위기 19:18a의 주제 암시라고 말하고자 한다. 그것은 '사랑의 법' 바로 앞에 나오는 것이다." 그의 논리는 잘 표현되어 있지만, 그런 결론에 도달하려면 몇 가지 조합 단계가 필요하다. 이것은 마태복음 7:1에 나오는 판단하는 것에 대한 예수님의 가르침과 더 유사하다.

66. Johnson(*The Letter of James*, 316)은 "향해서"(against, κατά)라는 말이 "'탄식'의 대결적 성질"을 강화한다고 주장한다.

가 방금 주입시키려 애썼던 인내와 대조를 이룬다. 다른 사람들을 비판하는 것은 그들을 판단하는 것을 의미한다. 그래서 야고보는 하나님의 심판을 상기시키는 것이다. 이 "원망"[grumbling, NIV, 참고. Williams, '투덜거림'(muttering)]이라는 개념은 자신들의 환경과 자신들의 지도자에 대해 투덜거리고 불평하면서 거듭 반복해 하나님의 인내를 시험했던 이스라엘 사람들을 상기시킨다.

이 회중은 어떤 불평거리를 가지고 있는가? 어쩌면 그들은 지주에 대한 그들의 좌절을 서로에게 투사할 것이다.[67] 혹은 어쩌면 그들은 억압을 어떻게 다루어야 하는지에 대해 의견이 일치하지 않을 것이다. 그리고 서로 다른 당파들이 분노에 차 서로에게 불평을 하고 있을 수도 있다. 어쩌면 그들은 자신들이 한 회중으로서 직면하고 있는 문제들에 대해 서로를 비난하고 있을 것이며, 혹은 문제 자체를 피하기 위해 서로를 비난하고 있을 수도 있다(참고. NTLT: "너희의 문제거리들을 서로에게 책임지게 하지 말라"). 하지만 이제 그들의 불평은 심판으로 그들을 위협한다. ἵνα μή라는 표현은 문자적으로는 "…않도록 하기 위해"(in order that…not)라고 문자적으로 번역할 수 있다. 하지만 "…하지 않도록"(lest)이 같은 개념을 전달하는 좀 더 구식이긴 하지만 더 매끄러운 번역이다. 야고보는 다시 한 번 강조의 완료를 사용한다. 이번에는 "서다"(ἕστηκεν)라는 것이다. 그것은 예수님의 임박한 재림을 묘사하는 것이다. 주님이 그분의 원수들에게 심판을, 그분의 백성에게 구원을 시행하실 준비가 되어 있기 때문이다.

그리스도인들은 종종 심판이 아주 먼 미래에나 일어날 일인 것처럼 행동한다. 하지만 야고보는 그리스도의 재림은 매우 임박해 있다고, 현관 문지방에 있다고 주장한다. 그래서 우리는 이미 이생에서 시작되었고 그분이 재림하실 때 절정에 이르게 될 심판에 대해 준비된 사람으로 행동해야만 한다. 이 구절은 아마 4:12에 나오는 "오직 한 분이신 입법자와 재판관"에 관한 논의를 말할 것이다. 그 두 본문은 놀랄 만큼 유사하다. 야고보서 4:11-12은 서로 비방하는 것에 대해 경고한다. 여기에서 사람들은 서로 불평하고 있다. 그래서 야고보는 다시 한 번 그들에게 그들을 심판하실 심판자에 대해 상기시켜야 한다.[68] 이 불평의 정확한 형태는 불분명할지 모르지만, 서로에 대한 회중의 태도는 분명 하나님의 인정을 받지 못한다(참고. 마 7:1-6). 하늘에서 받는 영원한 상의 단계들이라는 논란이 되는 개념에 관해 우리가 어떤 견해를 가지고 있든 간에, 최소한 이 신자들은 심판날에 그리스도로부터 더 심한 책망과 덜 따뜻한 칭찬을 받을 각오를 해야 한다(참고. 고전 3:14-15; 요이 8절).

약 5:10 형제들아 주의 이름으로 말한 선지자들을 고난과 오래 참음의 본으로 삼으라(ὑπόδειγμα λάβετε, ἀδελφοί,

67. Moo, *The Letter of James,* 224. 스트레스를 받을 때 우리는 가장 가까이 있는 사람들에게 우리의 좌절을 퍼붓는 경향이 있다.

68. Davids(*The Epistle of James,* 185)는 재림에 대한 언급들에 비추어볼 때 그의 심판자는 십중팔구 그리스도일 것이라고 주장한다. 하지만 4:12에 나오는 "입법자와 재판관은 한 분이시니"라는 언급 때문에 Hartin(*James,* 243)은 하나님을 염두에 두고 있다는 결론에 이르게 된다.

69. 이 구절 안에 있는 이중적 대격을 주목하라. "하나의 본[으로서]…선지자들"(ὑπόδειγμα…τοὺς προφήτας). "선지자들"이라는 단어는 직접 목적어를 형성한다. "본"은 술어 목적어다.

70. "고난과 오래 참음"(τῆς κακοπαθείας καὶ τῆς μακροθυμίας)이라는 표현은 아마 중언법["두 개를 통해 한 (개념)을" 나타내는 것]일 것이다. 거기에서 두 개의 등위 명사 중 하나 혹은 둘 다가 실제로 다른 하나를 규정하는 데 도움을 준다. 그래서 "고난 속에서 오래 참음" 혹은 심지어 "오래 참는 고난"이라는 번역이 받아들여질 만하다(Kistemaker, *James and the Epistles of John,* 170을 보라). Johnson(*The Letter of James,* 318)은 사람들이 여호와의 이름으로 말하는 참된 선지자와 거짓 선지자를 구분하는 데 따르는 어려움을 지적하며, "참된 선지자들은 역경, 특히 청중이 그들의 말을 듣지 않고 거부하는 역경을 견딘 사람들로 인식되게 되었다"는 전통을 밝힌다. 그것은 예레미야와 에스겔에게 근거를 두고 있는 전통이다. 그는 "그런 핍박에 대한 경험 자체가 그 공동체가 그렇게 고난받은 참된 선지자들과 한길을 가고 있다는 유대감을 심어주는 데 도움이 된다"(319)고 덧붙인다.

τῆς κακοπαθίας καὶ τῆς μακροθυμίας τοὺς προφήτας οἳ ἐλάλησαν ἐν τῷ ὀνόματι κυρίου). 야고보는 자신의 요점을 예시하기 위해 고난을 받고 또한 참을성 있게 기다려야 했던 그리고 부적절한 방식으로 불평하지 않았던 구약 인물들의 예를 든다. "본"(ὑπόδειγμα)이라는 명사는 '보여주다'(δείκνυμι)라는 동사에서 나온 것으로, 따라 하도록 되어 있는 유형 혹은 모범을 나타낸다.[69] 야고보가 제시하는 이 "본"은 그저 지적 토론과 고찰만을 위한 것이 아니라, 모든 회중의 삶을 위한 모범이 되어야 한다. 선지자들이 고난을 받았을 때, 그들은 여전히 그들이 말하고 행한 일에서 하나님의 영광을 구했다.[70]

야고보가 제시하는 선지자들의 본은 평화주의와 폭력 사이의 중간 지대로 나아가며 그 두 극단 중 어느 쪽으로도 흔들리지 않는다. 타메즈는 선지자들의 영웅적 행위를 강조한다. "그들은 그들의 행동 때문에 억압과 순교를 당했으며, 억압받는 자들과 약한 자들을 방어해 주려는 동일한 행동들 때문에 복되다고 선포된다."[71] 처치는 선지자들이 "주의 이름으로 말한" 방식의 핵심에는 불의를 웅변적으로 공공연히 비난하는 것이 포함되었으며 심지어 그런 불의를 행한 사람이 왕이었을지라도 그렇게 했다고 덧붙인다.[72] 하지만 그들은 언제나 폭력적 보복이나 혁명을 선동하지는 않았다. 선지자들이 주의 이름으로 말한 것처럼, 그리스도인이라는 이름 자체에 그리스도를 드러내는 사람들인 모든 그리스도인은 그들이 말하고 행하는 모든 것을 통해 세상에 그리스도를 나타내도록 그에 합당하게 행동하고 그분께 수치를 드리지 않도록 해야 한다.

약 5:11 보라 인내하는 자를 우리가 복되다 하나니 너희가 욥의 인내를 들었고 주께서 주신 결말을 보았거니와 주는 가장 자비하시고 긍휼히 여기시는 이시니라(ἰδοὺ μακαρίζομεν τοὺς ὑπομείναντας· τὴν ὑπομονὴν Ἰὼβ ἠκούσατε καὶ τὸ τέλος κυρίου εἴδετε, ὅτι πολύσπλαγχνός ἐστιν ὁ κύριος καὶ οἰκτίρμων). 야고보는 그의 유추들을 계속 이어나간다. 이 구절 첫 부분은 흥미로운 역설을 드러낸다. 우리 자신은 고난을 겪는 데 관심이 없을지라도, 우리는 다른 사람들이 고난을 견디는 것에 대해서는 기꺼이 복되다고 하고도 남는다는 것이다! "인내하는 자"(ὑπομείναντας)라고 번역된 부정과거 실명사 분사는 끝까지 신실함을 지키는 사람들을 암시한다.

제2성전 유대교 문헌은 욥의 고난에 대해 상세히 말하면서, 하나님이 그를 회복시켜주시기 전에 대단히 오랫동안 그 고난이 지속되었다고 주장한다. 그래서 그가 인내의 첫째 모범이 된다는 것이다.[73] 실로, 참고 견디는 것은 '욥의 언약'(*Testament of Job*)에서 욥이 분명하게 칭찬을 받는 유일한 특성이다.[74] 그가 받은 시험이 몇 달 동안, 혹은 몇 년 동안 지속되었든 간에, 욥은 시련 가운데 인내한 최고의 성경적 예다. 그는 하나님의 정의에

---

71. Tamez, *The Scandalous Message of James,* 30.

72. Church, "James," 407.

73. 성경 본문에서, 욥은 "자신의 고난에 대해 침묵하는 쪽은 아니었다. 그는 자신이 처한 비참한 환경 때문에 하나님께 통렬한 불평을 한 사람이었다." 그것으로 보아 야고보는 욥에 대한 그의 묘사를 정경 본문에서만 가져오지는 않았을 것이다(Martin, *James,* 194). Tamez(*The Scandalous Message of James,* 44)는 Church("James," 408–9)의 지원을 받아, 야고보의 요점이 욥의 격렬한 불평을 포함시키는 것이었으리라고 주장한다. 불의에 대한 신랄한 비난은 하나님이 정당함을 입증하시는 것을 기꺼이 기다리는 것과 짝을 이룰 때 적절한 것이 될 수 있기 때문이다. 이 문헌 내에 나오는 대비들 및 연대들이 서로 충분히 비슷하지 않다는 소수 견해에 대해서는 Patrick Gray, "Points and Lines: Thematic Parallelism in the Letter of James and the *Testament of Job,*" *NTS* 50(2004): 406–24를 보라.

74. Cees Haas("Job's Perseverance in the Testament of Job," in *Studies on the Testament of Job,* ed. Michael A. Knibb and Pieter W. van der Horst[Cambridge: CUP, 1989], 117–54)는 네 가지 소제목으로 이 주제를 상세히 설명한다. "전투 중에 굳건히 서는 것", "고집이 센 것인가 강인한 것인가", "인내", "악을 견디는 것" 등이다. "견디는 것"을 가장 좋은 전반적 범주로 지지하는 것은 Christopher R. Seitz, "The Patience of Job in the Epistle of James," in *Konsequente Traditionsgeschichte,* ed. Rüdiger Bartelmus, Thomas Krüger, and Helmut Utzschneider(Göttingen: Vandenhoeck & Ruprecht, 1993), 373–82 등이다.

대해 도전을 하기는 한다. 하지만 그는 포기하고 하나님을 저주하지 않았으며, 욥기 42:7에서 하나님은 욥이 말하는 방식을 칭찬하신다. REB는 그래서 "욥이 굳게 섰다"는 번역을 더 선호하여, "인내"라는 말에 첨부되는 어려움을 다소 경감시킨다.[75]

여기에서 τέλος는 욥에게 닥친 이 재앙들을 허용하신 주의 '목적' 혹은 '목표'라는 의미에서 "결말"을 의미하는 듯하다. 다른 견해는 그 용어를 욥의 운명이 회복되었을 때 욥의 삶의 "결과"를 묘사하는 것으로 보는 것이다.[76] 여기에서 "주"(κύριος)라는 말의 용례는 예수님을 말하는 것이 아니라 하나님 자신을 말하는 듯하며, 욥의 삶에서 "독자들은 하나님이 이루신 목적/결과를 상기하게 된다." 그것은 고난 가운데 있는 그들을 격려해 줄 것이다.[77] 야고보는 우리가 하나님의 목적을 모르고 있도록 놓아두지 않고, 하나님의 은혜를 보게 하기 위해 그 일이 일어난다고 설명한다. 하나님은 지금 억압을 받고 있는 사람들에게 자비와 긍휼을 부어주실 것이다. 여기에서 ὅτι-절은 이 구절과 욥의 고난에 대해서뿐 아니라 5:7–11 전체에 대한 설명 역할을 하며, 고난의 신학적 근거를 하나님의 성품 안에서 찾는다.

약 5:12 내 형제들아 무엇보다도 맹세하지 말지니 하늘로나 땅으로나 아무 다른 것으로도 맹세하지 말고 오직 너희가 그렇다고 생각하는 것은 그렇다 하고 아니라고 생각하는 것은 아니라 하여 정죄 받음을 면하라 (Πρὸ πάντων δέ, ἀδελφοί μου, μὴ ὀμνύετε μήτε τὸν οὐρανὸν μήτε τὴν γῆν μήτε ἄλλον τινὰ ὅρκον· ἤτω δὲ ὑμῶν τὸ Ναὶ ναὶ καὶ τὸ Οὒ οὔ, ἵνα μὴ ὑπὸ κρίσιν πέσητε). 야고보는 "무엇보다도"(πρὸ πάντων)라는 말로 마침내 모종의 절정에 이른다. 하지만 무엇의 절정인가? 한 가지 가능성은 5:12이 전체 서신서의 마지막이자 절정에 이르는 부분을 소개해서, 12절을 13–20절과 같이 살펴보아야 한다는 것이다.[78] 하지만 맹세를 하는 것은 일반적인 결론적 권고의 일부인 것 외에는, 육체적 치유를 위한 기도에 직접적인 관련이 전혀 없다. 다른 견해는 12절이 경제적 착취에 대한 적절한 반응으로서, 혹은 아마도 올바른 말을 강조하는 3장 첫 부분까지 거슬러 올라가는 더 큰 범위의 본문을 요약하는 것으로서 7–12절의 절정을 형성한다는 것이다.[79] 베이커는 "야고보는 아마 맹세를 가장 심각한" 말의 죄로 여길 것이라고 주장한다. "깨어진 맹세는 하나님을 직접 거짓에 관여시키기 때문이다."[80] 전후 문맥으로 볼 때, 베이커는 야고보가 이 구절을 여기에 둔 이유가 가난한 사람들이 "채무자의 독촉을 피하기 위해 혹은 음식과 다른 생필품을 외상으로 얻기 위해 맹세를 사용하려는 유혹을 받을" 수 있기 때문이라고 주장한다. 곧 기적이나 일어나야 돈을 갚을 수 있다는 것을 알면서도 그렇게 한다는 것이다.[81]

베데 부주교는 헤롯 안티파스의 표현을 참조하면서,

---

75. 또한 Townsend, *The Epistle of James,* 100도 그렇게 본다. Hillel A. Fine("The Tradition of a Patient Job," *JBL* 74 [1955]: 28–32)은 욥기 27–28장이 인내하는 욥을 드러낸다고 생각한다. 하지만 그렇게 하면서 이것이 같은 시기에 쓰였다고 보기에는 그것이 책 나머지 부분에 나오는 욥에 대한 지배적인 묘사와 너무 다르다는 것을 인정한다.

76. 아마 '결말'(end)이라는 말이 지닌 두 가지 의미 모두를 어느 정도 의도하고 있을 것이다. 여호와는 그 목적하시는 바를 실제로 이루시기 때문이다. 참고. Edgar, *Has God Not Chosen the Poor?* 207; Robert P. Gordon, "Καὶ τὸ τέλος κυρίου εἴδετε(Jas. v.11)," *JTS* 26(1975): 91–95. 어느 쪽이든 "주께서 주신"(of the Lord, κυρίου)이라는 말은 여전히 주격 소유격이다.

77. Johnson, *The Letter of James,* 320.

78. 예를 들어, Davids, *The Epistle of James, 189; Laws, The Epistle of James,* 203; Martin, James, 203.

79. 예를 들어, Ropes, *A Critical and Exegetical Commentary on the Epistle of St James,* 300; Adamson, *The Epistle of James,* 194; Johnson, *The Letter of James,* 327의 다양한 접근법들을 보라.

80. Baker, "James," 105. Keener(*The IVP Bible Background Commentary,* 702)는 "맹세의 가장 완전한 형태에는 자기 저주가 포함된다. 그것은 '내가 이 일을 하지 않는다면 하나님이 나를 죽이시기를' 등과 같이 말하는 것이다"라고 덧붙인다.

81. Baker, "James," 106. Baker는 이 맥락에서 '맹세하는 것'은 욕설을 사용한다는 것이 아니라 "진실함이나 신뢰성을 나타내기 위해 하나

"헤롯은 이 심판의 희생물이 되었다. 그래서 그는 자신의 맹세를 어기거나 그렇게 되는 것을 피하기 위해 또 다른 수치스러운 행동[세례 요한을 처형하는 것]을 저지르게 되었다"[82]고 말한다. 욥이 "하나님을 욕하고 죽으라"(욥 2:9)는 말을 들었으나 그렇게 하지 않은 것에 비추어볼 때, 욥을 긍정적인 인내의 본보기로 사용한 것에 곧바로 이어서 성급한 말에 대한 경고가 나오는 것은 이해하기 쉽다.[83] 맹세는 우리에게 하나님께 영광을 돌리지 않는 행동을 하도록 강요할 수 있다. 우리의 말은 하나님께 영광 혹은 굴욕을 가져올 수 있다. 뿐만 아니라 우리는 다른 사람의 신뢰를 얻기 위해 어떤 것에 맹세할 필요가 없이, 우리의 말을 믿을 만한 것으로 인정받는 사람이 되어야 한다. 우리는 행하는 모든 것에서 진실함으로 살고, 말하며, 행동해야 한다. 야고보서를 통합하는 주제인 단일성과 이중성이라는 주제가 계속된다.[84]

적용에서의 신학

억압자들에게 선언된 심판(5:1-6)

부의 위험성에 대한 유대 및 기독교적 배경에 대해서는 앞의 65-66쪽을 보라.[85] 게다가 예레미야 25:34은 야고보서 5:1-6과 놀랄 만큼 비슷한 말을 사용한다. "너희 목자들아 외쳐 애곡하라 너희 양 떼의 인도자들아 잿더미에서 뒹굴라 이는 너희가 도살당할 날과 흩음을 당할 기한이 찼음인즉 너희가 귀한 그릇이 떨어짐 같이 될 것이라." 에녹 1서 87:8-10은 불의한 수단으로 부자가 된 사람들을 비난하면서, 그들에게 재물의 덧없음과 다가오는 심판 둘 다에 대해 경고한다. 누가복음 6:24에서 예수님은 부자들에게 그들이 그들의 상을 이미 받았다고 알리신다. 욥기 13:28은 "썩은 물건의 낡아짐 같으며 좀 먹은 의복 같"이 인간의 쇠약해짐에 대해 말한다(참고. 약 5:2). 집회서 29:10은 자신의 돈을 "돌 아래서" 녹슬게 하기보다는 친구들과 친척들을 위해 쓰라고 명한다(다시 한 번, 참고. 약 5:2).

예수님의 가르침에서 우리는 특히 "좀과 동록이 해하"(마 6:19)는 땅보다 하늘에 보물을 쌓

님의 이름 혹은 용납되지 않는 대용물을 사용하는 것"을 의미한다는 사실을 덧붙인다. Stulac(*James*, 176-77)은 왜 교인들이 맹세를 하고 있는지에 대한 Baker의 설명에 대해 하나의 이문을 제시한다. 아마 그들은 하나님이 그들을 곤경에서 구출해주시면 그들이 무엇을 할 것인가에 대해 하나님께 성급한 맹세를 하고 있으리라는 것이다.

82. Bray, *James, 1-2 Peter, 1-3 John, Jude*, 59. Leander(앞의 책에서)는 "맹세의 필요성은 확신이 없는 양심에서 온다. 진지함이 의심스러운 사람에게서 맹세를 끌어내는 것은 필요하다. 하지만 왜 너희 마음의 진지함을 너희 입술로 보여주어야 하는데 본의 아닌 맹세로 스스로를 구속해야 하는가?"라고 덧붙인다. Baker("James," 105)는 키케로의 일화 중에서 재판 때 증언을 한 어떤 사람에 대한 강력한 이야기를 말해준다. 배심원들이 그가 진리를 말하겠노라고 선서하지 않았다고 항변하자, "키케로는 말했다. '헬라인들은 정직하다고 입증된 사람의 신뢰성은 그의 성품의 진실함으로 확보되는 것이지 어떤 의식을 수행함으로써 확보된다고 여겨지는 것을 바라지 않았다'."
83. Moore, "Affinities of the Epistle of James with Synagogue Homily and Midrash," 34-77.
84. Hartin, *James*, 263.
85. 4:13-5:6을 특별히 에세네파 사람들의 세계와 도마의 복음서(Gospel of Thomas)에 비추어 본-약간의 과장이 있기는 하지만-사람은 Bent Noack, "Jakobus wider die Reichen," *ST* 18(1964): 10-25이다.

아놓으라는 그분의 명령을 생각한다. 야고보서 5:4에 나오는 의인화된 품꾼의 삯의 외침은 창세기 4:10에 나오는 똑같이 의인화된 아벨의 피의 외침을 생각나게 한다. 녹과 독이 불처럼 살을 먹는다는 것은 시편 21:9을 생각나게 한다. 거기에서 하나님의 원수들은 불에 삼켜질 것이다. 다시 한 번 레위기 19장에서 나온 한 구절(착취하지 않는 것에 대한 19:13)이 야고보서 5:4의 핵심 가르침 배후에 있는 듯하다.[86] 더욱 밀접하게 대비되는 본문(신 24:14-15)은 이스라엘 사람들에게 "곤궁하고 빈한한 품꾼은 너희 형제든지 네 땅 성문 안에 우거하는 객이든지 그를 학대하지 말며 그 품삯을 당일에 주고 해 진 후까지 미루지 말라 이는 그가 가난하므로 그 품삯을 간절히 바람이라 그가 너를 여호와께 호소하지 않게 하라 그렇지 않으면 그것이 네게 죄가 될 것임이라"(참고. 또한 창 4:10; 시 18:6; 말 3:5)고 명령한다.

소돔이 지은 죄 중 하나는 자기 하고 싶은 대로 다 하고 산 삶이라고 나온다(겔 16:49 칠십인역, 약 5:5에서와 똑같은 동사인 σπαταλάω를 사용한다). 전형적인 신약의 예는 누가복음 16:19-31의 비유에 나오는 부자다. 그는 언제나 호화로운 연회를 즐기면서도, 자기 식탁에서 나온 부스러기를 불구자인 거지 나사로에게 주는 것조차 거절했다(또한 누가복음 12:15-21에 나오는 어리석은 부자). 살육의 날에 대한 언급들은 이미 이사야 30:25, 예레미야 12:3, 에스겔 7:14-23에서도 나왔었다. 집회서 34:21-22에는 야고보서 5:6의 사법적 살인과 특별히 비슷한 이야기가 나온다. 거기에는 야고보서 5장의 다른 세부사항들 역시 나온다. "빵은 곤궁한 자들에게 생명이며 그들에게서 그것을 빼앗는 것은 살인이다. 너희 이웃에게서 그의 생계를 강탈하는 것은 그를 죽이는 것이며, 일꾼에게서 그의 품삯을 사취하는 것은 피를 흘리는 것이다"(REB). 물론 우리는 열왕기상 21장에서 아합이 나봇의 포도원 때문에 뾰로통해 있는 것이 보기 싫다는 이유만으로 이세벨이 그것을 강탈했던 예를 기억한다![87]

오늘날 가난한 사람들을 착취하는, 그리고 때로는 신자들에게 특별히 심하게 구는 비그리스도인 부자들의 예를 찾는 것은 쉽다. 많은 그리스도인들은 자기 고용주들의 바로 그런 행동에 대해 할 말이 많다. 하지만 문제는 개인적 차원을 훨씬 넘어선다. 전 세계 정부는 당연히 '국익'에 기초한 결정들을 주장하는데, 그것은 보통 그 나라의 가장 부유한 계층에게만 이익이 될 것이다.[88] 다국적 기업들은 최대의 이윤을 남기기 위해 가장 싼 해외 노동력을 찾을 것이다. 그들이 공정한 임금을 지불하든 아니든, 그리고 그들의 본사 혹은 주요 서구 공장이 근거지를 두고 있는 지역사회 인력 시장에 어떤 영향을 미치든 상관없이 그렇게 하는 것이다.

---

86. Wall, *Community of the Wise*, 230.

87. 야고보서의 이 부분 및 관련된 부분들의 선지자적 장르와 배경에 대한 철저한 제시와 분석으로는 Mark H. Taylor, "The Voice of the Prophets in the Letter of James"(M.A. thesis: Denver Seminary, 2008)를 보라.

88. 참고. Deiros, *Santiago y Judas*, 230-37. 실행 가능한 대안들로는 특히 Bob Goudzwaard and Harry de Lange, *Beyond Poverty and Affluence: Toward an Economy of Care*(Grand Rapids: Eerdmans, 1995)를 보라. 정부나 사회의 반응보다 기독교적 반응에 더 초점을 맞춘 것으로는 Bruce J. Nicholls and Beulah R. Wood, eds., *Sharing the Good News with the Poor: A Reader for Concerned Christians*(Grand Rapids: Baker, 1996)가 있다. 이 선집은 전 세계 수많은 사람들의 삶에 중대한 차이를 가져온 수많은 실제적 단계들을 제시한다.

89. Church, "James," 414-15. "당신의 재물과 당신의 영혼 사이의 중대한 연결"에 관해서는 그와 같은 부제를 가진 책인 Wesley K.

그들(혹은 부유한 현지 개인 소유주들, 해당 지역의 마피아, 혹은 정부 자신)은 표준 이하의 임금을 받고 일하는 '이주 노동자'들이 경작한 엄청나게 넓은 땅을 가지고 있다.

미국에서 이주 노동자들은 종종 비슷한 불의에 직면한다. 그것은 그들 중 일부–하지만 오직 일부뿐이다–가 또한 불법체류자라는 사실로 인해 더 복잡해진다. 심지어 충분한 자격을 갖춘 미국 시민 가운데서도, 근로자들의 구매력(즉, 어떤 지역의 생활비에 기초하여 평가한 임금)은 지역마다 크게 다르다. 인종, 원래 태어난 나라, 성별, 결혼 상태 등에 기초한 불공평이 여전히 놀랄 만큼 크다.[89] 월의 말은 곱씹어볼 만하다. "야고보식의 경건을 진지하게 액면 그대로 받아들인다면…북미 교회의 상당수가 하향 이동적인 자신들의 주님을 따르려고 하긴 하지만 자유주의적 민주주의의 경제적 상향 이동성에 적응된 편안함으로 인해 매우 불편해질 것이다."[90]

하지만 훨씬 더 불편한 몇 가지 적용거리가 있다. 얼마나 많은 상류층 혹은 중산층 서구 그리스도인들은 남아도는, 사용하지 않은 수많은 옷을 가지고 있을까? 그래서 옷장 속에 방충제가 없었다면 그 옷들이 좀먹었을 것인가? 다른 어떤 것을 위해서도, 그리고 분명 주님의 일을 위해서도 사용되지 않으며, 궁핍한 자들에게 주었다면 더 나았을 얼마나 많은 다른 불필요한 재산, 심지어 투자금이 있는가? 얼마나 많은 사람들이, 그들이 정말 솔직하다면, 5절의 생활방식과 위험할 정도로 비슷한 생활방식–사치와 방종의–대로 살아가는가? 그다음에 식당에서 먹지 않고 버려지는 엄청난 음식 쓰레기, 재활용될 수 있음에도 버려진 엄청난 분량의 쓰레기, 수리해서 사용하기보다는 새것을 사도록(아니면 수리 비용이 엄청나서 새것을 사는 것이 더 싸게 먹히도록) 제품을 계획적으로 노후화시키는 것 등이 있다.

한 세대 전에는 그저 같은 곳에 또 다른 건물을 세우기 위해 건물 전체를 무너뜨린다는 것, 혹은 쇼핑 센터 전체를 밀어 없애고 새로운 쇼핑 센터로 대신하는 것, 혹은 경기장 전체를 허물어버리고 좀 더 크고 멋진 경기장을 건설한다는 것은 듣도 보도 못하는 일이었다. 하지만 오늘날 이 모든 일들은 흔하게 일어난다. 얼마나 많은 교회들이 교회가 하나의 설비에 들어가지 못할 만큼 커지면, 더 큰 대규모의 건물을 세우는 것만이 현실적인 대안이라고 생각해서, 육체적 영적으로 곤궁한 사람들을 도울 수 있는 엄청난 돈을 그런 일로 전용하는가? 이와 같은 엄청난 낭비로 인해 하나님의 잠재적 심판이 쌓여가고 있다는 생각을 하면 섬뜩해진다.[91]

Willmer with Martyn Smith, *God and Your Stuff*(Colorado Springs, CO: NavPress, 2002)를 보라.

90. Wall, *Community of the Wise,* 246. 남미의 관점에서 본 것으로는 특히 René Krüger, "Antisociales, anticomunitarios y asesinos(Santiago 5: 1-6)," Cuadernos deteologia 20 (2001): 55-75를 보라. 북미 도시의 시점에서 본 것으로는 Robert Lupton, *And You Call Yourself a Christian: Toward Responsible Charity*(Chicago: CCDA, 2006)를 보라.

91. "야고보서의 이 부분은 미국의 많은 그리스도인을 전율케 해야 한다. 우리가 사는 문화가 근본적으로 레저를 지향하고 있기 때문이다. 사람들이 '놀기' 위해 산다고 말하든, '게임을 숭배한다'고 말하든 간에, 그런 모든 삶은 세상적 소유들을 주로 쾌락에 엄청나게 투자하고 있다는 것을 나타낸다…모든 문화 안의 이러한 이기적인 경향들은 하나님의 말씀으로 격렬히 공격을 받아야 한다. 그것이 엄청나게 죄가 된다는 사실을 알리고 그것이 다른 사람들에게 미치는 해로움을 드러내기 위해서다"(Richardson, *James,* 213). 참고. Motyer, *The Message of James,* 171: "우리는 사치스러운 소비

물론 우리는 오늘날 대부분의 자본주의적인 사회와 고대 지중해의 "한정된 재화"(세상에는 고정된 양의 재물이 있어서 어떤 사람이 더 많이 가지면 다른 사람이 필연적으로 더 적게 갖게 된다는 믿음)의 경제학 그 사이의 차이를 함부로 경시해서는 안 된다. 오늘날 많은 투자들은 배당소득이 계속 증가하고 국내외의 하나님 나라 일에 정기적으로 사용될 때 대단히 유익하다.[92] 조금만 조사를 해보면 투자자들은 근로자들을 사취하지 않고, 가난한 사람들을 착취하지 않으며, 환경을 파괴하지 않기 위해 온당한 노력을 하는 회사들을 분별하여 투자를 결정할 수 있다. 비슷한 조사를 하면 소비자들이 어떤 제품의 몇 가지 브랜드 중 무엇을 구매할지 결정할 때 더 경건하고 더 지혜로운 선택을 할 수 있다. 5:1–6에서 야고보는 저축이나 투자를 정죄하는 것이기보다는 쌓아놓는 것을 정죄하고 있다.[93] 그는 그 이기심을 몹시 나무라며, 방종한 삶을 위해 돈을 펑펑 쓰는 것은 더 심하게 나무란다.[94]

억압받는 자들에게 요구되는 선지자적 인내(5:7-11)

우리는 그런 격렬한 비난을 가한 사람이 곧이어 악한 중산계급과 전면전을 벌이지 않았을까 기대했을 수도 있다. 그러나 첫눈에 보기에 야고보가 평화주의자까지는 아니더라도, 완전히 수동적인 사람처럼 보일 것이다! 한마디로, "그냥 기다리라. 인내하라. 든든히 서라. 불평하지 말라"는 것이다. 참을성 있게 인내하는 것이 이 단락에서 야고보가 그의 교회들로부터 바라는 반응을 지배하는 것은 사실이다.

하지만 두 가지 중대한 조건이 있다. 첫째, 야고보가 이런 방침을 취할 수 있는 것은 그의 신정설–악의 문제에 대한 그의 해결책–때문이다. 그리스도가 다시 오신다. 그분은 곧 다시 오신다(적어도 하나님의 관점에서는).[95] 그리고 그분은 악인들에게 원수를 갚으실 것이다. 그것은 죄에 물든 유한한 인간은 절대 할 수 없는 일이며 그래서 하려고 애써서는 안 되는 일이다![96] 끝까지 기다리고 견디는 사람에게 비슷한 복이 주어지는 것에 대해서는 다니엘 12:12을 보라. 가장 중요한 신약의 배경 본문은 감람산 강화, 특히 마태복음 24:33이다. 거기에서는 그리스도가 가까이, 문 앞에 왔다고, 바야흐로 다시 오셔서 심판을 시작하신다고 되어 있다.

7–9절과 연결되는 또 다른 본문들로는, 수많은 구약 본문에서 잘 알려진 이른 비와 늦은 비가 있다(신 11:14–15; 렘 5:24; 호 6:3; 욜 2:23; 슥 10:1). 원망하지 않는 것은 야고보의 회중을 많은 이스라엘 자손이 여러 번 원망하고 이의를 제기했던 경우들–광야에서, 하나님의 지도

를 하지 않도록 단단히 붙잡고 있어야 한다." 완전한 적극적 해결책에 대해서는 R. Scott Rodin, *Stewards in the Kingdom: A Theology of Life in All Its Fulness*(Downers Grove, IL: IVP, 2000)를 보라. 구체적인 제안들에 대해서는 Brian Rosner, *Beyond Greed*(Kingsford, NSW: Matthias Media, 2004)를 보라. 참고. 지금은 특히 Wesley K. Willmer, ed., *Revolution in Generosity: Transforming Stewards to Be Rich toward God*(Chicago: Moody Press, 2008)을 보라.

92. 경제적 철학으로서 자본주의를 지지하는 일반적인 모든 책만큼 유용하지만 그것을 철저히 기독교적인 틀에서 비판하는 책은 Fred Catherwood, *The Creation of Wealth: Recovering a Christian Understanding of Money, Work, and Ethics*(Wheaton, IL: Crossway, 2002)이다.

93. 저축과 쌓아놓는 것을 구분하는 것에 대해서는 Barton, Veerman, and Wilson(*James*, 121)에 나오는 유용한 표를 보라.

자에게, 그의 선지자적 책망에 대해 그리고 궁극적으로는 예수님 자신을 거부한 것-과 구별해줄 것이다. 그것은 또한 그들을 심판에서 면하게 해줄 것이다. 그리스도께서 심판하는 마음에 대해 "너희도 비판을 받을 것이다"(우리말 성경에는 "비판을 받지 아니하려거든"-역주, 마 7:1)라고 경고하신 것과 마찬가지다. 수많은 역경이 외부에서 가해지던 시대에는, 그리스도인들끼리 서로 말다툼을 할 여유가 없다. 그 어느 때보다도 지금 그들은 서로 지지하고 격려해주어야 한다.[97]

야고보가 수동주의자가 아니라는 것을 보여주는 두 번째 조건은 10-11절에 나온다. 야고보는 절대 폭력적 저항을 너그럽게 보아주지 않을지 모르지만, 그가 그저 억압을 조용하게 받아들이라고 주장하고 있을 뿐이라면 매우 색다른 예인 두 가지 모델을 제시한다. 바로 선지자들과 욥이다! 더구나 그는 선지자들의 신적 영감을 받은 말에 특별히 주의를 기울일 것을 요청한다. 불의에 관한 구약 선지자들의 수사학은 언제나 직설적이고 비난을 가하는 것이었다. 여호와의 선지자들은 불의한 자들에 대해 보복을 시행하시는 하나님의 역할을 빼앗지는 않았지만, 분명 하나님이 기뻐하지 않으신다는 것과 다가올 심판을 분명하게 알렸다. 그러는 중에 그들은 왕들을 책망해야 했을 때에도 그렇게 했다![98] 욥의 인내 역시 조용히 침묵을 지키는 것은 전혀 아니었다. 욥은 유한한 관점 속에서도, 자신이 이렇게 심한 고난을 받아 마땅한 일은 아무것도 하지 않았다고 올바르게 인식했으며(그의 모든 '친구들'과는 달리), 하나님께 직접 설명해달라고 요구했다. 하나님이 마침내 말씀하셨을 때 욥은 적절한 겸손으로 반응했다.

이처럼 야고보는 당시의 혁명주의자적 열심당과 수도자적 에세네파의 중간 입장을 취한다. 욥, 선지자들 그리고 그 이전의 예수님과 마찬가지로, 그는 신자들에게 지혜로운 말을 통해 불의와 싸우라고 요구한다. 타락한 세상과 물리적으로 떨어져 있는 것 그리고 그 세상에 물리적 공격을 가하는 것은 둘 다 잘못이다.[99] 하나님은 그분의 완벽한 때에 모든 잘못을 바로잡으실 것이라 신뢰할 수 있다. 그분은 자비로우시고 긍휼하시기 때문이다(참고. 출 34:6; 시 103:8; 111:4). 하지만 하나님의 백성은 다른 사람들에게 악에 대한 임박한 심판과 의인의 정당함이 입증될 것에 대해 경고해야 한다.[100] 솔로몬 안드리아(Solomon Andria)는 여기에서 추가적인 중도를 말한다. "인내는 우리가 일부 집단의 특징인 예수님이 다시 오시는 날짜에 대한 열광적 추측과, 나뉘어진 마음으로 주님이 절대 다시 오지 않으실 것이라고 말하는 사람들이 보여주는 무관심을 둘 다 피하도록 도와줄 것이다."[101]

94. 이 세 가지 요점에 대해서는 Baker and Ellsworth, *Preaching James,* 113-15을 보라. 참고. 특히 Deiros, *Santiago y Judas,* 218-23.

95. 야고보의 "철저한 종말론"에 대해서는 Brosend, *James and Jude,* 146을 보라.

96. Reyes, "El grito del salario," 85-86. 참고. Tidball, *Wisdom from Heaven,* 32.

97. Townsend, *The Epistle of James,* 99.

98. 견본 본문의 긴 목록은 Keenan(*The Wisdom of James,* 147)을 보라.

99. Davids, *The Epistle of James,* 182.

100. 실제로 Susan R. Garrett("The Patience of Job and Jesus," *Int* 53 [1993]: 263)은 우리가 어떠한 항의도 없이 참을성 있게 견디는 유일한 때는 "중대하게 잘못된 선택을 해야 고난을 피할 수 있는 경우나 아니면 고난을 전혀 피할 수 없는 경우"라고 주장한다.

101. Andria, "James," 1515. Bill Moyers는 일부 사람들의 견해를 인용

비현실적인 약속을 피하기 위해 맹세를 금함(5:12)

이것은 야고보서의 다른 어느 본문보다도 예수 전승에서 직접 인용한 것에 가까운 듯 보인다. 예수님도 산상수훈에서 맹세를 금하시면서, 그들이 긍정의 말 혹은 부정의 말을 할 때 언제나 진실만을 말해서, 사람들이 그들의 말을 액면 그대로 받아들일 수 있게 하라고 명하신다(마 5:34-37).[102] 다시 한 번, 레위기 19장도 부각되는 배경이다. 예수님이 토라에서 거짓 맹세하지 말라고 금한 것을 전혀 맹세하지 말라는 그분의 주장과 대조시키셨을 때 레위기 19장이 배경이 되었던 것과 마찬가지다. 동시에, 이 구절들은 마태복음에 나오는 더 큰 "대조법" 부분(마 5:21-48)을 형성한다. 그 부분 전체는 그들의 역사적·문화적 시야에 비추어 해석되어야 한다. 예수님은 아마 예를 들면 법정에서 하는 맹세를 금할 생각은 없으셨을 것이다. 전후 문맥에서 보면, 문제는 바리새인들의 궤변, 곧 어떤 사람이 하나님보다 못한 어떤 것으로 맹세하면 그 맹세는 덜 구속력이 있다고 주장하는 것이었다(참고. 또한 마 23:22). 결국, 매우 다른 문맥들에서, 바울은 하나님께 자신의 말이 사실이라는 것에 대해 증인이 되어달라고 요청했으며, 하나님은 영감된 성경의 일부로서 그렇게 하셨다(고후 1:23; 갈 1:20). 반면 히브리서에서는 심지어 하나님도 당신 자신을 가리켜 맹세하고 서원하셨다고 강조한다(히 6:13-18).

야고보서의 문맥에서 제기되는 문제는, 종종 어기게 되는, 그래서 맹세를 한 사람의 성품과 기독교적 증거가 비난받게 되는 경솔하거나 비현실적인 맹세인 듯하다. 참으로 슬프게도 미국 문화는 삼 세대도 안 되어 엄청나게 타락했다. 제2차 세계 대전 이전에는 '신사의 악수'가 종종 기록된 계약서를 대신할 수 있었다. 지난 반 세기 대부분 동안, 사업가의 말을 신뢰하려면 공식적인 계약서가 필요했다. 그러면 사람들은 대부분 그 계약서를 신뢰했다. 그러나 오늘날에는 심지어 기록된 계약서조차 종종 위반해서, 일부 집단에서는 사람들이 심지어 그 과정이 비윤리적이라는 사실을 인식조차 못하는 지경에 이르렀다. 너무 많은 사람들이 말의 진실성을 잃어버리면 사회는 궁극적으로 붕괴한다. 그러니 그리스도인들은 계속해서 말이 의심없이 신뢰받을 수 있는 사람들의 선봉에 있어야 한다.[103]

한다. 그것이 James Watt의 견해라고 잘못 말하기는 하지만. "마지막 나무가 넘어진 후에, 그리스도께서 다시 오실 것이다"(www.commondreams.org/views05/0211-22.htm, 8/20/08에 접속). 환경을 파괴함으로 예수님의 재림을 재촉하려는 시도는 우리에게 땅을 잘 돌볼 책임을 부여하는 창세기 1:28-30의 가르침 및 하나님이 "땅을 망하게 하는 자들을" 멸망시키실 것이라고 나오는 요한계시록 11:18의 가르침과 정면으로 충돌한다. 하나님의 창조 세계를 부주의하게 다루는 것이 하나님의 시간표를 앞당기지는 않는다. 그것은 부주의한 사람들에게 심판을 초래할 뿐이다.

102. 각 사항에서 표현이 매우 유사함을 보여주는 유용한 대응표로는 Isaacs(*Hebrews and James*, 245)를 보라.

103. 추가로 William R. Baker, "'Above All Else': Contexts of the Call for Verbal Integrity in James 5:12," *JSNT* 54 (1994): 57-71을 보라.

CHAPTER 11

야고보서 5:13–20

문학적 전후 문맥

야고보서의 마지막 본문은 종종 이 서신서의 결론으로 여겨져 왔다. 그러나 그것은 표준적인 서신서 마무리라기보다 서신서 본문의 마지막 주제처럼 더 보이기는 한다.[1] 야고보의 개요에 대한 우리의 제안들이 정확하다면, 5:13–18은 야고보가 시련과 시험이라는 그의 주제를 전개하는 마지막 소부분에 매우 잘 맞는다.[2] 야고보의 회중 가운데 개인적으로 경제적 착취를 경험해보지 않은 사람들은, 그들이나 그들과 가까운 사람들이 심각한 질병을 경험해보았을 가능성이 충분히 있다. 아니면 그들이 아직 그런 경험을 해보지 않았다면, 조만간에 경험하게 될 것이다. 질병과 불구는 고대 지중해 사회에 창궐해 있었다. 현대 서구에 사는 우리가 당연히 누리고 있는 의약품들이 없었기 때문이다.[3] 이 그리스도인들은 그런 고난에 어떻게 반응해야 할지 알 필요가 있을 것이다.

심지어 19–20절에서도 또 다른 시험–믿음에서 떠나는 것–에 관한 야고보의 권고를 볼 수 있다. 동시에, 이 두 구절은 전통적인 서신서 결말은 아니지만, 서신서 본론이 18절로 결론이 난 후 이 서신서에 적절한 결말부를 형성한다. 그 구절들은 "주제를 짧게 되풀이해서 정리하는 헬라 연설의 끝맺음"–이 경우 "'수신자들의 변덕스러운 행위'"[4]–과 비슷하거나, 아니면 수신자들의 핵심적 문제에 대한 적절한 반응을 요약하는 짧은 권고(참고. 또한 요한일서 5장의 끝)이거나 둘 중 하나다.[5] 어느 경우든 형제들을 바로잡으라는 권고는 "야고보가 나쁜 행실을 피하고 선한 행실에 계속 전념하는 것에 관해 곳곳에서 기록했던 모든 것과 완벽하게 일치한

1. 이렇게 모호함이 있는 이유는 편지 끝부분에 종종 수신자의 건강을 바라는 말이나 기도가 나오듯이, 이 부분에 사람들의 건강에 대한 가르침이 포함되어 있기 때문이다. 참고. Edgar, *Has God Not Chosen the Poor?* 210. 그러나 보통 편지에는 그런 건강을 확보하는 의식 규정이 포함되어 있지 않다.
2. 5:13–18을 시험이라는 주제가 계속되는 것으로 보는 입장에 대해서는 또한 Wendell G. Johnson, "Does James Give Believers a Pattern for Dealing with Sickness and Healing?" in *Integrity of Heart, Skillfulness of Hands*, ed. Charles H. Dyer and Roy B. Zuck(Grand Rapids: Baker, 1994), 169–70을 참고하라.
3. 특히 Bolt, "Life, Death, and the Afterlife in the Greco–Roman World," 56–59을 보라.
4. Edgar, *Has God Not Chosen the Poor?* 213–14.
5. 특히 Francis, "Form and Function of the Opening and Closing

다."[6] 설령 그들이 갑자기 모두 성숙하지는 않는다 해도, 적어도 그들은 신앙을 포기해서는 안 된다.

5:13–20과 시험에 대한 앞의 두 부분(4:13–17과 5:1–12) 사이의 연관성에는 건강과 재물이 일반적으로 불확실하다는 것(오늘 있다가 내일은 사라지는), 그리고 기도(이 본문에서 고난에 대한 주된 적절한 반응)와 인내(7–11절에서 착취에 대한 반응의 핵심)는 더 구체적인 유사성을 지닌다는 것이 포함된다. 병이 낫기를 위해 주의 이름을 부르는 것(14절)은 옳다고 인정받기 위해 그리고 정의를 위해 주님께 의지하는 것(8–9절)과 비슷하다. 죄가 질병을 일으킨 원인의 일부였을 가능성(15–16절)은 하나님의 뜻을 고려하지 않는 죄가 일시적인 재물에 대한 사랑으로 이어질 수 있으며(13–17절), 가난한 자들을 착취하는 죄는 더욱 더 가혹한 심판으로 이어질 수 있다는 것(1–6절)을 반영한다. 엘리야의 예(17–18절)는 구약 선지자들과 욥에게 호소하는 것을 상기시키며(10–11절), 엘리야가 비가 내리지 않게 해달라고, 그리고 그다음에는 비가 내리게 해달라고 기도했다는 말은 농부가 이른 비와 늦은 비를 기다린다는 비유적 표현(7절)을 다시 사용한다.[7]

이 책에서 유사한 개념 혹은 말이 그다음으로 많이 무리 지어 나오는 부분은 당연히 야고보가 시험과 유혹에 대해 맨 앞에서 다룬 부분이다. 시험이 올 때 기뻐하라는 일반적 명령(1:2–4)이 지혜를 구하는 기도를 하라는 명령(5절)으로 이어졌던 것처럼, 기도는 또한 질병 가운데 고난받는 것에 대한 적절한 반응이다.[8] 야고보서에서 "떠나다"(πλανάω)에 해당되는 동사가 시험과 유혹에 대한 야고보의 두 번째 부분 중 1:16에서 야고보가 그의 청중에게 속지 말라고 말할 때 또 한 번 나오는 것처럼, 떠나버린 사람은 다시 돌아서게 해야 한다(5:19–20). 시련을 견디는 자들은 생명의 면류관을 받게 되는 것처럼(1:12), 떠났다가 돌아선 사람들은 죽음에서 구원을 받을 것이다. 어떤 사람의 죄가 통상적으로 다른 형태의 유혹에 굴복하는 데 중심 역할을 하는 것처럼(1:13–15), 죄는 때로 질병의 원인 중 일부가 될 수 있다. 하지만 하나님은 좋은 선물만 주신다(1:17–18). 그것은 적어도 때로는 육체적 치유를 포함한다.

마지막으로, 복음의 도와 동의어인 "진리"(5:19)는 1:18에 나오는 비슷한 약칭인 "진리의 말씀"과 유사하다. 더 암시적으로 말하면, 우리는 "믿음의 기도"(5:15)–보다 일반적으로 믿음에서 나오는 선행(2:14–26)에 비할 수 있는–에서, 그리고 비를 달라는 엘리야의 기도로 인해 맺어진 문자적 "열매"(5:18)와 위로부터 난 지혜에 의해 생겨난 의의 열매(3:13–18)에서 서신서의 다른 부분들이 반영되어 있는 것을 분별할 수 있다. 기도에 대한 핵심적 가르침은 4:2–3에도 나온다.

Paragraphs of James and 1 John," 125–26을 보라.

6. Giovanni C. Bottini, "Correzione fraterna e salvezza in *Giacomo* 5,19–20," *SBFLA* 35(1985): 13 (저자 번역)

7. Stulac(*James,* 179)은 12절을 13–20절에 대한 도입부로 보고, 따라서 기도(13–18절)가 맹세(12절)에 대한 대안이라는 말을 덧붙인다.

8. 참고. Hartin, *James,* 272–73. Hartin은 이런 언급들을 통해 편지 전체가 인클루시오 구조를 하고 있다고 본다. Cargal(*Restoring the Diaspora,* 46)은 1:1의 흩어져 있는 사람들에 대한 언급과 여기에서 믿음을 떠나 헤매는 사람에 대한 언급을 들어 또 다른 인클루시오를 찾아내지만, 이 주장은 근거가 더 약하다.

IV. 세 가지 주제의 확장(2:1-5:18)

C. 시련과 시험(4:13-5:18)

1. 하나님의 뜻과 상관없는 계획 수립(4:13-17)

2. 억압에 반응함(5:1-12)

➡ **3. 심각한 질병에 대해 기름을 바르는 기도(5:13-18)**

V. 마무리(5:19-20)

주요 개념

그리스도인들은 하나님께 중보하고 동료 신자의 삶에 개입함으로 고난, 질병, 죄의 문제를 처리해야 한다. 때로 죄는 고난 혹은 질병의 직접적 원인 중 하나일 것이고, 때로는 그렇지 않을 것이다. 죄가 원인일 때에는 죄에 대한 고백이 매우 중요하다. 어떤 상황에서나 기도는 능력이 있을 것이다.

번역

야고보서 5:13-20

13a	조건	**너희 중에 고난 당하는 자가 있느냐**
b	권고	**그는 기도할 것이요**
c	(a의) 대안	**즐거워하는 자가 있느냐**
d	권고	**그는 찬송할지니라**
14a	일반적/구체적 (13a와 함께)	**너희 중에 병든 자가 있느냐**
b	권고	**그는 교회의 장로들을 청할 것이요**
c	연속	**그들은…그를 위하여 기도할지니라**
d	방식	기름을 바르며
e	연관	주의 이름으로
15a	약속	**믿음의 기도는 병든 자를 구원하리니**
b	유사	**주께서 그를 일으키시리라**

c	조건	혹시 죄를 범하였을지라도
d	결과	**사하심을 받으리라**
16a	추론	그러므로 **너희 죄를 서로 고백하며**
b	연속	**서로 기도하라**
c	목적	병이 낫기를 위하여
d	(a–c의) 기초	(여러 면에서) **의인의 간구는…힘이 큼이니라**
e	때	역사하는
17a	예시	**엘리야는 우리와 성정이 같은 사람이로되**
b	확장	그가 비가 오지 않기를 간절히 기도한즉
c	결과	삼 년 육 개월 동안 땅에 **비가 오지 아니하고**
18a	(17b와) 대조	**다시 기도하니**
b	결과	**하늘이 비를 주고**
c	(b의) 결과	**땅이 열매를 맺었느니라**
19a	조건	내 형제들아 너희 중에 미혹되어 진리를 떠난 자를
b	연속	누가 돌아서게 하면
20a	약속	**너희가 알 것은** 죄인을…돌아서게 하는 자가
b	분리	미혹된 길에서
c	(a의) 재진술	그의 영혼을 사망에서 구원할 것이며 허다한 죄를 덮을 것임이라

구조

두 개의 짧은 질문이 이 본문을 소개하는 조건절에 해당된다. 어떤 사람이 고난을 받는다면 혹은 행복하다면, 그는 기도해야 한다(13절). 14절은 비슷한 질문-조건을 소개한다. 그것은 그 인용구 나머지 부분의 보다 구체적인 초점이다. 어떤 사람이 아프면, 그는 마찬가지로 기도해야 한다. 하지만 심한 경우에는 또한 교회 장로들을 불러 기름을 바르는 의식을 행하게 해야 한다(14절). 야고보의 약속은 비슷한 형태로 두 번 진술되어 있는데, 신실한 기도와 주님의 능력이 결합되면 바라던 치유가 일어나리라는 것이다(15a절). 어떤 경우 죄가 질병에 관여되어 있었을 수 있다. 그 경우에는 이 과정이 죄사함으로도 이끌 것이다(15b절). 이 후자의 결과에서 적절하게 추론할 수 있는 것은 신자들은 서로를 위해 기도하는 것과 함께, 서로에게 자신들의 죄를 자유롭게 고백해야 한다는 것이다. 가능한 가장 총체적인 치유가 일어나기를 바라면서 그렇게 하는 것이다(16절). 야고보는 가뭄과 비에 대에 대해 엘리야가 기도한 동기를 예로 들면서, 서신서 본론을 마무리한다(17–18절).

19–20절이 서신서 전체의 결론부를 형성한다면, 그것이 아무리 색다르다 해도, 그것을 13–18절과 계속 결합시키는 것은 다소 인위적이다. 그럼에도 불구하고, 이 두 구절의 기능이 서신 전체의 결론이라는 것은 완전히 확신하기는 어려우며, 또한 앞에 나온 부분과 자연스럽게 연결되는 점들도 있다. 가장 분명한 것으로는 죄와 그 결과로부터의 회복이라는 주제와의 연결이다. 그러므로 19–20절을 13–18절과 합쳐 한 설교의 두 부분으로 만들 수가 있을 것이다. 그렇게 되면, 이 마지막의 더 짧은 부분은 죄에 대한 추가적 반응을 제시할 것이다. 죄인이 죄를 고백하지 않는다면, 다른 신자들이 회복을 바라는 마음으로 그 고백을 할 수 있다. 성공하면 그들은 하나님의 죄사함이 이루어지도록 돕게 될 것이며 그 사람을 영원한 죽음에서 구원하는 일을 돕게 될 것이다.[9]

석의적 개요

IV. 세 가지 주제의 확장(2:1-5:18)

C. 시련과 시험(4:13-5:18)

➦ **3. 그리스도인들은 언제나 기도하고, 필요할 때는 그들의 죄를 고백해야 한다. 그것은 고난과 질병을 해결하기 위해서다(5:13-18).**

a. 그리스도인들은 삶의 모든 상황에 기도로 반응해야 한다(13절).

b. 그리스도인들은 질병에 대해 기도와 기름을 붓는 것으로 반응해야 한다(14-15a절).

c. 질병이 죄의 결과라면, 그리스도인들은 육체적·영적 치유를 받기 위해 그들의 죄를 고백해야 한다(15b-16a절).

d. 의인의 기도는 엘리야의 기도처럼 역사하는 힘이 크다(16b-18절).

V. 그리스도인들은 죄를 짓고 있는 동료 신자들의 삶에 개입해야 한다(19-20절).

A. 성공적인 개입(회개를 불러일으키는)은 그 사람을 혹 있을 수 있는 배교의 결과에서 구원해준다(19-20a절).

B. 성공적인 개입은 그 사람이 많은 죄를 지었더라도 죄사함을 가져올 수 있다(20b절).

9. 참고. Hartin, *James*, 282. "'내 형제들[과 자매들]'은…이것이 별개의 부분임을…나타낸다. 이 말은 그것이 앞에 나온 것과 무관하다는 뜻이 아니라, 그것이 야고보가 편지를 마무리 짓고 있다는 점을 나타내는 방식일 수 있다는 것이다(예를 들어, 비슷하게 끝내는 요한일서를 보라: '자녀들아 너희 자신을 지켜 우상에게서 멀리하라'[5:21])."

본문 설명

약 5:13 너희 중에 고난 당하는 자가 있느냐 그는 기도할 것이요 즐거워하는 자가 있느냐 그는 찬송할지니라[10](κακοπαθεῖ τις ἐν ὑμῖν, προσευχέσθω· εὐθυμεῖ τις, ψαλλέτω). 야고보는 부와 가난의 시험에서 질병과 죄의 시험으로 갑자기 넘어간다. 그렇게 하면서 기도에 대해 그가 전에 했던 논의로 다시 돌아온다. 이 구절은 이 부분에 대한 일반적인 서론을 제공하면서, 고난과 기쁨이라는 두 가지 극단을 강조하고, 적절한 반응들을 개략적으로 말한다. '기도하다'에 해당하는 첫 번째 동사(προσεύχομαι)는 야고보 시대에 '하나님께 말하는 것'을 나타내는 헬라어 동사들 중 가장 광범위한 것이다. '찬송하다'(ψάλλω)에 해당되는 동사는 영어의 '시편'과 같은 어원에서 나온 것이다. 그 두 명령어는 삼인칭으로 되어 있는데, 이것은 '하게 하다'(let)와 '해야 한다'(must) 사이의 절충적 의미를 나타내지만, '해야 한다'에 더 가깝다.[11] 현대 영어에서 '우리가 해야(should) 하는 것'이 그 말의 의미를 가장 가깝게 포착한다. 현재 시제들은 우리가 반복해서 기도하고 찬송해야 한다는 것을 시사할 수 있다(참고. NLT: "그들은 그것에 대해 계속해서 기도해야 한다" 그리고 "계속해서 주님을 찬송해야 한다").[12]

우리는 기도를 상황에 맞추어 수동적으로 체념하는 것이 아니라 또 하나의 혁명적 진술로 보아야 한다.[13] 기도에서 우리는 "만군의 주"(5:14을 기억하라), 우리가 당한 악행을 바로잡고 우리의 고통에서 우리를 도울 수 있고도 남는 분의 도움을 얻고 그분의 귀에 들려지는 것이다. "너희 중에"(ἐν ὑμῖν)라는 말을 사용한 것은 "야고보가 사적이고 개인적인 기도가 아니라 믿는 사람들의 공동체 안에서 이루어지는 기도를 생각하고 있었다"[14]는 것을 시사한다.

약 5:14 너희 중에 병든 자가 있느냐 그는 교회의 장로들을 청할 것이요 그들은 주의 이름으로 기름을 바르며 그를 위하여 기도할지니라(ἀσθενεῖ τις ἐν ὑμῖν, προσκαλεσάσθω τοὺς πρεσβυτέρους τῆς ἐκκλησίας καὶ προσευξάσθωσαν ἐπ' αὐτὸν ἀλείψαντες [αὐτόν] ἐλαίῳ ἐν τῷ ὀνόματι τοῦ κυρίου[15]). 야고보는 이제 기도에 대해 그가 지시했던 내용들을 보충한다. 겉으로는 앞에 나온 구절처럼 상황을 판별하고 해결책을 규정하는 같은 유형을 따르는 것처럼 보이면서, 그는 질병에 대한 적절한 반응을 묘사한다. 이 구절에서 제기하는 첫 번째 질문은 병이 육체적인 것인가 영적인 것인가 하는 것이다. 바울이 종종 "병들다"(ἀσθενέω)라는 말을 영적으로 사용한 반면, 복

10. Davids(*The Epistle of James,* 191)는 이 문장의 질문 및 대답 형태는 조건문과 유사해서, 다음과 같이 번역할 수 있다고 주장한다. "누군가…하면 그들은…해야 한다." 그것은 또한 각각을 하나의 진술로 번역할 수도 있다. "누군가…이다. 그들은…해야 한다." 하지만 이 번역은 말하는 방식으로는 자연스럽지 못하다.

11. Wallace, *Greek Grammar beyond the Basics,* 486.

12. 또는 13절을 모든 상황에 적용되는 두 개의 일반적인, 현재 시제의 명령을 포함하고 있는 것으로, 그리고 14절을 중병에 적용되는 두 개의 특정한 부정과거 시제를 포함하고 있는 것으로 생각할 수도 있다. 참고. Porter, *Verbal Aspect in the Greek of the New Testament,* 359.

13. Martin(*James,* 205)은 "야고보의 권면은 불안한 상황을 진정시키려는 것으로, 기도하는 것이 싸우는 것보다 훨씬 더 낫다고 제안하는 것으로 볼 수 있다…이러한 조언을 따를 경우, 교회가 겪고 있는 일부 고통은 (반드시 모든 고통은 아니다) 피할 수 있었을 것이다"라고 말한다.

14. Baker and Ellsworth, *Preaching James,* 143.

15. 여기에서 사본의 차이는 "주"가 누구인지 밝히려는 것 때문에, 또는 역으로 필사자들이 그 말을 생략시키는 것 때문에 발생한다. τοῦ κυρίου라는 독법은 ℵ와 Byz.,을 포함해 가장 광범위한 사본들의 지지를 받는다. 그래서 UBS 위원회는 {A} 등급을 부여했다. Metzger(*A Textual Commentary on the Greek New Testament,* 614)는 관사 혹은 "주의"라는 문구 중 어느 하나를 빼놓는 것은 "아마 필사자의 부주의 때문이었을 것"이라고 주장한다. 마지막으로, "주"라는 말에 "예수" 혹은 "예수 그리스도" 같은 다른 수식어를 추가하는 것은 야고보가 "주"(κύριος)라는 모호한 용법을 사용한 것을 명확하게 하기 위해 서기관들이 갖다 붙인 말일 것이다.

16. Sigurd Kaiser, *Krankenheilung: Untersuchungen zu Form, Sprache,*

음서에서(그리고 다른 거의 모든 곳에서) 그 동사는 육체적 질병을 말한다. 야고보서가 이른 시기에 쓰인 것, 그가 예수님의 가르침에 의지하는 것 그리고 그의 서신서에 언급된 다른 고난들이 구체적인 육체적 문제를 언급한 것 등에 비추어볼 때, 여기에서는 후자의 함축을 지닐 가능성이 더 많다.[16]

모티어는 이 구절들에서 야고보가 여기에서 말하고 있는 병이 얼마나 중한 것인지 암시하는 다섯 가지 사항을 이끌어내면서, 이 병든 사람이 자리에 누워있으며, 심지어 자신을 위해 기도할 힘도 없을 가능성이 있음을 시사한다. (1) 장로들은 병든 자들에게 청함을 받는다. (2) 장로들이 모든 기도를 한다. (3) 그 사람은 15절에서 "매우 지친" 혹은 "녹초가 된"(κάμνω에 대한 그의 이해)이라고 불린다 (4) 믿음은 또한 병든 사람의 믿음이 아니라 장로들의 믿음이다. (5) 장로들은 마치 그 사람이 납작 엎드린 자세를 하고 있는 것처럼 그 사람 '위로'(over) 기도한다(우리말 성경에는 "그를 위하여"-역주).[17]

병자성사, 혹은 종부성사라는 전통적인 가톨릭 성례와는 뚜렷하게 대조적으로, 이 기도와 기름부음의 목적은 죽기 전에 영적으로 깨끗하게 되려는 것이 아니라 이생에서 육체적으로 치유를 받기 위한 것이다.[18] 게다가 병든 사람은 사제(혹은 어떤 한 명의 교회 지도자)가 아니라 전체 지역 기독교 공동체를 대표하는 장로들을 청한다.[19] 그 명령의 가장 독특한 부분은 그들이 이 병자에게 기름을 발라야 한다는 것이다. 이에 대해서는 두 가지 주된 해석이 서로 경합하고 있다. 어떤 사람들은 기름을 상징적인 것으로 본다. 구약에서 왕에게 기름을 붓는 것은 그들에게 하나님의 임재하심을 상징했다는 의미에서 그렇다. 무는 고대 지중해 사회에서 기름을 의학적으로 그리고 의식용으로 사용한 것을 길게 논한 후, 여기에서 "기름을 바른다"는 것은 "상징적 의미를 지닌 물리적 행동을 말한다…장로들이 기도할 때 그들은 그 병자가 하나님의 특별한 주의와 돌보심을 위해 따로 구별되고 있다는 것을 상징하기 위해 그 사람에게 기름을 부어야 한다"[20]고 결론을 내린다. 이 절의 문법을 보면 장로들이 그 병자를 방문한 일차적 이유는 기도가 필요하기 때문임을 나타낸다. "기도할지니라"(προσευξάσθωσαν)는 주 동사가 그것을 나타낸다. "기름을 바르며"(ἀλείψαντες)라는 분사는 동반되는,[21] 하지만 종속적인 행동을 나타낸다. 기름은 하나님의 임재의 상징이다. 하지만 기도는 하나님의 능력으로 연결되는 장치다.

일부 학자들은 기름을 의약품으로 본다.[22] 그러나 유대 사회에서 육체적 치유를 위한 기름부음 의식과 부분적으로 비슷한 것으로 볼 때 이 견해는 별로 가능성이 없다.[23] 여기에서 "기름을 바르다"(ἀλείφω)에 해당되는 동사가 한결같이 상징적인 것(χρίω-'그리스도', 기름부

---

traditionsgeschichtlichem Hintergrund und Aussage zu Jak 5,13-18 (Neukirchen-Vluyn: Neukirchener, 2006), 29-41.

17. Motyer, *The Message of James*, 193-94.

18. Perkins(*First and Second Peter, James, and Jude*, 137)는 로마 가톨릭 교회 내의 예배 갱신이 이 의식을 육체적 치유에 더 광범위하게 적용하기 시작하고 있다는 것을 주목한다.

19. 여기에서 2:2에서처럼 "회당"(συναγωγή)이라는 단어보다 "교회"(ἐκκλησία)라는 단어가 나온다는 사실을 주목하는 것이 중요하다. 야고보는 분명히 기독교 공동체만을 언급하고 있는 것이다. 사회의 종교적 · 의료적 공동체 내에서 이루어지는 육체적 치유와 영적 치유 간의 총체적 상호작용에 대해서는 Martin C. Albl, 'Are Any among You Sick?' The Health Care System in the Letter of James," *JBL* 121(2002): 123-43을 보라.

20. Moo, *The Letter of James*, 238-240. 인용문은 242쪽에서 가져온 것이다.

21. 부정과거 분사는 상당히 소수의 경우로 문장에서 그것이 수식하는 주동사보다 뒤에 나올 때는 주동사의 행동 이전보다는 동시적인 행동을 말한다. 참고. Ropes(*A Critical and Exegetical Commentary on the Epistle of St. James*, 305) 및 거기에 인용된 고대 문헌.

22. 누가복음 10:34에서 선한 사마리아인의 행동을 보라. Davids(*The Epistle of James*, 193)는 고대 세계에서 기름을 약으로 사용하는 것을 보여주는 유용한 문서 목록을 제공해준다.

23. 가장 유사한 대비는 후기 랍비 문헌에 나온다(참고. *Eccl. Rab.* 1.8.4 with b. *Bab. Bat.* 116a); 기독교 이전의 선례는 *Life of Adam and Eve* 36; *Apoc. Mos.* 9:3, 13:1에 나올 수도 있다.

음받은 자의 경우처럼)은 아니지만, 그럼에도 그 말이 신약에서 아홉 번 나오는 중 여덟 번에서 기름붓는 의식을 암시하는 것임은 사실이다.[24] 그렇다고 해서 의료적 도움을 구하지 말아야 한다는 것은 아니다. 단지 그것이 야고보가 여기에서 염두에 두고 있는 바는 아니라는 의미일 뿐이다.

병고침 때마다 일관되게 기름부음이 언급되지는 않는 신약의 전반적인 가르침에 비추어볼 때, 이 한 구절을 병든 자를 위한 모든 기도에 반드시 기름이 수반되어야 한다는 말로 받아들여서는 안 된다. 동시에, 교인들이 대단히 고질적인 혹은 생명을 위협하는 질병에 걸렸을 때, 그 중 일부에 대해 이와 같은 관행을 이행하지 않을 이유는 없다. 이 구절은 또한 특별한 치유의 '은사'를 말하는 것이 아니며, 그보다 병든 자에게 기름을 바르는 일을 장로들, 곧 지도력을 발휘하고 몸 전체를 양육할 책임이 있는 교회 지도자로 정당하게 위임받은 사람들에게 부여한다.[25] "주의 이름으로"라는 서술구는 치유가 오로지 하나님의 뜻과 능력에 의해 이루어진다는 것을 상기시킨다.[26] 초대 교회 전체에서, 특히 사도행전에서 "예수님의 이름으로"라는 표현이 사용된 것에 비추어볼 때 여기에서 주님은 분명 그리스도일 것이다.

약 5:15 믿음의 기도는 병든 자를 구원하리니 주께서 그를 일으키시리라 혹시 죄를 범하였을지라도 사하심을 받으리라(καὶ ἡ εὐχὴ τῆς πίστεως σώσει τὸν κάμνοντα καὶ ἐγερεῖ αὐτὸν ὁ κύριος· κἂν ἁμαρτίας ᾖ πεποιηκώς, ἀφεθήσεται αὐτῷ). 이 구절은 우리가 믿음으로 기도하면, 하나님이 우리가 위해서 기도하는 사람을 고쳐주실 것이라는 대담한 주장을 한다.[27] "병든"(κάμνω)과 "일으키다"(ἐγείρω)에 해당하는 동사의 어원은 육체적 질병과 영적 질병 둘 다에 대해 그리고 그 질병들이 낫는 것에 대해 사용할 수 있다. 하지만 기름을 바르는 것이라는 맥락에서 볼 때 적어도 일차적으로는 육체적 질병일 가능성이 매우 높다.[28] '일으키는 것'은 이처럼 그들이 다시 나아 침대에서 일어나는 것을 말한다.

병든 자를 고쳐준다는 약속은 우리 중 담대하게 기도하는 데 어려움이 있는 사람들에게 매우 필요한 교정책을 제공한다. 우리는 하나님이 우리가 구하는 대로 하지 않으실까봐 두려워하거나 심지어 그렇게 추정하기 때문이다. 대신 우리는 담대하게 기도해야 한다. 그분이 능력과 사랑의 하나님이시라는 것, 그리고 그분이 자기 백성의 기도를 들으신다는 것을 믿고서 그렇게 해야 하는 것이다. 하지만 필요한 단서가 있다. 바울이 고린도후서 12:8-10에서 분명하게 제시하는 것처럼, 언제 어떻게 치유하실지는 하나님이 정하신다는 것을 기억해야 하며, 완전한 치유는 이생에서는 절대 일어나지 않는다는 것이다. 사실상 야고보가 "구원하다"(σῴζω)라는 말을 사용하는 다른 모든 경우에, 그 말은 영적 구원을 말한

24. 유일한 예외는 마가복음 6:13이다. Robertson(*Word Pictures in the New Testament,* 6:65)은 이렇게 Trench의 의견을 따름으로 그리고 ἀλείφειν이 "세속적이고 불경한" 단어라고 추정함으로 상황을 철저히 과장한다. 그래서 "본질적으로 야고보서에는 하나님과 의료, 하나님과 의사가 나온다"고 말한다. Gary S. Shogren("Will God Heal Us — A Re-Examination of James 5:14- 16a," *EvQ* 61[1989]: 99-108)은 네 가지 다른 해석에 대한 유용한 검토를 제시한다. (1) 의료적 용도 (2) 병자성사 (3) 심리학적 강화 (4) 신적 은총의 상징. 그러면서 (3)과 (4)의 결합을 선택한다. (1) 안에 대한 강력한 변호로는 Daniel R. Hayden, "Calling the Elders to Pray," BSac 138(1981): 258-66을 보라. (2)에 대해서는 참고. Charles Pickar, "Is Anyone Sick Among You?" CBQ 7(1945): 165-74.

25. John Christopher Thomas(*The Devil, Disease and Deliverance: Origins of Illness in New Testament Thought*[Sheffield: SAP, 1998], 21, 23)는 야고보가 "바울의 공동체에 있었을 법한(고린도전서 12장이 암시하는 듯한) 치유의 은사를 가진 사람들을 부를 것을 주장하고 있는 것이 아니"라고 말한다. 대신 "장로들을 불러야 하는 것은 그들이 교회 안에서 인정된 지도자들이었기 때문이다. 그 자체로서 그들은 공동체와, 육체적으로 아픈 사람들에 대한 공동체의 사역의 능력을 대표한다." 참고. "The Devil, Disease and Deliverance: James 5:14-16," *JPT* 2(1993): 25-50.

26. 참고. Stulac, *James,* 181-82; Tidball, *Wisdom from Heaven,* 194, 197.

27. Mark A. Seifrid("The Waiting Church and Its Duty: James 5:13-18,"

다. 이 본문은 육체적 치유를 말할 가능성이 높지만, 우리는 궁극적으로 하나님은 일시적인 육체적 건강보다는 영원한 영적 생명에 더 관심이 있으시다는 사실을 기억해야 한다.

우리는 기도할 때 하나님이 병을 고쳐주시리라고 절대 기대하지 않는 것과 하나님께 언제든지 병을 고쳐주실 것을 요구하는 것 사이 어딘가에서 균형을 발견해야 한다. "믿음의 기도"에 대한 정확한 정의를 규정하려 애쓰는 것은 당혹스러운 일이다. 하지만 아마도 1:5-8에 가장 좋은 설명이 이미 나온 듯하다. 거기에 보면 "하나님이 기도를 들으시고 응답하시리라는 확신에 찬 기대를 가지고"[29] 기도하라고 명한다. 그럼에도 이 명령들은 또한 4:15의 단서를 추정한다. 우리가 바라는 모든 것이 하나님의 뜻 여하에 달렸다는 것이다.[30] 그래서 키스 와링턴(Keith Warrington)은 "믿음의 기도는 성경의 인도가 나와 있지 않은 특별한 상황에 대해 하나님의 뜻을 아는 것이라고 규정하는 것이 가장 정확하다"고 결론을 내린다. 와링턴은 그럼에도 불구하고 그런 하나님의 뜻에 대한 지식이 종종 없다는 것을 인식한다. 그럼에도 우리는 여전히 기도해야 하며, 하나님께 우리의 바람을 대신할 권리가 있음을 인정하는 방식으로 기도해야 한다.[31]

문장의 후반부는 3급 조건절을 형성한다. 그것은 분명 하나님의 용서를 필요로 하는 어떤 죄 혹은 믿음의 결여가 있다는 가정을 반박한다(욥의 친구들의 계속 되풀이되는 잘못된 조언을 생각해보라).[32] 하지만 야고보는 과거의 죄들이 현재의 질병을 일으켰을 수도 있다는 생각을 배제하지 않는다.[33] 크리스토퍼 토마스(Christopher Thomas)는 병이 죄의 직접적인 결과인 경우 죄를 고백해야 하지만, "그 병든 신자가 자신이 저질렀을 수도 있는 어떤 은밀한 죄를 발견하는 일에 몰두해야 한다는 표시는 없다. 오히려 거기에서 함축하는 것은 병든 신자가 죄를 지었다면 무슨 죄를 지었는지 분명히 잘 알고 있으리라는 것이다. 또한 죄의 고백이 예배하는 공동체의 삶에서 통상적으로 이루어져야 한다는 인상 역시 준다"고 말한다. 하지만 우리는 "특정한 질병은 단지 죄된 세상에서 사는 결과"[34]라는 것을 기억해야 한다.

어떤 사람들은 이 구절들이 사도 시대에만 유효한 활동을 나타낸다고 주장했다. 그래서 우리는 더 이상 초자연적 치유를 기대할 권리가 없다는 것이다.[35] 하지만 야고보는 그의 명령이 얼마나 오래 혹은 누구에게 적용되는지에 대해 어떤 제한도 두지 않는다. 그리고 기적적인 치유는 성경과 교회사 도처에서 선하고 경건한 목적들을 위해 일어났으므로,[36] 우리는 감히 그런 활동을 어떤 일정한 시기에만 일어난 것으로 국한시키지 말아야 한다.

약 5:16 그러므로 너희 죄를 서로 고백하며 병이 낫기를 위하여 서로 기도하라 의인의 간구는 역사하는 힘이 큼이니라

SBJT 4, no. 3 [2000]: 32-39)는 "마무리 교훈에서 가장 위대한 부분은 회중 안에서 질병과 죄를 다룬다는 것이다. 우리는 종종 그런 문제들을 교회로서 우리 삶의 주변으로 밀어놓는다. 하지만 야고보는 그것을 중심에 놓는다. 의심할 바 없이 그가 그 안에서 복음과 그 능력의 주된 표현을 보기 때문이다"(33)고 말한다.

28. Kaiser, *Krankenheilung*, 41-48, 77-84.

29. Thomas, *The Devil, Disease and Deliverance*, 30.

30. Moo, *The Letter of James: An Introduction and Commentary*, 182를 보라. 유사한 상황이 산상수훈에 나온다. 외견상 백지수표처럼 보이는 마태복음 7:7-11("구하라 그리하면 너희에게 주실 것이요…)은 6:10에 나오는 하나님의 뜻이 이루어지도록 기도하라는 그리스도의 명령에 비추어 읽어야 한다.

31. Keith Warrington, "James 5:14-18: Healing Then and Now," *IRM* 93(2004): 358, 359.

32. Guthrie, "James," 271; Popkes, *Der Brief des Jakobus*, 340.

33. 실제로 이 경우에 야고보는 완료분사가 있는 완곡어법 구문을 사용하여 죄를 범한 것을 눈에 띄게 강조한다. 참고. Hartin, *James*, 269.

34. Thomas, "James 5:14-16," 36, 37.

35. 고전적인 책으로, B. B. Warfield, *Counterfeit Miracles*(New York: Charles Scribner's Sons, 1918).

36. Kate Cooper and Jeremy Gregory, *Signs, Wonder, Miracle: Representations of Divine Power in the Life of the Church*(Woodbridge, Suffolk: Boydell & Brewer, 2005) 전체를 보라.

(ἐξομολογεῖσθε οὖν ἀλλήλοις τὰς ἁμαρτίας καὶ εὔχεσθε ὑπὲρ ἀλλήλων ὅπως ἰαθῆτε. πολὺ ἰσχύει δέησις δικαίου ἐνεργουμένη). 야고보는 죄사함은 고백이라는 맥락에서 온다는 것을 분명히 밝힌다. 여기에서 그의 사고의 흐름은 논의 중인 질병이 고백하지 않은 죄의 직접적 결과로 오는 것인가 아닌가 궁금하게 만든다. 하지만 방금 말했듯이, 앞 절의 3급 조건절은 모든 질병이 개인의 죄에서 온다는 주장을 배제한다. 하지만 우리 자신의 죄가 우리 삶에 명백한 육체적 결과를 가져오지 않았더라도 죄를 공동으로 고백하는 것은 공동체의 삶과 건강에 여전히 중요하다.

야고보는 여기에서 병이 낫는 것에 대한 또 다른 동사를 사용한다(ἰάομαι). 그것은 문맥에 따라 육체적 치유 혹은 영적 치유를 말할 수 있다. 여기에서 그것은 죄의 고백과 죄사함으로 인해 영적 건강이 회복된 것을 말하는 듯하다.[37] 우리에게는 우리의 영적 상태에 대해 물어볼 수 있는 가까운 사람이 있어야 한다. 목사나 장로 같은 공식적인 사람이나 책임 그룹, 배우자, 혹은 멘토 같은 더 비공식적인 사람이든 간에. 야고보는 그리스도인의 삶이 공동체와 떨어져 살아서는 안 된다는 것을 분명히 밝힌다. 마틴은 "장로들은 여전히 아픈 사람을 위한 중보 기도를 할 책임이 있지만(5:14), 본문은 여기에서 기도와 죄의 고백 그래서 목회적 책임을 모든 회중의 '특권과 책임'으로 확대한다"[38]고 설명한다.

하나님은 기도를 통해 그리스도의 몸으로 하나가 되도록 하셨다. 그래서 한 사람이 육체적으로건 영적으로건 병에 걸릴 때, 공동체 내의 다른 사람들이 개입하여 그 사람을 구해주어야 하는 것이다. 마찬가지로, 죄의 고백은 우리가 개인적인 기도 시간에 하나님께 이야기하는 그저 정신적인 활동이 아니라, 우리가 상처를 주었거나 마음을 상하게 한 사람들을 포함하는 공동체적 활동이다. 신자들의 몸에 겸손과 연합을 가져오건 아니면 소외된 당사자들 사이에 화해를 가져오건, 하나님은 분명 죄의 고백이 기도와 마찬가지로 공동 생활의 일부가 되도록 하셨다.

우리가 "역사하는"(when it is exercised, ἐνεργουμένη)이라고 번역한 분사는 그것을 부사적으로 그리고 시간적으로 받아들임으로써, 형용사적이고 한정적인 것이 될 수 있다["효과적인 (의인의 기도는 강하다)"]. 하지만 그렇게 되면 야고보의 진술은 거의 동어반복이 된다. 우리는 그 분사를 '정력적인'(energetic)이라고 번역함으로써 반복을 피할 수 있다. 하지만 그렇게 되면 아마 시대착오적 오류를 저지르게 될 것이다. '에너지'에 해당하는 영어 단어는 역사적으로 이 헬라어 어원에서 나온다. 하지만 그것은 훨씬 이후 시대의 과학적 이해를 반영한다.[39] 전후 문맥에서, 야고보는 그의 회중에게 그들의 기도라는 선택권을 보다 일관되게 시행하라고 혹은 "몰두하라고" 격려하고 있을 가능성이 더 많다. 실로 그 형태는 심지

37. Burchard, Der *Jakobusbrief,* 212; Ruckstuhl, *Jakobusbrief; 1-3 Johannes brief,* 31.

38. Martin, *James,* 211. Thomas("James 5:14-16," 26)는 14절과 가까이 있는 이 문맥에서조차 치유를 위한 기도는 반드시 기름을 바를 것을 요구하지는 않는다는 점을 지적한다.

39. "에너지(energy)", "활기를 돋우다(energize)", "정력적인(energetic)"이라는 영어 어군이 포함된 번역들은 BDAG, *EDNT, NIDNTT*에서 이 헬라어 어근을 가진 항목에 포함되지 않는다.

40. 이 분사에 대한 여러 가지 해석의 개요로 Davids(*The Epistle of James,* 196-97)를 보라. 우리가 채택한 접근법에 대해서는 Ropes, *A Critical and Exegetical Commentary on the Epistle of St James,* 309-10; Mayor, *The Epistle of St. James,* 177-79를 참고하라. 그 동사의 어원적 의미는 "작용하다"(to be at work)이다. 그런 이유로 둘 다 가능하긴 하지만 "역사하다"(to be exercised)가 "효과가 있다"(to be effective)보다 그 단어의 원뜻에 더 가깝다. 신약의 다른 곳에서 이 동사를 중간태나 수동태 분사형으로 사용한 예는 고린도후서 1:6, 갈라디아서 5:6, 에베소서 3:20, 골로새서 1:29에 나온다. 이런 문맥들 각각에서 "역사하다"(being exercised, exercising itself)가 다른 대안들보다 더 나은 의미를 나타낸다. 분사가 그것과 호응하는 명사와 분리되어 그 절 끝에 나오는 단어 순서로 보아, 그것을 형용사적이기보다 부사적으로 보는 것이 더 낫다. 참고. Hiebert, *The Epistle of James,* 327.

41. Johnson(*The Letter of James,* 336)은 "야고보의 언어는 엘리야의 지위를 높이려는 경향에 반대하는 것으로 받아들일 수 있다…그것

어 중간태가 될 수도 있을 것이다("그들이 스스로 그것을 시행할 때"). 하지만 그것은 하나님이 그 백성들의 기도를 활성화시키는 궁극적 행위자임을 나타내는 수동형일 가능성이 더 많다.[40]

약 5:17 엘리야는 우리와 성정이 같은 사람이로되 그가 비가 오지 않기를 간절히 기도한즉 삼 년 육 개월 동안 땅에 비가 오지 아니하고(Ἠλίας ἄνθρωπος ἦν ὁμοιοπαθὴς ἡμῖν, καὶ προσευχῇ προσηύξατο τοῦ μὴ βρέξαι, καὶ οὐκ ἔβρεξεν ἐπὶ τῆς γῆς ἐνιαυτοὺς τρεῖς καὶ μῆνας ἕξ). 좋은 유대인 설교자처럼, 야고보는 기도에 대한 그의 논증을 구약에서 나온 예로 뒷받침한다. 야고보는 그의 예를 주의 깊게 준비한다. 엘리야가 실제보다 과장된 영웅이라기보다는 우리보다 어쩐지 좀 더 거룩한, 그저 전형적인 인간이라는 것을 분명히 한다. 기도를 하고 결과를 얻어내는 그의 능력은 어떤 식으로든 우리와 다르기 때문이 아니다. 그보다 엘리야는 "우리와 성정이 같은" 타락하고 고집 센 사람이었으나, 이 경우 성령님과 접촉하고 있는 사람이었다.[41] 그래서 엘리야의 기도는 교만에서 혹은 자신의 주장을 입증하려는 이기적인 욕구에서 나온 것이 아니었다. 그보다 그 기도는 하나님께 대한 신뢰와 확신에서 나온 것이다. "우리와 성정이 같은 사람"(ἄνθρωπος ἦν ὁμοιοπαθὴς ἡμῖν)이라는 표현으로, 야고보는 우리도 강력하게 기도할 수 있는 이와 똑같은 능력을 가지고 있다는 사실을 분명히 밝힌다.

야고보가 계속해서 엘리야의 기도를 설명할 때, 그는 원래의 행동을 강렬하게 하는 방법으로 같은 단어 혹은 같은 어원에서 나온 두 단어를 서로 나란히 두는 셈어식 강조 방법을 사용한다.[42] 그래서 같은 어원에서 나온 두 단어(προσευχῇ προσηύξατο)를 어색하게 문자적으로 번역하면 "그는 기도로 기도했다"가 될 것이다. 하지만 더 나은 이해는 "그는 열심히 기도했다" 혹은 "열렬히 기도했다"는 강한 어조이다.

하지만 야고보는 왜 엘리야의 생애에서 나온 이 사건에 호소하는가? 왜 바알 선지자들과의 더 극적인 만남(왕상 18:16-40)이나, 육체의 병고침이라는 야고보의 문맥에 비추어볼 때 사르밧의 과부의 아들을 다시 살린 것과 같은 더 직접 관련된 사건(17:17-24)에 호소하지 않는가? 기근을 위한 엘리야의 기도는 죽은 자를 살리는 것처럼 놀라운 것은 아니며, 원래 문맥에서는(왕상 17:1) 엘리야가 기도를 했는지조차 분명하지가 않다.[43] 한 가지 가능한 대답은 고대 이스라엘의 죄성을 포함한다. 그것은 아합 왕에게서 집약적으로 보이는데, 그의 공공연한 반역과 명백한 회개로 인해 엘리야는 기도하게 되었다. 엘리야의 예는 의로운 사람 안에 있는 기도의 능력뿐 아니라, 타락했던 하나님 백성의 지도자의 회복도 보여준다. 야고보서의 마무리 부분에 나오는 작은 단락에서 그런 것과 마찬가지다(5:19-20).[44] 실로, 엘리야

은 엘리야의 인성을 강조해서 그들도 응답받는 기도를 할 수 있다는 점을 단언한다"고 말한다. 하지만, Keith Warrington("The Significance of Elijah in James 5:13-18," *EvQ* 66 [1994]: 217-27)은 엘리야의 의 때문에 야고보가 그를 포함시켰을 것이라고 주장한다. 야고보는 의인의 기도가 효과가 있음을 강조하기 때문이다. 두 이론은 모순되는 것이 아니라 보완적인 듯하다. 이 예에서 야고보는 기도의 능력을 보여주고, 의와 기도의 관계를 강조하며, 또 기도에 있어 하나님의 뜻이 중요함을 드러내기 때문이다.

42. Kistemaker(*James and the Epistles of John,* 182)는 여기에서 여격 양태 명사와 함께 부정과거 시제 동사가 나오며, 또 "이 특정한 여격의 번역은 동사의 강도를 표현하는 부사적 역할을 한다"고 주장한다. 옛 문법은 그것을 종종 그저 어원이 같은 여격으로 분류한다. 히브리어에서 독립 부정사로 알려진 그에 대응되는 형식을 고려할 때, 그 표현은 셈어적 말투를 나타내는 것일 수도 있다.

43. Barclay(*The Letter of James and Peter,* 132)는 엘리야가 이 두 경우에 기도를 했다고 볼 수 있는 근거는 바로 "내가 섬기는"이라는 표현(왕상 17:1)과 "땅에 꿇어 엎드려"(왕상 18:42)라는 표현이라고 지적한다.

44. Moo(*The Letter of James,* 248)는 "[이 실례에서] 흔치 않은 선택을 한 이유는 아마 야고보가 건강을 되찾은 신자의 질병 그리고 생명과 비옥함을 되찾은 땅의 메마름 사이의 유사점을 보게 하려는 것이었으리라"고 말한다. Johnston("Does James Give Believers a Pattern for Dealing with Sickness and Healing?" 172-73)은 그 유사점이 죄에 대한 처벌과 관련되어 있다고 생각한다(구약에서는 아합의 죄

의 기도는 온 민족에게 회개와 고백을 불러일으켜, 그 백성을 하나님과의 올바른 관계로 회복시키려는 목적을 가지고 있었다.[45] 엘리야의 생애에서 이 사건들을 선택한 이차적 이유 가운데는 기도와 그 대답 사이에 시간이 지체되었다는 사실이 포함된다. 우리는 분명 긴 기근의 기간이 일어날 때까지는 비가 오지 말게 해달라는 기도가 응답되었는지 알 수가 없다(왕상 17:1). 그래서 또한 신자들의 기도는 종종 끈기와 인내가 요구된다.

약 5:18 다시 기도하니 하늘이 비를 주고 땅이 열매를 맺었느니라(καὶ πάλιν προσηύξατο, καὶ ὁ οὐρανὸς ὑετὸν ἔδωκεν καὶ ἡ γῆ ἐβλάστησεν τὸν καρπὸν αὐτῆς). 기도의 능력에 대한 야고보의 예시는 엘리야의 굉장한 기도의 능력이 단지 한 번의 사건이 아니었음을 보여주면서 계속된다. 그 선지자는 또한 자신이 부과한 제한들을 제거해달라고 후에 하나님께 빌 수 있었다. 비를 내려달라는 이 기도를 하면서, 엘리야는 그의 종이 손바닥만 한 크기의 구름이라도 보려고 일곱 번이나 바다 쪽으로 갔다 오기를 기다리면서, 인내하고 의심하지 말아야 했다(왕상 18:41–46).[46]

이 구절은 앞에 나온 것과 서너 가지 면에서 연관되어 있는데, 그 중 가장 분명한 것은 농부가 "열매"가 자라기 위해 비가 오기를 기다리는 5:7이다. 덜 분명한 연결이기는 하지만, 야고보의 일반적 신학에서 분명한 것은 모든 좋은 선물은 위로부터, 하늘로부터 온다는 것이다(1:17; 3:17을 보라). 상당히 문자적으로 볼 때 비는 위로부터 내려온다. 하지만 보다 중요한 것으로, 이 폭풍우는 기근이 끝나게 해달라는 그의 선지자적 기도에 대한 구체적 응답으로 왔다는 것이다. 냉소적인 현대 서구 사회에서는 어떤 기적적인 일이 일어나면 그것을 운이 좋았다고 여긴 채 하나님께 마땅히 드려야 할 인정을 해드리지도 못하고, 감사를 삶에 새기지도 못하는 경우가 너무 많다. 하지만 야고보는 엘리야가 다시 한 번 기도하고 하나님이 기근의 전체 저주를 제거하시는 것을 보여준다.

우리는 엘리야가 그 삼 년 반의 기간 동안 전혀 기도하지 않았다고 추정해서는 안 된다. 하지만 그 기간이 끝나고 나서야 엘리야는 하나님께 기근을 끝내달라고 기도했다. 또한 엘리야는 이를테면 이 년 후에 기도했으나 아무 효과가 없었는데, 하나님이 삼 년 반이 지나서야 그의 기도를 들으신 것도 아니었다. 대신 야고보는 엘리야가 구하자마자 하나님이 행동하셨다고 단언한다. 처음에 기근이 시작될 때나 마지막에 비가 올 때나 그랬다는 것이다. 그럼에도, 앞에서 말했듯이, 기도로 요청한 사건들이 전개될 때 엘리야는 일정 기간 동안 계속 믿음을 발휘해야 했다. 더 중요한 것으로, 엘리야는 그가 처음의 선언과 마지막 기도 둘 다에서 하나님의 뜻 안에서 행동하고 있다는 사실을 알았다.

약 5:19 내 형제들아 너희 중에 미혹되어 진리를 떠난 자를

그리고 여기에서는 아픈 사람의 죄).

45. 3년 반이라는 기간은 아마도 유대 전통에서 나왔을 것이다. 구약에서는 그 기간이 특별히 나타나지 않기 때문이다. 그러나 예수님이 동일한 기간을 인용하시는 것으로 보아(눅 4:25) 그것은 아마 정확한 숫자일 것이다. 하지만 Davids(*The Epistle of James,* 197)는 그것은 "아마도 심판의 기간을 나타내는 상징적인 어림수인 7의 반일 것(단 7:25; 12:7; 계 11:2; 12:14)"이라는 흥미로운 생각을 소개한다.

46. Keenan, *Wisdom of James,* 167. Hartin(*James,* 280–81)은 이 특별한 실례를 선택한 이면에서 엘리야의 인간성, 열정, 효율성을 본다.

47. Johnson(*The Letter of James,* 337)은 이 상황이 미래 조건문으로 되어 있음을 지적한다. "조건절에 나오는 두 동사에는 모두 부정과거 가정법이 사용되고 있고, 두 주어에는 부정 대명사 *tis*가 사용되고 있다. 따라서 이 상황은 더 이상 일반화될 수 없을 것이다."

48. Kistemaker(*James and the Epistles of John,* 185)는 "두 가지 설명이 동시에 다 가능하고 받아들일 수 있다"고 말한다. 우리는 두 가지 설명이 가능하고 받아들일 수 있지만, 동시에 두 가지를 다 의미할 수는 없다고 주장할 수 있을 것이다. 그러려면 그 동사가 전혀 다른 범주에 들어가야 하기 때문이다. 또 BDAG, 821–22을 보라.

49. 하지만 Moo(*The Letter of James,* 249)는 "야고보가 20절에서 '미혹된' 그리스도인이 영적인 사망에서 구원을 받는다고 제안하기 때문에, 여기에서 믿음에서 벗어난 것은 배교에 버금가는 매우 심각한 일임에 틀림이 없다"고 주장한다. Omanson("The Certainty of

누가 돌아서게 하면(Ἀδελφοί μου, ἐάν τις ἐν ὑμῖν πλανηθῇ ἀπὸ τῆς ἀληθείας καὶ ἐπιστρέψῃ τις αὐτόν). 야고보는 자신의 서신서를 마감하면서 다루기 곤란한 한 가지 주제를 마지막으로 다루기로 한다. 여기에서 그는 미혹되어 떠난 회중 가운데 누군가의 문제를 다룬다.[47] "떠나"(should stray, πλανηθῇ)라는 동사의 어원에서 영어의 '행성'(planet)이라는 말이 나왔다. 행성은 별처럼 하늘에 고정되어 있지 않고 밤하늘을 '헤매는'(혹은 '제 위치를 벗어나는') 것처럼 보이기 때문이다. 이 동사(πλανάω)가 수동태로 나올 때, 그것은 '헤매다' 혹은 '속다'라는 개념을 전달한다. 그 동사의 이러한 용법은 정확한 수동태("미혹되다")를 반영하거나 아니면 암시된 중간태(자발적으로 "어떤 사람이 헤매다")일 것이다.[48] "…하면"(if, ἐάν)이라는 단어는 조건절을 3급 조건으로 만든다. 야고보는 회중 안의 사람들이 떠나서 헤맸다고 추정하지 않는다. 아무도 아직 이런 식으로 행동하지는 않았을 것이다. 하지만 야고보가 이 문제를 제기한다는 사실로 보아 그는 그의 회중 안에서든 더 큰 교회 안에서든 믿음을 떠나는 사람들을 실제로 알고 있을 가능성이 있다.

야고보는 다시 한 번 부정대명사인 "누가"(someone, τις)라는 말을 사용한다. 처음에는 떠난 사람을 가리키는 말이고, 그다음에는 회중 가운데 회복되는 사람을 가리키는 말이다. 그는 여기에서 완전한 배교를 논하고 있지는 않을지 모른다. 그 사람은 믿음과 관계를 끊은 것이 아니라 "헤맸기" 때문이다. 그리고 이 사람은 또한 자신의 오류를 지적받자마자 기꺼이 믿음으로 돌아온다.[49] 더 강한 신자가 "그 사람을 돌아서게 했다"(문자적 번역). 그것은 그들이 그 사람을 믿음으로 "회복시켰다"는 것을 나타낸다.

하지만 그 방황하는 자는 무엇으로부터 빗나갔는가? 존슨은 이 맥락에서 "'진리'는 이론적 정확함이 아니라 적절한 행동 '방식'을 의미한다"[50]고 주장하는 반면, 마틴은 "진리로부터 빗나가는 사람의 특징은 정통 실천보다 정통 교리를 강조하는 사람(2:19에서처럼)이라고 쉽게 규정할 수 있을 것이다."[51] 야고보가 믿음과 진리의 실제적 측면들을 강조하는 것에 비추어볼 때, 이것이 그저 개인적인 신학이나 사상의 변화라기보다는, 말에서건 행동에서건 공적으로 떨어져나가는 것이라고 결론을 내리는 것이 온당한 듯하다.

약 5:20 너희가 알 것은 죄인을 미혹된 길에서 돌아서게 하는 자가 그의 영혼을 사망에서 구원할 것이며 허다한 죄를 덮을 것임이라(γινωσκέτω ὅτι ὁ ἐπιστρέψας ἁμαρτωλὸν ἐκ πλάνης ὁδοῦ αὐτοῦ σώσει ψυχὴν αὐτοῦ ἐκ θανάτου καὶ καλύψει πλῆθος ἁμαρτιῶν)[52]. 이 구절은 죄인들을 그들의 길에서 돌이켰을 때의 결과를 설명하면서, 앞 구절의 생각을 끝맺는다.[53] 하지만 여기에서 혼란은 누가 이 행동이 주는 유익들을 받는가 하는 것이다. 그 절의 주제는 실명사 분사로, "돌아서게 하는 자"(ὁ ἐπιστρέψας), 곧 죄인의 길에 빛을 비추는 데 도움을 준 신실한 그리

Judgment and the Power of Prayer," 435)은 두 견해를 더 균형 있게 다루는 것 같지만, 초대 그리스도인들이 처해 있던 박해의 위험을 강조한다. 그것은 그들이 믿음에서 돌아서게 만들 가능성이 많은 것이었다. 그러나 그는 "진리에서 벗어나는 그리스도인들의 행동이 아니라 죄인을 회복시키려고 적극적으로 노력하는 다른 그리스도인들의 책임에 초점이 맞추어져 있음"을 강조한다.

50. Johnson, *The Letter of James,* 337.

51. Martin, *James,* 219.

52. 이 절에 대해서는 UBS 4판에 두 개의 이문이 있다. 첫 번째 이문에는 3인칭 단수 명령형을 2인칭 복수로 변화시킨 것이 포함된다. "내 형제들아"(ἀδελφοί μου)라는 호격에 맞추어, 그리고 또 "누가 그 동사의 주어라고 보아야 하는지(변화시킨 사람인지 아니면 변화된 사람인지)에 대한 모호함을 피하기 위해" 그런 것이다(Metzger, *A Textual Commentary on the Greek New Testament,* 615). 하지만 3인칭 단수를 지지하는 외적 증거가 더 크며, 그것은 아마 후대의 서기관이 바꾸었을 더 어려운 독법을 나타낸다. 두 번째 본문은 "그의 영혼"(ψυχὴν αὐτοῦ)의 모호성과 관련된 것이다. 그래서 서기관들은 αὐτοῦ를 "사망"(θανάτου) 뒤로 옮겨 강조를 나타내거나, 아니면 완전히 누락시켜버렸다. 이런 독법은 다른 사본들 중에서도 א와 A의 지지를 받는다.

53. Moo(*The Letter of James,* 250)는 여기에 잠언 10:12에 대한 암시와, 베드로전서 4:8과의 동일화가 나온다는 것에 주목하면서, "그 구절

스도인이다. 이 사람에 대해 야고보는 그들이 어떤 사람의 영혼은 구하고 어떤 사람의 죄는 덮는 일을 둘 다 한다고 단언한다. 각 경우 누구의 것인지 명시하지는 않는다.[54]

첫 번째 질문은 더 간단한 것이다. 이 행동에 의해 누구의 영혼이 구원을 받는가? 대답은 분명한 듯하다. "그의 미혹된 길"과 "그의 영혼" 둘 다에서 αὐτοῦ가 나란히 사용되기 때문이다.[55] 잃어버려질 위험에 처한 영혼이 진리에서 떠난 사람의 것이라고 보는 것이 더 뜻이 통한다. 한편, 돌아서게 한 사람의 영혼은 이 행동에 의해 구원을 받지 않을 것이다. 우리는 그런 사람은 이미 믿음이 있으며 그래서 그들이 방황하는 자를 돌이키고 싶어하는 것이라고 추정하기 때문이다. 이 돌아서게 하는 것은 그들의 구원을 이루어내는 일이기보다는 그들의 믿음을 보여주는 일에 더 해당된다. "그의 영혼을 구원하다"는 말은 그 방황하는 사람이 절대 참으로 믿지 않았다는 사실을 함축할 것이며, 그래서 그들은 바로 이렇게 돌아서는 것에서 그들 자신의 구원하는 믿음에 이르게 된다. 아니면 야고보는 여기에서 "구원받았다"는 말을 최종적인 종말론적 구원이라는 의미에서 사용하고 있을 수도 있다. 그들은 이제 그들의 이전 신앙에서 시작된 과정의 끝에 안전하게 이르렀다는 것이다.

두 번째의 더 어려운 질문은 이 행동에서 누구의 죄가 덮였는가 하는 것이다. 가장 명백한 사람은 미혹되어 떠나갔던 사람일 것이다.[56] 하지만 "유대 자료들에서는 죄인을 회개하게 돌이키는 사람은 그 자신이 죄사함을 받을 자격이 있다는 취지로 말한다."[57] 하지만 아마 야고보는 그 묘사를 일부러 모호하게 두었을 것이다. 그래서 방황한 사람이 가장 즉각적으로 죄사함을 받을 필요가 있는 것처럼 보이는 반면, 우리가 모두 하나님의 은혜를 필요로 하는 죄인이라는 것, 누구나 기회와 동기가 주어지면 '방황하기 쉬운' 존재라는 사실을 기억하는 것도 나쁘지 않다. 그래서 방황하여 멀리 떠나갔던 다른 사람을 돌이키는 이 의로운 행동에서, 우리는 우리 자신이 하나님의 은혜와 의에 더 가까이 이끌렸다는 것을 발견한다.[58]

은 전통적으로 하나님의 죄사함을 나타내는 방식이 되었다"고 말한다.

54. 여러 학자들이 실제로 둘을 나누어서, 구원받은 자는 믿음에서 떠났던 자인 반면에 덮어진 죄는 회심한 사람의 죄로 본다(Laws, *The Epistle of James,* 239; Ropes, *A Critical and Exegetical Commentary on the Epistle of St. James,* 315-16; Adamson, *The Epistle of James,* 204를 보라).

55. 이 상황에서 남녀를 포괄하는 복수를 사용하면 문법적 문제를 가리게 된다. 따라서 우리는 덜 명쾌하지만 여전히 포괄적인 대명사를 사용하기로 선택했다.

56. Davids, *The Epistle of James,* 201; Johnson, *The Letter of James,* 339.

57. Martin, *James,* 220. 또 Dibelius, *James,* 259-60을 보라.

58. Moo(*The Letter of James,* 251)는 이렇게 결론을 내린다. "야고보서가 정말로 편지 형식의 설교라면, 이 마지막 두 구절은 적절한 결론이다. 야고보서의 독자들은 그가 쓴 말씀을 '행해야' 할 뿐만 아니라 또한 다른 사람들이 그 말씀대로 '행하는' 것을 보는 데 큰 관심을 가져야 한다." 또 다른 독법은 험담에 대해 우려하는 잠언 17:9을 배경으로 보는 것이다. 거기에서 "덮어주는 자"(κρύπτει)는

적용에서의 신학

심각한 질병에 대해 기름을 바르는 기도(5:13-18)

일세기의 신실한 유대인은 하루에 서너 번씩 기도했다. 때문에 좋을 때나 안 좋을 때나 기도하라는 야고보의 명령은 전혀 놀라운 것이 아니다. 병을 어떻게 다룰 것인가 하는 문제는 더 복잡한 것이었다. 부와 가난을 앞다투어 설명하려는 광범위한 해석들(앞의 65-66, 249-250쪽을 보라)과 동일하게 건강과 질병의 문제에도 광범위한 해석들이 첨부되어 있다. 예수님의 기적들, 심지어 예수님의 치유의 기적만 연구해보아도, 거의 절반의 경우 그분이 누군가의 믿음에 반응하고 계시고, 다른 절반의 경우에는 믿음이 약하거나 믿음이 없는 곳에서 믿음을 유발시키거나 강화시키려 애쓰고 계시는 것을 보게 된다.[59] 때로는 개인적인 죄가 병이나 만성 질병을 일으킨 듯하다(요 5:1-16). 또 어떤 경우에는 분명히 그렇지 않다(9:1-5). 때로 예수님은 사람들이 그분께 데려온 모든 사람의 병을 고쳐주셨다(마 4:24). 때로 그분은 그분 주변의 거의 모든 아픈 사람을 놓아두시고 단 한 명만 고쳐주셨다(요 5:3-9). 야고보는 이 모든 가능성을 인식했을 것이다.

기도해달라고 장로들을 부르는 것은 그 병든 사람이 지역의 기독교 공동체와 계속 긴밀하게 관련을 맺고 있음을 보여준다. 장로들은 이미 유대 회당의 지도부를 형성했다. 그리스-로마의 시 정부에 종종 장로들이 포함되었던 것과 마찬가지다. 고대 족장 시대에 나이, 성숙함, 지혜, 지도력이 밀접하게 연관되어 있는 것은 공동체의 사회적·영적 핵심 지도층이 대개 나이 든 층이었음을 의미했다. 그래서 '장로'(elder)라는 호칭이 나온 것이다.[60] 사도행전 14:23은 어떻게 바울과 바나바가 그들이 새로 세운 모든 교회에서 장로들을 택했는지 말한다. 디모데전서 5:17과 디도서 1:5은 교회에서 가르치고 권위를 행사하며, 경건하고 성숙한 그리스도인의 삶이라는 특징을 보여주는 사람들이라는 맥락에서 장로들을 언급한다. 기적을 행하는 은사나 병고침의 은사를 가지고 있다는 입증된 기록이 있는 사람(고전 12:29-30)이 병든 사람을 위해 기도하는 것도 허용하지 않을 이유는 없을 것이다. 하지만 그럴 때라도 하나님은 품질을 보증해주지는 않으시며, 모든 그리스도인 공동체마다 그런 사람이 있지는 않을 것이다. 하지만 장

다른 사람에 대한 험담을 삼가는 사람과, 그것이 어떻게 사랑을 고무하는지 말하는 반면, 비방하는 자는 사이를 더 멀어지게 할 뿐이다. 아마 야고보는 한 사람이 다른 사람을 죄악의 길에서 돌아오게 할 때, 그것은 하나님이 어떻게든 그들의 죄를 덮어주신다는 말이 아니라, 더 큰 교회 공동체 안에서 회복시키는 자가 회복된 자의 죄에 대해 험담을 하지 않음으로써 그의 죄를 덮어준다는 뜻으로 말할 것이다(이 설명은 문장에 나오는 [ὁ ἐπιστρέψας]를 그대로 유지한다).

59. Craig L. Blomberg, *Jesus and the Gospels: An Introduction and Survey* (Nashville: Broadman & Holman, 1997), 267-75를 보라. 예수님이 행하신 모든 기적에 대해 최근에 상세하게 연구된 가장 훌륭한 연구서는 Graham H. Twelftree, *Jesus the Miracle-Worker: A Historical and Theological Study*(Downers Grove, IL: IVP, 1999)이다.

60. 중요한 연구는 R. Alastair Campbell, *The Elders: Seniority within Earliest Christianity*(Edinburgh: T&T Clark, 1994)이다. 하지만 이 책은 하나의 '직분'으로서 장로의 역할을 지나치게 경시한다.

로들이 기름을 바르는 의식과 기도하는 것은 성경적으로 조직된 어떤 회중 속에서도 이행할 수 있다.

기름을 바르는 것은 의료적 목적과 의식상의 목적 둘 다를 위해 널리 사용되었다.[61] 의식 혹은 상징을 일차적으로 염두에 두는 사람들은 그렇게 되면 그것을 바르는 것이 육체적 질병들에만 국한되는지, 아니면 강한 영적 혹은 정서적 연약함과 고난의 상황 역시 포함하는지의 여부를 놓고 논쟁을 할 것이다.[62] 이 본문을 이 중 어떤 식으로 이해하든 간에, 핵심적인 적용 질문은 병고침을 위한 기도가 그들이 바라던 결과를 내지 못하는–적어도 그 의식 자체로 인해 바라던 결과가 이루어졌다는 것을 알 수 있을 만큼 그렇게 즉각적으로 보여주지 못하는–대부분의 경우를 어떻게 다룰 것인가 하는 것이다. "믿음의 기도"가 하나님의 뜻이 우리의 뜻을 뒤집을 여지를 남겨두는 것으로 규정된다면(앞의 242쪽을 보라), 문제는 해결된다. 하지만 우리는 4:2-3을 잊어서는 안 된다. 때로 하나님은 어떤 좋은 선물은 우리가 (혹은 다른 사람들이) 그것을 위해 기도하는 경우에만 우리에게 주기로 하셨다.

하나님은 분명 기도–심지어 병고침을 위한 기도를, 그리고 기름을 바르는 것과 같은 의식과는 별도로–에 응답하실 수 있고 실제로 응답하시지만, 심하게 아픈 사람들이 장로들을 청해 이와 같이 기름을 바르는 의식을 거부한다면, 하나님이 우리에게 주고자 하시는 축복을 놓칠 위험이 있다.[63] 동시에, 기도에 대한 응답으로 하나님이 무엇을 하셔야 하는지 우리가 단언할 수 있다고 주장할 때마다, 우리는 하나님의 주권을 손상시키고 우상숭배에 빠질 수 있는 위험을 감수하는 것이다.[64] 무엇보다도 우리는 다른 사람의 병이 치유받지 못하는 것이 그들의 믿음 부족 때문임을 우리가 안다고 추정해서는 절대 안 된다. 그런 잘못된 비난을 할 때, 우리는 치료받지 않은 사람에게 그리고 그들을 사랑하는 사람들에게 너무나 많은 죄책감을 주어, 그들에게 영원히 정서적으로 혹은 영적으로 상처를 줄 위험이 있다.[65]

더 적용하기 어려운 것은 서로에게 자신의 죄를 고백하라는 야고보의 명령이다. 가톨릭은 이 절차를 하나의 성례로 승격시켰으나, 그것을 교인과 성직자 간의 개인적인 만남으로 국한시켰다.[66] 루터교와 영국 성공회/ 감독교회 예식들은 매번 예배를 시작할 때 죄를 공개적으로 고백하며, 그다음에 목사가 사죄의 선포를 한다. 그럼에도, 이 관행들 중 어느 것도 자신이 죄를 범한 사람에게 직접 가서 자신의 실패를 인정하고 용서를 구하는 것과 똑같지는 않다. 마태복음 18:15-18이 그 배경이다. 죄가 두 당사자 사이를 소원하게 했을 때, 그 중 한 명이 주

61. 각각 Baker and Ellsworth, *Preaching James,* 158; Tidball, *Wisdom from Heaven,* 191을 보라. 고대 의학에 비추어 이 본문을 상세하게 검토한 글로는 John Wilkinson, "Healing in the Epistle of James," *SJT* 24 (1971): 326-45을 보라.

62. 야고보가 이 문제에 대해 둘 다를 받아들이는 입장이라고 주장하는 글로 Robert J. Karris, "Some New Angles on James 5:13-20," *RevExp* 97 (2000): 207-19을 보라.

63. 참고. Mark A. Seifrid, "The Waiting Church and Its Duty," 36-37. 교회가 오늘날 이 절차를 어떻게 신실하게 적용할 수 있는가 하는 문제를 자세히 다룬 글로는 Hughes, *James,* 356-57을 보라.

64. 이 두 가지 모두에 대해 균형 있게 설명한 글로는 Barton, Veerman, and Wilson, *James,* 139-40을 보라. 또 하나님이 치유하기를 원하실 경우 얼마나 적은 양의 믿음이 필요한지에 대해서는 마태복음 17:20을 참고하라.

65. Deiros, *Santiago y Judas,* 271.

66. 개신교에서 이에 상당하는 것에 대해서는 C. J. Collins, "James

도권을 쥐고 관계를 회복시킬 필요가 있다. 그것이 실패하면, 다른 그리스도인 조력자들을 그 과정에 개입시켜야 한다. 가능하기만 하다면, 그 고백은 원래의 죄보다 더 혹은 덜 공개적으로 하지 말아야 한다.[67] 그리고 "어떤 고백도 그 죄로 인해 해를 입은 사람들이 있는 곳에서 혹은 더 많은 사람들 앞에서가 아니라 그 공동체의 지도자들 앞에서 해야 한다. 지혜로운 조언을 해줄 수 있기 위해서다."[68]

공동체의 삶은 적절한 고백을 민감하게 적용함으로써 대단히 강화될 수 있는 반면, 거만하고 무책임한 적용은 큰 해를 끼칠 수 있다. 어떤 사람이 마음속으로 다른 사람에게 죄를 지었고 상대방은 그 사실을 알지 못하는데, 그 죄를 지은 사람이 죄된 생각을 고백하여 관계에 불필요한 갈등을 창출한다면, 이는 해만 될 뿐이다. 하지만 사람들이 그 죄에 대해 알고 있을 때, 심지어 두 당사자가 각각 부분적으로 비난을 받아야 할 때는 먼저 주도권을 쥐고 사과하는 것이 거의 언제나 건강하다.[69]

물론 기도, 기름을 바르는 것 그리고 죄의 고백(적절할 때)이 의술에 대한 대안으로 제시되어서는 안 된다. 심지어 야고보가 살던 세계에서도, 그의 청중은 집회서 38:1과 4을 알고 있었을 것이다. 거기에서는 "의사를 그에 대한 너의 필요에 따라, 그에게 합당한 공경으로 공경하라"와 "여호와는 땅에서 의술을 만드셨으며, 분별있는 사람은 그것을 멸시하지 않을 것이다"라고 되어 있는 반면, 동시에 "치유는 지극히 높으신 분에게서 온다"고 그래서 우리는 "하나님이 치유하시도록 그분께 기도해야" 한다고 말한다(2절과 9절). 야고보는 병든 자를 위해 기도할 수 있는 집단을 장로들만으로 국한시키지 않는다. 그보다 그는 장로들이 5:16b의 원리를 예증하여, 의인이 기도할 때 역사하는 힘이 크다는 것의 모범을 보일 것을 전제로 하고 있다.[70] 의 자체가 치유를 보장해주지 않는다면, '내부의 죄'는 분명 그것을 짓누른다.[71] 의로운 사람이면서, 여전히 다른 모든 '성도'처럼 의심과 죄를 갖고 있던 엘리야에 대한 성경의 자세한 이야기는 열왕기상 17장-열왕기하 2장을 보라.[72]

윌킨슨(Wilkinson)은 이 본문으로부터 병과 그 치유의 성질 혹은 기름의 특정한 목적에 대한 각자의 입장과는 상관없이 다섯 가지 타문화적 원리들을 추론해낸다. (1) 교회는 병든 자들에게 관심을 가져야 한다. (2) 치유는 교회의 통상적인 사역의 일부다 (3) 치유는 기독교 공동체라는 배경 안에서 일어나는 것이 가장 적절하다. (4) 교회의 치유 사역은 수많은 방법을 포함한다. (5) 영적 건강은 육체적 안녕보다 언제나 더 중요하다.[73]

5:14-16a: What Is the Anointing For?" *Presb* 23 (1997): 79-91을 보라.

67. 특히 Doriani, *James,* 200을 보라.

68. Warrington, "James 5:14-18," 353.

69. 탁월한 실제적 충고에 대해서 Hughes, *James,* 264-67을 보라.

70. Warrington, "James 5:14-18," 361.

71. Nystrom, *James,* 317.

72. 엘리야에 대한 그 이후의 성경 및 성경 이후의 전통에 대해서는 Hartin, *James,* 271-72을 보라.

73. Wilkinson, "Healing in the Epistle of James," 344-45. 이 주제를 확대해서 다룬 최신 글로 같은 저자의 *The Bible and Healing: A Medical and Theological Commentary*(Grand Rapids: Eerdmans, 1998), 236-60을 참고하라.

마무리(5:19-20)

제멋대로 행동하는 그리스도인들이 안전하게 '우리'로 돌아오도록 돕는 일은 오늘날 교회에서 가장 소홀히 여겨지고 있는 책임 중 하나일 것이다.[74] 우리는 그런 "작은 자"에 대한 하나님의 마음을 생각한다. 그것은 잃어버린 양의 비유(마 18:10-14)에 대한 마태의 이야기에서 잘 드러난다. 많은 교회들, 특히 성장하는 교회들은 오로지 방문자들, 새로운 교인들, 회심자들, 세례받은 사람들 등만 중요하게 생각하고, 얼마나 많은 사람들이 '뒷문'으로 사라지는지 절대 알아차리지 못한다. 물론 일부는 다른 교제권과 잘 동화되지만, 많은 사람들은 그렇지 못하다. 그런 사람들을 계속 파악하고 있지 않으면, 우리는 얼마나 많은 사람들이 각 범주에 안전하게 들어가는지 절대 알지 못할 것이다. 이 본문은 전통적인 칼뱅주의-알미니안주의 논쟁을 해결해주지 못한다. 방황하는 사람을 회복시키는 것은 구원을 잃어버릴 수도 있었을 사람, 단순히 타락하고 있던 사람 그리고 애초에 믿었던 적이 없는 사람에게 다 적용될 수 있다.[75]

허다한 죄를 덮는 사랑은 잠언 10:12을 암시하며 베드로전서 4:8에서 다시 나온다. 하지만 여기에서 정말로 중대한 문제는 마태복음 18:15-18로 돌아간다. 어떤 사람이 교회 혹은 심지어 믿음에 적극적으로 참여하는 것에서 멀어져갈 때, 종종 그것은 그 회중 가운데 해결되지 않은 개인적 범죄들로 인한 것이다. 우리에게는 갈등 해결 과정에 대한 예수님의 정확한 가르침이 매우 적고, 그것을 이행하는 건강한 모델은 더 적기 때문에,[76] 여전히 소외는 남아있다. 그리스도인들이 다른 사람들에게 어떤 사람에 대해 불평을 하기보다, 그들이 우려하는 바를 온유함과 사랑으로(갈라디아서 6:1을 생각해보라) 그 사람에게 직접 말하는 데 절반이라도 시간을 들인다면, 우리는 모두 개인적으로나 집단적으로나 더 건강해질 것이다.

그래서 야고보의 마무리가 급작스럽기는 하다 해도, 그것이 부적절하거나 사소하다고 비난할 수는 없다! 아마 야고보는 하나님의 한결같은 마음 대 인간의 이중적인 마음을 마지막으로 한 번 더 생각해보려 했을 것이다. 그러면서 이 점에서 하나님을 닮으려는 중대한 발걸음을 내디뎠지만 그러고 나서 "원래로 되돌아가버린"[77] 사람들을 회복시키도록 도울 필요성을 강조한다. 우리 모두는 하나님이 원래 인간을 창조하신 대로 일관되고, 신실하며, 참으로 인간적인 형상을 지닌 자로 우리를 점점 더 개조하시도록 계속해서 애써야 한다.

74. 참고. Baker and Ellsworth, *Preaching James,* 147; Brosend, *James and Jude,* 162.

75. 참고. Stulac, *James,* 188.

76. 이런 일반화에 대한 탁월한 예외로 Ken Sande, *The Peacemaker: A Biblical Guide to Resolving Personal Conflict*(Grand Rapids: Baker, rev. 1997)를 보라. 집단 사이의 문제에 대해서는 특히 Stassen, *Just Peacemaking: Ten Practices for Abolishing War*를 참고하라.

77. Gilberto Marconi, "La malattia come 'punto di vista': esegesi di Gc 5,13-20," *RivBib* 38(1990): 72.

야고보서의 신학

이 서신서를 상세히 연구했으니, 우리는 이제 이 서신서의 중대한 신학적 기여를 요약하기 좋은 입장에 있다. 우리는 기존에 존재하는 어떤 교리의 틀을 부과하여 거기서 가르침을 발견하려 하기보다는, 본문에 대한 귀납적 연구에서 나온 제목들을 사용할 것이다. 우리는 또한 주제들을 가장 중심이 되는 것에서부터 가장 주변적인 것 순으로 배열할 것이며, 그러고 나서 통합하는 주제, 혹은 서신서 전체를 이어주는 맥락이 있는지 물어볼 것이다.

부와 가난

야고보서에 대해 우리가 제안한 구조가 정확하다면, 세 가지 핵심 주제의 교차 대구법 한가운데 있는 부와 가난이라는 주제가 이 서신서의 가장 주요한 쟁점이다. 야고보는 부자이면서 동시에 그리스도인이 될 수는 없다고 주장하는 일부 사람들에도 불구하고, 우리는 1:9–11과 2:1–4을 부자 그리스도인에 대한 묘사로 이해하는 것이 가장 좋은 반면, 4:13–17은 부유하지는 않지만 적어도 '중간 집단'은 되는 신자들을 다룬다는 것을 보았다. 하지만 이 본문들에서 야고보가 예수님을 따르는 사람들에게 물질적 자원을 의지하지 말라고(4:13, 15–16), 그것의 덧없음을 잊지 말라고(1:10–11; 4:14) 강력하게 경고하는 것은 사실이다. 우리는 재물로 특혜적 대우를 사려 해서는 안 된다(2:2–3). 그보다 남은 소유를 세계의 궁핍한 사람들(1:27a), 특히 가난한 동료 신자들을 돕는 데(2:14–17) 사용해야 한다. 참된 그리스도인들이 선행을 하려 한다면(2:18–26), 긍휼의 행동을 최대한 잘 수행하기 위해 자원을 청지기적으로 관리하는 것이 중심이 된다. 자신의 부를 가지고 관대하게 드리지 않는다면 부자이면서 그리스도인이 되는 것은 불가능하다는 말이 맞을 것이다.[1]

1. "야고보는 '당신은 실제로 그 사람들의 필요를 채우는 것이 신앙생활의 주변적이거나 선택적인 것이 아니라 중심적이고 의무적이라는 사실을 깨달았는가?'라고 묻고 있을 것이다"(Motyer, *The Message of James*, 16).

야고보는 비그리스도인인 부자들에 대해서는 가차 없이 비난만 퍼부을 뿐이다. 그들이 회개하지 않는다면 재물을 쌓아놓는 사람들, 다른 사람들에게 공정한 삯을 주지 않는 사람들, 혹은 사치와 방종 가운데 사는 사람들은 심판 날에 임할 하나님의 진노를 기다릴 수 밖에 없을 것이다(5:1-6). 야고보서에 나오는 행함의 신학에 비추어볼 때, 신앙을 고백하는 그리스도인들이 일관되게 이 비그리스도인들처럼 행동한다면 그들의 구원에 의문을 품을 수 있을 것이다(2:14).[2] 물론 일부 불신자들은 그리스도인들을 핍박하고 비방함으로 그리스도인들과 자신들을 분명하게 구분한다(2:6-7).

가난의 문제에 대해 야고보는 하나님이 세상의 기준으로 볼 때 가난한 사람들을 택하셨다고 단언한다(2:5). 여기에는 물질적 가난이 포함되지만, 그것에만 국한되지는 않는다(1:9). 이것은 사회경제적 계층에 의한 구원이 아니다. 그 가난한 자들은 "자기를 사랑하는"(참고. 약 1:12-역주) 사람들이기 때문이다. 그것은 일세기뿐만 아니라 모든 시대에 명백히 나타나는 실상을 반영한다. 더 가난한 계층들이 복음에 더 열려 있기 때문이다. 그들은 자신들의 필요를 채우기 위해 자신과 자신의 소유에 의지하려는 유혹을 덜 받기 때문이다.[3] 하지만 동시에 일부 가난한 사람들은 부자가 되고자 하는 욕구에 사로잡혀 있으며, 자신들이 원하는 것을 얻지 못할 때 싸우고 다툰다(4:1-2). 심지어 자기 마음속에 있는 죄를 이렇게 외적으로 보이는 것으로도 부족한 듯이, 그들은 그리스도께 대한 헌신보다는 자기중심성을 보여주는 정욕과 이익에 대한 욕구를 품을 수 있다(4:3).[4]

시련과 유혹

광범위한 교차대구법의 틀 혹은 가장 바깥쪽 부분이 구조에서 두 번째로 많이 강조된 부분이다. 야고보의 청중 안에 있는 대체로 가난한 그리스도인들이 겪고 있는 억압이 그의 해설 시작부에 나오는 중심적인 시련이므로, 이 주제를 그다음 중요한 것으로 보아도 될 것이다. 인사말이 나온 직후, 야고보가 던지는 근본적 도전이 나온다. 그는 우리에게 어려운 상황들을 기뻐할 근거로 여기라고 명하기 때문이다(1:2). 그런 상황 자체가 좋은 것이기 때문이 아니라, 하나님이 그런 상황들로부터 선을 가져오실 것이기 때문이다. 적어도 우리의 성품이 성숙한다

2. "부자가 가난한 자를 무시하려는 경향은 윤리적인 문제일 뿐만 아니라 또한 종교적인 문제이기도 하다. 가난한 자가 궁지에 직면하게 되면 부자는 편안하게 사는 자신의 모습에 불편함을 느끼게 될 것이다. 그것은 풍요와 별개로 존재하는 법이 드문 피상적이고 편안한 무신론(성경적 사회들에서처럼 하나님을 실질적으로 무시하는 것이든, 아니면 오늘날 종종 그렇듯이 배려심이 없는 이론적 무신론이 지지하는 것처럼 실제적으로 하나님을 무시하는 것이든)에 도전을 가할 것이다"(Bauckham, *James*, 190).

3. 참고. Nystrom, *James*, 25: "야고보가 아는 가난한 자들은 사회의 주변에 놓여 있었다. 그들은 과부와 고아 그리고 고용주들이 저지르는 부정직과 경제적 조건에 의해 희생당한 자들이다. 가난한 자들은 불의에 직면해서 하나님의 자비를 구하기 때문에 경건하다. 야고보가 칭찬하는 것이 바로 이런 성향이다."

4. Alicia Batten("Ideological Strategies in the Letter of James," in *Reading*

는 면에서 더욱 그렇다(1:3-4). 야고보는 불가능한 것-열광적으로 기쁘게 느껴야 한다는 것-을 요구하는 것이기보다는 어떻게 생각할지, 역경을 어떻게 '여길'지를 명령하는 것이다. 우리는 그 고난을 견디고 제대로 반응했을 때 고난 반대편에서 영광이 기다리고 있다는 것, 이생에서는 아니라도 내세에서는 분명하게 약속된 면류관이 있다는 것을 기억한다(1:12).[5]

시험과 부라는 주제는 4:13-5:12에서 교차되어 나온다. 재물을 추구하는 것은 하나님의 뜻이 우리의 뜻을 지배하도록 하지 않을 때 시험이 된다(4:15).[6] 부자 불신자는 신자를 사정없이 파괴할 수 있다. 약속하고 그 후에 보류할 때 돈이 살 수 있는 것과 빼앗을 수 있는 것 때문이다(5:1-6). 적절한 그리스도인의 반응은 원수 갚는 것을 오직 의롭게 심판할 수 있는 분이신(4:12) 주께 남겨두는 인내다(5:7-11). 우리는 그저 문제를 악화시킬 뿐인 경솔한 맹세를 피해야 한다(5:12). 하지만 우리는 선지자들과 욥을 본받아야 한다. 그들은 비폭력적인 방식으로 그들이 사는 사회의 불의를 격렬히 비난했다(5:10-11). 질병은 또한 중대한 시련이 될 수 있다. 그것에 대해서는 기도가 결정적 해결책이다(5:13-15a).

하나님이 우리의 성품을 연마하기 위해 의도하신 시험들에 부적절하게 반응할 때, 그 시험들은 마귀가 우리를 죄로 꾀어들이는 유혹이 된다(1:13-15; 4:17). 하지만 우리는 감히 하나님을 비난해서는 안 된다. 시험에 저항하는 하나님의 능력은 언제나 의지할 수 있고 적절하다(1:13; 4:8-10). 우리는 사탄을 비난해서도 안 된다. 우리에게는 저항하기로 선택할 수 있는 충분한 자유 의지가 있기 때문이다. 그래서 우리가 그렇게 하지 않기로 할 때, 비난받을 사람은 오직 우리 자신뿐이다(1:14-15).[7] 일관되게 청지기직이나 가난한 사람들에 대한 관심을 보여주지 않는 사람들과 마찬가지로, 또한 시험에 저항하면서 삶의 어떤 변화도 전혀 보여주지 않는 사람들은, 진정한, 구원받는 믿음을 가지고 있지 않을 수도 있다. 계속해서 죄와 밀접하게 연관된 삶을 살아가는 사람들은 스스로 하나님의 원수가 되는 것이다(4:4).

지혜와 말

야고보의 세 번째 주제는 광범위하다. 하나님의 지혜는 끝이 없으며, 하나님은 우리가 그분께 구하기만 하면 값없이 그리고 우리를 꾸짖지 않으시고 우리에게 주고 싶어하신다(1:5). 하지만

James with New Eyes, ed. Webb and Kloppenborg, 26)은 이처럼 야고보가 "부의 부정적인 영향 및 그와 같은 영향이 가져올 수 있는 모든 문제로부터 공동체를 지키려고" 노력하고 있다고 본다.

5. 참고. 추가로 Peter H. Davids, "Why Do We Suffer? Suffering in James and Paul," in *The Missions of James, Peter, and Paul: Tensions in Early Christianity,* ed. Bruce Chilton and Craig Evans(Leiden and Boston: Brill, 2005), 434-44, 451-53.

6. Nystrom(*James,* 22-23)은 "야고보서의 수신자인 공동체를 괴롭히는 역경의 세 가지 주요 근원을" 밝힌다. 두 가지는 자주 언급된다. 하나는 각 사람 안에 있는 "악한 충동"이고 다른 하나는 사탄이 부추기는 외적 유혹이다. 세 번째는 흔히 간과되는데, 그것은 "돈과 지위"다. 참고. Peter H. Davids, "The Test of Wealth," in *The Missions of James, Peter, and Paul,* ed. Chilton and Evans, 354-84.

우리는 참된 지혜의 원천이 다른 무엇이 아니라 바로 하나님 그분임을 믿어야 한다(1:6-8). 이 맥락에서 우리가 피해야 하는 의심은 하나님의 뜻에 대한 현실적 불확실함을 말하는 것이 아니다. 우리는 종종 정확한 내용을 분명히 알 수 없다. 그래서 "믿음대로 될지어다"라는 태도는 엄청난 교만을 반영할 수 있다. 참된 믿음의 기도(5:15)는 당연히 "주의 뜻이면"(4:15, 이것은 마태복음 6:10의 "뜻이 이루어지이다"를 반영한다)이라고 인정하는 기도다. 우리가 내쫓아야 하는 의심은 그리스도 안에 계신 하나님이 우리가 궁극적으로 충성을 바쳐야 할 분, 우리가 충성을 맹세해야 할 분인지 아닌지에 대해 의문을 제기하는 것이다.

그리스도인의 지혜는 특히 행동 혹은 "선행"(3:13b)으로 나타난다.[8] 야고보서 1:19은 20-26절의 세 가지 주된 요점을 개략적으로 말한다. "듣기는 속히 하고 말하기는 더디 하며 성내기도 더디 하라." 하지만 진정한 들음은 듣고 잊어버리는 것이 아니라 순종으로 이어지는 것이다(22-25절). 경건한 지혜는 겸손이라는 반문화적 특성으로 요약될 수 있다(3:13b; 4:6). 그것은 성결함으로 시작되며, 화평으로 절정에 이른다(3:17-18). 전반적으로, 야고보서에서 지혜는 다른 곳에서 성령이 하는 것과 매우 비슷한 기능을 한다. 그것은 왜 이 책에 성령에 대한 분명한 언급이 없는지 설명해줄 것이다(4:5은 논란이 많은 본문이다).[9] 세상은 지혜에 대해 서로 경합하는 많은 주장들을 한다. 하지만 그 주장들은 모두 궁극적으로 자기중심적이고 그래서 다른 사람들을 시기함으로써, 그리고 기독교의 진리를 부인함으로써 스스로 구별될 것이다(3:14-16; 4:11). 세상적 지혜는 화평을 촉진하는 대신 오직 폭력만을 낳는다(4:1-2).

말의 윤리는 경건한 지혜의 '증거물 제1호'다. 청지기직이 선행의 증거물 1호인 것과 매우 비슷하다.[10] 사람들이 말에서 죄가 없다면, 다른 모든 형태의 절제도 보일 수 있을 것이다(3:2). 말하자면 혀로 먹고 사는 사람들인 선생들은 특히 주의를 기울여야 한다(3:1). 악의 있는 말은 중대한 해를 끼치고(3:5b-8) 위선을 강조할 수 있다(3:9-12). 하지만 모든 신자들이 말하는 것 자체를 두려워하지 않도록 하기 위해, 야고보는 또한 혀가 선을 위해 큰 능력을 가지고 있다는 것도 강조한다(3:3-5a). 다른 사람들의 말을 주의 깊게 듣고, 말하기 전에 생각하며, 분노를 아껴두었다가 그것이 참으로 정당화되는 드문 경우에만 표출한다면(1:19), 우리는 정말로 지혜로울 것이다.

7. 참고. Painter, *Just James,* 252-54.

8. 상세한 내용을 알려면 James B. Adamson, *James: The Man and His Message*(Grand Rapids: Eerdmans, 1989), 363-91을 보라.

9. 앞의 190-191쪽을 보라. Bruce Chilton은 야고보의 지혜와 바울의 은혜 사이에 유사점과 차이점이 있음을 찾아낸다. "Wisdom and Grace," in *The Missions of James, Peter, and Paul,* ed. Chilton and Evans, 307-22.

10. 전문적 수준에서는 특히 Baker, *Personal Speech-Ethics in the Epistle of James,* 84-104, 123-38, 175-86, 222-48, 278-90을 보라. 일반적 수준에서는 같은 저자의 *Sticks and Stones, Passim* 곳곳을 참고하라.

11. 탁월한 개관으로 C. Richard Wells, "The Theology of Prayer in James," CTR 1 (1986): 85-112을 보라.

12. 이것은 물론 하나님이 우리가 처음에 바라는 방식대로 기도에 응답해주실 것이라는 뜻은 분명 아니다. 하나님은 한결같이 신실하신 분으로, 그분의 헤아리기 어렵지만 전지하신 뜻 안에서, 그분

기도

단지 어떤 서신서의 구조를 세 가지 주요 주제라는 제목으로 설명할 수 있다 해서, 그것이 신학적으로 기여한 바를 남김없이 논한 것은 아니다. 야고보의 주요 주제 중 네 번째를 꼽으라면 그것은 기도다.[11] 우리는 기도함으로 하나님의 지혜를 얻는다(1:5). 우리는 하나님이 우리의 기도를 들으실 수 있고 들으실 것이라고 믿으면서 기도한다(1:6-8).[12] 삶에 꼭 필요한 것들이 부족할 때, 우리는 그것을 위해 하나님께 구해야 한다. 하나님이 우리가 구하는 것을 주지 않으신 것처럼 보일 때에도 우리는 끈기있게 기도해야 한다. 하지만 또한 우리의 동기를 다시 점검해보아야 한다(4:2-3). 때로는 우리가 구하는 어떤 것들은 전혀 하나님의 뜻이 아니다(4:15).

여러 번에 걸쳐 하나님은 우리가 기도하지 않았을 때에도 그분의 좋은 선물을 부어주신다(1:16-18). 그것에 대해 우리는 깊이 감사해야 한다. 하나님은 그분의 주권 안에서, 특정한 좋은 선물은 우리가 구하는 것에 따라 주기로 하셨기 때문에, 우리는 끈기있게 기도해야 한다(4:2). 기도는 삶의 모든 상황에서 적절하지만, 특히 우리가 고난받을 때 더 적절하다(5:13-15a). 죄를 지었을 때 고백의 기도는 죄사함과 회복으로 이어진다(5:15b-16a). (비교적) 의로운 자들의 기도는 특히 능력이 있다(5:16b-18). 거기에는 죄를 범한 혹은 영적으로 떠난 사람들의 회복을 위한 기도도 포함된다(5:19-20).[13]

믿음과 행위

그 주제에 대해 광범위한 논의가 이루어지는 것과는 반대로, 믿음과 행위는 야고보서의 주된 초점이 아니다. 그것은 다만 가난한 자들과 소외된 자들에 대한 야고보의 관심에서 나온 부수적인 것이다(2:14-26; 참고. 2:1-13). 야고보는 행위에 의한 구원을 가르치는 정경 내의 '왕따'가 아니며, 그보다 그는 자신의 구원을 행위로 나타낼 것을 가르친다. 물론 선행이라는 주제는 서신서 전체에 스며들어 있다. 하지만 그것은 바로 이런 형태의 서신에서 기대할 만한 것으로서, 잠언적 지혜에서 나온 권고다. 하지만 야고보서에서 강조하는 것은 순전한 단일신론만으로는 부적절하다는 것이다(2:19). 믿음은 행동과 불가분리의 관계다(2:18). 실로 그것은 행동

의 백성에게 영원토록 가장 큰 유익을 가져오실 것이다. 비록 그것이 이 세상에서는 그렇게 보이지 않을 때에도 마찬가지다. 하지만 우리의 기도는 종종 우리의 이중성, 때때로 우리 자신에게까지도 감추어져 있는 두 마음에서 나온다. 자세한 내용을 알려면, Adrian Wypadlo, *Viel vermag das inständige Gebet eines Gerechten(Jak 5, 16): Die Weisung zum Gebet im Jakobusbrief*(Würzburg: Echter, 2006)를 보라.

13. "기도는 언제나 어려웠지만, 현대 서구 세계에서 기도의 어려움은 나름대로의 특별한 모습을 갖고 있다. 현대에서 기도가 어렵게 된 근본적인 이유는 특히 기술을 통해 세상을 통제할 수 있게 된 인간의 현대적 자아상 때문이다. 풍요와 마찬가지로, 이렇게 세상을 지배할 수 있다는 생각으로 인해, 현대인은 그들 자신의 힘으로 모든 인간적 목적을 달성할 수 있다는 착각에 빠져들고 자율성과 자족성을 고취하게 되었는데, 기도는 그런 것과 맞지 않는다"(Bauckham, *James,* 207).

을 통한 믿음을 나타낸다. 구약 시대 아브라함과 라합이 그랬던 것과 마찬가지다(2:20–26).

하지만 이러한 행실 또는 행위는 하나님의 은총을 얻기 위한 어떤 시도가 아니라, 믿음에서 나온 자연스럽고 영적인 산물로 제시된다(2:18).[14] 그리고 율법의 의식법 및 민법 부분의 일부를 형성한 행위는 야고보서에서 그리스도인에게 지워지는 의무로 전혀 나오지 않는다. 대신 의식상의 정결함 문제에 적용된 적이 있던 용어가 반복해서 도덕적 정결의 문제로 바뀌어 제시된다(특히 1:27; 4:8; 5:14를 보라).[15]

율법과 말씀

율법에 대한 야고보의 태도는 이처럼 일관되게 긍정적이다.[16] 하지만 그가 사용하는 수식어들은 그가 종종 모세 법령 이상의 것, 심지어 구약 이상의 것에 대해 말하고 있음을 시사한다. 2:9–11에서 어떻게 율법을 하나라도 어기면 아무리 다른 많은 율법들을 지킨다 해도 하나님 앞에 율법을 범한 자가 되는지 설명할 때, 그는 아마 순전히 히브리어 성경을 생각하고 있을 것이다. 바로 이러한 이유로 해서, "자유의 (온전한) 율법"(1:25; 2:12) 혹은 "최고의 법"(2:8)을 딱 떨어지게 구약을 언급하는 것으로 생각하기는 어렵다. 특히 2:8에 나오는 이웃을 사랑하라는 명령은 토라와 예수님의 율법 요약 둘 다에 나오기 때문에, 그리고 "최고의"(royal)라는 말이 "나라"(kingdom) 역시 의미할 수 있기 때문에, 우리는 새 언약이 옛 언약–실제로는 옛 것을 거르는 틀–과 결합하여 신자들을 위한 하나님의 총체적 뜻을 만들어낸다고 추정한다.[17]

야고보가 사용하는 "말씀"이라는 말에도 이와 비슷한 뭔가가 암시되어 있다.[18] 이 "말씀"은 참되며, 중생이 일어나게 한다(1:18). 그것은 일단 심어지면 도덕적 더러움이 제거되도록 도와주고 사람들을 마지막 구원에 이르기까지 인도한다(1:21). 말씀은 적어도 복음을 포함하는 것이 분명하다. 하지만 1:22–23에 나오는 "말씀"이라는 말이 1:25의 "자유롭게 하는 온전한 율법"이라는 말과 상호교환해서 사용할 수 있는 것처럼 보이는 것은 그것이 또한 그 시점까지 하나님이 인간들에게 보여주신 모든 특별 계시를 다 나타낸다는 것을 시사한다. 그 결과, 야고보는 토라(창 15:6; 출 20:13–14/ 신 5:17–18; 레 19:18)와 지혜서(잠 3:34) 둘 다를 찬성하면서 인

14. 야고보서에 나타난 믿음과 행위에 대해 간단하게 요약한 글로, Andrew Chester, "The Theology of James," in *The Theology of the Letters of James, Peter, and Jude,* by Andrew Chester and Ralph P. Martin(Cambridge: CUP, 1994), 20–28을 보라. 특히 이른바 "주재권 구원"(lordship salvation)을 지지하면서 그것이 함축하는 바를 분석한 글은 John F. MacArthur, "Faith according to the Apostle James," *JETS* 33(1990): 13–34이다. 고무적이면서 말일 성도의 관점에 해당되는 것에 대해서는 Robert L. Millet, *Grace Works*(Salt Lake City: Deseret, 2003)를 보라.

15. 참고. 특히 John H. Elliott, "The Epistle of James in Rhetorical and Social Scientific Perspective: Holiness–Wholeness and Patterns of Replication," *BTB* 23(1993): 71–81.

16. 이 문제를 가장 완전하게 다룬 글로 Matt A. Jackson–McCabe, *Logos and Law in the Letter of James*(Leiden: Brill, 1999)를 보라. 하지만 이 책은 유감스럽게도 이 단락의 나머지에서 주장하는 균형점을 제대로 인식하지 못한다.

17. 참고. 특히 Mary J. Evans, "The Law in James," *VE* 13(1983): 29–40.

18. Scot McKnight, "A Parting within the Way: Jesus and James on Israel and Purity," in James the Just and Christian Origins, ed. Bruce Chilton

용할 수 있는 한편, 선지서를 포함한 히브리어 정경의 세 주요 부분 모두를 인용하거나 암시하고,[19] 심지어 계속해서 예수님의 가르침까지 암시할 수 있다.

하나님

대체로 아래로 갈수록 중요하지 않은 것으로 배열된 야고보의 교리 목록에서 하나님을 그렇게 아래 쪽에 놓는 것은 이상해 보인다. 의심할 바 없이, 여호와에 대한 믿음은 야고보에게 기본적인 전제다. 하지만 하나님은 이 서신서에서 앞에 나오는 여섯 개의 주제만큼 교리적 성찰의 중심이 되는 혹은 직접적인 초점이 아니다. 그럼에도 불구하고, 야고보는 하나님이 지혜(1:5)와 상(1:12)을 주신다는 것을 가르친다. 하나님은 악을 행하실 수 없으며 오직 선만 행하실 수 있다(1:13-18). 하나님은 자신들의 유일한 소망이신 그분께 의지하는 사람들을 택하신다(2:5). 하나님은 유일한 참되신 하나님이라는 그분의 존재에서나, 흔들리지 않는 불변성에서나 한 분이시다(2:19). 하나님은 창조주이시고 구속주이시며(1:17-18), 입법자이시고 재판관이시며(4:12),[20] 긍휼이 많으시고 자비하시다(5:11). 하나님의 의는 우리도 의로울 것을 요구하신다(1:20). 하지만 그 의는 오직 믿음에 의해서만 성취될 수 있다(2:23). 하나님은 그분 앞에 자신을 낮추는 사람들을 포용하시지만 교만한 자들은 물리치신다(4:4-8). 하나님을 시혜자(값없이 은혜롭게 주시는 분)로 볼 수는 있지만 후원자(뭔가 상응하는 것을 요구하는)로 볼 수는 없다.[21] 하나님은 아버지이시다(3:9). 어떤 권위주의적인 의미에서가 아니라 과부와 고아를 양육하는 분 그리고 사회에서 가장 소외된 사람들을 돌보시는 분이라는 의미에서 그렇다(1:27).[22]

기독론

첫눈에 보기에는 이 신약 문서에서 예수님의 역할이 놀랄 만큼 미미한 듯하다. 예수님은 1:1과 2:1에서만 명백히 나온다. 물론 두 경우 모두 "주 예수 그리스도"라는 정식 호칭으로 나오

and Craig A. Evans(Leiden: Brill, 1999), 129. 참고. Dockery, "True Piety in James: Ethical Admonitions and Theological Implications," 69: "야고보는 참된 경건을 신자의 삶에 심어진 말씀의 직접적인 적용으로 묘사한다. 수직적 결과는 하나님께 순종하고 그분을 예배하는 것이다. 수평적 결과는 곤경에 처한 가난한 자, 과부와 고아에 대해 관심을 갖는 것이다. 관계적 결과는 교회 안에 있는 다른 사람들과 평화롭게 사는 것이다. 내적 결과는 하늘의 지혜에서 생기는 겸손하고 순결하며 온유한 성품이다."

19. 신약에서 구약을 인용하고 암시한 것을 가장 잘 나타내는 자료는 헬라어 신약 성경 UBS 판의 각 페이지 맨 아래에 있는 각주에서 찾아볼 수 있다.

20. 이 점에 대해서는 Marianne Sawicki, "Person or Practice? Judging in James and in Paul," in *The Missions of James, Peter, and Paul*, ed. Chilton and Evans, 385-408을 보라.

21. Alicia Batten, "God in the Letter of James: Patron or Benefactor?" *NTS* 50 (2004): 257-72.

22. Esther Y. L. Ng, "Father-God Language and Old Testament Allusions in James," *TynBul* 54 no. 2 (2003): 41-54.

기는 한다. 야고보는 예수님이 메시아이시며 또한 우주의 주님이시라는 것을 안다. 예수님은 또한 여호와의 *shekinah*, 곧 영광 자체로 나타나신다(2:1). 하지만 예수님의 가르침에 대한 수없이 많은 암시는 이 서신서가 훨씬 더 철두철미하게 기독교적인 글임을 드러낸다. 가장 분명한 것은 1:6, 17, 22; 2:8, 10, 11, 13, 14; 3:18; 4:13–14, 17; 5:1, 2, 9이며, 반면 5:12은 실제 인용문이라고 부를 만하다. 야고보에게 예수님은 명백히 권위 있는 선생이다. 1:7; 3:9; 4:10; 5:4, 10, 11에 나오는 "주"라는 말은 하나님 아버지를 언급하는 듯 보이지만, 5:7, 8에 나오는 "주의 강림"은 분명 그리스도의 재림을 말한다. 초대 교회의 기도에서 예수님의 이름으로 자주 기도한 것에 비추어볼 때, "주의 이름"(5:14)이라는 말도 마찬가지로 그리스도를 가리킨다. 그렇게 되면 5:15에 나오는 "주" 역시 예수님을 말한다. 덜 확실하긴 하지만, 이 모든 것은 4:15에 나오는 "주의 뜻"이라는 말이 그저 하나님을 언급하는 것이기보다는 예수님에 대한 구체적 언급일 가능성이 더 많다고 볼 여지를 남겨놓는다.[23]

종말론

이것 역시 주요 주제는 아니지만, 종말론은 기독론과 마찬가지로 야고보서를 피상적으로 읽을 때 보이는 것보다 더 자주 등장한다.[24] 1:9–11에 나오는 부자와 가난한 자의 '대역전'은 심판 날에만 온전히 일어난다. 그때에 신실한 그리스도인들은 영생이라는 상을 받을 것이지만(1:12), 자신들의 악한 소욕에 지배를 받고 있는 사람들은 영원한 죽음에 직면할 것이다(1:15). 이에 반해, 긍휼을 베푸는 사람들은 복을 받을 것이다. 긍휼은 심판을 이기고 승리하기 때문이다. 그 심판은 그들 자신이 긍휼하지 않은 사람들에게는 긍휼 없는 심판이 될 것이다(2:13). 오직 하나님만이 완벽하게 긍휼하시며, 또한 그분만이 참으로 의로우시다. 하나님은 이 두 가지 특성을 지닌 심판자가 되실 것이므로(4:12), 우리는 우리 이웃을 비방하는 차원에서 그들을 너무 서둘러 심판해서는 안 된다(4:11). 약하고 취약한 사람들을 학대하는 불신자들에게는 장차 오직 무시무시한 심판만이 기다리고 있을 뿐이다(5:1–6). 하나님의 관점에서 볼 때, 그리스도의 재림으로 시작되는 마지막 심판은 여전히 가깝다(5:8).[25]

---

23. 참고. 추가로 특히 William R. Baker, "Christology in the Epistle of James," *EvQ* 74(2002): 47–57.

24. 특히 Todd C. Penner, *The Epistle of James and Eschatology: Re-reading an Ancient Christian Letter*(Sheffield: SAP, 1996)를 보라.

25. Moo(*The Letter of James,* 30)가 설명한 대로, "야고보와 다른 초기 그리스도인들이 느낀 '가까움'은 두 가지 확신에서 기인했다: (1) 메시아가 오셔서 새 시대가 밝았으니, 이제 역사의 종말은 하나님의 시간표에서 다음에 일어날 사건이었다. (2) 역사의 정점은 언제라도 일어날 수 있다. 다시 말해서 야고보는 주님이 언제라도 오실 것(would)이라고 주장함으로써가 아니라 주님이 오실 수(could) 있다는 점을 그의 독자들에게 상기시킴으로써 그들에게 경건한 삶을 살도록 동기를 부여한다."

26. 이 점에 있어서, "야고보는 하나님이 성경을 통해 우리에게 주신 다른 모든 교사와 다르지 않다. 그러나 야고보는 거룩함에 이르는 쉬

다른 주제들

야고보가 보기에 죄는 널리 퍼져있는 것으로, 심지어 구속받은 사람들까지 생각 이상으로 괴롭힌다(4:1–4).[26] 하지만 구원받지 않은 사람들도 여전히 하나님의 형상을 어느 정도 반영한다(3:9). 야고보에게 구원은 분명히 하나의 과정으로, 그리스도를 믿는 믿음으로 시작되었지만, 한 사람의 생애가 끝나고 그가 신실하게 견딘 후까지는 완성되지 않는 것이다(2:18–26). 성숙함에서 자라는 것은 우리 안에서 그리스도와 닮은 속성들이 자라고 선행, 특히 우리 사회에서 가장 소외된 사람들에 대한 긍휼의 행동이 많아질 때 이루어진다(1:27; 2:14–17). 이 긍휼은 이웃 사랑이 구체화된 것이다(2:8). 야고보는 그의 글을 받는 기독교 공동체들이 예배를 위해서 모이든 법정으로 모이든 혹은 둘 다의 이유로 모이든 함께 모일 것이라고 추정한다(2:2). 그는 교회에 장로들이 있다는 것을 안다. 그들은 교회를 대표해서 중한 병자들을 위해 기도하고 그들에게 기름을 바른다(5:14). 그리고 또한 선생들이 있다는 것을 안다. 아마 선생이 되고자 하는 사람은 매우 많을 것이다(3:1). 올바른 행동에 대해 그가 매우 강조했음에도 불구하고, 야고보는 우리를 그분의 원수들로부터 지켜주는 것은 하나님의 은혜라는 것을 인정한다(4:5). 회개는 우리가 그리스도인의 삶을 시작할 때 한 번만 하는 어떤 것이 아니라, 삶을 살아가는 내내 해야 하는 것이다(4:7–10).[27]

통합시키는 주제?

우리는 앞에서 하나님에 대한 야고보의 신학이 그의 서신서에서 주된 강조점이기보다는 전제되어 있는 것에 더 가깝다고 말했다. 하지만 하나님의 단순성 혹은 한결같은 마음 그리고 그리스도인들이 그것을 어떻게 본받아야 하는가를 검토해볼 때, 우리는 잠재적으로 통합시키는 주제, 혹은 서신서 전체에 흐르는 부주제를 발견한다.[28] 하나님은 그분의 성품이나 목적에서 절대 흔들리지 않으시기 때문에, 신자들은 그들의 충성 및 그리스도에 대한 순종에서 이중적이거나 동요해서는 안 되며, 하나님의 신실한 일관됨을 배워야 한다. 간단히 말해, 그들은 진실한 사람이 되어야 한다.

운 길이 있다고 말하는, 이제까지 나타났으며 지금도 나타나고 있는 교사들과는 다르다. 그들은 우리를 영원토록 고결한 삶의 수준으로 어렵지 않게 이끌어갈 경험, 기술 또는 축복이 있다고–반드시 고통이 없는 것은 아니지만–주장한다"(Moyter, *The Message of James,* 14). 참고. Davids, "Why Do We Suffer?" 452–60, 462–64.

27. 주제, 화제, 핵심어, 전문 용어 등을 야고보서의 관련 절들과 함께 (독일어) 알파벳 순으로 정리한 포괄적인 목록으로 Burchard, *Der Jakobusbrief,* 19–20을 보라.

28. 참고. 특히 Laws, *The Epistle of James,* 29–32; Tamez, *The Scandalous Message of James,* 46–56; Bauckham, *James,* 177–85; 그리고 이 주제를 자세히 다룬 글로 Nic Scherer, "The Unity of God and the Duplicity of Humanity in the Letter of James"(M.A. Thesis: Denver Seminary, 2007)를 보라.

그래서 1:2-4에서 우리는 시련을 순전히 우리의 성품을 성숙함으로 인도하는 기쁨의 근거로 생각해야 한다. 1:5에서 하나님은 우리에게 한결같은 마음으로 주신다. 우리는 흔들리지 말고 그분을 믿어야 한다(6-8절). 9-11절에 나오는 부자와 가난한 자의 역전은 내세가 항구적인 것인데 비해 이생은 일시적인 것임을 반영한다. 그러고 나서 12절은 시험이 올 때 인내할 필요성을 반복한다. 13-18절은 하나님이 오직 좋은 선물만 주신다는 것을 강조한다. 그래서 우리가 시험에 굴복하는 것은 우리 자신의 책임일 뿐이다. 19-27절은 하나님의 말씀에 순종하지 않으면서 그 말씀을 듣는 것이 헛되다고 지적한다. 그러면서 우리가 옳다고 배운 것을 일관되게 끝까지 마무리하라고 명한다.

편애와 차별은 모든 사람을 평등하게 대하지 않기 때문에 죄된 것이다(2:1-4). 구원받지 않은 사람들은 그런 식으로 행동한다. 신자들은 그렇게 해서는 안 된다(5-7절). 율법은 하나의 단일체다. 각 죄가 다른 모든 죄만큼 나빠서가 아니라, 하나님의 계명을 하나만 어겨도 심판을 받기 때문이다(8-11절). 하나님의 확고한 긍휼에 의지하는 것은, 그분의 백성이 긍휼을 베풀게 만드는 근거가 되는 것으로, 유일하게 구원을 가져다주는 것이다(12-13절). 믿음을 가졌다고 주장하지만 자신이 도울 위치에 있는 동료 신자들의 가장 절박한 필요를 무시하는 것은 얼마나 위선적인지 입증해준다(14-17절). 하나님은 목적과 행동에서 한결같은 마음을 갖고 계시기 때문에, 참된 믿음은 선행과 불가분리하게 연결되어 있다(18-26절).

말의 윤리도 마찬가지로 한결같은 마음을 따른다. 우리는 악을 위해서가 아니라 오직 선을 위해서 혀를 사용해야 한다(3:1-8). 인간의 대화는 그렇다면 다른 나머지 피조물과는 달리, 그것이 지닐 수 있는 이중성을 피해야 한다(9-12절). 바로 이 때문에 "위로부터 난 지혜"는 첫째로 "성결"한, 혹은 섞이지 않은 것이고, 또한 "편견이 없는" 혹은 위선적이지 않은(17절) 것이다. 이것은 "혼란" 혹은 반역을 가져오는 거짓된 마귀적 지혜와 대조된다(16절). 야고보서 4:1-6은 자신들이 동시에 하나님의 벗도 되고 세상의 벗도 될 수 있다고 생각하는 사람들에 대한 날카로운 책망으로 이 주제를 절정으로 이끈다. 한결같은 마음이라는 원리는 하나님의 벗이 되려면 세상의 원수가 되어야 한다는 결론으로 이끈다. 두 마음을 가진 사람은 그들의 길을 회개하고 바꾸어야 한다(7-10절). 비방은 특히 말의 터무니없는 이중성을 반영한다. 그것은 또한 하나님과 하나님의 백성의 하나 됨을 부인하는 것이다(11-12절).

첫눈에 보기에는 미래를 위한 계획을 세우는 것이 자주 변심하는 것을 피하는 좋은 방법인 듯이 보일 것이다. 야고보는 계획을 세우는 것을 반대하지 않는다. 하지만 그는 하나님의 뜻을 위한 여지를 남겨두라고 명한다. 하나님의 뜻이 때로 우리의 계획을 뒤집을지라도, 적어도 미래의 불확실성에 비추었을 때(4:13-17), 그것은 우리의 삶을 위해 가장 좋은 것이 무엇인지 확실하게 보여준다. 한없이 호화롭게 살면서 가난한 자의 삯을 탈취하는 악인은 극도의 이중성을 나타낸다. 그리고 하나님은 그들을 가차 없이 심판하실 것이다(5:1-6). 이에 반해 그리스도인들은 인내와 오래 참음의 본이 되어야 하며, 신뢰할 만한 말을 해야 한다(7-12절). 기도는 인생의 모든 기복 속에서도 언제나 적절하다(13-18절). 반면 진리의 일관된 길에서 "떠난"

사람들은 회복되어야 한다(19–20절).

아마 마태복음 6:24과 누가복음 16:13에 제시된 예수님의 가르침은 야고보서를 통합하는 이 실마리를 간단하게 가장 잘 요약해줄 것이다. 그것은 우리는 궁극적으로 두 주인을 섬길 수 없는데, 언제나 결국에는 한 주인을 사랑하고 한 주인을 미워할 것이기 때문이라는 것이다. 마태복음판 산상수훈에 나오는 이 가르침을 야고보는 분명 잘 알고 있었을 것이다. 아마 그의 서신서는 그것을 의식적으로 상세히 설명하는 것일 듯하다. 특히 4:4에서 그것을 볼 수 있다. 이 요약을 이야기 형식으로 구체적으로 표현한다면, 월이 제안한 것과 같은 "구원의 유형"은 이런 결과를 낳는다. "(1) 구원하기도 하시고 멸하기도 하시는(4:12) 분인 하나님의 주권(2:19)은 (2) '진리의 말씀'(1:18)을 말하는데 (3) 그 말씀은 겸손히 그것을 받는 사람을 구원한다(1:21). (4) 다가오는 하나님이 통치하시는 승리의 때에" 그렇게 하시는 것이다.[29] 우리는 아마 (3)과 (4) 사이에, 점점 더 성결해질 때 그리스도인은 하나님이 바라시는 성숙함에 이르게 된다는 말을 덧붙여야 할 것이다.[30]

29. Wall, *Community of the Wise*, 28.

30. 특히 Lockett, "'Unstained by the World'", 49–74을 보라.

성구 찾아보기

마가복음

누가복음

요한복음

사도행전

로마서

디모데후서

디도서

히브리서

야고보서

베드로전서

베드로후서

요한1서

요한2서

요한계시록

경외 성경

지혜서

집회서

마카베 1서

마카베 2서